Kunst-Reiseführer in der Reihe DuMont Dokumente

Zur schnellen Orientierung – die wichtigsten Orte und Sehenswürdigkeiten Vietnams auf einen Blick:

(Auszug aus dem ausführlichen Ortsregister S. 540)

Vordere Umschlagklappe: Vietnam

Hintere Umschlagklappe: Hanoi

Inhalt

Vorbemerkung

Die großen Kulturen Asiens, die chinesische und die indische, sind sich wie die Menschen, die sie geschaffen haben, Chinesen und Inder, im Grunde wesensfremd. Sie haben im Laufe der Jahrhunderte nebeneinander bestanden, ohne sich zu bekämpfen, aber auch ohne sich wesentlich zu beeinflussen oder zu bereichern. Chinesische lebensvolle Realität und indische entsagungsvolle Mystik gehören zu den Gegensätzen, die sich nach fernöstlicher Philosophie als Dualität im Dao vereinigen.

Beide Kulturen sind sich nirgends andauernder, intensiver und auf engerem Raum begegnet als in Südostasien, wo das sinisierte Vietnam und die indisierten Reiche Champa und Khmer aufeinander trafen, ohne daß ihre Kunst und Kultur mehr als Spuren der anderen übernahm.

Nicht sinisierte und indisierte Völker, nicht Weltanschauungen oder Religionen haben sich in diesem Raum jahrhundertelang befehdet. Es waren landsuchende Bauern, die als Soldaten und Siedler Reisland eroberten und verteidigten. Das Reich Champa mußte diesen Kampf verlieren, den es von den engen, begrenzten Reisebenen an den Küsten und in den Flußtälern Zentralvietnams aus gegen die Vietnamesen im Delta des Roten Flusses und das Reich der Khmer von Angkor führte, das die größte, zusammenhängende Reisanbaufläche Südostasiens geschaffen hatte. Soldaten, die auch Reisbauern waren, eroberten das Land vom Roten Fluß bis zum Mekong, Reisbauern, die auch Künstler waren, gaben ihm ihre Kultur. Bis in unser Jahrhundert steht alle Kunst Südostasiens im Schatten der Kunst von Angkor.

Es scheint nun an der Zeit, daß auch die vietnamesische Kultur und Kunst betrachtet, untersucht und beschrieben und die Kunst der Cham der Vergessenheit entrissen wird. Die Kulturen Vietnams, Koreas und Japans haben, wie die ihres Lehrmeisters China, den gleichen Ursprung in den Fruchtbarkeitskulten, der Natur- und Ahnenverehrung und der Lehre des Konfuzius, und sie sind Reisbauernkulturen, deren bäuerliche Wurzeln und Hintergründe in der vietnamesischen Kultur noch deutlich erkennbar geblieben sind. Die Bauern im Delta des Roten Flusses haben die vietnamesische Kultur geschaffen und bewahrt und sie in Kriegs- und Notzeiten gegen die übermächtige Natur und die Menschen, gegen Überfremdung und Verfall verteidigt.

Von meiner ersten Begegnung mit Vietnam, aber auch mit der Kultur der Cham im Jahre 1981, bis zur Fertigstellung dieses Führers zu ihrer Kunst, war ein langer, einsamer Weg zurückzulegen. Es mangelte häufig an Gedankenaustausch und Gespräch. Dieses

Buch kann daher auch nur ein erster, bescheidener Schritt zur Annäherung an diese Kulturen sein, dem viele weitere folgen müssen.

Ich habe vielen zu danken, die diesen Weg mit Wohlwollen und Unterstützung begleitet haben: dem Vize-Kulturminister Nong Quoc Chan in Hanoi, dem Botschafter der Sozialistischen Republik Vietnam in der Bundesrepublik Deutschland, Bui Hong Phuc, dem Botschafter der Bundesrepublik Deutschland in der Sozialistischen Republik Vietnam von 1986 bis 1990, Joachim Broudré-Gröger, dem Generaldirektor des Amtes für Denkmalschutz im Kulturministerium in Hanoi, Dr. Hoang Dao Kinh, dem Direktor i. R. des Fremdsprachenverlages in Hanoi, Huu Ngoc. Tran Lam Bien vom Institut für Kunstforschung hat mir viel von seinem reichen Wissen vermittelt. Le Vuong und Le Cuong haben Aufnahmen zur Verfügung gestellt. Dr. Kinh ermöglichte meinen ersten Besuch in My Son im Jahre 1981, ihm und dem Kurator des Cham-Museums in Da Nang, Tran Ky Phuong, und Kazimierz Kwiatkowski, der seit 1981 die Restaurierung des Polnischen Amtes für Denkmalschutz PKZ in Vietnam leitet und viele Zeichnungen dieses Buches herstellte, habe ich viele Einzelheiten über die Kultur Champas zu verdanken. Nguyen Du Luu und Vo Si Khai vom Archäologischen Department der Provinz Long An halfen mir zum Verständnis der Kultur der Fu Nan. Den Grundstein zu Hochachtung und Verständnis seines Landes legte Tran Tuan Mau von Vietnam-Tourist Hanoi, der mich seit 1981 auf vielen Reisen begleitet hat. Die Provinzen Ha Nam Ninh und Da Nang und ihre Touristenorganisationen waren die ersten, die den Westtourismus in Vietnam förderten. Mein besonderer Dank gilt Direktor Duong Van Day von Saigon-Tourist und meinen Begleitern Trinh Bich Chau, Ha Trung My und Tran Trung Thanh, den deutschsprachigen Reiseleitern von Saigon-Tourist. Auch Nguyen Xuan Thi Hoa und Nguyen Xuan Tien haben mir viel geholfen.

Unermüdlich und tatkräftig geholfen und mit Material und Übersetzungen versorgt hat mich Tran Thi Kim Hoang, die Leiterin des Fremdenverkehrsamtes der SR Vietnam in Hamburg, auch Tran Duc Mau, Attaché der Botschaft der SR Vietnam in Bonn, hat viel beigetragen.

Dem DuMont Verlag gilt mein Dank, Frank Rainer Scheck, der das Projekt Vietnam schon vor Jahren in die Planung aufnahm, besonders aber Hans-Günter Semsek, der es über Krisen und Hürden begleitet hat und dem Lektor Helmuth Weiß, der es mit Vietnam und mit mir nicht leicht hatte. Dr. Hilde Schneider danke ich für ihr Verständnis, ihre stete Hilfe und Gesprächsbereitschaft.

Vorwort

Die Kulturen unserer Welt als Weltkultur zu verstehen heißt, die gemeinsame Verantwortung für ihren Erhalt zu begreifen und zu übernehmen. Das gilt gerade gegenüber Kulturen der Länder, die sich Kultur nicht wie wir aus dem Wohlstand ›leisten‹ können. Wo Armut herrscht, kann die Bewahrung kulturellen Erbes kaum von erster Bedeutung sein. Internationales Engagement dafür ist unerläßlich. Nur wenn es erkennbar und wirksam ist, kann man von Ländern in Entwicklung – mit ihren drängenden gegenwärtigen und zukünftigen Lasten für sozialen Fortschritt und wirtschaftliche Sicherheit für die Menschen von heute und morgen – erwarten, daß sie vergangene Kultur ebenfalls als Aufgabe sehen und bewahren. Die kulturelle Identität hängt davon ab, ihr Verlust betrifft uns alle.

Internationales Engagement setzt Interesse und Interesse Information voraus. Das gilt im besonderen Maße für Vietnam. Die Kriege haben noch nicht verheilte Wunden gerissen, unter den Menschen, in der Wirtschaft, in der Natur und nicht zuletzt in der Kultur. Was zuerst tun – ein Monument erhalten oder ein Reisfeld anlegen?

Der kulturelle Reichtum Vietnams mit seiner langen Geschichte und seinen heute fast 70 Millionen Menschen ist zudem verschüttet, im Lande selbst und außerhalb. Die Befassung damit und die Literatur sind durch die Kriege und die nachfolgende Isolation Vietnams weitgehend in den 30er Jahren steckengeblieben. Die Kultur zwischen Rotem Fluß und Mekong bedarf dringend neuer Aufmerksamkeit. Sie ist es wert.

Neuer Zugang muß geschaffen werden. Das vorliegende Buch ist dafür ein wertvoller deutscher Beitrag. Nur jemand, der sich Vietnam und seiner Kultur zutiefst verbunden fühlt, war dazu in der Lage.

Joachim Broudré-Gröger

Gründungsvorsitzender der Deutsch-Vietnamesischen Gesellschaft e. V., Düsseldorf

Botschafter der Bundesrepublik Deutschland in der SR Vietnam von 1986 bis 1990

Die Geographie Vietnams

Vietnam im Großraum Südostasien

Der politische Begriff Südostasien bezeichnet die ASEAN-Staaten, Mitglieder der Association of South-East Asian Nations: Brunei, Malaysia, Indonesien, die Philippinen, Singapur, Thailand und die Nichtmitglieder Myanmar (Birma), Vietnam, Laos und Kambodscha. Geographen, Historiker und Ethnologen beziehen jeweils unterschiedliche Gebiete ein. Geprägt wurde der Begriff von dem österreichischen Ethnologen Robert von Heine-Geldern, der darunter alle Gebiete im Südosten Asiens verstand, die ursprünglich nicht von Indern oder Chinesen besiedelt waren, auch Assam, Südchina bis zum Chang Jiang (Yangtsekiang), die Halbinsel Hai Nam und die Insel Taiwan.

Der Subkontinent wird als »die Hand, die Asien dem Meer entgegenstreckt« bezeichnet. Das Knochengerüst der Hand sind die Gebirgszüge, die in Nord-Süd-Richtung durch Festland-Südostasien laufen und sich auf den Inseln fortsetzen, die Adern die Flußläufe, die sich in den Tälern ihren Weg bahnen. Als Ausläufer des Himalaya erreichten die Bergketten früher auch dessen Höhe, heute steigen sie bis 2000 m, seltener bis 4000 m an. Ihre abgeschliffenen Kuppen sind von undurchdringlichem Urwald bewachsen. Im Verlauf der Siedlungsgeschichte haben sich die Gebirge lange Zeit als nahezu unüberwindlich erwiesen. In den hochgelegenen Regionen Nordwest-Vietnams und des Berglandes Laos wußten die Menschen kaum von ihren Nachbarn. Erst in der Neuzeit entdeckten Hubschrauber und Flugzeuge abgelegene Dörfer, wurden Straßen gebaut. ›Gebirge trennen, Meere verbinden‹, das gilt in Südostasien als Regel. Daher konnten mit seetüchtigen Booten schon in der Frühzeit Handelsbeziehungen geknüpft werden.

Für die Entwicklung der Zivilisation noch bedeutender sind die Ströme und Flüsse. Sie brachen bei einer Hebung der Landmassen im Tertiär durch die Bergmassive, schnitten tiefe Täler ein und bahnten sich einen Weg nach Süden zum Meer. Bis in die Gegenwart lagern sie große Mengen Schwemmstoffe in den Tälern ab, schaffen fruchtbares Reisland und schieben die Deltas immer weiter ins Meer.

Stärksten Einfluß auf die Region hat das Klima. Die Monsune unterteilen das Jahr in Regen- und Trockenzeiten, speisen Flüsse und Bewässerungsanlagen. Ohne sie gäbe es nur Trockenreis, ohne den Überfluß an Naßreis keine dichte Besiedlung und keine Hochkulturen. Schon vor der Ära der Dampfschiffahrt konnten mit den Monsunen Segelschiffe aus Arabien, Indien und China anlegen, die erst mit dem nächsten Monsun in ihre Heimathäfen zurückkehrten. Während der windstillen Zeit trieben sie Handel an den Küsten. Ratgeber, Priester und Mönche brachten ihre Religion und Kultur mit. Nach der Zeitenwende entstanden in Festland-Südostasien indisierte Reiche.

Sozialistische Republik Vietnam

Hauptstadt: Hanoi – Thu Do Hanoi
Regionale Gliederung: Drei Stadtstaaten: Hanoi, Ho Chi Minh-Stadt (Saigon) und Hai Phong, 40 Provinzen und eine spezielle Zone, Vung Tau-Con Dao.
Nationalflagge: Rot, die Höhe beträgt Zweidrittel der Breite, in der Mitte ein gelber, fünfzackiger Stern.
Nationalemblem: Kreisförmig, roter Grund, umgeben von einem Kranz gelber Reisähren, unten ein halbes, gelbes Zahnrad, darunter die Inschrift: Sozialistische Republik Vietnam.
Nationalhymne: Seit 1945 ein revolutionäres Marschlied, komponiert von Van Cao.
Nationalfeiertag: 2. September
Währungseinheit: dong (= 10 hao = 100 xu)
Uno-Mitgliedschaft: seit 1977

Geographische und geologische Besonderheiten Vietnams

Ein Blick auf die Landkarte zeigt die exponierte Lage Vietnams am östlichen Rand Festland-Südostasiens und läßt die Probleme erkennen, die ihm aus seiner geographischen Situation erwachsen. Das Land wird oft mit einem S verglichen. Aussagekräftiger ist der

Größe: 329 566 km² Festland; 331 689 km² mit etwa 1000 Inseln und zwei Archipelen (*sa*), dem Hoang Sa (Paracel-Inseln, 1974 von China besetzt) und Truong Sa (Spratley-Inseln). Größte Insel Phu Quoc 568 km². Vietnam ist das viertgrößte Land Südostasiens nach Indonesien, Myanmar (Birma) und Thailand.
Lage: 23° 22″ nördlicher Breite bis 8° 30″ nördlicher Breite. Damit liegt Vietnam näher am Wendekreis des Krebses als am Äquator. 102° 10″ östlicher Länge bis 109° 21″ östlicher Länge (mit Truong Sa 117° östlicher Länge).
Ausdehnung: Von Norden nach Süden 1650 km. Von Osten nach Westen 600 km im Rote-Fluß-Delta, 800 km im Mekong-Delta. Schmalste Stelle bei Dong Noi im Trung Bo (50 km). Vietnam erstreckt sich über 15 Breitengrade und sieben Längengrade und liegt in der siebenten Klimazone.
Landesteile: Die in der Literatur häufig auftauchenden Bezeichnungen Tongking, Annam, Cochinchina stammen aus der Kolonialzeit, heute heißen die entsprechenden Regionen:
Bac Bo – Nördlicher Teil, 25 % des Territoriums, 40 % der Bevölkerung;
Trung Bo – Mittlerer Teil, 40 % des Territoriums, 25 % der Bevölkerung;
Nam Bo – Südlicher Teil, 35 % des Territoriums, 35 % der Bevölkerung.
Landesgrenzen: Küstenlinie von 3260 km Länge. Im Durchschnitt mündet alle 20 km ein Fluß in das Meer. Landgrenzen 3730 km, meist im Gebirge; mit China 1150 km, Laos 1660 km und Kambodscha 930 km.
Gebirge und Ebenen: 75 % Gebirge und Hügelland, 25 % Ebenen. Bebaubare Fläche 90 000 km², davon Rote-Fluß-Delta 15 000 km², Mekong-Delta 40 000 km². Von den übrigen Küstenebenen ist keine über 3000 km² groß.
Höchste und tiefste Punkte: Höchster Berg Fan Si Pan (3143 m) im Hoang Lien Son im Nordwesten; tiefster Punkt in der Provinz Ha Nam Ninh im Rote-Fluß-Delta.
Flüsse: Etwa 2500 Flüsse mit einer Gesamtlänge von über 40 000 km in Vietnam (Gesamtlänge der großen Kanäle: 3100 km).

Roter Fluß	510 km	Luc Nam	178 km
Mekong	220 km	Ky Cung	230 km
Da (Schwarzer Fluß)	543 km	Ma	426 km
Lo (Klarer Fluß)	227 km	Ca	379 km
Cam	210 km	Gianh	155 km
Chay	306 km	Ben Hai	66 km
Day	241 km	Thu Bon	102 km
Thai Binh (aus Cau 290 km und		Da Rang (Ba)	290 km
Thuong 156 km)		Dong Nai	500 km

Vergleich mit der *quang ganh*, der Schultertragestange, mit der die Bauern Asiens Lasten transportieren. Als Bambusstange ist die lange, schmale Küstenebene anzusehen, an der zwei volle Reisschalen hängen, das Delta des Roten Flusses und des Mekong.

Das enge Zusammenwirken von Bergen und Wasser verleiht der vietnamesischen Landschaft ihren besonderen Reiz. Von nahezu jedem Standort sind Berge, Gebirgszüge und gleichzeitig Flüsse, Teiche, Kanäle oder das Meer zu sehen. Die Faltung der Gebirge erstreckte sich über einen Zeitraum von 400 Millionen Jahren. Sie begann im Paläozoikum, der Altzeit der Erde, und zwar vom Kambrium bis zum Perm. Die Faltungen erfolgten uneinheitlich auf kleineren Räumen und wirkten sich im Norden stärker aus. Im Devon stieg der Meeresspiegel an, dabei entstanden die für den Norden typischen Kalksteinberge. Die unterschiedliche geologische Entwicklung setzte sich im Mesozoikum während der Trias fort. Wieder waren die Faltungen im Norden stärker als im Süden. Um diese Zeit nahm die Landschaft weitgehend ihre heutige Gestalt an, auch die Mineralien entstanden, an denen Vietnam reich ist. Am Ende des Mesozoikums setzte für 50 Millionen Jahre die Erosion der Gebirge ein. Im Tertiär, vor 25 Millionen Jahren, als der Himalaya durch Faltungen entstand, erfolgten in Vietnam nur schwache Anhebungen und Absenkungen, die Erosionen hervorriefen und zur Auffüllung der Falten und Senken führten. Mit der Himalayafaltung zusammenhängende Erdbeben wirken sich in Vietnam nicht so schwer aus wie in anderen Ländern Asiens. Die heutige Gestalt der Gebirge ist vor allem durch die Flüsse geprägt, die tiefe Täler eingeschnitten haben.

Die sieben Landschaften

Bac Bo – Der Norden

1. Das Berg- und Hügelland im Norden
Die Gebirge (*son*) im Nordwesten mit den Provinzen Hoang Lien Son, Lai Chau und Son La werden von großen und kleinen Flüssen (*song*) unterteilt, die wie die Gebirge von Nordwesten nach Südosten verlaufen. Die größten unter ihnen sind der Song Hong, der Rote Fluß, der Song Da, der Schwarze Fluß, und der Song Ma. Westlich des Roten Flusses steigen die Berge bis 3000 m an. Hier überragt der höchste Berg Vietnams, der Fan Si Pan (3143 m), das Tay Nguyen-Plateau. Kalk- und Rotsandsteine überlagern magmatisches Gestein. Die bis 2000 m hohen, weiträumigen Hochplateaus sind stark zerklüftet und mit verkarsteten, bizarren Kalkkegeln besetzt. Obwohl Schneeberge fehlen – auch die höchsten Gipfel sind waldbedeckt –, besitzt die Landschaft Hochgebirgscharakter. Nur wenige Gebirgsrouten verbinden diese Bergregion mit dem Delta und Hanoi, grenznahe haben strategische Bedeutung. Die meisten sind nur als Schotterstraßen angelegt und führen über hohe Pässe. Flüsse haben hier wegen der unüberwindbaren Stromschnellen als Verkehrswege nur lokale Bedeutung.

Der ebenfalls gebirgige Norden mit den Provinzen Ha Tuyen, Cao Bang, Lang Son und Bac Thai erreicht Höhen zwischen 1000 und 1500 m. Seine Hochflächen sind von Schiefergestein bedeckt, in den tiefen, zerklüfteten Schluchten haben sich Höhlen gebildet. Das Bergland ist reich an Seen und Wasserfällen und insgesamt verkehrsmäßig besser erschlossen als der Nordwesten. Neben Straßenverbindungen führt eine Eisenbahnlinie von Hanoi in das Braunkohlegebiet von Cao Bang und über Lang Son und die Straßen- und Eisenbahn-Grenzstation Dong Dang nach Beijing.

Die Provinzen Vinh Phu und Ha Bac liegen im Hügelland am Nordrand des Rote-Fluß-Deltas. Sie sind mit diesem kulturell und historisch stärker verbunden als mit dem Bergland. Die Küste der nordöstlichen Provinz Quang Ninh zählt zu den schönsten Landschaften Vietnams. Von Hai Phong bis nach Tra Co an der chinesischen Grenze ragen unzählige Inseln und Felsspitzen aus dem Meer. Die Wassertemperaturen an den schönsten Stränden Nordvietnams sinken im Februar durch den kalten Nordostmonsun und steigen ab März bis zu Höchsttemperaturen von nahezu 30° im August. Der Salzgehalt des Ostmeeres (Südchinesisches Meer) liegt bei 34 ‰, nimmt aber an den Küsten und besonders in der Nähe der Flußmündungen ab. In der Ha Long-Bucht können – obwohl im Windschatten der Halbinsel Hai Nam gelegen – bei Taifunen Wellenberge von 30 m Höhe beobachtet werden. Die Tide erreicht an den Küsten Vietnams unterschiedliche Höhen, zwischen drei und vier Metern im Golf von Bac Bo und an der Küste des Mekong-Deltas und ein bis zwei Metern in Zentralvietnam und im Golf von Thailand.

2. Das Delta des Roten Flusses

In der Provinz Vinh Phu bei der Industriestadt Viet Tri münden der Klare Fluß (*Lo*) und der Schwarze Fluß (*Da*) in den Roten Fluß. Von dieser Stelle aus breitet sich das Rote-Fluß-Delta fächerförmig nach Südosten bis an das Meer aus. Mit 15 000 km² entspricht es der Größe Schleswig-Holsteins. Mit durchschnittlich 500 Menschen pro Quadratkilometer (Spitze über 1600) ist es Vietnams dichtbesiedeltster Landstrich und gleichzeitig seine nördliche Reiskammer. Aber die Vorstellung einer nur von Wasserläufen unterbrochenen, eintönigen Reisebene täuscht. Die Struktur ist komplex. Das Delta senkt sich von Norden nach Süden ungleichmäßig von zehn bis fünfzehn Metern zum Meeresspiegel, besitzt im Innern tieferliegende Stellen von nur 1,7 m ü. M., und an der Küste stößt man auf Hügel bis fünf Meter Höhe. Durch Hochwasser entstanden am Roten Fluß langgestreckte Erhebungen bis 15 m Höhe, aus der Ebene ragen einzelne Sandsteinhügel auf.

Trung Bo – Mittelvietnam

3. Die Zentrale Nordküste

Sie erstreckt sich von der Provinz Thanh Hoa am Südrand des Deltas bis in die Provinz Thua Thien – Hue am Wolkenpaß (Hai Van). Das 900 km lange Truong-Gebirge besteht im Norden aus kristallinem Gestein, im Süden ist der Untergrund aus Kalk- und Sandstein teilweise mit Basalt überlagert. Es erreicht Höhen um 1000 bis 2000 m, wilde Schluchten durchziehen seine Hochebenen. Von der Küste aus gesehen wirkt es wie ein geschlossener Gebirgszug und wird auch *Giang Man* (Herabhängender Vorhang) genannt. Das von Norden nach Süden verlaufende Gebirge wird tatsächlich von mehreren Gebirgszügen gebildet, die aus schräggestellten Rumpfschollen bestehen. Es fällt nach Westen sanft ab, die steilen Osthänge sind mit tropischem Regenwald bedeckt. Gebirgsausläufer springen nach Osten bis an das Meer vor und bildeten lange Zeit die Staatsgrenzen zwischen Vietnamesen und Cham sowie Religions- und Kulturgrenzen zwischen China und Indien.

Der Rote Fluß

Der Rote Fluß entspringt in Yunnan im südlichen chinesischen Bergland und mündet in den Golf von Bac Bo. Mit 1149 km, davon 510 km in Vietnam, ist er der kürzeste der großen Ströme Asiens. In seinem Delta entstand Vietnam, während alle anderen Reiche Südostasiens ihren Ursprung am Oberlauf der Flüsse hatten und schrittweise nach Süden in die Deltas vordrangen.

Vor Jahrtausenden befand sich an der Stelle des Deltas noch eine Meeresbucht, die allmählich vom Fluß aufgefüllt wurde. Mehr als der Nil führt er jährlich zu Tal, bei Hochwasser sieben Kilogramm Alluvion pro Kubikmeter Wasser. Der eisenhaltige Lehm färbt den Fluß zwar nicht rot, aber milchig-braun. Schneeschmelze im Hochgebirge, Regenzeit und Taifune lassen ihn innerhalb 24 Stunden oft um drei bis vier Meter steigen, sein Hochwasserstand kann mehr als 10 m erreichen. In Hanoi steigt dann der Pegel auf 8,3 bis 13,8 m über seinen normalen Stand. Das Hochwasser tritt – nicht berechenbar – zwischen Juni und Oktober in nichtvorhersehbarer Stärke auf. 29 % der Überflutungen fallen in den Juli, 57 % in den August und 10 % in den September.

Der Rote Fluß erfordert daher als einziger Strom Südostasiens Deiche, sollen sich nicht 250 Tonnen Schlamm pro Sekunde über die Felder ergießen. Erste schriftliche Zeugnisse über Eindeichungen stammen von 1108, begonnen haben sie aber bereits mit der Besiedlung. Durch die Deiche werden Schwemmstoffe zurückgehalten und teilweise im Flußbett abgelagert, das sich dadurch von Jahr zu Jahr hebt. Heute liegt es schon weit höher als das eingedeichte Land, das durch immer höhere Deiche geschützt werden muß. Ein Wettlauf, dessen Ende nicht absehbar ist. Das Delta wächst ins Meer, an manchen Stellen um zwölf Meter in 100 Jahren.

Der Rote Fluß ist mit dem benachbarten Thai Binh, der im ausgelaugten Hügelland entspringt und weniger Alluvion mitführt, durch den Duong- und den Luoc-Kanal verbunden. Etwa 230 000 Kubikmeter Wasser und 17 Millionen Tonnen Schlamm gibt er an den Thai Binh ab. An beiden Flüssen sind Deiche gegen Seewasser erforderlich, das bei Trockenzeit in den Roten Fluß 100 km und in den Thai Binh 50 km weit eindringt. Kommt es zu Deichbrüchen, versalzen die Felder, die dann jahrelang gewaschen werden müssen.

Auf den Deichkronen verlaufen Straßen und Wirtschaftswege, Kontrollstationen überwachen das Deichsystem.

Im Trung Bo

4. Die Zentrale Südküste
Die stark gegliederte Südküste reicht von der Provinz Quang Nam – Da Nang südlich des Wolkenpasses bis in die Provinz Thuan Hai. Sie besitzt ideale Naturhäfen wie Da Nang und Cam Ranh, Buchten, vorgelagerte Inseln und weiße, kilometerlange Strände und Steilküsten.

5. Das Zentrale Hochland
Das Zentrale Hochland besteht aus mehreren Massiven, die von Norden nach Süden verlaufen, dem Hochland von Gia Lai – Kon Tum (536 m), dem Hochland von Play Cu (722 m), dem Hochland von Dac Lac und Lam Vien mit Da Lat (1500 m) und dem Hochland von Gi Rinh (972 m), das zum Mekong-Delta abfällt. Seine weiten Waldgebiete sind nur schwach besiedelt. 32 der 54 Minderheiten Vietnams leben in den Bergregionen. Nur wenige Straßen führen in das an Seen und Wasserfällen reiche Hochland und verbinden die Plateaus miteinander.

Nam Bo – Der Süden

6. Der Nordöstliche Süden
Nam Bo besteht aus zwei verschiedenen Landschaften. Die östliche Ebene (4000 km^2) ist zwischen 100 und 200 m hoch mit alten Alluvialböden bedeckt, aus denen eruptive

Der Mekong

Mit 4500 km ist er der drittlängste Fluß Ost- und Südostasiens, länger als der Gelbe Fluß (4150 km) in China. Er entspringt in Tibet, fließt durch das Hochland von Yunnan im südlichen China, bildet die Grenze zwischen Laos und Myanmar sowie Laos und Thailand, kreuzt Kambodscha und ergießt sich nach 220 km im Mekong-Delta mit neun Armen ins Meer. *Cuu Long* nennen ihn die Vietnamesen, den Neunköpfigen Drachen. Sein Ober- und Mittellauf ist nur von Stromschnelle zu Stromschnelle schiffbar. Erst bei Phnom Penh teilt er sich in den Bassac und den Vorderen Mekong, vietnamesisch Giang Hau und Giang Tien, und wird schiffbar. An dieser Stelle beginnt auch sein Delta, einst eine Meeresbucht, die der Fluß aufgefüllt hat. Meeresströmungen treiben die Schwemmstoffe ab und ließen die einmalige Gestalt des Deltas entstehen, die einem Vogelkopf gleicht und sich ständig verändert, an manchen Stellen bis zu 20 cm am Tag. Der Mekong ist beständig, er braucht keine Deiche, das Wasser steigt und fällt langsam. Im März/April erreicht er seinen niedrigsten, im September/Oktober seinen Höchststand.

Im Jahre 1957 wurde das Committee for Coordination of Investigations of the Lower Mekong Bassin mit UNO-Unterstützung gegründet. Seine Aufgabe ist es, die Anbaufläche in dem Projektgebiet von 600 000 km² mit etwa 34 Millionen Menschen um neun Millionen Hektar zu vergrößern, Überschwemmungen einzudämmen, die Wasserkraft für die Energieversorgung zu nutzen und den Mekong bis nach Laos schiffbar zu machen, um dem Binnenland einen Zugang zum Meer zu verschaffen.

Basaltfelsen ragen. Bewässert wird sie vom Song Dong Nai und Song Be. Am Südrand der Ebene liegt Ho Chi Minh-Stadt mit dem größten Hafen des südlichen Vietnam am Saigon-Fluß, 80 km vom Meer entfernt. Die fruchtbare Reisebene zwischen Ho Chi Minh-Stadt und Tan An (Provinz Long An) wird vom Song Vam Co bewässert.

7. Das Mekong-Delta

Südlich von Long An beginnt das Mekong-Delta. Es liegt 1,5 bis 2,5 m. ü. M., entstand in erdgeschichtlicher Frühzeit, verändert sich aber bis in die Gegenwart ständig. Die Ebene des Deltas senkt sich von den höher gelegenen Gebieten im Osten nach Westen hin ab. Auf 36 000 km² Schwemmland werden Reis, Gemüse, Obst und Zuckerrohr angebaut. Für Gebiete mit Dauerüberschwemmungen wurde der ›Schwimmende Reis‹ gezüchtet, der auf fünf Meter langen Halmen wächst. Bei Bewässerung können drei Ernten eingebracht werden. Die Erschließung des Mekong-Deltas ist nicht abgeschlossen, aber der Ausnutzung des Flusses sind Grenzen gesetzt. Wird ihm zuviel Wasser entnommen, dringt die Tide weit in das Land ein und versalzt die Uferregionen. Von einem ausgedehnten Kanalsystem berichten chinesische Annalen schon in den ersten Jahrhunderten unserer Zeitrechnung. Typisch für das Delta sind die Mangrovenwälder. Die beiden südlichen

Deltas besitzen zusammen 40 000 m^2 fruchtbarer Ebenen und werden gemeinsam als Mekong-Delta bezeichnet.

Das Klima

Ganz allgemein läßt sich sagen, daß im Süden des Landes tropisches, im Norden subtropisches Klima herrscht. Der Wolkenpaß zwischen Hue und Da Nang bildet die Wetterscheide, das Gebirge schützt den Süden vor dem kalten Nordostmonsun. Landesweit fallen die Temperaturen im Jahresdurchschnitt nicht unter 18°, wenngleich starke lokale Unterschiede auftreten. Denn Temperatur und Klima hängen nicht nur von den Breitengraden, sondern auch von der Höhenlage und dem Zugang der Windströmungen ab. Mit der Höhe fallen die Temperaturen, die Intensität der Sonneneinstrahlung nimmt zu. Auf die zentralen Küstenebenen fallen im Sommer die heißen Laos-Winde aus dem laotischen Bergland.

Die verschiedenen Klimakomponenten rufen von Jahr zu Jahr Schwankungen der Temperaturen und Regenmengen hervor. So sind die Jahreszeiten nicht immer streng voneinander abgegrenzt (Klimatabelle s. S. 520).

Flora und Fauna

In Vietnam wurden bisher über 200 Pflanzenfamilien mit insgesamt 14 624 Arten der Tropen und Subtropen gezählt, die in Übergangsgebieten auch nebeneinander vorkommen, so wie die laubabwerfenden Bäume neben den immergrünen in den nördlichen Bergwäldern. Neben Edelhölzern wie Teak-, Eisen- und Sandelholz wachsen etwa 1000 Arten Nutzhölzer, die zur Herstellung von Baumaterial, Ölen, Essenzen, Harzen, Lacken, Farben, aber auch Fasern und Lebensmitteln Verwendung finden. In den niedriger gelegenen Zonen gedeihen Baumfarne, Gräser, Moose, Lianen und Orchideen, Hunderte von Pflanzen finden für die traditionelle Heilmittelherstellung Verwendung. In Plantagen werden Gummi, Baumwolle, Kaffee, Tee, Pfeffer, Zimt und andere Gewürze angebaut. Reisfelder, Gemüse- und Obstgärten umgeben die Dörfer, die im *Bac Bo* von Bambushekken geschützt sind, im *Trung Bo* und *Nam Bo* unter Palmen liegen. Nach dem Amazonasgebiet besaß Vietnam die größten Mangrovenwälder, 329 000 Hektar im Brackwasser an den Küsten des Mekong-Deltas, 80 000 Hektar in der nordöstlichen Provinz Quang Ninh. Im Süden wurden 70 % durch die Entlaubungsmittel der Amerikaner vernichtet und müssen aufgeforstet werden.

Von den 400 Arten wildlebender Tiere der Tropen und Subtropen existieren einige in nur noch wenigen Exemplaren in Rückzugsgebieten, andere, wie das Rhinozeros, sind ausgestorben. Es gibt noch Elefanten, Tiger, Panther, Bären, Tapire, Moschus, Affen und

Monsune – Passate – Taifune

Ihre Entstehung verdanken Monsune einem physikalischen Gesetz: Erde erwärmt sich schneller als Wasser, sie kühlt aber auch rascher wieder ab, wodurch Luftströmungen entstehen. Im Herbst erkaltet die große asiatische Landmasse schneller als die Meere im Süden. Von November bis Januar herrscht über Nordostasien, der kältesten Zone der Erde, ein Hochdruckgebiet, das sich Richtung Pazifischer Ozean in Bewegung setzt. Durch die Erdbewegung dreht sich der Wind über der Mandschurei, Korea und Japan im Uhrzeigersinn nach Süden und Südwesten und weht in Süd- und Südostasien als kalter Nordostmonsun. Gebieten, die er streift, ohne über dem Meer Feuchtigkeit aufzunehmen, bringt er die Trockenzeit.

Im Sommer, wenn sich die asiatische Landmasse erwärmt, ziehen die Ränder Süd- und Südostasiens die kühlere Luft über dem Indischen Ozean an. Die Winde wehen zunächst als Südostpassat nach Nordwesten. In der Nähe des Äquators drehen sie sich im Uhrzeigersinn nach Nordosten und regnen die über dem Indischen Ozean aufgenommene Feuchtigkeit in Süd- und Südostasien ab. Die Reisbauern Asiens haben diese Winde beobachtet und ihren Reisanbau und den Ablauf des Jahres darauf eingerichtet. Der Name Monsun kommt aus dem Arabischen (*Mausin* = Jahreszeit) und verweist auf arabische Seeleute, die die Winde als erste für die Handelsschiffahrt nutzten.

Der Passat wird auch Tradewind genannt, der Wind, der den Handel bringt. Zwischen 25° und 35° nördlicher und südlicher Breite liegt zu beiden Seiten des Äquators eine windschwache Zone, die Roßbreiten. Von ihnen aus geht eine ständige Luftströmung nach Norden und Süden zur äquatorialen Hochdruckrinne. Durch Beschleunigung, Reibung und die Corioliskraft wird die Luftströmung abgelenkt und weht nahezu ganzjährig, mit örtlichen Ablenkungen, auf der nördlichen Halbkugel aus Nordost und auf der südlichen aus Südost.

Als *Tai Fun* (großer Wind) bezeichnen die Chinesen tropische Wirbelstürme, die im äquatorialen Pazifischen Ozean entstehen. Sie drehen nach Nord und Nordost, treffen die Philippinen und das südöstliche Indonesien, drehen dann nach Norden oder Nordwesten ab und können sich über dem Meer auflösen, aber auch erneut Feuchtigkeit aufnehmen und ihren Weg fortsetzen. Mit Geschwindigkeiten bis zu 120 km/Stunde richtet jeder dritte Taifun an den Küsten des Golfs von Bengalen, der Ostküste Hinterindiens in Vietnam, der südchinesischen Küste oder auf den Japanischen Inseln und Taiwan ein Vernichtungswerk an. Ein starker Taifun dauert 24 Stunden, in der Mitte der Windwirbel liegt eine ruhige Zone, das Auge genannt. In dieser Zeit können örtlich bis zu 500 mm Regen fallen. Nachdem er 100 km landeinwärts oft Zerstörung, Tote und Verletzte hinterlassen hat, ist seine Kraft gebrochen.

Taifune erreichen die vietnamesische Küste – im Bac Bo und Trung Bo – zwischen Juli und Oktober, sie können aber auch schon im Juni und noch im November auftreten.

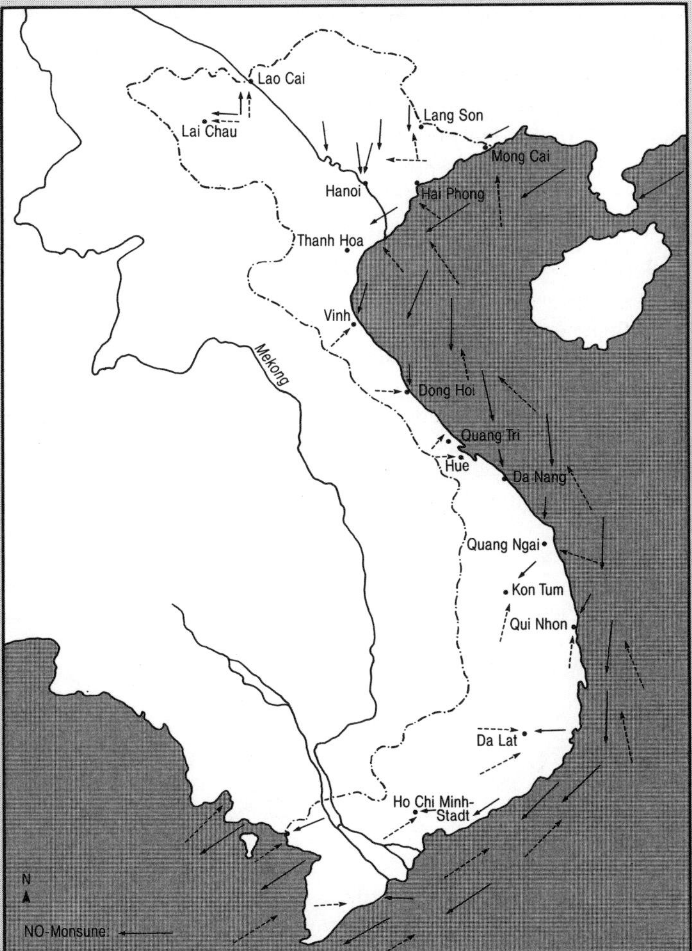

Monsune in Vietnam

Halbaffen und viele Arten von Nacht- und Nagetieren, Reptilien wie Schlangen, Geckos, Leguane und Amphibien. Groß ist der Artenreichtum der Vögel, scheue Waldbewohner mit schillerndem Gefieder, Buschbrüter, Reiher, Kraniche, Rebhühner, Fasane, Störche und viele Arten Wasservögel. In die Vogelkolonien des Mekong-Deltas kommen auch Zugvögel aus dem Norden.

Domestiziert wurden Hund, Schwein, Rind, Zebu und Wasserbüffel. In den Reisanbaugebieten werden Tiere nur zum Eigenbedarf gehalten, da es an Viehfutter mangelt. Nur im Hügel- und Bergland und in Trockengebieten wird Viehwirtschaft teilweise in Zuchtstationen betrieben. Die Minorität der Hmong (Meo) ist bekannt für die Züchtung von Rindern und Pferden. Milchwirtschaft beginnt erst langsam eine Rolle zu spielen. Im Zentralen Hochland werden Wildelefanten als Arbeitstiere ausgebildet. Die Bauern halten Hühner, Gänse und besonders Enten in großen Scharen.

Das Meer, die Seen und Flüsse, Teiche und Bewässerungskanäle sind reich an Fischen, Schalentieren und Meeresfrüchten.

Bevölkerung und Gesellschaft

Die Vietnamesen oder kinh

Die Vietnamesen, auch kinh genannt, Bewohner der Ebene, sind ein Mischvolk. Im Norden und im nördlichen Trung Bo macht sich mongolider Einschlag bemerkbar, wie ausgeprägte, hohe Backenknochen, schmale, schrägstehende Augen, schwarzes, straffes Haar und fahl-gelbliche Gesichtsfarbe. Die Menschen sind freundlich-ernst, aktiv, zuverlässig und neigen zu förmlich-zeremoniellen Umgangsformen. Im Nam Bo treten melanesisch-indonesische Züge und Mischungen mit Khmer und Cham in Erscheinung. Die Gesichtszüge sind weicher und abgerundeter, die Augen größer und häufig oval, das Haar locker, schwarz mit rötlichem Schimmer. Die Wesensart erscheint heiterer, aufgeschlossener, umgänglicher und leichtlebiger.

Zu Beginn des Neolithikums wurde die hinterindische Halbinsel zum Durchzugsgebiet von Völkergruppen aus Nordostasien und Südsibirien. In mehreren Wellen folgten sie den Stromtälern und Küstenebenen und verdrängten vor ihnen seßhaft gewordene Völker in die Berge. Es werden auch Wanderzüge über die Gebirge nicht ausgeschlossen. Vertreter der ersten Welle, *Weddide* und *Negritos,* sind nur noch vermischt mit anderen Völkern in Rückzugsgebieten des Truong Son zu finden. Ihre Spuren lassen sich aber bis Australien, Tasmanien und Papua-Neuguinea verfolgen. Bis zum Ende des Neolithikums folgten melanesisch-indonesische, auch als austro-malaiisch bezeichnete Völker. Einige Wissenschaftler sehen in ihnen die Träger der süd-ostasiatischen Bronzezeit, der Dong Son-Kultur (s. S. 139). Sie siedelten in Hinterindien, andere zogen weiter nach Indonesien, Malaya und Ozeanien. Spätere mongolide Stämme kamen nur bis in das nördliche Vietnam. Die seit dem 1. Jh. v. Zt. bis in das 17. Jh. zugewanderten Chinesen haben sich mit den Viet wenig vermischt, sie leben in geschlossenen Gruppen und Siedlungsgebieten, besonders in den Bergbauregionen des Nordens und im Mekong-Delta, aber auch als Händler in den Küstenorten und Marktplätzen im ganzen Land. Wanderzüge der Thai, auch in den vietnamesischen Raum, wurden im 14. Jh. ausgelöst, als Khubilai Khan ihr Reich Nan Chao in Yunnan eroberte.

Aus dem melanesisch-indonesischen Kulturerbe haben sich bei den Viet Traditionen und Gewohnheiten erhalten, die auch in Insel-Südostasien und Ozeanien, nicht aber in China vorkommen. Dazu gehören die Tatauierung (Tätowierung) des Körpers als Schutz gegen Dämonen, das Feilen und Schwärzen der Zähne und das Barfußgehen und Betelkauen, Sitten, die von chinesischen Historikern immer wieder als befremdend beschrieben wurden. Auch Totemismus, Naturgottheiten, das Kochen in Bambusrohren und das Kreuzen der Arme vor der Brust als Zeichen der Ehrerbietung haben die Vietnamesen mit den Völkern der Südsee gemeinsam. Eßsitten blieben ebenfalls erhalten, die Vorliebe für Meerestiere, gesalzene Gemüse und gesalzenen Fisch, auch als Fischsoße. Andere Sitten wurden durch chinesische Einflüsse verdrängt oder von der chinesischen Administration verboten. Vietnamesische Männer trugen das Haar mit Nadeln gehalten als Knoten auf dem Kopf und wollten sich nicht an den Chinesenzopf gewöhnen. Die bei den Chinesinnen üblichen schwarzen, weiten Hosen und seitlich geknöpften Blusen mußten den Röcke tragenden Vietnamesinnen während der Ming-Besatzung 1407–1427 durch Edikt verordnet werden. Die Holzhäuser auf Pfählen, wie sie auf den Dong Son-Trommeln dargestellt sind (s. S. 142), wurden in der Ebene durch direkt auf die Erde gebaute Häuser ersetzt. An Tische und Stühle haben sich viele Bauern bis in die Gegenwart nicht gewöhnt. Sie benutzen Schlafmatten und legen sie auf Bambusliegen, auf denen sie am Tage sitzen, essen und Gäste empfangen.

Die Staatenbildung der Viet-Stämme läßt sich aus den dynastischen Schriften der Chinesen verfolgen. Vor 3000 Jahren erwähnten die Historiker der Zhou-Dynastie die *Bach Yue* (vietnamesisch Hundert Viet). Die Stämme der Yue in Zhesiang, Fujian und Quangdong wurden von der Qin- und der nachfolgenden Han-Dynastie über den Chang Jiang (Yangtsekiang) gedrängt, besiegt, assimiliert oder ausgerottet. Die *Lac Viet* konnten sich im Hügelland des Roten Flusses halten und besiedelten von dort aus das Delta des Roten Flusses. Sie sind die Vorfahren der heutigen Vietnamesen, die über die 1000jährige Besatzung durch China (111 v. Zt.–938 n. Zt.) ihre Eigenart und Eigenständigkeit bewahrten. Das Überleben der vietnamesischen Kultur ist der bäuerlichen Bevölkerung zu verdanken, die sich gegen die chinesische Überfremdung abgrenzte und ihre Traditionen bewahrte und weiterentwickelte. Im Laufe der Jahrhunderte entstand auf dieser Grundlage die homogene vietnamesische Gesellschaft mit ihrer sehr starken Neigung zur Isolation.

Die Struktur der vietnamesischen Gesellschaft läßt sich bis in die Neuzeit als feudalistisch, bäuerlich und konfuzianistisch kennzeichnen. Als *Dai Viet* im Jahre 938 eine Monarchie wurde, orientierten sich die Könige an der Idee des chinesischen Kaisertums. Der König als Sohn des Himmels war auch der Besitzer des Bodens. Er belohnte und bezahlte seine Familie und die Diener des Staates durch Übereignung von Grund und Boden und die Überlassung der Steueraufkommen von Dörfern. An dem daraus resultierenden Feudalsystem partizipierten Adel, Beamtentum (Mandarinat) und Klöster. Versuche, die Macht zu zentralisieren und das Feudalsystem durch Boden- und Steuerreformen in Schranken zu halten, mißlangen. Die Bauern zwischen 18 und 50 Jahren hatten Kopf- und Grundsteuern zu entrichten sowie Militär- und Frondienste zu leisten. Adelige, Mandarine und Mönche blieben dagegen von Abgaben und Dienstleistungen befreit. Da China auch nach der Unabhängigkeit Dai Viets eine ständige militärische Bedrohung und kulturelle Herausforderung blieb, war eine große, schlagkräftige Armee unerläßlich.

Die Bauern-Soldaten bestellten die Felder und verteidigten sie in Kriegszeiten. Auch auf dem Zug nach Süden sicherten Militärkolonien das eroberte Land.

Vietnam blieb bis in die Gegenwart ein Agrarland. Im Jahre 1976, nach der Wiedervereinigung, betrug der Anteil der Landbevölkerung 79,4 %. Er stieg in den folgenden Jahren bis über 81 %, der letzte Zensus im Jahre 1989 wies 79,9 % aus.

Die vietnamesische Gesellschaft kennt keine Kasten und Tabus. Neben König und Adel gab es vier Berufsgruppen, die lediglich unterschiedliches Ansehen genossen. An erster Stelle standen die Gelehrten (*si*). Ihnen folgte die größte Gruppe, die Bauern (*nong*), danach kamen die aus dem Bauernstand hervorgegangenen Handwerker (*cong*). Die Händler (*thuong*), an letzter Stelle, betrieben nur den Binnenhandel, Fernhandel blieb bis in die Neuzeit Staatsmonopol. Ein Bürgertum und der Arbeiterstand konnten sich erst aus der veränderten Wirtschaft der Kolonialzeit entwickeln.

Sehr stark wurde die vietnamesische Bauerngesellschaft von den Religionen beeinflußt, besonders durch Ahnen- und Heroenkulte. Auch als Handwerker und Kunsthandwerker in die Stadt abwanderten, um die Bedürfnisse des Königshofes und der Verwaltung zu befriedigen, blieben sie an die Tempel und Gräber der Vorfahren und damit an ihre Heimatdörfer gebunden. Diese Bindungen förderten die Entstehung einer homogenen, nach außen isolierten Gesellschaft.

Im 15. Jh. triumphierte der Dogmatismus des chinesischen Neo-Konfuzianismus und prägte die vietnamesische Gesellschaft. Die ›Fünf Beziehungen‹ (s. S. 113), aus der Lehre des Konfuzius übernommen, wurden Grundlage des Staatskultes und wiesen dem einzelnen eine feste Rolle in Staat und Familie zu. Die Wertvorstellungen der konfuzianischen Gesellschaft überstanden die Kolonialzeit und spielten eine wesentliche Rolle im Kampf um Freiheit und Unabhängigkeit. Sie wurden – anders als in China – vom Kommunismus nicht in Frage gestellt. Ahnen- und Heroenkulte behielten ihre Bedeutung im sozialistischen Vietnam. Die von Konfuzius geforderte Loyalität gegen die Obrigkeit dürfte für den ausgeprägten Personenkult des fernöstlichen Kommunismus aber nicht ohne Bedeutung sein.

Die vietnamesische Gesellschaft befindet sich gegenwärtig im Umbruch. Unterschiedliche Wertvorstellungen der Generationen und zwischen Stadt und Land zeichnen sich ab. In den Dörfern wird die Rückkehr zu religiösen und gesellschaftlichen Traditionen angestrebt, die Wunschbilder junger Menschen, besonders in den Städten, sehen anders aus: Jeans, Motorräder, Beat- und Pop-Musik aus übersteuerten Transistorgeräten. Privatinitiative verändert das Bild der Städte und Dörfer. Ein gesellschaftlicher Veränderungsprozeß mit ungewissem Ausgang.

Das vietnamesische Dorf

Aus den Siedlungen der Viet-Stämme im Delta des Roten Flusses entwickelte sich über Jahrhunderte die gesellschaftspolitische, wirtschaftliche und kulturelle Einheit des viet-

Bevölkerungsentwicklung

Zu den größten gesellschaftlichen Problemen der Gegenwart zählt die Bevölkerungsexplosion. Seit dem Ende des 2. Indochinakrieges nimmt Vietnam jährlich um eine Million Menschen zu. 31,9 Millionen Kindern und Jugendlichen unter 20 Jahren stehen nur 32,4 Millionen gegenüber, die älter als 20 Jahre sind. Die Hälfte des vietnamesischen Volkes ist jünger als 20 Jahre, an der Spitze liegt die Gruppe der 0- bis 4jährigen mit 9 Millionen. Die Probleme, die sich aus der Bevölkerungszunahme ergeben, sind vielschichtig. Besorgniserregend ist die Schul- und Ausbildungssituation. 8,8 Millionen Vietnamesen haben keine Schule besucht, 30 Millionen den Besuch der Grundschule abgebrochen. Nur 11 Millionen konnten die Grundschule, 3,1 Millionen die Mittelschule absolvieren und 7,4 Millionen eine Berufsausbildung abschließen. Von den 3,8 Millionen Absolventen der Universitäten und Höheren Lehranstalten finden nicht alle einen ihrer Ausbildung entsprechenden Arbeitsplatz. Nicht mangelndes Interesse oder Fähigkeit der Betroffenen führt zu diesem Ergebnis, sondern das Fehlen von Schulen, besonders im ländlichen Bereich. Zudem müssen viele Kinder zum Lebensunterhalt der Familie beitragen.

Bevölkerungsstatistik:

1802	4 200 000	1979	52 700 000
1883	7 100 000	1983	57 100 000
1901	13 000 000	1986	60 000 000
1921	15 500 000	1989	64 412 000
1931	17 700 000		
1943	22 600 000	1975–1979	+ 2,6 %
1955	27 200 000	1985	+ 2,3 %
1976	49 900 000		

Vietnam steht heute an 13. Stelle der bevölkerungsreichsten Länder. Verzeichnete man während der Kolonialzeit im Durchschnitt 21 Personen pro km^2, so waren es 1989 bereits 171, eine dichtere Besiedlung als in China. Eine Geburtenplanung ist angestrebt, bis zum Jahr 2000 will man die Steigerungsrate des Bevölkerungswachstums auf 1,7 % verringert haben. Schon heute haben in den Städten junge Familien meist nur ein oder zwei Kinder.

namesischen Dorfes, das zur Grundlage der vietnamesischen Nation wurde. Daß neben den ursprünglich gemeinschaftlich bewirtschafteten Feldern teilweise Privatland existierte, ist bereits aus der Zeit vor der chinesischen Okkupation im 1. Jh. v. Zt. bekannt. Andererseits läßt sich turnusmäßig an die Bauern des Dorfes neu verteiltes Gemeindeland bis in die Neuzeit nachweisen. Aus dem 15.–18. Jh. und der letzten vietnamesischen Königsdynastie der Nguyen im 19. Jh. stammen Inschriften von Stelen und Dokumente, die den komplizierten Aufbau und die Hierarchie der Dörfer beschreiben und detaillierte Anordnungen, Gesetze und Strafandrohungen enthalten.

Dörfliches Fest

Die ursprünglich direkte Beziehung König – Dorf wurde durch das Feudalsystem nicht völlig unterbrochen. Die Feudalherren waren häufig Besitzer der Dörfer, gleichzeitig auch die Pachtherren der reichen Bauern, die ihrerseits das gepachtete Land weiter verpachteten. In Kriegszeiten und bei Mißernten wurden die Bauern zu Schuldnern der Großgrundbesitzer, denen sie und ihre Familien dann als Leibeigene zu dienen hatten. Die häufig zitierte demokratische Verwaltung der Dörfer gab es nicht, da die Beschlüsse nur von den Notabeln gefaßt wurden. Durch wechselweise Abhängigkeiten entstand vielmehr eine komplizierte Hierarchie, die nicht allein vom Landbesitz abhing. An erster Stelle standen Adelige und Mandarine, die im Dorf ansässig waren und ein Staatsamt innehatten oder einen Titel besaßen. Alle männlichen Dorfbewohner zwischen 18 oder 20 und 50 Jahren, ohne Rang und Titel, rangierten nach ihren oft überkommenen Aufgaben in der dörflichen Verwaltung oder nach Alter. Sie hatten ihren festen Sitz im dinh, dem Gemeinschaftshaus (s. S. 183).

Das vietnamesische Wort *lang* bezeichnete das Dorf. Als Verwaltungseinheit wurde es mit dem chinesischen Wort *xa* benannt, dazu konnten Weiler gehören (*thon*), die später selbständige Dörfer wurden. Mehrere Dörfer wurden *tong* (Bezirk) genannt. Diese Bezeichnungen unterlagen zeitlichem und lokalem Wechsel. Die französische Kolonialverwaltung bediente sich der vorhandenen dörflichen Einrichtungen. Auch die Eingliederung der Dörfer in die sozialistische Wirtschaftsordnung der Kooperativen ließ die tra-

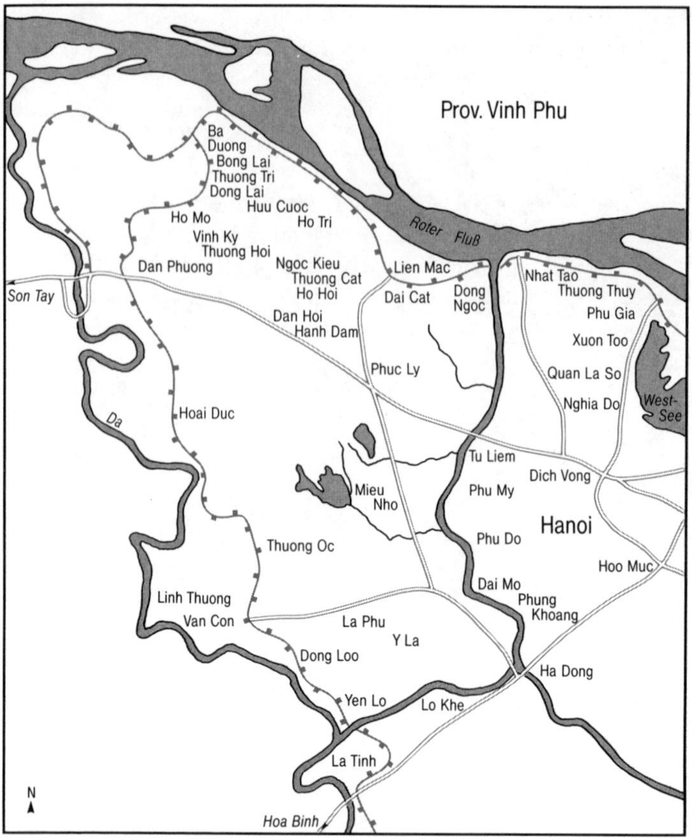

Deiche in Hanoi

ditionellen Strukturen nicht ganz in Vergessenheit geraten. Die alte hierarchische Ordnung läßt sich neben dem heutigen Kadersystem erkennen. Es gibt in jedem Dorf alte, hochgeachtete Männer, die ihr Ansehen ihrer früheren Stellung im Dorf verdanken. Die Erfassung in Kooperativen wurde im Norden strikter durchgeführt als im Süden. Die Selbständigkeit des Dorfes dokumentiert sich nach außen. Im Bac Bo liegt ein Dorf noch heute hinter einer hohen, undurchdringlichen Bambushecke. Außen war das Bambusdikkicht von einem Graben umgeben, innen von einem Wall geschützt, deren Reste noch vielfach erhalten blieben. Die Felder liegen außerhalb der Hecke. Der dreifache Schutz sollte Dieben und Banden den Zugang verwehren und in Kriegszeiten der Verteidigung dienen. Viele der Anordnungen befaßten sich mit der Erhaltung dieser Schutzanlagen. In das Dorf gelangte man durch vier, seltener drei oder zwei Tore – aus Ziegel oder Holz erbaut –, die nachts geschlossen und bewacht wurden. »Am Tor des Dorfes endet die Königsmacht«, die stolzen Worte hatten über Jahrhunderte Gültigkeit. Auch wenn die

Tore heute meist verschwunden sind, der Besucher sollte sich vergewissern, ob er willkommen ist. Vor den Toren unter großen Banyanbäumen rasteten die Bauern an einem Teehaus, wenn sie von den Feldern zurückkehrten. Haupt- und Nebenwege führten vom Tor zu den Gehöften. Sie waren mit Ziegeln gepflastert, die von denjenigen Männern der Nachbardörfer gestiftet wurden, die in das Dorf einheiraten wollten. In manchen Dörfern stiftete jedes junge Paar hundert oder mehr Ziegel. Dieser Brauch wurde 1945 aufgehoben, in manchen Gegenden aber inzwischen wieder aufgenommen. Auch innerhalb der Dörfer werden alte Bäume gehegt, manchmal überschatten sie die Dorfteiche.

Die Dörfer waren Ausgangspunkt vielfacher kultureller Aktivitäten. Ein Dorf oder gildeartig organisierte Gruppen spezialisierten sich auf Handwerk und Kunsthandwerk, Weberei, Keramik, Holzschnitzerei, Bronzeguß u. a., arbeiteten für die Nachbardörfer, den Adel und den Königshof. Auch bei der Übersiedlung der Handwerker in die Stadt blieben ihre dörflichen Institutionen erhalten. Viele Dörfer sind bekannt für ihre Gesänge, Tänze und Spiele, die auch Grundlage des höfischen Theaters wurden.

Im Bac Bo entstanden viele Dörfer entlang der Flußdeiche. Zunächst wurde das Land hinter dem schützenden Deich besiedelt. Auf der Deichkrone verlief die Straße. Die Tore des Dorfes öffneten sich in diesem Falle zum Deich, die Felder lagen landeinwärts hinter dem Dorf. Nahm die Bevölkerung zu, wurde auch das fruchtbare Schwemmland zwischen Deich und Fluß besiedelt. Bei Überschwemmungen ziehen sich die Bewohner vorübergehend auf Bodenerhebungen, aber auch auf den Deich zurück. Liegen die Dörfer auf beiden Seiten des Flusses hinter dem Deich, besorgen Fährboote die Verbindung zwischen beiden Ortsteilen. Ein zweiter Dorftyp entstand zwischen zwei Flüssen in einem feuchten, moorigen Landstrich, die Verbindung zwischen den Häusern ist während der Überschwemmungsperiode nur mit kleinen, geflochtenen, flachen Booten auf-

Dorfleben

rechtzuerhalten. Viele Dörfer liegen auch mitten in der Ebene, manchmal in der Nähe eines Kalkfelsens, der als Baumaterial benutzt wird. Gesichert vor Fluten sind die Dörfer auf Hügeln. Auch auf den Sanddünen am Meer wurden Ansiedlungen errichtet, die gleichzeitig von Fischern bewohnt werden, die Felder liegen zwischen den Dünen.

Auf dem Zug nach Süden haben sich Funktion und Organisation der Dörfer wenig geändert, aber sie mußten sich geographischen, klimatischen und örtlichen Bedingungen anpassen. Der Wandel ist sinnfällig: Im Gegensatz zu den hinter Bambushecken versteckten Dörfern im Rote-Fluß-Delta liegen die Siedlungen im Trung Bo und Nam Bo sichtbarer und leichter zugänglich unter hohen Palmen. Im Nam Bo sind viele nur über Brücken oder auf Booten über Kanäle erreichbar. Bambus und Palmen haben wirtschaftlich gesehen für das Dorf die gleiche Bedeutung. Sie begleiten die Menschen durch Alltag und Leben, liefern Material für Wiege und Sarg, Haus und Schlafstatt, Brennmaterial zum Kochen, Asche als Dünger für die Felder, Bambusspitzen bzw. Kokosnüsse als Nahrung. Der Wasserbüffel oder das Zebu, das Höckerrind, sind Hilfskräfte des Bauern und Gefährten der Kinder. Ein Büffel arbeitet 20 Jahre, eine Büffelkuh bekommt etwa zehn Junge und arbeitet 15 Jahre. Sie sind beinahe Familienmitglieder und werden, wenn sie alt sind, verkauft, ihre Eigentümer möchten sie nicht schlachten.

Stadtnahe Dörfer, auch im traditionsgebundenen Delta des Roten Flusses, können sich der modernen Zeit nicht verschließen, in ferner gelegenen scheint die Zeit stillzustehen. Das neue Pachtsystem der letzten Jahre macht sich in einem Bauboom bemerkbar, der nicht nur den Hausbau erfaßt, auch dinh und Tempel werden erneuert oder neu gebaut, alte Traditionen erweckt. Noch hat die Landflucht nicht eingesetzt, weil die Städte keine Arbeitsmöglichkeiten bieten und die Wohnverhältnisse schlechter sind als auf dem Lande, wo Bauland vorhanden ist.

Die Familie

Die vietnamesische Frau

In der Agrargesellschaft fällt den Frauen die Arbeit in Haus, Obst- und Gemüsegarten zu. Überschüsse aus Garten und Geflügelhaltung werden auf dem Markt des Dorfes oder der Nachbarorte verkauft. Die Lasten werden von Männern wie von Frauen mit Hilfe der Tragestangen oder auf Fahrrädern befördert. Frauen leisten auch Hilfe beim Reispflanzen und bei der Ernte. 71 % aller berufstätigen Frauen arbeiten in der Landwirtschaft, 57% der landwirtschaftlichen Arbeitskräfte sind Frauen. Zwar sind schwere Feldarbeiten Männersache, aber in Kriegszeiten waren die vietnamesischen Frauen auf sich gestellt. Noch wirken sich die Kriege der letzten Jahrzehnte aus, gegenwärtig werden 21% der ländlichen Haushalte von Frauen geführt. Zwei bis fünf Kinder bringt eine Frau auf dem Lande zur Welt, mehr als die Städterin.

Erinnerungen an das Matriarchat, das melanesisch-indonesische Erbe, aber auch die entscheidende Rolle der Frau in der Landwirtschaft haben der Vietnamesin zu allen Zeiten eine bessere gesellschaftliche Stellung gesichert, als sie die Chinesin oder Japanerin besitzt. Aus dem 2. Jh. v. Zt. berichten chinesische Annalen von der freien Wahl der Ehepartner bei den Viet, ohne Zustimmung der Eltern. Auch der Codex des Königs Le Thanh Tong im 15. Jh., der auf früheren Gesetzeswerken basiert, bestätigt die Gültigkeit der Ehen, die ohne die üblichen Riten und Einwilligung der Eltern geschlossen wurden, sowie die Erbfolge der Frau und der Kinder beiderlei Geschlechtes. Der Codex des Königs Gia Long Anfang des 19. Jh. bedeutete dagegen eine wesentliche Verschlechterung der Stellung der Frauen, weil er sich auf das Recht der chinesischen Ming-Dynastie aus dem 14./15. Jh. stützte. Der Buddhismus, besonders aber der Spätkonfuzianismus wiesen der Frau, gemäß den ›Fünf Beziehungen‹ der konfuzianischen Lehre, die Rolle der gehorsamen Gattin zu.

In den 1000 Jahren der unabhängigen vietnamesischen Reiche hat es nur sehr wenige Königinnen und Regentinnen gegeben. Dagegen waren die ersten Freiheitsheldinnen im Jahre 40–43 n. Zt. Frauen. Bis in die letzten Jahrzehnte haben Frauen am Widerstandskampf teilgenommen, in Notzeiten hat die Vietnamesin Hof und Land mit der Waffe verteidigt. Es gab kluge und gebildete Frauen in diesem Land, auch viele, die die Lehre Buddhas studiert hatten. Aber keine Frau durfte die konfuzianische Bildung genießen, hat den Rang eines Mandarins erworben.

Die Dichterinnen des 18. und 19. Jh. griffen neben lyrischer Prosa und Poesie auch soziale Themen auf, traten ein für die Rechte und Freiheit der Frauen. Während der Kolonialzeit konnten Mädchen dann Missionsschulen besuchen. Erst seit 1945 aber haben sie Zugang zu allen Schulen und Berufen, erfolgte die völlige Gleichstellung der Geschlechter vor dem Gesetz. Frauen sind heute Verkäuferinnen und Ärztinnen, Lehrerinnen und Naturwissenschaftlerinnen, arbeiten in Büros, Fabriken, Verwaltungsstellen. Nur wenige gelangten bisher in hohe Ämter in Politik, Staat, Wissenschaft und Wirtschaft. Alle Frauen im berufstätigen Alter stehen im Arbeitsprozeß und haben die Doppelbelastung von Beruf und Haushalt zu tragen. Sehr oft beugen sie sich noch freiwillig der konfuzianischen Familientradition.

Die Hochzeit

Das früheste Heiratsalter ist amtlich auf 20 Jahre bei Männern und 18 Jahre bei Frauen festgelegt. Nach konfuzianischer Sitte wurden die Ehepartner von den Eltern bestimmt, seit 1945 entscheiden die Heiratswilligen. Meist wird jedoch die Zustimmung der Eltern erbeten, und sie werden sie selten verweigern, auch um nicht auf die Enkel verzichten zu müssen.

Als amtliche Formalität müssen bei einer Heirat ein Antrag beim Volkskomitee (entspricht der Gemeindeverwaltung) gestellt und Bescheinigungen, daß die Antragsteller nicht verheiratet sind, beigefügt werden. Das Aufgebot wird eine Woche ausgehängt, danach folgt die Registrierung, die gesetzlich als Vollzug der Ehe gilt.

Aber kein junges Paar möchte auf die traditionellen Hochzeitszeremonien verzichten. Die Bräuche sind bei den Minderheiten – aber auch bei den kinh – sehr unterschiedlich, auf dem Lande geht es noch feierlicher zu als in der Stadt. Zunächst treffen sich die Familien und das Brautpaar. Früher sahen sich die jungen Leute bei dieser Gelegenheit häufig zum ersten Mal. Dabei wird der Hochzeitstermin festgelegt, oder ein Astrologe – auf dem Lande schätzungsweise noch zu 80% – mit der Errechnung eines glücklichen Tages beauftragt. Die Familie des Bräutigams übergibt der Familie der Braut zehn Betelnüsse. Kurz vor der Hochzeit werden den Brauteltern die Brautgeschenke übersandt, sie werden meist vorher vereinbart. Aber immer gehören Betelnüsse dazu, die von der Familie der Braut bei der Bekanntgabe der Hochzeit verteilt werden.

Die Dauer des Festes – früher waren es drei Tage –, die Anzahl der Gäste, die schriftlich eingeladen werden und ein Geldgeschenk überreichen, hängen vom Besitzstand der Eltern des Bräutigams ab, die die Hochzeit ausrichten, aber auch von unterschiedlichen lokalen Bräuchen. In der Stadt muß die Hochzeit meist in einem Restaurant oder Bürohaus gefeiert werden, da die Wohnverhältnisse sehr beengt sind. Als eigentliche Hochzeitszeremonie überbringen die Eltern des Bräutigams den Brauteltern zweieinhalb Betelnüsse – in jeweils vier Teile geteilt, das sind zehn Viertel-Betelnüsse – und fragen: »Wann bringt ihr die Braut?« Diese Zeremonie geht auf eine Legende zurück.

»Zur Zeit des legendären vierten Hung-Königs beschlossen Zwillingsbrüder, die die Eltern verloren hatten, sich nie zu trennen. Sie studierten bei einem daoistischen Gelehrten, dessen schöne Tochter sich in die Brüder verliebte. Tan und Lang sahen sich so ähnlich, daß auch das Mädchen sie nicht unterscheiden konnte. Sie beschloß, den Älteren zu heiraten, und erkannte ihn daran, daß sein jüngerer Bruder ihm achtungsvoll die Eßstäbchen reichte. Die Hochzeit fand statt, und alle priesen sich glücklich. Tan trennte sich nicht von seinem Bruder Lang.

Als die beiden eines Abends zurückkehrten, betrat Lang als erster das Haus. Tans Frau, die ihn nicht erkannt hatte, begrüßte ihn mit offenen Armen. Lang floh aus dem Haus, irrte ziellos umher, bis er an einen Fluß kam und zusammenbrach. Die Geister verwandelten ihn in einen Kalkstein. Tan konnte seine gekränkte Liebe nicht vergessen, sehnte sich aber auch nach seinem Bruder und verließ das Haus. Er irrte durch das Land und brach erschöpft neben einem Kalkfelsen am Fluß zusammen. Die Geister ließen ihn zu einer hohen schlanken Betelpalme werden. Tans Frau ging ihn, als er nicht zurückkehrte, suchen und kam zu der Betelpalme neben dem Kalkstein. Sie umschlang den Stamm des Baumes und brach tot zusammen. Die Geister verwandelten sie in einen Betelstrauch.

Als das Reich Van Lang von einer schrecklichen Dürre heimgesucht wurde, verbreitete sich die Nachricht, daß eine Betelpalme, umrankt von einem Betelstrauch, noch immer grünte. Als der König von dem Wunder hörte, ging er zu dem Fluß, sammelte die Nüsse, brach ein paar Blätter von dem Strauch, rieb etwas Kalk von dem Stein und labte sich an dem frischen Geschmack. Als Zeichen der Gattentreue findet Betel bei der vietnamesischen Hochzeitszeremonie bis zum heutigen Tage Verwendung.«

Eine Scheidung muß beim Standesamt des Volkskomitees beantragt und durch einen Aushang »Wir wollen uns trennen«, der von beiden Ehepartnern unterschrieben sein

muß, bekannt gemacht werden. Nach Vorlage beim Distriktsgericht haben die Partner zwei Monate Bedenkzeit, dann wird die Scheidung bestätigt. Eingebrachtes Heiratsgut bleibt Besitz des Einbringenden, Zugewinn wird geteilt. Finanzielle Absprachen werden häufig vor der Scheidung getroffen. Kinder unter fünf Jahren bleiben bei der Mutter, später können sie, nach Befragung, auch zum Vater gehen, der in jedem Fall bis zum 18. Lebensjahr des Kindes Unterhalt und Ausbildung zu bezahlen hat.

Das Erbe kann durch Testament oder Versprechung geteilt werden. Im Normalfall steht bei Tod eines Ehepartners dem anderen 50 % des Besitzes zu, die restlichen 50 % erhalten die Kinder.

Die Geburt

Bei einer Geburt gehen die meisten Frauen, viele auch auf dem Lande, für drei Tage in ein Krankenhaus. Im Dorf leistet häufig eine Hebamme Beistand. Die Geburt eines Kindes muß spätestens am siebenten Tag registriert werden. Früher durfte der Vater sein Kind erst am dritten Tag sehen, und Mutter und Kind blieben 14 Tage von der Familie getrennt. Noch heute brennt man unter dem Bett häufig Holzstückchen ab, um Mutter und Kind zu wärmen, und die Frau darf traditionsgemäß nach einer Erstgeburt drei Monate lang nicht in kaltes Wasser greifen. Damit sie besser stillen kann, muß sie in manchen Gegenden mehrere Tage lang Schweinsfüße in Reis gekocht essen. Neun Tage nach Geburt eines Sohnes, sieben nach der Geburt eines Mädchens, werden Mutter Himmel, einer daoistischen Göttin, Klebreis und Eier geopfert. Erst am 30. Tag findet das Opfer am Ahnenaltar statt, den Ahnen wird die Geburt mitgeteilt, und sie werden gebeten, das Kind zu schützen. Die Zeremonie wird nach drei Monaten und einem Jahr wiederholt, dabei wird ein Hahn geschlachtet und ein Festessen ausgerichtet.

Die Beerdigung

Die Zeremonien für einen Toten richten sich nach dessen Alter und Stellung, nach Status und Besitz der Familie, hängen aber auch von lokalen Bräuchen ab. Verwandte und Nachbarn werden vom Tod benachrichtigt. Für den ältesten Sohn, der die Opfer für die toten Eltern zu bringen hat, ist die Teilnahme am Begräbnis Pflicht. Der Sarg bleibt einige Tage im Haus, bis der Astrologe einen glücklichen Tag errechnet hat und alle Verwandten eingetroffen sind. Der Tote wird gewaschen, mit einem Totenhemd bekleidet, und man legt ihm Reiskörner oder eine Münze in den Mund. Die Verwandten umschreiten zum Abschied den Sarg, verneigen sich vor dem Toten. Der nächste Verwandte, Mann oder Frau, muß die Verbeugungen erwidern. Dann wird der Sarg mit einer zementartigen Schicht abgedichtet und verschlossen. Die Trauernden bleiben bei Totenmusik versammelt. In manchen Gegenden wird eine Schale mit duftendem Reis, einem Ei und einem Paar Eßstäbchen sowie ein Weihrauchgefäß auf den Sarg gestellt. Die Reisschale bekommt der Tote mit in das Grab. Im Dorf findet die Beisetzung auf einem Acker statt, an einer Stelle, die nach den Regeln der Geomantik festgelegt wurde, meist an einem Hang, die Füße zur Ebene oder zu einem Fluß gerichtet. In der Stadt muß eine Grabstelle gekauft werden. Der Sarg wird auf einem besonderen Wagen gefahren oder von Trägern gemessenen Ganges, drei Schritte vor und einen zurück, zum Grab getragen. Der älteste Sohn folgt mit dem Rücken zum Sarg, um den Toten zurückzuhalten. Die anderen Söhne sind manchmal mit Stöcken bewaffnet, die sie in gebückter Haltung vor dem Körper halten, zum Teil tragen sie auch Fackeln. Oft begleiten Trommler oder maskierte Männer den Sarg. Alle Bräuche dienen dazu, die bösen Geister zu vertreiben, die den Toten zu beunruhigen suchen. Laute Totenklage ist selten. Der Leichenzug wird von einer Musikkapelle begleitet, die Trauermusik spielt. Die Frauen der Familie und der älteste Sohn tragen weiße Kleidung. Auf dem Kopf trägt er eine Kappe aus einem Strohseil geflochten, die manchmal mit weißen Bändern durchwirkt ist. Dem Sohn folgen die Männer, danach erst die Frauen. In einigen Gegenden werfen sich die Töchter beim Tode des Vaters auf dem Wege zum Grabe mehrmals zur Erde, um ihren Schmerz auszudrücken. Auf dem Friedhof ist ein rechteckiges Grab etwa zwei Meter tief ausgehoben. Der Sarg wird hinuntergesenkt, und der älteste Sohn oder ein angesehener Verwandter wirft zuerst eine Handvoll Erde auf den Sarg, dann folgen die übrigen Trauergäste.

Im Hause des Verstorbenen findet ein Totenmahl statt, zu dem ein Schwein geschlachtet wurde. Der gekochte Schweinskopf auf duftendem Reis wird zunächst auf den Ahnenaltar gelegt, später gegessen. Auf der anderen Seite des Altars liegt ein gekochter Hahn. Nach einer Woche und noch einmal nach vierzehn Tagen wird das Totengedenken wiederholt, aber nur ein Hahn gegessen. Das wichtigste Fest findet nach drei Mondmonaten und zehn Tagen, das heißt nach 100 Tagen statt, danach werden die offiziellen Totenfeste eingehalten.

Nach drei Jahren muß das Grab geöffnet werden. Die Knochen werden in einem irdenen Behälter gesammelt. Viele Legenden berichten von unaufmerksamen Angehörigen, die Knochen vergessen haben. Sie wurden an der Stelle von schlimmen Schmerzen geplagt, wo die Knochen des Toten fehlten. Der irdene Sarg wird dann in dem ›ewigen‹ Rundgrab beigesetzt, das neben dem ersten Grab oder auch an anderer Stelle liegen kann. In Hanoi ist der Friedhof für die zweiten Gräber 50 km von der Stadtmitte entfernt. Wer nicht aus dem Ort stammt, wo er beigesetzt wurde, kann nach drei Jahren in seinen Heimatort überführt werden.

Auf den Soldatenfriedhöfen in Vietnam gibt es viele Steine, unter denen ein unbekannter Toter ruht. Sie tragen die Zeichen *vo danh*, keinen Namen. Für Soldaten, deren Angehörige nicht wissen, wo sie gefallen sind, wurden auf den Soldatenfriedhöfen ihres Hei-

Transport eines Sarges

matortes Gedenksteine aufgestellt. Der Tod in einem Krankenhaus bedeutet eine Irritation der Zeremonien. Aufbahrung und Totenklage entfallen. Der Sarg wird vom Krankenhaus zum Grab gebracht, die Angehörigen tragen Trauerkleidung, aber es spielt keine Musik.

Bei einem Toten der dritten Generation trägt nur der älteste Sohn weiße Kleidung, bei Beerdigung eines Angehörigen der vierten Generation wird gelbe Kleidung getragen. Mönche und Nonnen können an der Beerdigung ihrer Eltern nicht teilnehmen, für sie gilt die *sangha*, die Mönchsgemeinschaft, als ihre Vorfahren.

Beerdigung und Totenfeste sind sehr kostspielig. Manche Vietnamesen hinterlassen deshalb *hoang hoa*-Geld (Weihrauch-Feuer-Geld) für die Zeremonien nach ihrem Tode.

Sprache und Schrift

Die Sprachen der Vietnamesen, der Minderheiten Thai und Muong, haben die einsilbigen Wörter, die Phonetik, die durch verschiedene Tonhöhe abgewandelte Bedeutung der Wörter, aber auch einen Teil der Wortstämme gemeinsam. Das Grundvokabularium der Vietnamesen weist aber auch Gemeinsamkeiten mit den Mon-Khmer-Sprachen auf, so daß Sprachwissenschaftler die Zuordnung des Vietnamesischen als strittig ansehen. Während der chinesischen Herrschaft wurden Wörter und Satzbau aus dem Han-Chinesisch übernommen. Sie stellen den größten Anteil. Die Kolonialzeit hinterließ für neue Begriffe französische Bezeichnungen, die vietnamisiert wurden. Aus *la gare*, der Bahnhof, wurde *nha ga* und aus *savon,* Seife, *xa phong*. Wortneubildungen für moderne Einrichtungen und Techniken stehen drei Möglichkeiten zur Wahl: die Entwicklung eines Begriffes aus der vietnamesischen Sprache, die Benutzung eines Wortstammes aus der chinesischen Sprache und die Vietnamisierung eines internationalen Begriffs.

Als die chinesische Besatzung im Jahre 938 endete, blieb Han-Chinesisch auch im unabhängigen Dai Viet Amtssprache, aber auch die Sprache der Gelehrten und Gebildeten. Die Kolonialadministration machte Französisch zur Verwaltungssprache, die von dem neu entstandenen, teilweise frankophilen Bürgertum gesprochen wurde. Am Hof der Nguyen-Könige in Hue und in den Mandarinfamilien wurde weiter Chinesisch gesprochen und geschrieben. Auch religiöse Zeremonien bedienten sich des Chinesischen, und in Zentral- und Nordvietnam wurden Grundbucheinträge chinesisch getätigt. Das Volk, die Freiheitskämpfer und Revolutionäre sprachen Vietnamesisch, das aber erst 1945 Amts- und Landessprache wurde. Denkweise und Satzbau lassen jedoch bis in die Gegenwart die enge Bindung an die chinesische Sprache erkennen. Die Sprache klingt in den verschiedenen Landesteilen recht unterschiedlich, benutzt zum Teil verschiedene Wörter, was aber kein Hindernis für die Verständigung darstellt.

Es gilt als sicher, daß die Viet vor der Einführung der chinesischen Schriftzeichen keine Schriftsprache besaßen. Durch die chinesischen Silben lassen sich aber nicht alle Worte

nom: 碎吶哴碎罢𠊛越南

han: 我謂我是越南人

und Begriffe der vietnamesischen Sprache ausdrücken. Die gleiche Erscheinung gilt auch für Japan und Korea, die ebenfalls die chinesische Schrift übernommen haben. In allen drei Ländern wurde zusätzlich eine Schrift entwickelt, die, auf den chinesischen Zeichen basierend, der eigenen Sprache besseren Ausdruck verlieh. Den Vietnamesen erschloß die *nom*-Schrift die Möglichkeit, ihr Denken und Fühlen auszudrücken und eine eigene Literatur zu entwickeln. Zudem wurde nom vielfach zu einem nationalen Bekenntnis. Dagegen sahen die gelehrten Konfuzianer noch im 19. Jh. in einer demotischen Schrift und Sprache, die dem Volk Zugang zu Literatur und Bildung verschaffte, eine Bedrohung ihres Ansehens und ihrer Rechte, die aus der Beherrschung der klassischen chinesischen Literatur resultierten.

Im 17. Jh. versuchten portugiesische Missionare erfolglos, die vietnamesische Sprache in lateinische Buchstaben zu transkribieren. Schöpfer des *quoc ngu,* der nationalen vietnamesischen Schrift, wurde Alexandre de Rhodes, ein französischer Jesuit aus Avignon. Er beherrschte die vietnamesische Sprache und erkannte in den sechs Tonhöhen die ›Seele der Sprache‹, aber auch die Schwierigkeit für ihre Transkription. Sein Versuch, die Tonhöhen durch Musikzeichen auszudrücken, mißlang. Rhodes benutzte dann die drei Tonzeichen der griechischen Sprache: ahut für den Hochton, gravis für den Tiefton, zirkumflex für den Fallton. Die vierte Tonhöhe, den Schwer- und Tiefton, drückte er durch das griechische jota aus, nicht mit dem Buchstaben i, sondern dem . unter den Buchstaben ạ ọ. Über den fünften, den Frageton, setzte er den Haken des europäischen Fragezeichens ả ỏ.

Die Transkription der vietnamesischen Sprache in lateinische Buchstaben blieb lange die Schrift der vietnamesischen Christen und wurde mit Zurückhaltung betrachtet. Die Ausweitung des Schrifttums während der Kolonialepoche, die Entwicklung neuer Sparten wie Pressewesen und politische Propaganda, aber auch die Übersetzungen europäischer Literatur und die Entwicklung des Buch- und Zeitungsdrucks schafften den Anreiz, die als fremd empfundene Schrift zu erlernen, die sich in wenigen Monaten erfassen ließ, während es Jahre dauert, die nom-Schrift zu beherrschen. Widerstandskämpfer und Revolutionäre machten sich diese Tatsache zunutze, um Propagandamaterial in Umlauf zu setzen. Die Schrift der Missionare wurde zur quoc ngu (Nationalschrift), mit ihr fand

Vietnam Zugang zu den europäischen Sprachen, führte es die Kampagne gegen das Analphabetentum. Gleichzeitig mußte es aber auch feststellen, daß die chinesische und die nom-Schrift zur Erforschung der eigenen Vergangenheit unerläßlich waren.

Früheste Zeugnisse der nom-Schrift sind bisher zwanzig Zeichen in einem chinesischen Text auf einer Stele aus der Zeit des Königs Ly Cao Tong (1176–1210) in der Thap Mien-Pagode im Dorf Yen Lang, Provinz Ha Son Binh. Der älteste, vollständig in nom-Schrift verfaßte Text entstand während der Tran-Dynastie (1225–1400) in einer buddhistischen Meditationssekte. Im Han-Nom-Institut in Hanoi steht der Forschung sehr reichhaltiges Material zur Verfügung, das, unterstützt von der älteren Generation, ausgewertet wird, bis auch junge Wissenschaftler die han- und nom-Schrift wieder erlernt haben.

Die Bedeutung desselben Wortes in verschiedenen Tonhöhen:

ohne Zeichen	ma	Böser Geist
´ Hochton	má	Mutter
` Tiefton	mà	aber
. Schwer- und Tiefton	mạ	Junge Reispflanze
? Frageton	mả	Grab
˜ Fallton	mã	Pferd

Namen

Vietnamesische Namen bestehen meist aus drei, seltener aus zwei oder vier einsilbigen Teilen, jeder mit großem Anfangsbuchstaben geschrieben: Tran Kim Hoang. An diesem Namen läßt sich das Geschlecht des Trägers nicht ablesen. Tran *Thi* Kim Hoang ist eine Frau, Tran *Van* Kim Hoang ein Mann. Aber die Beigaben Thi und Van gelten als veraltet. Wenn Tran Kim Hoang und Pham Tuan Hoa heiraten, behalten beide ihre Namen unverändert bei. Ein Ehepaar läßt sich am Namen nicht erkennen, auch nicht, welcher der Name der Frau oder des Mannes ist. Es gibt einige Rufnamen, die nur bei Frauen bzw. bei Männern Verwendung finden. Der erste Name ist der Familienname, der von Frauen und Männern über Generationen hinweg übernommen wird. Er geht zurück auf den Gründer des Klans, der oft auch der Gründer des Heimatdorfes ist. Die häufigsten Klan-Namen sind: Nguyen, Tran, Le, Pham, Vu, Do, Hoang, Dang, Duong und Dinh. Kinder erhalten meist den Klan-Namen des Vaters, Mädchen manchmal auch den der Mutter. Es gibt auch Absprachen, nach denen die Kinder abwechselnd die Familiennamen der Eltern bekommen. Der mittlere Name wird von den Eltern gewählt, er bezieht sich zuweilen auf Familientraditionen, ist der Name eines Vorfahren und kann von seinem Träger später geändert werden.

Der wichtigste ist der dritte, der Ruf- und Eigenname, unter dem ein Vietnamese bekannt ist und mit dem er von Freunden, Kollegen, Vorgesetzten und Untergebenen, Bekannten und Fremden angeredet wird. Ausnahmen entstanden aus der konfuzianischen Tradition: Ein Herrscher wird nicht mit seinem persönlichen Namen, sondern mit dem Namen, den er seiner Ära gegeben hat, angesprochen. Aus Nguyen Hue wurde König Quang Trung, aus Nguyen Anh der König Gia Long. Auch Kinder reden ihre Eltern nicht mit dem Vornamen an, sie nennen den Vater im Norden *bo,* die Mutter *me,* im Süden den Vater *ba,* die Mutter *ma.* Bei der Wahl des Vornamens gibt es keine Einschränkungen. Blumen oder Tiernamen, Bezeichnungen für Gegenstände, Wünsche, Gefühle, Zahlen, Götter und Helden, alles ist erlaubt. Junge Eltern suchen meist moderne Namen, Großeltern wünschen sich traditionelle. Alle Namensteile sollen harmonisieren und wohltönend sein. Geistergläubige Dorfbewohner wählen noch immer häßliche Namen, um die bösen Geister zu täuschen, oder sie machen es sich einfach, nennen die Kinder *Hai, Ba, Tu, Chinh,* das Zweite, Dritte, Vierte und Fünfte. Das zehnte Kind heißt wunschentsprechend dann *Ut* oder *Chot,* das bedeutet Ende, aber vielleicht gibt es auch noch ein *Ut Nhi, Ut Ba* oder *Ut Tu,* ein zweites, drittes oder viertes Ende. Bei der Namensgebung fehlt es weder an Humor noch an Melancholie, wenn eine Flüchtlingsfamilie ihren Sohn *Pham Hoai Nam* nennt: Pham, der sich nach Vietnam sehnt.

Hoang, die Hoa geheiratet hat, wird auf dem Lande als Frau des Hoa angesprochen, später werden sie und ihr Mann Mutter und Vater des Le, ihres Sohnes, genannt, und später Großmutter und Großvater ihrer Enkel.

Christen geben sich zuweilen Namen wie Petrus, Paulus, Maria. Eine kleine frankophile Oberschicht wählte während der Kolonialzeit französische Namen. Heute versuchen sich Sänger und Orchester durch französische oder amerikanische Namen ihren internationalen Ruhm im voraus zu sichern. Manche Namen lassen die Herkunft des Trägers aus einer Minorität erkennen. *Bui* ist ein Muong-Name, die vier Cham-Klane fügen ihren Namen ein *Tra, On, Ma* oder *Che* hinzu.

Die Bezeichnung Frau, Herr, dem Namen vorangestellt, kennen die Vietnamesen nicht, aber es gibt Anreden, die mit oder ohne Namenszusatz gebraucht werden und die familiäre oder respektheischende Stellung der Angesprochenen kennzeichnen:

con wird ein Kind von Eltern und Großeltern genannt und bleibt es auch als Erwachsener
co wird ein Mädchen und eine unverheiratete Frau genannt
chi die Anrede für eine Frau ab 30 Jahren, auch im Kreis der Geschwister
ba ist die Frau ab 50 oder ein Ehrentitel, wie für die ersten vietnamesischen Freiheitskämpferinnen, die Ba Trung
ong dient als Anrede für einen Mann ab 50 oder eine männliche Respektsperson
em nennen die älteren ihre jüngeren Geschwister
anh reden die jüngeren die älteren Geschwister an.

Die 54 Minderheiten

Im Hügel- und Bergland, nur selten in der Ebene, siedeln auf 65 % des Territoriums 54 Minderheiten, insgesamt 8,3 Millionen Menschen. Die meisten Bergvölker leben grenzüberschreitend auch in China, Kambodscha, Laos – häufig unter anderem Namen – und im gesamten südostasiatischen Bergland. Manche Gruppen, die Tay, Thai, Hoa (Chinesen), Khmer, Muong und Nung, zählen zwischen 700 000 und 1 Million Menschen. Innerhalb der Stämme bestehen auf ihre Eigenständigkeit bedachte Untergruppen, die sich oft nur durch Dialekte unterscheiden. Große Gruppen haben ihre Sprache beibehalten, eine Schrift entwickelt oder adaptiert und eine eigene Literatur geschaffen. Kleine und kleinste Gruppen (zwischen 100 und 300 Stammeszugehörige) müssen bi- oder multilingual sein, wodurch die eigene Sprache oft in Vergessenheit gerät. Durch Wanderungen und kriegerische Ereignisse sind bis in die letzten Jahrzehnte Bevölkerungsverschiebungen zu beobachten. Gruppen wurden getrennt oder über große Räume verstreut. Das führte zu Verlusten an Zusammenhalt und kulturellen Eigenheiten. Manche Stämme haben ihre Traditionen gegen ein leichteres Leben eingetauscht, im Zentralen Hochland sind viele zum Christentum übergetreten. Minderheiten, die in der Ebene in Nachbarschaft zu den Vietnamesen leben, haben deren Hausbau, Gewerbe, Kleidung, Anbaumethoden und Sitten übernommen.

Unter den Minoritäten sind Völker unterschiedlicher Zivilisation und Kultur, die meisten bauen Trockenreis an, züchten Vieh und nutzen die Produkte der Bergregionen. Der von ihnen betriebene Brandrodungsbau (*ray*) schafft eines der Probleme, die im südostasiatischen Raum zwischen Tal- und Bergbewohnern bestehen. Die Bewohner der Ebenen sind Träger einer höheren Kultur, die sie auf Grund besserer wirtschaftlicher Bedingungen entwickeln konnten. Während der chinesischen Okkupation wurden die Minderheiten durch Sonderstatus – wie in China auch – regiert. Die vietnamesischen Dynastien haben den Häuptlingen ebenfalls Sonderrechte eingeräumt und sie auch durch Heiraten an sich zu binden gesucht. Minderheiten haben Seite an Seite mit den Viet gekämpft. Der Häuptling der Muong, Mai Tuc Loan, der im Jahre 722 gegen die Tang-Dynastie aufgestanden ist, zählt zu den Heroen Vietnams (s. S. 51). Auch im Endkampf gegen die Kolonialherrschaft in Dien Bien Phu wurden die vietnamesischen Truppen im Jahre 1954 von den Bergstämmen unterstützt. Im 2. Indochinakrieg kämpften Viet und Minderheiten teilweise Seite an Seite. Aber von den 32 der 54 Minderheiten, die im Zentralen Hochland leben, gerieten manche unter französischen und amerikanischen Einfluß und wurden zum bewaffneten Widerstand gegen Vietnam ausgebildet.

Die Bergstämme im Nordwesten und Norden, Thai und Muong, sind den Vietnamesen in Sprache und Sitten verwandt. Einige Forscher nehmen an, daß die Muong in den Bergregionen zurückblieben, als die Viet in das Delta des Roten Flusses zogen. Gemeinsam sind ihnen die Schöpfungsgeschichte, die bei anderen Stämmen nicht bekannt ist (s. S. 44), die dinh, Männerhäuser mit Schutzgeisttempel u. a. Eine Erforschung der Sitten der Muong könnte Erkenntnisse über die Vietnamesen der Frühzeit bringen. Über wenige Minderheiten liegen bisher Forschungsarbeiten vor, viele sind noch weitgehend unbekannt. Viele Minderheiten lassen das frühere Matriarchat erkennen – die Muttergöttinnen und Fruchtbarkeitskulte vieler Bergvölker sind ein Relikt des Mutterrechtes –, was in Liedgut und Sitten zum Ausdruck kommt.

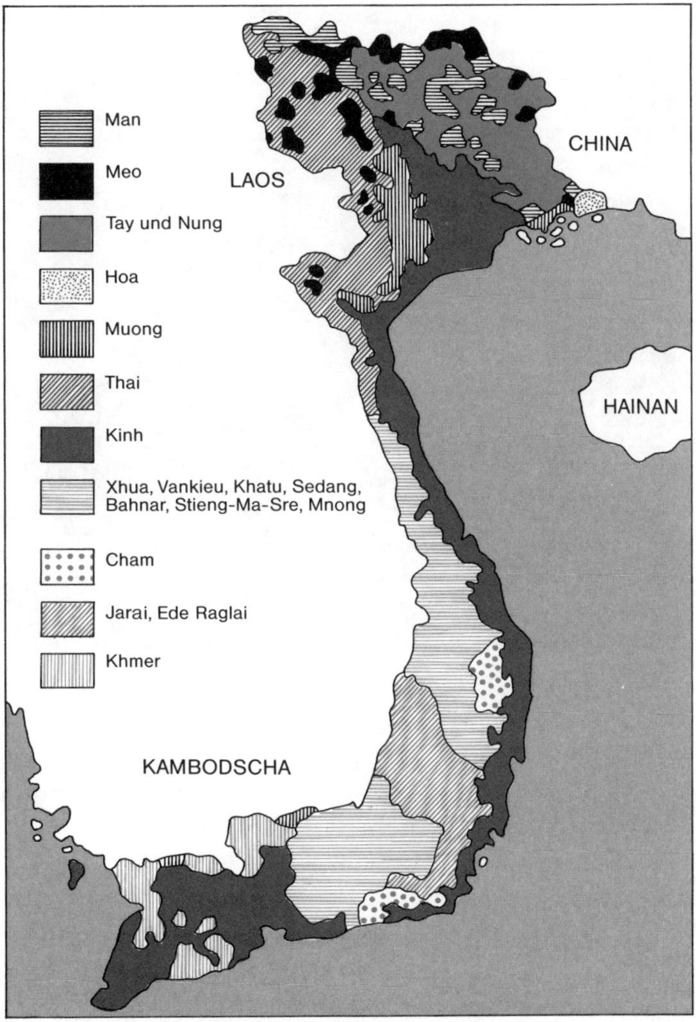

Verteilung der Minderheiten

Ungerechte Besteuerung lebensnotwendiger Waren, Übergriffe korrupter Beamter, Mißwirtschaft einzelner Herrscher haben immer wieder zu Aufständen und Kämpfen zwischen Bergbewohnern und Vietnamesen geführt. Die Völker der Berge und der Ebene brauchen einander aber. Alle Bergstämme müssen bis heute das lebensnotwendige Salz aus dem Tiefland holen. Sie brauchen Eisenwaren, farbige Garne und begehren Kupferwaren, Krüge, Schmuck und neuerdings auch Gebrauchsgegenstände aus Plastik, Fahrräder, Motorräder, Batterieradios u. v. a. Die Bewohner des Tieflandes waren nicht nur

Unterricht bei einer Minderheit

am Handel interessiert, sondern auch auf die Erzeugnisse der Bergbewohner angewiesen, die jahrhundertelang einige der wichtigsten Ausfuhrprodukte der Viet lieferten, Elfenbein, Rhinozeroshorn, Edelhölzer und Edelmetalle.

Die 54 Minderheiten nach Sprachgruppen

A. Austro-asiatische Sprachfamilie	5 628 300 Menschen
1. Viet-Muong-Sprachgruppe (drei Stämme)	900 300
2. Mon-Khmer-Sprachgruppe (21 Stämme)	1 444 950
3. Tay-Thai-Sprachgruppe (acht Stämme)	2 890 600
4. Meo-Zao-Sprachgruppe (drei Stämme)	383 000

5. Gemischte Sprachgruppen (vier Stämme)	9450
B. Austronesische Sprachgruppe (fünf Stämme)	465000
C. Sino-tibetische Sprachfamilie	1050400
1. Chinesische Sprachgruppe (drei Stämme)	1029200
2. Tibeto-birmanische Sprachgruppe (sechs Stämme)	21200

Die insgesamt 7143700 Angehörigen der Minderheiten sind nach dem Zensus von 1989 auf 8300000 angewachsen.

Eine lange, tragische Geschichte

Die Geschichte ist in Vietnam auf eine besondere Weise lebendig und gegenwärtig. Das Land und seine Menschen sind während der beiden Indochinakriege zwischen 1945 und 1975, als der Endphase eines lange währenden Kampfes um Unabhängigkeit, schwer belastet worden und leiden bis in die Gegenwart an den Folgen einer lähmenden wirtschaftlichen Misere und dem bedrückenden politischen Imageverlust. Nicht zuletzt aus diesen Negativ-Erfahrungen resultiert eine ungewöhnliche Gegenwärtigkeit der Geschichte. Die Helden aus zwei Jahrtausenden werden bis zum heutigen Tage in nationalen, regionalen und lokalen Gedenkstätten (*den* oder *mieu*) als starke, strahlende Helden in offiziellen Kulten geehrt, aber auch in persönlichen Nöten um Beistand angerufen. Die Erinnerungen an ihre Taten werden durch Legenden und Sagen wachgehalten, die den Analphabeten wie den Gelehrten, den Städtern wie den Bauern, Parteifunktionären und Oppositionellen, Männern, Frauen und Kindern gleichermaßen bekannt und geläufig sind. Es gibt Anzeichen, daß sie auch in der Jeans-Generation nicht völlig verblaßt sind. Eine derart aktualisierte, präsente Geschichte gibt der auf internationalen Foren gegenwärtig isolierten vietnamesischen Nation einen Rückhalt, ohne sie zu einer Nationalisierung zu verleiten. Sie läßt sich aber auch leicht und effektiv zum Werkzeug für Ideen, Strategien und Ideologien machen, und sei es nur durch Akzentuierung oder Bagatellisierung der einen oder anderen Phase der Geschichte.

Geschichte ist ein Mosaik aus Ereignissen, geschaffen von historischen Persönlichkeiten, dazu gehören aber auch Geographie, Ethnologie, Sprache, Religion – also die Kultur –, die als Rahmen und Zwänge vorgegeben sind. Auf wenigen Seiten die differenzierte, von Klischeevorstellungen und Vorurteilen belastete Geschichte Vietnams darzustellen, muß ein Versuch bleiben, Fragen unbeantwortet lassen, Lücken aufweisen und zu Fehleinschätzungen Anlaß bieten. Daher sollen auch die Vietnamesen selbst zu Worte kommen, und sei es nur durch ihre Legenden, ohne die Teile der Geschichte unverständlich bleiben.

Ihre in vielen Versionen bestehende Schöpfungsgeschichte lautet:

»De Minh, Urenkel des Kaisers Thanh Nong, lehrte die Vietnamesen den Reisanbau. Am Fünf-Pässe-Gebirge, südlich des Chang Jiang, traf er eine Göttin, die ihm einen Sohn gebar, Loc Thuc. Später teilte De Minh sein Reich unter seine Söhne und gab dem ältesten den nördlichen Teil; Loc Thuc, mit

Reisfelder im Hügelland

Königsnamen Kinh Duong Vuong, bekam den Süden, das Reich Xich Guy. Er heiratete Than Long, die Tochter des Drachenkönigs. Sein Sohn, Lac Long Quan, folgte ihm auf dem Thron. Er war ein Drachengeist und heiratete die Berggöttin Au Co, die Urmutter der Vietnamesen. Sie legte hundert Eier, daraus wuchsen hundert Söhne. Vater Lac Long Quan kehrte in sein Königreich zu seiner Mutter zurück, Au Co zog die hundert Söhne auf. Als der Drachenkönig zu Au Co und seinen Söhnen zurückkam, sagte er, sie sei eine Berggöttin und er ein Drachengeist, sie müßten sich trennen. Fünfzig Söhne gingen mit der Mutter in die Berge, fünfzig Söhne folgten dem Vater in sein Reich in der Ebene und nahmen den steten Kampf mit dem Wasser auf. Der älteste Sohn der Berggöttin Au Co und des Drachenkönigs Lac Long Quan wurde der erste Hung-König der Hong Bang-Dynastie in Van Lang, dem ersten Reich der Viet. Er lehrte seine Untertanen die Tatauierung des Körpers mit Seeungeheuern, um sie vor Krokodilen zu schützen«.

Die vietnamesischen Könige tatauierten sich ihr Totem, den Drachen, auf die Oberschenkel. Erst König Tran Anh Tong brach 1293 mit dieser Sitte. Der Drache blieb jedoch bis 1945 das Symbol der vietnamesischen Könige. Tatauierungen sind bei der ländlichen Bevölkerung bis in die Gegenwart zu beobachten.

Die Legende verlegt die Anfänge der Viet in das Gebiet südlich des Chang Jiang (Yangtsekiang), das als Ursprungsland der Viet- und Thai-Völker gilt. Sie weist auf das Matriarchat hin, das die Hung-Könige zum Patriarchat wandelten. Relikte einer matriarchalischen Gesellschaft sind heute noch zu erkennen.

Durch die vietnamesische Geschichte ziehen sich wie ein roter Faden Grundprobleme, von denen zwei bereits in der Legende angesprochen werden:

- Vietnam besteht auf engstem Raum aus Bergen und vom Wasser abhängigen Ebenen. Der Begriff *son – ha* (Berg – Wasser) bedeutet für den Vietnamesen Heimat und Vaterland. Die Völker in den Bergregionen und die Vietnamesen – *kinh*, Bewohner der Ebene genannt – sind sich ihrer Verschiedenheit bewußt, die ein Zusammenleben nicht zuläßt.
- Die geographische Lage am ›Treffpunkt der Monsune‹ und in der Zone der Taifune führt immer wieder zu Flut- und Überschwemmungskatastrophen, aber auch zu Dürreperioden, die zu den Existenzfragen gehören. Der Rote Fluß muß als einziger Strom Asiens eingedeicht werden. Deichbau, Be- und Entwässerungsanlagen erfordern eine zentralgelenkte, gut organisierte Gesellschaft.

Im Laufe der Geschichte kamen weitere Überlebensfragen hinzu:

- Mit dem Vordringen der chinesischen Han-Dynastie über den Chang Jiang nach Süden begann der Kampf der Viet gegen die Übermacht des Reiches der Mitte, das Vietnam tausend Jahre, von 111 v. Zt. bis 938 n. Zt., als Kolonie beherrschte und seine Angriffe in den nächsten tausend Jahren in jeder Stärkeperiode wiederholte. Daß die chinesischen Annektionsversuche kein vietnamesisches Trauma und kein Machtstreben imperialistischer chinesischer Kaiser waren, zeigt der ›Straffeldzug‹ der Volksrepublik China gegen die Sozialistische Republik Vietnam 1979.
- Der wachsenden Bevölkerung im Delta des Roten Flusses blieb nur die Ausdehnungsmöglichkeit nach Süden. *Nam tien,* der Zug nach Süden, führte zu jahrhundertelangen Kämpfen mit dem Reich Champa, ursprünglich im Süden des *Hoanh Son* (Hoanh-Gebirge) gelegen.
- Die Nord-Süd-Ausdehnung über mehr als tausend Kilometer auf einem schmalen Küstenstreifen, der in der Nähe des 17. Breitengrades nur etwa 50 km Breite mißt, birgt die Gefahr einer Entfremdung der entlegenen Landesteile und einer Teilung des Landes.
- Die Einbindung in das chinesische Tributsystem als einer spezifischen Form der Außenpolitik (s. S. 55) und das Beharren auf konfuzianischen Traditionen haben Vietnam bis in die Gegenwart eine Bündnis- und Außenpolitik im europäischen Sinne erschwert.

Van Lang, das Reich der Hong Bang-Dynastie (?–248 v. Zt.)

Das Bestreben vietnamesischer Historiker, die Entstehung ihres Staates in die Zeit der frühen chinesischen Reiche zu verlegen, entspricht ähnlichen Bemühungen japanischer und koreanischer Geschichtsschreibung. 2879 oder 1479 v. Zt. als Gründungsjahr des Reiches Van Lang, in dem achtzehn Hung-Könige bis 248 oder 247 v. Zt. regiert haben, ist nicht haltbar. Nach Tran Quoc Vuong (Hanoi 1960) steht in dem vietnamesischen Geschichtswerk *Viet su luoc*, das sich auf frühere Schriften stützt: »Zur Zeit des Königs Zhang der Zhou, zwischen 690 und 682 v. Zt., benutzte ein außerordentlicher Mensch die Magie, um rebellierende Stämme zu unterwerfen, proklamierte sich zum König Hung Vuong und errichtete seine Hauptstadt in Van Lang. Die Sitten in diesem Land waren rein und makellos, die Verwaltung wurde durch geknotete Schnüre gehandhabt.« Archäologische Funde in dem Gebiet von Van Lang (heute Provinz Vinh Phu) weisen auf eine frühe, ackerbauende Stammesgesellschaft hin, die Rinder, Schweine und Hunde domestizierte und Geflügel- und Seidenraupenzucht betrieb.

Au Lac, das Reich der Thuc-Dynastie (258–208 v. Zt.)

Spuren des Reiches *Au Lac* sind in Co Loa, einem Vorort von Hanoi, nachgewiesen (s. S. 339). Die Reste einer großen Zitadelle, deren Anlage umfangreicher Erdarbeiten, ihre Verteidigung eines stehenden Heeres bedurfte, lassen auf eine gut organisierte Stammesgesellschaft schließen. An Duong Vuong, der Gründer der Thuc-Dynastie, soll 251 v. Zt. den achtzehnten Hung-König besiegt, die Stämme der Au seines Reiches Au Thay

Co Loa, Gedenktempel für An Duong Vuong

und die der Lac aus Van Lang vereinigt haben und aus der Bergregion in das Delta gezogen sein.

Nam Viet, das Reich der Trieu-Dynastie (208–111 v. Zt.)

Die chinesische Expansion in den Lebensraum der Viet-Völker südlich des Chang Jiang begann im 3. Jh. v. Zt. Die Überwindung des Fünf-Pässe-Gebirges und der Widerstand der Viet- und Thay-Stämme hielt den Vormarsch auf. 214 v. Zt. erreichte der General Trieu Da das Meer. Die Schwäche der Qin-Dynastie ausnutzend, gelang es ihm, nachdem er bei einem zweiten Angriff das Reich Au Lac besiegt hatte, ein von China unabhängiges Reich *Nam Viet* zu gründen. Es umfaßte die Provinzen Quangdong und Quangxi in Südchina, das Delta des Roten Flusses und die Provinzen Thanh Hoa und Nghe Tinh bis zum Hoanh Son. Seine Hauptstadt lag in der Nähe von Quangzhou (Kanton). Von Trieu Da – sein chinesischer Name war Chao To – wird berichtet, daß er die Herrschaft in Au Lac weitgehend dem Lac-Adel überließ und selbst vietnamesische Traditionen annahm. Er konnte sein Reich auch unter der Westlichen Han-Dynastie behaupten, die der Qin-Dynastie gefolgt war. Unter seinen Nachfolgern kam es zu Thronstreitigkeiten und Auseinandersetzungen mit China.

Die tausendjährige Herrschaft Chinas (111 v. Zt.–938 n. Zt.)

Der englische Historiker D. E. G. Hall nennt Kaiser Wudi der chinesischen Han-Dynastie »Schöpfer des chinesischen Imperialismus«, der »sein Reich mit einer Kette eroberter Länder umgab«. Im Jahre 111 v. Zt. besetzten seine Heere das unabhängige Königreich Nam Viet. Unter einem chinesischen Gouverneur wurde es zur Kolonie *Giao Chi*. Der Name kann ›Giao des Südens‹ oder ›Land am Fuße der Berge‹ bedeuten. *Chi* mit einem anderen chinesischen Zeichen geschrieben bedeutet gekreuzte Zehen und könnte eine Anspielung auf die barfußgehenden Viet sein.

China mischte sich zunächst kaum in die lokalen Angelegenheiten ein, der Adel behielt seine Rechte, mußte Steuern zahlen und sich botmäßig zeigen. Um die Jahrtausendwende setzte – hervorgerufen durch Unruhen am Ende der Han-Dynastie und angelockt durch die Gold- und Silberminen in den vietnamesischen Bergen und die Reisfelder im Delta – ein Zustrom chinesischer Einwanderer ein, der seine Sprache, Ackerbautechniken, Sitten und Religionen mitbrachte. Ab dem Jahr 34, unter dem Gouverneur To Dinh, sahen sich die *lac hau* und die *lac thuong*, die lokalen Zivil- und Militärregenten, zunehmend unter Druck gesetzt, der Adel wurde seiner Rechte beraubt.

Die Trung-Dynastie (40–43)

Die ersten Freiheitskämpfe gegen China wurden von Frauen angeführt. Nach der Ermordung eines einflußreichen Adeligen setzten sich seine Frau Trung Trac und deren

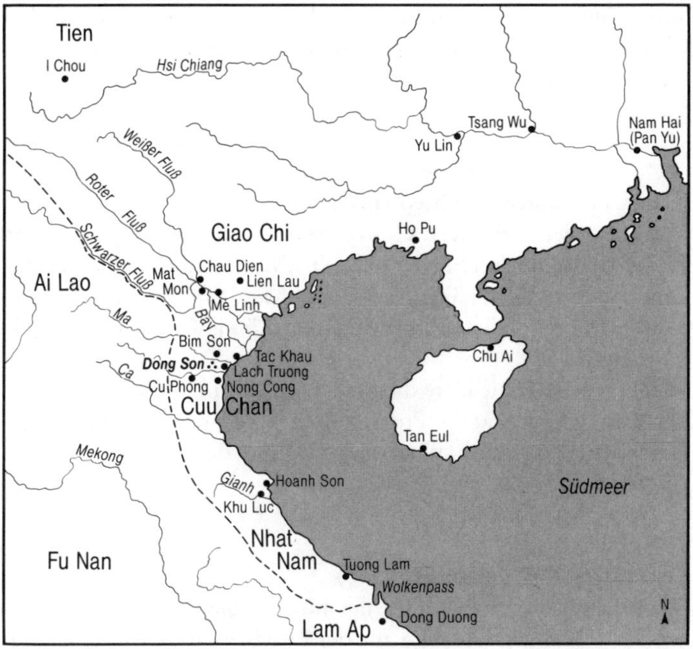

Giao Chi

Schwester Trung Nhi, Töchter des Häuptlings von Me Linh im Nordwesten des Deltas, unterstützt von verwandten Klans und dem Adel, an die Spitze eines Heeres. Sie konnten den Gouverneur verjagen und – wie es in den Annalen heißt – 65 Zitadellen erobern. Im Jahre 40 riefen sie sich zu Königinnen aus und ernannten Me Linh zu ihrer Hauptstadt. Die Han-Dynastie sandte ihren besten General (Ma Yen) nach Giao Chi. Seiner kampferprobten Armee konnte die Truppe aus Adeligen und Bauern nicht widerstehen. Nach zwei Niederlagen in Son Tay und Vinh Yen im Nordwesten des Deltas stürzten sich die Schwestern in den Hat Giang, beim Zusammenfluß des Roten Flusses mit dem Day-Fluß, um nicht in die Hände der Sieger zu fallen. Sie werden als die ersten Nationalhelden Vietnams verehrt. In jedem Ort wurde eine Straße, Schule oder ein Platz nach ihnen *Hai Ba Trung* benannt. Am 6. Tag des 2. Mondmonats, ihrem Todestag, wird ihrer an ihren Tempeln gedacht.

Der Adel floh, wurde getötet oder verbannt. Viele Historiker sehen in diesen Ereignissen das Ende der Dong Son-Kultur (s. S. 139) und die Ursache ihrer weiten Verbreitung über Südostasien. Erst nach diesem Aufstand erfolgte eine Sinisierung der Kolonie Giao Chi. General Ma Yen griff mit harten Reformen auf allen Ebenen und in sämtliche Lebensbereiche ein. Auch chinesische Annalen berichten in der Folgezeit von Grausamkeiten und Machtmißbrauch vieler Gouverneure und Beamter, die Gold- und Silberminen ausbeuteten und Salz, Edelholz, Elfenbein, Rhinozeroshorn, Fluß- und Seeperlen nach China schafften. In Giao Chi begann der lange Freiheitskampf, der jede Schwäche Chinas, wie sie bei dynastischen Wechseln nahezu unausbleiblich war, zu Aufständen und Rebellion nutzte.

Giao Chau unter Si Nhiep (187–226)

Der erste vietnamesische Gouverneur, Si Nhiep, nutzte seine Stellung und Unruhen in China, um seine drei Brüder in benachbarten Kommandanturen einzusetzen und ein von China nahezu unabhängiges Gebiet *Giao Chau* zu schaffen. Die Bauern nannten ihn *Si Vuong* und verehrten ihn wie einen König. In der Provinz Ha Bac steht sein Tempel (s. S. 360).

Die Wu-Dynastie löste die Han-Dynastie im Süden Chinas ab. Bei der Neugliederung des Landes entstand die Provinz *Giao Chau*, deren Ausdehnung der des Reiches *Au Lac* entsprach. 700 Jahre später entstand auf diesem Territorium das unabhängige Reich *Dai Viet.*

Der Aufstand der Trieu Au (248)

Der Adel wollte seine Rechte, die ihm Si Nhiep zurückgegeben hatte, nicht erneut verlieren. Eine 23jährige Adelige aus der Provinz Cuu Chan (Thanh Hoa) kämpfte nach dem Tode ihres Bruders auf Elefantenrücken in goldener Rüstung gegen die chinesische Herrschaft und leistete sechs Monate lang Widerstand. Als der Kampf verloren war, gab sie sich den Tod. Noch heute wird sie als Nationalheldin am Tempel in ihrem Heimatdorf verehrt (s. S. 393).

Die Frühe Ly-Dynastie (544–603)

Der Adelige Ly Bon konnte Unruhen in China nutzen, den Gouverneur aus dem Verwaltungssitz Long Bien vertreiben und sich 544 zum König ausrufen. Er nannte sich *Ly Nam De* und sein Reich *Van Xuan*, Zehntausend Frühlinge. Sein General schlug einen Angriff der Cham ab, aber Ly Nam De vermochte dem Heer der chinesischen Liang-Dynastie nicht standzuhalten. Er floh aus seiner Zitadelle zu einem Bergstamm, der ihn tötete und seinen Kopf auslieferte. Seine Nachfolger konnten sich, ohne jedoch Macht auszuüben, noch bis 603 halten.

Das Generalprotektorat An Nam und Tinh Hai (622–938)

Den schwersten Druck während der tausendjährigen Besatzung übte die Tang-Dynastie aus. Aus der Provinz Giao Chau wurde 622 das Generalgouvernement und 679 das fest an China gekettete Generalprotektorat *An Nam* (›befriedeter Süden‹).

Der Freiheitskampf des Mai Thuc Loan (722)
Die Tang-Dynastie regierte die Minderheiten durch einen Sonderstatus, der den Häuptlingen mehr Freiheiten ließ. Mai Thuc Loan, Häuptling der Muong, nutzte sie zum Aufstand. Er rief sich zum König aus, und es gelang ihm, den chinesischen Regierungssitz Tong Binh zu erobern. Vor einem Entsatzheer mußte er jedoch in seine Bergfeste Hoan Chau auf dem Berg Ve in der Provinz Nghe Tinh fliehen. Sein Todesjahr ist unbekannt, Reste seiner Festung blieben erhalten. Mai Thuc Loan zählt zu den vietnamesischen Freiheitshelden und wird in einem Tempel verehrt (s. S. 398).

Das Ende der chinesischen Herrschaft (938)
Die Annalen der Tang-Dynastie berichten wenig über das Generalprotektorat. Javanischen Piraten gelang es, die Zitadelle Tong Binh zu erobern. Die chinesische Administration ersetzte sie am Fluß To Lich durch die stärkere Festung Thanh La. In Yunnan im südlichen China hatten die *chao* (Häuptlinge) der Lolo- und Thai-Stämme mit Unterstützung der Tibeter das Reich *Nan Chao* gegründet, das von der Tang-Dynastie 728 anerkannt werden mußte, da sie zwei Schlachten gegen Nan Chao und das ihm verbündete Tibet verloren hatte. Nan Chao griff auch das Delta an und eroberte die Zitadelle Thanh La, den chinesischen Regierungssitz. General Cao Bien gelang es, das Delta zu befreien und Nan Chao zu schlagen, das fortan bedeutungslos blieb, bis es im 13. Jh. von den Mongolen vernichtet wurde, so daß sich der Zug der Thai-Völker bis Laos und Thailand in Bewegung setzte. Cao Bien wurde Kaiserlicher Kommissar des Generalprotektorates, das von nun an *Tinh Hai* hieß. Er verstärkte Garnisonen und ließ die Festung Thanh La aufbauen und von einem doppelten Wall – dem *Dai La* – umgeben.

Es war nun nicht mehr allein der Adel, der um seine Rechte kämpfte, auch das Volk erhob sich. Der Süden Chinas wurde von Bauernrevolten erschüttert, die um sich griffen. Dem vietnamesischen Volk gelang es, den chinesischen Kommissar zu vertreiben und ihn durch Khuc Thua Du, einen geachteten Vietnamesen, zu ersetzen. Die Tang-Dynastie mußte ihn und die Erbfolge seiner Familie anerkennen.

Mit dem Ende der Tang-Dynastie entstanden in Südchina sieben Königreiche. Das Tinh Hai benachbarte Reich *Nan Han* versuchte, seinen Einfluß geltend zu machen. In Tinh Hai brachen unter den Nachfolgern der *Khuc* Machtkämpfe aus. Ngo Quyen ging als Sieger daraus hervor. Er konnte die Flotte der Nan Han durch eine bewährte vietnamesische Kriegslist vernichten. Seine leichten *Sampans* lockten die schweren Kriegsdschunken des Gegners bei Flut in den Bach Dang-Fluß. Ngo Quyen hatte schwere, mit Eisen beschlagene Holzstämme in das Flußbett rammen lassen, zwischen denen die Schiffe der Nan Han bei Ebbe hängen blieben und leichte Beute wurden. Damit war im Jahre 938 der Weg frei für ein unabhängiges, vietnamesisches Reich.

Vietnam an der Schwelle zur Unabhängigkeit – Rückblick und Ausblick

Um das Jahr 938 erlebte China eine der schwersten Krisen seiner Geschichte. Myanmar (Birma) war bereits ein mächtiger, aufstrebender Staat, das Khmer-Reich befand sich in der vorangkorianischen Periode. Die Macht des Reiches *Srivijaya* auf Sumatra sank, in Ostjava etablierte sich das Reich *Mataram.* Champa hatte seinen Zenit erreicht; Thailand, Laos und Malaya existierten noch nicht. Giao Chi – zuletzt Generalprotektorat Tinh Hai – hatte tausend Jahre lang an der geistigen, technischen und kulturellen Entwicklung des Reiches der Mitte teilgehabt. Seine Kenntnisse der Staatslehre, Verwaltung, Agrarwirtschaft, Wissenschaft, Literatur und Philosophie standen nahezu auf einer Stufe mit denen seines Lehrmeisters, hoch über den Kenntnissen seiner Nachbarn. Damit war dem ›Nachzügler‹ die Gelegenheit gegeben, zu einem der bedeutendsten Staaten der Region zu werden.

Die Könige von Dai Viet übernahmen ein Staatsgebiet mit einer gemeinsamen Geschichte, einheitlicher Verwaltung, gleichem Wissensstand und einer kohärenten Kultur. Das Vertrauen der Bevölkerung konzentrierte sich in der folgenden Zeit auf die Person des Königs, den Sohn des Himmels. Die Dörfer strebten nach Autonomie, ihr Verhältnis zum Staat kennzeichnet das geflügelte Wort: »Das Dorf lieben, dem Staat dienen!« Der Landadel, der in der letzten Phase vor der Unabhängigkeit viele seiner Rechte zurückgewonnen hatte, war nicht bereit, sie einem aus seinen Reihen abzutreten oder einem – wenn auch vietnamesischen – Staat zu opfern.

Das Bewußtsein des ›Andersseins‹, eigener Sitten und Traditionen, die von den chinesischen Besatzern verlacht, bekämpft oder verboten worden waren, hatten es den Viet möglich gemacht, als Volk zu überleben. Aus dem Gefühl der Gemeinsamkeiten mußte aber erst ein Staat werden. Eine Nation zu schaffen war nun die zwingende Aufgabe der vietnamesischen Könige.

Einige Grundprobleme der vietnamesischen Geschichte blieben Aufgaben für die Zukunft:

- Die Sicherung der Grenzen des Reiches im Norden gegen das chinesische Kaiserreich, im Süden gegen Champa. Vietnam anerkannte gegenüber China alle aus der Tributpflicht entstehenden Leistungen und versuchte seinerseits, Champa in Tributpflicht zu nehmen (zu den Auseinandersetzungen mit Champa s. S. 261).
- Die Gefahr durch Übergriffe von außen auf das Territorium des Reiches erforderte den Ausbau von Zitadellen, Schutzwällen, strategischen Straßen sowie den Aufbau einer schlagkräftigen, einsatzbereiten Armee und Flotte.
- Die Landwirtschaft des Agrarstaates verlangte größte Aufmerksamkeit: gerechte Bodenverteilung, Bodenreformen, Neulandgewinnung, die Schaffung und Erhaltung von Deichen, Kanälen, Be- und Entwässerungsanlagen sowie staatliche Hilfe bei Unwetterkatastrophen. Die Landwirtschaft sicherte nicht nur die Ernährung der

Bevölkerung, sie stellte auch das Potential für die Verteidigung des Landes. Bis in das 20. Jh. trugen allein die Bauern zwischen 18 und 60 Jahren die Lasten der Grund- und Personensteuern in Form von Geld- und Naturalabgaben, nur sie wurden zu Militärdienst und Dienstleistungen für Deich-, Straßen-und Militärbauten sowie Arbeiten für die Hofhaltung herangezogen – und zwar jahrhundertelang nur die Bauern des Deltas. Die Provinz Thanh Hoa wurde erst unter den Le-Königen gleichgestellt. Adel, Mandarinat, Klosterinsassen, alle Personen mit Rang und Titel, waren von sämtlichen Lasten und Abgaben befreit. Steuern aus Warenabgaben, Bergwerkserzeugnissen, Binnen-und Fernhandel ergänzten erst allmählich die Einkünfte der Könige und des Staates.

Die Not der Bauern, die unter dem Druck der wachsenden Domänen und Latifundien zu leiden hatten, wurde in regelmäßigen Abständen durch jahrelang aufeinanderfolgende Unwetterkatastrophen, Insektenplagen und damit verbundene Ernteschäden und Hungersnöte, durch Kriege und Bürgerkriege vervielfacht.

- Das Verhältnis zu den Bergvölkern blieb entscheidend für die innere Sicherheit und Ruhe des Landes. Es konnte weder durch Feldzüge noch durch Zugeständnisse und Heiraten endgültig gelöst werden.
- Ein Rechtskodex, der dem Empfinden der Vietnamesen entsprach und gleichzeitig die Zentralgewalt der Könige sicherte, mußte entwickelt werden.
- Ein Bildungswesen, aus dem eine loyale Beamtenschaft hervorwuchs, mußte geschaffen werden.
- Notwendig blieb der Kampf gegen den Feudalismus, der sich aus dem wachsenden Großgrundbesitz ergab und der die Rechte der Bauern als Säulen des Staates gefährdete und zur häufigsten Ursache von Revolten und Aufständen wurde.

Gemessen wurden die Könige vornehmlich an zwei Leistungen: der Sicherung der Grenzen ohne Aufgabe vietnamesischen Territoriums und der ›inneren Wohlfahrt‹, die für den vietnamesischen Bauern während langer Perioden darin gipfelte, den Ertrag seiner Felder einzubringen und sich sattessen zu können.

Die Könige konnten sich zwar im ›inneren Bereich‹ auf Tradition und Erfahrungen des bäuerlichen Vietnam stützen, die sich während der chinesischen Besatzung erhalten hatten. Für die Verwaltung, den Aufbau der Armee und Verteidigung, die Innen- und Außenpolitik, Amtssprache und Schrift bestand jedoch keine greifbare Alternative zu dem chinesischen Modell. Auch für den Bau der Paläste, die Hofhaltung und das Hofzeremoniell gab es nur das Vorbild des chinesischen Kaisertums. Das gleiche gilt übrigens in vollem Umfang für Korea und Japan, die sich ebenfalls bis in die Gegenwart zu China als ihrem Lehrmeister bekennen. Das bedeutet aber nicht, daß die Schüler auf manchen Gebieten nicht über den Lehrmeister hinausgewachsen sind. Die Dynastien sind nicht jeder Neuerung im Reich der Mitte gefolgt, sie waren aber in vielen Fällen dazu gezwungen, um mit der Entwicklung Schritt halten zu können. Die These ›Ost- und Südostasien leben im Schatten Chinas‹ muß dadurch ergänzt werden, daß sie sich auch an der Sonne Chinas erfreuen konnten. Ähnliche Abhängigkeiten waren auch in Europa zu finden.

Das unabhängige Dai Viet

Die Ngo-Dynastie (939–965)

Ngo Quyen rief sich 939 zum König aus, seine Hauptstadt verlegte er nach Co Loa und versuchte damit, an das Reich Au Lac im 3. Jh. v. Zt. anzuknüpfen. Bis zu seinem Tode 944 kämpfte er gegen das separatistische Machtstreben des Adels. Während der blutigen Erbstreitigkeiten unter seinen Nachfolgern entstanden im Delta die *su quan,* zwölf Herrschaftsgebiete. Unter der Bevölkerung machte sich Unruhe bemerkbar.

Die Dinh-Dynastie (968–979)

Dinh Bo Linh aus Hoa Lu (heute Provinz Ha Nam Ninh) war Sohn eines Präfekten, von dem die Legende berichtet, daß er schon seine Spielgefährten befehligte. Mit einer eigenen Truppe einte er nach dem Sturz der Ngo-Dynastie die zwölf Stämme. 968 rief er sich zum König aus und nannte sich Dinh Tien Hoang, ›erlauchter König der Dinh‹. Sein Reich *Dai co Viet* – ab 1054 hieß es *Dai Viet* – mit der Hauptstadt Hoa Lu lag geschützt in den Bergen, von Flüssen umgeben. In dieser Abgeschiedenheit gelang ihm der Aufbau von Verwaltung und Armee. Die chinesische Song-Dynastie suchte die einstige Kolonie zurückzuerobern. Dinh Tien Hoang sandte Tribute, um den Frieden zu sichern. Er war ein frommer Buddhist, aber seine Gesetze waren hart. Seine Dynastie endete mit Königs- und Brudermord, nur ein sechsjähriger Sohn überlebte.

Grab des Königs Dinh Tien Hoang auf dem Hügel Ma Yen in Hoa Lu

Das Tributsystem

Das ›Reich der Mitte‹ konnte im Bewußtsein seiner überlegenen Kultur mit den ihm nicht gleichgestellten Ländern der Barbaren in keine zwischenstaatlichen Beziehungen treten, die dem Völkerrecht Europas entsprochen hätten. Diese Funktion erfüllte das Tributsystem als quasi-Außenpolitik. Es war schon lange bekannt, bevor es im 12. Jh. durch den Neo-Konfuzianer Chu Hsi dogmatisiert und von der Ming-Dynastie institutionalisiert und bis in die Details ritualisiert wurde. In dieser Form bestand es bis in das 19. Jh. und befriedigte das Sicherheitsbedürfnis Chinas, was auf andere Weise weltweit politisch-militärisch nicht möglich war. Durch freiwillige Anerkennung der Oberhoheit Chinas konnten auch weit entfernte Staaten mit dem Reich der Mitte in diplomatische Beziehungen und Handelsaustausch treten.

Einer Reihe von Ländern am Rande seines Territoriums hat China, besonders nach kriegerischen Auseinandersetzungen, Tributgesandtschaften zur Pflicht gemacht, blieben sie aus, konnte diese Unbotmäßigkeit zu Kriegen führen. Während der Ming- und der Qing-Dynastie waren Japan, Korea, Vietnam, Siam, Laos, Kambodscha, Java, Bengalen, Nepal, Cholas, Calicut, Ceylon, die Philippinen, Tibet, Malakka, Borneo, Arabien und viele Turk- und Mongolenvölker in das chinesische Tributsystem einbezogen. Die Tributgesandtschaften mußten in bestimmten Abständen, auf genau festgelegten Routen, begleitet von chinesischen Eskorten erscheinen. Der Aufenthalt in China war auf vier Wochen bis zwei Monate, der Besuch bei Hof auf einige Tage begrenzt.

Das Interesse Chinas konzentrierte sich auf die Anerkennung seiner Oberhoheit, dokumentiert durch den *kou tou,* den dreimaligen Kniefall und die neun Niederwerfungen vor dem Kaiser. Zugleich erfolgte auch die Übergabe der Herrschersiegel für die Oberhäupter der Tributstaaten an die Führer der Gesandtschaften. Dadurch erhielt China das Recht, die Gesandtschaft zu erwidern und die Möglichkeit, in prekären Situationen zu erscheinen und die Stimmung in einem Land zu erforschen.

Die Tributgesandtschaften hatten ebenfalls den Auftrag, diplomatische Erkundungen anzustellen, für sie gab es aber auch einen kommerziellen Anreiz. Der Austausch der Tributgeschenke brachte für beide Seiten keinen wesentlichen Nutzen. Die Gesandtschaften führten aber in ihrem Troß Händler und Waren mit, für deren Verkauf sie drei bis fünf Tage Marktrechte in der Hauptstadt erhielten. Der Rest ließ sich auf der Rückreise verkaufen. Für China wie für die Tributländer bestand die Möglichkeit, Kenntnisse über Techniken und Materialien zu erlangen. China, durch seine Überlegenheit isoliert, kam dabei in Berührung mit den Mittelmeerstaaten, Vorderasien, Arabien, Indien und anderen Ländern. Seine Kultur erhielt reichhaltige Impulse. Auf dem gleichen Wege drang die fernöstliche Kultur und Kunst bis nach Europa vor.

Vietnam war in dieses Tributsystem eingebunden und benutzte es seinerseits im Verkehr mit seinen Nachbarn Champa, Laos, Siam und Kambodscha.

Die Frühe Le-Dynastie (980–1009)

Nach dem Tode des Königs Dinh Tien Hoang war sein General Le Hoan der mächtigste Mann am Hofe, ihm gehörte die Gunst der Königinwitwe, die er heiratete. Angesichts der drohenden Invasion der Song-Dynastie wählte ihn der Hof zum König. Er nahm den Namen Le Dai Hanh an. Es gelang ihm, die Armee der Song zu schlagen und den Frieden im Norden durch Tribute zu sichern. Erstmals sah sich Dai Viet 981 auch von Champa bedroht, das schon seit 700 Jahren gegen die chinesischen Besatzer gekämpft hatte. Le Dai Hanh zerstörte 982 die Cham-Hauptstadt Indrapura, mußte gegen 49 rebellierende Dörfer der Muong-Stämme kämpfen sowie die immer wieder aufflackernden Rivalitäten des Adels befrieden. Während seiner langen Regierungszeit konnte er das Aufbauwerk seines Vorgängers fortsetzen. Er ließ statt der im Umlauf befindlichen chinesischen Münzen vietnamesisches Münzgeld gießen und prägen.

Die Späte Ly-Dynastie (1009–1225)

Die Hierarchie der buddhistischen und daoistischen Mönche und Priester am Hofe der Le-Dynastie wählte auf Vorschlag eines angesehenen buddhistischen Gelehrten dessen Schüler Cung Uan, einen Bauernsohn aus dem Dorf Co Phap (heute Dinh Bang, Provinz Ha Bac), der in der Pagode seines Dorfes erzogen worden war und in Hoa Lu Verwalter des Palastes war, zum König. Er nannte sich Ly Thai To. Im Jahre 1010 verlegte er seine Hauptstadt aus dem Schutz der Berge an den Roten Fluß in die Festung Thanh La und nannte sie Thang Long, ›Aufsteigender Drache‹ (s. S. 313).

Den acht Ly-Königen gelang die Schaffung einer zentralen Monarchie, gestützt auf Armee und Landwirtschaft. Sie legten die Fundamente für die nächsten tausend Jahre. Um die Bindung Herrscher – Volk durch die Bindung Volk – Land zu erweitern, ließen sie die Soldaten nicht nur auf den König, sondern auch auf die Verteidigung des Bodens vereidigen. Zur Zeit der Ly-Dynastie wurde der größte Teil des Landes noch von den Bauern bewirtschaftet. Die Dörfer mußten Pacht und Steuern gemeinsam erbringen, verwalteten das Gemeindeland, das in bestimmtem Turnus umverteilt wurde. Zur Besteuerung und Erfassung der Wehrpflichtigen wurden die männlichen Bewohner registriert. Die Steuerlisten erfaßten Reisland, Fischteiche und Maulbeerplantagen. Die Wehrpflichtigen zwischen 18 und 60 Jahren hießen Gelbmänner, weil ihre Listen in gelben Umschlägen aufbewahrt wurden. Sie durften ab 1043 nicht mehr als Sklaven verkauft werden.

Die erste große Deichanlage der Ly-Dynastie war der Co Xa-Deich am Roten Fluß, der Thang Long vor Überflutungen schützen sollte. Später entstand ein weitverzweigtes Deichsystem im Delta, am Roten Fluß und allen seinen Nebenarmen und -flüssen. Die Kuppen der Deiche wurden als Wirtschaftswege und Straßen benutzt. Der Straßenbau der Ly-Dynastie begann 1044, erstreckte sich fächerförmig von Thang Long aus und diente vorwiegend strategischen Zwecken. Er förderte aber auch den Handel, der aus dem anfänglichen Tauschhandel an den Grenzen Chinas hervorging. Allmählich wurde der Binnen- und Fernhandel auf Flüssen und über See, der Monopol der Könige blieb, zur wichtigen Steuereinnahmequelle des Staates. Der Bevölkerung blieb nur der Kleinhandel.

Das vietnamesische Königtum

Das vietnamesische Königtum übernahm die Idee des chinesischen Kaisertums. Im ostasiatischen Denken gibt es kein Paradies, in dem der Mensch als Einzelwesen in der Nähe Gottes lebt, daher auch keinen Sündenfall mit Schuldgefühl und Erlösungssehnsucht. Von Anbeginn existiert ein Ordnungsprinzip – der Staat – und ein Kaiser, der über die Weltordnung wacht. *Dao,* dem Weltgesetz, folgen Erde, Menschen und der erhabene Himmel und Herrscher, *tien shang ti,* der das Schicksal der Menschen entscheidet. Die Erde ist als feststehendes Quadrat gedacht, über dem sich eine runde, flache Schale, der Himmel, um die Erdachse dreht. Die Achse führt durch den Polarstern, der identisch ist mit dem Kaiser, dem Sohn des Himmels, der die Erde regiert und zeigt auf das Land in der Mitte der Erde, China. So steht es in den Schriften der Zhou-Dynastie im 2. Jahrtausend v. Zt., aus denen Konfuzius seine bis heute gültige Lehre ableitete. Der Kaiser, *huang di,* wird vom Himmel allein auf Grund seiner Tugend berufen. Katastrophen und Leid auf der Erde entstehen, wenn es dem Kaiser an sittlicher Vollkommenheit mangelt. Für seine Fehler muß er Sühneopfer bringen. Konfuzius lehrte: »Der erhabene Himmel hat keine Günstlinge, er bevorzugt die Tugend. Die Gunst des Volkes ist nicht unwandelbar. Es liebt nur wohltätige Fürsten.« An die Stelle des berufenen Einzelnen, des tugendhaften Herrschers, trat bald der Nachfolgeanspruch seiner Dynastie. Die Völker mußten in der Folge die Laster ihrer Herrscher mit Not und Kriegen bezahlen, weil die Treue zur Dynastie den Anspruch auf die Tugendhaftigkeit des Herrschers abgelöst hatte. Japan, Korea und Vietnam übernahmen die Idee des Herrschertums in dieser gewandelten Form.

Der Kaiser von China hatte zwei Funktionen, eine religiös-rituelle und eine politisch-kulturelle, die des obersten Priesters und des Herrschers. Durch seine besondere Stellung als Reich der Mitte sah sich China weniger in einer politisch-militärischen als in der politisch-kulturellen Rolle der Überlegenheit, die als Kulturismus bezeichnet wird. Der Herrschaftsanspruch der chinesischen Kaiser leitet sich aus der ethischen Verpflichtung her, den Barbaren, den Völkern nicht-chinesischer Zivilisation und nicht-konfuzianischer Gesellschaftsordnung, die höhere chinesische Kultur zu vermitteln.

Die vietnamesischen Könige brachten die Opfer am Altar für Himmel und Erde bis in das 20. Jh. dar und sahen sich ihren Nachbarn, den Cham, Khmer und Laoten gegenüber in der gleichen Herrscherposition. Der von China übernommene Gedanke des Königs als Sohn des Himmels stärkte das vietnamesische Nationalgefühl, die Homogenität des Volkes, führte aber tiefer in die Isolation. *Vuong* oder *vua* nannten sich die vietnamesischen Herrscher, das entspricht dem chinesischen *wang,* König. Der Begriff *huang di,* der Titel der chinesischen Herrscher, existiert in der vietnamesischen Sprache nicht. Der König von Vietnam sah sich dem Kaiser von China jedoch gleichgestellt. Kein vietnamesischer König hat dem Kaiser von China seine Aufwartung gemacht. Das Ersuchen der Gründer der vietnamesischen Dynastien um Anerkennung für sich und ihre Nachfolger durch den chinesischen Kaiser resultiert aus dem Tributsystem (s. S. 55).

Die im Sprachgebrauch übliche Bezeichnung Kaiser von Vietnam verdanken die vietnamesischen Könige den Franzosen, die ihr Kolonialreich Indochina dem von den Briten eroberten Kaiserreich Indien gleichzustellen suchten.

Im Jahre 1074 stellte die chinesische Song-Dynastie den Grenzhandel in den Bergen, wo es keine Grenzziehung gab, ein, da beide Staaten die Gold- und Silberminen beanspruchten. Diesem Anzeichen einer bevorstehenden Invasion kam der königliche Prinz Ly Thuong Kiet zuvor. Von 1075 bis 1079 erschöpften sich Armee und Flotte der Song und der Ly in Kämpfen, ohne daß es zu einer Entscheidungsschlacht kam. 1079 schloß Dai Viet Frieden, trat fünf Distrikte ab, die es im gleichen Jahr gegen Gefangene austauschen konnte. Ly Thuong Kiet wird als Nationalheld verehrt. Der Grenzfrieden blieb bis zum Ende der Dynastie erhalten.

Die Ly-Dynastie gestand den Bergvölkern weiter einen Sonderstatus zu, trotzdem kam es zu Kämpfen. Der Häuptling Nung Tri Cao konnte die unruhigen Nung-, Lolo- und Thaistämme gewinnen und unter Ausnutzung der Grenzsituation zwischen China und Dai Viet Unruhe stiften, bis er bei Quangzhou von der Song-Dynastie geschlagen wurde.

Ly Thai To, der erste Ly-König, hatte sich des rebellierenden Landadels zu erwehren und wurde dabei von seiner Familie unterstützt. Er entlohnte sie und seine Anhänger mit Apanagen und Domänen. Um der Gefahr der Machtkonzentration durch Großgrundbesitz in den Händen des Adels zu begegnen, gründete er eine konfuzianische Bildungsanstalt zur Schaffung eines loyalen Berufsbeamtentums im *Van Mieu,* dem Tempel der Literatur in Thang Long (s. S. 201). Sein Nachfolger konnte das Erbe nicht kampflos antreten und verdankte seinen Thron der Loyalität der Armee. Um die dynastische Nachfolge sicherer zu machen, führte er den Beamteneid am Tempel Dong Do in Thang Long ein, der jährlich wiederholt werden mußte und bis in das 15. Jh. beibehalten wurde.

Im Jahre 1042 erließ Ly Thai To einen Kodex, der Grundlage aller späteren Strafgesetzbücher wurde und dem Rechtsempfinden der Vietnamesen entsprach, obwohl die Gesetze hart und zur Abschreckung gedacht waren.

Anfang des 13. Jhs. zeichnete sich der Niedergang der Dynastie ab. Einer der Thronerben suchte Hilfe bei einer mächtigen Fischerfamilie, den Tran von Truc Muc (Provinz Ha Nam Ninh), die eine Privatarmee unterhielt. Die Tran schlugen zunächst die Cham und die Khmer aus dem Lande, danach gingen sie auch aus dem Streit der Adelsfamilien als Sieger hervor. Tran Thu Do, der Königsmacher, verheiratete seinen Neffen mit der siebenjährigen Thronerbin – der neunten der Dynastie – und zwang sie, den Thron an ihren Mann abzutreten. Mit einer Grausamkeit, die selbst in der eigenen Familie auf Ablehnung stieß, rottete er den Ly-Klan aus. Alle, die den Namen Ly trugen, auch wenn sie nicht mit dem Königs-Klan verwandt waren, mußten ihn in Nguyen ändern. Dem Land blieben dadurch lange und zermürbende Aufstände und Kriege erspart.

Die Tran-Dynastie (1225–1400)

Die Ly-Dynastie hatte ihrem Staat zu Ansehen und Macht verholfen. Sie konnte die Grenzen im Norden gegen China halten und nach Süden gegen Champa expandieren. Die Tran-Könige waren keine Neuerer, sondern Reformer und Organisatoren. Das erste

Musikerinnen auf dem Rücken eines Phönix; Holzskulptur aus der Tran-Dynastie

Jahrzehnt ihrer Regierung stand im Zeichen des Königsmachers und Ministerpräsidenten Tran Thu Do und seiner umsichtigen und klugen Politik. Um künftig bei Thronwechseln Unruhen zu vermeiden, wurden Thronfolger bei Lebzeiten des Königs in ihr Amt eingeführt, der abgedankte König behielt bis zu seinem Tode die letzte Entscheidung. Diese Maßnahme erwies sich als gut und wurde von späteren Dynastien übernommen.

Eine andere Neuerung dagegen wirkte sich verhängnisvoll aus. Zur Behebung der Landnot im Delta sollte alles Brachland urbar gemacht werden. König Tran Thang Tong verfügte 1266, daß alle Umherziehenden und Landlosen als Sklaven zur Landgewinnung eingesetzt werden durften. Das Neuland ging in den Besitz der Grundherren über, die es urbar machen ließen. Diese Anordnung führte zum Entstehen großer Latifundien, die in der Folge zur Verarmung der Bauern beitrugen und Anlaß vieler Rebellionen waren. Auch die Könige gerieten dadurch in Abhängigkeit von den Feudalfamilien.

Die Tran-Dynastie führte die Doppelbesetzung aller höheren Verwaltungsstellen durch zivile und militärische Mandarine ein, der militärische war dem zivilen Mandarin unterstellt. Es erfolgte nun eine Doppelbesteuerung. Kopfsteuer mußte in Geld, Grundsteuer in Naturalien erbracht werden. Nach 1228 wurden erstmals die männlichen Einwohner in den Provinzen Thanh Hoa und Nghe An listenmäßig erfaßt und die Bevölkerung gezählt, ohne daß eine Gleichstellung erfolgte. Für das ganze Land wurde ein einheitlicher Geldkurs festgelegt, der *quan* als Währungseinheit in *tien* und *sapeken* unterteilt. Wie in China wurden die Münzen auf Schnüre aufgezogen.

Die Strafgesetze der Tran-Dynastie stützten sich auf den Kodex der Ly-Dynastie. Interessant ist dabei die Strafe durch Wiedergutmachung des Schadens. Der Dieb hatte neun Zehntel des gestohlenen Gutes zurückzuerstatten. Bis zur Bezahlung von Schuld und Zinsen war der Schuldner zu Dienstleistungen verpflichtet, der Geschädigte hatte einen Anspruch auf dessen Frau und Kinder. Auf Wiederholungsdelikte und schwere Verbrechen stand die Todesstrafe, auf einfachen Diebstahl Stockhiebe und ein Brandmal, bei Wiederholung wurden Hände oder Füße abgehackt.

Die Tran-Könige waren fromme Buddhisten, aber die Konfuzianer gewannen langsam an Einfluß auf Verwaltung und Politik und auf die Sitten bei Hof. Nach 1252 entstand aus Adel und Mandarinat ein Gelehrtenstand. Die Könige waren Förderer der Literatur. Die nom-Schrift fand aber nur zögernd Beachtung, die Gebildeten sahen darin eine Gefahr für ihre Stellung, die auf den Kenntnissen der Literatur und Schrift beruhte.

Khubilai Khan, der Enkel Tschinggis Khans, eroberte 1253 das Reich Nan Chao in Yunnan. 1257 verlangte er Durchzugsrechte nach Südchina. Als Dai Viet sie verwehrte, brach er in das Delta ein und eroberte Thang Long. Die einzigen Bundesgenossen der Tran-Könige waren das feuchte Klima, die Hitze und die Armut des Landes, das keine große Besatzungsarmee zu ernähren vermochte.

Khubilai Khan gründete 1267 die Yuan-Dynastie (Yuan heißt Uranfang) und verlegte seine Hauptstadt in das heutige Beijing. 1282 landeten seine Truppen in Champa, das er als Stützpunkt auf seiner geplanten Welthandelsroute ausersehen hatte. Er eroberte Vijaya, die Hauptstadt der Cham, aber der Nachschub wurde von den Stürmen an der Küste vernichtet, die Cham zermürbten die Truppen durch Guerillataktik. Das Entsatzheer erzwang daher den Durchzug durch Dai Viet und eroberte 1284 das Delta.

Der königliche Prinz Tran Hung Dao, ein begabter Stratege und Menschenführer, gab den Kampf, der verloren schien, nicht auf. Er mußte seine Truppen bis in die Provinz Nghe An zurückziehen. Die Grundzüge der Kriegsführung legte er in einer Schrift für seine Soldaten nieder, er hatte den Guerillakampf zur Kriegskunst gemacht. In Aufrufen wandte er sich an das Volk. 1285 gelang es, die Kräfte des Gegners langsam aufzureiben. In Chuong Duong, wo heute die neue Brücke in Hanoi über den Roten Fluß führt, wurde die Flotte der Mongolen geschlagen. Der Kampf hatte sechs Monate gedauert.

1287 schickte Khubilai ein neues Heer und verzichtete dafür auf einen geplanten Angriff auf Japan. Tran Hung Dao und seine Truppen kannten nun die Taktik des Gegners und konnten ihr begegnen. In der letzten Phase dieses dritten Mongolensturmes gelang es Tran Hung Dao, die Flotte der Yuan-Dynastie durch die gleiche Kriegslist auf dem Bach Dang-Fluß zu vernichten, die Ngo Quyen 938 mit Erfolg angewandt hatte (s. S. 51). General Tran Hung Dao wird heute in einem Tempel in Kiep Bac (Provinz Hai Hung), aber auch in vielen anderen Tempeln des Landes verehrt.

Die Tran-Dynastie führte bis zu ihrem Ende eine glänzende und verschwenderische Hofhaltung, wurde aber politisch immer schwächer. Das ermöglichte den Aufstieg des Le Qui Ly aus der chinesischen Familie Ho, die im 10. Jh. in das Delta eingewandert war. Seinen Familiennamen Le hatte er durch Adoption erhalten. König Tran Nghe Tong vertraute ihm, und mit Härte, Mord und eiskaltem Kalkül brachte er es bis zum Regenten. Seine Einschätzung der Lage Dai Viets war real, seine Reformen gut, sie kamen aber zu spät. Er verfügte die Rückgabe allen Landes über zehn *mau* (etwa 36 km^2) an den Staat, der es an die wehrfähigen Männer verteilte. Die Steuern richtete er nach der Leistungsfähigkeit der Landwirtschaft aus. Da die Hortung von Münzgeld den Geldumlauf hinderte und der Wirtschaft schadete, ließ er die Geldstücke unter Strafandrohung einziehen und gab Papiergeld aus, dessen Wert an Bildern zu erkennen und das mit Stempeln des Staates versehen war. Mit diesen Maßnahmen brachte er die Grundbesitzer, den Adel und das Mandarinat gegen sich auf.

Die Ho-Dynastie (1400–1407)

1397 ließ Le Qui Ly den Hof in die neugebaute Westliche Hauptstadt Tay Do (in der Provinz Thanh Hoa) umziehen. Thang Long hieß nun Dong Do, Östliche Hauptstadt. 1400 rief er sich zum König aus und nahm den Namen Ho wieder an, als Ho Qui Ly gründete er die Ho-Dynastie und machte bald seinen Sohn zum König, ohne die Regierung aus der Hand zu geben. Den letzten Tran-Erben ließ er in ein Kloster bringen und ermorden. Die meisten Reformen hatte er schon als Regent initiiert. Er entwickelte noch die Anfänge einer medizinischen Versorgung, ließ Schulen am Sitz der Präfekturen und Provinzen errichten, um das Bildungswesen allen Begabten zugänglich zu machen, und fügte den konfuzianischen Prüfungen eine Aufgabe in Arithmetik hinzu. Seine Edikte erließ er in der nom-Schrift, und er übersetzte selbst ein chinesisches Werk unter Benutzung der nom-Schrift.

Die chinesische Ming-Dynastie nutzte die Unzufriedenheit des Adels und der Beamten aus und bediente sich eines angeblichen Thronerben der Tran als Vorwand für einen Einmarsch. Ho Qui Ly ließ Zitadellen bauen und Wälle errichten, die die Bevölkerung schützen sollten. Aber Adel und Truppe folgten ihm nicht, viele Beamte trugen der Ming-Dynastie die Herrschaft an. Es dauerte aber nicht lange, bis viele Mandarine – als sie erkannten, daß die Ming Dai Viet vernichten wollten – sich selbst richteten.

Die Herrschaft der Ming-Dynastie (1407–1427)

Dai Viet hieß nun wieder Provinz Giao Chi, diesmal aber zentral von Beijing aus regiert. Vietnamesische Sitten wurden verboten, Kleidervorschriften erlassen, Familienbücher und Personenpässe eingeführt, Heiraten und Feste mußten chinesischer Tradition folgen. Eine Volkszählung erbrachte 3 129 500 kinh (Viet) und 2 087 500 Angehörige von Bergstämmen. Der vietnamesischen Kultur drohte die Ausrottung: Bücher und Kunstwerke wurden nach China gebracht, Tempel geschlossen, chinesische Riten eingeführt.

Die Le-Dynastie (1428–1527 [1788])

1418 nahm Le Loi, Sohn eines Gutsbesitzers in der Provinz Thanh Hoa, den Kampf gegen die Ming-Administration auf. Ihm stand der Stratege, Staatsmann und Dichter Nguyen

Lampenfuß aus der Le-Dynastie

Trai zur Seite. Seine Siege über die Chinesen galten den Bauern als Legitimation für den Auftrag des Himmels (s. S. 55). Er fand großen Zulauf, am Ende seines Kampfes befehligte er 250 000 Freiheitskämpfer. Die Würdenträger des Landes trugen ihm 1428 die Herrschaft an, der designierte Thronerbe aus dem Tran-Klan wurde auf der Flucht getötet. Die Le-Dynastie bestand mit kurzer Unterbrechung 360 Jahre.

Die ersten Reformen des Königs Le Thai To galten der Landwirtschaft, den Bauern, die den Freiheitskampf getragen hatten. Alles Land, das den Tran, den Ming oder getöteten, geflohenen oder kinderlosen Adelsfamilien gehörte, wurde vom Staat konfisziert und den Anhängern der Le-Dynastie – Adeligen, Mandarinen und Militärs –, aber auch den Notabeln der Dörfer zur Verteilung an die Bauern gegeben. Steuern und Pacht mußten nun direkt an den Staat, nicht an die Landbesitzer abgeführt werden. Zu den bisher zwei Ministerien kamen vier weitere hinzu, eine Neueinteilung in dreizehn Provinzen besteht namentlich und räumlich bis in die Gegenwart.

Die Cham hatten während der Ming-Herrschaft das Land bis zum Hoanh Son zurückerobert. Unter der Le-Dynastie kam es zum Entscheidungskampf mit den Cham, die sich weit nach Süden, nach Phan Rang zurückzogen. Die Le-Dynastie ließ die eroberten Gebiete durch 42 Militärkolonien bewirtschaften und verteidigen.

Die ersten Gesetze der Le-Dynastie beruhten auf mittelalterlichen chinesischen Gesetzen, mit hohen Strafen für Diebstahl und Glücksspiel, für die Trunkenheit ihrer Gäste wurden auch die Gastwirte bestraft. Auf Rebellion standen Zwangsarbeit, Verbannung und verschiedene Todesarten. Erst König Le Thanh Tong erließ 1481 einen Kodex – bestehend aus sechs Büchern mit 721 Artikeln –, der auf den Gesetzen der vorangegangenen Dynastien beruhte, vietnamesischem Rechtsgefühl entsprach und erstmals auch das Zivilrecht einbezog. Adelige und Mandarine, die sich am Eigentum der Bauern vergriffen, konnten bestraft, auch Richter belangt werden. Das Erbrecht stellte Frauen und Töchter den Söhnen nahezu gleich. Bau und Erhaltung der Deiche durch Anlieger und

Soldaten waren im Gesetz verankert. Es wurde strafbar, Land brachliegen zu lassen. Wer es urbar machte, konnte es gegen Pacht an den Staat bewirtschaften. Längst nicht alle Gesetze wurden jedoch in die Praxis umgesetzt. Vielfach waren sich die Bauern ihrer Rechte gar nicht bewußt, und als Richter fungierten Mandarine, die das Recht zugunsten ihrer eigenen Klasse beugten. Die Bergvölker hatten ebenfalls den Kampf des Le Loi unterstützt. Sie sahen sich aber enttäuscht, und die Beziehungen zu den kinh verschlechterten sich.

Die während der Ming-Herrschaft verlorengegangenen Lehrbücher wurden durch Werke der formalistischen konfuzianischen *Chu Hsi*-Schule aus China ersetzt, die das Leben bis in die Familie hinein noch heute beeinflußt (s. S. 112). Ein konfuzianisches Moralgesetz mit 24 Artikeln mußte bei allen Dorffesten von den Dorfältesten öffentlich verlesen werden. Die öffentlichen Schulen in Provinz- und Präfekturhauptstädten, die von der Ho-Dynastie eingerichtet worden waren, wurden wieder eröffnet, die medizinischen Einrichtungen – vor allem zur Seuchenbekämpfung – erweitert und anstelle des Papiergeldes wieder Kupfergeld eingeführt. Als die Le-Dynastie in den ersten Jahrzehnten des 16. Jhs. verfiel, kam es auch an ihrem Hof zu Machtkämpfen.

Die Mac-Dynastie (1527–1592)

Angesichts der Thronstreitigkeiten im Le-Klan, unter denen das Land litt, konnte sich der Militär-Mandarin Mac Dang Dung, der den Oberbefehl über die Truppen besaß, 1527 zum König der Mac-Dynastie erklären. Er stammte aus einer angesehenen Familie, die ihn unterstützte. Eine Anerkennung durch die Ming-Dynastie konnte er sich durch Geschenke erkaufen, dennoch erschienen deren Armeen 1532 am Nam Quan-Paß bei Lang Son. Sie hatte erkannt, daß die Mac das Volk nicht hinter sich hatten. Mac Dang Dung konnte ihren Vormarsch gegen Abtretung von sechs Distrikten in der Gegend von Cao Bang zum Stehen bringen, er regierte das Land als chinesische Kolonie. Die Geschichtsschreibung hat der Mac- sowenig wie der Ho-Dynastie den Verlust vietnamesischen Bodens verziehen. Die Mac waren zweifellos tüchtige Administratoren, die die Gesetze der Le-Dynastie beibehielten. Kunst und Kunsthandwerk blühten unter ihrer Herrschaft. Aber das Delta litt nun 60 Jahre lang unter Bürgerkrieg. Erst 1593 konnte die Mac-Dynastie aus dem Delta vertrieben werden, in Cao Bang regierten sie von Chinas Gnaden bis 1677.

Die restaurierte Le-Dynastie (1532–1788)

(Die Herrschaft der Feudalgeschlechter Trinh und Nguyen)

Die Dynastie verdankt ihre Wiedereinsetzung zwei mächtigen rivalisierenden Fürstengeschlechtern, den Nguyen und den Trinh. Mit Hilfe dieser königstreuen Adelsfamilien konnte die Le-Dynastie in Thanh Hoa 1532 auf dem Terrain der Nguyen wieder eingesetzt werden. Nach Ermordung des Klan-Führers der Nguyen übernahmen die Trinh die

Rückeroberung des Landes im Auftrag der Le-Dynastie. In kurzer Zeit wurde aus der Rivalität der Feudalgeschlechter tödliche Feindschaft, die das Land in einen langen Bürgerkrieg stürzte und zur Teilung Dai Viets führte. Erst im Jahre 1591 begann der Endkampf um das Delta, am 6. Tag des tet-Festes 1592 konnten die Heere der Trinh in Thang Long einziehen. Die Ming-Dynastie anerkannte die restaurierte Le-Dynastie nur gegen deren Anerkennung der Herrschaft der Mac in Cao Bang. Über diesen Umweg sicherten sich die chinesischen Kaiser Einfluß auf das Delta und einen Zugriff auf die Goldminen in den Bergen. Die Ming-Dynastie wurde 1644 von der Qing-Dynastie (Manju) vertrieben, die sich aber noch jahrzehntelang der Parteigänger der Ming zu erwehren hatte, so daß sie erst 1788 wieder in das Geschehen im Delta eingriff.

Im Jahre 1593 hielt König Le The Tong seine erste Audienz in Thang Long und ehrte dabei auch Nguyen Hoang, der die Südprovinz Thuan Hoa befriedet und gegen die Mac verteidigt hatte. Dieser war entschlossen, sich im Süden ein autonomes Gebiet – außer Reichweite der Trinh – zu schaffen. 1599 kehrte er endgültig nach Thuan Hoa zurück und vollzog damit faktisch bereits die Trennung zwischen dem Norden und Süden.

Die restaurierte Le-Dynastie war während ihrer gesamten Regierungszeit zu einer Schattenherrschaft verurteilt. Die Trinh im Norden und die Nguyen im Süden waren die eigentlichen Herren des Landes. Nach einem fast 50jährigen Bürgerkrieg (zwischen 1627 und 1673), in dem sie sich in sieben Feldzügen als gleich stark erwiesen hatten, teilten sie das Land am Song Gianh, nicht weit vom 17. Breitengrad, der im 20. Jh. noch einmal zur Grenze zwischen Norden und Süden wurde.

Beide Feudalgeschlechter regierten als Lehnsherren im Namen der Le-Dynastie. Trotz ihrer Machtlosigkeit blieb die Le-Dynastie die Klammer, die beide Teilstaaten vor der völligen Trennung bewahrte und den Weg zur Wiedervereinigung offen hielt. Die Nguyen hatten zwar die völlige Autonomie ihres Landesteiles erkämpft, aber an ihrer Bindung an die Le-Könige nie einen Zweifel aufkommen lassen und ihrem Land auch nie einen eigenen Namen gegeben. Erst die Franzosen nannten sie ›Könige von Cochinchina‹, die Nguyen haben niemals einen solchen Titel oder Landesnamen geführt.

Die historischen Schwierigkeiten blieben im geteilten Dai Viet die alten, die Teilung selbst wurde zum neuen, zentralen Problem. Der Norden hatte die Verteidigung gegen China nun allein zu tragen, sah sich auch weiterhin den Angriffen der Bergstämme ausgesetzt. Der wachsenden Bevölkerung im Delta stand die Abwanderung in den Süden nicht mehr offen. 1694 konnten sich die Trinh erfolgreich in die Thronstreitigkeiten in Laos einschalten, die zu der Teilung des Reiches Lane Xang in drei Königreiche und zu einer Grenzziehung mit Dai Viet führten. Eine der wenigen in Südostasien, die sich nach ethnischen Gesichtspunkten vollzog. Dörfer, deren Häuser auf Pfählen standen, wie die Laoten sie bauen, kamen zu Lane Xang, andere, in denen die Häuser auf die Erde gebaut waren, erhielt Dai Viet. Die Trinh versuchten aber auch, durch Heirat Einfluß zu gewinnen.

1 Wasserbüffel, Helfer der Bauern ▷

2 Familienausflug

3 Verkauf von Erdnüssen

4 Auf dem Lande

5 Der Deich als Verkehrsweg im Bac Bo

6 Straßentreiben in Ho Chi Minh-Stadt

8 Beim Reissetzen ▷

7 Skepsis gegenüber dem Fremden

9 Frosch auf einer Bronzetrommel, Dong Son-Kultur

10 Schuhförmige Bronzeaxt, Dong Son-Kultur

11 Großer Krug aus der Tran-Dynastie

12 Quan Am in der Chua Pho Minh, Nam Dinh

13 Quan Am Thi Kinh mit Begleitern in der Chua Phap Van, Hanoi

14 Altar eines Familientempels der Familie Hoai Duc

16 Kumarata-Statue, Chua Tay Phuong, Hanoi

◁ 15 Quan Am Tua Son in der Chua De Ba, Hanoi

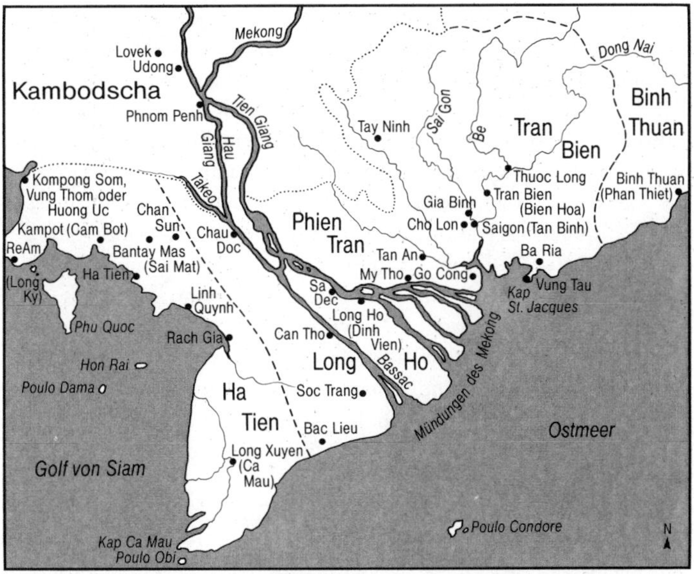

Die Eroberung des Südens

Die Nguyen hatten mit den Bergvölkern im Zentralen Hochland weniger Schwierigkeiten. Als Hauptaufgabe stellte sich ihnen die Vollendung des Zuges nach Süden, der von Thang Long aus nicht mit der gleichen Intensität durchzusetzen gewesen wäre. 1693 fand der letzte Kampf mit den Cham statt, Ende des 17. Jh. war das südliche Delta erreicht, das aus 40 000 km² fruchtbarem, unbebautem Schwemmland bestand, außerhalb der Taifunzone lag und dessen Flüsse nicht eingedeicht werden mußten. Staatlich gehörte es zu Kambodscha. Im Khmerreich gab es aber keine Landnot, und im Mekong-Delta bestanden nur wenige Khmersiedlungen. Die Auseinandersetzung mit den Khmer-Königen bestand daher mehr aus geschicktem Taktieren, Eingriffen oder Hilfeleistungen bei Thronstreitigkeiten und Beistand gegen Angriffe der Siamesen, die 1697 ihre Hauptstadt aus Ayuthia nach Thonburi und dann nach Bangkok verlegten. Die Nguyen konnten das Delta nach und nach an sich bringen.

Viele Cham waren nach dem Zusammenbruch ihres Reiches Phan Rang nach Kambodscha und in das Mekong-Delta geflohen. Im Bürgerkrieg des 17. Jhs. segelten Viet aus den Kampfgebieten zwischen Trinh und Nguyen über das Meer nach Süden, landeten an der Küste in Ba Ria und Vung Tau und drangen auf dem Song Dong Nai landeinwärts bis Bien Hoa. 1679 suchten 50 chinesische Dschunken mit 3000 bewaffneten Soldaten an Bord – Anhänger der gestürzten Ming-Dynastie – Zuflucht bei den Nguyen. Sie erhielten

◁ Wächterfigur an einem Mausoleum, Nguyen-Dynastie (19. Jh.)

in My Tho am Mekong und Ban La am Dong Nai Siedlungsplätze. Der Chinese Mac Cuu, ebenfalls ein geflohener Ming-Anhänger, schuf sich mit Duldung der Nguyen ein autonomes Gebiet zwischen Ha Tien und Ca Mau, prägte seine eigenen Münzen und unterhielt eine Privatarmee. 40 000 Siedler kamen aus der Provinz Quang Nam, in der Landnot herrschte. Adelige und Mandarine ließen riesige Flächen durch Leibeigene urbar machen. Die Nguyen begannen, das Land zu verwalten, in Provinzen aufzuteilen, das Mandarinat einzurichten und es durch Militärkolonien zu sichern. Im Volkslied hieß es: »Geh nach Gia Dinh, dort ist das Wasser klar und rein, der Reis ist weiß und das Leben leicht!« Gia Dinh wurde nicht nur der Ort genannt, aus dem später Saigon wurde, sondern auch die Provinz und das ganze Delta.

Die beiden Landesteile Dai Viets erlebten eine unterschiedliche Entwicklung. Der Norden hielt sich an die Tradition, der Süden geriet unter Einflüsse seiner Nachbarn. Er lag näher an der Welthandelsstraße auf den Meeren und besaß in Hoi An, 20 km südlich von Da Nang, einen Hafen, in dem sich Schiffe aus aller Welt trafen. Seine Begegnung mit den Europäern vollzog sich früher und intensiver, seine Außenpolitik schloß auch eine Bündnispolitik ein.

Die Trinh hatten sich 1599 vom Le-König ihre Sonderstellung als *vuong* (Fürst), Oberbefehlshaber der Armee und Verwalter des Landes für sich und ihre Erben bestätigen lassen. Das Verhältnis zwischen König und Lehnsherren glich dem des *Tenno* und *Shogun* in Japan. Die Familien verbanden sich durch Heirat, aber die Ausübung der Herrschaft blieb bei den Trinh.

Elitetruppen zur Verteidigung der Hauptstadt kamen erstmals aus der Heimatprovinz der Dynastie, Thanh Hoa. Die Trinh richteten eine Militärschule ein, an der Strategie theoretisch und praktisch gelehrt wurde. Das Mandarinat war unter den Le-Königen schon 1580 wieder eingerichtet worden. Im 18. Jh. füllten die Trinh ihre leeren Staatskassen aus Verkäufen nicht nur von Titeln, wie dies schon früher geschehen war, sondern auch Posten waren käuflich und entwerteten damit Bildung und Prüfungen. Eine Reform des Rechtes bezog sich besonders auf Verfahrensfragen und eine detaillierte Prozeßordnung. Zu Anfang ihrer Regierungszeit erfolgte auch eine Neuverteilung von Grund und Boden und die Modifizierung der Personen- und Grundsteuern. Es fehlte Dai Viet nicht an guten und fortschrittlichen Gesetzen, aber ihre Durchführung wurde weiterhin durch das Feudaldenken verhindert. Verkehrs- und Produktionssteuern, besonders die Salzsteuer, riefen Empörung hervor. Die Viet brauchten Salz für ihre Fischsoße, den Haupteiweißträger ihrer Nahrung, die Bergvölker zur Konservierung ihrer Lebensmittel.

Die Trinh vernachlässigten die Deiche, es kam zu Flutkatastrophen und Hungersnöten. Ab dem 18. Jh. wurde das Delta durch Rebellionen, die oft jahrelange Aufstände zur Folge hatten, erschüttert. Ihre Anführer waren königliche Prinzen, die der Le-Dynastie wieder zur Macht verhelfen wollten, Stammesfürsten der Bergvölker, Abenteurer, sozial gesinnte Revolutionäre und buddhistische Mönche.

Die Trinh hatten ihre Paläste, Pagoden und Tempel vor der Königsstadt erbauen lassen, sie förderten Architektur, Kunst, Wissenschaft und Literatur. Der Buddhismus kam zu neuer Blüte, die Dörfer erlangten Autonomie und bauten ihre großen Gemeinschaftshäuser (*dinh*) mit Schutzgeisttempeln. Aber alle Bestrebungen erstickten an dem unausrottbaren Feudaldenken der führenden Schichten.

Auch die Nguyen förderten den Buddhismus, ließen Pagoden bauen, Mönche aus Quangzhou (Kanton) kommen. Sie behielten die Administration der Le-Dynastie bei, zum Mandarinat hatten weite Bevölkerungskreise Zugang. Die Verwaltung litt anfänglich an Personalmangel. Auch die Armee war klein, dies konnte aber durch eine bessere Ausrüstung, an der Portugiesen als Waffenschmiede mitwirkten, ausgeglichen werden. Der Hofstaat konnte sich mit dem in Thang Long messen. 1702 suchten die Nguyen bei der Qing-Dynastie in China um Anerkennung nach, die jedoch keine zweite Dynastie in Dai Viet bestätigen wollte. 1744 rief sich Nguyen Phuc Khoat zum *vuong* (›Fürsten‹) aus und ließ sich selbst ein Herrschersiegel prägen.

Statue der Fürstin Mua, Gemahlin von Trinh Trang

Der Aufstand und die Dynastie der Tay Son (1771–1802)

Drei Brüder (Nhac, Lu und Hue) aus der chinesischen Familie Ho in der Provinz Nghe An, aus der auch die Ho-Dynastie stammte, nahmen den im Süden geachteten Namen Nguyen an, wurden aber als Tay Son-Brüder bekannt. Einer ihrer Vorfahren war im Bürgerkrieg des 17. Jh. von den Nguyen gefangen genommen und in eine Kolonistensiedlung nach Tay Son verbannt worden, einem kleinen Ort in den Hügeln von An Khe auf dem Wege von Quy Nhon in das Hochland Kon Tum (s. S. 453). Als Nhac, der älteste der Brüder, seine Stellung als Steuereinnehmer verlor, floh er nach Tay Son. Der Aufstand der Tay Son ist ein umstrittenes Kapitel der vietnamesischen Geschichte. Die Einschätzungen schwanken zwischen Verherrlichung und abwägender Kritik. Einmütigkeit herrscht nur über Persönlichkeit und Leistung des jüngsten Bruders, Nguyen Hue, der 1788/89 die chinesische Qing-Dynastie aus Dai Viet vertrieb.

In der zweiten Hälfte des 18. Jhs. wurde Vietnam von sozialen Unruhen erfaßt, die gegen Mißstände des Feudalstaates und die Willkür der Trinh wie der Nguyen gerichtet waren. Nguyen Nhac gelang es, durch persönliche Kühnheit und geschickte Ausnutzung der allgemeinen Unzufriedenheit alle Schichten des Volkes zu einer landesweiten Aufstandsbewegung hinter sich zu bringen, die über die bisherigen lokalen Bauernaufstände hinauswuchs. Bauern und Landlose, Soldaten und Abenteurer schlossen sich ihm an. Wohlhabende Kaufleute aus Quy Nhon und anderen Handelsplätzen traten als Geldgeber auf. Die Festung Quy Nhon wurde zur Basis der Tay Son. Der Aufstand richtete sich zunächst nur gegen die Willkürherrschaft und Repressalien des Regenten Truong Phu Loan in Phu Xuan (später Hue), der nach dem Tode des Vuong Phuc Khoat 1765 die Herrschaft für den minderjährigen, unrechtmäßigen Erben ausübte.

Trinh Sam in Thang Long nutzte die Unruhen zu einer späten Rache an den Nguyen. Er eroberte Phu Xuan und liquidierte den Nguyen-Klan. Nur der minderjährige König und der rechtmäßige Erbe, Nguyen Anh, entkamen in das Mekong-Delta. Nhac schlug sich auf die Seite des Trinh Sam, der ihn zum General machte, bevor er den Revolutionären das Land der Nguyen überlassen mußte, weil seine Truppe durch Krankheiten dezimiert war. Er zog sich nach Thang Long zurück und beanspruchte nur die Provinz Thuan Hoa, die die Nguyen Ende des 16. Jhs. von der Le-Dynastie zum Lehen erhalten hatten. 1776 rief sich Nhac zum *vuong* aus. Sein Bruder Hue konnte in wechselvollen Kämpfen mit den Nguyen-Erben, die nur Nguyen Anh, der rechtmäßige Nachfolger der *vo vuong* überlebte, das Mekong-Delta erobern. 1782 sahen sich die Tay Son im Besitz der Erblande der Nguyen.

Schwere Unruhen im Rote-Fluß-Delta ermöglichten Nguyen Hue 1782 die Rückeroberung der Provinz Thuan Hoa und die Einnahme des Deltas mit der Hauptstadt Thang Long. Er bestätigte der Le-Dynastie ihre vollen Rechte, worauf der König ihn zum Fürsten und General ernannte und ihm seine Tochter Ngoc Han zur Frau gab. Die Erfolge des jüngsten Bruders veranlaßten Nhac zur Teilung des Landes. Der mittlere Bruder, Lu, erhielt das Mekong-Delta, er selbst regierte von Quy Nhon aus das Land zwischen Binh Thuan und dem Wolkenpaß, 20 km nördlich von Da Nang. Hue sollte von Phu Xuan aus die Provinzen Thuan Hoa und Nghe An beherrschen. Er fühlte sich um den Lohn seiner Erfolge betrogen, überwand den nach konfuzianischer Sitte schuldigen Respekt gegenüber dem älteren Bruder und belagerte Nhac in seiner Festung Quy Nhon. Neue Streitigkeiten in Thang Long zwangen ihn, in das Rote-Fluß-Delta zurückzukehren. Kaum hatte er es wieder verlassen, brach die chinesische Qing-Dynastie mit einem großen Heer ein und eroberte Thang Long. Nguyen Hue ließ in Phu Xuan 1788 einen Altar für Himmel und Erde errichten, brachte die vorgeschriebenen Opfer und erbat den Auftrag des Himmels. Danach proklamierte er sich zum König, gab sich und seiner Ära den Namen Quang Trung und schlug, wie er vorausgesagt hatte, noch vor Ende des tet-Festes das 200 000 Mann starke Invasionsheer der Qing-Dynastie am Hügel Dong Da, damals noch vor der Stadt Thang Long gelegen. Mit den Besiegten zusammen floh auch der Le-König. Hue, nun König Quang Trung, vereinigte das unter den Trinh und

Nguyen geteilte Dai Viet von der chinesischen Grenze im Norden bis zum Wolkenpaß im Süden. Der Süden wurde von seinen Brüdern beansprucht. Aber im Mekong-Delta erhob sich bereits der Erbe der Nguyen-Fürsten von Phu Xuan, Nguyen Anh.

Was die Revolutionäre versprochen hatten, konnte der König nur teilweise halten. Quang Trung übernahm die Verwaltung der Le-Dynastie sowie das Mandarinat. Erstmals waren nun die Zivilmandarine den Militärmandarinen unterstellt. Die Bauern empfanden die Reformen in der Landwirtschaft als unbefriedigend, die erwartete Konfiskation des Feudalbesitzes fand nicht statt. Auch die Kaufleute zeigten sich unzufrieden, da die Freiheit des Handels ausblieb. Quang Trung versuchte Dai Viet aus der kulturellen Bindung an China zu lösen, verbot die Einfuhr von Luxusgütern und stützte das eigene Handwerk. Er förderte die nom-Schrift und benutzte sie seit der Ho-Dynastie im 15. Jh. erstmals wieder für Edikte, darüber hinaus aber auch für Militärerlasse und Texte für Kulthandlungen. Es entstand eine reiche Literatur in nom. Die Gelehrten begegneten dem König jedoch in stummer Ablehnung. Sie sahen in der Verbreitung der nom-Schrift eine Schmälerung ihrer Vorrangstellung, die auf der Kenntnis des klassischen Chinesisch beruhte.

Als Unruhe und Widerstand zunahmen, suchte Quang Trung dem Volk eine große nationale Aufgabe zu geben. Er wollte das Großreich Nam Viet (208 v. Zt. bis 111 v. Zt.) wieder erstehen lassen und dazu die südchinesischen Provinzen Quandong und Quangxi seinem Reich hinzugewinnen. Quang Trung hatte bereits Verbindungen mit Anhängern der Ming-Dynastie aufgenommen. Sein früher Tod (1792) entband seine Gesandten in Beijing der heiklen Mission am Hofe der Qing-Dynastie, die Überlassung der Provinzen zur Sprache zu bringen. Sein zehnjähriger Sohn Quang Toan mit dem Äranamen Canh Tinh wurde zunächst von einem Regenten vertreten, griff aber später selbst noch in den Kampf mit Nguyen Anh, dem Erben der Fürsten des Südens, ein.

Quang Trung war die Hoffnung des Volkes, das ihn bis heute in Gedenktempeln und als Schutzgeist mancher Dörfer verehrt. Sein Denkmal steht auf vielen öffentlichen Plätzen. Am Hügel Dong Da in Hanoi und in Tay Son sind Gedenkstätten und Museen eingerichtet worden. Er gilt als ein Vorläufer der Sozialistischen Revolution.

Vom Mekong zum Roten Fluß

Die Geschichte zog mit den Viet von Norden nach Süden, vom Roten Fluß zum Mekong. Der rechtmäßige Erbe der Fürsten des Südens, Nguyen Anh, hat die Eroberung noch einmal in umgekehrter Richtung vollzogen. Er hatte nach Vernichtung des Klans der Nguyen in Siam Aufnahme gefunden und kehrte 1778 in das Mekong-Delta zurück. Sechzehnjährig begann er den Kampf gegen die Tay Son, der mit Siegen und Niederlagen, Triumph und Verzweiflung, Vormarsch und Flucht mehr als zwanzig Jahre dauerte. Er setzte die Politik seiner Vorfahren fort, führte in allen eroberten Gebieten die Administration der Le-Dynastie ein und behielt ihren Äranamen bei. Darüber hinaus förderte er die Urbarmachung und die Landwirtschaft des Deltas, baute das Mandarinat und die Armee auf und suchte seine Verteidigungskraft durch europäische Waffen, Kriegsschiffe und Truppenausbildung zu verbessern. Die Thronstreitigkeiten der Khmer und Siamesen nutzte er durch eine geschickte Bündnispolitik. In auswegloser Situation suchte er zwar die Hilfe Frankreichs, wartete sie jedoch nicht ab – und war dankbar, daß sie, am Vorabend der Französischen Revolution, ausblieb. Nguyen Anh mißtraute dem Ausland, auch dem benachbarten Siam, mit dessen plündernden Hilfstruppen er schlechte Erfahrungen gemacht hatte. Willkommen waren ihm aber Kriegstechnik und Waffenkunst der Fremden. Nur einer besaß sein Vertrauen, der Bischof von Adran, Pigneau de Béhaine, dem er bis zu dessen Tod in Freundschaft verbunden blieb. Es gibt keinen Anlaß, die Loyalität des Bischofs zu bezweifeln, und keine Beweise, daß Nguyen Anh die Pläne seines Freundes von der Schaffung eines Gottesstaates in Südostasien gekannt hat und ob dieser ihm darin eine Rolle zugedacht hatte. Als Konfuzianer stand er dem Christentum und der Mission strikt ablehnend gegenüber und vermied Härten nur um des Freundes willen.

Der Kampf gegen die Tay Son erwies sich für Nguyen Anh besonders in den ersten Jahren als schwer. Er nutzte die Zeiten zwischen den Monsunen, um von Gia Dinh aus die Festungen der Tay Son zu erobern und seine eigenen Stellungen auszubauen. Die Zitadelle von Quy Nhon blieb lange Zeit uneinnehmbar. Im Besitz der Festung, sahen sich seine Truppen dann darin eingeschlossen und belagert. Die Niederlage der Tay Son war nicht zuletzt auch eine Folge ihrer Uneinigkeit, der Hof der Tay Son-Dynastie in Phu Xuan hatte sich in zwei feindliche Lager gespalten. Während um Quy Nhon noch gekämpft wurde, konnte Nguyen Anh 1801 die Hauptstadt seiner Väter, das spätere Hue, zurückerobern.

Ein Jahr später opferte er am Altar seiner Ahnen für Himmel und Erde, gab seiner Ära den Namen Gia Long, proklamierte sich aber noch nicht zum König, sondern brach zur Eroberung des Deltas des Roten Flusses auf. Im Juli 1802 schlug er König Canh Tinh, der sich in das Delta geflüchtet hatte, und zog in Thang Long ein. Sein Reich war nun größer als Dai Viet je vorher war, es reichte von der chinesischen Grenze im Norden bis zum Kap Ca Mau im Süden. Im Jahre 1804, nach der Anerkennung durch die Qing-Dynastie, nannte er es Viet Nam und verlegte die Hauptstadt nach Phu Xuan (Hue). Zwei Jahre später proklamierte er sich in dem neu erbauten Palast in Hue zum König. Vietnam war zu Beginn des 19. Jhs. zwar geschwächt von Aufständen und Bürgerkriegen, stand aber als volkreiches Großreich an der Schwelle einer neuen Ära und konnte auf Erfolg und Aufschwung hoffen. Es war sich der Tatsache nicht bewußt, daß schon fremde, unbekannte Kräfte in seine Existenz einzugreifen bereitstanden.

Europäer in Vietnam: Missionare – Kaufleute – Kolonialisten

Im Vertrag von Tordesillas (1494) übertrug Papst Alexander VI. den Portugiesen die geistliche und weltliche Macht über die östliche Erdhälfte. Mitte des 16. Jhs. waren europäische Seefahrer an den Küsten Hinterindiens aufgetaucht, 1615 folgten ihnen portugie-

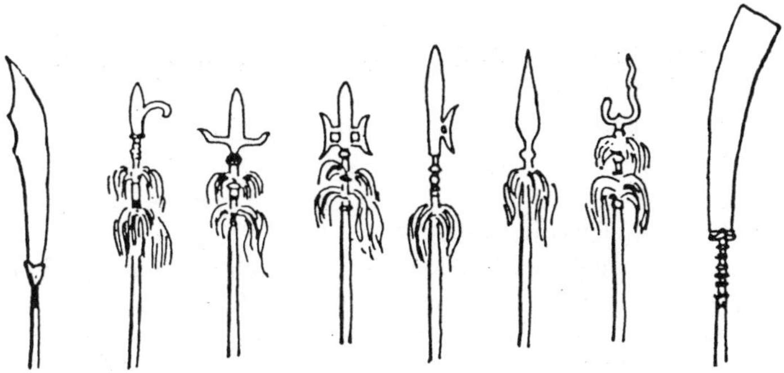

Vietnamesische Waffen (19. Jh.)

sische Missionare und Kaufleute. Sie unterhielten bereits Stützpunkte in Cochin, an der Westküste Indiens, und nannten das Land auf dem Wege nach China daher Cochinchina. Im Hafen von Hoi An – das sie Fai Fo nannten –, 20 km südlich von Da Nang, betrieben chinesische und japanische Kaufleute Niederlassungen in eigenen Stadtvierteln (s. S. 427). Schiffe aus Manila, Sumatra, Java und Siam liefen den Hafen an. Als die Shogune in Japan Missionare und Händler des Landes verwiesen und ihre eigenen Kaufleute aus Hoi An zurückzogen, traten portugiesische Händler an ihre Stelle, und die Missionare fanden ein neues Betätigungsfeld in Dai Viet (s. S. 120). Als Nichtkatholiken sahen sich Holländer und Engländer nicht an die päpstliche Weltordnung gebunden. Sie konnten auch im Delta des Roten Flusses Fuß fassen, gefolgt von den Franzosen. Die Handelsunternehmen in Dai Viet hatten sich nur während des Bürgerkrieges zwischen den Trinh und Nguyen als rentabel erwiesen, solange Waffen gebraucht wurden. Der Fernhandel, immer noch Staatsmonopol, blieb streng überwacht; da das Volk keinen Anteil daran hatte, zeigte es auch kein Interesse. Alle ausländischen Handelsgesellschaften schlossen ihre Kontore, zuerst im Norden, dann auch in Hoi An; nur die Franzosen blieben. Ihre Mission erwies sich als erfolgreich, die Missionare behielten auch den Handel im Auge und konnten das Interesse der französischen Öffentlichkeit an beidem wachhalten.

Im 19. Jh. waren die europäischen Industriestaaten auf der Suche nach Rohstoffquellen und Absatzmärkten. Den Staatsinteressen weit voraus, drangen Abenteurer und Händler in die entferntesten Gegenden vor. Handelsgesellschaften wurden zum Wirtschaftsfaktor ihrer Heimatländer. Das Interesse der Europäer konzentrierte sich schnell auf Asien, das reiche Indien und China mit seinem riesigen Hinterland. China verschloß sich – wie alle Staaten konfuzianischer Tradition – der Mission und den brutaler werdenden Versuchen der Kaufleute, sich gewaltsam Zugang zu neuen Märkten zu schaffen. Die Besetzung Singapurs, vor allem aber der Opiumkrieg und seine Folgen waren für Dai Viet Gründe, Verhandlungen und Handel mit Europa abzulehnen und sich in die Isolation zu retten.

Die Franzosen suchten über den Mekong und später auf dem Roten Fluß zu den Absatzmärkten in Südchina vorzudringen. Laos, Kambodscha und Vietnam rückten, zunächst nur als Ausgangspunkt des Chinahandels, in das Interesse der Europäer, nicht wegen ihrer Edelmetalle und Spezereien. Um den Weg nach China zu sichern, wurden aus Kaufleuten Kolonisten. Das Kolonialreich Indochina ist Frankreich von seinen Kaufleuten und Missionaren ›aufgedrängt‹ worden.

Die Nguyen-Dynastie (1802–1945)

König Gia Long suchte den Feudalismus durch die Zentralisation der Verwaltung in einer absoluten Monarchie zu überwinden. Diese Pläne wurden von seinen ersten drei Nachfolgern weitergeführt. Er mußte nach dem langen Bürgerkrieg zunächst das Land befrieden und gab dem Delta des Roten Flusses und des Mekong vorübergehend den Status eines Generalgouvernements. Nur der Trung Bo, das Stammland der Nguyen, wurde zentral von Hue aus regiert. Die Nachkommen der Le- und Trinh-Familien, deren Anhänger im Bac Bo viel Aufruhr verursachten, wurden mit finanziellen Vorteilen und Titeln bedacht, dem Volk Steuererleichterungen gewährt. Der zweite Nguyen-König, Minh Mang, Sohn und Nachfolger Gia Longs, hatte schwere Aufstände im Mekong-Delta zu bekämpfen. Er regierte mit einem königlichen Kabinett und später durch einen Staatsrat und wurde einer der bedeutendsten Gesetzgeber Vietnams. Seine unglückliche Außenpolitik in Kambodscha muß als Folge langer Machtkämpfe mit Thailand um den Einfluß in dem von schwachen Königen regierten Land gesehen werden. Das Erziehungs- und Bildungssystem wurde durch die Gründung einer Nationalakademie in Hue zentralisiert. Ab 1807 besuchten die Söhne des Adels und Studenten aus dem Volk die gleichen Schulen. Die erfolgreichen Prüflinge sahen ihre Namen von 1808 an auf den Stelen des *Van Mieu* (Tempel der Literatur), der nun auch in Hue gegründet worden war. Die Prüfungen wurden von 1822 bis 1918 abgehalten. König Minh Mang kannte die Schwächen der konfuzianischen Bildung, von der er sagte: »Man legt bei den Aufsätzen nur Wert auf veraltete Klischees und hohle Formulierungen und sucht nur durch die Vorführung eines unnützen Wissens zu glänzen ... aber die Gewohnheit hat sich eingebürgert, und es ist schwer, sie abzuändern.«

Ahnentempel der Nguyen

Die Reichsstraße

Die Nguyen-Dynastie konzipierte und baute eine Reichsstraße, die auch Mandarinstraße genannt wird. Heute würde sie als Jahrhundertbauwerk bezeichnet werden. Sie verband die Landesteile im Norden und Süden mit der Hauptstadt Hue und sollte die Einheit des Reiches fördern. Obwohl sie in Küstennähe verlief, mußte sie hohe Pässe und Hochplateaus überqueren, über die zahlreichen Flüsse führten Fähren. Ungefähr alle sechzehn Kilometer war eine Raststelle eingerichtet. Die Schwierigkeiten, die Reisende erwarteten, schildert ein zeitgenössischer Bericht: »Reisende von Rang wurden in Sänften oder Tragsesseln getragen, das Gepäck auf dem Rücken von Männern. Reisende und Studenten, die zu den literarischen Prüfungen in die Hauptstadt reisten, fürchteten den brennenden Sand, die von Tigern wimmelnden Wälder und die von Stürmen aufgewühlten Wogen beim Überqueren von Lagunen und Flüssen.«

Bis heute ist die Nationalstraße 1 die einzige durchgehende Straßenverbindung zwischen Hanoi und Ho Chi Minh-Stadt. Sie wurde von den Franzosen ausgebaut, von den USA teilweise verbessert, streckenweise von Panzern zerfahren. Im Norden wurden weite Strecken sowie Brücken durch Bomben zerstört. Mit Hilfe der UdSSR sind Teilabschnitte und Brücken wiederhergestellt worden. In vielen Regionen vermag die Nationalstraße 1 heute den wachsenden Verkehr nicht mehr zu bewältigen.

Auch die Steuerlasten, Militär- und Frondienste ruhten weiter allein auf den Bauern zwischen 20 und 55 Jahren, nur die Zahlungsweise wurde flexibler, die Steuern konnten nun auch nach der Ernte bezahlt werden. Eine Neuerung, die 1839 in Kraft trat, erwies sich als wirksamer Vorstoß gegen die Feudalwirtschaft. Ab dieser Zeit wurden Beamte und Würdenträger nicht mehr durch Grundbesitz oder Steueraufkommen von Dörfern, sondern nur noch durch Geld oder Reis entlohnt. Das führte, wenn auch langsam, zur Vergrößerung des bäuerlichen Besitzes.

Der Kodex Gia Long von 1812 diente mit seinen 22 Büchern und 398 Artikeln der Festigung der Monarchie, stellte aber unverändert übernommenes chinesisches Recht dar und bedeutete für das Straf- und Zivilrecht, besonders auch die Rechte der Frau, einen Rückschritt.

Die Leistungen der Nguyen in Kunst, Literatur und Architektur sind unumstritten. Gewaltige Bauunternehmen wie die Zitadelle in Hue, die Reichsstraße und die zahlreichen Festungen in den Provinzstädten des Landes gingen jedoch zu Lasten der Bauern, die sie in Fronarbeit erstellen mußten.

Als überzeugte Konfuzianer hielten sich die Nguyen an das Vorbild China, zum Teil auch als Abschirmung gegen fremde, europäische Einflüsse. China sah sich der gleichen Bedrohung gegenüber, so daß im 19. Jh. von ihm keine Aggression gegen Vietnam ausging. König Gia Long und seine Nachfolger weigerten sich, Kaufleute, Schiffskapitäne und Vertreter ausländischer Staaten zu empfangen, die es nicht an Versuchen fehlen ließen, ihren Wünschen durch kriegerische Demonstrationen Nachdruck zu verleihen. Erst als das Mekong-Delta schon teilweise verloren war und der Opiumkrieg keinen Zweifel mehr an den Absichten der Europäer ließ, sandte der vierte Nguyen-König, Tu Duc, Botschafter nach Paris und London. Sie wurden auf Intervention der Mission und des Papstes nicht empfangen. Als sie zurückkehrten, war der kinderlose König tot.

Den Nguyen wird in der Geschichtsschreibung häufig der Vorwurf gemacht, durch die Schließung des Landes die Kolonialherrschaft selbst verschuldet zu haben. Andere Historiker werfen ihnen vor, sie hätten ihr Land an die Franzosen verraten und von Frankreichs Gnaden regiert. Beide Beschuldigungen treffen nur zu einem Teil zu.

Das Auftreten der Kaufleute, Missionare und später auch der offiziellen Vertreter Frankreichs war – ein Zeichen der Zeit – gekennzeichnet von der Überheblichkeit des weißen Mannes, geblendet von materiellen Erfolgen der jungen Industrienation und dem Glauben an die alleinseligmachende Kirche. In Asien trafen sie auf Reiche mit einer alten Geschichte, Kultur und Tradition. Den Königen, deren Verpflichtung gegenüber dem konfuzianischen Staat ihnen unbekannt war, bot sich keine Möglichkeit, sich mit den neuen Ideen vertraut zu machen. Sie sahen sich daher gezwungen, das Ansehen ihres Landes und ihrer Person durch harte Maßnahmen gegenüber den ungebetenen Gästen zu verteidigen. Eine Begegnung, die für beide Seiten hätte zur Bereicherung werden können, wurde um mehr als hundert Jahre hinausgezögert. Aus den alten Reichen wurden Kolonialstaaten, die heute zu der verarmten Dritten Welt gehören.

Der Vorwurf des Kollaborierens mit Frankreich trifft nur auf den neunten, zwölften und besonders den dreizehnten König, Bao Dai, zu. Andere haben den Kampf gegen Frankreich mit ihrer Freiheit und ihrem Leben bezahlt. Es fehlte nicht an Vietnamesen, die sich in der Welt umsehen konnten und nach ihrer Rückkehr König und Hof durch Eingaben und Vorschläge zu einer Änderung ihrer Politik zu bewegen suchten. Eine weit größere Zahl der Mandarine und Gelehrten fürchtete aber entweder um ihre Position oder konnte tatsächlich die modernen Ideen nicht mit ihrer Lebensauffassung verbinden.

Opiumkrieg 1840–1842

Großbritannien suchte seine Einfuhren aus China, besonders die Teeimporte, durch Lieferungen von Opium zu kompensieren. In China war die Einfuhr von Opium verboten. Der Krieg wurde ausgelöst, weil China 20 000 Kisten Opium vernichten ließ. Der Vertrag von Nanking vom 29. 8. 1842 beendete den Krieg. China mußte die Einfuhr von Opium genehmigen, die Insel Hongkong an Großbritannien abtreten und 21 Millionen Dollar zahlen. Shanghai und andere Häfen mußten für den Handel geöffnet werden, Kaufleute und Missionare erhielten Privilegien und das Recht zur Einrichtung von Konzessionen mit Exterritorialität.

Kolonie
Erstmalig verwendet als Bezeichnung für außerhalb des Mutterlandes gelegene Handelsniederlassungen der Phönizier. In der Neuzeit territorialer Besitz eines Staates außerhalb seiner Staatsgrenzen, meist in Übersee. Kolonien besitzen einen wirtschaftlichen, militärischen oder politischen Nutzen für das Mutterland.
Protektorat
Völkerrechtlich Schutzherrschaft eines Staates über ein fremdes, selbständiges Gebiet, das besonders seine Außenpolitik an der seiner Schutzmacht ausrichtet und seinen militärischen Schutz der Protektoratsregierung überläßt.
Mandat
Ein vom Völkerbund oder der UNO erteilter Auftrag an einen Staat, ein bestimmtes Gebiet als Mandatsgebiet treuhänderisch zu verwalten.

Als Reformer wie als Konservative haben viele ihre Überzeugung mit Verbannung, Gefängnis und Tod gebüßt. Aus vielen revolutionären Ansätzen haben sich zwei Richtungen herauskristallisiert, die sich nach Anfangserfolgen dann aber beide nicht durchsetzen konnten. Es gab die Reformer, die unter Beibehaltung der Monarchie dem japanischen Vorbild folgten, in Japan studierten und die Modernisierung ihres Landes anstrebten. Eine andere Gruppe trat für die Zusammenarbeit mit Frankreich ein, wollte die Monarchie abschaffen und die Demokratie einführen.

Die Geschichte der Kolonialepoche und der daraus resultierenden Indochinakriege zwischen 1945 und 1975 soll in diesem Führer zur Kunst und Kultur Vietnams nicht ausführlich geschildert werden. Eine Kurzdarstellung wird von Zeittafeln ergänzt.

Vietnam im Kolonialreich Indochina

In Frankreich bestand zunächst keine große Bereitschaft zum Erwerb von Kolonien, das änderte sich erst durch Druck auf Regierung und Öffentlichkeit seitens derer, die in überseeischen Gebieten eine für ihre Unternehmungen günstige Situation vorfanden. Nachdem Kolonialbesitz vorhanden war, wurden unterschiedliche Theorien über den Status von Kolonien, Mandatsgebieten und Protektoraten entwickelt und diskutiert. In Frankreich erwachte ein Verantwortungsgefühl gegenüber den überseeischen Besitzungen, das in den verschiedenen Phasen der französischen Geschichte des 19. Jhs., vom Kaiserreich bis zur Revolution, zu unterschiedlichen Folgerungen führte. Nach der Revolution galt die Republik als unteilbar, die Kolonien als ihr Bestandteil und deren Bewohner der Bevölkerung des Mutterlandes gleichberechtigt. Kolonien sollten Frankreich politisch, wirtschaftlich und kulturell gleichgestellt und völlig assimiliert werden. Diese Thesen sind nie in die Tat umgesetzt worden, bei den Kulturnationen Asiens mußten sie naturgemäß auf erbitterten Widerstand stoßen.

Staatsrechtlich bestanden erhebliche Unterschiede in der Stellung der weltweit verstreuten Kolonien und ihrer Bewohner, die teilweise automatisch den Status von Staatsbürgern bekamen. Die Vietnamesen galten jedoch als Untertanen, denen Grundfreiheiten wie Presse- und Versammlungsfreiheit, liberales Strafrecht, Wahlrecht u. a. versagt waren. Sie konnten unter bestimmten Bedingungen einen Antrag auf Staatsbürgerschaft stellen. Zu den Voraussetzungen gehörte: kein Bekenntnis zu einer nichtchristlichen Religion, Aufgabe traditioneller vietnamesischer Sitten und Gebräuche, Beherrschung der französischen Sprache und ein angemessenes Bildungsniveau. Abgesehen davon, daß grundsätzlich keine Bereitschaft unter der Bevölkerung bestand, die französische Staatsbürgerschaft zu erwerben, waren die Bedingungen unannehmbar und zudem unerfüllbar. Der christliche Bevölkerungsanteil machte etwa 6 % aus. Zugang zu den französischen Schulen hatte nur ein ganz kleiner Teil der Stadtbevölkerung. Am Ende der Kolonialzeit waren 80 % der Bevölkerung Analphabeten. Die Zahl der Absolventen der Universität, die mehr einer technischen Schule zur Ausbildung von Hilfskräften gleichkam, belief sich nach drei Jahrzehnten auf etwa sechshundert. An den von französischen Wissenschaftlern betriebenen Forschungen auf dem Gebiet der Archäologie, Geschichte und Kunst konnten Vietnamesen nicht teilnehmen. Nur weil Frankreich sein Kolonialreich Indochina als einen für alle Zukunft gesicherten Bestandteil der Republik ansah, wurden Museen, Bibliotheken und Sammlungen in Vietnam angelegt und dem Land dadurch ein bedeutender Teil seines Kulturgutes erhalten.

Die Kolonien waren ausersehen, dem Mutterland Nutzen zu bringen, als Rohstoffquelle, Absatzmärkte und Reservoir für Soldaten auch zur Verteidigung Frankreichs auf dem Kontinent und der Kapitalanlage zu dienen. Die Idee einer liberalen Kolonialpolitik wurde in der Praxis in ein autoritäres, ausbeuterisches System verwandelt. Zunächst war die Eroberung Cochinchinas als Handelsstützpunkt auf dem Wege nach China vorgesehen. Schon 1881 ließ aber die Gründung der *Société des Mines* zur Erschließung der Anthrazitkohlegruben in Hon Gai bei Hai Phong einen Wandel des kolonialen Ziels erkennen. Indochina eignete sich wegen seines heißen, feuchten Klimas und der großen Entfernung vom Mutterland nicht als Siedlungskolonie. Aber seine zum Teil noch ungenutzten Ressourcen boten sich zur wirtschaftlichen Ausnutzung an. Die weiteren Eroberungen führten 1887 zum Zusammenschluß der Kolonie Cochinchina und der Protektorate Kambodscha, Annam und Tongking, zu denen 1893 noch Laos hinzukam, in der Union von Indochina. Aber erst 1907 wurde der Status aller Teilgebiete vereinheitlicht, der Haushalt gemeinsam veranschlagt. Die Zentralgewalt ging von der Nationalversammlung in Paris aus, die auch die Kolonialgesetze verabschiedete. Das Kolonialministerium wurde 1894 gegründet, solange waren die Kolonien durch einen Unterstaatssekretär im Marineministerium vertreten. Der Generalgouverneur, dem die Oberresidenten der Teilgebiete unterstanden, war unmittelbar dem Präsidenten der Republik verantwortlich. Historisch betrachtet, muß ein Unterschied gemacht werden zwischen der Kolonialpolitik Frankreichs und dem Verhalten vieler Kolonisten in Indochina. Übergriffe wie die des Jean Dupuis in der ›Tongking-Affäre‹ oder der Grabfrevel des Oberresidenten, der nach 1911 das Grab des Königs Tu Duc ausrauben ließ – um zwei besonders eklatante Fälle herauszugreifen –, waren weder im Sinne der französischen Regierung noch der Öffentlichkeit. Für die Vietnamesen war es allerdings gleichgültig, von wem sie mißachtet und ausgebeutet wurden. Während der gesamten Kolonialepoche gab es daher in allen Landesteilen, allen Bevölkerungsschichten und Wirtschaftszweigen Aufstände, Rebellionen, Streiks. Die Franzosen benutzten vielfach Chinesen als Mittelsmänner für Handel, Bergwerke, Industrie und in der Landwirtschaft. Das verstärkte die Antipathie, die seit Jahrhunderten zwischen den beiden Völkern bestand.

Die Kolonialzeit führte in allen Ländern Asiens zu nationalen Bewegungen und Erhebungen und stärkte das Nationalbewußtsein der Staaten. In einigen Ländern vereinigte sich der aufbrechende Nationalismus mit sozialistischen und kommunistischen Bewegungen, die den Freiheitskampf besser zu organisieren verstanden. Die kommunistische Partei Frankreichs und Paris wurden in den zwanziger und dreißiger Jahren dieses Jahrhunderts zum Lehrmeister der späteren Führer der kommunistischen Parteien Indochinas, unter ihnen waren Ho Chi Minh und auch Pol Pot. Nationale Bewegungen in Vietnam vermochten sich nicht landesweit durchzusetzen. Nguyen Ai Quoc, der sich 1941 Ho Chi Minh nannte, gründete 1930 die Kommunistische Partei Indochinas. Ihre Nachfolgepartei und die Massenorganisationen, darunter die Jugend- und Frauenbewegung, wurden zum Sammelbecken der nationalen und sozialistischen Kräfte, aus dem der Widerstand gegen die Kolonialmacht und später gegen die USA schöpfte.

Zeittafel

Die Kolonialepoche 1858–1945

1847 Bei Thronbesteigung König Tu Duc's ist Vietnam das mächtigste und volkreichste Land der Region.

1847, 1856 und 1858 Beschießung der Bucht von Da Nang (Tourane).

1859 Eroberung der Festung Gia Dinh (Saigon).

1861 bis 1862 Eroberung des östlichen Mekong-Deltas, muß im 1. Vertrag von Hue 1862 von Vietnam anerkannt werden.

1863 Eroberung des westlichen Mekong-Deltas, das sich als ›Cochinchina‹ damit in französischem Besitz befindet.

1872 ›Tongking-Affäre‹: Der französische Kaufmann Dupuis erzwingt mit kriegerischen Mitteln die Fahrt auf dem Roten Fluß und den Handel mit Süd-China.

1873 Eroberung von Hanoi, Kämpfe im Delta.

1875 Vertrag von Hanoi: Die ›Affäre‹ wird beigelegt, Dupuis ausgewiesen, die eroberten Zitadellen zurückgegeben. Die Annexion Cochinchinas muß anerkannt werden.

1880–1884 Kämpfe im Rote-Fluß-Delta, China nimmt auf Seiten Vietnams teil.

1884 2. Vertrag von Hue (Protektoratsvertrag). Zentralvietnam und Nordvietnam, nun Annam und Tongking genannt, werden französisches Protektorat.

1885 Im 2. Vertrag von Tientsin (Tianjin) muß China die Protektorate anerkennen.

1885 bis 1888 König Ham Nghi kämpft im Untergrund gegen Frankreich. 1886 erbeuten die Franzosen den Kronschatz der Nguyen. 1886–1887 verteidigt sich die Festung Ba Dinh in der Provinz Thanh Hoa. Zwei vietnamesische Aufstandsbewegungen, eine auf Japan gestützte zur Reform der Monarchie (Dong Du), eine pro-französische für eine Demokratie (Duy Tan), beide enden 1926 erfolglos.

1887 Union von Indochina: Die Kolonie Cochinchina und die Protektorate Annam, Tongking, Kambodscha (Laos 1893) werden zusammengeschlossen.

1930 Gründungskongreß der Kommunistischen Partei Vietnams (KPV) und Umbenennung in Kommunistische Partei Indochinas (KPIC).

1940 bis 1945 Vietnam wird von Japan besetzt. Fortbestand der französischen Kolonialverwaltung in Indochina.

1941 KPIC gründet die ›Liga für die Unabhängigkeit Vietnams‹ (Viet Minh).

1945 März: Japan kündigt Zusammenarbeit mit Frankreich auf, entwaffnet die französische Indochina-Armee. Auflösung der Kolonialverwaltung. März: König Bao Dai ruft – auf Veranlassung Japans – das unabhängige Vietnam aus. August: bedingungslose Kapitulation Japans auf Grund der Potsdamer Erklärung. Zwei Tage später: Das Nationale Komitee zur Befreiung Vietnams (Organ des Viet Minh) bildet unter Ho Chi Minh eine provisorische Regierung. Zehn Tage später veranlaßt sie König Bao Dai zum Rücktritt. 2. September: Ho Chi Minh proklamiert die Unabhängigkeit Vietnams und ruft die Demokratische Republik Vietnam (DRV) aus. November: Auflösung der KPIC.

1946 6. März: Abkommen Frankreich-DRV. Frankreich anerkennt die DRV als freien Staat mit einer eigenen Regierung, Armee, Finanzverwaltung als Teil der Union Française. DRV akzeptiert Rückkehr Frankreichs unter der Bedingung: schrittweiser Abzug des französischen Militärs innerhalb von fünf Jahren. Cochinchina soll durch Wahl selbst entscheiden. 9. März: Französische Truppen landen in Tongking. Juni: Der Französische Hohe Kommissar für Indochina läßt die Republik Cochinchina proklamieren. Das sehen die Viet Minh als Verstoß gegen das Abkommen an. September: Anerkennung des Abkommens vom März. Nationalstaatliche Einheit Vietnams bleibt einem Referendum vorbehalten. Die französischen Streitkräfte sind für die äußere Sicherheit, Vietnam für die innere zuständig. November: ›Hai Phong-Zwischenfall‹: Französische Kriegsschiffe beschießen den Hafen von Hai Phong. Dezember: Vietnamesisch-französische Verhandlungen zur Beilegung des Konfliktes gescheitert. Ho Chi Minh ruft zum Widerstand auf. Vietminh greifen französische Garnisonen an.

1. Indochinakrieg Dezember 1946 bis Juli 1954

1948 Frankreich beauftragt Ex-König Bao Dai mit der Führung einer provisorischen Zentralregierung eines vietnamesischen Einheitsstaates, der 1950 in die Union Française aufgenommen wird.

1949 Die chinesischen Kommunisten sagen Vietnam Unterstützung zu.

1950 China und UdSSR erkennen die Demokratische Republik Vietnam an. USA und Großbritannien nehmen Beziehungen zu der provisorischen Regierung Bao Dai auf. Beginn der Hilfe der USA für Frankreich in Vietnam.

1951 Auflösung der KPIC, Gründung der Partei der Werktätigen (PWV) in Vietnam (entsprechende Parteien in Laos und Kambodscha). Einen Monat später Bildung einer »Allianz der vietnamesischen, kambodschanischen und laotischen Völker«. Wirtschaftshilfeabkommen: USA – Regierung Bao Dai.

1954 7. Mai: nach schweren Kämpfen in allen Teilen Vietnams: Niederlage der Franzosen in Dien Bien Phu. Am 26. April hatte die Genfer Indochina-Konferenz begonnen.
16. Juni: Ngo Dinh Diem bildet in Saigon eine Regierung.
21. Juli: Waffenstillstandsabkommen und Schlußerklärung der Genfer Indochina-Konferenz: Garantie der Souveränität, Unabhängigkeit und Einheit Kambodschas, Laos und Vietnams. Abzug der französischen Truppen aus Vietnam. Provisorische Teilung Vietnams am 17. Breitengrad. Abhaltung gesamtvietnamesischer Wahlen innerhalb zwei Jahren. Beide Teile Vietnams sollen miteinander verhandeln, keinen Bündnissen beitreten und keine militärischen Stützpunkte des Auslandes zulassen. Internationale Kontrollkommission. USA und Südvietnam unterzeichnen nicht. USA verpflichten sich durch Zusatzabkommen: Respektierung der Beschlüsse, Verzicht auf gewaltsame Intervention in Indochina.

1954 US-Präsident Eisenhower bietet der Regierung Diem militärische Hilfe an.

1955 Beginn der US-Militärhilfe für Südvietnam. Angehörige der US-Armee bilden die südvietnamesischen Truppen aus. Die letzten französischen Truppen ziehen ab und werden durch US-Berater ersetzt.

1955 Die Regierung Diem lehnt den nordvietnamesischen Vorschlag zur Vorbereitung gesamtvietnamesischer Wahlen ab. Nach einem Referendum wird König Bao Dai abgesetzt und die Monarchie beendet. Diem ruft die Republik Vietnam aus und wird ihr erster Präsident.

1956 Diem lehnt erneut Wahlen ab – Begründung: Südvietnam hat das Abkommen nicht unterzeichnet. Kampf gegen die Viet Minh in Südvietnam. USA übernehmen die Rolle Frankreichs. Rigorose Kollektivierung in Nordvietnam ruft Unruhen hervor. Ho Chi Minh übernimmt das Generalsekretariat der PWV und leitet gemäßigte Reformen ein.

1960 (und in den folgenden Jahren) Mehrere Putschversuche gegen die Regierung Diem. Gründung der Nationalen Befreiungsfront (FNL) in Südvietnam.

1961 Die Regierung Kennedy erhöht die Militärhilfe. Gründung der Revolutionären Volkspartei von Vietnam (RVPV).

1962 8 000 US-Berater in Südvietnam.

1963 Sturz der Regierung Diem mit Billigung der USA.

2. Indochinakrieg 1964–1975

1964 25 000 US-Soldaten in Südvietnam. ›Tongking-Zwischenfall‹: Nordvietnamesische Patrouillenboote greifen US-Zerstörer im Golf von Bac Bo an. USA bombardieren daraufhin Nordvietnam. Bis Jahresende 50 000 US-Soldaten.

1965 China und UdSSR künden Hilfe für Nordvietnam an. FNL-Angriff auf US-Stützpunkt Play Cu hat Intervention der US-Landstreitkräfte und Bombardements zur Folge. Juni: 54 000 US-Soldaten, September: 128 000 US-Soldaten, Dezember etwa 200 000 US-Soldaten in Südvietnam. Reguläre nordvietnamesische Soldaten greifen in Kämpfe ein.

1966 Dezember: 382 000 US-Soldaten in Südvietnam.

1967 August: 485 000 US-Soldaten.

1968 30. Januar: Tet-(Neujahrsfest)Offensive Nordvietnams verläuft erfolgreich – wird zum Wendepunkt des Krieges. USA sehen den Kampf unter den gegebenen Bedingungen als aussichtslos an. März: über 500 000 US-Soldaten. US-Präsident Johnson schlägt Friedensverhandlungen vor. Er ordnet Einstellung der Bombardierungen nördlich des 20. Breitengrades an. Mai: Friedensgespräche USA–DRV in Paris, ab Dezember nimmt auch FNL teil. November: Einstellung der Bombardements Nordvietnams durch die USA.

1969 Präsident Nixon kündigt Friedensprogramm für Vietnam an. ›Disengangement der USA‹ beginnt. Rückzug der ersten 25 000 US-Soldaten (von inzwischen 540 000). Juni: Republik Südvietnam und Bildung provisorischer Revolutionsregierung von Südvietnam durch FNL (neben der Regierung Thieu). Regierung Thieu in Saigon bietet »Freie Wahlen« unter »Saigoner Kontrolle« an. FNL lehnt ab.
Juli: Nixon-Doktrin: ›Vietnamisierung‹ des Vietnam-Krieges. Rückzug der USA angekündigt.

1969 Tod Ho Chi Minhs

1970 Der Indochinakrieg greift auf Kambodscha über (diese Ausweitung und der Krieg in Laos müssen hier unberücksichtigt bleiben).

1971 Noch 139 000 US-Soldaten in Südvietnam.

1972 Noch 95 000 US-Soldaten. Großoffensive süd- und nordvietnamesischer Truppen in Südvietnam. Pariser Friedensverhandlungen ausgesetzt. Erneut schwere Bombardierungen Nordvietnams durch die US-Luftwaffe; Seeblockade gegen Nordvietnam. Juli: Pariser Friedensverhandlungen wieder aufgenommen. Noch 30 000 US-Soldaten in Südvietnam. Dezember: Erneuter Abbruch der Pariser Verhandlungen – schwere Bombardements auf Nordvietnam. Nach Einstellung der Bombardements ist die DRV wieder gesprächsbereit.

1973 »Abkommen über die Beendigung des Krieges und Wiederherstellung des Friedens« durch die USA, die Republik Vietnam, die DRV und die provisorische Revolutionsregierung von Südvietnam (der FNL). Vorgesehen ist Waffenstillstand, völliger Rückzug der US-Streitkräfte, jedoch nicht der Rückzug der nordvietnamesischen Truppen aus Südvietnam. Somit ist der Indochinakrieg nicht – wie es offiziell heißt – 1973 beendet, sondern geht weiter. Der Waffenstillstand tritt offiziell am 28. Januar in Kraft. April: Abzug der letzten US-Truppen. US-Kongreß macht jedes weitere militärische Eingreifen der USA in Vietnam unmöglich.

1974 besetzt China die Paracel-Inseln. Verschlechterung der vietnamesisch-chinesischen Beziehungen. 1975 besetzt Vietnam die von China beanspruchten Spratley-Inseln. USA kürzt Militärhilfe für Südvietnam.

1975 Am 1. Januar beginnt die letzte Großoffensive der FNL und der nordvietnamesischen Truppen in Südvietnam. 30. April 1975: Unblutige Besetzung von Saigon durch nordvietnamesische Truppen. Provisorische Revolutionsregierung der FNL. Auch in Laos und Kambodscha siegen die Kommunistischen Truppen der Pathet Lao bzw. der Roten Khmer. Beginn der Konfrontation Kambodscha (Pol Pot) – Vietnam.
August: Sowjetisch-vietnamesisches Protokoll über Koordinierung der Volkswirtschaftspläne, dem folgt Wirtschaftsabkommen. Vietnam als Opfer des Kalten Krieges gerät nunmehr in die sowjetisch-chinesische Konfrontation.
November: Wiedervereinigungskonferenz in Saigon beschließt die Wiedervereinigung nach Wahlen einer gesamtvietnamesischen Nationalversammlung.
Ab Dezember ständig eskalierende Grenzzwischenfälle an der vietnamesisch-kambodschanischen Grenze.

1976 25. April: Durch Wahl lt. Einheitsliste wird eine gesamtvietnamesische Nationalversammlung gewählt, die bei ihrer ersten Sitzung die Wiedervereinigung Vietnams beschließt: Sozialistische Republik Vietnam (SRV) mit der Hauptstadt Hanoi. Damit endete auch die Provisorische Regierung der FNL. Umbenennung der PWV in Kommunistische Partei Vietnam (KPV).

1977 bis 1979 eskalierende Grenzzwischenfälle und Verschlechterung der Beziehungen zu China, das das Pol Pot-Regime unterstützt.

1978 China stellt die Wirtschaftshilfe ein und zieht Techniker zurück. Vertrag über Freundschaft und Zusammenarbeit zwischen der SR Vietnam und der UdSSR.

1979 Großoffensive Vietnams gegen die Roten Khmer, Eroberung Phnom Penhs, Sturz des Pol Pot-Regimes. Ausrufung der Volksrepublik Kampuchea (VRK).
17. 2.–19. 3.: ›Straffeldzug‹ der VR China gegen die SR Vietnam.
Juli: Vietnam hat mehr als eine Million Soldaten unter Waffen und damit die fünftgrößte Armee der Welt. Die UNO-Vollversammlung bestätigt im September 1979 und danach wiederholt die Pol Pot-Regierung (DK) als legitime Regierung Kambodschas.

1980 Oktober: Die UNO-Vollversammlung fordert Abzug aller ausländischen Truppen aus Kambodscha. Es erfolgen nun alljährlich die ›Trockenzeitoffensiven‹ Vietnams gegen die Pol Pot-Truppen. Genau so regelmäßig wiederholt sich die UNO-Anerkennung der Pol Pot-Regierung.

1989 Bis Ende des Jahres zieht Vietnam auf internationale Interventionen hin alle Truppen aus Kambodscha zurück.

Die Religionen

Religion und Religiosität in Vietnam

Die Existenz der Reisbauern im Delta des Roten Flusses hängt von der übermächtigen Natur ab: extremen, unabänderlichen, ständig wiederkehrenden Gefahren. Daraus entwickelte sich eine egozentrische, spekulative Verehrung guter und böser Geister, die die Natur beseelen und beherrschen. Durch Opfer und Kulte suchten die Bauern diese Naturgeister zu Schutzgeistern ihrer Dörfer zu machen. Alle Riten beziehen sich auf Aussaat und Ernte.

Der Vietnamese betrachtet Religion nicht wissenschaftlich, entwickelt keine eigenen Ideologien, Theorien, Schulen und Philosophien, soweit solche bestehen, wurden sie übernommen. Er braucht Götter und Geister, die ihm Trost in seinem Alltag geben. Bis zum heutigen Tage bedeutet es oft sein höchstes Glück, sich sattessen zu können.

Religion ist für den Reisbauern ein Mittel, die Erscheinungen der unfaßlichen Natur zu erklären und der Bedrohung des Alltags zu widerstehen. Die vietnamesische Gesellschaft hat daher auch fremde Götter und Lehren übernommen, wenn sie zu dem eigenen Leben und den Wünschen in Beziehung zu setzen waren. Bei dieser Adaption wurden daoistische und buddhistische Kulte und Götter so stark modifiziert, daß sie als vietnamesisch empfunden und angesehen wurden und in die weit in die vietnamesische Welt der Mythen und Prähistorie zurückreichenden Legenden Eingang fanden. Es handelt sich dabei in erster Linie um daoistische Genien und Geister aus der Volksreligion der chinesischen Bauern, aber auch um Gestalten aus dem Buddhismus, die Züge animistischer Götter annahmen.

In Vietnam gibt es keine Befragungen und Statistiken über die Religionszugehörigkeit. Die von Christen und Caodaisten genannten Mitgliederzahlen von 9% bzw. 10% der Gesamtbevölkerung beruhen auf Schätzungen, die regional durchaus zutreffen können. Eine Zählung würde auch ein unklares Bild bieten, weil sich alle Vietnamesen zur Ahnen- und Heroenverehrung, viele darüber hinaus aber ebenfalls zum Buddhismus, Daoismus und Konfuzianismus bekennen würden. Die Zugehörigkeit zu einer Religion schließt die zu einer anderen nicht aus. Nur das Christentum macht hiervon eine Ausnahme.

In den letzten Jahrzehnten gab es in Vietnam Kampagnen gegen Religion und Aberglauben, gefolgt von Zeiten der Indifferenz. Der Kult der Ahnen und Heroen blieb hiervon unberührt. Jede Familie in Stadt und Land besitzt einen Ahnenaltar, unabhängig von ihrer religiösen oder politischen Überzeugung, und in unzähligen Tempeln im Lande werden lokale, regionale und nationale Helden verehrt. Ab 1986 hat das Bestreben, das kulturelle Erbe des Landes zu retten, auch Auswirkungen auf das religiöse Leben gezeitigt. Tempel wurden aus Spenden der Bevölkerung, Objekte regionaler oder nationaler Bedeutung mit Zuschüssen des Staates restauriert. Seit 1989 ist eine Renaissance der Religionen zu beobachten. Sakrale Gebäude werden neu gebaut, verloren geglaubte Holzschnitzereien, Statuen und Zeremonialgerät tauchen wieder auf, Kulte und Feste erfahren eine Neubelebung, und die ältere Generation findet gerade noch Zeit, das Erbe an die Jüngeren weiterzugeben. Eine Reihe von schamanistischen, magischen und spiritistischen Ritualen wird nicht auferstehen, aber die Verehrung der Götter und Genien, denen sie galten, ist wieder zu beobachten, wie die der ›Vier Mütter‹ des Volksdaoismus.

Genien, Götter und ihre Kulte unterlagen starken lokalen Abwandlungen, die auf historischen oder religiösen Erfahrungen beruhen, aber auch den Hang vietnamesischer Dörfer zu Eigenbrötlerei und Sektierertum widerspiegeln. Viele Erscheinungen lassen sich nur aus der Legende verstehen. Es gibt keinen Kanon, nur Traditionen, die in Literaturwerken detaillierte Beschreibungen erfahren haben.

Beim Tempelfest

Die Vietnamesischen Religionen

Animismus

An erster Stelle des vietnamesischen Pantheons stehen die Urmutter Au Co und der Urvater Lac Long, eine Bergfee und ein Drache, der Berggeist Than Nui und der Wassergeist Than Thuy. Wie viele Asiaten glaubt auch der vietnamesische Bauer, daß Geister und Götter die Besitzer des Bodens sind, den er bebaut, sowie aller Dinge, die er auf ihm geschaffen hat: Deiche und Wälle, Festungen und Kanäle, Dörfer, Paläste, Hütten und Straßen. Sie können diese Dinge schützen oder vernichten. Die Götter der Erde, der Herr des Bodens *(Than Dat)*, *Than Hoang,* der Beschützer der Wälle, und viele andere begleiten den bäuerlichen Alltag. *Tho Than* wird bei Feldarbeiten angerufen, beim Ausheben eines Grabes, Bau eine Deiches, wann immer der Mensch die Erde verändert. Verehrung genießen auch alle alten, auffälligen, im Rahmen ihrer Art besonderen Erscheinungen in der Natur. Ein knorriger Baum, ein bizarrer Stein wird mit unerklärlichen Ereignissen in Zusammenhang gebracht. Ein Baum kann besessen sein von einer *ma,* einer umherirrenden Seele, oder von einem Baumgeist, der ein Dämon einer unglücklichen, kinderlosen Frau sein kann. Diese Geister sind meist weiblich, sie verhexen Vorübergehende, die dann von Krankheiten, Wahn und Tod befallen werden. Ihnen müssen Opfer gebracht werden: Weihrauch, Früchte, aber auch Stoffteile, Kleider und Papiergirlanden. Zerbrochene Ziegel und Haushaltswaren zu Füßen der Bäume sind selbst von Geistern besessen und werden den mächtigeren Baumgeistern in Obhut gegeben.

Während ein Baum von Geistern bewohnt wird, sind Steine selbst Geister; ein *than thach* ist ein Steingeist, der höflich mit *Ong Than Da,* Herr Geist des Steines, angeredet wird und dem ebenfalls Opfer gebracht werden. Ein Grenzstein markiert nicht nur das Ende des Dorfes, er schützt es auch. Schutzsteine, *binh phong,* sind mit Abwehrkräften ausgestattet. Vor Eingängen von Häusern, Brücken, Gräbern, Palästen und Tempeln aufgestellt, verwehren sie bösen Geistern, die nur geradeaus stürmen können, den Zugang. Die gleiche Funktion erfüllen auch Wandschirme, ebenfalls binh phong genannt, aus vielerlei Material.

Jedes Dorf hat seinen Schutzgeist, der seinen Sitz im Tempel des dinh oder im nghe hat. Die Schutzgeister können Naturgeister sein, die als *than* bezeichnet werden. Mindestens doppelt so groß ist die Zahl der *thanh,* der vergöttlichten Helden, Könige, Dorfgründer, Dichter, Mandarine und Weisen, legendäre, geschichtliche oder erst vor kurzem verstorbene Männer, seltener Frauen, Kinder oder Tiere. Der Schutzgeist *(than hoang)* eines Dorfes kann daher ein than oder ein thanh sein. Es gibt auch weniger honorige Schutzgeister – Rebellen, Räuber, Missetäter –, denn dem Toten werden keine Verbrechen angelastet außer einem: wenn er seinen Ahnen die Totenopfer versagt hat. Vielleicht macht man auch Unruhestifter zu Schutzgeistern, damit sie keinen Schaden mehr anrichten können. Die Wahl der Schutzgeister treffen die Notablen des Dorfes. Manchmal gibt sich ein Geist zu erkennen, aber es kommt auch vor, daß ein neues Dorf lange suchen muß.

Die Schutzgeister müssen bestimmte Erwartungen erfüllen. Gelingt ihnen das nicht, können sie verstoßen und durch andere ersetzt werden.

Ahnenverehrung

Während sich die unbekannten, bedrohlichen Kräfte der Natur nach der Erfahrung der Menschen durch Opfer und Riten beherrschen und lenken ließen, suchte der Kult der Ahnen einem anderen undurchsichtigen Phänomen zu begegnen, dem Tod. Trat der Tod eines Angehörigen ohne erkennbaren Grund oder durch äußere Gewalt ein, waren die Beschwörungen des Schamanen oder Priesters erfolglos, blieb nur der Körper des Menschen zurück, ohne daß sich erkennen ließ, wohin ›das Leben‹ gegangen war, das im europäisch-christlichen Sprachgebrauch als ›Seele‹ bezeichnet wird. Der durch den Konfuzianismus auf die Hierarchie der Familie, die Achtung der Älteren und zu einem traditionellen Begräbnis und Totenehrung verpflichtete Asiat muß sich fragen, ob er dem Toten Liebe und Fürsorge schuldig geblieben ist, ob dieser Grund hat zu zürnen und zu strafen oder die Familie weiterhin zu schützen und als Bindeglied zu den Geistern zu wirken, oder selbst ein guter oder böser Geist zu werden. Aus dieser nicht lösbaren Frage nach dem Geschehen nach dem Tode entstanden in Asien Ahnenkulte und Ahnenverehrung.

Nach dem Tode unterscheiden die Vietnamesen zwei Gruppen von Seelen, die *phach*, meist *via* genannt, und die drei *hon*. Am Tag der Geburt (*ngay via,* Tag der via) nehmen diese vom Körper Besitz und verlassen ihn erst im Sterben. Die sieben Seelen der Männer und neun Seelen der Frauen verlassen den Körper dann durch die entsprechenden Leibesöffnungen, bleiben aber noch in der Nähe der Toten. Damit sie sich nicht verirren, tritt ein angesehener Mann der Familie vor das Haus, schlägt zwei Bambusstäbe in schnellem Takt aneinander und ruft die männlichen Seelen: *ba hon bay via,* drei hon, sieben via, und die weiblichen: *ba hon chin via,* drei hon, neun via. Sind sie zurückgekehrt, wird der Sarg geschlossen. Die via sind der Materie verhaftet und treten nur wieder in Erscheinung, wenn einem Toten die traditionellen Ehren versagt bleiben.

Die zweite Gruppe, die drei *hon,* sind aus geistiger Substanz. Sie verlassen den Körper in der Stunde des Todes und entschweben in das Totenreich. Gleichzeitig suchen die Trauernden sie in der Familie zu halten. Darin besteht für den Vietnamesen kein Widerspruch, denn Geister können sich mehrfach manifestieren. Dem Sterbenden wird ein Seidentuch auf die Brust gelegt, das *hon bach* (›Tuch der weißen Seele‹), in das die Seele geknüpft und auf dem Ahnenaltar aufbewahrt wird. Am 100. Tag nach dem Begräbnis nimmt die Seele dann ihren Platz in der Ahnentafel (*gia pha*) ein und wird auf dem Ahnenaltar *(giuong tho)* aufbewahrt. Das Seidentuch wird begraben.

Totenehrungen werden über drei Generationen fortgesetzt, die Totentafeln oft fünf Generationen lang aufbewahrt. Verstorbene nehmen weiter am Leben der Familie teil, schützen sie und kehren zum Totenfest in das Haus zurück. Wichtige Ereignisse werden den toten Ahnen mitgeteilt: Geburt, Heirat, Tod, bestandene Examen, erfahrene Ehrun-

Opfergaben bei einer Beerdigung

gen. Wurde das Totenritual gar nicht oder falsch vollzogen, irrt die Seele heimatlos herum, wird ein *ma* oder ein *quy*, ein böser Geist. Die quy gelten als bösartiger als die ma. Beide geistern in der Natur umher, erscheinen in Bäumen, auf Flüssen, in den Reisfeldern und auf Bergen. Sie stellen den Menschen nach, suchen sie zu töten, um ihnen die Seele zu rauben und in den Genuß der Totenehrung zu kommen, während die geraubte Seele die Qual des Verlassenseins ertragen muß. Wer einen unbekannten Toten findet, sucht nach seinen Angehörigen und bereitet ihm ein Grab. Wer an einem unbekannten Grab vorübergeht, legt eine kleine Opfergabe darauf nieder. Wird die Familie des Toten gefunden, nimmt sie nach drei Jahren eine Umbettung vor und holt die Totenehrung nach.

Jede tote Seele hungert nach einem ruhigen Grab und der Fürsorge der Angehörigen. Das erklärt das Leid der unverheirateten oder kinderlosen Frau. Adoptionen sind deshalb häufig, denn nur Söhne können die Riten für die Eltern vollziehen. An den Straßen Vietnams stehen kleine Altäre (*am*) für den Kult der hungrigen Seelen, *le chy chung sinh*. Auf dem Wolkenpaß zwischen Hue und Da Nang, der höchsten Stelle der Nationalstraße 1, wurde 1990 ein neuer Altar für die irrenden Seelen errichtet, an dem die Autofahrer ihre Opfer niederlegen und um eine sichere, von ma und quy ungestörte Reise bitten.

Häufig trachten die ma nach Seelen von Kindern. Aber sie lassen sich täuschen: durch häßliche Namen, schwarz umränderte Augen oder zerschlissene Kleider. Man kann ein

Kind auch einem guten Geist schenken, damit er es beschützt. Ein Kind jedoch, das in einer ungünstigen Stunde geboren wurde, gehört einem bösen Geist, und sogar ein Zauberer kann es nicht retten. Man trifft sehr viele lokale Unterschiede in den Ahnenkulten, der Grundgedanke aber, daß der Tote der Schutzgeist der Lebenden wird, liegt allen Riten zugrunde. Bis in die Gegenwart werden Ahnenkulte sehr ernst genommen.

Die adaptierten Religionen

Der Buddhismus

Der Buddhismus entstand am Ende des 6. Jhs. v. Zt., in einer Phase religiösen Suchens in Asien. Buddha war Zeitgenosse des Konfuzius in China, Mahaviras, Stifter des Jainismus in Indien und nur wenig jünger als Zarathustra (Zoroaster) in Persien. Gemeinsam ist diesen Lehrmeistern unterschiedlicher Glaubensformen, daß sie, auf vorhandenen Religionen aufbauend, Reformer waren. Buddha (um 560–480 v. Zt.), den Sohn eines Fürsten im nördlichen Indien (heute Süd-Nepal), erschütterte das körperliche und geistige Leiden der Menschen, und er suchte es mit Hilfe verschiedener Praktiken zu überwinden. Durch Meditation erlangte er die Erleuchtung und erkannte die ›Vier edlen Weisheiten‹ und den ›Achtfachen Pfad‹, die aus der Unheilssituation des menschlichen Daseins führen. Seine Lehre wurde erst im 4. Jh. v. Zt. von seinen Nachfolgern in Form von Gesprächen und Reden niedergelegt. Sie sind in der *Tipitaka* (Dreikorb) enthalten, der aus *Vinaya* (Leitung, Leitlinie), *Sutta Pitaka* (Grundlinie) und *Abidharma* (höchster Lehre) besteht. Die Tipitaka wurde der Kanon des Hinayana-Buddhismus, des ›Kleinen Fahrzeuges‹. Dieser Name soll den einsamen Weg des Individuums in einem kleinen Fahrzeug kennzeichnen, im Gegensatz zum Mahayana-Buddhismus (dem ›Großen Fahrzeug‹), in dem alle den Weg zur Erlösung antreten können. Der Hinayana-Buddhismus wird auch *Theravada,* ‹Lehre der Alten‹, genannt. Das Leben des historischen Buddha ist im *Lalita Vistara* beschrieben.

Bald nach dem Tode Buddhas traten auf Konzilen Sekten in Erscheinung. Nach asiatischem Verständnis sind sie institutionalisierte Lehrgebäude, die sich oft nur durch geringe Unterschiede der philosophischen Auslegungen und verschiedene Methoden und Praktiken, mit denen das gleiche Ziel erreicht werden soll, unterscheiden.

Die Lehre Buddhas wurde von Lehrmeistern *(guru)* mündlich an die Schüler weitergegeben. Fand die Auslegung eines guru Anhänger, wurde er zum Gründer einer Sekte, ein Vorgang, der sich bis heute wiederholt. Der Buddhismus kennt einen Kanon, aber kein Dogma. Abweichende Lehrmeinungen des gleichen Glaubens werden nicht bekämpft. Nur einige Sekten in Japan und Geheimbünde in China zeigten sich militant und unduldsam, wobei politische Hintergründe eine Rolle spielten.

Die Lehre Buddhas war die Botschaft an eine elitäre Gesellschaft: Jünger und Mönche, die sich bereits auf dem Heilsweg befanden. Sie stammten aus allen Volksschichten, da Buddha Kasten als Bindung an das irdische Leben ablehnte, das er nur als eine Vorstufe zum Nicht-mehr-Sein ansah. Er anerkannte keine Götter, die verehrt oder um Hilfe angerufen werden konnten, daher auch keine Götterbilder und Kulte. Die Darstellung des Buddha und seine göttliche Verehrung war erst im Mahayana-Buddhismus möglich. Buddha vollbrachte keine Wunder, um die Menschen von der Wahrheit seiner Lehre zu überzeugen. Der Mensch mußte den Weg aus dem Unheil des irdischen Daseins, den ›Achtfachen Pfad‹, einsam zurücklegen, um Eingang in das Nirvana zu erlangen. Das war nur durch eine Kette von Wiedergeburten zu erreichen. Bei Lebzeiten mußte die irdische Wesenheit erlöschen, erst dann konnte der Erleuchtete nach dem Tode »zur Ruhe eingehen, entschwinden jedem Blick«, einem Feuer vergleichbar, das verlöscht. Das Nirvana ist ein schwer begreifbarer, durch Gleichnisse ungenau definierter Zustand, der nur über den Weg des Mönchstums erreichbar ist. Buddha stiftete den Mönchsorden, die *sangha.* Ungern ließ er auch Frauen zu, und das nur in einer dienenden Rolle und mit der Einschränkung, daß das Nirvana für sie nur nach Wiedergeburt als Mann bzw. als Mönch erreichbar war.

Um die Zeitenwende erlebte der Hinduismus in Indien eine religiöse Erneuerung durch monotheistische Sekten. Der neue Weltengott (*ishvara,* der Herr) neigte sich dem Menschen in Liebe *(bhakti)* zu. Die Erlösung durch Gnade kündigte sich an.

Der Buddhismus hatte die gleiche Entwicklung durchlaufen. *Bodhisattva,* Wesen, die die Erleuchtung erlangt hatten, allen voran der Bodhisattva Avalokitesvara, verzichteten auf den Eingang in das Nirvana, um dem leidenden Universum – Menschen und Tieren – als Nothelfer nahe zu bleiben, bis alle erlöst sind. Avalokitesvara wird in Ostasien als Göttin der Barmherzigkeit *(Kwan Yin, Kwannon* oder vietnamesisch *Quan Am)* verehrt. Der Mahayana-Buddhismus, das ›Große Fahrzeug‹, erfuhr seinen philosophischen Unterbau und die Ausweitung zur Erlösungsreligion durch den Inder Nagarjuna, der um 200 n. Zt. die Lehre von der Leere verkündete: »Die Leere ist die Mitte zwischen Sein und Nichtsein.« Der Mahayana-Buddhismus schuf seine eigene Literatur, die *Mahayana-Sutren.*

Der Auftrag zur Mission wurde den Mönchen noch von Buddha selbst erteilt, sie sollten als Wandermönche die Lehre verkünden. Als Erlösungsreligion trat der Buddhismus im 2. Jh. n. Zt. einmal seinen Weg über Zentralasien nach China und von dort aus über Korea nach Japan, zum anderen nach Vietnam an. Als er am Ende des ersten Jahrtausends in Indien dem erneuerten Hinduismus weichen mußte und erlosch, war er längst zur Weltreligion geworden.

Nicht die strenge Lehre des Buddha, vielmehr der den menschlichen Bedürfnissen angepaßte Erlösungs- und Volksbuddhismus konnte die vielfältigen Glaubensformen und Kulte aufnehmen: die Bon-Religion der Himalaya-Länder, den Daoismus Chinas, den Animismus Vietnams und Koreas, den Shintoismus Japans und die allen gemeinsame Verehrung der Ahnen. Keine der alten Religionen erlosch angesichts der neuen Lehre, kein Land läßt sich bis heute als rein buddhistisch bezeichnen. Aber die Botschaft der Gottesliebe tröstete die Menschen, gab ihnen Hoffnung, ohne sie ihrer Tradition, ihrem Staat und ihrer Gemeinschaft zu entfremden. Auch der Hinayana-Buddhismus mußte

Buddhistische Mönche

sich mit den alten Naturgöttern in Burma, Thailand, Laos und Kambodscha arrangieren. Leichter gelang dies der dritten Form, dem *Vajrayana*-Buddhismus (dem ›Diamantenen Fahrzeug‹), der mit seinen magischen Praktiken, der Dualität der Götter, ihren weiblichen Erscheinungen *(shakti)*, mit Beschwörungen und mystischen Kulten den Volksreligionen näher stand.

In allen Zweigen des Buddhismus traten bedeutende Sekten in Erscheinung, die besonders in Japan mit hohen Mitgliederzahlen und reichen Tempeln wirtschaftliche und politische Bedeutung erreichten. Die drei großen Richtungen des Mahayana sind der *Amidismus*, der sich um den gütigen Buddha Amithabha rankt, der *Zen*-Buddhismus (Meditationsbuddhismus), der für Vietnam große Bedeutung gewann, und der *Tantrismus*, der auch Magie und Mystik verwendet.

Das nördliche Vietnam lag an einer der Pilgerstraßen, auf denen indische Missionare nach China zogen und chinesische Pilger nach Indien, dem Ursprungsland des Buddhismus, um dort die heiligen Schriften zu studieren. Im Delta des Roten Flusses, der damals von China besetzten Provinz Giao Chi, wirkten sprachkundige Mönche als Übersetzer. Im 2. Jh. bauten aus China nach Giao Chi geflohene chinesische Gelehrte Pagoden und

Klöster. Die Lehre Buddhas erreichte Giao Chi auf dem Umweg über China. Es haben auch direkte Verbindungen mit Indien bestanden. Indische Seefahrer, damals noch am Handel auf den Ostmeeren beteiligt, brachten auf ihren Schiffen buddhistische Mönche als Ärzte und Priester mit, ihre Dschunken segelten unter dem Schutz des Buddha Dipankara, der die Wogen besänftigt. Zu einer Verbreitung des Buddhismus oder einer Indisierung wie im benachbarten Champa, Fu Nan und Kambodscha kam es in Vietnam nicht.

Der Buddhismus muß in Giao Chi lange Zeit Gedankengut der chinesischen Beamten, Gelehrten und Klosterinsassen geblieben sein. Im 11. und 13. Jh. suchte die Ly- und Tran-Dynastie den Buddhismus in Dai Viet unter dem Volk zu verbreiten. Die Könige baten anläßlich der Tributgesandtschaften den Kaiserhof in China um Überlassung buddhistischer Schriften, ließen sie übersetzen und verbreiten. Sie stifteten buddhistische Tempel und Klöster und verbanden deren Einweihung und die Pagodenfeste mit Märkten, Volksbelustigung und Steuernachlässen für die umliegenden Dörfer.

Dai Viet entwickelte keine Theorien und Philosophien, die Gründer der vietnamesischen Sekten waren fast ausnahmslos Chinesen, die Sekten gehörten zum *thien*-(Meditations-)Buddhismus (chinesisch: *chan,* japanisch: *zen,* sanskrit: *dhyana*). Viele gehen auf den indischen Gelehrten Bodhidharma, den 28. Patriarchen Indiens, zurück, der 526 nach China zog und der erste Patriarch Chinas wurde. Er lehnte die Suche nach der Wahrheit aus den Schriften ab und lehrte, daß die Natur des Menschen ursprünglich rein und von der Welt unberührt sei. Weil der Mensch mit der gleichen Weisheit ausgerüstet ist wie Buddha, der den Weg nur vorausgegangen ist, kann er ihn in seinem eigenen Herzen finden und erkennen und zur Einheit mit ihm finden. Er muß dazu nur durch Meditation die Unrast seines Denkens auslöschen und zur völligen Ruhe des Geistes finden. Zu diesem Ziel führen verschiedene Stufen der Meditation, die nacheinander durchlaufen werden müssen: Aufmerksamkeit, Freude, Glück und Indifferenz. Sie markieren den Weg zur absoluten Glückseligkeit. In diesen Gedankengängen bestehen einige Parallelen zum Daoismus.

Im Jahr 580 entstand in Giao Chi eine buddhistische Sekte, die auf diesen großen indischen Gelehrten zurückgeht. Sein Anhänger, der Inder Vinitarucci, der lange in China gelebt hatte, wird fälschlicherweise oft als Begründer des Buddhismus in Vietnam bezeichnet. Er brachte jedoch die erste Meditationssekte aus China nach Giao Chi. Im 12. Jh. waren zwei Ratgeber des Königs Mitglieder dieser Sekte, darunter der Mönch Minh Khong, der bis in die Gegenwart in Pagoden verehrt wird.

Die zweite thien-Sekte wurde 820 von einem Nachfolger des Bodhidharma in zehnter Generation, Vo Ngon Thong, nach Giao Chi gebracht und bestand bis 1221. Die Mönche besaßen in dieser Zeit das Vertrauen der Könige und des Volkes. Sie waren gebildete Männer und mußten Prüfungen ablegen, die denen der Konfuzianer an Schwierigkeit nicht nachstanden. Nach bestandenen Examen öffneten ihnen königliche Urkunden den Zugang zum Staatsdienst. Sie führten ein Leben in klösterlicher Ordnung, beherrschten die chinesische Sprache und Schrift, auch das Sanskrit, waren Meister der Kalligraphie,

Wissenschaftler und Ärzte. Unter der Dinh-Dynastie (968–980) avancierten sie zu Beratern des Königs. Aus der Hierarchie der buddhistischen und daoistischen Mönche stammten auch unter der Frühen Le- und der Ly-Dynastie die Berater der Könige in politischen und militärischen Fragen.

Unter der Ly-Dynastie erreichte der Buddhismus seinen geistigen und künstlerischen Höhepunkt und gelangte zu wirtschaftlicher und politischer Macht. Pagoden und Klöster kamen durch Schenkungen zu großen Ländereien, ihre Domänen wurden von Leibeigenen bewirtschaftet. Klöster und Mönche waren in Dai Viet zu allen Zeiten von Steuern, Militär- und Frondiensten befreit. Viele Könige waren gelehrte Buddhisten, empfingen die Mönchsweihen und zogen sich in Klöster zurück. König Ly Thanh Tong brachte von seinem siegreichen Feldzug gegen Champa unter den Gefangenen den chinesischen Mönch Hsiao Tang (vietnamesisch Thao Duong) mit und ernannte ihn zum Oberhaupt der Buddhisten in Dai Viet. Thao Duong gründete die dritte thien-Sekte, der auch der König beitrat.

Die Ly-Könige hatten auch politische Gründe, den Buddhisten und Daoisten eine Sonderstellung einzuräumen. Giao Chi war von Beamten verwaltet worden, die ihre konfuzianische Bildung in China absolviert und dort auch die Prüfungen abgelegt hatten. In Dai Viet existierten, außer den buddhistischen Klöstern, keine Bildungsinstitutionen. Die Könige hatten zunächst ihre Familien als politische und militärische Sachwalter des Landes eingesetzt. Um aber nicht in völlige Abhängigkeit von ihnen zu geraten, suchten sie einen funktionsfähigen Beamtenapparat aus Buddhisten und Daoisten zu schaffen. Sie wollten aber auch auf die Konfuzianer nicht verzichten und schlossen dem 1070 gegründeten Tempel der Literatur (Van Mieu) 1076 eine konfuzianische Bildungsanstalt an.

Der erste König der Tran-Dynastie, Tran Thai Tong, zog sich 1237 in die Pagode Phu Van zurück und schrieb ein Lehrbuch über den Heilsweg der Meditation. König Tran Nhan Tong suchte im Jahre 1293 die Einsamkeit und gründete auf dem Berg Yen Tu die Sekte des Bambuswaldes *(Truc Lam).*

Die buddhistische Lehre geriet schnell unter den Einfluß des Volksdaoismus, der Magie und Zauberei betrieb. Die Sitten in den Klöstern verfielen, das Bildungsniveau sank. Die Mönche hatten im Volk, aber auch bei Hofe, mit Wunderheilungen größere Erfolge als mit der Verkündigung der Reinen Lehre Buddhas. Als der Mönch Minh Khong den König von schwerer Krankheit heilte, erhielt er zu dem Titel ›Meister des Reiches‹ die Steuereinnahmen von 10 000 Feuerstellen (Haushalten) zugesprochen.

Zu Beginn des 15. Jhs. konnten die Konfuzianer zur offenen Fehde gegen Buddhisten und Daoisten antreten. Die chinesische Ming-Dynastie, die Dai Viet 1407–1427 zur Kolonie degradiert hatte, eiferte offiziell gegen Irrlehren und ausufernde Kulte der Buddhisten und Daoisten, wollte die Tempel in Wirklichkeit aber als Hort der vietnamesischen Tradition ausschalten. Auch die Le-Dynastie, die die Ming-Administration vertrieben hatte, verbot in ihrem Kodex den Neubau von Pagoden, die alten waren dem Verfall preisgegeben. Das Volk kehrte zu seinen Göttern und Geistern zurück. Die autonomen Dörfer verehrten Schutzgeister in den Tempeln der *dinh*. Die spätkonfuzianische Lehre des Chinesen Chu Hsi drang bis in das Leben der Familien ein und prägte die vietnamesische Gesellschaft bis in die Gegenwart.

Unter der Mac-Dynastie und den Feudalherren, den Trinh und Nguyen, erfuhr der Buddhismus und mit ihm der Daoismus eine Renaissance. Zwei thien-Sekten entstanden, die sich bis in die Gegenwart halten konnten. Die *Dao Dong*-Sekte ging wieder auf den Gelehrten Bodhidharma des 6. Jhs. zurück, die zweite wurde von einem Mitglied der Trinh-Familie gegründet. Die Feindschaft zwischen den Trinh im Norden und den Nguyen im Süden führte im 17. Jh. zu einer unterschiedlichen Entwicklung des Buddhismus in den beiden Herrschaftsgebieten. Die Trinh wahrten die Tradition, die Nguyen riefen chinesische Mönche in ihr Herrschaftsgebiet und zeigten sich dem Einfluß des siamesischen und kambodschanischen Buddhismus gegenüber offen. Im 19. Jh. kam es in der neuen Hauptstadt Hue zu einem deutlichen Aufschwung des Buddhismus. Klöster und Tempel wurden errichtet, um den Glanz der alten Hauptstadt Thang Long (Hanoi) auf Hue zu übertragen.

Die Erfolge des Christentums im 19. Jh. veranlaßten den Buddhismus, sich mit karitativen und sozialen Fragen zu beschäftigen. In Hue und Hanoi setzten Erneuerungsbewegungen ein. Nach 1931 entstanden in Saigon, später auch in Hue und Hanoi Vereinigungen zum Studium des Buddhismus. Von großer Bedeutung erwies sich das *Bao Quoc* in Hue. Aus dem Bao Quoc kamen auch die Freiheitskämpfer, die sich der katholischen Regierung Diem und den amerikanischen Aggressoren in Saigon entgegenstellten, auch der Mönch Thich Quang Duc, der mit der ersten Selbstverbrennung in Saigon ein Zeichen setzte. Noch vor dem Ersten Weltkrieg und dem Zusammenbruch des Kolonialreiches entstanden in Hanoi buddhistische Krankenhäuser, soziale Hilfswerke sowie eine Druckerei. 1951 wurde die ›Allgemeine Buddhistische Vereinigung‹ gegründet, die sich 1954 nach der Teilung des Landes ›Vereinigte buddhistische Assoziation von Vietnam‹ nannte und ihren Sitz in Hanoi hatte. Die Leiter dieser Bewegungen kamen aus dem Bao Quoc in Hue. Gegenwärtig befindet sich das Zentrum des vietnamesischen Buddhismus und eine Ausbildungsstätte für Mönche und Nonnen in der Quoc Su-Pagode in Hanoi. In den letzten Jahrzehnten war es still geworden in den Pagoden, die oft nur von einer Nonne oder einem Mönch betreut wurden, unterstützt von Helferinnen aus der Bevölkerung. Nun stehen Besucher nicht mehr vor verschlossenen Türen. Der Rauch der Weihrauchstäbchen hüllt die Buddhastatuen wieder ein. Reparaturen werden mit Spendengeldern oder auch mit staatlichen Mitteln in Angriff genommen, Neubauten entstehen. Zu den Festen kommen viele Besucher, auch junge, die sich manchmal noch ein wenig unsicher fühlen.

Der Daoismus

Der Begriff des *Dao* war schon in der alten chinesischen Reichsreligion, von J. J. de Groot Universalismus genannt, Grundlage des chinesischen Denkens. Das älteste, erhaltene

Schriftwerk der Chinesen, *I Jing*, das Buch der Wandlungen, stammt wahrscheinlich aus der Zeit des Entstehens der chinesischen Schrift am Ende des 2. Jahrtausends v. Zt. Dieses Orakelbuch enthält acht Diagramme mit je drei durchgehenden und durchbrochenen Linien, die als stark bzw. schwach gelten und zusammen vierundsechzig denkbare Kombinationen ergeben, mit deren Hilfe sich übersinnliche Kräfte in Beziehung setzen lassen. Von den Daoisten werden die Diagramme im *dai chi*, dem Achteck, verwendet, dessen mittlerer Kreis in das helle, männliche *Yang* und das dunkle, weibliche *Yin* unterteilt ist. Der dunkle Punkt in dem hellen Yang und der helle Punkt in dem dunklen Yin zeigen, daß die gegensätzlichen Prinzipien ineinandergreifen und untrennbar verbunden sind. Das dao, die Ursubstanz, bleibt Chaos, solange es nicht in Yang und Yin getrennt zu einem Ordnungsprinzip wird. Der Dualismus herrscht nach chinesischer Auffassung im Makro- und Mikrokosmos, in der Welt des Himmels und der Erde. Yang und Yin entsprechen allen Gegensätzen des Kosmos: Tag-Nacht, Sonne-Mond, Feuer-Wasser, warm-kalt, schwarz-weiß, gut-böse. Aus dem Universalismus entstammt die Idee des chinesischen Kaisertums (s. S. 57). Als Sohn des Himmels ist der Kaiser Mittler zwischen den beiden Prinzipien Himmel-Erde. Ebenfalls in der frühesten chinesischen Vorstellung verankert ist *Hsiao*, was sich mit Pietät, auch Achtung und Rücksicht übersetzen läßt und zur Grundlage der familiären und staatlichen Beziehungen sowie des Ahnenkultes wurde.

Dai chi

Der Daoismus soll zurückgehen auf Lao Zi, vietnamesisch Lao Tu (alter Meister). Literarischen Quellen zufolge ist das ein Ehrentitel für Li Erh (auch Po Yang genannt) aus einer vornehmen Familie des Staates Zhou. Er soll zeitweise Staatsarchivar in der Hauptstadt Luoyang gewesen sein und von 604–517 v. Zt. gelebt haben. Andere literarische Quellen verweisen Lao Tu in die Zeit zwischen 480–300 v. Zt. Seine historische Existenz wird aber auch angezweifelt und seine Lehre für das Gedankengebäude mehrerer Philosophen gehalten. Dao bedeutet Weg, göttlicher Ursprung, Natur und ist das Urprinzip, das das Weltall bestimmt. Es kann durch das Handeln des Menschen nicht beeinflußt werden. Die Daoisten lehren *wu wei*, das ›Nicht Tun‹. Lao Tu war Mystiker, er näherte sich dem dao durch beschauliche Ruhe und Sichversenken. Harmonie und Übereinstimmung zwischen dem dao des Himmels und dem dao des Menschen schaffen das Glück des Individuums, ohne dessen Zutun. Das Schicksal des Menschen wird im Himmel beschlossen. Die Lehre des Lao Tu steht im Gegensatz zu der des Konfuzius, die aus den gleichen Quellen schöpft. Diese Tatsache dürfte die Phantasie der Zeitgenossen angeregt haben, von einem Streitgespräch der beiden großen Philosophen zu berichten. Es gilt als sicher, daß ein solches nicht stattgefunden hat.

Lao Tu hatte keine Jünger, der frühe Daoismus beruhte auf dem Eremitentum. Einige Anhänger führten seine Lehre weiter. Die späteren Daoisten suchten die Vereinigung mit der Ursubstanz und die Befreiung der Seele durch Meditation, Askese, Einhaltung von Vorschriften und Übungen, auch sexueller Art, zu erreichen. Viele erstrebten als Vorstufe zum ewigen ein langes irdisches Dasein *(tho),* verbunden mit Glück *(phuc),* Reichtum und Gesundheit. Zauberer und Magier versprachen irdische und himmlische Glückseligkeit und das Elixier des ewigen Lebens, benutzten Zaubersprüche und magische Zeichen. Wundertaten und Wahrsagungen, Exorzismus und Geisterbeschwörung unter Einschaltung von Medien und Krankenheilungen traten in den Vordergrund. So entstand der Volksdaoismus mit seinen Amuletten, roten und gelben Papierstreifen, die auch von buddhistischen Mönchen mit magischen Schriftzeichen versehen werden. Sie werden in allen Ländern Ostasiens als Glückszeichen mitgeführt, an Ahnenaltären und Hauswänden aufgehängt, für die Ahnen verbrannt, Kranken als Medizin gegeben und den Toten in den Sarg gelegt.

Im 2. Jh. n. Zt. waren aus den Einsiedeleien der daoistischen Philosophen Klöster geworden. An der Spitze einer Priesterschaft stand als irdischer Statthalter des Jadekaisers dessen Inkarnation, ein Himmelsmeister. Er fungierte als Magier und Zauberer und stellte Zauberern und Exorzisten Diplome aus. Sein Amt war erblich und wurde in der Familie Zhang Dao Ling weitergegeben.

Neben dem philosophisch-metaphysischen Daoismus der Gelehrten existierte der spekulativ-mystische Volksdaoismus. In seiner ersten Form wurde er im 2. Jh. von Gelehrten nach Giao Chi gebracht. Sie waren vor den Wirren in China geflohen und wurden von Si Nhiep, der die Provinz von 187–226 regierte, aufgenommen. Ihre Lehre blieb die Lebensphilosophie einer chinesischen und vietnamesischen Elite. Die Bevölkerung übernahm den Volksdaoismus, der zur Bereicherung der Vietnamesischen Religion beitrug, aber auch zu ihrem Ausufern in Kulte und Praktiken, die von Magie, Zauber- und Hexenwerk entstellt waren. Im 17. und 18. Jh. waren auch Buddhismus und Konfuzianismus unterlaufen worden, ließen sich Götter und Kulte kaum mehr unterscheiden. Manche Priester und Gelehrte verkündeten den gemeinsamen Ursprung der Lehren.

Aus dem überreichen daoistischen Pantheon übernahm Vietnam die ›Drei Reinen‹, die ›Acht Unsterblichen‹ und die *Chu Vi,* die ›vielen Geister‹. Von den ›Drei Reinen‹, die an der Spitze des daoistischen Pantheons stehen, genießt der Jadekaiser (Ngoc Hoang) die größte Verehrung. *Pan Yu,* Symbol des Uranfanges, ist zu abstrakt und daher weniger bekannt, dagegen wird der vergöttlichte *Lao Tu* – auf einem schwarzen Ochsen reitend – häufiger dargestellt. Die Legende seiner Geburt erinnert an die des Buddha. Er soll unter einem Pflaumenbaum aus der Achsel seiner Mutter geboren worden sein.

Tho, der weißbärtige Alte, der das lange Leben verkörpert, ist einer der ›Acht Unsterblichen‹, sieben Männer und eine Frau, die den Trank der Unsterblichkeit genossen haben. In Vietnam wurden sie zu 27 Unsterblichen, 13 Männern und 14 Frauen, die ab dem 11. Jh. unter den vietnamesischen Dynastien – der erste schon zur Zeit der legendären Hung-Könige – gelebt haben sollen. Von Geheimkulten umgeben, werden sie in den daoistischen Tempeln *(quan)* verehrt. *Lieu Hanh*, die erste der weiblichen Unsterblichen, verschmolz in der vietnamesischen Vorstellung mit der Himmelsmutter aus dem Kreise der chu vi. Die Legende berichtet von ihrem ersten Erscheinen im Jahre 1557. Ihr Vater, der Jadekaiser, sandte sie dreimal auf die Erde, nach Vietnam, weil sie aus Unachtsamkeit ein kostbares, himmlisches Jadegefäß zerbrochen hatte. Eine andere Version berichtet, daß sie zweimal als schönes Mädchen erschienen sei, nach kurzer Ehe jedoch in den Himmel zurückkehren mußte und bat, wieder auf die Erde gesandt zu werden. In der letzten Wiedergeburt erschien sie als böser Geist, der sogar den Soldaten des Königs widerstand. Erst Buddha vermochte Lieu Hanh in einen guten Geist zu wandeln, der seither die Wünsche all derer erfüllt, die zu ihr beten, wie es in vielen Dorftempeln, aber auch im Tempel Mau Song in Hanoi geschieht.

Die Geister des Volksdaoismus sind eng mit dem Alltag der Menschen verbunden, so wie der Küchengott, der in allen Ländern Ostasiens hoch verehrt wird. Er wird besonders zum Jahresende mit Süßigkeiten und Honig bedacht, damit er nur Gutes über die Familie berichtet, in deren Küche er das ganze Jahr gewohnt hat, bevor er in den letzten Tagen des alten Jahres zum Jadekaiser im Himmel reist. Größte Verehrung genießen die *chu vi*, Geister, die den Himmel *(thien phu)*, die Erde *(dia phu)* und das Wasser *(thuy phu)* beherrschen. Die rudimentär mutterrechtlich orientierte vietnamesische Gesellschaft verehrt *Au Co*, die Urmutter aller Vietnamesen, und die ›vier verehrungswürdigen Mütter‹ *(tu phu)*, Mutter Himmel, Mutter Erde, Mutter Wasser und Mutter Wald. Der Kult der tu phu war Sache der Frauen, der *ba dong*. Im Rahmen dieses Rituals wurde der General Tran Hung Dao, der im 13. Jh. die Mongolen besiegt hatte, als Beschützer der Frauen des Landes verehrt. Zu den Festen der chu vi zogen lange Pilgerzüge in die Tempel, die mit Beschwörungen, Exorzismus, tantrischen und schamanistischen Riten verbunden waren. In den letzten Jahrzehnten waren diese Feste verboten, die Tempel, an denen sie ausgeübt wurden, geschlossen. Seit 1989 sind jedoch viele wieder geöffnet. Die ungezügelten, mystischen Feste werden nicht wiedererstehen, aber die ›vier Mütter‹ und viele Genien des daoistischen chu vi-Kultes werden – auch auf ihren Altären in den Pagoden – wieder angebetet.

Relikte des Kultes der ba dong existieren noch heute. Im Hof einiger Pagoden blieben Weihrauchbäume *(cay huong)* erhalten. Früher bestanden sie aus Holz, jetzt meist aus Ziegelstein, Altäre ohne Dach, an der Außenmauer eines *dien* gelegen. In einer Nische im unteren Teil werden Opfer abgelegt, auf dem Altar steht eine braune Schale mit wellenförmigem Rand für Weihrauch. Alle Besucher bringen Räucherstäbchen, wenige umschreiten mit der Schale auf dem Kopf den dien. Der cay huong gehört zum Kult der ba dong. Schien eine Frau von den Geistern erwählt, mußte sie sich einem Initiationsritus unterziehen, bei dem ein Geist von ihr Besitz ergriff, dessen Name auf die Weihrauchschale geschrieben wurde. Mit der Schale auf dem Kopf umschritt sie den Tempel, fiel in Trance und konnte den Geist anrufen und befragen. Weihrauchbäume findet man u. a. im Hof des Chua Boc (chinesischer Name Sung Phuc Tu), im Dorf Khuong Thuong und in der Chua Nen in der Nähe der Chua Lang im Bezirk Tu Liem, beide in Groß-Hanoi.

Um den Kult der Unsterblichen entstand im 17. Jh. die daoistische Sekte der *tam thanh* (drei Götter). Sie geht zurück auf Noi Dao, der aus einer bedeutenden Familie im Delta des Roten Flusses kam und als Magier berühmt war. Seine drei Söhne, die ›drei Heiligen‹ genannt, führten nach ihm die Sekte, die sich bis in das 20. Jh. hielt, besonders im Norden Vietnams. Die Sekte zeigt Ansätze von Synkretismus. Zu ihrem Pantheon gehörten die Statuen oder Namenstafeln der Gründer, die ›Acht Beschützer‹ des Buddhismus und die zwölf Generäle und fünf Tiger aus dem Gefolge eines Sektenführers sowie der weiße Elefant mit neun Stoßzähnen als Helfer der beiden anderen.

Der Daoismus bestand in Vietnam nicht als eigenständige Religion, ist aber durch sein Pantheon und seine Lehren fest im Buddhismus und in den Vietnamesischen Religionen verankert.

Der Konfuzianismus

Die Ideen des Kong Fuzi (Meister Kong, vietnamesisch Khong Tu), den die Jesuiten im 17. Jh. Konfuzius nannten, werden als Sitten- und Staatslehre bezeichnet. Ihre Zuordnung zu den ostasiatischen Religionen läßt sich aber begründen mit dem Sendungsbewußtsein des Khong Tu, dem er auch sein persönliches Glück geopfert hatte. Seine Lehre beruht außerdem auf der sittlichen Ordnung des Kosmos und weist einen metaphysischen Charakter auf, er fordert die Menschen zu Ahnen- und Götteropfern sowie religiösen Kulten auf. Khong Tu war kein Schöpfer oder Erneuerer. Er sah sich selbst als Bewahrer und Wiedererwecker einer Lehre, die er den ›Fünf Kanonischen Schriften‹ entnahm (s. S. 113) und die auf den Vorstellungen des chinesischen Universalismus basierten, auf die sich auch der Daoismus beruft. Im Gegensatz zu Lao Tu, der die Unabänderlichkeit des vom Himmel beschlossenen menschlichen Schicksals als Grundlage seiner Lehre verkündete, sah Khong Tu die Aufgabe des Menschen darin, Tugend und Wissen zu erwerben, um bewußt das Richtige zu tun. Khong Tu war Realist und Moralist.

Die Fortführung des chinesischen Universalismus in der Lehre des Konfuzius hat dazu geführt, daß die Grundlagen des chinesischen Denkens aus frühesten schriftlichen Zeugnissen bis zum Ende des chinesischen Kaisertums im Jahre 1912 erhalten blieben. Einer auch nur annähernd gleichbleibenden Kontinuität von Staat und Gesellschaft, Rechtlichkeit und Tugend, Ethik und Moral kann sich kein anderes Volk rühmen. Die Lehre erfuhr nur eine kurze Unterbrechung, als der erste Kaiser der Qin-Dynastie im Jahre 213 v. Zt. die konfuzianischen Schriften verbrennen ließ. Aber die nachfolgende Han-Dynastie sammelte die Werke des Meisters und erklärte sie zur Grundlage ihrer Staatsidee. Auch die Schüler und Nachfolger des Khong Tu hielten an den ›Vier Klassischen Schriften‹ fest (s. S. 113).

Khong Tu (551–479 v. Zt.) wurde in der Nähe von Qufu im Staate Lu (heute Provinz Shandung) als Sohn einer verarmten, aber gebildeten Familie geboren, die ihre Vorfahren

Die fünf Kanonischen Bücher – Wu Jing

Yi Jing – das Buch der Wandlungen. Die älteste der fünf Schriften, ein Wahrsagebuch, das dem legendären Kaiser Fu Hsi (2950 v. Zt.) zugeschrieben wird.

Shi Jing – das Buch der Lieder. Eine Sammlung von 305 Gedichten, von einigen werden nur die Titel genannt (6.–9. Jh. v. Zt.).

Shu Jing – das Buch der Urkunden. Eine Sammlung von Regierungserlassen und politischen Schriften, angeblich aus der Zeit halbmythischer Kaiser, wahrscheinlich aus dem 9.–7. Jh. v. Zt. Vermutlich von Konfuzius redigiert.

Chunqui – Frühling und Herbst. Die Geschichte von zwölf Herzögen des Staates Lu zwischen 722–481 v. Zt. Wird von manchen Forschern Konfuzius zugeschrieben.

Li Jing – das Buch der Riten. Abhandlung über religiöse und soziale Fragen mit Anweisungen zum Ritual. Wurde im 1. Jh. v. Zt. zusammengestellt.

Die vier letzten Bücher sollen von Khong Tu oder seinen Schülern redigiert worden sein.

Die vier Klassischen Schriften – Sze Shu

Lan Yu – eine Sammlung von Gesprächen zwischen Khong Tu und seinen Schülern.

Tai Hsioh – die große Lehre. Eine moralische Abhandlung, von einigen Forschern Khong Tu zugeschrieben.

Quang Yung – der Weg der Mitte. Beschreibt den Gleichmut der Weisen. Soll teilweise von Khong Tu, zum anderen Teil von seinen Schülern stammen.

Aufzeichnungen des Philosophen Men Zi, vietnamesisch Meng Tu, lateinisch Mensius (372–289 v. Zt.), bedeutendster Nachfolger des Khong Tu.

Die fünf Kanonischen und vier Klassischen Schriften sind Gegenstand der Literaturprüfungen und des konfuzianischen Bildungssystems.

Die fünf Beziehungen

Sie bilden die Grundlage der konfuzianischen Gesellschafts- und Staatslehre:

- Die Güte des Herrschers – die Loyalität der Untertanen
- Die Liebe des Vaters – die Pietät des Sohnes
- Das Wohlwollen des Älteren – die Ehrfurcht des Jüngeren
- Die Gerechtigkeit des Mannes – der Gehorsam der Frau
- Die Treue des Freundes – die Treue des Freundes

bis in das 11. Jh. v. Zt. zurückverfolgen konnte. Er studierte nach dem Tode des Vaters mit Hilfe einflußreicher Gönner und erwarb gründliche Kenntnisse der Schriften, Sitten und Riten. Mit 19 Jahren heiratete er und hatte einen Sohn. Als sich der Niedergang des Reiches Zhou abzeichnete, sah er die Ursache dafür im Verfall der Sitten und die Rettung in der Rückkehr zu den alten Werten und den ›Fünf Tugenden‹: Loyalität, Rechtschaffenheit, Weisheit, Sittlichkeit und Aufrichtigkeit als Pfeiler edlen Menschentums. Sie zu erwerben erkannte er als die Aufgabe des einzelnen, sie zu verbreiten als die Pflicht des Staates.

Das Konfuzianische Bildungs- und Prüfungssystem

Grundlage der Bildung und der Prüfungen sind die ›Vier Klassiker‹ und ›Fünf Kanoniker‹ (s. S. 113). Bildungssprache und Schrift ist Chinesisch.
1070: Gründung des Konfuziustempels (Van Mieu) in Thang Long. Ausbildungsstätte für Prinzen.
1072–1076: Erste Literaturprüfungen. Keine regelmäßigen Prüfungen während der Ly-Dynastie.
1076: Gründung des *quoc tu giam,* Hochschule der Kinder des Staates, im fünften Hof des *Van Mieu* für Kinder des Adels und der Beamten.
1089: Hierarchie des Mandarinats wird festgelegt: Ränge eins bis neun jeweils ein Zivil- und ein Militär-Mandarin. Der Zivil-Mandarin ist übergeordnet.
1231: Erste Prüfungen unter der Tran-Dynastie für die ersten drei Ränge.
1246: Prüfungen finden alle sieben Jahre statt.
1247: Erste Preisträger des ersten Ranges ermittelt. Prüfungen auch über die drei Religionen: Konfuzianismus, Buddhismus, Daoismus. Später wieder aufgegeben.
1252: Die Besten aus dem Volk können nach entsprechenden Vorprüfungen in das quoc tu giam eintreten, was nur wenigen gelingt.
1253: Weitere Schulen entstehen.
1304: Festlegung der Prüfungsordnung; vier Arbeiten: 1. Orthographisch richtige Niederschrift eines auswendig gelernten Textes. 2. Mündliche Übersetzungen aus den Klassikern und Kanonikern und Abfassung eines Gedichtes in rhythmischer Prosa. 3. Abfassung eines Erlasses, einer königlichen Proklamation und eines Berichtes an den König. 4. Abfassung eines Kommentars. Die Mandarine der Ränge eins bis drei erhielten ihre Roben und Rangabzeichen bei einem Bankett im Königspalast.
1400–1407: Unter der Ho-Dynastie Erleichterung des Unterrichts- und Prüfungssystems, Arithmetik als Fach wird hinzugefügt und später wieder aufgehoben. Prüfungen alle drei Jahre.
1442: Erste Prüfungen unter der Le-Dynastie.
1463: Prüfungen alle drei Jahre, Versuch der Aufwertung der Bildung.

Kleine Ämter, die ihm frühzeitig angeboten wurden, befriedigten ihn nicht. Er strebte nach einer verantwortungsvollen Aufgabe, um seine Lehre zu verwirklichen, den Aufbau eines Staates nach dem Vorbild des alten Reiches. Als lästiger Mahner an allen Fürstenhöfen führte er dreizehn Jahre ein unstetes Wanderleben. Er lehrte die Harmonie des menschlichen Zusammenlebens in Familie und Staat, die sich nur durch die Pietät erreichen ließ, die den ›Fünf Menschlichen Beziehungen‹ aus den alten Schriften zugrunde lag.

Khong Tu hat die Anerkennung seiner Lehre nicht erlebt, posthum erfuhr er Ehrungen, wie sie keinem Menschen zuteil wurden. Im Jahre 195 oder 174 v. Zt. baute der Herrscher des Reiches Wei in Qufu, wo Khong Tu begraben worden war, einen Tempel und brachte dem großen Lehrer der Chinesen Opfer. Auch in Beijing und in allen Provinzstädten wur-

1484: Namen der Preisträger werden in die Stelen im Van Mieu eingemeißelt, Preisträger im Triumph in ihre Heimatorte geleitet.
1580: Erste Prüfungen unter der restaurierten Le-Dynastie in Tay Kinh, Provinz Thanh Hoa. Söhne hoher Mandarine erhalten Titel durch Geburt. Prüfungen alle drei Jahre.
1646: Die Nguyen-Fürsten legen eine neue Prüfungsordnung fest: Zusätzliche Fragen über die Armee und das neu eingeführte Geld-, Maß- und Gewichtssystem. Wegen Mangel an Beamten werden alle Schichten des Volkes zugelassen.
1720–1740: Die Trinh verkaufen höhere Ränge an Mandarine unterer Ränge.
1750: Jedermann kann gegen Entgelt ohne Vorprüfung an den Prüfungen teilnehmen, auch für diese ist das Wissen käuflich.
1788–1792: König Quang Trung der Tay Son-Dynastie unterstellt den Zivil- dem Militärmandarin. Zusätzliche Prüfungsarbeiten: Aufsätze in Versen und rhythmischer Prosa in der nom-Schrift.
1802–1945: Die Nguyen-Dynastie ernennt Beamte auf Grund von Staatsprüfungen. Die Mandarine der Ränge eins bis drei können ihrem ältesten Sohn Titel vererben.
1803: König Gia Long gründet die Nationalakademie in Hue, Prüfungen nun in Hue. In Provinzen, Bezirken und Kreisen werden Direktoren für das Unterrichtswesen ernannt.
1807: Zulassung von Regionalprüfungen.
1808: Tempel der Literatur (Van Mieu) in Hue gegründet. Stelen für die Preisträger der Prüfungen (Tempel blieb nicht erhalten).
1821: Nationalakademie erhält den Namen *quoc tu giam* und kann von Studenten aus allen Schichten besucht werden.
1822: Prüfungen in der Hauptstadt alle drei Jahre, ebenso auch die regionalen Prüfungen. Bildungssystem und Prüfungen bleiben unverändert, Sprache und Schrift chinesisch. Alle zusätzlichen Prüfungsfächer werden sehr schnell wieder eliminiert.
1915: Kolonialregierung beendet Prüfungen in Hanoi.
1918: Auch in Hue werden die Prüfungen beendet, die Bildung verfällt. Die Absolventen der Schulen hatten bisher Unterricht in ihren Heimatdörfern erteilt. Die Kolonialmacht ist nur an der Ausbildung von Hilfskräften interessiert.

den, wie später auch in Dai Viet, Gedenktempel für Konfuzius errichtet. Die Opfer an diesen Tempeln waren Staatsopfer und konnten nur vom Herrscher oder den von ihm beauftragten Mandarinen vollzogen werden. Im Jahre 1 n. Zt. wurde Khong Tu zum Herzog, 739 zum König (*wang*) ernannt, und 1008 erhielt er den Titel *hsien* (vietnamesisch *hien*, ›vollkommener Weiser‹). Im Jahre 1911, kurz vor dem Ende des chinesischen Kaiserreiches, wurde ihm der Rang eines Obersten Gottes verliehen, Opfer an seinen Tempeln waren nun denen am Himmelsaltar gleichgestellt.

Chu Hsi (1130–1200) schuf eine konfuzianische Schule, auf die sich die Ming-Dynastie in China und die Le-Dynastie in Dai Viet stützte. Sie war dogmatischer als die des Meisters und hatte eine Erstarrung der Lehre zur Folge. In dieser Form erlebte der Konfuzianismus im 15. Jh. in Vietnam seine Blütezeit und wurde zum Ordnungsprinzip von Familie und Staat.

Das Mandarinat hatte schon im 1. Jh. in der damaligen chinesischen Kolonie Giao Chi Einzug gehalten. Die chinesischen, aber nur wenige vietnamesische Beamte studierten in China und legten dort auch ihre Prüfungen ab. Im 11.–14. Jh., während der Ly- und Tran-Dynastie im unabhängigen Dai Viet, entstanden in der Hauptstadt und in den Provinzstädten konfuzianische Bildungsstätten, und die Literaturprüfungen wurden mehr oder weniger regelmäßig abgehalten. Langsam drang die konfuzianische Bildung durch Studierte, die in ihre Dörfer zurückkehrten und dort unterrichteten, in alle Schichten.

Die Nguyen-Dynastie im 19. und 20. Jh. stützte sich auf die konfuzianische Tradition, um sie westlichem Ideengut entgegenzustellen. Es gelang aber nicht, soziale und humanitäre Strömungen aufzuhalten. Im Gegensatz zu China hat Vietnam unter kommunistischer Herrschaft dem Konfuzianismus nicht abgeschworen, wenn er auch als Staatslehre und Bildungssystem keinen Einfluß mehr hat. Die traditionellen zwischenmenschlichen Beziehungen gründen bis in die Gegenwart auf der von Konfuzius verkündeten Pietät in der Familie und im öffentlichen Leben. Diese Haltung war von dem erst während der Kolonialzeit entstandenen Bürgertum und der Industriegesellschaft übernommen worden und reicht bis in die Hierarchie der Partei und Armee. Es ist bisher noch zuwenig geforscht worden über den Zusammenhang zwischen dem Konfuzianismus mit seinem festgefügten Verhältnis von Obrigkeit und Volk und der Situation des Kommunismus in den konfuzianischen Ländern wie China, Nord-Korea und Vietnam.

Die Synkretistischen Religionen

Der Caodaismus

Anfang des 20. Jhs. führte die Suche nach religiösem Rückhalt besonders im Mekong-Delta, wo die Vietnamesischen Religionen und der Buddhismus-Daoismus keine lange Tradition besaßen, zu Sektenbildungen. Deren erfolgreichste bis in die Gegenwart ist der *Caodaismus.* Ihr Initiator war der Vietnamese Ngo Van Chieu, der im Dienst der französischen Kolonialverwaltung stand. Ihm soll sich der Geist Cao Dai schon im Jahre 1919 auf seinem Außenposten auf der Insel Phu Quoc im Golf von Thailand offenbart haben. Er erschien Chieu in Symbol eines welterfassenden Auges in einem Dreieck, von dem neun Strahlen ausgingen. Am Weihnachtsabend 1925 erschien der Geist auch einer Runde junger Kolonialbeamter in Saigon, und wenig später auch dem ehemaligen Mandarin Le Van Trung, einem Opiumraucher und Lebemann aus Cholon, der sich vom Cao Dai zum Führer der Sekte berufen sah. Er änderte seinen Lebenswandel, erregte damit viel Aufsehen und brachte der Sekte Zulauf. Spiritismus und Weissagungen konnten in dieser Zeit mit Erfolg rechnen. Zudem durften Frauen an den Sitzungen teilnehmen und alle Ämter mit Ausnahme des Obersten Führers, der Papst genannt wurde, bekleiden. Die Sekte vereinigte bekannte und neue Gedanken. Sie lehrte die Unsterblichkeit der Seele und die Brüderlichkeit und schuf für ihre Mitglieder soziale Einrichtungen, die bisher unbekannt waren. Ihre Privatarmee wandte sich zuerst gegen die Franzosen, sympathisierte nach 1945 mit den Viet Minh, kämpfte für den ehemaligen König Bao Dai gegen die Viet Minh, erlitt eine Niederlage durch die katholische Regierung Diem in Saigon und nahm nach deren Sturz wieder an der Politik teil.

Die offizielle Gründung der Sekte erfolgte vom 18.–20. November 1927 in Tay Ninh, der Hauptstadt der gleichnamigen Provinz 100 km nordwestlich von Saigon. Hier entstand bis zum Jahre 1937 ein Wallfahrtszentrum mit dem Sitz des Heiligen Stuhles. Le Van Trung wurde der erste Papst *(ho phap)*. Ngo Van Chieu, dem der Geist Cao Dai zuerst erschienen war, gründete im Jahre 1928 eine neue Sekte. Nach dem Tode Trungs im Jahre 1934 bestimmte das Konzil Pham Cong Tac zum Papst, einen Mann, der es verstand, die Sekte nach wirtschaftlichen Gesichtspunkten zu organisieren, ohne die politischen und sozialen Aspekte außer acht zu lassen. Sie zählte mehr als zwei Millionen Mitglieder, über den heutigen Mitgliederstand gibt es keine Zahlen, sie dürfte aber noch immer die gleiche Größe haben.

Cao Dai bedeutet ›Großer Palast‹ und ist zu verstehen als Oberster Gott, Schöpfer und Erlöser, dessen Titel lautet: Allerhöchster Jadekaiser, Lehrer der Religion der südlichen

Altar der Caodaisten

Himmelsrichtung. Der Caodaismus stützt sich auf vier Religionen: Buddhismus, Daoismus, Konfuzianismus und Christentum, die sich bereits zweimal offenbart hatten. Sie offenbarten sich nun, nach ständigem Verfall der Sitten, zum letzten Mal gemeinsam im Cao Dai. Hinzu kommt als fünfte die Vietnamesische Religion. Nach der caodaistischen Lehre folgen Zeiten des Aufstieges solchen des Niederganges – bis zum Ende der Welt. Offenbarungen kommen aber auch von Buddhas und Heiligen, Unsterblichen und Dichtern, Feldherren, bedeutenden Menschen aller Völker und aller Zeiten, unter ihnen Victor Hugo, Jeanne d'Arc, Chateaubriand, Johannes der Täufer, der chinesische Kriegsgott Tran Vu, der Poet Li Tai Po und der General Ong Cong. Die Weissagungen gehen von einem Schnabelkorb aus, dessen sich die Daoisten bedient hatten, einem Bambusgeflecht, das von einem Medium gehalten wird und aus dessen schnabelartigem Ende unter einem gelben Tuch verborgen Schriftzeichen entstehen, die Weissagungen enthalten. Die Caodaisten beten viermal täglich, das gemeinsame Gebet im Tempel erfolgt in feierlicher Zeremonie vor einem Altar, über dem das Auge des Cao Dai über einer Weltkugel schwebt. Eine Lampe verkörpert die Allseele, umgeben ist sie von zwei Lichtern, die das männliche und das weibliche Prinzip symbolisieren. Die priesterliche Hierarchie, der auch Frauen angehören, ist an dem Zeremoniell und der Organisation der Katholischen Kirche ausgerichtet. Der Aufwand an Seidengewändern und Kirchengerät ist pompös und farbenprächtig, Gelb steht für den Buddhismus, Blau für den Daoismus, Rot für den Konfuzianismus. Die Novizen sind weiß gekleidet.

Die hohen Gebäude der caodaistischen Tempel ähneln katholischen Kirchen, ihre Formen sind jedoch kantiger. Anstelle der Christusfigur oder des Kreuzes über dem Hauptportal blickt das Auge des Cao Dai auf den Besucher. Das Wallfahrtszentrum Tay Binh gleicht mehr einem europäischen als einem asiatischen Heiligtum. Die abgerundeten Formen und sanften Farben der Vietnamesen fehlen, das getünchte Mauerwerk betont, daß auch das Baumaterial neu ist. Vielen Vietnamesen bleibt der Caodaismus in Erscheinungsbild und Inhalt wesensfremd, andere fühlen sich von seiner Exotik angezogen.

Die meisten Caodaisten leben im Mekong-Delta in geschlossenen Gemeinden, in Zentral- und Nordvietnam sind sie verstreuter zu finden.

Die Chieu Minh und andere Splittersekten der Caodaisten

Ngo Van Chieu, dem sich der Geist Cao Dai zuerst offenbart hatte, verließ die Bewegung im Jahr 1928 und gründete die *Chieu Minh*-Sekte. Sie war stärker auf Bekehrungen ausgerichtet, betonte den Erlösungsgedanken und war eine kontemplative Religion.

Von den Caodaisten löste sich eine ganze Reihe von Sekten, die sich mehr oder weniger stark von ihnen unterschieden und neue Gedanken boten. Die im Jahre 1931 von Nguyen Van Ca gegründete *Minh Chan Ly*-Sekte umgab das symbolische Auge anstelle des Dreiecks mit einem Herzen. Sie verbot alle vietnamesisch-animistischen Kulte mit Ausnahme der Ahnenverehrung. Viele Sekten nannten ihre Führer Papst und behielten die Organisation der Christen und den Heiligen Stuhl als höchste Instanz bei.

Die Dao Dua und andere Sekten

Nguyen Thanh Nam aus Ho Chi Minh-Stadt gründete 1964 eine Sekte in der Zeit, als die Diem-Regierung geendet hatte und die Buddhisten sich in ihrem Kampf bestätigt sahen. Er zog mit etwa 1000 Anhängern auf die Phönix-Insel Tan Vinh im Tien Giang, einem der Mündungsarme des Mekong bei My Tho. Die Insel wird seitdem auch Dao Dua (Kokosnußinsel) genannt. Die Sektenführer hatten das Gelöbnis abgelegt, nur von Kokosnüssen zu leben. Das oberste Gebot der Sekte lautete: Frieden. Ihre Lehre war ein Gemisch aus Buddhismus, Christentum, Daoismus, Konfuzianismus und wahrscheinlich auch vietnamesischem Animismus. Ihre Anhänger trugen die Haare zu einem Knoten gewunden. Es gab auch weibliche Mitglieder, aber der gesamte Priesterstand durfte heiraten. Die weithin sichtbaren Bauwerke auf der Insel ähneln vom Mekong aus den Aufbauten eines Vergnügungsparkes. Sie tragen die Merkmale vieler Religionen und stammen aus den Anfängen der Sekte, die damals sehr reich gewesen sein muß. Zu Beginn der achtziger Jahre war die Bewegung noch aktiv, verfiel dann aber schnell und viele Mitglieder zogen nach Ho Chi Minh-Stadt. Die Kokospalmen ernähren heute die zurückgebliebenen Inselbewohner.

Die Hoa Hao

Die zweite bedeutende Sekte, die noch vor dem Zweiten Weltkrieg im Mekong-Delta entstand, benannte sich nach dem Geburtsort ihres Propheten, dem Dorf Hoa Hao in der bergigen Region der Provinz An Giang. Der kränkelnde Huynh Phu So wurde als Kind von seinem Vater in die Obhut des Mönchs Tha Xom gegeben, der unter dem Namen Tra Son als Krankenheiler bekannt war. Tra Son und Huynh Phu So wurden Schüler des Einsiedlers Nguyen Van Huyen, einem Vertreter des asketischen Buddhismus der Selbstverleugnung und Disziplin. Nach dem Tode des Tra Son kehrte Huynh Phu So ungeheilt in sein Elternhaus zurück. Im Jahre 1930 warf er sich eines Nachts vor dem Ahnenaltar auf den Boden. Er stand als Geheilter auf und hatte seine Berufung als Prophet empfangen. In einem Jahr gelang es ihm durch Predigten und Wundertaten, 100 000 Anhänger zu gewinnen, ihre Zahl stieg später auf etwa zwei Millionen. Damit erregte er das Mißtrauen der französischen Kolonialregierung, die ihn ein Jahr lang in ein Irrenhaus sperrte.

Die Hoa Hao nahmen bewaffnet und kämpfend an der Politik teil, schlossen Bündnisse und wechselten sie mehrmals. Ihr Prophet fand dabei den Tod. Seine Mutter übernahm die Führung der Sekte.

Huynh Phu So baute seine Lehre auf den Thesen seines Lehrers Nguyen Van Huyen auf und wandte sich gegen einen aufwendigen Lebensstil. Er lehnte prächtige Tempelbauten und eine große Priesterschaft ab. Der Prophet forderte vielmehr die Verinnerlichung des Glaubens und die Einschränkung der Opfergaben an Götter und Geister, mit Ausnahme derer für Buddha und die Ahnen. Große Tempelfeste wurden nicht gefeiert, wodurch sich die Hoa Hao im krassen Gegensatz zu den Caodaisten befanden. Bei unverkennbarem Synkretismus stützen sie sich stark auf das buddhistische Gedankengut. Die vorgeschriebenen vier Gebete am Tage werden vor einem einfachen Tisch gesprochen. Er ist mit einer roten Decke bedeckt, auf der die Worte stehen: *Ba son ky huong,* seltsamer Duft vom Kleinodberg.

Das Zentrum der Sekte befindet sich in Tan Chau in der Delta-Provinz An Giang. Hier leben auch die meisten Anhänger der Bewegung. In den Dörfern der Hoa Hao stehen bescheidene Kirchen, die im Stil denen der Caodaisten ähneln. Sie halten sich von der Politik fern und zeigen keine militanten Ambitionen mehr. Durch ihre Zurückgezogenheit ist wenig über sie in Erfahrung zu bringen, auch über die Zahl ihrer Anhänger ist nichts bekannt.

Das Christentum

Im Jahre 1615 gründeten ein Portugiese und ein Italiener die erste Missionsstation in Hoi An, das bei den Ausländern als Fai Fo bekannt war. Drei Jahre später erschien die erste gedruckte Schilderung eines Europäers über Land und Leute in Dai Viet. Vorher hatte es nur kurze Berichte von Seefahrern gegeben, die die Küsten entlang gesegelt waren, darunter auch Marco Polo im Auftrage Khubilai Khans. Christoforo Bari, der Verfasser der Schrift, vergleicht die Viet mit den Chinesen und nennt sie mutiger, freundlicher, angenehmer im Umgang und höflicher gegen Fremde. Die Mission hatte Erfolge, und der Norden sollte einbezogen werden. Im Jahre 1627 kam der französische Jesuit Alexandre de Rhodes – von 1624 bis 1646 Missionar in Dai Viet – nach Thang Long und stattete auch dem Feudalherren Trinh Trung einen Besuch ab. Seine Arbeit war so erfolgreich, daß die Trinh zutiefst erschraken und den Missionar im Jahre 1630 auswiesen. Er hatte in der kurzen Zeit 6700 Viet taufen können, darunter auch Hofleute und Prinzen.

Den Trinh waren die Gründe nicht unbekannt, die den Shogun in Japan zur Ausweisung der Missionare bewogen hatten, sie hegten die gleichen Befürchtungen. Die Kundschafter des Shogun hatten festgestellt, daß die Katholische Kirche in politischen und kriegerischen Auseinandersetzungen von Staaten Partei ergriff. Erschreckt hatte den Shogun auch das Vorgehen der Inquisition gegen Ungläubige. Er fürchtete das Eingreifen der Missionare in die Streitigkeiten der japanischen Feudalherren.

Alle Reiche Ostasiens, deren Staats- und Gesellschaftsordnung auf den Lehren des Konfuzius beruhten (China, Japan, Korea und Vietnam), sahen den Bestand ihres Staates durch das Christentum in Frage gestellt. Die im Konfuzianismus gründenden Bindungen hatten für die Christen keine Gültigkeit. Sie waren allein dem Glauben an den dreieinigen Gott verpflichtet, hatten die Lehren der Missionare zu befolgen und waren nur ihnen, als den Vertretern Gottes, Gehorsam schuldig. Der Übertritt zum Christentum war nicht nur eine Glaubensfrage. Um Christ zu sein, mußten sich die Vietnamesen von der Tradition ihres Volkes lossagen. Sie bildeten eine Gruppe innerhalb des Staates, die sich um so fester zusammenschloß, je mehr sie sich – ihrer Vereinsamung bewußt – dem Priester des neuen Glaubens ausgeliefert sah. Das Wissen um die Verlorenheit ihrer Gemeinden mag einer der Gründe gewesen sein, die die Missionare bewegten, nach Verweisung des Landes heimlich nach Vietnam zurückzukehren. Hinzu kam, daß die Mission von Beginn ihrer Tätigkeit in Asien an versuchte, einen christlichen Staat zu errichten, um von diesem aus die Mission der östlichen Welt zu vollenden. Doch nicht dem einzelnen Missionar ist die Verblendung anzulasten, in der Europa lebte. Es hat Jahrhunderte gedauert, bis es bereit war, die älteren Kulturen und Religionen Asiens zu erkennen, und der Prozeß, sie anzuerkennen, ist heute noch nicht abgeschlossen.

Kathedrale in Hue

Gemessen am Einsatz der christlichen Mission und den Bevölkerungszahlen in Ostasien ist ihr Erfolg gering. Viele Menschen wären bereit, eine neue Religion anzunehmen, sie sind aber nicht bereit, sich aus der Tradition ihres Volkes zu lösen. Die Erfolge des Alexandre de Rhodes sind darauf zurückzuführen, daß er die vietnamesische Sprache beherrschte und sich mit den Problemen der neugetauften Christen beschäftigte. Er erkannte in der christlichen Literatur eine wirksame Unterstützung des Unterrichtes durch die Missionare. Daher gab er sich nicht damit zufrieden, den vietnamesischen Christen ein Wörterbuch zu verfassen, wie es seine portugiesischen und italienischen Vorgänger getan hatten. Er machte vielmehr das lateinische Alphabet durch Hinzufügung von Zeichen geeignet, die chinesischen bzw. die Schriftzeichen der *nom*-Schrift zu ersetzen. Das von ihm geschaffene *quoc ngu* blieb zunächst die Schrift der Christen, die damit den Katechismus und andere Erbauungsschriften zu lesen vermochten.

König Gia Long, der erste Herrscher der Nguyen-Dynastie (1802–1945), behandelte die Mission und die Christen, eingedenk seiner persönlichen Freundschaft, die ihn als Prinz Nguyen Anh mit dem Bischof von Adran verbunden hatte, mit dem gleichen wachsamen Argwohn, den er Ausländern gegenüber gehegt hatte. Ihm folgte im Jahre 1920 sein Sohn Minh Mang, der als strenger Konfuzianer sein Herrscheramt als Verpflichtung ansah und auf Verstösse gegen seine Autorität scharf reagierte.

In Vietnam war das Nebeneinander von Religionen seit Jahrhunderten kein Anlaß zu Auseinandersetzungen gewesen. Das Christentum trat aber nicht als eine Religion unter anderen auf, sondern nahm über seinen Alleinanspruch hinaus auch Einfluß auf die Politik, indem es die Christen zu Ungehorsam gegen ihren Staat aufrief und immer wieder den Verdacht erregte, daß es einen anderen, dem Christentum willfährigen Staat aufzubauen suchte. Priester und Missionare wurden Opfer ihrer Ignoranz und bewußten Verstöße gegen die Gesetze des Staates, in dem sie lebten und lehrten, die zu Ausweisungen und Verfolgungen führten.

Die Auswanderung von etwa einer halben Million Christen aus dem Norden in den damals von der katholischen Diem-Familie beherrschten Süden war keine Flucht, sondern erfolgte auf Grund des Genfer Abkommens von 1954, das jedem Vietnamesen freistellte, wo er leben wollte. Die Wanderung wurde mit Parolen wie »Die Gottesmutter verläßt den Norden« und der Tatsache, daß ein großer Teil der Priesterschaft nach Süden zog, forciert. Die Christen gerieten wie alle Glaubensgemeinschaften in den letzten Jahrzehnten unter Druck.

Mit der Beschneidung der Macht der christlichen Missionare hat sich die Bekenntnisfreudigkeit mancher Christen verstärkt, andere dagegen sind gleichgültiger geworden. Es gibt christliche Gemeinden in den Städten, aber auch christliche Dörfer vom Rote-Fluß- bis zum Mekong-Delta. Im Norden, wo die Unterstützung der ausländischen Mission seit 1954 unterbrochen war, stehen manche Sakralbauten auch aus wirtschaftlichen Gründen leer. Im Süden flossen die Mittel bis 1975.

Unter den Kathedralen und Kirchen in Vietnam befinden sich keine Kunstwerke, sie entstanden meist um die Jahrhundertwende. Der Versuch, sie dem vietnamesischen Stilempfinden anzupassen, wurde nur in der Provinz Ha Nam Ninh beim Bau der Kathedrale von Phat Diem unternommen. Die meisten Bauten überragen die Reisfelder, sind als Repräsentativbauten viel zu groß für die Gemeinden.

Vietnamesische Feste

Mit Ausnahme des Nationalfeiertages am 2. September, an dem Ho Chi Minh im Jahre 1945 in Hanoi die Unabhängige Demokratische Republik Vietnam ausgerufen hatte, seinem Geburtstag am 19. Mai, dem 1. Mai und einigen sozialistischen Gedenktagen, wie dem Frauentag und Tag des Lehrers, haben die vietnamesischen Feste religiöse Hintergründe, finden zur Zeit von Aussaat und Ernte statt, zum Gedenken der Ahnen oder sind buddhistische Feiertage. Hinzu kommen Tempel- und Pagodenfeste von lokaler und regionaler Bedeutung, die mit Märkten, Theater- und Tanzveranstaltungen, Wettbewerben und Volksbelustigungen verbunden sind. Zu einigen – wie dem Fest der Hung-Tempel für die legendären Gründer des Landes oder der Huong-Pagode bei Hanoi – kommen Wallfahrer aus dem ganzen Land. Viele Feste wurden seit der Mitte dieses Jahrhunderts nur noch in bescheidenem Umfang gefeiert oder gerieten in Vergessenheit, in den letzten Jahren lebten sie wieder auf. In früheren Zeiten zogen die Menschen am ersten und 15. Tag des Mondmonats zu den Tempeln.

Große Feste fanden zum Frühlings- und Herbstvollmond statt; am 3. Tag des 3. Mondmonats und am 7. Tag des 7. Mondmonats wurde der Ahnen gedacht, Speiseopfer an die

Gräber gebracht und Papiergeld und -gegenstände verbrannt. Die Könige hielten am Altar des Himmels und der Erde große Opferzeremonien ab als Bitte und Dank für den Segen der Ernten. Auch das Pflügen der ›drei heiligen Furchen‹ durch den König oder seinen Beauftragten war bekannt.

Aber *Tet Nguyen Dan,* das Neujahrsfest zu Beginn des Frühlings und der Aussaat, war und ist das größte Fest in Vietnam. Es wird *tet* genannt, was Fest bedeutet. Die Vorbereitungen beginnen Wochen vorher, alle Gespräche ranken sich darum, und Wochen später steht es noch immer im Mittelpunkt des Denkens. Während des Jahres wird für tet gespart, auch die Ärmsten möchten sich in diesen Tagen sattessen können.

CHUC MUNG NAM MOI, Glückliches Neues Jahr, steht auf roten Spruchbändern an öffentlichen Gebäuden und Tempeln, auf Glückwunschkarten und der Verpackung von Süßigkeiten und Nudeln. Der vietnamesische Jahresbeginn richtet sich nach dem Mondkalender und fällt in die Zeit des ersten Frühlingsneumondes, nach unserem Kalender zwischen Mitte Januar und Mitte Februar. Die Geschäftigkeit der letzten Tage vor dem Fest steigert sich zu einer Hektik, die den Vietnamesen sonst unbekannt ist. Im Bac Bo weht oft noch der kalte Nordostmonsun, manchmal beginnt auch schon der Frühlingsregen. Aus aller Welt kommen Vietnamesen, um tet mit ihrer Familie zu feiern, oder sie reisen ins Ausland, um ihre Familien zu besuchen. Mancher Vietnamese gerät durch tet auch in Schulden. Am 23. Tag des letzten Mondmonats des alten Jahres macht sich der Küchengott auf den Weg zum Neujahrsfest der Götter. Haus und Küche müssen sauber geputzt und alle Töpfe blitzblank sein. Fünf oder sechs Familien tun sich zusammen und schlachten ein Schwein oder jede kauft ein großes Stück Schweinefleisch, damit die Reiskuchen hergestellt werden können, ohne die tet nicht denkbar ist. Man ißt *banh day,* die runden Kuchen des Himmels, und *banh chung,* die viereckigen Kuchen der Erde, beide aus Klebreis, der sonst in Vietnam wenig Verwendung findet. Banh day werden mit einer Paste aus gesüßten grünen Bohnenkernen hergestellt und kurze Zeit gedämpft. Banh chung erfordern viel Arbeit. Auf eine Lage Klebreis wird eine Lage Bohnenpaste gelegt, darauf kommt Schweinefleisch mit schwarzem Pfeffer, dann wieder Bohnenpaste und eine Schicht Klebreis. Die quadratischen Kuchen werden mit den Blättern des dong-Busches umwickelt, mit Bändern aus gespleistem Bambus zusammengebunden und zwölf bis 24 Stunden gekocht. Der Legende zufolge sollen sie aus der Zeit der Hung-Könige stammen.

»Als der Hung-König alt wurde, sandte er seine 22 Söhne in das Land. Er wollte dem das Reich übergeben, der die beste Speise ausfindig zu machen wußte. Linh Lang, der Jüngste, war der Sohn einer einfachen Bauersfrau, die kurze Zeit die Gunst des Königs besessen hatte. Er ging zu seiner Mutter und erzählte von dem Auftrag des Königs. ›Reis ist die beste Nahrung für die Menschen, dazu manchmal ein paar Bohnen und etwas Schweinefleisch. Davon müssen die meisten Untertanen im Lande des Königs leben‹, sagte sie, während sie die Speise bereitete und dafür die runde Form des Himmels und die quadratische der Erde wählte. Der König versuchte alle Speisen, die seine Söhne mitgebracht hatten, auch die des Jüngsten. Niemals hatte der König das Essen des Volkes gegessen, aber es mundete ihm so gut, daß er Linh Lang zum König machte.«

Jährliches Tempelfest in Hoa Lu

Zwischen dem 23. und 30. Tag des letzten Monats werden vor den *dinh*, den *chua*, aber auch vor den Häusern Bambusstangen aufgestellt, an deren Spitze Stoff, ein Kleidungsstück oder auch Pfeil und Bogen befestigt sind. Über den Ursprung dieser *cau neu*-Bäume berichtet eine buddhistische Legende:

»Zu der Zeit, als den *ma* und den *quy*, den bösen Geistern, alles Land gehörte, litten die Menschen Hunger. Buddha wollte ihnen helfen, und als ihn die Geister fragten, wovor er am meisten Angst habe, antwortete er: ›Vor Reis und Reiskuchen!‹ Die Geister warfen damit nach ihm, und die Menschen wurden satt. Die Geister, von Buddha befragt, zeigten die meiste Angst vor Pfeil und Bogen, mit denen ihnen die Menschen nachstellten. Buddha schlug ihnen daher vor, sie sollten den Menschen ein Stückchen Land geben, so groß wie ein Kleid, damit sie von ihnen abließen. Als die Geister seinem Vorschlag folgten, ließ er das Kleid wachsen, bis es alles Land bedeckte, und schenkte es den Menschen. Am Jahresende versuchen die Geister, sich das Land zurückzuholen, aber die Bambusstangen vertreiben sie.«

Am letzten Tag des alten Jahres werden die Gräber gereinigt und die Ahnen für tet zur Rückkehr in das Haus eingeladen. Diese Zeremonie heißt *ngay ba muoi*. Auf dem Ahnenaltar des Hauses liegt ein gekochter Hahn für die heimgekehrten Toten.

Auf den Neujahrsmärkten in Stadt und Land wird alles angeboten, was zu tet gehört: Eßwaren, Getränke, Süßigkeiten, Zigaretten, Spielzeug, Räucherstäbchen und vieles andere. In den letzten Tagen vor tet werden auf besonderen Märkten knospende Aprikosenbäumchen und -zweige *(dao)* angeboten, die dunkelrosa *dao bich* und die hellrosa *dao phai.* Kein Haus im Bac Bo ist ohne einen Zweig dao und auch ein Orangenbäumchen *(quat)* zu denken. Im Süden des Landes werden die Häuser mit gelbblühenden *mai-*(Forsythien-)Bäumchen geschmückt. An den Wänden und Türen der Wohnungen hängen *thanh tet,* Neujahrsbilder (s. S. 239). Am letzten Abend des alten Jahres versammeln sich die Familien zum Dank an die Ahnen und die Bitte um ihren Schutz im neuen Jahr am Ahnenaltar. Dann wird gegessen und getrunken, bis sich das Knallen einzelner Feuerwerkskörper um Mitternacht in ein wahres Inferno verwandelt, einen ohrenbetäubenden Lärm, ein minutenlanges Spektakel, bei dem die Erde zu zittern scheint und der Pulverdampf noch lange in der Nachtluft hängt. Die beliebtesten *hai phao* sind Ketten von Knallern, die sich aneinander entzünden und zum Schluß einen Kanonenschlag auslösen und die bösen Geister in die Flucht schlagen sollen. Was in den ersten Stunden des neuen Jahres geschieht, gilt als ein gutes oder böses Omen für das ganze Jahr. Kein Vietnamese möchte bei seinem ersten Ausgang einem bläßlichen alten Mann begegnen, noch weniger einer Frau oder gar einer schwangeren Frau. Wer sichergehen möchte, bestellt einen gutaussehenden jungen Mann vor die Haustür. Die ersten beiden Tage verbringt die Familie beim Festmahl und mit Besuchen bei Verwandten, Freunden und Nachbarn oder empfängt deren Besuche. Am dritten Tage empfangen die Vorgesetzten und Lehrer die Untergebenen und Schüler. Kinder erhalten zu tet kleine Geschenke, darunter auch neue Geldscheine.

An Tempeln und Pagoden finden Märkte statt, Wettbewerbe werden ausgetragen, Büffel- und Hahnenkämpfe, Ringkämpfe, Ballspiele, Seillaufen und anderes. Jungen und Mädchen schaukeln gemeinsam zwischen hohen Bambusstangen. Schachspiel und *to tom,* das vietnamesische Kartenspiel mit 120 Karten, erfreuen sich großer Beliebtheit. Jung und alt geht wieder zu den Tempeln, die Männer zum Schutzgeisttempel im *dinh,* die Frauen zu den Pagoden, alle gemeinsam zu den *den* und mieu, den Tempeln für die Helden und Ahnen. In den ersten Tagen nach tet, das offiziell drei Tage dauert, feiern viele Tempel ihre jährlichen Feste, zu denen Besucher aus der ganzen Region kommen.

Wenn der Nordostmonsun aufgehört hat, gleich nach tet, beginnt die Arbeit auf den Feldern. Die großen, grauen, nassen Flächen verwandeln sich in wenigen Tagen in grüne Reisfelder.

Kultur und Kunst

Treffpunkt der Kulturen Chinas und Indiens

In Indochina trafen sich die Kulturen Indiens und Chinas. Vietnam gehört zum chinesischen, Laos, Kambodscha, Java und die nicht mehr existenten Staaten Fu Nan, Chen La und Champa zum indischen Kulturkreis. Bis in das 13. Jh. lag die Kulturgrenze wenig nördlich des 18. Breitengrades am Hoanh-Gebirge, das bis zu dieser Zeit auch die Staatsgrenze zwischen Dai Viet und Champa bildete. Mit den Viet wanderte die chinesische Kultur nach Süden und breitete sich im 18. und 19. Jh. über das Mekong-Delta aus. Vietnam war tausend Jahre (111 v. Zt. bis 938 n. Zt.) als chinesische Kolonie Giao Chi dem chinesischen Kulturismus ausgesetzt. In den nachfolgenden tausend Jahren geriet es immer wieder unter kulturellen Druck Chinas, übernahm aber auch freiwillig, wie Japan und Korea, kulturelle und künstlerische Impulse von dem großen Lehrmeister Ostasiens.

Die Verbreitung der indischen Kultur erfolgte in Südostasien nur auf Grund ihrer Überlegenheit, und wurde von Indien weder unterstützt noch politisch genutzt. Von dem legendären Brahmanen Kaundinya heißt es, er habe die Länder der naga-Könige nicht mit Armeen, sondern nur mit Hilfe eines zauberkräftigen Speeres erobert. Es kam zu vielfachen Begegnungen der beiden Kulturen, die sich zu keiner Zeit feindlich gegenüberstanden, sich aber auch nicht vermischten, sondern nur gelegentlich Einflüsse erkennen lassen.

Die Götter und die Kunst

Die Kunst Asiens ist religiös und meist elitär. Animistische und Ahnengötter, Geister und Genien wurden nicht personifiziert dargestellt, sie manifestierten sich in der Natur und wurden als Symbole, wie die Menhire, verehrt. Erst Hinduismus und Buddhismus brachten Kultbilder mit feststehender Ikonographie mit. Das Kultbild ist nach asiatischer Vorstellung nicht Abbild, sondern Manifestation des Gottes, es stellt ihn nicht dar, es *ist* Gott.

Das Schaffen eines Kultbildes ist eine religiöse Handlung und der Künstler bis in letzte Einzelheiten an die Ikonographie und Tradition gebunden. Sein Werk beginnt und endet mit rituellen Zeremonien. Nur wenn die Statue mit allen Merkmalen des Gottes ausgestattet ist, kann dieser von ihr Besitz ergreifen. Betonte oder vervielfachte Körperteile, ein drittes Auge, vier Köpfe, lange Ohren, tausend Hände lassen die Eigenschaften des Gottes, Kräfte, Abwehr- oder Schutzfunktionen, erkennbar werden. Posen und Attribute, Gesten und Handhaltungen *(mudra)* deuten bestimmte Zustände oder Situationen an und ermöglichen es dem Gläubigen, sich in der Fülle des Pantheons zu orientieren.

Hat der Künstler das Werk vollendet, fordert der Priester den Gott in feierlicher Zeremonie auf, in sein Abbild einzugehen. Die Gegenwart des Gottes macht ein Hintreten des Gläubigen vor sein Bild zu einem spannungsgeladenen Wagnis, das nur durch Einhaltung von Tabus und Riten zu bestehen ist. Der Beistand der Götter wird durch Opferkulte erwirkt, die nur von den dazu bestimmten Priestern vollzogen werden können, da ein Fehler im Ritus das Opfer wertlos macht und zur Gefahr für den Spender werden läßt. Opfer und Wunscherhörung sind spekulativ gedacht, wurden alle Bedingungen erfüllt, darf der Auftraggeber die Erhörung seiner Wünsche erwarten. Götterbilder, die sich nicht mehr effektiv erweisen, werden als von dem Gott verlassen angesehen, sie bleiben tote Materie und können nicht wieder beseelt werden.

Das gleiche gilt für den Tempel, die Wohnstatt des Gottes. In den Anfängen der indischen Religion gab es nur Opferstätten unter freiem Himmel. Aus aufrechten Bambusstäben, an der Spitze zusammengebunden, mit denen der indische Eremit sein Kultbild schützte, wurden Tempel, deren Bau strengen Traditionen unterlag. Hat der Gott ihn verlassen, verfällt auch er, sein Material kann nicht für einen neuen Sakralbau verwendet werden.

Kunstwerk und Künstler

Wer einen Tempel bauen oder ein Kultbild schaffen läßt, erwirbt hohe Verdienste. Der Name des Stifters ist bekannt und wird gepriesen, Architekten oder Bildhauer dagegen bleiben anonym. In Indien gehören sie zu den niedrigen Kasten, auch in China gelten sie als Handwerker und stehen am Ende der gesellschaftlichen Hierarchie. Die Stellung der verschiedenen Kunstschaffenden hängt u. a. von dem Material ab, das sie bearbeiten, Holz rangiert vor Stein, Gold vor Elfenbein. Auch die Sauberkeit des Arbeitsvorganges, besonders aber der Rang des Auftraggebers entscheiden über das Ansehen des Künstlers. In Indien hat jeder Handwerkszweig seine Kaste. Für China wurde im *Li Jing,* dem Buch der Riten, vor mehr als 4000 Jahren die Stellung des Künstlers festgelegt, wenn es heißt: »Die Vervollkommnung der Tugend ist das Höhere, die Vervollkommnung in den Künsten ist das Niedrigere.« Eine Ausnahme bilden in China die Maler und Literaten, besonders aber die Kalligraphen, deren Künste höher eingeschätzt wurden. Von ihnen wurden manchmal auch Namen bekannt, sie signierten ihre Werke. Die Stellung des vietnamesischen Künstlers entspricht dieser asiatischen Auffassung.

Tempelbau und Kultbild lassen dem Künstler keine schöpferischen Freiheiten. Ein Faltenwurf, eine Geste, ein Lächeln, die kühne, edle Form eines Tempelturmes lassen zuweilen die Hand eines Meisters erkennen, aber die meisten Werke bleiben Devotionalien.

Stele in der Keo-Pagode, Prov. Thay Binh

Phantasie und Gestaltungskraft kommen nur bei der Ausgestaltung der Tempel, an den Reliefs, Friesen, Ornamenten, den menschlichen und halbgöttlichen Gestalten an den Außenwänden zum Ausdruck, obwohl die Ikonographie auch bei den Tänzerinnen und Halbgöttern einzuhalten ist. Kein Künstler vermag einen neuen Stil einzuführen, Stilmodifikationen drücken sich im Detail, im Faltenwurf und Schmuck, an Nebenfiguren und in der Ornamentik aus. Das Entstehen eines Stils wird weitgehend von Dynastien bestimmt.

Begegnung der europäischen und asiatischen Kunst

Europa hat sich an der griechischen und römischen Antike orientiert und begann sich erst im 19. Jh. mit der Kunst Asiens zu befassen, als es schwärmerisch-idealisierend vermeintliche Paradiese entdeckte. Der Frühkapitalismus suchte ernüchtert nur nach Rohstoffquellen und Absatzmärkten. Erst seit sich Europa durch Umorientierung seiner eigenen Kunst im 20. Jh. von den alleinigen Maximen Schönheit, Harmonie und Ästhetik löste, kam es auch zu einem Verständnis der asiatischen Hochkulturen und Religionen.

Okzident und Orient begegneten sich lange vor der Zeitenwende auf Handelswegen, die Seidenstraßen genannt werden. Im Jahre 325 v. Zt. erreichte der Griechenkönig Alexander der Große über die afghanischen Gebirgspässe den indischen Kontinent am Südrand des Himalaya. In Taxila, nicht weit von der modernen pakistanischen Hauptstadt Islamabad entfernt, entstand das griechische Reich Gandhara. In diesem Zentrum zweier Kulturen wurde aus dem vollendeten Antlitz des griechischen Gottes Apollo, erfüllt mit der indischen Philosophie der Weltentsagung, das Bild des *Gandhara*-Buddha, das allen späteren Stilen als Vorbild diente. Von Indien aus gelangte das griechisch-indische Menschenbild nach Südostasien und über Zentralasien nach China, Korea und Japan.

Diese frühe Synthese fand keine Wiederholungen, es blieb bei gelegentlichen Beeinflussungen. Für asiatische, besonders ostasiatische Künstler mit ihrer starken Einbindung in die Tradition bleibt die Aneignung europäischer Kunst häufig ein Versuch. Die Zugehörigkeit zu Kaste und gesellschaftlicher Gruppe und die Verhaftung in der Tradition ist aus asiatischer Sicht nicht nur Zwang, sondern – angesichts fehlender anderer sozialer Sicherheiten – auch Schutz und Lebenshilfe, dem Künstler gibt sie den Rahmen seines Schaffens. Die europäische Kunst hat keine ähnlichen Maßgaben und Stützen anzubieten, das macht es dem Asiaten schwer, in der Bedingungslosigkeit und Freiheit der künstlerischen Möglichkeiten Sinn und Ziel zu finden. Nach Aktmodellen zu arbeiten ist ihm ebenso fremd wie das Angebot des Arbeitsmaterials. Das gilt in erster Linie für Maler und Bildhauer. Aber auch die Literaten leiden an der Grenzenlosigkeit künstlerischer Möglichkeiten. Viele erreichen die notwendige innere Befreiung nicht und übernehmen nur konventionelle Stile. Die Erfolgreichen sind häufiger unter denen zu suchen, die in Europa oder Amerika leben.

Die vietnamesische Kunst

Die vietnamesische Kunst entstand und blieb erhalten im Kernland Dai Viet, dem Delta des Roten Flusses und seinen Randgebieten. Ein zweites kulturelles Zentrum entwickelte sich im 16. und 17. Jh. in Phu Xuan, dem späteren Hue. Es war die Folge der Trennung von Norden und Süden im 16. Jh. unter den Feudalherren Trinh und Nguyen. Im 19. Jh. entstanden in Hue die höfische Kultur der letzten vietnamesischen Königsdynastie der Nguyen und die Anfänge einer bisher auf Grund geschichtlicher Zwänge fehlenden bürgerlichen Kultur. Der Süden, das Mekong-Delta, war nach dem Ende des Reiches Fu Nan im 5. Jh. von Schwemmland überlagert worden und wurde erst im 18./19. Jh. von den Vietnamesen besiedelt. Es ist daher Treffpunkt vieler Einflüsse.

Wenig bekannt ist über die Kultur der über Südostasien verbreiteten Bergvölker, die auch in Vietnam als Minderheiten leben. Die Erforschung der Muong- und Thai-Stämme würde Rückschlüsse auf die ihnen verwandten Viet zulassen, andere Völkergruppen könnten sich als Vermittler benachbarter Kulturen erweisen.

Die Zeugnisse vietnamesischer Kunst – viele aus Holz, Bambus und anderem vergänglichen Material – waren dem feuchten, aggressiven Klima, Monsunen, Taifunen und Überschwemmungen ausgesetzt. Holz litt unter Insekten – besonders Termitenbefall. Die Gründung neuer Dynastien führte häufig zur Zerstörung der Werke der Vorgänger. Zu den Verlusten durch Kriege und Bürgerkriege kam die gezielte Vernichtung vietnamesischen Kulturgutes während der kurzen Herrschaft der chinesischen Ming-Dynastie (1407–1427). Der Tay Son-Aufstand verursachte Schäden, und nach 1802 demontierte die Nguyen-Dynastie die Kunstwerke der alten Hauptstadt Thang Long (Hanoi). Was sich nicht in die neue Kapitale Hue transportieren ließ, wurde zerstört oder verfiel. Die letzten Reste des Königspalastes in Hanoi und viele bedeutende Tempel mußten dem Bau der französischen Kolonialstadt weichen. Bombardements und Kämpfe während des 1. und 2. Indochinakrieges und der Bildersturm nach 1954 setzten das Zerstörungswerk fort. Seit 1945 stehen Kunst und Kultur im Dienste der Politik und der sozialistischen Ideologie, alle früher entstandene Kunst galt als Werk der Feudalisten. Nur Tempelanlagen, die zum Heroen- und Ahnenkult gehörten, wurden vom Staat gefördert.

Im Jahre 1986 erfuhr die vietnamesische Kulturpolitik eine Wende mit der Rückbesinnung auf Tradition und Kultur. Die erste Bestandsaufnahme erfaßte alle Bauwerke aus der Zeit zwischen 1009 und 1802 im Raum des ehemaligen Reiches Dai Viet. Die meisten registrierten Gebäude stammen aus dem 13.–18. Jahrhundert. Sie wurden inzwischen häufig restauriert und erneuert.

Die vietnamesischen Denkmalschützer unterscheiden zwei Arten von Baumaßnahmen: *trung tu* oder *tu tao*, Restaurierungen ohne Stiländerungen, und *dai tu* oder *khai tao*, Erneuerungen, bei denen Gebäudeteile ersetzt oder Bauten im Stil der Zeit des Umbaues neu erstellt wurden. Alte, auch scheinbar unbedeutende Bauteile und Inventar blieben jedoch erhalten und erleichtern die Datierung. Als Beispiel kann die Thay- oder Thien Phuy-Pagode in Sai Son, Provinz Ha Son Binh, dienen (s. S. 348). Gegründet wurde sie von der Ly-Dynastie. Aus dieser Zeit erhalten blieb nur der Sockel einer Buddha-Statue in Form eines Löwen, der eine Lotosblüte trägt. Von der nachfolgenden Tran-Dynastie stammen zwei Zeremoniensessel aus Holz (1346), ein quadratischer Steinsockel und vier Stufen mit Löwen- und Drachendekor. Um 1499 nahm die Le-Dynastie einen Umbau vor, von dem ein großer, achteckiger Ständer erhalten blieb. Die Mac-Dynastie fügte einige Holzskulpturen und die Restaurierte Le-Dynastie neben Buddha-Statuen auch einen Anbau hinzu.

Bei der Datierung der Bauwerke helfen außer Stilvergleichen schriftliche Dokumente, aber auch Legenden. Die wichtigsten Aussagen enthalten die Stelen, die anläßlich der Gründung oder Restaurierung von Bauwerken aufgestellt wurden. Die École Française de l'Extrème Orient in Hanoi ließ zwischen 1943 und 1945 Abdrucke von 20 000 Stelen herstellen. Einige dieser Steintafeln gingen inzwischen verloren, andere wurden erst spä-

Periode	Zahl der Bauwerke	Buddh. Tempel	Dinh	Gräber	Tempel	Andere
11.–13. Jh. Ly-Dynastie	22	19	0	0	1	2
13.–14. Jh. Tran-Dyn.	89	59	0	13	5	12
15.–16. Jh. Le-Dyn.	22	6	0	9	3	4
16. Jh. Mac-Dyn.	33	24	5	0	2	2
17. Jh. Le-Dyn.	99	34	44	6	13	2
18. Jh. Ende d. Le-Dyn.	74	17	14	21	14	9
Ende 18. Jh. Tay Son-Dyn.	11	6	2	0	1	2
Insgesamt	350	165	65	49	39	33

ter gefunden. 504 Texte beziehen sich auf den Bau und die Restaurierung von *dinh* (Gemeinschaftshäuser) aus dem 16.–18. Jh. Nur 65 dieser Bauten blieben erhalten, so daß die Stelen oft der einzige Nachweis der verlorengegangenen sind.

Bei der Bestandsaufnahme wurden 350 Monumente erfaßt, eine vergleichsweise geringe Zahl aus acht Jahrhunderten und gemessen an den tausenden, die einmal existiert haben. Es blieben jedoch aus jeder Epoche einige Gebäude erhalten. Buddhistische Tempel bilden fast die Hälfte aller Bauwerke. Das dürfte etwa ihrem tatsächlichen Anteil in der Vergangenheit entsprechen. An zweiter Stelle stehen *dinh,* Gemeinschaftshäuser, die erst vom 15. Jh. ab in der heute bekannten Form gebaut wurden. Neben Gräbern blieben noch daoistische und konfuzianistische Tempel, Pavillons, Tore, Festungsmauern u. ä. erhalten. Nicht erfaßt wurden zunächst die unzähligen kleinen Sakralbauten in Dörfern und in jedem Straßenzug der alten Städte, all die unscheinbaren Holzbauten, deren Gebälk, Säulen und Altäre oft wertvolle Schnitzereien aufweisen und die mit Statuen und reichem Tempelgerät ausgestattet sind. Es gibt auch Tempel in entfernten, schwer zugänglichen Gegenden, die nicht erfaßt wurden. Die 350 Bauwerke stehen unter Denkmalsschutz und befinden sich in den nachfolgenden Provinzen:

	Anzahl
Hanoi – die alte Hauptstadt Thang Long	63
Provinz Ha Nam Ninh, Heimatprovinz der Tran-Dynastie	46
Provinz Ha Bac, Heimatprovinz der Ly-Dynastie	45
Provinz Hai Hung	44
Provinz Quang Ninh. Königsgräber der Tran-Dynastie	22
Provinz Thai Binh	13
Provinz Nghe Tinh	11
Stadtstaat Hai Phong	10
Provinz Ha Son Binh, Nachbarprovinz von Hanoi	37
Provinz Thanh Hoa, Heimatprovinz der Le-Dynastie	29
Provinz Vinh Phu, Heimatprovinz der Hung-Könige	24
Provinz Ha Tuyen	4
Provinz Hoang Lien Son	2

Im Jahre 1989 gab das Kulturministerium dann eine umfassende Veröffentlichung über alte und neue Gebäude von kultureller oder historischer Bedeutung heraus, in der das ganze Land erfaßt ist. Darin werden auch Denkmäler und Gedenkstätten der neuesten Geschichte berücksichtigt.

Kunst der Könige und Bauern

Viele französische Forscher hielten die Kunst Vietnams bestenfalls für einen provinziellen Stil der chinesischen Kunst. Louis Bezacier war einer der wenigen, der ihre Eigenständigkeit erkannte, vertrat und sie detailliert beschrieb (L'Art Vietnamien, 1954). Seine Einteilung der Kunststile wurde von den vietnamesischen Kunsthistorikern übernommen.

Um die Besonderheit der vietnamesischen Kultur und Kunst zu erkennen, ist ein Rückblick auf ihre Anfänge unumgänglich. Als die Armeen der chinesischen Han-Dynastie im 1. Jh. v. Zt. in das Delta des Roten Flusses vordrangen, befand sich das Land zwischen dem Nordrand des Deltas und dem Tal des Song Ma in der heutigen Provinz Thanh Hoa in der Bronzezeit, die als Dong Son-Kultur bekannt wurde (s. S. 139). Die Frage nach den Trägern dieser Kultur ließ mehrere Theorien aufkommen. Angesichts der höher bewerteten Kultur der Chinesen lag die Vermutung nahe, daß die südostasiatische Bronzekultur ihr die entscheidenden Impulse verdankte. Neuere Funde und die gesicherte Datierung der Dong Son-Kultur zwischen dem 5. und dem 1. Jh. v. Zt. geben inzwischen der Theorie Vorrang, daß Viet-Völker diese Kultur geschaffen haben, die später jedoch durch den politischen, wirtschaftlichen und kulturellen Druck der Han-Chinesen, besonders nach dem Aufstand der Trung-Schwestern im Jahre 43 n. Zt., verlorenging. Die Kultur der vietnamesischen Reisbauern im Delta des Roten Flusses existierte schon vor der Ankunft der Han-Chinesen und war stark und eigenständig genug, um 1000 Jahre chinesischer Herrschaft zu überdauern. Diese Tatsache ließ am Ende der Fremdherrschaft ein von vietnamesischer Tradition geprägtes Reich entstehen. Zitate von Feldherren und Königen weisen auf diese Selbständigkeit hin. Der General Ly Thuong Kiet bekämpfte im Jahre 1077 die Armee der Chinesen und ließ seinen Soldaten vor der Schlacht durch die Stimme des Flußgeistes die Niederlage der Feinde voraussagen: »Der König des Südens (Dai Viet) regiert über die Flüsse und Berge des südlichen Landes. Das ist unauslöschbar in den Himmel geschrieben. Wie könnt ihr Eindringlinge es wagen, unsere Grenzen zu verletzen. Ihr werdet eine völlige Niederlage erleiden.« König Tran Minh Tong, der von 1314–1329 regierte, wies die Konfuzianer ab, die chinesische Sitten übernehmen wollten: »Unser Staat hat seine eigenen Regeln. Norden (China) und Süden (Vietnam) haben eigene Bräuche. Wenn ich euren Ratschlägen folge, wird es Unruhe im Lande geben.«

Mit dem Beginn der chinesischen Okkupation im Rote-Fluß-Delta haben sich Kultur und Kunst auf zwei Ebenen entwickelt, die O. Weggel als große und kleine Tradition bezeichnet.

Die große Tradition – Verwaltung, Recht, konfuzianische Bildung, Mandarinat, Militärwesen und Technik – wurde von China übernommen. Han-Chinesisch als Staats- und Literatursprache in Wort und Schrift fand auch im unabhängigen Dai Viet weiter Verwendung und sicherte den Gebildeten bis 1945 Privilegien. Die vietnamesischen Könige und ihre Hofhaltung und Verwaltung unterlagen immer wieder chinesischen Einflüssen. Der Hof in Thang Long folgte der Etikette des chinesischen Kaiserhofes. Luxuswaren wurden aus China importiert, Werkstoffe und Verarbeitungstechniken übernommen, jedoch für vietnamesische Bedürfnisse modifiziert. Während der 1000 Jahre des unabhängigen Reiches der Vietnamesen kam es immer wieder zu chinesischen Übergriffen, bei denen die Sinisierung unter Druck erfolgte. Die Kunst an den Höfen der Viet läßt sich jedoch nicht

Elefant, Holzschnitzerei 16. Jh.

mit der künstlerischen Prachtentfaltung des chinesischen Kaiserhofes vergleichen. Dai Viet war ein kleines, ärmeres Land, die Paläste in Thang Long wurden zudem häufig von Chinesen und Cham zerstört.

Die bäuerliche Bevölkerung beharrte auf ihrer eigenen, der kleinen Tradition. Sie sprach vietnamesisch und gab Mythen, Legenden, Verse und Lieder mündlich weiter, verehrte ihre Ahnen und die Götter der Naturkräfte, feierte ihre Familien- und Dorffeste und behielt Kleidungs-, Wohn- und Eßgewohnheiten bei. Chinesische Historiker und Reisende berichten im Laufe der Jahrhunderte von fremdartigen Bräuchen und Sitten der Viet, gegen die chinesische Gouverneure und Beamte mit Verboten nichts auszurichten vermochten.

Zunächst deckten die Dörfer ihre bescheidenen Ansprüche an Nahrung, Kleidung, Haus- und Arbeitsgerät selbst. Später spezialisierten sich einige auf die Herstellung von Ziegeln, Keramik, Bronzeguß, Kleidung oder Hüten. In der sich entwickelnden Arbeitsteilung stellten die einen das Material her (Seide, getrocknete Palmblätter, Lacke, Farben u. a.), das ein anderes Dorf verarbeitete. Aus Bauern wurden qualifizierte Handwerker, die sich zusammentaten und als Zimmerleute, Holzschnitzer und Steinbildhauer von Dorf zu Dorf zogen. An den Königshof gerufen, schufen sie eine verfeinerte Kunst. Ihre Arbeit war begehrt, ihr gesellschaftliches Ansehen aber geringer als das der Bauern. Die konfuzianische Bildung blieb ihnen bis in das 19. Jh. verwehrt, wie auch den Theaterleuten, Sängern und Puppenspielern.

Während des vietnamesischen Königtums gab es drei Gruppen von Kunsthandwerkern und Künstlern. Die *Quan Xuong* arbeiteten im Auftrage des Staates, in der Münze und den königlichen Manufakturen, stellten Waffen, aber auch Keramik, Hängematten, Sänften, Boote, Stickereien und Fächer für die Hofhaltung her. Die zweite Gruppe, die Freischaffenden, arbeitete auch mit ihren Familien oder in losen Gemeinschaften zusammen. Die Wanderarbeiter bildeten die dritte Gruppe. Sie waren immer unter dem gleichen Schutzgeist in Gilden zusammengeschlossen und kamen meist aus dem gleichen Dorf. Die erste Gruppe stand in einem festen Arbeitsverhältnnis. Die Freischaffenden und die Handwerker in Thang Long vertrieben ihre Waren, indem sie bei teuren Waren (Gold-, Silber-, Lackarbeiten) gegen Festaufträge arbeiteten, und die billigeren in ihren Werkstätten, die mit Läden verbunden waren, zum Verkauf ausstellen.

Höfisch-sinisierte und bäuerlich-vietnamesische Kunst schlossen sich nicht aus, befehdeten sich nicht, wurden von den gleichen dörflichen Künstlern geschaffen und blieben auch nicht ohne Einfluß aufeinander. Die Künstler im Dienst der Könige beherrschten auch die chinesische Kunst, ohne ihr epigonenhaft zu folgen. Ihre Werke waren sublimiert und kunstvoll, aber nicht dekadent. Ranken- und Blattmuster, Tier- und Menschengestalten blieben abgerundet, harmonisch, lebensnah, ließen zuweilen Sinn für Humor erkennen. Handwerker und Künstler zogen in Dörfer nahe der Hofhaltung oder in eigene Stadtviertel der Hauptstadt. Bürgertum und Arbeiterschaft entstanden erst im ausgehenden 19. Jh. Eine Verstädterung im europäischen Sinne fand in Vietnam nicht statt. Bauern, Städter und Könige bewahrten immer eine Bindung an ihr Heimatdorf. Es gibt daher keinen prinzipiellen Unterschied zwischen der Kunst der Könige und der Bauern, der Architektur eines Bauernhauses, Palastes oder Tempels, sieht man von den Dimensionen ab.

Der Baustil der Viet unterscheidet sich von chinesischer Baukunst durch die Änderung der Maße. Vietnamesische Bauwerke verwachsen völlig mit der Landschaft, drängen sich an einen Hügel oder ducken sich unter hohe Bäume. Sie streben nicht wie in China in die Höhe, sondern wachsen in die Breite und Tiefe. Wesen und Material wurden von dem feuchten, heißen Klima bestimmt. Vietnamesische Bauten wirken intim, lyrisch und harmonisch, nur die *dinh* (Gemeinschaftshäuser der Männer) entwickelten einen deutlichen Hang zur Monumentalität. In Vietnam fehlt die Ausmalung der Räume, dafür sind Säulen, Dachgebälk, Strebebalken und Giebelwände mit Holzschnitzereien bedeckt. Sie bestimmen die Wirkung der Innenräume. Ihre warme Dunkelheit kennt nur die Farbe von nachgedunkeltem oder mit dunkelrotem Lack überzogenem Holz. Der reiche Pantheon auf den Altären der Tempel schimmert in leise abblätterndem, sanftem Gold. Die Holzschnitzerei ist die vietnamesischste aller Künste, Holz das heimische Material. Es wächst in den Gehöften der Bauern, im Hof der Tempel, an den Dorfstraßen, in der Ebene und im Hügel- und Bergland. Wenn Holz für den reichen Statuenschmuck nicht ausreichte oder zu teuer war, wurde Ton fein modelliert, so daß sich eine mit Lack überzogene tönerne Statue kaum von einer Holzschnitzerei unterscheiden läßt. Die Viet bevorzugten Material aus ihrer Umgebung. Keramik und Backstein finden deshalb häufiger Verwendung als Stein. Es gibt jedoch auch Statuen und Reliefs aus Stein, die von hervorragender Qualität sind (Phat Tich, But Thap).

Statuen und Reliefs der Tempel gehen auf Geschehnisse einer sehr fernen Vergangenheit zurück, wie sie in Mythen und Legenden gegenwärtig blieb. Jeder Vietnamese kennt sie, weiß sie zu erzählen. Sie existieren in regionalen und örtlichen Versionen, ihre Inhalte werden oft in die Gegenwart übertragen. Viele Kunstwerke, Kulte und Feste entstanden auf Grund einer Legende oder eines Mythos, lassen sich ohne deren Kenntnis nicht verstehen. Nicht nur die bildende Kunst der Gegenwart greift Themen aus Legende und Geschichte auf, auch Dichtung und Literatur, Theater, Kino, Radio und Fernsehen bedienen sich ihrer, sie erscheinen in Schulbüchern und Zeitschriften.

Im Jahre 1972 rief eine Ausstellung vietnamesischer bäuerlicher Kunst in Hanoi großes Erstaunen hervor. Der Maler Nguyen Do Cung, Direktor des 1965 gegründeten Forschungsinstitutes für vietnamesische Kunst in Hanoi, hatte die dörfliche Kunst seit zwei Jahrzehnten studiert. 1962 zog er mit einer Gruppe junger Forscher, Fotografen und Maler von Dorf zu Dorf. Hoch oben im Gebälk der *dinh* gelang es, mit Hilfe von Lampen

Holzskulptur eines Liebespaares, Dinh Tay Dong, 16. Jh.

und Kerzen Abdrucke, Fotografien und Zeichnungen der Schnitzereien herzustellen, die von anonymen Künstlern des 16.–18. Jhs. stammen. Fast unzugänglich, hoch über den heiligen Tieren, Drachen, Einhorn und Phönix, über Ornamenten und Dekor, befreit von den Zwängen der Konvention, waren Meisterwerke vietnamesischer Holzschnitzer entstanden. Kritiker an der Kunst als »Machwerk der Feudalisten« waren zum Nachdenken gezwungen angesichts dieser bäuerlichen Kultur. Unbeantwortet bleibt, ob die Notabeln der Dörfer, wenn sie ihre Ratsversammlungen in den dinh abhielten, wußten, was sich hoch über ihren Köpfen abspielte, ob sie von den Künstlern hintergangen oder deren Auftraggeber waren. Den französischen Forschern sind diese Werke entgangen, die keinen Zweifel an der Originalität der vietnamesischen Kunst lassen. Hätten sie ihre Einmaligkeit verstanden in einer Zeit, die Kunst noch an europäischen Wertvorstellungen maß?

An den oberen Enden der Säulen, im Dachgebälk, an Stützstreben, in Giebelfeldern tummeln sich Bootsleute und Fischer, blumenpflückende Frauen und nackt badende Mädchen, Schachspieler, Jäger und Ringer. Liebende Paare sind mit Unbekümmertheit und Offenheit dargestellt, der Erotik und Dekadenz fremd ist. Nicht derb-bäuerlich, sondern natürlich und lebensnah wird der dörfliche Alltag gezeigt, voller unbeschwerter Lebensfeude, Sinn für Humor und Lust am Fabulieren. Für wen haben die Künstler ihre Meisterwerke geschaffen, dem Betrachter unerreichbar? Konnten sie nur fern von Kritik und konfuzianischer Moral Kunst schaffen, die ihrem Empfinden entsprach? Welchen Weg wäre diese Kunst gegangen, hätte sie sich frei entwickeln können? Hier liegen die Ansatzpunkte für eine neue Betrachtungsweise und Einschätzung der vietnamesischen Kunst, die eine Kunst der Bauern ist, die Künstler waren.

Epochen vietnamesischer Kunst

Die Prähistorische Zeit

Das Neolithikum, die vietnamesische Neusteinzeit (zwischen ca. 6000 und 1500 v. Zt.), wurde in den zwanziger Jahren unseres Jahrhunderts von französischen Wissenschaftlern erforscht und von L. Bezacier zusammenfassend beschrieben. (Reihe: Asie du Sud-Est, Band II. Le Viet Nam, Paris 1972.) Seine Einteilung in Niederes und Höheres Neolithikum, die Unterteilung in Perioden und deren Benennung nach den Hauptfundorten sowie die Klassifikation der Funde wurden von den vietnamesischen Archäologen übernommen. Die Datierung der Steinzeit, des längsten Zeitabschnittes der Geschichte, fällt in Asien nicht in den gleichen Zeitabschnitt wie in anderen Erdteilen, und sie ist bei Völkergruppen in Rückzugsgebieten noch nicht abgeschlossen. Zu diesen Stämmen gehören die Altvölker (auch Alt-Malaien genannt), wie Batak, Dayak, Ifugao und verschiedene Bergvölker, die zwar heute Metallgegenstände benutzen, selbst aber keine Metallherstellung und -Bearbeitung entwickelt, sondern Material und Techniken übernommen haben.

Das niedere Neolithikum
Fundorte sind die Höhlen bei Hoa Binh (Provinz Ha Son Binh) und die Provinzen Ha Bac, Ha Nam Ninh, Thanh Hoa und Quang Binh.

a) Hoa Binh I (Hoabinhien)
Gefunden wurden große, massige Werkzeuge, nur an einer Seite roh bearbeitet. Es fehlen: Säugetier- oder Haustierknochen, Schmuck und Keramik.

b) Hoa Binh II
Eine Zwischenperiode. Reichlich vorhanden sind Elefanten- und Rhinozerosknochen. Keramik ist nur an einigen Fundorten vorhanden. Werkzeuge des archaischen Typs sind besser bearbeitet und aus unterschiedlichem Steinmaterial hergestellt. Vereinzelt auch leichte Politur der Arbeitsflächen. Gelegentlich Vorkommen von Gegenständen aus Knochen und Holz, Reste menschlicher Schädelknochen.

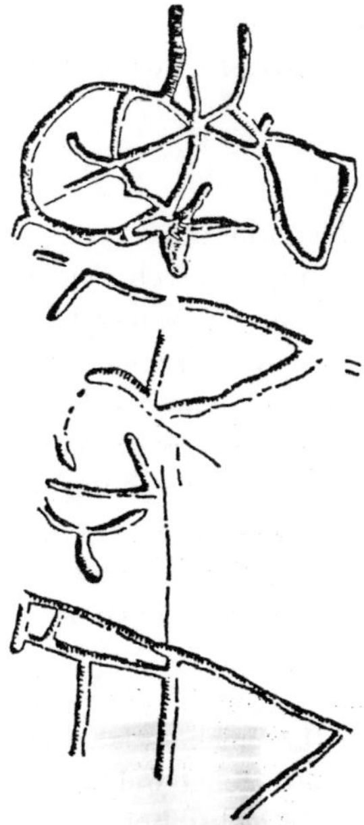

Felsritzung in der Höhle Thuong Phu (Trung Bo)

c) Hoa Binh III
Gefunden wurden auch Gegenstände aus Hoa Binh II. Die Werkzeuge aus Hoa Binh III sind kleiner, gut gearbeitet, das Steinmaterial zweckentsprechend gewählt. Es kommen auch kleinere Werkzeuge wie Schaber und Bohrer vor. Erstmals Gegenstände aus Perlmutter einer Süßwassermuschel. Die Politur befindet sich in der Endphase ihrer Entwicklung, besonders an den Fundstellen südlich des Roten Flusses. Häufigeres Vorkommen von Keramik. Schmuck als erstes Anzeichen der Kunst fehlt noch immer. Nur in Hoa Binh wurde ein einzelner durchbohrter Eckzahn eines Fleischfressers gefunden.

d) Bac Son (Bacsonien)
Diese Kultur wurde nach dem Hauptfundort, dem Kalksteinmassiv Bac Son (Provinz Bac Hai) im Nordosten des Rote-Fluß-Deltas, benannt. Fundorte sind darüber hinaus Höhlen der Ha Long-Bucht und Stätten bei Thang Long, sie ist aber auch über Festland- und Insel-Südostasien weit verbreitet. Manche Objekte kamen auch schon in Hoa Binh III vor. Beile haben nun zwei polierte Arbeitsflächen, Werkzeuge wurden auch aus Knochen hergestellt. Keramik kommt häufiger vor. Schmuck, besonders Ohrgehänge, wurden neben Beilen als Grabbeilagen gefunden. Auf einigen Kieseln und an den Fels-

wänden der Thuong Phu-Höhle im Trung Bo wurden Gravuren entdeckt. Im Zentralen Hochland (Provinz Dac Lac) fand man drei Lithophone, steinzeitliche Musikinstrumente (s. S. 243).

Höheres Neolithikum

Beile treten nun in verschiedenen Formen auf: ovale, rechteckige, quadratische, und Beile mit Zapfen, die mit Handgriff oder als Schulterbeile Verwendung fanden. Scheiben aus Perlmutter dienten als Geld. Blaue Glasperlen, die aus Indien stammen, deuten auf Handel über See hin. Steinzeitliche Werkzeuge dieser Epoche sind in den Küsten- und Hügelregionen Vietnams sowie in Laos und Kambodscha zu finden. Keramik tritt jetzt häufiger und für vielfache Verwendungszwecke auf.

Während der Hoa Binh- und Bac Son-Epoche siedelten die Menschen im Berg- und Hügelland und suchten Schutz unter Felsen und in Höhlen. Nun finden sich auch an den Küsten Spuren menschlicher Siedlungen.

Sa Huynh (Long Thanh)-Kultur

Benannt ist sie nach dem Dorf Sa Huynh, das sich etwa im Mittelpunkt des Verbreitungsgebietes dieser Kultur befindet, die besonders Keramik erzeugte. Sie wurde im Trung Bo zwischen Quang Ngai und Binh Dinh entdeckt. In den Dörfern Thanh Duc, Phu Khuong und Long Thanh fand man ausgedehnte Nekropolen mit vielen Einzelgräbern. Die großen Beerdigungsurnen messen 80 cm Höhe und sind teilweise sehr dünnwandig und zerbrechlich. Sie wurden in großer Zahl gefunden und enthielten außer menschlichen Knochen Grabbeigaben, Vasen, Kessel, Lampen, Eisenwerkzeuge, Schmuck, Perlen, Ohrgehänge, auch Bronzeschmuck, Glöckchen aus Bronze und Becher mit Füßen. Die Vasen sind mit geometrischen Mustern verziert, die Kessel bauchig gearbeitet. Einige Wissenschaftler glauben, daß die Sa Huynh-Kultur, die auf eine gut organisierte Agrargesellschaft schließen läßt, von Cham-Stämmen geschaffen wurde. Beweise gibt es bisher nicht, aber die Cham lassen sich im 1. Jh. n. Zt. in diesem Raum nachweisen.

Neuere steinzeitliche Funde

Vietnamesische Archäologen haben in den sechziger Jahren weitere steinzeitliche Fundstellen ausgegraben, die zu neuen Erkenntnissen geführt haben.

Im Jahre 1968 wurde in der Provinz Vinh Phu, südlich des Roten Flusses, eine steinzeitliche Kultur entdeckt und nach dem ersten Fundort Son Vi-Kultur genannt. Weitere Funde im Hügelland der gleichen Provinz, im »Land der Väter« (dem Reich Van Lang der Hung-Könige), deuten auf eine sehr frühe, dichte Besiedlung dieser Region hin. Auch in den Provinzen Ha Son Binh und Thanh Hoa konnte die gleiche Kultur nachgewiesen werden. 1965 wurden in den Höhlen der Provinz Lang Son im Nordwesten des Rote-

Fluß-Deltas menschliche Zähne und Knochen gefunden, die von Archanthropinen des Paläolithikums, zu denen auch der Peking-Mensch gehört, stammen sollen. Auch am Son Do in der Provinz Thanh Hoa, in der Provinz Quang Ninh und in der südlichen Provinz Dong Nai wurden frühe, roh bearbeitete Steinwerkzeuge gefunden.

Die Protohistorische Zeit

Die Bronzezeit (Dong Son-Kultur)

Die südostasiatische Bronzezeit wird als Dong Son-Kultur bezeichnet, nach dem ersten ergiebigen Fundort in Vietnam, bei dem Dorf Dong Son am Fluß Ma, 8 km von der Provinzhauptstadt Thanh Hoa der gleichnamigen Provinz entfernt. Im Raum von Dong Son haben französische Forscher der École Française de l'Extrême Orient in Hanoi von 1924–1930 und von 1935–1939 Grabungen durchgeführt. Weitere Fundstellen sind über Vietnam verbreitet, besonders häufig im Delta des Roten Flusses, aber auch nördlich von Hue und südlich von Da Nang sowie an zwei Stellen im Mekong-Delta. Eine verwandte Bronzekultur wurde in fast allen Gebieten Südostasiens und in China angetroffen. Die

Fundstellen der Bronzezeit

vietnamesische Wissenschaft unterteilt die Bronzezeit nach drei neueren Fundstellen in der Provinz Vinh Phu. In dieser Region soll nach vietnamesischer Geschichtsschreibung im Jahre 2879 v. Zt. Van Lang, das Land der Tatauierten, als erstes vietnamesisches Reich der Hung-Könige begonnen haben.

Phung Nguyen-Kultur	Beginn der Bronzezeit	vor 4000 Jahren
Dong Dau-Kultur	Mittlere Bronzezeit	vor 3300 Jahren
Go Mun-Kultur	Blüte der Bronzezeit	vor 3000 Jahren

Die Dong Son-Kultur im Tal des Ma in Thanh Hoa markiert das Ende der Bronzezeit und gleichzeitig den Übergang zur Eisenzeit. Das Archäologische Forschungsinstitut Hanoi hat 1961–1962 in der Nekropole Thien Dong, nicht weit von Dong Son entfernt, Grabungen durchgeführt. Diese Funde sind etwas früher zu datieren ist als die in Dong Son und erhärten die Theorie, daß die Dong Son-Kultur von den Armeen der Späten Han-Dynastie zerstört wurde.

In den Jahren 1955–1957 fanden chinesische Archäologen im Raum Jinning in der südchinesischen Provinz Yunnan in Gräbern aus dem Reich Dian etwa 3000 Stücke, darunter zahlreiche Bronzen, die in das 7.–1. Jh. v. Zt. datiert wurden, etwa zeitgleich mit der Dong Son-Kultur. Jinning in China und Dong Son in Vietnam liegen an einer alten Handelsstraße.

An allen Fundstätten wurden neben Bronzen auch zahlreiche Keramiken geborgen. Eine große Anzahl an Schmuck und Gebrauchswaren ist aus beiden Materialien hergestellt. Reste von Eisenwerkzeugen und Waffen aus Eisen, in einigen Gräbern auch Steinwerkzeuge und polierte Steinbeile wurden gefunden. Nur wenige der etwa tausend Bronzen sind chinesischer Herkunft, alle anderen stammen aus dem nördlichen Vietnam.

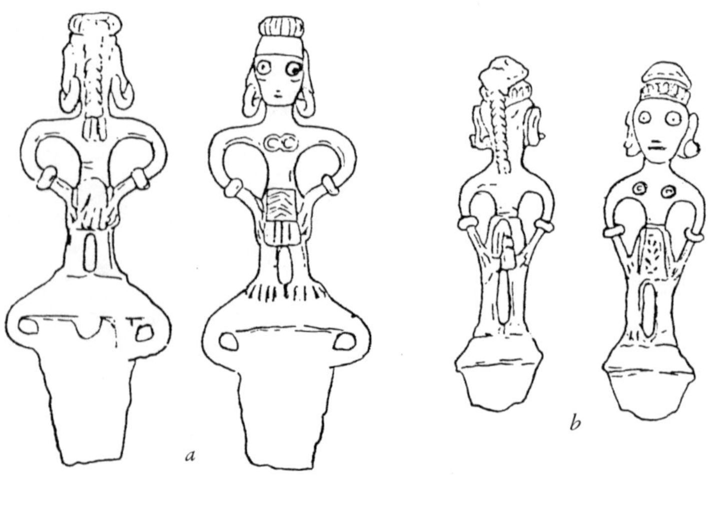

Dolchgriffe in Bronze; a Dong Son, Provinz Thanh Hoa, b Provinz Ha Dong, Rote-Fluß-Delta

L. Bezacier hat die Funde von Dong Son in sieben Gruppen unterteilt:

1. Waffen, Hellebarden, Spieße und Wurfspieße, Dolche, Schwerter, Lanzen, Pfeile. Viele sind dekoriert mit Ornamenten, die auch in Südostasien und China benutzt wurden. Dolche mit anthropomorphem Schmuck zeigen stark stilisierte Gestalten, die magische Funktionen hatten. Ähnliche Figuren wurden bei den Dayaks in Borneo, in Indonesien und Laos gefunden. Schwerter sind seltener anzutreffen, Lanzenspitzen und auch Abzüge der Armbrust häufiger.

2. Beile, häufig reich mit Ornamenten verziert, in sehr verschiedenen Formen, einfache mit einer abgerundeten Seite, stiefel- und halbmondförmige.

3. Behälter verschiedener Form, Eimer, zylindrische oder bauchige Vasen, Kannen mit und ohne Henkel mit geometrischen oder figürlichen Ornamenten als umlaufende Schmuckbänder. In breiten Schalen und Wannen ist das Dekor auf dem Boden der Gefäße angebracht, darunter anmutige Fischpaare.

4. Schmuckgegenstände aller Art, Ringe, Armbänder, Ohrringe (auch aus Jade), Agraffen, Glöckchen sowie runde, viereckige und quadratische Schmuckplatten mit geometrischen Mustern; auch Gürtelschließen wurden häufig gefunden.

5. Statuen sind nicht sehr zahlreich, darunter aber einige Rundplastiken wie der *khen*-Spieler, der von einem Tänzer auf dem Rücken getragen wird. Das khen, ein Bambusinstrument, wird heute noch im Zentralen Hochland, aber auch von vietnamesischen Orchestern gespielt.

6. Zu dieser Gruppe zählen alle Gegenstände, die sich in keiner anderen einordnen lassen: Löffel, Haken, Glocken, Gewichte.

7. Die Trommeln sind die wichtigste und aufschlußreichste Gruppe, wenn auch ihre Funktion keineswegs eindeutig feststeht. Sie beschäftigen die Wissenschaft, aber auch die Museen und Sammler seit beinahe 300 Jahren. Ein Holländer (G. E. Rumphius) schenkte dem Großherzog der Toscana im Jahre 1662 eine Trommel unbekannter Herkunft. 1715 beschrieb er die Trommel von Pedjeng, ein sehr großes Exemplar, als Mond von Bali bekannt. Der deutsche Reisende E. C. Barschewitz berichtet, daß die Einwohner der Insel Luang bei Timor eine Trommel göttlich verehrten. Andere wurden in Indonesien, Kambodscha und auf der malaiischen Halbinsel entdeckt. Dem Österreicher F. Heger ist eine Klassifikation der Trommeln zu verdanken. 1902 sind es 165, die er in vier Gruppen teilt. H. Parmentier kommt im Jahre 1918 auf 188, im Jahre 1932 auf 250, bald danach auf 350 Exemplare. Zu den ältesten zählen die in Ngoc Lu und Hoang Ha in Nord-Vietnam aufgefundenen Exemplare. Die Klassifikation von Heger wird heute noch benutzt.

Typ I. Die ältesten großen, mittelgroßen, aber auch kleinen Trommeln stammen nur aus dem Raum der Dong Son-Kultur in Vietnam. Es sind Resonanzkörper ohne Bodenplatte. Der Trommelkörper besteht aus drei Teilen: Auf einer kegelförmigen Basis ruht ein Zylinder, gerade oder leicht eingebuchtet, darauf ein bauchiger Teil, der von einer Platte abgedeckt ist, die mit dem Trommelkörper glatt abschließt. Das Mittelteil zeigt reiches Dekor, horizontale und vertikale Bänder, geometrische Motive und Figuren mit einem stilisierten Federkopfschmuck, ein Motiv, das auch auf dem bauchigen Teil erscheint. Ein

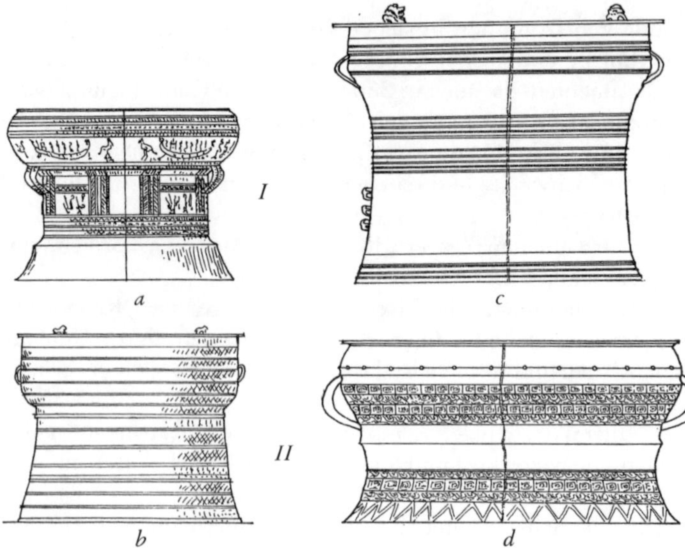

Bronzetrommeln der Dong Son-Kultur. Die vier wichtigsten Typen.
a Typ I, b Typ II, c Typ III, d Typ IV

ebenfalls wiederkehrendes Motiv zeigt Menschen in Booten, deren Bug wie ein Vogelkopf aufragt, während ihr Heck in einen Vogelschwanz ausläuft. Der Stern in der Mitte der Deckplatte besitzt eine unterschiedliche Anzahl von Strahlen und wird auch als Sonne interpretiert. In konzentrischen Kreisen sind Vögel und andere Tiere dargestellt, aber auch Menschen und Häuser. Sie wechseln mit ornamentierten Bändern aus geometrischen Mustern. Auf der Platte vieler Trommeln sind Froschplastiken angebracht, aber auch Pferde mit und ohne Reiter. Vier Griffpaare mit geflochtenen Mustern sind am Übergang zum wulstigen Teil befestigt.

Typ II ist ähnlich, besteht aber nur aus zwei Teilen: einem geraden Unterteil, das sich zur Basis etwas verbreitert, und einem wulstigen Oberteil, von einer Platte abgedeckt, die zwei bis drei Zentimeter übersteht. Der Stern in der Mitte der Platte weist meist acht Strahlen auf, die Ornamente gleichen denen auf Typ I, die Henkel sind auf zwei Paare reduziert. Auf der Platte sitzen vier bis sechs kleine Froschplastiken. Trommeln dieses Typs wurden in Mittelchina und Nordvietnam gefunden.

Typ III unterscheidet sich ebenfalls nur geringfügig. Der Trommelkörper verläuft konkav und ist von einer überstehenden Platte bedeckt. Der Stern hat häufig zwölf Strahlen, die ihn umgebenden konzentrischen Kreise zeigen geometrische und figürliche Ornamente. Die Griffe sind sehr klein. In Dreiergruppen sitzen Frösche auf den vier Seiten der Platte. Auf zwei Seiten erscheinen Elefanten, auf einigen Trommeln an ihrer Stelle auch Schnecken. Die Trommeln I–III werden auch als indonesische Trommeln bezeichnet.

Typ IV wird chinesische Trommel genannt und ist kleiner. Auf der Platte und am Trommelkörper sind die Motive häufig mit chinesischen Schriftzeichen erklärt. Der Stern weist immer zwölf Strahlen auf, in den Kreisen erscheinen die zwölf Tiere des Zodiak.

Die Trommeln haben zwei Griffpaare. Sie sind meist in Mittelchina und Yunnan gefunden worden.

Es gibt Übergangsformen von Typ I zu II und Typ I zu IV.

Die zwischen 1955 und 1957 in Yunnan gefundenen Trommeln lassen sich mit dieser Klassifikation nicht erfassen. Eine Gruppe unterscheidet sich weniger durch den Trommelkörper als durch eine erhaben gearbeitete Dekoration der Platte. Völlig neu ist die zweite Art, ein unverzierter Trommelkörper aus einem Stück, auf dessen Deckplatte kleine Rundplastiken, Tiere und Menschen – in Szenen angeordnet –, aufgesetzt sind. Tiger bilden die Griffe.

Unter den stilisierten Tieren auf der Deckplatte befinden sich Fische, Füchse und verschiedene Arten von Wild, am häufigsten sind Pelikane, Kraniche, Störche und kleine Vogelarten im Flug dargestellt. Leitmotiv ist ein Vogelauge als Kreis mit einem Punkt in der Mitte. Häuser mit geschwungenen Dächern erinnern an die Bauten im malaiisch-indonesisch-ozeanischen Raum und sind im chinesischen Kulturkreis dieser Epoche unbekannt. Die auf den Hausdächern sitzenden, unverhältnismäßig großen Vögel sind wahrscheinlich als Schutzgeister zu denken. Die Häuser sind offen dargestellt, die Menschen werden bei verschiedenen Tätigkeiten gezeigt, und zwar liegend, stehend oder kauernd. Einige dreschen Reis, dessen Körner auf die ein Stockwerk tiefer stehende Trommel fallen. Reiskörner als Totenehrung sind auch bei den Dayaks in Borneo bekannt. Somit wären die Trommeln als Särge anzusehen. Die Häuptlinge einiger Minderheiten in den Bergen Nordvietnams werden heute noch in Trommeln beigesetzt.

Ein zweites Motiv, das immer wiederkehrt, läßt verschiedene Ausdeutungen zu. In Booten werden stehende und kauernde Menschen dargestellt. Unter einem Aufbau befin-

Bronzetrommel aus Ngoc Lu. Dekoration am Trommelkörper. Figuren mit Federschmuck

Dong Son-Kultur: Ausschnitt aus der Dekoration eines Trommelkörpers Typ I. Querschnitt durch ein Haus

det sich eine Trommel. Die Menschen, ihre Waffen und Geräte tragen Federschmuck, der so hoch ist wie die Personen oder Gegenstände. Eine Verbindung mit den Vogelkulten Ozeaniens läßt sich vermuten. Boote ohne Trommeln ließen sich als Kriegszüge erklären, aber die Haltung der Personen mutet nicht kriegerisch an, vielmehr gemessen und feierlich. Auch werden die Boote nur von einem Mann gerudert, lassen also keinen Gedanken an eine eilige Kriegsfahrt aufkommen. Es fehlen auch Personen, die eine Kommando- oder Machtfunktion ausüben.

Bei Minderheiten Südostasiens sind ›Froschtrommeln‹ bekannt, die als Zeremonientrommeln für Regen- und Erntesegen dienen. Einige Forscher meinen, daß die Trommeln für schamanistische Kulte benutzt wurden, andere sehen die Zeremonien als Inaugurationsfeiern an. Es wäre auch denkbar, daß die Trommeln unterschiedliche Funktionen hatten.

Die Han-Viet-Kultur

Chinesische Gräber (1.–10. Jh.)

Vom Jahre 25 n. Zt. bis zum 10. Jh. wurden Gräber der chinesischen Okkupanten der Späten Han-, Tang- und Song-Dynastie im Hügelland nördlich des Roten Flusses und in der Provinz Thanh Hoa gefunden. Die Grabkammern sind mit Steinplatten ausgelegt und mit Tonnengewölben gedeckt. Für die Anfänge der vietnamesischen Kunst sind die Grabbeigaben – Keramiken und Terrakotten aus Brennöfen im Delta des Roten Flusses, die sich bis in das Jahr 202 v. Zt. zurückverfolgen lassen – von Bedeutung. Ein chinesisches Grab in Lim, Provinz Ha Bac, aus dem 3.–4. Jh. weist Ziegel mit mythischen Szenen auf, Vögel im Geäst des Weltenbaumes, der auf einem Berggipfel steht. Dieses Motiv taucht auch bei der Minderheit der Moi, in Assyrien, Korea und im indogermanischen Raum auf.

Dai La-Kunst (8.–Anfang 9. Jh.)

Die durch reiche Funde belegte Viet-Han-Kunst aus den letzten Jahrhunderten der chinesischen Herrschaft in Giao Chi nannten die Franzosen *Dai La*-Kunst. Dai La hieß der Festungswall und die Festung zwischen To Lich und dem Roten Fluß, den der chinesische General Cao Bien (866–870) erbauen ließ. Innerhalb des Walles entstand nach 1010 Thang Long, die Hauptstadt des Reiches Dai Viet (s. S. 56).

Im Umkreis der Festung und im Rote-Fluß-Delta fanden französische Forscher in unserem Jahrhundert Objekte, die sie der Dai La-Kunst zurechnen. Viele Fragmente bestehen aus gebrannter Erde, Stein und Backsteinen, die zum Teil glasiert sind und das Dekor der chinesischen Song-Dynastie tragen. Das typische Dai La-Motiv sind Voluten, kleine Schnörkel und Blümchenmuster, die über Haar und Kleidung der Statuen verstreut sind, dazu Blätter, Zweige, Rosetten, Ranken, Lotosblüten, Drachen, Phönixe.

18 Begleiterfiguren (17. Jh.), Chua But Thap, Provinz Ha Bac ▷

◁ 19
Fabeltier,
Keramik
aus Tho Ha,
Provinz
Ha Bac

20
Holzschnitzerei
(18. Jh) Tay
Phuong-Pagode,
Hanoi

21 Jagdszene im Dachstuhl eines dinh (17. Jh.)

22 Keramik-Weihrauchbecken aus der Tran-Dynastie, hergestellt in Tho Ha

23 Holzskulptur auf dem Portalvorbau eines chua (17. Jh.)

24 Holzskulptur auf dem Portalvorbau eines chua (17. Jh.)

25 Holzschnitzerei im Dachgebälk eines dinh (16. Jh.)

26 Po Nagar ▷

27 Tänzerin, Später Tra Kieu-Stil ▷

28 Phan Rang, Po Klaung Garai

29 Cham-Bibliothek

30 Shiva (Cham-Museum Da Nang)

31 Garuda (Cham-Museum Da Nang) ▷

32 Uma (Cham-Museum Da Nang)

33 Straßenszene in Saigon ▷

CC X 012_A

KINH DOANH TỔNG HỢP
Cty THƯƠNG NGHIỆP TỔNG HỢP QUẬN 1
MUA BÁN KÝ GỞI
VẢI SỢI MAY MẶC
KIM KHÍ ĐIỆN MÁY
MỸ PHẨM TẠP PHẨM

Indische, chinesische, aber auch zentralasiatische und Cham-Einflüsse wurden von wandernden Mönchen verbreitet. Die Wandmalerei in der Thien Khe-Höhle, Provinz Ha Tuyen (9. Jh.), ist ebenfalls der Dai La-Kunst zuzurechnen. Kleidung und Frisuren der drei Gruppen von Buddhas mit Dienern und Drachen zeigen Ähnlichkeit mit den Malereien in den Höhlen von Khotan und Dunhuang in Nordwest-China.

Der Thap Binh Son, hundert Kilometer von Hanoi entfernt am linken Ufer des Klaren Flusses, konnte durch Restaurierung erhalten werden. Er ist in das 9.–10. Jh., vielleicht auch etwas später zu datieren (s. S. 364). Die Reste eines zweiten Stupas wurden 1937 in zehn Kilometer Entfernung auf dem Hügel Kim Tu gefunden. Er bestand aus 3–4 quadratischen Stockwerken, die oberen waren rund. Fundstücke beider Türme befinden sich im Historischen Museum in Hanoi. 1937–1944 entdeckten die Franzosen bei Restaurierungsarbeiten der Van Phuc-Pagode im Dorf Phat Tich Fragmente eines Steinstupas, den General Cao Bien errichten ließ. Ein Bodhisattva mit beschädigtem Kopf, ein *kinnari* und ein Vajrapani-Buddha sowie Friese – die auf jeder Basisseite fünf Musikanten und Tänzer um eine stilisierte Lotosblüte zeigen – aus diesem Stupa sind bisher die ältesten Steinskulpturen und Reliefs, die aufgefunden wurden. Ebenfalls bei einer Restaurierung wurde 1937 in der Pagode Coi in Vinh Yen ein Flachrelief aus Holz entdeckt, das aus der gleichen Zeit stammt und einen Flötenspieler und einen vornehmen Reiter zwischen Sonnenschirmen und Bannern zeigt.

Die Kunst der Ly- und Tran-Dynastie (11.–14. Jh.)

Die ersten nationalen Dynastien der Dinh- und Frühen Le-Könige haben in ihrer Hauptstadt Hoa Lu, Provinz Ha Nam Ninh, keine Funde hinterlassen, die Rückschlüsse auf eine künstlerische Entwicklung zulassen. Auch von den Palästen und Festungen der Ly- und Tran-Dynastie existieren nur Beschreibungen. Aber aus aufgefundenen Bauelementen, Bronzen und Keramik lassen sich Rückschlüsse ziehen. Buddhismus und Daoismus bereicherten die sakrale und profane Kunst und wurden zur Grundlage künstlerischer Entwicklungen. Hunderte von Tempeln entstanden, der Bedarf an Ausschmückung und Tempelgerät stieg. Im 14. Jh. erreichten Holz- und Steinbearbeitung, Keramik und Bronzeguß einen künstlerischen und technischen Höhepunkt. Seide, Papier, Farben, Lacke und andere Materialien, bis dahin aus China eingeführt, wurden nun in Dörfern um Thang Long hergestellt und weiterentwickelt, die sich darauf spezialisierten.

Die Literatur schilderte eine friedliche Deltaebene mit Palmen und Obstgärten, singenden Vögeln, reifenden Reisfeldern und klappernden Webstühlen. Die Menschen verehrten die Kräfte der Natur sowie die Ahnen und fühlten sich bereichert durch Buddhismus und Daoismus; sie wünschten sich Freiheit, Frieden und Gerechtigkeit. Wenn diese

◁ 34 Co Loa, Tor zum Hof des dinh

Ordnung gestört und das Land in Gefahr war, erschienen Heroen, die das Gleichgewicht wiederherstellten, die Feinde besiegten und zum Himmel zurückkehrten, der sie gesandt hatte.

Die Kunst der Le-Dynastie (15.–18. Jh.)
In dieser langen Epoche, die nur nominell von der Le-Dynastie bestimmt wurde, haben viele politische Kräfte Einfluß genommen, was sich auch auf Kultur und Kunst auswirkte. Im 15. Jh. triumphierte ein strenger Neo-Konfuzianismus aus China über den stark vietnamisierten Buddhismus. Für die Kunst war das jedoch von geringer Bedeutung. Der Staatskult für Khong Tu und seine Nachfolger an dem Van Mieu und den Tempeln in allen Provinzhauptstädten blieb Sache der Könige und Staatsbeamten. In den Dörfern bauten konfuzianische Gelehrte kleine Tempel, *van tu* oder *van chi.* Ihre Ausgestaltung war einfach, das Volk besuchte sie nicht. Von den Hofhaltungen reicher Mandarine, die Kunstschätze gesammelt haben, blieben keine Spuren erhalten.

Die Dörfer bauten weiter Pagoden, verehrten Buddha und gedachten ihrer Ahnen und Helden an *den* und *mieu.* Im 17. Jh. erlebte der Buddhismus eine neue Blüte, die wachsende Zahl der Mönche und des Pantheons erforderte größere Tempel- und Klosteranlagen. Sie waren Treffpunkt der Frauen, Männer kamen nur zu den Festen. Aus dieser Zeit blieben steinerne Basreliefs, Holzschnitzereien und Statuen aus Stein und Holz erhalten (But Thap- Pagode). Die Unabhängigkeit der Dörfer

Thap Binh Son (Dai La-Kunst)

erreichte im 15. und 16. Jh. ihren Höhepunkt. Ab dem 15. Jh. besaß jedes Dorf einen dinh, das Gemeinschaftshaus der Männer mit einem Tempel für den Schutzgeist des Dorfes. Baumaterial und Bauweise blieben im Prinzip gleich. Die Dörfer wurden nun auch zu Auftraggebern der Künstler.

Mit der sinkenden Macht der Le-Könige und der Teilung des Landes in die Einflußgebiete zweier mächtiger Feudalgeschlechter entwickelten sich Kunst und Kultur in beiden Landesteilen unterschiedlich. Während die Le-Könige in dem bröckelnden Glanz ihrer Königsstadt zu einem Schattendasein gezwungen waren, bahnte sich am Hof der Trinh eine sublime, höfische Kunst an. Sie bauten Paläste und Tempel am West- und Hoan Kiem-See in Thang Long. Die Gebäude und die darin gesammelten Kunstschätze wurden von den nachfolgenden Dynastien und der Kolonialmacht zerstört. Damit ging die letzte Phase der Kunst von Thang Long – das Bindeglied zu der Kunst von Hue – verloren.

Von dem Südreich der Feudalherren aus der Nguyen-Familie wurde die vietnamesische Kultur im 18. Jh. bis in das Mekong-Delta getragen. Sie paßte sich dem südlichen Klima und den Lebensbedingungen einer Gesellschaft von Pionieren und Siedlern an und geriet unter den Einfluß der Nachbarvölker, Siamesen und Khmer. Die Nguyen riefen Handwerker und Künstler aus dem Norden, aber auch Mönche aus China an ihren Hof. Die Hauptstadt der Feudalherren wurde im 18. Jh. zerstört. Die

Quan Am (17. Jh.), Keo-Pagode, Provinz Thai Binh

Kunst der Nguyen-Könige ist daher keine kontinuierliche Fortführung der Kunst ihrer Vorfahren.

Im Norden blieb die Tradition bestehen, die Architektur bewahrte ihre massive Bauweise, die Innenräume behielten ihre dunkle, ernste Feierlichkeit. Baustil und Material veränderten sich nicht. Dagegen verloren Architektur und Ausstattung im Süden an Strenge, die Bauweise wurde leichter, gegliederter, höher. Holzschnitzerei wurde von Malerei abgelöst. Die Ausschmückung zeigt häufig grelle Farbtöne, neue Formen von Dekor, Material und Technik, spielerisch-bunte Tempel und goldstrotzende Statuen. In Ho Chi Minh-Stadt haben viele Pagoden eine neue Aufgabe bekommen, sie bewahren die Urnen der Toten nach der hier üblichen Verbrennung auf. Das Pantheon im Süden ist kleiner. Auch dinh sind im Mekong-Delta gebaut worden. Heute haben viele Aussehen und Funktion geändert, sind Tempel für alle, nicht nur Versammlungsstätte der Männer (Dinh Phong Ong bei Ho Chi Minh-Stadt).

Die Literatur wandelte sich im 17. Jh. zum Spiegel der zunehmenden sozialen Probleme. Durch die häufigere Verwendung der nom-Schrift, mit der sich die vietnamesische Sprache wiedergeben läßt, wurde sie größeren Bevölkerungskreisen zugänglich. Aus dem 18. Jh. blieben auch Malerei, Tuschzeichnungen und Seidenbilder erhalten. Keramik und Porzellan entwickelten sich zu einem Ausfuhrartikel und waren bei Sammlern geschätzt (Bat Trang bei Hanoi).

Urnen in Tempeln (Mekong-Delta)

Die Kunst der Nguyen-Dynastie (19. und 20. Jh.)

Die Übergänge von der Periode der Le-Dynastie in Thang Long zu der Nguyen-Dynastie in Hue läßt sich schwer verfolgen. Das Werk der letzten vietnamesischen Dynastie erscheint als selbständige Kunst. Mit der Verlegung der Hauptstadt nach Hue knüpften die Nguyen an die Tradition des Südens an, nahmen aber auch China, besonders die Kunst der Ming-Dynastie, zum Vorbild. Unter dem wachsenden, unerbittlichen politischen und kulturellen Druck der europäischen Kolonialisten, besonders Frankreichs, zogen sich Hof und Mandarinat in Hue auf die konfuzianische Tradition zurück. Erst um die Jahrhundertwende fand eine Öffnung gegenüber der französischen Kunst statt. Der teilweise Verlust des eigenen Stiles und der nur unvollständig bewältigte Einfluß der chinesischen und besonders der französischen Kunst läßt sich an dem Grab des 12. Königs in Hue erkennen.

Unverfälscht vietnamesisch erweist sich die Einbindung der Kunst von Hue in die Natur, die bezaubernde Landschaft am Wohlriechenden Fluß mit der Kulisse der Bergketten im Hintergrund. Fluß und Berge umrahmen Zitadelle, Königspalast, Königsgräber und Stadt. In Gärten unter alten Bäumen verbergen sich die Anwesen der Adels- und Mandarinfamilien. Die Kunst in Hue kann als eine der Gelehrten bezeichnet werden und stellt den Versuch dar, alle schöpferischen Kräfte Vietnams neu zu beleben und die Kunst vollendeter und verfeinerter zu gestalten. So diente die alte Technik des Bronzegießens zwar auch der Herstellung von Kanonen, deren Rohre wurden aber fein ziseliert; sie stand aber mehr im Dienst der sakralen und profanen höfischen Kunst. Neben edlen Keramiken entstand in den königlichen Werkstätten das Blaue Hue-Porzellan. Musik und Theater erlebten Höhepunkte. Der große Versroman *Kim Van Kieu* fand als erstes vietnamesisches Werk einen Platz in der Weltliteratur.

Die Kunst der Kolonialzeit (Ende 19.–Mitte 20. Jh.)

Frankreich sah Recht und Verpflichtung, seinen kulturellen Einfluß geltend zu machen. Bei der Begegnung mit der Kultur ihrer Kolonien waren Kunstwissenschaftler und Künstler befangen in dem Bewußtsein absoluter Überlegenheit der europäischen Kunst und der christlichen Religion. Nur die sinisierte, höfische Kunst der Könige von Hue machte den Franzosen Annäherung und Verständnis leichter, führte aber zu einer Fehleinschätzung aller anderen Epochen der vietnamesischen Kunst.

Im Jahre 1925 eröffnete Frankreich in Hanoi die Hochschule der Schönen Künste, die von vietnamesischen Kunststudenten enthusiastisch begrüßt wurde. Viele gerieten jedoch mit Lehrstoff und Unterrichtsmethode in Konflikt. Sie erwarteten anstelle der eigenen Lehre von Form, Technik, Ikonographie eine neue Theorie, an deren Formalismus sie sich orientieren konnten. Sie kamen, um neuen Meistern auf vorgezeichneten Wegen voller Fleiß und Eifer zu folgen. Vor die Aufgabe gestellt, aus dem reichen Angebot an Stilen, Theorien, Schulen, Sezessionen ihren eigenen Weg zu finden, fühlten sie sich enttäuscht und verunsichert. Zudem sahen sie sich teilweise neuem, unbekanntem

Arbeitsmaterial und Techniken wie Aquarell- und Ölmalerei gegenüber. In einer Gedankenwelt, deren Ursprungsland die wenigsten kannten, bedurften sie der Hilfe ihrer Lehrer, von denen kaum einer ihr Dilemma erkannte, weil die wenigsten sich mit vietnamesischer Kunst beschäftigt hatten. Die Auseinandersetzung mit Frankreich als Kolonialmacht und der Kampf um die Unabhängigkeit haben die Begegnung von Lehrern und Schülern zusätzlich belastet.

Die Kunst nach der Unabhängigkeit

Nach 1945 wurde der Kunstunterricht in europäischer Malerei an neugegründeten vietnamesischen Kunstschulen aufgenommen und während des 1. und 2. Indochinakrieges zum Teil im Untergrund fortgesetzt. 1987 erschien die erste Dokumentation des Verlages für Fremdsprachen in Hanoi. Von 75 Künstlern – unterteilt in drei Altersgruppen – wurden in einem Bildband je zwei Werke vorgestellt. Die Arbeiten der ersten Gruppe entstanden vor der Augustrevolution 1945. Die zweite und dritte Gruppe hatte ihre Studien während des 1. bzw. 2. Indochinakrieges absolviert. Die Künstler waren ausnahmslos Revolutionäre oder Widerstandskämpfer, ihr Schaffen von der Regierung anerkannt und gefördert. Die ältere Generation blieb bei Seiden- und Lackmalerei, während sich die Jüngeren zunehmend mit Aquarell- und Ölmalerei auseinandersetzten. Alle verbanden die Tradition vietnamesischer Malerei mit den konventionellen französischen Stilen.

Den Sprung in die moderne Malerei haben bisher nur wenige gewagt, besonders dann, wenn sie ihre Bilder im eigenen Land anerkannt und verkäuflich sehen wollten. Die Kunstgalerien der großen und kleinen Städte stellen in großer Anzahl Bilder und Plastiken nicht systemkonformer Künstler aus. Ihre Arbeiten zeugen von Auflehnung und Suche durch die Hinwendung zur europäischen Malerei. Nur wenige vermögen eine geglückte Synthese zwischen ihrer Bindung an vietnamesisches Stilempfinden und der angestrebten neuen Kunstform zu schaffen. Schulen, Künstlergruppen und Sezessionen mögen in kleinem Kreise bestehen, in der Öffentlichkeit treten sie noch nicht in Erscheinung.

Architektur (Profanarchitektur)

Das vietnamesische Haus

Das Haus ist die Grundform aller Gebäude, für die Teehütte an der Straße, für Paläste und Tempel. Es kann nicht als Ziegelbau bezeichnet werden, sondern ist Holzarchitektur. Die offenen Seiten zwischen den Stützen können mit Bambus-oder Holzwänden verkleidet oder durch Ziegelmauern ausgefüllt werden, die aber keinerlei Stütz- oder Tragefunktion besitzen (s. Abb. S. 167).

Bei größeren Häusern und schwereren Dächern muß das Stützsystem verstärkt werden, z. B. durch eine Zentralsäule. Der Dachstuhl kann zum Brückendachstuhl aus-

1

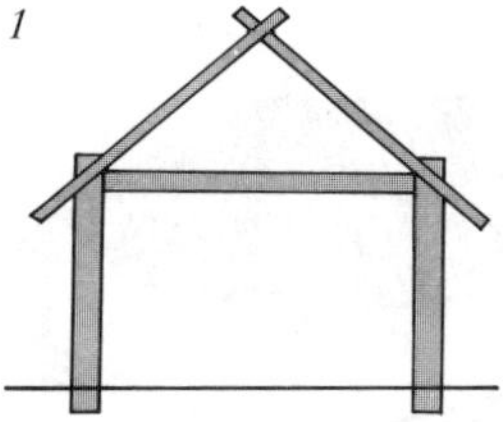

2

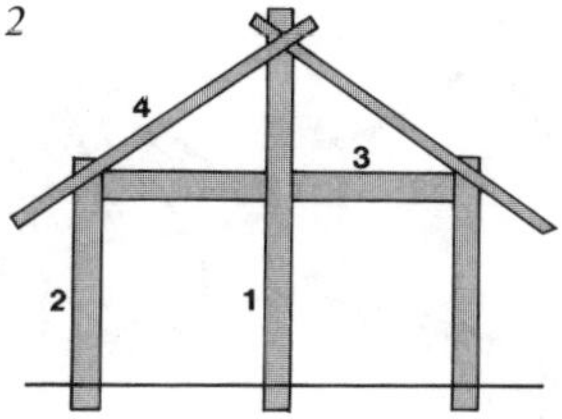

3

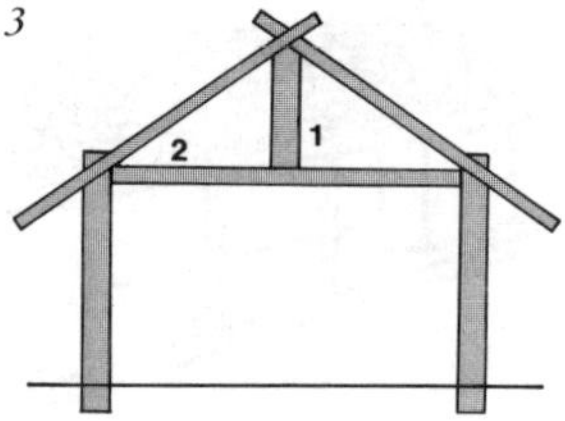

Abb. 1: Grundform
Abb. 2: 1 Zentralsäule, 2 Außensäule, 3 Spannbalken, 4 Bindersparren
Abb. 3: Brückendachstuhl. 1 Firstsäule, 2 Spannbalken
Abb. 4: Brückendachstuhl. 1 Firstsäule, 2 Kehlbalken, 3 Spannbalken

4

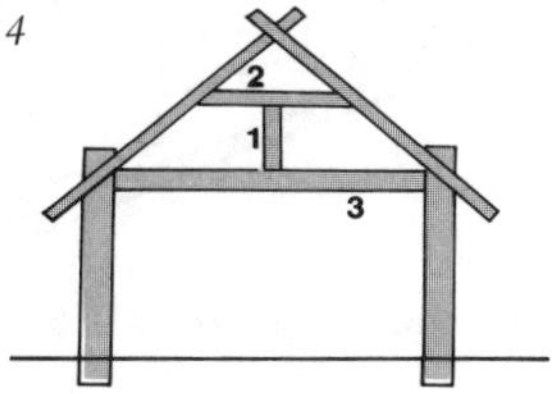

gebaut und mit einem Kehlbalken verstärkt werden. Anstelle der Zentralsäule können zwei Haupt- oder Muttersäulen flankiert von zwei Tochtersäulen und zwei Außensäulen treten. Der Dachstuhl wird dann durch Spannbalken und Kehlbalken verstärkt, bei größeren Bauwerken auch durch einen sogenannten ›Gonghalter‹, indem auf dem oberen Kehlbalken Sockel und Pfosten aufgesetzt und mit einem Spannbalken verbunden werden.

Die Abbildungen S. 168 zeigen einige in der europäischen Architektur unbekannte Varianten der vietnamesischen Dachkonstruktion. Die Widerstandskraft des Daches wird durch geschwungene Binder-

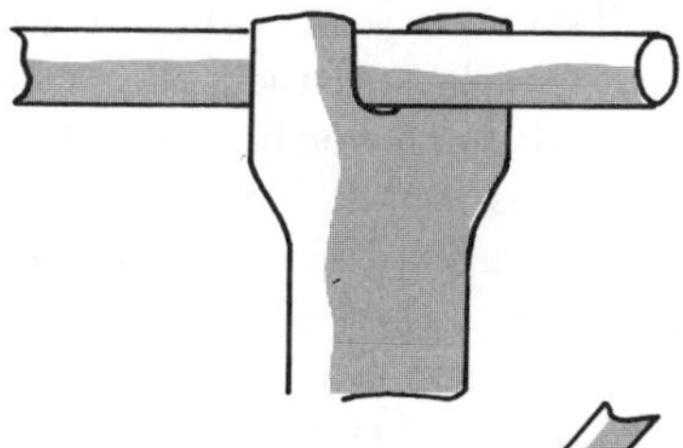

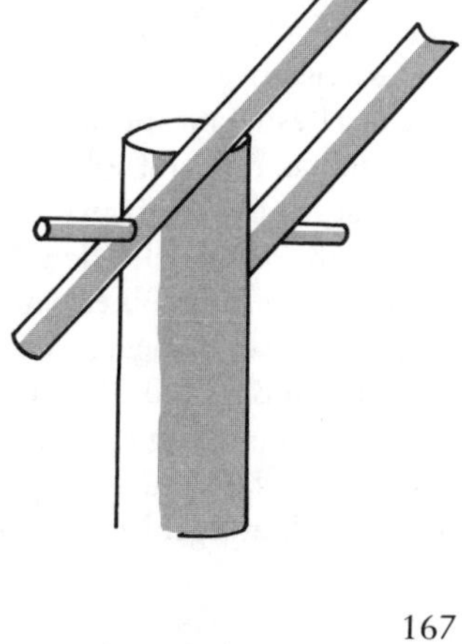

Alle Gebäude werden ohne Nägel gebaut. Die Verbindungen der Bauteile erfolgt durch Gabel (oben) oder Dübel und Zapfen (unten)

Verschiedene typische Dachformen

balken erhöht, die aus Balken ausgeschnitten werden und von Säule zu Säule reichen. Die Architektur kennt keine Nägel. Alle Bauteile, auch das Stützsystem mit dem Dach, werden mit Gabeln, meist jedoch mit Dübel und Holzzapfen miteinander verbunden und erreichen dadurch eine hohe Flexibilität. Große Ziegeldächer wirken durch ihr Eigengewicht stabilisierend.

Das vietnamesische Haus setzt sich in jedem Fall aus drei Bauteilen zusammen, von denen nur zwei unerläßlich sind: das aus Säulen, Pfosten oder Pfeilern bestehende, durch Träger- und Spannbalken verbundene Stützwerk und das Dach. Ein Haus ohne Wände wird insofern als Haus angesehen, da diese keinen Anteil an der Stabilität des Bauwerkes haben. Nicht die Anzahl der Stützen *(cot)*, sondern die der Zwischenräume *(gian)* wird zur Größenangabe benutzt. Die Beschaffenheit eines Hauses kann durch die soziale Stellung des Besitzers, aber auch durch das Klima, die geographische Lage, örtlich vorhandenes Baumaterial und lokale Tradition bestimmt werden.

Die geschilderten Haustypen findet man bei den kinh (Vietnamesen) in der Ebene des Rote-Fluß-Deltas. Bei den Minderheiten variieren die Bauweisen oft von Stamm zu Stamm, viele Bergvölker bauen auf Pfählen, auch die den kinh verwandten Muong und Thai. Daher wird angenommen, daß die kinh, als sie noch ohne den kulturellen chinesischen Einfluß im Hügelland am Rande des Deltas siedelten, ebenfalls auf Pfählen gebaut haben. Auf dem Zug nach Süden haben die Vietnamesen ihre Traditionen – auch den traditionellen Hausbau – mitgenommen. Er mußte sich jedoch den Gegebenheiten der neuen Siedlungsgebiete anpassen.

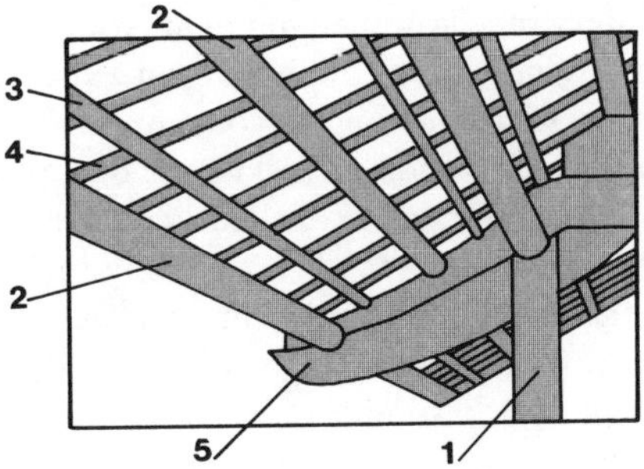

1

Abb. 1: 1 Äußere Säule, 2 Dachbalken, 3 Dachlatte, 4 Dachsparren, 5 Geschwungener Binderbalken zum Abfangen des Druckes

2

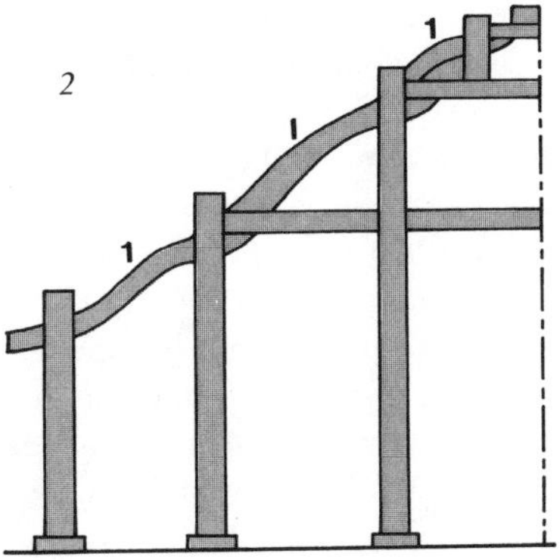

Abb. 2 Ausgearbeitete Balken (1), die durch ihre Form einem viel größeren Druck standhalten können

3

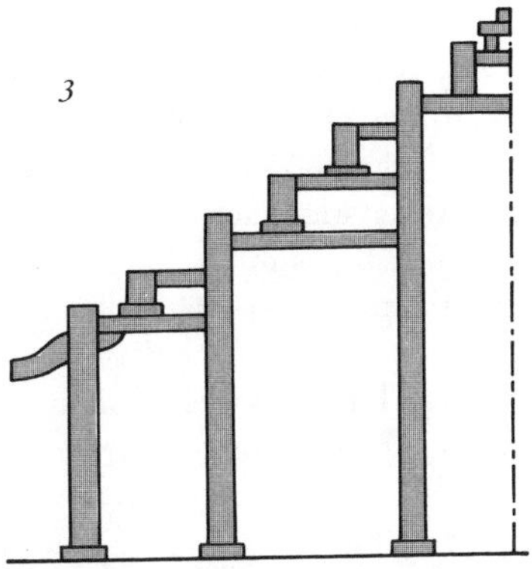

Abb. 3: Sockelartig aufgeführter Dachstuhl mit Gonghaltern

4

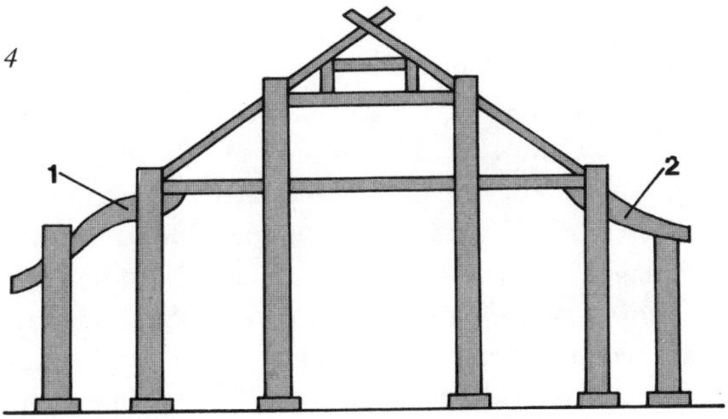

Abb. 4: Dach mit Gonghalter und Bindersparren für die vier mittleren Säulen. Die Außensäulen werden vorne mit einem konvex (1), hinten mit einem konkav geschnittenen Balken befestigt (2)

Die kalten Winterwinde kommen mit dem Nordostmonsun, daher sagt eine alte Weisheit: »So selbstverständlich, wie du eine Frau zum Weibe nimmst, mußt du dein Haus nach Süden richten.« Abweichungen können durch lokale, geographische Ausnahmen bewirkt werden. Früher wandten die Häuser den Straßen und Kanälen, auf denen die Invasoren in das Land eindrangen, den Rücken zu. Heute öffnen sich die Werkstätten der Handwerker und Läden der Händler zur Straße hin.

Von den zahlreichen Bambus- und Holzarten werden nur wenige für das Stützwerk der Häuser verwendet, meist sind es Harthölzer aus den Bergen. Neben dem aggressiven Klima ist Insektenbefall besonders gefürchtet. Einige Bambus- und Holzarten leiden weniger unter Termiten, besonders wenn sie ein oder zwei Jahre vor ihrer Verarbeitung in Wasser oder Schlamm gelegt werden. Sie halten dann Jahrzehnte, nicht bearbeitetes Holz nur vier bis fünf Jahre. Die alten, mit Reisstroh gedeckten Dächer mußten alle zwei bis drei Jahre erneuert werden, das Stroh fehlte als Brennmaterial oder verglühte als Dünger und im Bac Bo als Winterfutter. Auch Dächer aus Palm- und Bambusblättern hatten keine viel längere Lebenszeit. Heute werden Häuser nach Möglichkeit mit Ziegeln gedeckt, die allerdings einen stabileren Unterbau erfordern.

In früheren Zeiten mußten von Bauherren und Zimmerleuten vor Baubeginn, während der Arbeit und nach der Fertigstellung des Hauses viele Zeremonien eingehalten werden. Die meisten sind in Vergessenheit geraten, aber einige werden auch heute noch mit ernsthafter Selbstverständlichkeit eingehalten. Ein Astrologe muß auf dem in Frage kommenden Bauland nach den Regeln der Geomantik die beste Lage für das Haus bestimmen und mit Hilfe des Geburtsdatums des Auftraggebers auch die glücklichste Stunde für den Baubeginn errechnen. Wie bei allen wichtigen Begebenheiten werden die Ahnen von der Bauabsicht in Kenntnis gesetzt und um ihre Hilfe gebeten. Nach Beendigung der Arbeiten gebührt ihnen Dank. Von größter Wichtigkeit für das Gelingen des Baues und ein glückliches Leben in dem neuen Haus ist es, den Schutzgeist des Bodens, auf dem das Haus errichtet werden soll, um Verzeihung für die Störung zu bitten, ihm nach Fertigstellung des Hauses zu danken und ihn für die Zukunft um Beistand anzurufen. Auch die Zimmerleute rufen ihren Schutzgeist an. Dann kann der Bau nach traditionellen Maßen und Regeln beginnen.

Der vietnamesische Bauer wünscht sich »ein Haus aus dauerhaftem Material in einem großen Hof, einen Teich und einen Gemüse-und Obstgarten.« Abgesehen von Häusern in sehr armen Gegenden besteht ein Bauerngehöft in der Regel aus mehreren Gebäuden, da die Ställe – und im Gegensatz zu China auch die Küchen – nicht im Hauptbau untergebracht sind. Ein kleines Gehöft gleicht einem liegenden L. Größere Anwesen haben mehrere Nebengebäude, Mandarine bauten oft in der Form eines liegenden H oder mehrere Gebäude parallel zueinander. Heute findet man in Nebengebäuden auch sanitäre Anlagen. Die meisten Bauernhäuser bestehen aus drei oder fünf *gian*, der größere Mittelraum dient als Wohn-, aber auch als Sakralraum. An der Wand gegenüber dem Eingang, am bevorzugten Platz des Hauses, ist der Ahnenaltar angebracht; manchmal steht er auf einem Tisch oder einer Kommode. Das Haus wird zugleich zur Kultstätte für die Ahnen,

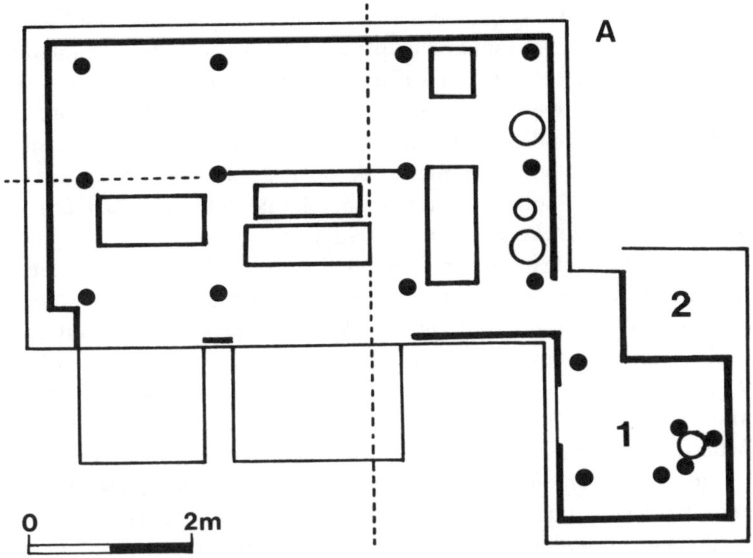

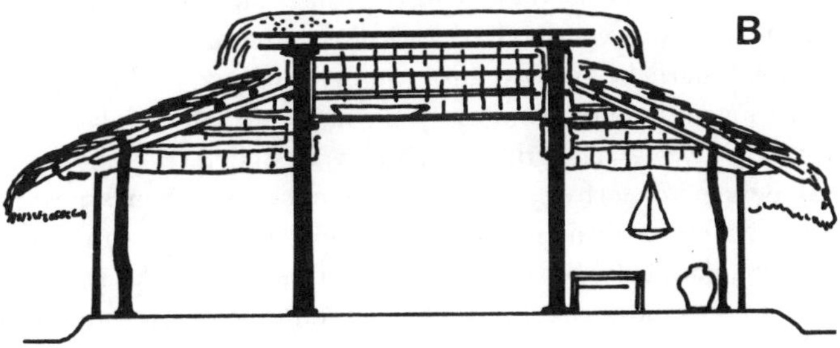

Ein einfaches Haus in der Provinz Quang Tri, Trung Bo.
A Gesamtanlage
B Queransicht
C Längsansicht
1 Küche von Haus durch Gang getrennt
2 Schweinestall, von Gang getrennt

die damit in den Alltag der Familie einbezogen sind. Eine große Liege vor dem Ahnenaltar ist gleichzeitig Sitz- und Schlafplatz und dient auch zum Empfang der Gäste. Immer häufiger wird sie ersetzt durch Tisch und Stühle. Die seitlichen gian sind durch leichte Wände oder Mattenvorhänge abgeteilt, als Schlafräume für Frauen und Kinder. Vorräte und Besitz der Familie werden ebenfalls in diesen Seitenräumen untergebracht. An größeren Häusern leitet eine umlaufende oder nur an der Vorderfront befindliche Veranda vom Inneren des Hauses in den Hof über. Im Nam Bo sind die Dächer häufig als Sonnenschutz tief über die Veranda heruntergezogen.

Chinesische Schriften berichten, daß die Viet keine Möbel benutzten. Das Leben spielte sich auf dem gestampften, sehr sauber gefegten Boden ab, der zuweilen mit Keramikkacheln ausgelegt ist. Nachts wurden die Schlafmatten ausgerollt. Die großen Liegen sind neueren Datums. Seit dem 19. Jh. gibt es auch in Bauernhäusern Kommoden, Schränke, Tische, Stühle und Liegebetten, die mit Schnitzerei verziert, lackiert oder mit Muschelintarsien eingelegt sein können. Die Könige reglementierten das Leben der Bauern, sie erließen Kleidervorschriften, bestimmten Größe und Ausstattung der Häuser. 1661 verboten die Le-Könige Drachen, Phönix und Einhorn als Schmuck von Kleidern, Bauteilen und Außenwänden. Der Kodex des Königs Gia Long aus dem Anfang des 19. Jhs. bestimmte den Schmuck der Häuser und Grabanlagen, die Farbe der Kleider je nach Rang ihrer Besitzer. Häuser der Bauern durften auf keinem doppelten Podest stehen und keine zweifachen Dächer haben, nicht bemalt und ornamentiert sein. Die Mandarine konnten größere Häuser bauen, die Zahl der gian und die Dekoration richteten sich nach ihrem Rang. Nur die Mandarine des fünften bis dritten Ranges durften sie mit Tierköpfen von Vierfüßlern verzieren, der zweite und erste Rang diesen noch Blumen hinzufügen.

Das bäuerliche Anwesen ist von einer Mauer, im Nam Bo von einer Hecke umgeben. Der Eingang – selten sind es zwei – kann aus einer einfachen Tür oder einem prächtigen Tor, von zwei Wächtertieren bewacht, bestehen. Er sollte seitlich des Hauses liegen, so daß dessen Vorderfront vom Tor aus nicht einzusehen ist. Andernfalls muß auf der Innenseite eine Geistermauer errichtet und der Weg zum Haus im Zickzack angelegt werden, damit die bösen Geister nicht eindringen können. Das Leben spielt sich weitgehend im sauber gekehrten Hof ab. Auf dem gestampften Boden werden Reis, Zuckerrohr, Tapioka und Nudeln zum Trocknen ausgelegt. Glücklich preist sich, wer einen Teich mit einer Quelle auf dem Grundstück hat, so daß ständig Wasser zur Verfügung steht, das im heißen Sommer Kühlung bietet. Die Gemeinschaftsquellen der weitläufigen Dörfer liegen oft in größerer Entfernung. Gemüse- und Obstgarten sowie die *Areca*-(Betel-) Palmen sind gut gepflegt, die Überschüsse werden von den Frauen auf den Markt des eigenen oder den der Nachbardörfer getragen.

Die ersten großen Siedlungen entstanden um die Zitadellen und Administrationszentren der chinesischen Besatzer und in Dai Viet um die Königsstadt Thang Long, die Provinzverwaltungen und an den Fluß- und Seehäfen. In Hanoi blieb nach Bränden und Zerstörungen nur die Altstadt aus dem 19. Jh. erhalten. Die Handwerker aus den Dörfern hatten zunächst ihre dörfliche Bauweise in ihrem Stadtviertel beibehalten. Schließlich

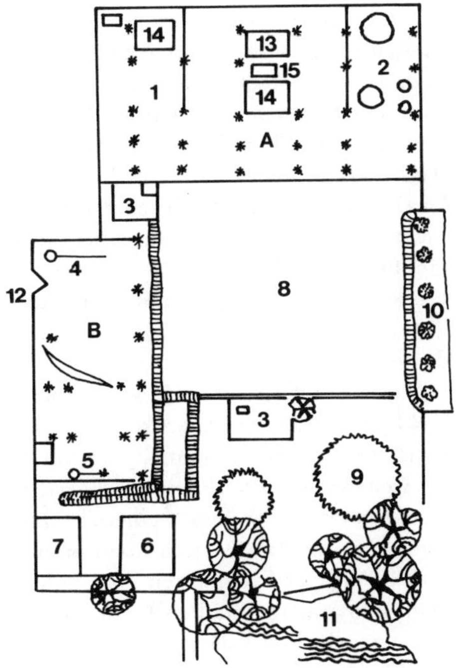

A Hauptgebäude
1 Zimmer für die Frauen
2 Vorratsraum
4 Reisstampfer
5 Mahlsteine
6 Küche
7 Schweinestall

B Nebengebäude
8 Gepflasteter Hof
9 Strohschober
10 Betelpalmen
11 Teich
12 Eingangstor
13 Ahnenaltar
14 Liegen
15 Tisch

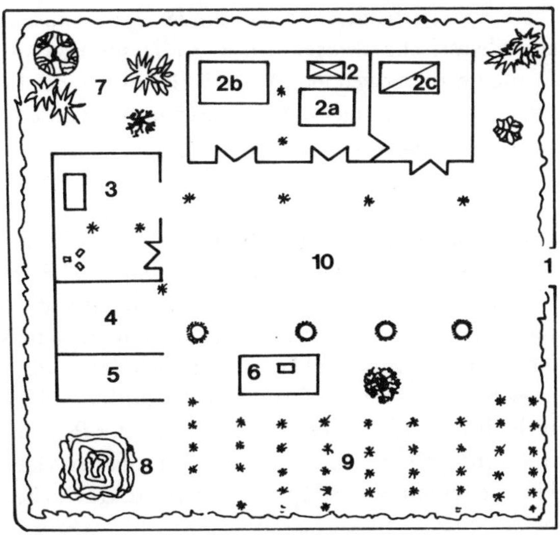

Einfaches Haus in der Provinz Nghe Tinh
1 Eingangstor
2 Ahnenaltar
2 a Liege
2 b Liege für Frauen
2 c Vorräte
3 Küche
4 Stall
5 Schweinestall
6 Regenwasserreservoir
7 Obstgarten
8 Betelpalmen
9 Gemüsegarten
10 Hof

wurde vielfach der Typ des chinesischen Hauses übernommen, wie er in allen Küstenstädten Südostasiens zu finden ist. Zu ebener Erde liegt ein Laden oder Gewerbebetrieb, in den oberen Stockwerken wohnt die Familie. Aber die vietnamesischen Könige reglementierten auch die Stadthäuser. Nur Mandarine durften mehrstöckig bauen und je nach Rang Drachen, Phönixe, Purpurfarbe und Gold als Schmuck benutzen. Ziegelsteine als Baumaterial wurden erst im 19. Jh. gestattet. Das städtische Haus dehnte sich in die Tiefe. Die Front zur Straße blieb schmal, hinter dem Haus lag ein kleiner Hof, durch den das Licht in die fensterlosen Häuser fiel. An ihn schloß sich ein zweites Haus, dem wieder ein Hof folgte. So entstanden die Bambusröhrenhäuser. In der Altstadt in Hanoi führen enge Gassen zwischen ihnen hindurch. In den Höfen wurden Miniaturgärten und Teiche angelegt, manchmal werden sie auch nur durch ein paar Topfblumen und Wasserkrüge angedeutet.

Das vietnamesische Stadthaus ist meist eineinhalb Stockwerke hoch. Durch die durchbrochene Mauer des Halbgeschosses fällt Licht in die ebenerdigen Räume, es dient zum Einlagern von Vorräten und bei Hochwasser als Zufluchtsort. Auf dieses Haus läßt sich ein weiteres Stockwerk, ein Dachgarten oder eine Dachterrasse aufsetzen. Der private Hausbau erfährt seit 1989 sehr viel Eigeninitiative. Der Typ des Stadthauses wurde teilweise auch in den Dörfern übernommen.

Während der Kolonialzeit entstanden in Hanoi, in dem damaligen Saigon, in Nam Dinh und anderen Städten Wohn- und Geschäftsviertel der Franzosen, oft auf Kosten von Tempeln und Palästen, in Neoklassik, die den Baustil von Paris nachahmten. Sie waren weder der Landschaft noch dem Klima angepaßt. Erst ab 1920 entwickelte sich der sogenannte ›Überseestil‹, nachdem französische Stadtplaner erschienen waren, die aber viele Fehler nicht mehr rückgängig machen konnten. Zwischen 1920 und 1930, mit der Bereitschaft, sich mit der fremden Kultur auseinanderzusetzen, entstanden Universität, Historisches Museum u. a. Sie lassen den Versuch erkennen, vietnamesische Stilelemente zu verwenden. Auch die Bauweise der Privathäuser paßte sich der Umgebung an, man baute luftiger mit Terrassen und Veranden, die Dächer wurden als Sonnenschutz tiefer heruntergezogen.

Königliche Rastplätze (hanh cung)

Begab sich der König zu Besuch in seine Heimatprovinz oder auf Inspektionsreisen, residierte er in einem *hanh cung*, der überall dort zu finden war, wo der Herrscher häufig hinkam. Der hanh cung entsprach einem vietnamesischen Haus, war jedoch größer. Auf einer Terrasse vor dem Hauptraum hielt der König Audienz. Zu ihr führte eine dreiteilige, mit Drachen verzierte Treppe, deren mittleren Teil nur der König benutzen durfte. War er nicht anwesend, hielten die Mandarine der Provinz im hanh cung Zeremonien zu Ehren des Königs ab. In der Gegend von Hue blieben Gebäude erhalten, deren mit Drachen und Phönix geschmückte doppelte Dächer und Drachentreppen ihre frühere Verwendung als hanh cung erkennen lassen.

Raststätten und Teestuben (diem und quan)

In den Reisfeldern, an Weg- und Straßenrändern stehen noch heute *diem*, einfache Hütten aus Pfosten oder Pfählen mit Stroh-oder Ziegeldach, zum Teil offen, zum Teil mit Wänden aus Matten oder Ziegeln verkleidet. Sie dienen Reisenden als Rastplätze und bieten den Bauern auf den Feldern Schutz vor Mittagshitze und Regen. Wenn sich in diesen Rastplätzen eine Teestube befindet – in der im Bac Bo ständig eine Öllampe zum Anzünden der Wasserpfeife brennt – werden sie *quan* genannt.

Als quan werden auch an drei Seiten offene Hütten in den Dörfern bezeichnet, an deren Hinterwand zwei große chinesische Zeichen stehen. An diesen Plätzen wird der Sarg auf dem Weg vom Trauerhaus zum Grab abgestellt und die Trauergäste versammeln sich.

Paläste (cung dien) und Residenzen der Mandarine (dinh thu)

Von dem ältesten Sitz vietnamesischer Könige, der Zitadelle Co Loa (Groß-Hanoi), blieben nur Reste der Wälle erhalten, die Lage des Palastes ist bekannt (s. S. 339). Noch weniger läßt sich in Hoa Lu (Provinz Ha Nam Ninh) von der Königsstadt der Dinh- und Frühen Le-Dynastie erkennen. An ihrer Stelle stehen heute Gedenktempel (s. S. 390). Ein chinesischer Reisender des 10. Jhs., dem der chinesische Kaiserpalast bekannt war, nannte die Bauten in Hoa Lu klein und bescheiden. Zeitgenössische vietnamesische Berichte, die in spätere Geschichtswerke übernommen wurden, schildern die Paläste als prächtig, mit goldenen und silbernen Ornamenten und Dachziegeln geschmückt. Tatsächlich wurden Dachziegel für königliche Bauten mit Gold- und Silberemaille überzogen. Vor dem Palast standen ein Bronzekessel und ein Tierkäfig als Zeichen der Macht des Königs über Leben und Tod, er ließ Rebellen in Kessel mit siedendem Öl oder in einen Raubtierkäfig werfen.

Auch der Palast der Ly-Könige in Thang Long aus dem 11. Jh. wird in chinesischen Berichten beschrieben. Sie schildern ihn als weitläufig, mit Gartenanlagen und Gebäuden, die Namensschilder trugen (Kristallpalast, Palast der Himmlischen Tugenden u. a.). Der König besaß zeitweise einen vierstöckigen Palast, dessen obere Stockwerke von seinen Offizieren bewohnt waren. Alle Paläste hatten rotlackierte Säulen mit Drachen, Phönixen und Frauengestalten verziert.

Auch von den Palästen der Tran-Dynastie ab dem 13. Jh. sind ähnliche Beschreibungen überliefert. Von den Ruinen der Zitadelle der Ho-Dynastie in Thanh Hoa, wo heute Reisfelder wogen, lassen sich die Umrisse der Paläste erkennen. Auch von den Palästen der Le-Dynastie existierten in der Kolonialzeit nur noch Reste, darunter die Drachentreppe eines Palastgebäudes. Die französische Armee baute auf dem Gelände des ehemaligen Königspalastes ihre Kasernen, die von der vietnamesischen Armee übernommen wurden. Es ist nicht zu erfahren, ob die Drachentreppe erhalten blieb, das Militärareal ist unzugänglich.

Von den zweiundfünfzig Palästen der Trinh, der Lehnsherren der Le-Könige, fielen die letzten am Hoan Kiem-See dem Zentrum der französischen Kolonialstadt zum Opfer. Auch die Sommersitze am Westsee blieben nicht erhalten. Die Wohnsitze der Mandarine verfielen teilweise schon früher oder wurden von der Stadtbevölkerung übernommen, als die Besitzer nach 1804 der Nguyen-Dynastie nach Hue folgten. Die Königsstadt der letzten Dynastie in Hue erlitt in den beiden Indochinakriegen schwere Schäden, wenige Gebäude blieben erhalten (s. S. 413).

Königsgräber (lang tam)

Die Grabkunst reicht in Vietnam zurück in die Frühzeit (zu bronzezeitlichen Grabfunden der Dong Son-Kultur s. S. 139, und zu den Gräbern aus der Zeit der chinesischen Okkupation s. S. 144).

Außerhalb des Dorfes Duong Lam im Nordwesten von Groß-Hanoi, 45 km von der Stadtmitte entfernt, liegen zwei Gräber in einer schönen Tallandschaft mit Blick auf einen Hügel mit Reisterrassen. Sie bestehen aus einem kleinen, bescheidenen Gebäude, einer verwitterten Holzkonstruktion, die auch ein dörflicher Tempel sein könnte. In dem sonst leeren, schmucklosen Innenraum steht nur ein Altar mit einigen Gefäßen für die Opfergaben an den Gedenkfesten. Es handelt sich aber nicht um einen *den*, eine Gedenkstätte, sondern um den sichtbaren Teil der Grabanlage.

Das erste *lang tam* wurde für Phung Hung errichtet, den Stammesführer von Duong Lam in Son Tay, der sich 791 gegen die Administration der chinesischen Tang-Dynastie erhob und ihren Verwaltungssitz eroberte. Das Volk gab ihm den Titel *vuong*, er war der erste, den die Bauern in der Zeit des aufkeimenden Nationalbewußtseins zu ihrem Führer wählten. Bis heute wird er im ganzen Land in vielen *den* verehrt und ist der Schutzgeist vieler Dörfer. Das zweite Grab, zu dem eine prächtige Baumallee führt, wurde für Ngo Quyen errichtet, der aus dem Dorf Duong Lam stammte, 938 die Chinesen schlug und damit die Unabhängigkeit Dai Viets von China einleitete. Diese Art der Grabanlage und einer Totengedenkstätte in einer ruhigen, schönen Landschaft wurde bis in das 20. Jh. für die Gräber der Nguyen-Dynastie in Hue beibehalten (s. S. 407).

Das Grab des Königs Dinh Tien Hoang, der Dai Viet im Jahre 968 einte, blieb auf dem Hügel Ma Yen bei seinem Heimatdorf Hoa Lu, das er zu seiner Hauptstadt machte, erhalten (s. S. 390). Verschwunden sind die Gräber der Ly-Dynastie (1009–1225) bei dem Dorf Co Phap (heute Dinh Bang), der Heimat dieser Dynastie. Der erste König der nachfolgenden Tran-Dynastie wurde in seiner Heimat Tuc Mac (5 km von Nam Dinh, Provinz Ha Nam Ninh entfernt) in dem Stupa Pho Minh beigesetzt (s. S. 388). Die meisten seiner Nachfolger sind in dem Dorf Doc Trai (Provinz Hai Duong), dem Sitz einer buddhistischen Sekte, begraben. König Minh Mang der Nguyen-Dynastie ließ im Jahre 1840 jedes der Gräber durch eine einfache Stele mit Inschrift bezeichnen.

Die schönsten Gräber baute die Le-Dynastie (1428–1789) bei dem Dorf Lam Son (Provinz Thanh Hoa), dem Heimatdorf des Gründers der Dynastie, Le Loi, der die chinesische Ming-Dynastie besiegte. Als König Le Thai To wurde er 1433 als erster hier begraben. Die Le-Gräber lassen den Einfluß der Ming-Gräber bei Beijing erkennen, haben aber viele vietnamesische Stilelemente bewahrt und fügen sich in die Landschaft Lam Son (s. S. 395). Spätere Könige der Le-Dynastie wurden verstreut in der Gegend von Tho Xuan und Thieu Hoa in der Provinz Thanh Hoa begraben. Auch ihre Gräber ließ König Minh Mang in seinem Todesjahr 1840 durch einfache Stelen kenntlich machen.

Lang Dinh Huong (18. Jh.), Provinz Ha Bac

Die bekanntesten Gräber sind die der Nguyen-Dynastie in Hue. Sie stammte aus dem Dorf Gia Mieu (Provinz Thanh Hoa), ließ aber ihre Gräber – die meisten schon bei Lebzeiten – in Hue bauen. In ihrem Heimatort zwischen Bim Son und Pho Cat steht nur ein Gedenktempel. Die Gräber des ersten Königs (Gia Long), des zweiten (Minh Mang) und des vierten (Tu Duc) liegen eingebettet in die schöne Landschaft am Wohlriechenden Fluß. Leben und Werk der Könige ist auf einer großen Stele beschrieben, die in einem Pavillon auf dem Rücken einer Schildkröte steht. Das Grab des 12. Königs, Khai Dinh, bricht mit der Tradition, es liegt auf einem Hügel, von dem aus sich die Landschaft überblicken läßt. Das Bauwerk besteht aus einer wenig gelungenen Mischung chinesisch-französischer Architektur (s. S. 409).

In ihren Gesetzbüchern haben die vietnamesischen Könige Größe und künstlerische Ausgestaltung der Gräber des Adels, des Mandarinats und auch des Volkes genau festgelegt. Bei den Gräbern der Mandarine wurden die unterschiedlichen Ränge von eins bis neun berücksichtigt. Mandarine der Ränge eins bis drei durften sechs, der Ränge vier bis fünf nur vier Tierpaare in ihrer Geisterallee aufstellen lassen. Der Kodex des Gia Long von 1812 lehnte sich stark an die Gesetzgebung der chinesischen Ming-Dynastie an. Er ließ drei Grabformen zu: *pham*, *trung* und *mo*, Bezeichnungen, die sich auf die Höhe der Grabhügel (*tumuli*) beziehen.

Alle Regeln der Geomantik und Astrologie mußten für die Gräber der Könige und des Adels noch strenger eingehalten werden.

Brücken (cau) und Märkte (cho)

Brücken heißen *cau,* seltener wird *khieu,* die chinesische Aussprache des gleichen Zeichens benutzt. In den Bergen überwinden schwingende Hängebrücken tiefe Abgründe, aber die *cau khi* (Affenbrücken) führen auch über die zahllosen Flüsse, Flüßchen und Kanäle, besonders in den Deltas. Sie bestehen meist aus einer Bambusstange oder einem dünnen runden Baumstamm und nur selten findet man ein Geländer. In den Kriegsjahren gelang es manchem Vietnamesen, seinen französischen oder amerikanischen Verfolgern über eine cau khi zu entkommen. Von den traditionellen Brücken blieben einige flache Steinbrücken (*cau thach* oder *cau da*) erhalten. Auf Steinpfeilerpaaren ruhen Steinträger, die mit rechteckigen Steinplatten abgedeckt sind. Die Trägersteine sind an ihren Enden manchmal mit *con ha* oder *con phuc,* Phantasietieren, die das Wasser lieben und aus Dracheneiern schlüpfen, oder mit Krokodilen *(con sau)* verziert. Die Uferböschung unter der Brücke wird mit Steinen oder Ziegeln festgehalten, die keine Trägerfunktion haben. Eine gewölbte Steinbrücke mit reliefverzierter Steinbalustrade ist in der Ninh Phuc-(But Thap-)Pagode zu sehen.

Gewölbte Brücken aus Holz, manchmal auch ziegelsteinverkleidet, heißen *cau go* oder *mong cau.* Eine solche Holzbrücke, auch als Regenbogenbrücke bekannt, führt in der Stadtmitte von Hanoi zum Ngoc Son-Tempel auf dem Hoan Kiem-See. Überdachte, gewölbte Brücken werden *cau thuong gia* (Brücke, die ein Haus trägt) oder *cau thuong gia*

Eine Affenbrücke

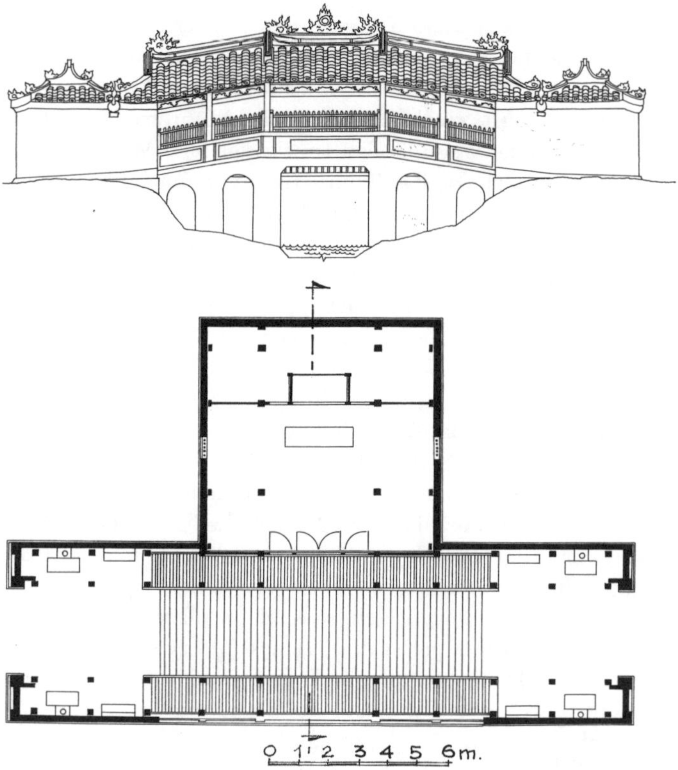

Gedeckte Brücke in Hoi An

ha khieu (oben Haus, unten Brücke) genannt. Zwei Brücken dieser Art gibt es an der Thay-Pagode in der Provinz Ha Son Binh. Bei diesen Brücken ist das Brückenhaus auf die Brücke aufgesetzt, das Dach ruht auf Pfeilern. Manche Brücken haben drei Durchgänge, der breitere, mittlere dient dem Verkehr, in den beiden seitlichen bieten Händler ihre Waren an, und sie dienen als Rastplätze (in Hoi An). Im Norden sind die Dächer mit Flachziegeln gedeckt, im Trung Bo mit halbzylindrischen Ziegeln. Auf der Mitte der Brücke befindet sich ein kleiner Tempel oder ein Altar für den Schutzgeist des Flusses, der Brücke oder für deren Stifter.

Die schönsten, noch erhaltenen Brücken findet man in Phu Khe (Provinz Ha Nam Ninh) mit einem einfachen Dach und in Khuc Toai mit zwei Etagen. Auch in Hoi An, 20 km südlich von Da Nang, blieb eine gedeckte Brücke erhalten, in deren Schutzgeisttempel aber ein Souvenirladen Einzug gehalten hat.

Zu den Zitadellen führen leicht gewölbte breite Brücken aus Stein oder Ziegeln. Sie stammen aus der Regierungszeit der ersten Nguyen-Könige Anfang des 19. Jhs. und gleichen den Brücken in Beijing, sind massig und schwer und wirken wie ein Teil der Festung.

Jedes Dorf hält Markt ab, meistens vor dem dinh oder der Pagode. Aber auch an Straßen und Handelswegen gibt es Märkte (*cho*), zu denen bei Markttagen Besucher aus allen umliegenden Dörfern kommen. Viele sind mit einfachen Dächern auf Pfosten geschützt. Es existierten aber auch gedeckte Märkte, die künstlerisch ausgestaltet waren wie ein Sakralbau. Der schönste, noch erhaltene Markt ist in Yen Phu zu sehen, wenige Kilometer nördlich von Bac Ninh (Provinz Ha Bac). Die Anlage gleicht einer Karawanserei, nach außen ist sie durch eine Ziegelmauer geschützt, durch die zwei reich verzierte Tore führen. Um einen quadratischen offenen Platz in der Mitte führt eine gedeckte Galerie, deren hölzerne Dachkonstruktion auf Steinpfeilern ruht, die im Rote-Fluß-Delta selten anzutreffen sind. An Markttagen herrscht in dem inneren Viereck lebhaftes Treiben, aber die besten Waren werden an den Ständen unter den Galerien angeboten.

Die Militärarchitektur: Zitadellen (thanh)

Seit die Viet-Stämme in das Delta des Roten Flusses gekommen waren, schützten sie ihre Siedlungen durch Wälle und Mauern. In Gräbern wurden als Grabbeigaben Nachbildungen befestigter Wohnanlagen und Zitadellen gefunden (s. S. 144). Von den ersten Freiheitskämpferinnen, den Trung-Schwestern (40–43 n. Zt.), heißt es, daß sie 65 Zitadellen eingenommen haben.

Die älteste Festung, deren muschelförmiger Grundriß sich noch erkennen läßt, umschloß den Königspalast des Reiches Au Lac (258–208 v. Zt.) in Co Loa, 18 km vom Stadtzentrum Hanoi entfernt, und besaß zwei ovale äußere und einen rechteckigen inneren Wall (s. S. 339). Die Reste des Regierungssitzes der Chinesen in Long Bien bei Bac Ninh, der bis in das 7. Jh. bestand, wurden bisher nicht gefunden, wogegen die Wälle der Zitadelle Luy Lau bei dem heutigen Dorf Khuong Khe nachgewiesen werden konnten. Die chinesische Administration schützte sich durch Festungen, die ständig verstärkt wurden. Die bedeutendste, Thanh La, wurde 866 mit dem Schutzwall Dai La umgeben, der später bis auf 6139 Meter Länge und acht Meter Höhe ausgebaut wurde. 1010 entstand in seinem Schutz die Hauptstadt der Ly-Dynastie, Thang Long, mit kurzer Unterbrechung bis 1804 auch der Sitz der nachfolgenden Dynastien der Tran- und Le-Könige.

Von der Dinh- und der Frühen Le-Dynastie im 10. Jh. sind in ihrer Hauptstadt Hoa Lu nur Ziegel gefunden worden. Ein chinesischer Gesandter berichtete von Tausenden von Bambushütten als Soldatenquartiere und Wachttürmen zum Schutz der Paläste (s. S. 390). In den ersten Jahren des 15. Jhs. residierte die Ho-Dynastie in Tay Do, der Westlichen Hauptstadt (Provinz Thanh Hoa), die mit einer Festung aus Quadersteinen, einem in Vietnam nicht üblichen Baumaterial, umgeben war (s. S. 394). Im nördlichen Dai Viet, parallel zur Grenze nach China, in Quang Yen (Provinz Cao Bang), legte die Mac-Dynastie im 16. Jh. Befestigungen an, hohe Wälle mit Plattformen für militärische Anlagen, deren Ruinen noch in Bac Giang bei Lang Son zu sehen sind. Der Wall der Mac begann am Meer in ihrem Heimatdorf und zog sich über Dong Trieu bis zum Sieben Pagoden-Paß, führte weiter zur Zitadelle Thanh Moi, die die Stadt der Mac genannt wird, und bog dann nach Westen Richtung Cao Bang ab. Aus dem 16. Jh. stammt auch die Festung Binh Ca im Dorf Thuc Thuy bei Tuyen Quang (Provinz Ha Tuyen), deren Erdwälle in einem Bogen des Klaren Flusses erkennbar sind. Sie ist, wie auch die Festung Yen Truong am linken Ufer des Song Cha (Provinz Thanh Hoa), nach dem Prinzip der Zitadelle Co Loa angelegt.

Ebenfalls im 16. Jh., während des Bürgerkrieges der Trinh im Norden und der Nguyen im Süden, errichteten letztere zwei Schutzwälle, um das Vordringen der Trinh zu verhindern. Der *Trung Duc* war zehn Kilometer lang und drei Meter hoch, der *Dong Hoi*, auch als *Tuy Thay* bekannt, achtzehn Kilometer lang und sechs Meter hoch. Die Wälle sollten die Mündung des Nhat Le-Flusses in der heutigen Provinz Quang Binh vor dem Eindringen der Flotte der Trinh schützen. Sie waren mit Kanonen bestückt, die ein Portugiese im Auftrag der Nguyen gegossen hatte. An diesen Wällen endete 1673 der Bürgerkrieg, aus dem Schutzwall wurde für mehr als 100 Jahre ein Grenzwall.

Im 18. Jh., während des Tay Son-Aufstandes, war die Stadt Quy Nhon die Trutzburg der Tay Son. Von dem damals mächtigen Fort und weiteren Festungen blieb nichts erhalten.

Die Zitadelle der Nguyen im 19. Jh. wurde mit Hilfe von vier Franzosen, die eine Zeitlang am Hofe lebten, im Vauban-Stil erbaut. Sie entstand 1805, von König Gia Long nach geomantischen und militärischen Gesichtspunkten am Ufer des Wohlriechenden Flusses geplant, stellte jedoch mehr eine gut bewehrte Königsstadt als eine militärische Anlage dar. Der König hatte schon während seiner Kämpfe gegen die Tay Son 1790 die Festung Gia Dinh, das spätere Saigon, im Vauban-Stil errichten lassen; sie wurde von seinem Sohn König Minh Mang 1836 wieder aufgebaut und im Kolonialkrieg endgültig zerstört. Der gleiche König ließ im ganzen Land quadratische, fünf-, sechs- und achteckige Festungen zum Schutz der Verwaltungsstellen und Militärlager errichten. Die bedeutendsten waren Dong Hoi, Hung Yen und Ha Tinh, von der Zitadelle Nam Dinh blieb nur ein Wachtturm erhalten, von Son Tay, dem Vorposten von Thang Long mit halbmondförmigen Bastionen, sind noch Ruinen zu sehen (s. S. 344). König Gia Long ließ die Zitadelle von Hanoi zwar instandsetzen, ihre Wälle aber soweit reduzieren, daß sie unter der Höhe der Verteidigungsmauern der neuen Königstadt Hue blieben. Der Wachtturm von 1812 und einige Reste des Verteidigungswalles Dai La blieben erhalten. Die Franzosen fanden noch Reste der Königsstadt und der Tore vor. Als 1897 aber endlich Stadtplaner nach Hanoi gerufen wurden, hatten auch die Reste bereits der Kolonialstadt weichen müssen, statt ihr als Zierde zu dienen.

Die Zitadellen waren nicht nur Verteidigungsanlagen, in ihren Mauern befanden sich die Paläste der Könige, sie repräsentierten Macht, waren aber auch Kultur- und Kunstzentren ihrer Zeit. Häufig wurde ein Fluß- oder Kanalsystem kunstvoll in die Befestigungsanlagen einbezogen, so daß die Verteidigung und die Versorgung der Bewohner auch auf dem Wasser erfolgen konnte. Zunächst bestanden die Zitadellen aus Erdwällen, mit verzierten Keramikplatten oder Ziegeln belegt und von Armbrustschützen verteidigt, bis sie später durch Ziegelmauern – mit Wachttürmen und Geschützen bestückt – ersetzt wurden. Die Wachttürme, besonders aber die Tore, waren im Stil der Zeit erbaut und ornamentiert. Vor ihnen fanden die Märkte statt, wurden Pagoden und Tempel gebaut und die Feste des Jahres abgehalten, zu denen sich der König dem Volk zeigte. Von den vielen Toren, die Thang Long im Laufe seiner Geschichte besessen hat, blieb nur das Nordtor aus dem 19. Jh. erhalten. Die Anlagen der Zitadellen und Königsstädte lassen chinesische Einflüsse erkennen.

Die letzten großen Verteidigungsanlagen im 20. Jh. wurden von Franzosen und Amerikanern errichtet. Die Gebirgsfestung Dien Bien Phu (Provinz Lai Chau) in den Bergen des Nordwestens wurde 1954 von den Vietnamesen erobert. Dieser Sieg beendete den Ersten Indochinakrieg und die Kolonialzeit (s. S. 382). Die elektronisch abgesicherte Mac Namara-Linie in den Gebirgszügen des Con Tien und Doc Mieu, 82 Kilometer nördlich von Hue, wurde von den Vietnamesen auf dem Ho Chi Minh-Pfad umgangen und konnte ihren Sieg im Zweiten Indochinakrieg nur hinauszögern.

Sakralarchitektur

Die Sakralarchitektur dient mehreren Religionen, die Konstruktion der großen und kleinen Tempel beruht gleichermaßen auf dem Modell des vietnamesischen Hauses. Auch die mächtigen Dächer der dinh und Pagoden ruhen auf einem Stützsystem aus Säulen oder Pfeilern, sind ohne Nägel mit Gabeln und Dübeln verbunden. Die hölzernen Wände oder Ziegelmauern haben keine Stütz-und Tragefunktion. Bei gleichbleibender Architektur läßt sich ihr Zweck oft nur an der Ausstattung der Innenräume oder dem Pantheon erkennen. Viele vietnamesische Gebäude haben eine zusätzliche sakrale Bedeutung. Jedes Haus besitzt einen Ahnenaltar, in Werk- und Geschäftsräumen wird der Schutzgeist der Handwerkergruppe oder der Händler verehrt, Brücken und Befestigungsanlagen, Herbergen und Schiffe haben Schutzgeisttempel. Man trifft auf buddhistische Altäre, Plätze der Heldenverehrung und den Kult der daoistischen Muttergöttinnen auch außerhalb der dafür bestimmten Tempel.

Nam giao – Altar für Himmel und Erde

Der Kult am *nam giao*, die Opfer für Himmel und Erde mit dem Gebet um gute Ernte und Wohlstand für Reich und Volk, wurde mit der Idee des chinesischen Kaisertums übernommen (s. S. 57). Dieser Kult war die vornehmste Aufgabe des chinesischen Kaisers, dessen religiöse Funktion in den Anfängen betonter war als die weltliche. Zu diesem Kult gehörte auch die Zeremonie des Pflügens der ersten Furche, die vom Kaiser selbst gezogen wurde. Später ließ er sich durch hohe Staatsbeamte vertreten. Die Zeremonie blieb bis in die Gegenwart in Thailand erhalten. Mit der Verlegung der Hauptstadt von Thang Long nach Hue verfiel der nam giao in Hanoi. Die Franzosen berichten noch von Resten. Eine Stele vom nam giao mit der Jahreszahl 1680 steht rechts vom Eingang zum Historischen Museum in Hanoi. Die neue Hauptstadt Hue bekam einen nam giao, an dem die Nguyen-Dynastie bis in das 20. Jh. Opfer brachte.

Der dinh – Versammlungs- und Kultstätte

Erstmals wird im 10. Jh. ein dinh als Rastplatz für die Besucher des Königs in Hoa Lu erwähnt. Bis zum 14. Jh. findet der dinh Erwähnung als Raststätte ohne Hinweis auf religiöse Funktionen. Die thanh hoang, die Schutzgeister, sind bereits seit dem 12. Jh. bekannt. Um 1231, bei einer Kampagne zur Förderung des Buddhismus, wurden auf Anordnung des Königs Buddhastatuen im dinh aufgestellt. Das beweist nicht, daß der dinh bis zu dieser Zeit keine Kultstätte war, es könnten auch frühe Kulte verdrängt worden sein. Aus dem Beginn der Le-Dynastie im frühen 15. Jh. und auch aus der Zeit der Usurpation der Mac-Dynastie bezeugen Inschriften auf Steinstelen den Bau von dinh als Stätte der Verehrung für die Schutzgeister der Dörfer (s. S. 130). Die ältesten erhaltenen dinh stammen aus dem Ende des 15. und dem Anfang des 16. Jhs. Hundert Jahre später besaß jedes vietnamesische Dorf einen dinh. Das war die Zeit, in der die dörfliche Autarkie ihren Höhepunkt erreicht hatte. Im 18. Jh. ließ die Bautätigkeit nach, setzte aber im 19. Jh. erneut ein.

Die dinh blieben nicht auf die Dörfer beschränkt. Handwerkergilden, die in die Städte gingen, bauten ihrem Schutzgeist in ihrem Stadtviertel einen dinh, und die Bauern, die in den Süden zogen, nahmen ihre Schutzgötter und dinh bis in die Städte und Dörfer des Mekong-Deltas mit.

Dinh Dinh Bang, Vorderansicht und Seitenansicht mit Schutzgeisttempel (oben)

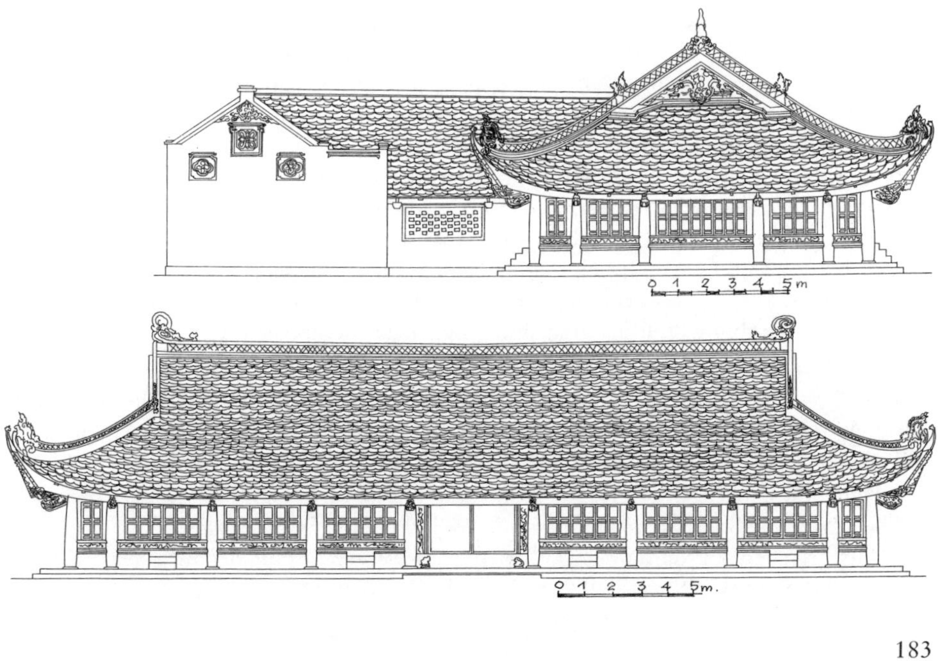

Der dinh diente als Versammlungs- und Beratungsplatz, im dinh wurden Steuern festgesetzt, Land umverteilt, Streit geschlichtet, öffentliche Arbeiten zugewiesen, Einberufungen erlassen, alle Fragen, die das Dorf betrafen, diskutiert, gemeinsame Essen veranstaltet, aber auch die Zeremonien zur Verehrung des Schutzgeistes vollzogen und zu seinen Ehren im Hofe Feste gefeiert und Theater gespielt. Er ist also auch dem Profanbereich zuzuordnen, da aber alle Handlungen im Bereich des Schutzgeistes stattfinden, scheint die sakrale Bedeutung zu überwiegen. An den Beratungen und Kulthandlungen *(te)* konnten nur Männer teilnehmen, die seit wenigstens zwei Generationen im Dorf ansässig, in die Steuerlisten eingetragen und zumindest achtzehn Jahre alt waren, keine Straftaten begangen hatten, ohne körperliche Mißbildungen, gesund und nicht in Trauer um einen nahen Angehörigen waren. Frauen nahmen nur an Festen im Hof des dinh teil.

Die Vietnamesen bauen, wahrscheinlich seit sie unter starken chinesischen Einfluß gerieten, direkt auf die Erde. Auf Felszeichnungen der Bac Son-Kultur und auf den Bronzetrommeln der Dong Son-Periode sind die *nha san,* Pfahlbauten mit hochgeschwungenen Dächern, zu sehen, eine Bauweise, wie sie bei den Bergvölkern Vietnams, auch bei den Muong und Thay, die den Vietnamesen verwandt sind, noch üblich ist. In Ozeanien, besonders bei den Papua auf Neuguinea und den Melanesiern, dienen Männerhäuser bis in die Gegenwart als Beratungs-, Initiations- und Kultstätten. Die geschwungenen Dächer, in Indonesien bis heute verwendet, sind von den Han-Chinesen erst bei ihrem Zug über den Chang Jiang von einer nicht-chinesischen Bevölkerung übernommen worden. Bisher konnte die Lücke zwischen den frühen und heutigen Pfahlbauten der Austro-Indonesier und dem vietnamesischen dinh aber nicht geschlossen werden.

Die dinh stehen an bevorzugter, oft erhöhter Stelle im Dorf, an einem Fluß oder See, an einem großen, freien Platz, auf dem Märkte abgehalten und Feste gefeiert werden, umgeben von hohen, alten Bäumen, und sind größer als alle anderen Gebäude des Dorfes. Sie weichen von der Eigenart der vietnamesischen Architektur ab, die sich der Landschaft und Umwelt anpaßt und sich mehr in ihr verbirgt als sie beherrscht. Die frühen Bauten waren vermutlich sehr viel bescheidener. Aber im 16. und 17. Jh., mit der zunehmenden Autarkie der Dörfer, die sich zu eigenständigen administrativen und kulturellen Gemeinwesen entwickelten, wurde der dinh zum Ausdruck dörflichen Stolzes und dörflicher Macht. Er stand im Gegensatz zu den einfachen, oft ärmlichen Gehöften und Häusern und war doch allein das Werk der Bauern, die ihn mit ihren Spenden finanzierten, ihn bauten und ausschmückten und mit ihm eine Macht demonstrierten, die den Königen nicht verborgen blieb.

Eine Stele aus dem Jahre 1698 beschreibt die Vorbereitungen zu dem Bau des dinh in Tho Ha (Provinz Ha Bac), der bis heute erhalten blieb (s. S. 356). Der Text lautet: »Im Jahre at suu (1685) wurde der dinh erbaut und mit Ziegeln gedeckt. Alle kleinen und großen Säulen, auch die Balken und Querbalken sind Spenden. Jeder Dorfbewohner zwischen fünf und hundert Jahren gab vier Stränge Münzen und zweihundert Schalen Reis. Die Namen der Spender wurden in eine Liste eingetragen.« Auch heute werden die Spender für die Restaurierungsarbeiten in eine Liste eingetragen.

Der dinh wurde zum Mittelpunkt des dörflichen Lebens und fand Eingang in den Sprichwortschatz und die Lyrik, wo es heißt: »Ein Junggeselle ist wie ein Dorf ohne dinh«, oder »Wenn ich an einem dinh vorübergehe, wende ich meinen Kopf, um es anzusehen. Ich liebe dich mehr, als Ziegel auf seinem Dach sind« und »Ein Bambus ist schön, wenn er neben einem dinh wächst, aber du bist schön, auch wenn du für dich allein stehst.« Der dinh erscheint als Maß der Dinge.

Die Dörfer lebten unter der Protektion ihrer Schutzgeister, mit deren Macht auch die Könige zu rechnen hatten. Im Jahre 1572 erließ die Le-Dynastie ein Dekret und beauftragte das Ministerium für die Riten, alle Schutzgeister listenmäßig zu erfassen und durch Investitur-Urkunden zu bestätigen. Sie erhielten Diplome, konnten in drei verschiedene Beamtenränge aufrücken, wenn sie sich jedoch als untauglich erwiesen, auch zurückversetzt werden.

Von außen betrachtet verleiht das mächtige Dach dem rechteckigen Bau ein imposantes Aussehen. Der dinh verkörpert nicht nur das typisch vietnamesische, er ist auch das imponierendste Bauwerk. Von dem geraden, ungeschmückten First neigen sich die Dachschrägen in weitem Schwung nach vier Seiten. Die tief heruntergezogenen Dächer mit vier aufgebogenen Ecken verdecken das Gebäude nahezu, lassen es niedrig erscheinen. Die harmonische Wirkung entsteht durch das ausgewogene Verhältnis von Breite zu Höhe und Tiefe, das die Horizontale stark betont. Auf der mit einfarbigen Ziegeln bedeckten geschwungenen, großen Dachfläche malt das Licht feine Farbnuancen, werfen Wolken und Bäume ihre Schatten. Aus der Nähe gesehen verliert das Dach seine Dominanz. Die starken Säulen gewinnen an Bedeutung, auf ihnen ruht das Dach wie selbstverständlich. Im Innern scheinen alle Dimensionen ausgetauscht. Den langgestreckten Raum beherrschen die hohen Säulen, die die Vertikale betonen, ein ungewohntes Ereignis in der vietnamesischen Architektur. Der Blick, der den Säulen folgt, vermag das Dach nicht zu erreichen. Er wird eingefangen von dem stufenförmig übereinandergetürmten Gebälk, den Giebelsäulen und aufgebogenen Konsolen.

Nahezu alle Konstruktionsteile des dinh, außen wie innen, sind mit Holzschnitzereien geschmückt. Aus den Balkenenden springen Drachenköpfe heraus, Drachenkörper umschlingen die Enden der Säulen, steigen an den Stützstreben empor, begleitet von Phönix und Einhorn, umrankt von Pflanzen. Motive kehren wieder, ihr Ausdruck wechselt. Hoch oben zwischen Säulen und Dach sind Paneele eingebaut und überreich mit Reliefschnitzereien dekoriert. Sie kommen nur in vietnamesischen Bauten vor, ein Zeichen der hochentwickelten Holzschnitzkunst, die nach immer neuen Möglichkeiten sucht, sich zu artikulieren. Hoch oben im Gebälk der dinh sahen sich die Holzschnitzer an keine Konvention gebunden, sie schufen, was ihnen Freude machte: Bilder aus ihrem Leben, dem bäuerlichen Alltag.

Weder Architektur noch Holzschnitzereien und ihre Motive haben im Lauf der Jahrhunderte einen grundlegenden Wandel erfahren. Verändert hat sich nur die Größe des dinh, aber auch der Gesamtanlage, die Anzahl der Nebengebäude und die Einfügung des Schutzgeisttempels *(hau cung)* in seine Architektur. Bis zum 18. Jh. befand er sich innerhalb des dinh, als geschlossener Schrein an der Mitte der Rückwand, die dem Haupteingang gegenüber lag. Im 18. Jh. erschien er an gleicher Stelle, jedoch als Anbau nach außen, aber nur vom dinh aus zugänglich. Ende des 18. Jhs. wurde dem dinh ein Gebäude *(tien te)* vorgesetzt, in dem die Vorbereitungen für die *te,* die Kulthandlungen, stattfanden. Der tien te war in seinen Abmessungen und seiner Ausschmückung eine verkleinerte Nachbildung des dinh und meist offen. Nicht alle dinh haben Wände. Die Anlagen mit Haupt- und Nebengebäuden waren von Zäunen, Wällen oder Mauern umgeben, durch die ein seitliches Tor führte, so daß der dinh, wie das vietnamesische Wohnhaus, von außen nicht sichtbar ist. Dinh und hau cung waren wahrscheinlich schon im 18. Jh. zuweilen durch einen Gang miteinander verbunden, der hau cung wurde größer und viereckig, so daß die Andeutung eines liegenden H entstand und der Grundriß dem der Pagoden ähnelte. Die Nebengebäude entsprachen der Anlage des vietnamesischen Hauses, sie wurden im Vorhof zu beiden Seiten des dinh erbaut und erfuhren im 19. Jh. mehr architektonische Angleichung an das gesamte Ensemble. Sie dienten bei Festen zur Vorbereitung der Speisen und Opfer und der Aufbewahrung der Requisiten.

Im Schutzgeisttempel sind auf einem Thron Ehrentafeln für den Schutzgeist, aber auch Symbole wie Waffen, Kleidungsstücke, Kronen – oft in verschlossenen Schreinen – aufgestellt. Sie sind umgeben von Weihrauchbecken, Vasen, Lampen und anderem Altargerät. Oftmals handelt es sich um kostbare alte Stücke. Die Körperhaftigkeit eines Schutzgeistes wird zuweilen durch Kleidungsstücke und Kopfschmuck, Helm oder Krone angedeutet, Statuen sind selten. Gestalt oder Symbol werden auf dem Thron in einer Sänfte, die meist im dinh aufbewahrt wird, bei dem Fest des Schutzgeistes durch das Dorf getragen. Diese Zeremonien konnten erst Ende der achtziger Jahren wieder aufgenommen werden.

Der dinh ist im Grunde ein unerhört prächtiges vietnamesisches Bauernhaus, in dem statt der Menschen der Schutzgeist wohnt. In Zentral- und Südvietnam haben die dinh vieles von der strengen äußeren Form verloren, auch das Ritual ist aufgelockerter.

Nghe – Tempel für Schutzgeister

Man findet sie in Weilern und Dörfern, in letzteren auch zusätzlich zum dinh. In Dörfern wird im dinh und *nghe* meist der gleiche Schutzgeist verehrt, Weiler haben oft einen eigenen. Ein nghe besitzt im Unterschied zum dinh keinen Versammlungsraum, ist daher kleiner. Er kann aber reich mit Schnitzereien ausgestattet sein. Der nghe steht allen offen, während der dinh nur bei Versammlungen und Festen und nur für die dazu berechtigten Männer des Dorfes zugänglich ist.

Chua – buddhistische Tempel

Die buddhistischen Tempelanlagen und Klöster werden *chua* (Pagode) genannt. Seltener hat sich für ein Bauwerk die chinesische Bezeichnung *tu* erhalten. Mehrstöckige Gedenk- und Begräbnisstupas heißen *thap* (Turm). Größere Weiler, jedes Dorf und alle Stadtviertel besitzen einen chua.

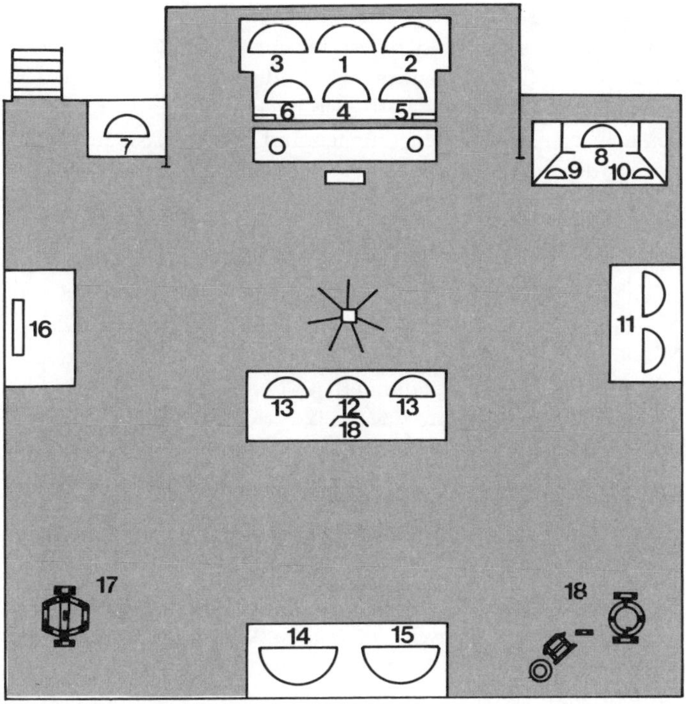

Plan einer Pagode im Mekong-Delta (nach Bezacier)
Dorf My Phuoc, Long Xuyen, Provinz An Giang
1 A Di Da (Amitabha Buddha), 2 The chi (Mahasthamaprapta), 3 Quan Am (Avalokiteshvara), 4 Thich Camau Ni (Shakamuni), 5 A Nan (Ananada), 6 Ca diep (Kacyapa), 7 Dia Tang (Khsitigarbha), 8 Thanh Quan (General der drei Königreiche), 9 Quan Binh (Zivilmandarin), 10 Chu Xuong (Militärmandarin), 11 Thap Dien (Höllenkönig), 12 Ngoc Hoang (Jadekaiser), 13 Phan Quan (Diener des Jadekaisers), 14 Ho Phap (Wächter), 15 Tieu dien, 16 Ahnenaltar, 17 Gebetsmühle, 18 Tafeln zum Totengedenken

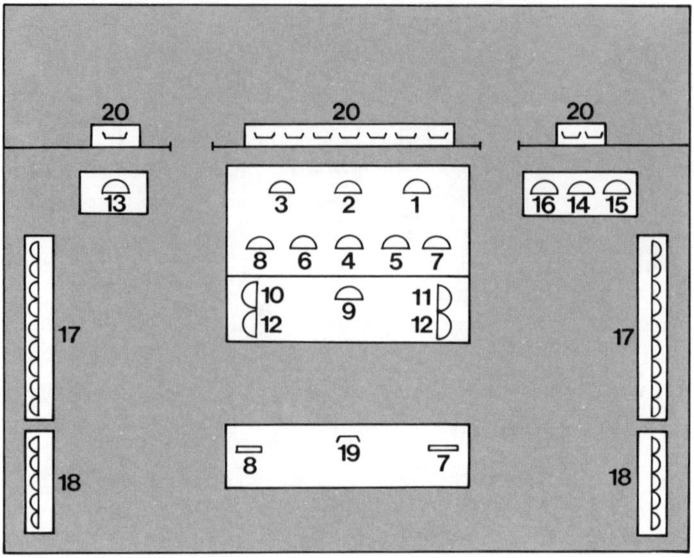

Bao Quang-Pagode in Hue (nach Bezacier) 1 Qua Khu (Amitabha) – Buddha der Vergangenheit, 2 Hien Tai (Shakamuni) Buddha der Gegenwart, 3 Vi Lai (Maitrexa) Buddha der Zukunft, 4 Thich Mau Ni (Shakamuni), 5 Quan Am (Avalokitesvara), 6 Chuan De (Avalokitesvara mit 18 Armen), 7 Van Thu (Manjusri), 8 Pho Hien (Samantabhadra), 9 Ngoc Hoang (Jadekaiser), 10 Cac Dau (Stern des Nordens), 11 Nam Tao (Stern des Südens) 12 Ho Phap (Wächter), 13 Cuu thien Huyen Nu (Mächtige Dame der Region des Neunten Himmels), 14 Thanh Quan (General der Drei Königreiche), 15 Quan Binh (Zivilmandarin), 16 Chu Xuong (Militärmandarin), 17 18 La Han, 18 10 Höllenkönige, 19 Gedenktafeln für die toten Könige der Nguyen-Dynastie 20 Tafeln für die toten Äbte.

Der chua bot Handwerkern und Künstlern ein reiches Betätigungsfeld. Es gibt keinen Kunstzweig, der nicht zur Gestaltung und Ausschmückung der Pagoden beigetragen hat. Keine Pagode gleicht der anderen, fast jede besitzt eine Kostbarkeit, ein Weihrauchbecken, eine Glocke, einen Leuchter oder eine Schnitzarbeit von besonderer Schönheit. Hunderte von Statuen des buddhistischen Pantheons, der daoistischen Geister und Götter, legendärer und lokaler Helden beweisen die Vielfalt vietnamesischer Religiosität, die Toleranz der Religionen und die enge Bindung von Religion und Geschichte.

Tran Lam Bien, vom Forschungsinstitut für vietnamesische Kunst in Hanoi, stellte eine Übersicht zur Entwicklung des *chua* zur Verfügung: Im 3. Jh. gab es *mieu dong* oder *tong mieu*, einfache Bauwerke ohne Wände mit einem Haupt- und einem Nebenraum an jeder Seite, bedeckt mit einem Blätterdach. Auf einem bescheidenen Altar im Mittelraum befand sich eine Statue oder ein Schriftzeichen auf rotem Grund. Aus allen Jahrhunderten wurden Steinaltäre, aber nur wenige Buddhastatuen gefunden, und es steht noch nicht fest, ob sie – aus vergänglichem Material – verloren gingen oder aber in früher Zeit ein Schriftzeichen anstelle des Buddha verehrt wurde. Ähnlich einfache chua sind bei den Muong, einer den Vietnamesen verwandten Minderheit in den nordwestlichen Bergen, bis in die Gegenwart zu finden.

Im fünften und sechsten Jahrhundert, zur Zeit der chinesischen Okkupation, soll es in Giao Chau zwanzig Tempel gegeben haben, in denen Buddha, aber auch lokale Götter verehrt wurden. Der Name chua wurde noch nicht benutzt. Sie bestanden weiterhin aus Säulen oder Pfosten, auf denen das Dach ruhte, und besaßen keine Wände. Aus dem 10. Jh. stammen Relikte und Texte, die darauf schließen lassen, daß die Dinh-Dynastie im 10. Jh. im unabhängigen Dai Viet den Buddhismus gefördert hat.

Die chua der Ly-Dynastie lassen sich ihrer Entstehung nach in drei Gruppen teilen. Die erste Gruppe sind solche, die vom König gegründet, mit staatlichen Domänen, Land und Arbeitskräften beschenkt wurden und zu Reichtum gelangt sind. Sie befanden sich in der Nähe von Flüssen, auf kleinen Hügeln oder am Fuße größerer Hügel. Die königlichen Boote konnten vom Fluß über einen Kanal bis zur Pagode gelangen. Aus der Ly-Zeit wird von großen Pagodenfesten mit Märkten und Spielen berichtet. Im Zentrum der Anlagen befand sich der *phat dien* (Buddhatempel) mit einer Statue. Ein phat dien konnte ein Haus oder ein *thap* (Turm) sein. Seitlich und hinter ihm lagen die Wohnungen der Äbte und Mönche, die Bibliothek und das Rasthaus für den König und sein Gefolge. Der phat dien selbst war klein, er beherbergte nur eine Buddha- oder Bodhisattvastatue auf Lotos sitzend. Das Buddhahaus stand auf einem hohen, fast quadratischen Fundament. Der mehrstöckige thap zeigte chinesischen Einfluß. Der Thap Long Doi von 987 hatte 13 Etagen, der 12stöckige Thap Bao Thien in Thang Long wurde 1057 erbaut, von dem Thap Chuong wird berichtet, daß er auf einem Fundament von 19 x 19 Metern stand und bis in das 15. Jh. erhalten blieb. Die thap wurden in Dai Viet nicht heimisch. Sie wurden ab dem 12. Jh. kaum mehr gebaut.

Eine zweite Gruppe, die zahlreicher gewesen sein soll, geht auf Stiftungen und Schenkungen des Adels, der Gutsbesitzer und Mandarine zurück. Im phat dien befand sich ein Steinaltar für die Statue, an dem im Gegensatz zu der ersten Gruppe das Drachendekor, das den Königen vorbehalten war, fehlte. Es wurden aber nur wenige chua dieser Gruppe gefunden.

Die dritte Gruppe – aus vergänglichem Material hergestellt – wurde von Mönchen oder Dörfern gebaut. In diesen *am* genannten Pagoden, die auf einem Fundament von 10 x 10 Metern standen, wurden ebenfalls Altäre gefunden. Die Säulen ruhten zum Teil auf Sockeln von 0,70 x 0,70 Metern. Im Mai 1989 wurde der Chua Thanh Am in Thanh Oai (Provinz Ha Son Binh) entdeckt.

Während der Tran-Dynastie haben die Könige an öffentlichen Plätzen Buddhabilder aufstellen lassen, von denen aber nichts erhalten blieb. Manche chua waren Meditationszentren wie der Chua Pho Minh in Nam Dinh und der Chua Yen Tu bei Hai Phong, die gleichzeitig königliche Refugien darstellten. Sie waren Stätten der Einsamkeit, an denen keine Feste stattfanden, besaßen einen mehrstöckigen thap und einen phat dien mit

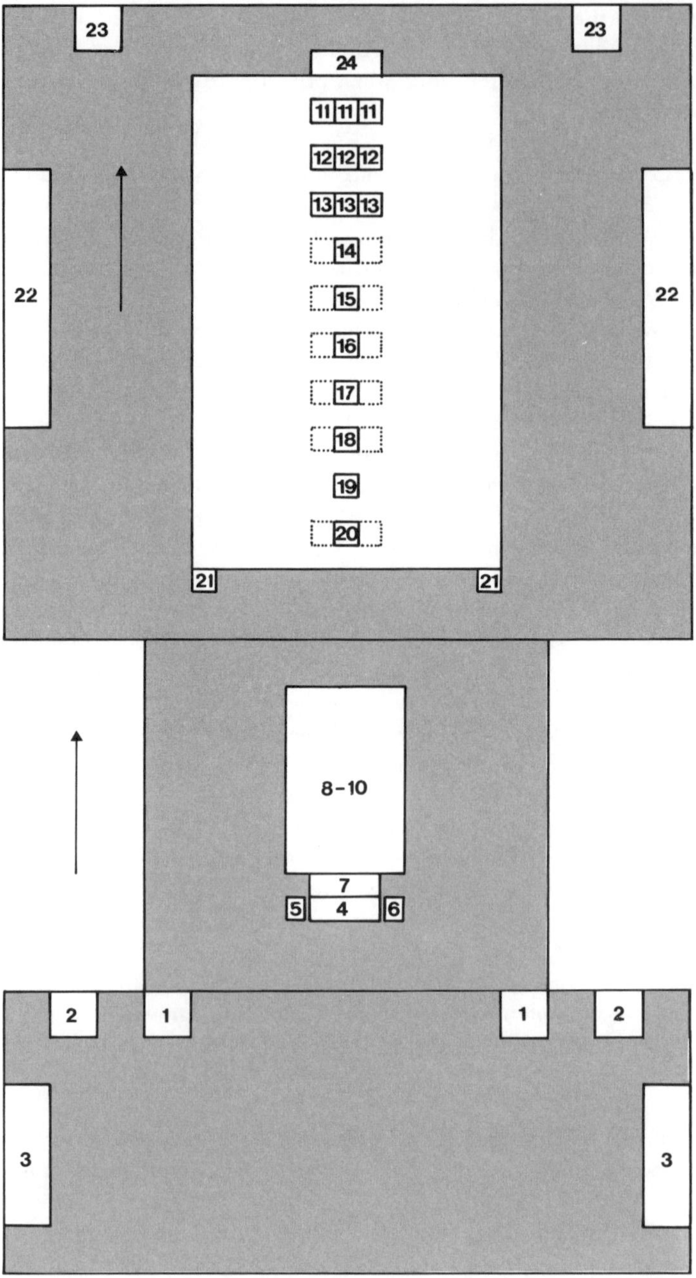

Pantheon der Pagoden im Rote-Fluß-Delta Die Statuen erscheinen auf unterschiedlichen Plätzen, können auch mehrmals dargestellt werden (jeweils von links nach rechts).

I. Tien Duong-Vorraum

1 Wächter (Dvarapala) – Ho Phap: Tien Luu und Ac Luu
2 Tho Dia – Schützer des Bodens, auf dem die Pagode steht, mit weißem Haar und weißem Bart. Giam Chai – Küchengott oder lokale Götter
3 seitlich: jeweils 5 Thap Dien – Höllenkönige oder Richter
3a jeweils 9 La Han, Jünger Buddhas (chin. Lo Han, Sanskrit arhat), Requisiten für die Tempelfeste).

II Thien Huong – Saal der Räucheropfer

4 *Gebetsplatz für Mönche oder Nonnen*

5 *Glocke – chuong*
6 *Roter, stilisierter Holzfisch – mo.* } *Beide zum Anschlagen der Sutren*

7 *Podest für Opfergaben*
Altar (in seltenen Fällen dient er als den zur Verehrung von Helden oder Ahnen). Die Statuen erscheinen in unterschiedlicher Reihenfolge.

8 *Das Buddhakind umgeben von neun Drachen – Thich Ca Cuu Long allein oder mit 8a buddhistischen Heiligen auf Drachen reitend/8b mit Ananda – At Nan und Kacyapa – Ca Diep/8c mit dem Jadekaiser – Ngoc Hoang und dem Himmelskönig – De Thich/8d mit vier Bodhisattvas, meist als Quan Am/8e mit den vier Königen der Himmelsrichtungen*

9 *(häufig) Der Jadekaiser – Ngoc Hoang mit seinen Ministern, den Sterngöttern: Stern des Südens – Nam Tao mit dem Buch der Geburten und Stern des Nordens – Bac Dau mit dem Totenbuch*

10 *Die vier Bodhisattvas als Quan Am*

III Thuong Dien – Hauptgebäude mit Haupttempel

11 *Die Tam The – Drei Kleinode – Buddha der drei Generationen. Amitabha – A Di Da – Vergangenheit/Sakyamuni – Thich Ca Mau Ni – Gegenwart/Maitreya – Di Lac – Zukunft*

12 *(häufig) Eine zweite Gruppe von drei Buddhas, verkörpern Die Lehre (dharma)/Buddha/Die Mönchsgemeinde (sangha)*

13 *(häufig) Eine dritte Gruppe von drei Buddhas, verkörpern die drei mystischen Körper Buddhas. Bo Than/Phap Than/Ho Than*

14 *Amitabha (A Di Da) allein oder mit 14 a der Quan Am-Bodhisattva Avalokitesvara und Quan Am He Chi – Bodhisattva Samantabhadra*

15 *Sakyamuni – Tich Ca Mau Ni allein oder mit 15a Ananda – At Nan und Kacyapa – Ca Diep*

16 *Maitreya – Di Lac, meist als fröhlicher, dickbäuchiger Mönch, allein oder mit 16a Bodhisattva Samantabhadra – Pho Hien auf einem weißen Elefanten und Bodhisattva Manjusri – Van Tu auf einem blauen Löwen*

17 *Der Jadekaiser – Ngoc Hoang allein oder mit s. Nr. 9. Auch mit dem Himmelskönig zu einer Person vereinigt als Ngoc Hoang De Thich*

18 *Die Quan Am – Bodhisattva Avalokitesvara*

19 *Sakyamuni, liegend, in das Nirvana eingehend*

20 *Das Buddhakind mit den neun Drachen s. Nr. 8*

Zu beiden Seiten vor dem Altar

21 *Bodhidharma – Bo De Dat Mat –, auf den die Buddhistische Lehre in Vietnam zurückgeht, mit schwarzem Bart. 21a Duc Ong mit rotem Gesicht. Der Wächter des Bodens und Landes./21b Tho Dia s. Nr. 2./21c Thanh Hien, ein Jünger Buddhas in Mönchskleidung./21d Tuan Vu, General der Han-Dynastie mit Rotem Gesicht und Pferd, das 100 km am Tage zurücklegt, oft mit seinen Wahlbrüdern. Diese Statuen können an anderen Plätzen oder in einem Hintergebäude des Tempels sein.*

22 *Seitlich des Altars: die 10 Höllenkönige oder die 18 La Han s. Nr. 3. Sie können auch in einer Galerie sein*

23 *Auf Altären rechts und links im Hintergrund: Die Quan Am, häufig Quan Am Thi Kinh (mit dem Kind im Arm), oder auch daoistische Muttergöttinnen*

24 *Wenn kein dien für die tu phu, die daoistischen Mütter, im Hof der Pagode ist, kann hinter dem Hauptaltar ein Altar für die tu phu sein.*

einem Altar. Die Pagoden in den Dörfern waren klein, wie in der Ly-Dynastie. In einigen chua blieben Steinaltäre erhalten (Thay Pagode, Provinz Ha Son Binh), auf denen Räucherstäbchen verbrannt wurden. Während der Le-Dynastie (15. Jh.) erlitt der Buddhismus einen Rückschlag. Pagoden durften nicht mehr gebaut werden, vorhandene verfielen. Erst während des Interregnums der Mac-Dynastie und unter den Feudalherren des Trinh-Klans, während der restaurierten Le-Dynastie im 16. und 17. Jh., wurde wieder gebaut und restauriert. Das Pantheon wuchs, und entsprechend mußten auch die Pagoden größer gebaut werden. Von dieser Zeit an beherrschen die drei Buddhas der Gegenwart, Vergangenheit und Zukunft den Hauptaltar. *Sakyamuni* als Kind, von Drachen umgeben, *Avalokitesvara,* auch in seiner ostasiatischen Version als *Quan Am,* die Achtzehn *La Han* (Arhats), *Bodhisattva, Van Tho* und *Pho Hien* hielten ihren Einzug in die Pagoden. Im Trung Bo unter den Nguyen geriet der vietnamesische Buddhismus unter chinesischen Einfluß. Große Pagoden entstanden, darunter der Chua Thien Mu in Hue.

Im Delta des Roten Flusses hat sich ein Baustil entwickelt, den die Vietnamesen *noi cung-ngoai quoc* nennen. Der innere Teil (noi), die Gebäude des chua, gleichen dem chinesischen Zeichen für ein liegendes H(cung). Sie bestehen aus dem Vorderhaus (*tien duong*), dem schmaleren Haus der Räucheropfer (*thien huong*) und dem Haupthaus mit dem Haupttempel (*thuong dien*). Umgeben werden sie außen (ngoai) von einer Umfassungsmauer, die dem Zeichen quoc„einem Viereck, gleicht. An dieser Mauer führen meist Galerien (*hanh*) entlang, an der Rückseite steht das Hinterhaus (*hau duong*) für Mönche oder Nonnen, auch als Gästehaus, für die Statuen der Stifter oder Äbte und daoistische Genien benutzt. Durch die Mauer führt das dreifache Tor(*tam quan*), im Hof steht der Glockenturm (*gac chuong*). Tempel in Form eines auf dem Kopf stehenden T sind älter, einfacher und nehmen weniger Raum in Anspruch. Sie sind häufiger in Städten zu finden.

Im 17. Jh. wurden einige Tempel im *tam quan*-Stil gebaut. Dessen Merkmale sind drei hintereinander liegende Räume, bai duong, dienh dien und hai hung mit je drei übereinandergeschachtelten Dächern, deren Enden schuhartig aufgebogen sind und in Drachen enden. Die Dächer aus farbigen Ziegeln sind geschmückt mit Tieren aus Terrakotta, darunter den heiligen Tieren: Drache, Phönix, Schildkröte und Einhorn. Die besten Beispiele dieses Stils sind der Chua Kim Lien am Westsee in Hanoi und der Chua Tay Phuong in Groß-Hanoi.

Im 19. und 20. Jh. förderten die Könige der Nguyen-Dynastie den Bau von chua, andere wurden restauriert oder erweitert. Chua, die auf Gründungen der Ly- und Tran-Dynastie zurückgingen, erhielten erst bei diesen Umbauten ihre derzeitige Größe. Von manchen ist bekannt, daß der alte chua nur den Platz einnahm, der heute vom Altar beansprucht wird.

Der Bau einer Pagode erfordert sorfältigere Vorbereitungen als der eines Hauses. Ein chua muß am Wasser liegen, an einer Quelle, einem Fluß, See oder Kanal. Astrologen errechnen die günstigste Lage. Der Haupteingang ist nach Westen oder Süden geöffnet.

Ohne Kenntnis der Legende lassen sich die Lage, der Name und die Bedeutung vieler Pagoden oft nicht erklären, noch weniger die Götter und Genien, die darin auftauchen, auch die buddhistischen Erscheinungen sind in Vietnam von Legenden umrankt. Adaptierte Gottheiten werden in die vietnamesische Geschichte eingebettet, ihre Lebensgeschichte in das eigene Dorf verlegt. Durch die Mauer, die die Tempelanlagen umschließt, führt ein dreiteiliges Tor *(tam quan)*. Das kann ein prächtiges Bauwerk sein, mit Ziegeldach, mehreren Säulenreihen und geschnitzten Türen, oder nur aus vier Pfosten und einem Querbalken bestehen. Der Blick durch das linke Tor läßt die Nichtigkeit des Seins, durch das rechte Tor die Vergänglichkeit alles Irdischen erkennen, und durch das mittlere Tor erblickt der Gläubige die Unbeständigkeit, den immerwährenden Wandel. Ein bauchiges Gefäß auf dem Tor – wie es zum Waschen der Buddhafiguren benutzt wird – zeigt, daß im chua eine *Quan Am Bo Tat* verehrt wird, deren Symbol der Krug ist. Im ersten Hof erhebt sich meist der Glockenturm. Auch er zeugt vom Reichtum oder der Armut der Pagode. Die Glocke kann in einem einfachen Holzgerüst oder in einem kunstvollen Pavillon über dem Tor hängen. Am Ende des Hofes, manchmal hinter einem Teich, liegt der chua. Er besteht aus einem oder mehreren Gebäuden, die durch Gänge und Höfe miteinander verbunden sind.

Chua Tay Phuong, tam quan-Stil, unten Seitenansicht

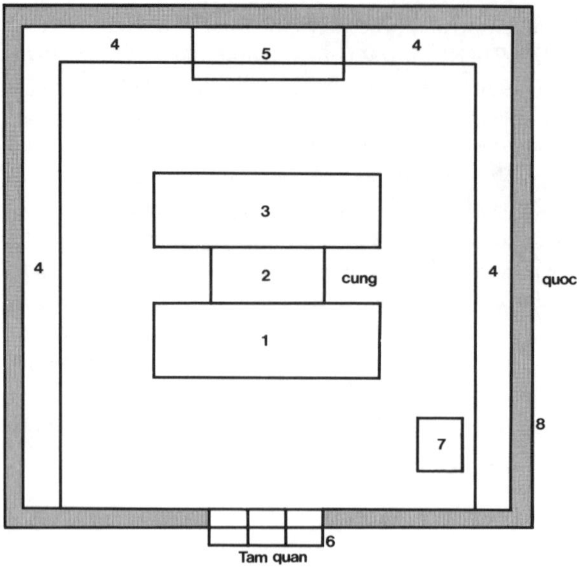

Skizze einer Pagode
1 Vorderhaus – tien duong
2 Haus der Räucheropfer – thien huong
3 Haupttempel – thuong dien
4 Galerien – hanh
5 Hintergebäude – hau duong
6 dreifaches Tor – tam quan
7 Glockenturm – gac chuong
8 Mauer

Die prächtigste Pagode geht auf die Grundelemente des vietnamesischen Hauses zurück, Säulen, Dach und Wände, die keine Trag- und Stützfunktion haben. Auch in kleinen dörflichen Pagoden sind Säulen und Dachgebälk oft mit reichen Schnitzereien verziert, Tier- und Pflanzenmotiven, Girlanden und Lotosblüten. Die Funktion des chua erfordert eine Dreiteilung, entweder durch drei Gebäude, drei Räume oder die Aufteilung eines Raumes durch drei Altäre. Vom Eingang bis zum Hauptaltar muß die zunehmende religiöse Bedeutung durch einen deutlich wahrnehmbaren Anstieg unterstrichen werden. Ist er nicht durch eine Hang- oder Terrassenlage naturgegeben, wird er durch eine Untermauerung und Erhöhung des Hauptaltares erwirkt.

Nur an Festtagen sind die Haupteingänge der Pagoden geöffnet. Vom Seiteneingang aus gesehen geht viel vom räumlichen Eindruck, aber auch von der religiösen Spannung verloren. Der Betrachter sollte innerhalb der Pagode zunächst zum Haupteingang zurückgehen und in der Vorhalle *(tien duong)* beginnen. Am Eingang halten die *ho phap*, die Wächter *tien luu* und *ac luu* Wache. Sie fehlen in keiner Pagode, nur kann ihre Kleidung und ihr Aussehen recht unterschiedlich ausfallen. Eine Reihe von Statuen haben keinen festen Platz und sind – wenn kein großes tien duong vorhanden ist – auch an anderer Stelle zu finden. Dazu gehören auch Statuen, die nicht in das buddhistische Pantheon gehören: daoistische Unsterbliche, Heroen und Ahnengeister der Vietnamesischen Religion und lokale Götter, von denen oft niemand mehr ihre Bedeutung, manchmal auch nicht die Namen kennt. Die zehn Höllenkönige können – je fünf auf einer Seite – im tien duong sitzen, sie sind aber häufig auch in den nachfolgenden Räumen zu finden. Statt ihrer wird in den Pagoden des Rote-Fluß-Deltas auch die Hölle in grottenähnlichen Altären dargestellt, in denen die drakonischen Strafen, die den Übeltäter erwarten, gezeigt werden. *Tho Dia,* der Schutzgeist des Bodens, *Ong Vua Bep* (König der Küche), haben ihren Platz im tien duong. Auch Requisiten für die Tempelfeste – Sänften, Throne u. a. – werden hier aufbewahrt. Architektur und Ausstattung dieses Raumes oder Gebäudes sind sehr einfach.

Das nachfolgende Haus oder der Raum der Räucheropfer (*thien huong)* ist gegenüber dem Vorraum leicht erhöht und oft quadratisch. Meist zeigt er Schnitzereien an Säulen und im Dachgebälk. In seiner Mitte steht ein Altar, vor dem, auf einer Matte knieend, Mönche und Nonnen beten. Zu den Absätzen der Sutren schlagen sie den *mo,* einen stark stilisierten, roten Holzfisch, und die Bronzeglocke *(chuong).* Vor ihnen steht ein kleiner Podest mit einem Tablett, häufig schöne Schnitz- oder Lackarbeiten, zum Niederlegen der Opfer. Räucherstäbchen erhält der Besucher vom Tempel, dafür gibt er eine Geldspende.

Auf dem Altar im Saal der Räucheropfer hat *Thich Ca Mau Ni,* das Buddha-Kind, seinen Platz. Es wird dargestellt, wie es die sieben Schritte in alle Himmelsrichtungen tut, mit einer Hand zum Himmel, mit der anderen zur Erde deutend, zwischen denen es als

Im Saal der Räucheropfer

Mittler steht. In der indischen Buddhalegende schütteten zwei naga-Könige, Nanda und Upananda, warmes und kaltes Wasser über das Neugeborene. In Vietnam sind es *Cuu Long,* neun Drachen, die Regen aus den Wolken herbeirufen. Das Buddha-Kind von neun Drachen umgeben, *Thich Ca Cuu Long,* fehlt in keiner nordvietnamesischen Pagode; im Trung Bo und Nam Bo ist es selten. Es kann allein stehen oder begleitet sein von buddhistischen Heiligen auf Drachenrücken oder aber von *At Nan* (Ananda) und *Ca Diep* (Kacyapa) oder von *Ngoc Hoang,* dem Jadekaiser, und *De Thich,* dem Himmelskönig. Jadekaiser und Himmelskönig können zu einer Gestalt verschmelzen: *Ngoc Hoang De Thich.* Das Buddha-Kind kann auch von den vier Bodhisattvas oder den Königen der vier Himmelsrichtungen umgeben sein. Alle diese Statuen können auch auf dem Hauptaltar in anderer Ordnung erscheinen, wie der Jadekaiser mit seinen Ministern *Nam Tao,* dem Stern des Südens, mit dem Buch der Geburten auf seinen Knien, und *Bac Dau,* dem Stern des Nordens, der das Totenregister führt.

Im *thuong dien,* dem Hauptgebäude oder Hauptraum der Pagode, drängen sich die Statuen häufig auf einem steil emporsteigenden Altar bis unter das Gebälk. Die höchste Stufe nehmen die *tam the,* die Buddhas der drei Generationen, ein: links Amitabha (vietnamesisch *A Di Da*), der die Vergangenheit repräsentiert, in der Mitte Sakyamuni *(Thich Ca Mau Ni),* der Buddha der Gegenwart, und rechts Maitreya *(Di Lac),* der Buddha der Zukunft. Eine zweite Gruppe von drei Buddhas verkörpert: Buddha, seine Lehre *(dharma)* und die Mönchsgemeinde *(sangha).* Oft steht darunter noch eine dritte Reihe für die drei mystischen Körper Buddhas: *Phap Than, Bo Than* und *Ho Than.* Unterhalb der Dreiergruppen erscheint zuweilen Amitabha allein, als der Buddha des Unendlichen Lichts, der die Menschen in das Reine Land führt. Neben sich hat er oft die *Quan Am,* die vietnamesische Form des Bodhisattva Avalokitesvara, der in Ostasien zur Göttin der Barmherzigkeit wurde, *Konan Yin* in China, in Japan *Kwan Non* genannt, und auf seiner anderen Seite die *Quan Am The Chi,* den Bodhisattva Mahasthamarapta.

Maitreya erscheint als lachender, dickbäuchiger Mönch *(Di Lac),* allein oder mit *Pho Hien,* dem Bodhisattva Samantabhadra auf einem weißen Elefanten, und *Van Tu,* dem Bodhisattva Manjusri auf einem blauen Löwen. Der Jadekaiser wird mit seinen Ministern, die Quan Am allein oder mit ihren Begleiterinnen, *Kim Dong,* dem Goldkind, und *Ngoc Nu,* der Jadetochter, dargestellt.

Der Hauptaltar wird meist flankiert von den zehn Höllenkönigen oder den achtzehn *La Han.* Auch Statuen der Stifter des Tempels oder nichtbuddhistische Gottheiten treten auf. Sehr häufig ist die sitzende Statue des *Bo De Dat Mat* (Bodhidharma), des 28. indischen Patriarchen, der 520 nach China kam und der erste Patriarch Chinas wurde, am Fuß des Hauptaltars anzutreffen. Er trägt eine blaue Robe, hat runde Augen, starke Augenbrauen und als einziger einen schwarzen Bart.

Die *Quan Am Thi Kinh,* eine Frauengestalt in Mönchskleidung – meist sitzend dargestellt, mit einem Kind im Arm –, ist nur in vietnamesischen Pagoden zu finden. Die vielverehrte Göttin entstammt der vietnamesischen Legende: »Eine Frau bewachte den Schlaf ihres Mannes. Als sie an seinem Kinn ein Haar entdeckte, wollte sie es mit einem

Maitreya (Di Lac), der Buddha als Mönch

Messer entfernen, doch der Mann erwachte und glaubte, sie wolle ihn töten. Trotz ihrer Beteuerungen wurde sie aus dem Hause gejagt und trat, als Mann verkleidet, in ein Kloster ein. Die Tochter des Dorfältesten verliebte sich in den schönen, jungen Mönch. Weil er ihre Liebe nicht erwiderte, wandte sie sich nun einem Dorfburschen zu. Als sie ein Kind bekam, brachte sie es ins Kloster und erklärte, der Mönch sei der Vater. Die unglückliche junge Frau wurde nun aus dem Kloster gewiesen und bettelte, in Mönchskleidung, für das Kind und für sich. Erst nach ihrem Tode entdeckte man, daß sie eine Frau war und ihr Unrecht geschehen war.« Sie wurde zur Quan Am mit dem Kind im Arm und ist in den meisten Pagoden Vietnams anzutreffen. Es gibt auch eine *Quan Am Toa Son,* die auf einem Felsen sitzend dargestellt wird, und die *Quan Am Tung Te,* zu der die kinderlosen Frauen beten.

Bis zu 140 verschiedene Statuen können in einer Pagode vorkommen, manche erscheinen auch zweimal. Häufig sind eine oder mehrere Statuen der daoistischen Mütter anzutreffen. Früher hatten sie einen Altar hinter dem Hauptaltar oder einen eigenen Tempel (dien) im Hof der Pagode. Sie tauchen seit einiger Zeit wieder auf.

In den Galerien, die den chua umschließen, oder in einem schlichten Gebäude hinter der Pagode lebten die Mönche, fanden die Pilger Unterkunft. Auch die La Han sind dort zu finden, Statuen der Stifter und Erbauer der Pagoden, Statuen und Bilder der Äbte, hier wird auch den Besuchern Tee gereicht. Die Asche der Mönche und Äbte wurde in den *thap* (stupa) im Hof der Pagode beigesetzt. Bis zum Jahre 1812, als König Gia Long diese Bestattungsart verbot, wurde der Kopf neben der Urne beigesetzt. Die Höhe des thap richtet sich nach Alter und Rang des Verstorbenen.

In mancher Pagode befindet sich ein *den,* entweder in einem gesonderten Gebäude, oder der Saal der Räucheropfer *(thien huong)* ist als den eingerichtet. Der Held – ein Naturgeist oder vergöttlichter Ahne – ist durch einen Thron, seine Symbole oder einen verschlossenen Schrein, seltener durch eine Statue, manifestiert.

Der chua hat im Trung Bo und Nam Bo einen Wandel durchgemacht. Schon in Zentralvietnam fügen sich die Anlagen nicht mehr so stark in die Natur. Das Pantheon ist sehr viel kleiner, die Wände der Pagode mit farbigen Bildern geschmückt. Besonders im Nam Bo ist der Einfluß Thailands zu bemerken. Eine große Anzahl von Pagoden gehört – teilweise sehr reichen – Sekten. In Ho Chi Minh-Stadt haben sich viele chua auf die Aufbewahrung der Urnen der Verstorbenen eingerichtet, da alle Toten verbrannt werden. Im Mekong-Delta findet man viele chinesische Pagoden, die gleichzeitig Treffpunkt der chinesischen Gemeinden (*Hoi Quan*) sind und mit einem Gemeinschaftssaal und Eßräumen für gemeinsame Feiern ausgestattet sind.

Im Mekong-Delta trifft man auf viele Mönche – weniger Nonnen – in leuchtend gelben Roben, auch die Pagoden im Trung Bo beherbergen Mönche und Nonnen. Im Bac Bo war ihre Zahl bisher sehr klein, viele große Pagoden wurden von einem oder zwei Mönchen, häufiger aber von Nonnen betreut, denen Frauen aus der Gemeinde beistanden und die in den Höfen der Pagoden oft Gemüse und Salat anbauten und verkauften. Mit dem Wiederaufleben der buddhistischen Gemeinden kann sich das Bild auch im Bac Bo schnell ändern.

Der den – Gedenktempel für Helden

Den oder auch *mieu* sind Gedenkstätten in Städten und Dörfern, in denen Helden und Ahnen von nationaler, regionaler oder lokaler Bedeutung verehrt werden. Verehrungswürdig sind die Urmutter Au Co, die Hung-Könige, An Duong Vuong (der Gründer des Reiches Au Lac), Nationalhelden und Freiheitskämpfer wie die Trung-Schwestern und der General Tran Hung Dao, Heerführer, Männer aus dem Volk, die gegen Invasoren gekämpft haben, Than Vien, der Schutzgeist der Berge, und Tran Vu, der Schutzgeist der Stadt Hanoi, der das Fuchs-Ungeheuer besiegt hat. Verehrt werden aber auch Literaten, legendäre und historische Personen sowie Helden der jüngeren Vergangenheit. Dieser Kult der Heroen wurde auch nicht unterbrochen, als Religionen unerwünscht waren. Er geht aber weit über die Heldenverehrung im europäischen Sinne hinaus und gehört zweifellos in den Bereich der Religion. Das Volk und der einzelne betet zu dem Helden, von dessen Kräften und Fähigkeiten Hilfe für das eigene Leben zu erwarten ist. Vor einigen Jahrzehnten müssen manche dieser Kulte mit magischen Riten verbunden gewesen sein, die sich heute nur ahnen lassen. Als Zeichen der Verehrung dienen Weihrauchstäbchen, aber auch andere im Buddhismus übliche Gaben sowie Geldspenden, die für den Kauf stets bereitgehaltener Weihrauchstäbchen dienen.

Architektonisch gleicht der *den* dem *chua* und damit auch dem Grundtyp, dem vietnamesischen Haus. Er liegt in schöner Umgebung, auf einem Hügel oder an einem Hang, an einem See, unter hohen Bäumen, am Ende einer Baumallee, und ist von einem Wall

Mädchen baden in einem Lotosteich, Skulptur aus einem den (17. Jh.)

oder einer Mauer umgeben. Zu erreichen ist er durch ein Tor, das imposant oder einfach sein kann. Manchmal liegt ein den im Hof eines chua oder einem großen den ist ein chua beigegeben. Der zweite Raum eines chua kann auch als Stätte zur Verehrung eines Helden eingerichtet sein, besonders wenn dieser Verdienste um den Buddhismus erworben hat oder eine buddhistische Inkarnation ist. Chua und den unterscheiden sich aber in der Ausstattung der Innenräume. Auf dem oft reich geschnitzten Altar befindet sich manchmal die Statue des Verehrten, in einem verschlossenen Schrein oder auch in einem hinteren Raum aufbewahrt und nur zu Tempelfesten gezeigt. Anstelle einer Statue kann eine Gedenktafel mit dem Namen des Helden auf dem Thron stehen, oder es liegen Symbole darauf: Krone und Schwert. Im Tempel sind Requisiten aufgestellt, die aus dem Besitz des Heroen stammen bzw. an ihn erinnern sollen oder aber für die Tempelfeste gebraucht werden. Dazu gehören hölzerne Pferde und Sänften, unter den Sakralgegenständen befinden sich Waffen, Weihrauchbecken, die Tiergruppe des Reihers, der auf der Schildkröte steht, als Zeichen unverbrüchlicher Treue, Lampen u. a. Auf großen Tafeln sind Taten und Verdienste des Helden aufgeschrieben, zuweilen aber auch die Gegenstände aufgezählt, die in verschlossenen Räumen zu seinem Gedenken aufbewahrt werden. Häufig sind den oder mieu (kleine Tempel) durch eine Geistermauer vor dem Eingang geschützt.

Eine Anzahl der Helden ist auch in den Schutzgeisttempeln der *dinh* wieder zu treffen. Sie haben dann eine religiöse Schutzfunktion erhalten, und ihre Vergöttlichung ist deutlicher erkennbar.

Dien – Daoistische Tempel

Dien bedeutet Haus oder Tempel, wird aber häufig für die daoistischen Muttertempel benutzt. Der Kult der verehrungswürdigen Mütter *(tu phu)*, die zu den daoistischen Geistern, den *chu vi*, gehören, war in Vietnam sehr weit verbreitet. Die Urmutter Au Co, von der die Vietnamesen der Legende zufolge abstammen, wird in *den,* Gedenktempeln für Ahnen und Helden, verehrt, oft in Verbindung mit den Hung-Königen. Ihre Statue findet sich auch oft in Pagoden. Die chu vi haben oft auch eigene Tempel *(dien)* in Dörfern und

Städten, manchmal im Hof einer Pagode, oder sie werden in der Pagode an Altären hinter dem Hauptaltar verehrt.

Der Kult der Mütter war – wie im Volksdaoismus – von Zauberei, Magie und schamanistischen Riten überlagert, entsprach aber zutiefst dem vietnamesischen Glauben an eine beseelte Natur. Erst seit 1989 ist eine große Zahl von dien wieder geöffnet, Altäre wurden aufgebaut, einzelne Statuen fanden in Pagoden einen Platz. Das Pantheon bleibt aber oft lückenhaft oder wird falsch aufgebaut. Am besten erhalten ist der dien der Chua Van Ho in Hanoi, der einen Eindruck des Pantheons und des Kultes vermittelt (s. S. 325). Die zentralen Figuren des Kultes sind die tu phu, die vier Mütter, die auch als Beherrscherinnen der vier Himmelsrichtungen gelten, ihnen sind bestimmte Farben zugeordnet. Den Ehrenplatz in der Mitte der tu phu nimmt ›Mutter Himmel‹ in roten Gewändern ein. Sie schützt Menschen und Reisfelder und beschert den Regen. Ihr zur Seite, weiß gekleidet, ›Mutter Wasser‹, sie ist die Beschützerin des Reisanbaus. Zur anderen Seite sitzt ›Mutter Erde‹, trägt ein blaues Kleid und ist die Mutter der Reisfelder. Alle drei werden um Hilfe im Alltag gebeten. Ihre Aufgaben erscheinen wenig differenziert, vielleicht sind sie in Vergessenheit geraten. Sie werden auch als Schöpferinnen der Reisfelder, also als Reisgöttinnen, bezeichnet. Häufig blieben nur eine oder zwei Statuen erhalten. Sind es vier, sitzen die drei genannten nebeneinander, vor ihnen thront in grünem Gewand ›Mutter Wald‹, auch ›Mutter Dschungel‹ genannt. Sie kann auch auf einem gesonderten Altar verehrt werden. Sie nimmt sich der Seelen der Verstorbenen an und wird von Trauernden angerufen. Häufig ist sie im Hof einer Pagode in einer kleinen künstlichen Grotte zu finden.

Die tu phu haben elf männliche und elf weibliche göttliche Helfer, von denen aber nur fünf Könige und vier Göttinnen dargestellt werden. Auch der Jadekaiser mit seinen beiden Ministern, die das Buch der Lebenden und Toten führen, und Tran Hung Dao, der General, der im 13. Jh. die Mongolen besiegte, erscheinen in den dien. Tran Hung Dao gilt als Beschützer der Frauen. Sein Tempel in Kiep Bac (Provinz Ha Bac) war eines der Zentren der chu vi-Kulte.

Die Kindergestalten auf den Altären sollen daran erinnern, daß der Mensch nach einem guten Leben in einer besseren Welt als ein glückliches Kind wiedergeboren wird. Unter dem Altar der Mütter befindet sich eine Grotte, das Reich der fünf Tiger, die auch für die Himmelsrichtungen stehen: der schwarze Tiger für den Norden, der rote für den Süden, der grüne für den Westen und der weiße für den Osten. Die Farben korrespondieren mit denen der Mütter und den ihnen zugeordneten Himmelsrichtungen. Der fünfte, der gelbe Tiger, kann auch stellvertretend für alle auftreten, er beherrscht die fünfte Himmelsrichtung, die Mitte, alleinstehend die Erde. Der weiße Tiger allein steht für Licht, Sonne, Reichtum, Glück. Die Tiger haben ihren Platz immer unterhalb der Mütter, weil sie ihnen dienen. Hinter ihnen erscheint das Siebengestirn, das Sternbild des nördlichen Himmels. Der Altar der tu phu symbolisiert die drei Schichten des Weltalls, den Himmel der göttlichen Mütter, die Erde der Menschen und Tiere und das Reich der Toten.

Die alten Kulte werden im modernen Vietnam nicht wieder erstehen, vielleicht wird auch die Verehrung der Mütter in Vergessenheit geraten. Zunächst aber besuchen auch junge Menschen die wiedergeöffneten Tempel und Altäre. Die Architektur der dien ist einfach, die Statuen sind fast ausnahmslos als Devotionalien anzusehen und haben mit Kunst wenig zu tun. Viel läßt sich nicht über Kult und Riten in Erfahrung bringen. Der Eifer und die Hingabe der Besucher läßt aber vermuten, daß es bewußte oder unbewußte Bindungen gibt, Erinnerungen, die sich vielleicht beleben werden. Bemerkenswert ist die Reaktion der Nonnen und der Frauen, die den chua betreuen, auf die Frage nach den tu phu. Es gibt keinen Zweifel, wem Vorrang gebührt, zuerst hat der Besucher Buddha seine Reverenz zu erweisen, dann wird er zu den tu phu geführt. Die enge Bindung, die zwischen Buddhismus, Daoismus und den Vietnamesischen Religionen bestand, ist bis heute ungebrochen. Genauso bemerkenswert ist es auch, daß jeder Besucher, auch wenn er einzelne Statuen und ihre Funktion nicht kennt, ihnen wie allen anderen ein Weihrauchstäbchen anzündet, die Hände zusammenlegt und sich verbeugt. Vielleicht ist es Furcht, durch ein Versäumnis Nachteile zu haben, aber sichtbar ist auch die Verehrung für alles, was als göttlich anzusehen ist.

Van Mieu – Tempel der Literatur

Im Jahre 1070 ließ König Ly Thanh Tong südlich seiner Hauptstadt Thang Long, im Dorf Thinh Hoa, den Tempel der Literatur für Khong Tu (Konfuzius) und seine Nachfolger und Schüler bauen. Als Vorbild diente der Konfuziustempel in China am Geburtsort des Meisters in Qufu. Hanoi ist gewachsen, der *Van Mieu* liegt heute in der Innenstadt im Stadtteil Dong Da. Ab dem 11. Jh. entstanden in allen Provinz-, Kreis- und Bezirksstädten Literaturtempel *(van chi),* in den Dörfern *tu chi.* Betreuung und Kult oblagen den Staatsbeamten und Mandarinen, die Verehrung des Konfuzius war Staatskult, das Volk nahm keinen Anteil.

Der Van Mieu diente zunächst als Bildungsstätte für Prinzen und Adelige. 1076 wurde ihm die *quoc tu giam* (National-Akademie) angeschlossen. Im Laufe der Jahrhunderte wurde sie ausgebaut, umbenannt, erweitert und entwickelte sich zum Zentrum der Gelehrsamkeit. Eine Universität im europäischen Sinne war sie jedoch nicht. Die konfuzianische Bildung basierte auf den Fünf Kanonischen und Vier Klassischen Schriften (s. S. 113), das abschließende Examen bestand in einer Literaturprüfung. 1807 verlegte der erste König der Nguyen-Dynastie, Gia Long, das staatliche Bildungsinstitut in seine neue Hauptstadt Hue. Dort fanden bis 1918 Prüfungen statt. In Hanoi wurden die regionalen Prüfungen bis 1915 abgehalten, der Tempel der Literatur blieb hier erhalten, während er in Hue zerstört wurde. 1946 wurde ein Teil der Gebäude in Hanoi von französischen Truppen beschädigt, 1954 aber wieder aufgebaut. Seitdem ist der Van Mieu eine Gedenkstätte. An Festtagen, besonders zum Neujahrsfest, kommen Tausende aus Stadt und Land, um den traditionellen Wettkämpfen und Spielen zuzusehen und den Neujahrsmarkt zu besuchen.

Seine Architektur ist eher zweitrangig, aber die Gesamtanlage, die glückliche Verbindung von Natur, Gartenanlage und Architektur machen den Van Mieu zu einem eindrucksvollen Beispiel der jahrhundertealten Tradition und zudem zu einer Oase der

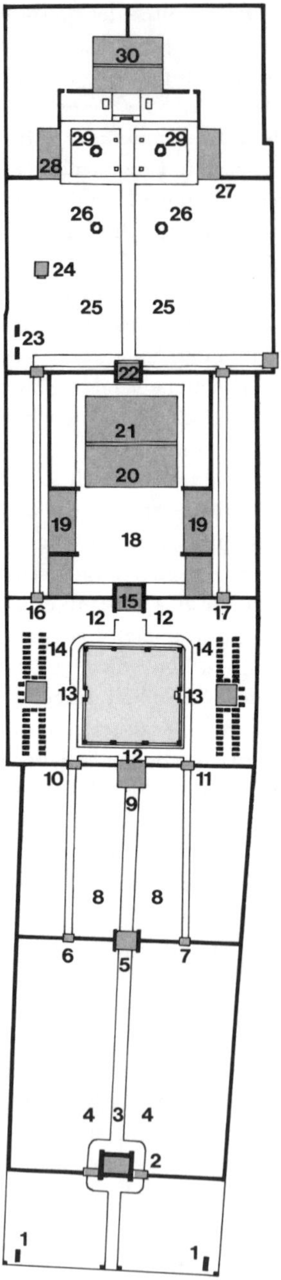

Van Mieu – Tempel der Literatur, Hanoi, Stadtteil Dong Da (ehemals Dorf Tinh Hoa, Bezirk An Ha, Distrikt Hoa Long, Provinz Ha Dong). Erbaut 1070

Teil I: Hof 1–4 erhalten oder restauriert

1 Stele, auf der Reiter gebeten werden abzusteigen
2 Haupteingang. Dreiteiliges Tor Van Mieu Mon (Mon = Tor)
3 Mit Terrakottaplatten gepflasterter Weg
4 1. Hof mit altem Baumbestand
5 Dao Trung Mon
6 Dai Tai Mon
7 Thanh Duc Mon
8 2. Hof mit alten Bäumen
9 Khue Ven Cac Mon mit hölzernem Pavillon
10 Bi Van Mon
11 Cuc Van Mon
12 4. Stelenhof
13 Gepflasterte Wege
14 82 Stelen von 1448–1779 für 1295 Doktoren der Literatur
15 Dai Thanh Mon
16 Ngoc Tran Mon
17 Kim Thanh Mon
18 5. Gepflasterter Hof
19 Ta Vu und Huu Vu, linke und rechte Räume für die 62 Nachfolger des Konfuzius
20 Bai Duong-Haus der Zeremonien
21 Dai Thanh (Großer Erfolg) oder Thuong Cung (Großes Heiligtum) für Konfuzius und seine 4 Anhänger

Nicht erhalten blieben die nachfolgenden Gebäude. Bis 1807 befand sich auf diesem Gelände die Nationale Akademie. An ihrer Stelle entstand ein Tempel für die Eltern des Konfuzius, Khai Thanh, der 1946 zerstört und nicht wieder aufgebaut wurde.

22 Hinteres Tor
23 Stelen
24 Tempel für den Sonnengott
25 Hof
26 Alte Bäume
27 Ausgang für die Mandarine
28 Lager- und Wachraum
29 Steinerne Schreibzeuge
30 Tempel für die Eltern des Konfuzius

Auf diesem nun freien Platz finden ein tet-Markt und Wettkämpfe zum tet-Fest statt.

Stille. Die drei Hektar Land mit altem Baumbestand sind von einer hohen, bemoosten Mauer umgeben. Sie geben vier ummauerten, durch Tore verbundenen Höfen Raum. Von den Toren gleicht keines dem anderen. Das trapezförmige Gelände mißt von Nord nach Süd 350 m. Die Breite beträgt im Norden 75 m, im Süden 60 m.

Vor dem Haupttor *(Van Mieu Mon)* liegt jenseits der *Quoc Tu Giam*-Straße der *Ho Van Chuong*, der Literatursee. Eine Stele berichtet, daß sich in seiner Mitte eine große Insel befand, auf der Aprikosen, Orangen, Zitronen und Granatäpfel reiften, Päonien blühten, Palisander-, Kiefer- und Frangipani-Bäume wuchsen und Bambus grünte. Im 19. Jh. war der See sehr viel kleiner, verschlammt und überwuchert. Zwei Mandarine ließen ihn 1883 säubern, so daß ein Teil des Sees erhalten blieb, an dem sich nun Gelehrte ansiedelten. Das Van Mieu Mon ist ein dreiteiliges Tor, aus Ziegeln und Holzsäulen konstruiert. Vor und hinter dem Tor hält ein steinernes Drachenpaar Wache. Durch den ersten Hof, von hohen, alten Bäumen überschattet, führt ein mit Terrakottasteinen gepflasterter Weg zum ebenfalls dreiteiligen *Dao Trung Mon,* dem Tor der Großen Mitte, das zum zweiten Hof überleitet. Er ist ebenfalls baumbestanden und ohne Gebäude. An seinem Ende liegt das schönste Tor, *Khue Ven Cac,* mit dem *Bi Van*-Tor links und dem *Cuc Van*-Tor rechts. Auf das Haupttor ist ein hölzerner Pavillon aufgesetzt, in dem der Schutzgeist der Literaten verehrt wurde. Hinter seinem runden Fenster saßen die Gelehrten und lasen ihre Werke. Der Pavillon stammt aus dem 19. Jh., sein doppeltes Dach ist aus acht kleinen Dächern zusammengefügt, die vier Fenster haben, von denen Holzbalken wie Sonnenstrahlen zu den vier Kardinalspunkten weisen. Der dritte Teil des Tempels wird Stelenhof genannt. Der gepflasterte Weg teilt sich, führt um einen quadratischen See, *Thien Quang Tinh* (Quelle des Himmlischen Lichtes). Er ist von einem ornamentierten Geländer umgeben, Stufen führen zum Wasser. Zu beiden Seiten des Sees stehen zwei Reihen großer Steinstelen, jede ruht auf dem Rücken einer steinernen Schildkröte. Insgesamt sind es noch 82 Stelen, 30 gingen verloren. Sie stammen aus den Jahren 1484–1779 und tragen 1295 Namen der Sieger der Literaturprüfungen. Auf jeder sind die Namen von drei Jahrgängen festgehalten, die unterschiedliche Ränge erreichten. König Le Thai Tong ließ die Stelen errichten, um dem Examen und den Kandidaten mehr Ansehen zu verschaffen. Auch im Van Mieu in Hue wurden ab 1807 Stelen mit den Namen der Preisträger errichtet. Der Van Mieu in Hanoi wurde 1768 bei Unruhen verwüstet. Derselbe Mandarin, der den See reinigen ließ, Le Huu Tanh, Leiter des Steueramtes von Hanoi, sammelte Geld und ließ die Stelen wieder aufstellen.

Der Stelenhof ist mit dem vierten Hof durch das Tor des Guten Erfolges *(Dai Thanh Mon)* verbunden. Der große Hof ist gepflastert. Die Tempel zu beiden Seiten mit Altären für die 60 Schüler des Konfuzius und vietnamesische Gelehrte wurden 1946 zerstört und 1954 wieder aufgebaut. Am Ende des Hofes stehen zwei große Gebäude, die sich ähneln. Sie dienten dem Kult des Konfuzius. Zivil- und Militärmandarine brachten im Auftrag des Königs im Frühling und im Herbst – jeweils im zweiten und zehnten Mondmonat – die Staatsopfer. Die Gebäude sind im traditionellen Stil erbaut. Die Ziegeldächer sind an den vier Ecken aufgebogen und ruhen auf schweren Holzsäulen. Auf dem Dachfirst sind

Tor Khue Ven Cac mit Pavillon

Drachen symmetrisch zu einer Mondscheibe angeordnet. Über dem Eingang des ersten Gebäudes hängt eine Lacktafel. Die chinesischen Schriftzeichen bedeuten: ›Lehrer als Vorbild für tausend Generationen‹. In diesem *bai duong* (Haus der Zeremonien) werden einige wertvolle Gegenstände aufbewahrt: eine alte Glocke sowie eine Kalligraphie mit der Inschrift: ›Sonne und Mond scheinen von alters her bis heute‹. Beide sollen aus dem Besitz des Nguyen Nghiem stammen, der 1786 den ersten Rang der Prüfungen gewonnen hat. Er ist der Vater des Dichters Nguyen Du. Weiter blieben erhalten: zwei Steinsäulen von 1760, zwei Steinplatten mit Wolken und Drachen, eine Holzlaterne und vier große Tintenfässer von 1762 mit der Inschrift: ›Tintenfässer aus dem Haus des Lernens‹.

In dem zweiten Gebäude (*thuong cung*, großes Heiligtum) befand sich der Altar mit der lackierten Holzstatue des Konfuzius, ihm zur Seite Gedenktafeln für seine vier Nachfolger und die zehn konfuzianischen Weisen. Der thuong cung wurde 1989 restauriert. Der fünfte, heute unbebaute Hof beherbergte bis 1807 die National-Akademie, die dann nach Hue verlegt wurde. An ihrer Stelle wurde der *Kai Thanh,* ein Tempel zu Ehren der Eltern des Konfuzius, erbaut, der ebenfalls 1946 zerstört, aber nicht wieder aufgebaut wurde. Auf dem großen freien Platz, der an die Nguyen Thai Hoc-Straße grenzt, findet der Markt zum tet-Neujahrsfest statt.

Kunst und Kunsthandwerk

Bronzeguß und Metallarbeiten

Die frühesten Bronzen stammen aus der vietnamesischen Bronzezeit, dem 1. Jahrtausend v. Zt., besonders aus der letzten Phase, der Dong Son-Kultur (5.–1. Jh. v. Zt., s. S. 139). Im Jahre 1935 entdeckten französische Archäologen in der Nekropole Lach Truong bei Thanh Hoa ein Meisterwerk der Bronzezeit. Die 33 cm hohe Bronzefigur, vermutlich aus dem 4. Jh. v. Zt., wird als Lampenträger bezeichnet. Während andere Grabbeigaben chinesischer Herkunft waren, wird der Lampenträger als eine lokale Arbeit angesehen, die – im austro-indonesischen Kulturkreis beheimatet – auf Totenkulte hinweist. In Gebärde und Ausdruck erinnert er an spätere Darstellungen von Cham-Sklaven auf vietnamesischen Gräbern. Die kniende männliche Gestalt ist mit einem Lendenschurz bekleidet, der von einem Gürtel gehalten wird. Sie trägt Hals- und Armschmuck sowie Ohrringe. Das schmale Gesicht mit starker Nase, gestutztem Kinnbart, ovalen großen Augen und starken Augenbrauen weist auf zentralasiatische Einflüsse hin. Der Kniende hält mit beiden Händen eine Schale, aus Schultern und Rücken wachsen ihm drei gebogene Lampenarme. Zwei sind beschädigt, der dritte endet in einem Drachenkopf. Haltung und Gesichtsausdruck wirken feierlich und erwartungsvoll. Auf seinen Oberschenkeln und Hüften und auf den Lampenarmen stehen winzige menschliche Figuren, die zu der Vermutung geführt haben, daß es sich um einen von toten Seelen umgebenen Totengott handelt (Historisches Museum Hanoi). Im Delta des Roten Flusses, seinen hügeligen Randgebieten und der Provinz Thanh Hoa wurden in chinesischen Gräbern der Viet Han- oder Da Lai-Kultur des 1.–10. Jhs. formschöne Bronzegefäße gefunden. Vasen, Dreifüße, Becher und Agraffen lassen chinesische Einflüsse erkennen. Spiegel mit variierenden Ornamenten und chinesischen Inschriften erleichterten die Datierung.

Bronzekrug der Dong Son-Kultur

Unter der Ly- und Tran-Dynastie wurden ab dem 11. Jh. Hunderte von buddhistischen Pagoden gebaut, für die Bronzewaren als Tempelgerät benötigt wurden: Weihrauchkessel, Lampen, Wächterfiguren, Statuen und Tempelglocken. Die Hofhaltung ließ vergoldete Bronzebuddhas, Waschbecken, Wärmegefäße, Vasen, Teekannen, Schmuck und Glocken für Elefanten und Büffel herstellen. Im 15. und 16. Jh. kamen schöne Branntweingefäße hinzu. Die erhalten gebliebenen Arbeiten sind Einzelstücke von Künstlern und Gießereien, die keine ausgeprägten stilistischen Merkmale zeigen. Nur die Bronzedrachen lassen sich leichter einordnen. Alle Bronzearbeiten sind mit kunstvollem, erhabenem Schmuck versehen oder ziseliert. Manche tragen chinesische Inschriften mit Jahreszahlen. Könige und Adelige stifteten zahllose Tempelglocken, im Jahr 1256 sollen es über dreihundert gewesen sein. Auch in kleinen, unbekannten Pagoden blieben alte Glocken und Tempelgerät unbekannter Herkunft erhalten. In Ahnen- und Schutzgeisttempeln wurden Büsten und Statuen von Herrschern gefunden. Die größte Bronzestatue Vietnams ist die des Schutzgeistes Tran Vu, der das Land von dem Fuchsungeheuer befreit hat, sie steht im Quang Thanh-Tempel am Westsee (s. S. 334).

Meisterhaft gearbeitete Eisenwerkzeuge, Hieb- und Stichwaffen aus Eisen und Bronze, Haubitzen, deren Lauf fein ziseliert und mit Intarsien eingelegt ist, werden in Tempeln und Museen aufbewahrt. Große Bronzekessel sind Symbol der Macht des Herrschers über Leben und Tod seiner Untertanen, Rebellen wider den König fanden in Kesseln mit siedendem Öl den Tod. Als Warnung standen schon im ausgehenden 10. Jh. Bronzekessel vor dem Palast der Dinh-Dynastie in Hoa Lu. Auch die Nguyen-Dynastie im 19. Jh. verzichtete nicht auf diese Demonstration der Macht. Zwei mächtige Kessel blieben hinter der Audienzhalle im Königspalast erhalten.

König Minh Mang ließ 1835–1836 neun Bronzeurnen im Stil der halblegendären chinesischen Xia-Dynastie gießen, die als Gedenken an die Ahnen vor dem Tempel der Dynastie stehen. Für die Hofhaltung ließ er 33 Bronzegefäße mit seinen Gedichten versehen. Auch die große Glocke in der Thien Mu-Pagode von Hue ist ein Meisterwerk. In Kriegszeiten wurde viel Bronzegerät zur Herstellung von Waffen eingeschmolzen, andererseits wurden auch noch im 20. Jh. neue Glocken gegossen.

Keramik und Porzellan

Töpferware fand sich zusammen mit Steinwerkzeugen an den neolithischen Fundstellen der späten Hoa Binh- und der Bac Son-Kultur. In der Übergangszeit zur Bronzekultur wurden die Vorkommen im nördlichen Vietnam bis in die Provinz Nghe Tinh reichlicher. Im Trung Bo entwickelte sich die Sa Huynh-Kultur (s. S. 138). Die Gefäße waren zunächst einfach und mit eingedrückten Flechtmustern oder einfachen Ritzungen verziert. Am Ende der Bronzezeit führte die Benutzung der Töpferscheibe zu vermehrter Produktion, zunehmendem Formenreichtum bei besserer Qualität der Tonerden und höheren Brenntemperaturen. Gebrauchsgeschirr stellten die Dörfer selbst her. Es entstanden aber auch Zentren, die sich auf bestimmte Artikel spezialisierten: die Herstellung von Schmuck, Tonfiguren oder Werkzeug. Die Grundformen blieben bis in die Gegenwart von der gewünschten Funktion bestimmt. Aber es lassen sich sehr früh ästhetische Ansprüche an Form und Schmuck erkennen. Als Dekor überwogen geometrische Formen, wie sie auch auf Bronzegegenständen Verwendung fanden. Eine Wechselwirkung in Form und Ornamentik zwischen Keramiken und Bronzen ist unverkennbar. Muster wurden ohne Vorlagen in den weichen Ton graviert, eingedrückt oder eingeklopft.

Regionale Unterschiede sind teilweise repräsentativ. S-förmiges Dekor fand für die *Phung Nguyen-*, wellenförmige Linien für die *Dong Dau-* und Punkte im Wechsel mit kurzen Linien für die *Go Mun-*Keramik Verwendung. Gravierungen an Henkeln und Öffnungen bewirkten Licht- und Schatteneffekte, die sich durch Aufbringen von roter und gelber Farbe noch verstärken ließen.

Aus der Zeit der chinesischen Okkupation stammt eine kleine Anzahl brauner, zylindrischer oder bauchiger Krüge und Kannen, die, bei 1000 Grad gebrannt, wasserdicht und von metallischem Klang sind. Aus Brennöfen im Rote-Fluß-Delta und dem Tal des Ma- und Lam-Flusses kamen u.a. auch poröse Waren mit bröckelnder moosgrüner oder elfenbeinfarbener Glasur. Zwei viereckige Vasen aus Thanh Hoa wurden aus Einzelteilen zusammengesetzt. Die Grabbeigaben der chinesischen Gräber waren nur zum Teil chinesischer Herkunft, viele wurden in Giao Chi hergestellt, auf vietnamesischen Formen erschien chinesisches Dekor und umgekehrt. Neben den üblichen Gebrauchsgegenständen fanden sich in den Gräbern auch Nachbildungen von festungsähnlichen Gehöften, Häusern, Brunnen, Feuerstellen, Kornspeichern und mehrstöckigen Pagoden, die auf das Leben in den ersten Jahrhunderten nach der Zeitrechnung schließen ließen.

Keramik aus der Tran-Dynastie

Ab dem 11. Jh. entstanden in Dai Viet Kunstobjekte aus Keramik, die der Sublimierung der Kunst auf der ganzen Welt folgten und in Asien zur Zeit der chinesischen Song-Dynastie einen zeitweiligen Höhepunkt erreichten. Hochwertige Keramik wurde in Eurasien zum Sammelobjekt. In den Herstellerländern setzte ein Wettlauf um neues Dekor, ausgefallene Formen und höhere Qualitäten durch Vervollkommnung der Brenntechnik ein.

China übernahm und modifizierte die Ornamentik seiner Abnehmer in Vorderasien. Die neuen Motive gelangten nach Korea und Vietnam und erlebten auch dort eine Modifikation.

Während der Ly- und Tran-Dynastie wurden Könige und Mandarine zu Schutzherren der Künstler. Unter ihrem Patronat entstanden große Mandarin-Brennöfen, in denen höhere Temperaturen erzeugt werden konnten. Dai Viet hielt den Standard seiner Nachbarn, seine Erzeugnisse besaßen die drei Merkmale hochwertiger Keramik: edle Form, vollendetes Dekor und hochwertige Glasur. Vietnamesische Keramiken gingen als Tributgeschenke an den Kaiserhof in China, wurden aber auch nach Südostasien und Japan exportiert.

Dem Buddhismus verdankt die Keramik neue Anstöße. Die Nachfrage stieg und beflügelte die Tätigkeit in den Keramikdörfern. Schalen, Vasen und andere Gefäße wurden Blüten und Früchten nachgebildet. Anstelle der geometrischen Formen traten Ranken, Blüten und Blätter, besonders Lotosblüten und Bo-Baum-Blätter, aber auch Bambus und Chrysanthemen. Elefanten, Tiger, Menschen und Alltagsszenen erschienen auf sakralen und profanen Gegenständen. Die Stilisierung der Motive führte zu prägnanten, klaren Linien, mit deren Einfachheit sich sublime Schönheit erreichen ließ. Hinzu kam der sanfte, matte Schimmer der Glasur. Es gelang den vietnamesischen Künstlern, bei aller angestrebten Verfeinerung, materialgerecht und naturnah zu bleiben.

Im 12. Jh. entstanden unter Verwendung von weißem Ton und Kaolin poröse Fayencen mit weißlicher Glasur. Aus den großen Brennöfen kam elfenbeinfarbene und jadegrüne Glasur, letztere fand für kleine Gefäße Verwendung. Ähnliche Keramiken tauchten um diese Zeit auch in Korea, Japan und Siam auf. In Dai Viet läßt sich ihre Herstellung an Abfall von Fehlbränden an alten Brennöfen nachweisen. Aber Keramik war eine beliebte Handelsware, und nicht alle jadegrüne Keramik, die in Vietnam erhalten blieb, stammt aus Öfen in Dai Viet. Die jadegrüne Glasur ist verhältnismäßig dick, aber transparent und bringt dadurch das Dekor unter der Glasur voll zur Geltung. Auf größeren elfenbeinfarbenen Gefäßen wurden die Linien der Muster eingeschnitten, dunkelbraun gefärbt und mit Glasur überzogen. Seltener ist das umgekehrte Verfahren, bei dem die Gefäße dunkel bemalt und das Motiv in Sgraffito-Manier ausgeschabt wurde. Der Effekt liegt immer im Gegensatz von hell und dunkel. Reliefs als Dekor der Keramik sind in Vietnam selten. Im 15. und 16. Jh. wurden Weihrauchbecken und Lampenhalter in Brauntönungen mit Reliefs versehen, sie wirkten nahezu wie Holzschnitzereien.

In Dai Viet erschienen auch blau-weiße Fayencen, die in China schon seit dem 12. Jh. bekannt waren. Das Material für Kobaltblau bezog China zunächst aus Indonesien, dann als Muslimblau aus Persien und stellte es später aus heimischem Material her. Das Verfahren wurde geheimgehalten, so daß Dai Viet Kobaltblau aus China beziehen mußte. Die blau-weißen Fayencen entstanden erst nach längeren Versuchen auf härter gebranntem Material. Das Dorf Bat Trang am Roten Fluß, 15 km von der Stadtmitte Hanois entfernt, wurde im 16. Jh. durch das blau-weiße *Bat Trang* bekannt (s. S. 339). Gelegentlich signierten die Künstler ihre Werke. Das blau-weiße Bat Trang wurde mit Tributgesandtschaften nach China gebracht und erfreute sich in Japan großer Beliebtheit. Die frühen Fayencen waren harmonisch bedeckt mit blauen Motiven, die eine weiche, malerische Wirkung erzielten, bei der sich Ansatz und Strich des Pinsels verfolgen lassen. Im 16. Jh., auf härterem Untergrund, wurde das Dekor sparsamer. Ausgewogen verteilte einzelne Sujets auf großen weißen Flächen wirkten graphischer. Mit dem neuen Material, aber auch bedingt durch den Neo-Konfuzianismus unter den ersten Le-Königen, änderten sich die Motive. Die heiligen Tiere, Phönix, Einhorn, Schildkröte, besonders aber der Drache, erschienen. Landschaften, die in China und dem übrigen Ostasien die blau-weißen Gefäße beherrschten, wurden von Dai Viet nicht übernommen. Ihre Vollendung erreichte die blau-weiße Ware in den königlichen Werkstätten von Hue im 19. und 20. Jh.

1 Vietnamesische Reislandschaft ▷
2 Ha Long-Bucht im Norden Vietnams ▷▷

3 Auf dem Wege zur Chua Huong

4 Blick vom Wolkenpaß auf Zentral-Vietnam

5 Beim Reispflanzen in Mittelvietnam

7 Dorf der Bergvölker im Norden Vietnams ▷

6 Landschaft bei Nha Trang

8 Reisbauer in Zentral-Vietnam

10 Auf dem Wohlriechenden Fluß ▷

9 Bewässerung im Rote-Fluß-Delta

12 Cham-Türme von Duong Long bei Quy Nhon
◁ 11 Ein Dschunkenhafen im nördlichen Vietnam
13 Cham-Türme in Khuong My, südlich von Da Nang

14 My Son, Tempelstadt der Cham

15 Tor zur Zitadelle in Hue

17 Tempel in Hoi An

◁ 16 Pagode in Ho Chi Minh-Stadt

18 Die Priester der Cao Dai-Sekte ▷

19 Kinder in Ho Chi Minh-Stadt

20 Priester einer Pagode im Mekong-Delta

21 Tempelfest bei Hoa Lu

22 Spielende Kinder

24 Bootsmarkt im Süden Vietnams ▷

23 Rikscha-Fahrer in Hanoi

25 Rückkehr der Fischer

26 Nordvietnamesische Bäuerinnen auf dem Markt ▷

PN.X 372.A

Die Künstler signierten ihre Werke und fügten Ort und Datum der Herstellung hinzu. In den Indochinakriegen gingen die Sammlungen im Königspalast in Hue verloren. Die erhaltenen Stücke wurden zu gesuchten Objekten für Museen und Sammler.

Baukeramik, Bauschmuck, Statuen

Tonwaren und Fayencen dienen seit 2000 Jahren als Baumaterial und Bauschmuck sowie zur Herstellung von Statuen. Sie lassen sich in drei Gruppen unterteilen:

1. Ziegel als reines Baumaterial wurden in den chinesischen Gräbern der Viet Han-Periode gefunden. Darunter waren gelb und blau glasierte, wie sie aus China bekannt sind, aber auch schuhförmig gebogene und röhrenförmige Ziegel und große Backsteine mit geprägten, geschnittenen und modellierten Verzierungen und vietnamesischen Kugel-(Perl)mustern als Vorläufer der vietnamesischen Baukeramik. Auch in Hoa Lu und in Thang Long wurden Ziegel gefunden, die Datum und Ort der Herstellung trugen.

2. Ornamentierte Ziegel mit Reliefschmuck und halbröhrenförmige Ziegel blieben an alten Türmen in der Provinz Vinh Phu erhalten (Thap Binh Son). In der Provinz Ha Nam Ninh lassen sich an den Sockeln alter Paläste und Pagoden noch Ziegel mit Reliefdekor, in Hoa Lu quadratische Ziegel mit Vogelpaaren und Lotosblüten finden. Große Ziegel mit Blumendekor dienten als Abdeckungen für Wälle, es gab auch runde, rechteckige und vieleckige Ziegel, oft mit Drachen, Phönix, Tigern, Pferden, Büffeln, Blumen und menschlichen Figuren dekoriert. An alten Architekturen erzeugten pantoffelförmige Ziegel auf den Dächern ein wellenförmiges Aussehen. Halbröhrenförmige Ziegel zeigten häufig eine jadegrüne Glasur und Reliefs mit Chrysanthemen und Lotos. Es gab verschiedenfarbige Glasuren und solche, die gold- oder silberfarben schimmerten.

3. Zum reinen Bauschmuck gehörten Drachen, Phönixe und Bo-Baum-Blätter, wie sie in Thang Long und Tuc Mac gefunden wurden. Sie waren handgemacht und glasiert. In diese Gruppe gehören auch Statuen von Tieren, Kühen und Hühnern aus der Provinz Vinh Phu, deren Alter auf 4000 Jahre geschätzt wird. Sie wirken ornamental und dürften Fruchtbarkeitssymbole darstellen.

In der Ly- und Tran-Zeit wurden zahlreiche Statuen aus poröser, aber auch weiß oder farbig glasierter Fayence hergestellt, Tänzer, Frauengestalten, Tiere, alle realistisch und gewissenhaft gearbeitet. Größere Objekte dienten als Baudekor.

Im 15. Jh. erschienen Pferde, Schildkröte und Kranich, die in die Gruppe der Volkskunst gehören. Sie waren aus gebranntem Ton, unglasiert, sind naiv dargestellt und wirken lebensfroh. Terrakotten als Schmuck und Spielzeug stellte das Dorf Tho Ha bei Bac Ninh (Provinz Ha Bac) her. Aber mechanisches Spielzeug und Figuren aus Plastik zwangen das Dorf, seine Werkstätten still zu legen. Nur in Kho, Distrikt Tien Hung in der Pro-

◁ 27 Rikscha-Fahrer in Ho Chi Minh-Stadt

Ziegel (Terrakotta)

vinz Thai Binh, werden als Nebenbeschäftigung noch Tonfiguren hergestellt. Die kleinsten dienen als Schmuck für Miniaturgärten oder Blumentöpfe, Glöckchen werden an den vier Hausecken aufgehängt. Die größeren Terrakotta-Figuren finden als Kultfiguren in Haus und Tempel Verwendung. Beliebt sind hohle, kleine Tierfiguren, die als Flöte dienen. Bevorzugt werden Hähne, die böse Geister vertreiben, die den Hahnenschrei bei Tagesanbruch fürchten. Verkaufen lassen sich die Terrakotten bei Tempel- und dinh-Festen. Die Formen werden von den Familien gehütet.

Reliefs und Skulpturen

Holzschnitzereien

Holz, das heimische Material, stand als Nutz- und Edelholz von unterschiedlicher Härte, Dauerhaftigkeit und Farbe zur Verfügung: schwarzes Eisen- und Ebenholz, rötliches Mahagoni- und braun-rotes Palisanderholz mit dunklen Streifen (in Asien Jakholz genannt) und gelbliche Hölzer, alle mit vielerlei Maserungen und Strukturen. Holzschnitzereien fanden als Schmuck für Architektur, Schiffbau, Sakral- und Profankunst, Möbel, Acker- und Hausgeräte Verwendung. Auf Grund der Vergänglichkeit des Materials blieben aus den Anfängen des Reiches Dai Viet kaum Werke erhalten. Die Datierung stößt auf Schwierigkeiten, weil Tempel und Paläste nicht dem Stil einer Epoche entsprechen. Sie waren in sich geschlossene Anlagen, deren Gestaltung und Ausstattung über

Mädchen baden in einem Lotosteich, Holzskulptur aus einem dinh (17. Jh.)

lange Zeit hinweg erfolgte, ständig erneuert, ergänzt und bis in die Gegenwart verändert wurde. Es gibt Stilmerkmale der Gestaltung der Drachen, der Faltenwürfe, des Ranken- und Blattdekors. Kleine Blumen auf den Kronen der Bodhisattvas sind typisch für das 17. Jh. Auch an der Holzarchitektur lassen sich Zeiterscheinungen erkennen. Sie ermöglichen aber nur die Datierung von Einzelheiten, sind keinesfalls repräsentativ für ein Bauwerk und können auch später hinzugefügt worden sein. Bessere Anhaltspunkte geben Stelen, die auf Stiftungen oder Umbauten hinweisen sowie Namen und Daten von Spendern und Spenden an den Wänden und im Gebälk der Bauwerke.

Die Holzschnitzkunst kam aus China, entwickelte sich in Dai Viet aber eigenständig und wurde zur eigentlichen, nationalen Kunst. Zudem erschien sie viel häufiger, ersetzte die in China übliche dekorative Malerei in Innenräumen und an Außenwänden. Holzschnitzereien schmücken in Vietnam Säulen, Strebepfeiler, Giebelwände, Paneele im Dachgebälk, aber auch Wände, Türen, Geländer, Altäre und Mobiliar.

Die Holzschnitzerei wurde zu einem Bestandteil der vietnamesischen Architektur, auf dem weitgehend ihre Besonderheit und Einmaligkeit beruht. Die warme Farbe des Holzes, der matte Glanz der einfarbigen oder polychromen Lackierung und die rissige, abblätternde Vergoldung der Statuen schaffen die feierliche, intime Atmosphäre in den Tempeln, die von Schnitzereien gegliederten Außenwände verlieren ihre Schwere.

Kriegszug, Holzskulptur aus einem dinh (17. Jh.)

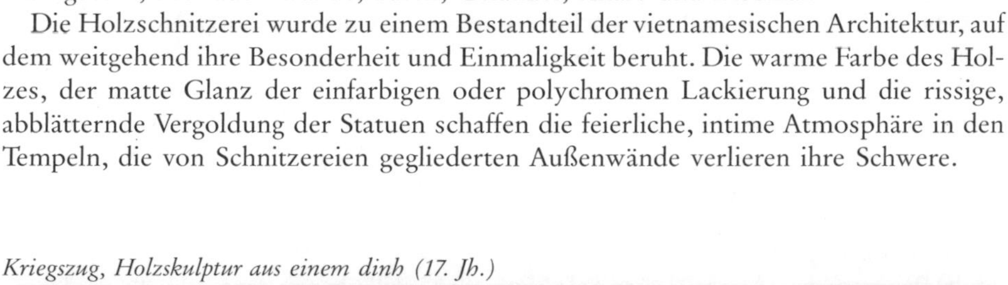

Mit den vietnamesischen Dynastien und der Ausbreitung des Buddhismus im 11. Jh. gewann die Holzschnitzerei an Bedeutung, fand im 15. Jh. ein zusätzliches Betätigungsfeld an den Gemeinschaftshäusern und verhalf im 19. Jh. der Möbelherstellung zu Ansehen. Neben Statuen der Herrscher und Heroen, mythischer Tiere, Genien und Wächter wurde das buddhistische Pantheon zum bevorzugten Thema der Bildhauer. Die Buddhas verloren in Vietnam viel von dem Ausdruck der Weltentsagung und Entrücktheit. An die Stelle einer fernen Göttlichkeit trat die Hinwendung zu den Menschen, Beseeltheit und Natürlichkeit. Obwohl viele Werke verloren gingen, blieb eine Fülle von Reliefs, Paneelen und Skulpturen erhalten, darunter viele in nahezu unbekannten dinh und dörflichen Tempeln. Sie lohnen den Besuch kleiner, unscheinbarer Gebäude. Eine Reihe bekannter und unbekannter Werke konnte in das Kapitel ›Reisewege durch Vietnam‹ aufgenommen werden. Darunter befinden sich häufig Schätze, die sich nicht datieren und klassifizieren lassen, aber den Reichtum der vietnamesischen Kunst ausmachen.

Von den französischen Kunsthistorikern werden die Holzschnitzereien der Pagode Van Phuc im Weiler Phat Tich, Dorf Phuong Hoang (Provinz Ha Bac) beschrieben, die im Befreiungskrieg 1954 mit dem Tempel verbrannten. Erhalten blieb die nicht weit entfernte, ebenfalls reich mit Skulpturen und Reliefs ausgestattete Ninh Phuc-Pagode im Weiler But Thap, Gemeinde Dinh To, in der gleichen Provinz. Sie beherbergt das schönste und einmalige Werk vietnamesischer Holzschnitzer, eine tausendarmige und tausendäugige Göttin *Quan Am*, die ostasiatische Inkarnation des Bodhisattva Avalokitesvara. Dem unbekannten Künstler gelang die Darstellung der Symbolik, die Statue überrascht aber auch durch ihre tiefe Religiosität und die magische Kraft, die von ihr ausgeht (s. S. 356).

Dagegen wirken die großen Statuen der achtzehn *La Han* (chinesisch Lo Han, Sanskrit Arhat), in der Tay Phuong-Pagode in Groß-Hanoi, 42 km vom Stadtzentrum entfernt, bewußt burlesk und individuell. Auch die übrigen 58 Holzskulpturen der Tay Phuong-Pagode sind Meisterwerke der Holzschnitzer des 18. Jhs.

Das Historische Museum in Hanoi bewahrt Reliefs, Türflügel als Basreliefs und Statuen aus Tempeln und Palästen, die zu den schönsten Werken vietnamesischer Holzschnitzer gehören. Alle Arbeiten lassen die hohe Technik, die künstlerischen Merkmale der fließenden, abgerundeten Form und die tiefe Verbundenheit mit dem Material erkennen.

Steinschnitzerei und Steinbildhauerei

Steinrelief und -plastik sind im indischen Kulturkreis häufiger als im chinesischen. Sie erreichten Dai Viet aber nicht auf dem direkten Wege von Indien oder über den indisierten Nachbarstaat Champa, sondern auch über China, dessen Steinschnitzerei unter der Tang-Dynastie ab dem 7. Jh. von Indien beeinflußt wurde. Höhlentempel sind in Vietnam selten und haben keinen Einfluß auf die Entwicklung der Kunst. Ab dem 11. Jh. sind Steinmetzarbeiten als Basen von Säulen, Sockeln von Statuen, Balustraden, Treppenwangen und -geländern, Terrassen und Steinbrücken zu verfolgen. Erhalten blieben

Steinbalustrade, Chua But Thap, Provinz Ha Bac

Drachentreppen und eine größere Anzahl von Stelen, viele ruhen auf einer Schildkröte, dem Symbol der Langlebigkeit. 82 Stelen blieben im Van Mieu, dem Tempel der Literatur in Hanoi erhalten. Sie zeigen als Schmuck Kalligraphie, Ranken und Blattwerk sowie Fabeltiere, Drachen, Einhorn, Makara und Phönixe. Aus 36 von 50 Tempeln, deren Gründung auf die Zeit der Tran-Dynastie zurückgeht, blieben Sockel in Form großer Blöcke erhalten, die mit Lotosblüten und Fabeltieren geschmückt sind.

Tierplastiken zeugen von guter Naturbeobachtung, nur die Fabeltiere werden stilisiert und wirken steifer. Zu den Gräbern der Könige, des Adels und der Mandarine führen Geisteralleen, wie sie aus China bekannt sind. Paarweise säumen Staatsbeamte, Elefanten und Fabeltiere den Weg zu den Gräbern, um die Toten vor bösen Geistern zu schützen. Diese Figuren sind traditionsgebunden stilisiert.

Als Material diente Naturstein. Für Statuen wurde häufig Kunststein benutzt, der aus Kalk, Sand, Muschelschalen, Papiermaché und Zuckerrohr besteht. Er wurde aus China überliefert. Gut gearbeitet und mit Lack überzogen sind die Statuen häufig nicht leicht von Holzskulpturen zu unterscheiden. Auch die Steinbildhauer gaben ihren Arbeiten weiche, abgerundete Formen. Der berühmteste, ein *Amida Buddha* (Amitabha) wird in das 11. Jh. datiert. Er steht – nur leicht beschädigt – auf dem Hügel der einstigen Van Phuc-Pagode, eine Nachbildung ist im Historischen Museum in Hanoi zu sehen. Reliefs und Statuen aus Stein haben in Vietnam weder die Vielzahl noch die künstlerische Meisterschaft der Werke aus Holz erreicht.

Malerei und Holzschnitt

Die Legende berichtet von einem Maler, der sein Land vor der Invasion der Chinesen rettete: »Der Kaiser von China ließ bekannt geben, er werde den geplanten Einmarsch abbrechen, wenn es einem Maler in Dai Viet gelänge, während eines einzigen Trommelwirbels ein Tier zu malen. Alle bekannten Meister wehrten erschrocken ab. Aber ein unbekannter, junger Künstler ließ sich Farbe und Papier bringen. Beim ersten Ton der Trommeln tauchte er seine zehn Finger in die Farbe und zog Wellenlinien, wie sich windende Drachen, über das Papier. Als die Trommeln schwiegen, hatte er zehn Tiere gemalt.«

Der Buddhismus inspirierte die Maler, aber die Ausschmückung der Tempel mit Holzschnitzereien ließ ihnen nicht viel Raum. Sie mußten zudem mit den Kalligraphen wetteifern. Das hohe Ansehen der Kalligraphie sank auch nicht, als die lateinische Schrift (quoc ngu) eingeführt wurde, und niemand die Schriftsätze lesen konnte, die aber als ästhetisch schön empfunden werden.

Papier, bisher von China eingeführt, wurde im unabhängigen Dai Viet der Ly- und Tran-Könige in den Dörfern um Thang Long hergestellt. Seit dem 13. Jh. ist Yen Thai, auch Buoi genannt, das bekannteste Papierdorf. Dschunken brachten die Rinde des *zo*-Baumes, der in den Bergregionen wächst, über den Roten Fluß zu den Dörfern. Der strukturierten Oberfläche des handgeschöpften Papiers ließ sich Seiden- und Samtcharakter verleihen. Für sakrale Zwecke wurde es mit Bronze- oder Zinnpulver bestreut oder mit einer schimmernden Schicht von zermahlenen Perlmuscheln bestrichen. Das Papier für königliche Edikte trug ein Drachenzeichen.

Höfische Malerei, Aquarell- und Tuschzeichungen erreichten in Dai Viet nicht die Bedeutung und auch nicht die Vollendung wie in China, Japan und Korea, wo die Künstler an den Kaiserhöfen protegiert wurden. Zudem gingen die Sammlungen der Könige und Feudalherren mit den Palästen in Thang Long, Phu Xuan und auch in Hue verloren. Die frühesten, erhalten gebliebenen Werke, Wandbilder und Bildrollen stammen vom Ende des 18. und Anfang des 19. Jhs. Die vietnamesischen Maler waren gute Naturbeobachter. Ihre Landschaften gaben das Rote-Fluß-Delta, Wasser und Berge wieder. Sie gestalteten das Malerische und Bildhafte, ihre Kompositionen wirken abgerundet, die Linien fließend. Zwischen Künstler und Werk bestand eine innere Verbindung. Die mattschimmernde Seide, das bevorzugte Material, eignete sich für die weichen, oft nur angedeuteten Motive, die zarten Farben und Stimmungen. Wann die ersten Seidenbilder in Dai Viet entstanden, ist unbekannt. Die Vietnamesen haben das heimische Material beibehalten, auch als die klassischen Themen zu revolutionären wechselten. Das nüchterne, moderne Zeichen- und Malpapier mit seiner Strukturlosigkeit vermag weniger zu inspirieren.

Als eigenständige Kunst entwickelte sich die Xylographie, besonders der Holzschnitt. Er kam aus China, wurde aber in Dai Viet heimisch und wird als traditionell-vietnamesisch empfunden. Kaum eine andere Technik eignet sich ähnlich eindrucksvoll für die großflächig angelegten Motive, wie sie vietnamesische Künstler bevorzugen, wobei sich die Umrisse durch die klaren, abgerundeten Linien äußerst aussagekräftig erweisen. Auch bei ständiger Wiederholung gleicher Motive gelingt es gerade durch die Vertrautheit mit den Objekten durch geringe Abwandlungen, feinere oder derbere Linien, eine Stilisierung nicht zu weit zu treiben, sondern die Darstellungen lebendig, unmittelbar und unkonventionell zu halten. Der vietnamesische Holzschnitt bevorzugt leuchtende Farben, Naturfarben haben den Vorrang. Die Farbgebung entspricht häufig nicht der Wirklichkeit und unterstreicht den bewußt beibehaltenen naiv-bäuerlichen Charakter. *Thanh tet,* Neujahrsbilder, sind die beliebtesten Erzeugnisse dieser Kunstgattung. Ein Vietnamese erkennt mit einem Blick, ob ein thanh tet aus Dong Ho kommt, einem Dorf im Delta des Roten Flusses, 45 km nordöstlich von Hanoi. Im Delta, aber auch in den Provinzen Thanh Hoa und Nghe Tinh gibt es Dörfer, die sich dem einträglichen Nebenerwerb widmen. *Thanh trong* heißen die Neujahrsbilder, die in der *Hang Trong,* der Trommelgasse in Hanoi hergestellt werden. Ihre Themen eignen sich zum Schmuck von Tempeln und entsprechen dem Geschmack vieler Städter. Die Umrisse werden schwarz gedruckt, die Flächen mit dem Pinsel ausgefüllt.

Wasserbüffel (Holzschnitt)

In Dong Ho bringen es Familien und eine Kooperative jährlich auf 500 000 der farbigen Holzschnitte im Format 25 x 30 cm. Obwohl es nicht an modernen Motiven fehlt, bevorzugt der einheimische Markt die altvertrauten, die sich zudem als Glücksbringer bewährt haben. Die wichtigste Arbeit ist der Entwurf, von einem Künstler ausgeführt oder begutachtet, bevor er auf den Holzblock übertragen wird. Für jede Farbe ist ein Druckstock notwendig. Die Matrizen werden von den Familien aufbewahrt und auf den ältesten Sohn vererbt. Beim Herstellungsprozeß herrscht eine genau geregelte Arbeitsteilung. Das Papier muß farbig bemalt und der Perlmuttglanz aufgebracht werden. Die Herstellung der Naturfarben aus Blüten, Blättern, Rinde, Früchten, Holzasche und Mineralien bleibt ein gut gehütetes Geheimnis. Für billige Drucke werden Anilinfarben verwendet.

Ein Dichter des 19. Jhs. schildert das tet-Fest auf dem Lande: »Auf dem Hof brennt das Feuerwerk, an der Wand hängt des Hahnen Bild.« Der Hahn, ein beliebtes Motiv, schützt das Haus, der Frosch steht für Tapferkeit, das Schwein für Wohlstand und Gedeihen der Ernte, Pfau und Phönix für Schönheit und Frieden und die Gans für Sanftmut. Viele Symbole sind, wie die Neujahrsbilder, in China bekannt, haben aber in Vietnam ihre Bedeutung und damit den Grad der Beliebtheit gewandelt. Palmen und Elefanten sind vietnamesische Motive, hinzu kommen die Darstellungen legendärer Personen und Begebenheiten, Heroen und Schutzgeister. Viele thanh tet lassen Humor erkennen, wie das beliebte Motiv des alten Mannes, der den Streit seiner beiden jungen Ehefrauen zu schlichten sucht. Mäuse- und Froschhochzeiten und viele Szenen aus dem Alltag werden von sarkastischen, drastischen oder gutmütig-spöttischen Texten in chinesischen, nom-Zeichen oder quoc ngu begleitet.

Buchillustrationen im Tafeldruckverfahren sind seit dem 11. Jh. bekannt. Die alten Werke gingen verloren, ständige Kommentare und Wiederholungen haben die Erinnerung daran wach gehalten. Im 18. Jh. erlebte die Buchillustration eine Blütezeit. Die Trinh und Nguyen ließen Geschichts- und Geographiewerke, Enzyklopädien und Gedichtbände drucken und illustrieren.

Auch moderne Plakate sind in Vietnam stark vom Holzschnitt beeinflußt.

Lack, Lackmalerei und Lackintarsien

In China läßt sich die Verwendung von Lack als Schutzüberzug und Klebemittel um 5000 v. Zt., später auch als Dekor nachweisen. Unter der Han-Dynastie (202 v. Zt. bis 220 n. Zt.) kamen Lackwaren nach Südchina und vermutlich auch nach Giao Chi. Die Lackkunst verbreitete sich von China aus auch nach Südostasien, Siam, Laos und Myanmar. In Ostasien werden Lacke aus Anacardiengewächsen gewonnen, im indischen Kulturkreis findet Schellack Verwendung. Daher lassen sich die Einflüsse der beiden Kulturen auf die Lackherstellung abgrenzen.

Mindestens zwei Arten des Sumachbaumes *(cay son)* kommen in Mittel- und Südchina und im vietnamesischen Hügelland vor. Bei Phu To, einem Gebiet mit häufigen Regenfällen, gedeihen *Rhus verniciflua* und *Rhus succedanes.* Ihr Latex wird durch Anschneiden der Baumrinden gewonnen, trocknet und erhärtet an der Luft schnell zu einer starren, wasserresistenten, schlag- und kratzfesten, dunkelfarbigen Masse. Er wird heute in luftdichten Gefäßen aufbewahrt und setzt sich in fünf Schichten ab, die sich teilen und zu Lacken unterschiedlicher Qualität verarbeiten lassen.

Es ist unbekannt, seit wann Lack in Dai Viet Verwendung fand, Lacküberzüge sind vermutlich im 10. Jh. für Sakralgerät und Gebrauchsgegenstände verwendet worden. Mit ihrer Hilfe lassen sich Unebenheiten und Nahtstellen großer, zusammengesetzter Statuen ausgleichen. Dabei können zwar Feinheiten der Schnitzerei verwischt werden, der sanfte Glanz des Lackes ruft jedoch auch Lichteffekte hervor, die Konturen unterstreichen. Lacküberzüge an Statuen sind im 12. Jh. mit Sicherheit nachzuweisen, wurden aber häufig auch bei Restaurierungen erneuert. Die Lackmalerei soll Tran Tuong Cong, ein

Gesandter des Königs Le Than Tong, nach 1443 aus China mitgebracht haben. Sie dürfte früher schon bekannt gewesen und in Vergessenheit geraten sein. Ihre zeitaufwendige, komplizierte Technik eignet sich nicht für Kriegs- und Notzeiten. Die Zentren der Lackmalerei sind heute Staats- und Familienbetriebe in Hanoi und Ho Chi Minh-Stadt, die Massenwaren, aber auch erlesene Stücke herstellen. Lack- und Farbmischungen bleiben wohlgehütete Geheimnisse der Künstler.

Als Ausgangsmaterial wird Holz vom Brotfrucht-, Lorbeer-, Jak- oder Teakbaum, für billige Ware auch Sperrholz verwendet. Es muß geglättet und mit Bimsstein poliert werden. Unebenheiten werden vorher mit Lackkitt ausgeglichen. Die Güte einer Lackarbeit ist von mehreren Faktoren abhängig: Der Auswahl des Holzes, der Qualität des Lackes, der Anzahl der Lackschichten, dem Prozeß des Trocknens jeder Schicht, der drei bis sieben Tage in Anspruch nimmt, der Sorgfalt des Schleifens und Polierens und der Fähigkeit des Künstlers, seinen Entwurf auf das Werkstück zu übertragen. Guter, geschliffener Lack besteht aus mindestens zwölf Schichten und es dauert etwa drei Monate, bis die fertige Arbeit die Werkstatt verläßt. Auf kostbare, alte Lackarbeiten wurden bis zu 200 Schichten aufgetragen, die Fertigstellung solcher Kunstwerke nahm fünf bis zehn Jahre in Anspruch. Nach der vierten Lackschicht kann eine Stofflage aufgebracht und auf dieser weitergearbeitet werden. Der Lackmaler beginnt seine Arbeit nach der dritten oder vierten Schicht. Im Gegensatz zu chinesischen und japanischen Lackmalereien, die en surface gearbeitet sind (die Malerei wird auf den Lack aufgebracht), arbeiten die vietnamesischen Künstler en profondeur (die Malerei wird unter dem Lack ausgeführt). Der Lackmaler muß dabei jede Farbe in einer gesonderten Schicht malen, die mit Lack überzogen, geschliffen und poliert wird. Das bedeutet, daß er sein fertiges Motiv vor Augen haben muß, wenn er mit Unterbrechungen Schicht für Schicht aufträgt. Korrekturen sind nicht möglich. Diese Technik ruft besondere Effekte hervor. Nahezu unwirklich erscheinen die zartrosa Fische, Schleierschwänze, die unter schwarzem Lack wie in tiefem Wasser schwimmen. Der Zusatz von Gold- oder Silberstaub auf der Oberfläche von Lacken ist nicht neu, en profondeur verwendet entsteht eine überraschende Wirkung bei sonst schmucklosen schwarzen oder sattbraunen Lacken. Eine moderne vietnamesische Technik ist das Belegen der vierten Lackschicht mit Bruchstückchen von Eierschalen, die von weiteren Lackschichten überzogen werden. Die Wirkung kann effektvoll sein, leidet aber zuweilen unter der Wahl der Motive. Viele Künstler scheuen sich vermutlich, für eine neue Technik klassische Motive zu wählen und treffen mit der Auswahl ihnen modern erscheinender Motive zumindest nicht den Geschmack des europäischen Betrachters. Um so mehr überraschen zuweilen Werke von großer Schönheit durch den sanften Schimmer der Mosaiken.

Die frühesten Lacke waren schwarz oder durch Zusatz von Zinnober rot. Dunkelrote Lacke wurden zur Konservierung von Statuen verwendet, darauf ließ sich Bemalung und Vergoldung anbringen. Ebenfalls durch Zusatz von Zinnober entstanden die schönen dunkelbraunen Tönungen. Heute finden auch Gelb-, Blau- und Grüntöne für die Lackmalerei Verwendung. Den vietnamesischen Künstlern gelang erstmals die Herstellung von klarweißem Lack durch Zusatz von gemahlenen Eierschalen. Das Weiß läßt sich durch Benutzung von Gänse-, Enten- oder Hühnereiern nuancieren.

Beinahe so alt wie die Lackarbeiten sind die Intarsien aus Perlmutt, das aus der Innenseite der kegel- oder spiralförmigen echten orientalischen See- oder Flußperlmuschel gewonnen wurde. Perlmutt ist in frühester Zeit in Europa und Asien wegen seiner irisierenden Wirkung zur Herstellung von Schmuck verwendet, in Europa aber bald von Bronzeschmuck ersetzt worden, während Asien neben dem Bronzeschmuck zu allen Zeiten auch Perlmuttschmuck herstellte. Die echte Perlmuschel ist selten geworden. In China wurde zeitig künstliches Perlmutt aus Ton, Salpeter, Blei, Elfenbeinpulver und Fischschuppenlösung hergestellt.

Nguyen Kim brachte in der Mitte des 18. Jhs. die Technik der Perlmuttintarsien nach Dai Viet und wird seitdem von den Intarsienkünstlern als Schutzgeist verehrt. Im 18. und 19. Jh. wurden Intarsien auf Sakralgegenständen, Wandschirmen und Altären, für Möbel, an Türrahmen und Wänden verwendet. Für Holzintarsien wurden dunkle Hölzer benutzt, so daß eine Art der Casurinen in Vietnam nahezu ausgestorben ist. Durch Bearbeitung mit Kalkwasser nachgedunkeltes Holz kam als Tonkineser Sindora auf den europäischen Markt. Die Wirkung des Perlmutts läßt sich durch Kochen in Salzsäurelösung, Seifenbäder, Nachspülen und Polieren erhöhen. Muschelintarsien werden auf die achte Lackschicht aufgebracht. Die Motive können durch feine Einritzungen des Perlmutts unterstrichen werden. Das zerkleinerte Material wird je nach Motiv zueinander passend oder kontrastierend ausgewählt, in Vertiefungen von Holz oder Lack eingeklebt, bei wertvolleren Arbeiten eingeklopft und mit einer Lackschicht überzogen. Für Perlmutteinlagen eignen sich Motive wie Ranken, Blätter, Zweige mit Schmetterlingen und Vögeln. Auch bei diesen Arbeiten ist der letzte Arbeitsgang des Polierens mit dem Handballen von großer Bedeutung. Die mühevolle Arbeit des Schleifens und Polierens verleiht dem Werk des Künstlers die letzte Vollendung.

Kalligraphien aus Perlmutteinlagen vermögen die Eigenart der Schrift wiederzugeben. Aussprüche, Namenszüge und Gedichte finden sich in Tempeln, Palästen, aber auch in öffentlichen Gebäuden und Haushalten.

Musik, Gesang, Tanz

Musik *(nhac)* zählte in Dai Viet zu den ›sechs freien Künsten‹ und den ›vier Freuden des Lebens‹. Musiker waren nicht hoch angesehen, aber ihre Kunst erfreute sich am Königshof wie beim Volk großer Beliebtheit. Die schnelle, rhythmische chinesische Musik *(dieu hat bac)* kam im 8. Jh. nach Giao Chi, Japan und Korea. Sie basiert auf fünf Tönen: *vu, trung, giac, thuong, cung* (etwa d, f, g, a, c), die der fünfsaitigen vietnamesischen Zither *(dan cam)* entsprechen. Bereicherung und Abwandlung empfing die vietnamesische Musik durch die Cham-Musik, *dieu hat nam* oder *nam ai*, Südmusik genannt, mit langsamen, melodiösen Rhythmen und sieben Tonstufen, die der Tonleiter mit zwei eingeschalteten Halbtönen gleichkommen. Die Könige von Dai Viet brachten 1044 und 1471 von ihren Feldzügen gegen die Cham unter den Gefangenen auch Musikerinnen und Sängerinnen mit, deren Melodien am Hof sehr beliebt wurden.

Viele Schlag- und Blasinstrumente im tropischen Asien wurden aus Bambus hergestellt und auch in anderem Material nachgebaut. Die ältesten Musikinstrumente sind steinzeitliche Litophone, die im südlichen Hochland gefunden wurden. Ihr Klangkörper besteht aus elf rechteckigen Steinelementen. Ähnliche Instrumente aus Stein, Metall und Jade wurden in China gefunden. Bei den Minoritäten finden sie, wie die Gongs, heute noch Verwendung, sie sind auch auf den Bronze-Trommeln der Dong Son-Kultur abgebildet. Die Musikinstrumente der Minderheiten sind wenig erforscht. *Khen, trung* und *koni,* klangschöne Instrumente, werden gegenwärtig auch von vietnamesischen Musikern gespielt. Kleine Statuetten, die khen-Spieler darstellen, wurden in den Gräbern der Dong Son-Kultur gefunden. Die Klangkörper bestehen aus einem Ring, in den Bambusrohre verschiedener Länge eingepaßt sind. Das trung, ebenfalls aus dem Hochland, ist ein Schlaginstrument aus Bambus, das von zwei Musikern gespielt wird. Die Ede-Minorität kennt ein Saiteninstrument mit einem viereckigen Klangkörper, das auf den Boden gestützt zwischen die Knie geklemmt wird.

Im Rote-Fluß-Delta findet die Erdzither zuweilen noch Verwendung, ein sehr altes, malayo-indonesisches Kommunikationsinstrument. Über ein würfelförmiges Erdloch mit Seitenlängen von 40 cm wird ein Holzbrett gelegt. An zwei Seiten der Grube werden in bestimmtem Abstand Holzstäbe in die Erde geschlagen und mit einer Rattanschnur von drei bis vier Metern Länge und einem Durchmesser von einem Zentimeter verbunden. Zwischen Rattanschnur und Holzbrett wird ein 20 cm hohes Bambusstück geklemmt. An jeder Seite zupft ein Spieler die Rattanschnur. Der Ton überträgt sich über das Bambusstück auf das Holzbrett und die Erdgrube wird zum Klangkörper, der den Ton sehr weit trägt. Ein anderes Zupfinstrument, das *dan bau,* kommt ebenfalls aus dem Rote-Fluß-Delta. Auf einem rechteckigen, hölzernen Klangkörper steht ein hoher, biegsamer Ständer. Eine Saite verbindet Ständer und Instrument und erzeugt eigenartige, anhaltende, schwirrende Töne, die lachen und weinen können.

Jeder Musiker beherrscht die fünf Instrumente des vietnamesischen Quintetts, das Instrumentalmusik spielen, aber auch als Begleitmusik für Gesang dienen kann: eine

Khen-Spieler auf einer Suppenkelle, Dong Son-Kultur

16saitige Zither, die zwei-, drei- und viersaitige Geige und die Mondgitarre. Große und kleine Trommeln bestreiten die Eröffnungsmusik bei Spielen und Festen; es gibt noch weitere Saiteninstrumente, fünf- bis 25saitige Lauten und zwei- bis fünfsaitige Geigen, Holzblasinstrumente, Flöten, Querflöten und Gitarren sowie die bereits genannten Lithophone. Manche Instrumente werden im Norden, andere im Süden bevorzugt, einige kommen aus dem Hochland. Es existieren daher für die meisten Instrumente mehrere Namen. Heute wird auf vielen Instrumenten mit Verstärkern auch lautstarke, moderne Musik gespielt. Einige Orchester haben sich in ganz Vietnam einen Namen gemacht und werden bald auf internationalen Bühnen erscheinen.

Der vietnamesische Gesang läßt sich in drei Gruppen teilen. Zu der ersten Gruppe gehört die sino-vietnamesische Musik mit Texten aus klassischen Dramen, die nur im klassischen Theater gesungen wird. Die zweite Gruppe, alte Gesänge, hat sich bei den Minderheiten erhalten. Die weitaus größte Gruppe sind die *hat*, Lieder von einer unerschöpflichen Vielfalt, die das Leben des Volkes besingen. Die ältesten, mündlich überlieferten stammen aus der Zeit der Ly-Dynastie. Es sind Marsch- und Soldatenlieder, mit denen die Soldaten der Ly-Könige in ihre Heimatprovinzen oder in den Kampf gegen Champa zogen. Aus der Tran-Periode blieben Lieder aus den Kämpfen gegen die Mongolen erhalten. Zu den hat gehörten die beliebten, improvisierten Wechselgesänge zwischen Männern und Frauen, Sängergruppen und gemischten Chören, begleitet von Trommeln und Kastagnetten. Sie besingen den Alltag und die Ereignisse des vergangenen Jahres. Manche Lieder sind im ganzen Land bekannt, andere haben nur regionale Bedeutung, werden bei Festen der Dörfer vorgetragen. Es gibt Sängergruppen, die, wo immer sie auftreten, großen Zulauf haben. Nghe Tinh gilt als eine sangesfreudige Provinz mit vielen Festen. Manche Lieder haben religiösen Charakter und werden nur im Hof des dinh oder bei Pagodenfesten gesungen und oft von Müttern an die Töchter weitergegeben. Andere werden auf Märkten gesungen oder verkürzen die Wartezeit an den Fähren. Jeder Handwerkerstand hat seine eigenen Lieder, oft von Gesten begleitet, die die Tätigkeit demonstrieren. Bauern singen ihre Lieder für Aussaat und Ernte, es gibt Wiegen- und Kinderlieder und die Lieder der Blinden. Liebe, Freude und Leid finden ihren Ausdruck in den hat, aber auch die Liebe zum Land, zur Landschaft wird in sechs- und achtsilbigen Versen besungen, von einzelnen Sängern ebenso wie von Chören.

Der Tanz *(mua)* hat wenig Tradition in Vietnam. Auf den Dong Son-Trommeln sind rituelle Tänze dargestellt, wie sie heute noch im Hof der dinh, seltener bei Pagoden getanzt werden. Sie ähneln mehr einem gemessenen Schreiten und bedienen sich der Sprache der Hände. Beliebt sind, wie in ganz Südostasien, Fächer- und Lampentänze. Tänze dienen zur Unterhaltung der Festteilnehmer, aber auch des Schutzgeistes, sie drücken mehr Anmut als Kraft aus, deshalb werden sie meist von Frauen ausgeführt. Eine Ausnahme bilden die Schwert-Tänze und die Tänze der Ruderer bei den großen Wettkämpfen. Frauen und Männer tanzen nicht zusammen.

Das traditionelle und das moderne Theater

Cheo, tuong und *mua roi,* in der europäischen Literatur als Volksoper, Höfische Oper und Wasserpuppenspiel bekannt, sind nach herkömmlichen westlichen Begriffen schwerlich als Theater oder Oper zu bezeichnen. Sie bestehen aus sakralen und volkstümlichen Gesängen, unterstrichen durch Pantomime, Instrumentalmusik, sakrale und burleske Tänze, einführende, belehrende, verbindende oder glossierende Sketche, deren Themen Legenden, Lyrik, Geschichte oder Gegenwartsereignissen entnommen sein können. Eingeflochten sind akrobatische Szenen, Zauberkunststücke und Magie. Die verschiedenen Künste der Schausteller auf den Märkten, bei religiösen und profanen Festen bestanden zunächst unabhängig voneinander und dienten zur Belustigung oder Erbauung der Götter, Geister und des Volkes. Da solche Vorführungen erkennbaren Einfluß auf das Publikum hatten, versuchte die Obrigkeit, sich ihrer zu bedienen oder verbot sie, als das Volk sie in kabarettistischer Form übernahm, um Wünsche oder Mißfallen zum Ausdruck zu bringen.

Im 10. Jh. hatte König Dinh Tien Hoang drei Männer beauftragt, seine Soldaten das Singen zu lehren und ihre Moral durch Spiel und Musik zu stärken, wie es in seiner Anweisung für die Truppe zu lesen steht. Einer der drei, Pham The Tran, gilt als Urheber des cheo-Spiels. Der Ablauf dieser Spiele blieb im Grunde unverändert. Trommeln und Gongs eröffnen es, dann wendet sich der Sprecher mit Vierzeilern an König und Volk, darauf folgen Tänze und zunächst zusammenhanglos aneinandergereihte Sketche mit belehrendem Inhalt: Bestrafung des Bösen, Belohnung des Guten, gestützt auf die Moral des Buddhismus. Bereits bei der Entstehung des cheo-Spiels zeigt sich die Typisierung der auftretenden Charaktere, die dem Publikum vertraut werden: der Possenreißer, der alte Mann und die alte Frau sowie Held und Heldin. Die Requisiten – soweit vorhanden – bestehen aus einem Fächer, einem Ruder und überlangen Ärmeln. Nach einer am Hofe der Ly-Könige außerordentlich beliebten Schauspielerin namens Dao werden die cheo-Darstellerinnen bis in die Gegenwart *dao* genannt und die Darsteller *kep,* eine phonetische Wiedergabe der Bezeichnung *quan giao,* ›für den mit der Kontrolle der Schauspieler Beauftragten‹. Während der Ly- und Tran-Dynastie war das cheo-Spiel am Hofe und bei dörflichen Festen gleichermaßen beliebt. Improvisierte Sketche, die Gefallen fanden, wurden zum festen Repertoire und von anonymen Stückeschreibern aufgezeichnet. Es entstanden Truppen unter einem *dan tro,* der Spieler und Spielablauf zu kontrollieren hatte.

Im 15. Jh., unter der Le-Dynastie und der Dominanz der Neo-Konfuzianer, verbot König Le Thai Tong 1437 anläßlich einer Zeremonie am Ahnentempel der Dynastie das cheo-Spiel bei Hofe, und König Le Thanh Tong verbannte im Jahre 1470 auch die Volksmusik, nachdem er 1465 die Dauer des cheo bei dörflichen Festen begrenzt hatte. Der gleiche König gründete eine Musikschule, an der *bao choi,* eine Form der Chinesischen Oper, gepflegt wurde.

Das cheo-Spiel wurde zur Belustigung des Volkes, bei dem es sich selbst artikulieren konnte. Truppen von zehn bis zwölf Männern und Frauen taten sich unter einem Spielleiter *(trum phuong)* und einem Text- und Musikschreiber zusammen. Manche Truppen wurden beliebt wegen ihrer Gesänge, eine andere wegen ihrer Schauspieler oder ihrer Texte. Das erste Manuskript für ein cheo stammt aus dem Jahre 1455, es enthielt 120 Zeilen, der übrige Text wurde weiterhin improvisiert. Um 1500 erschien eine erste Abhandlung über das cheo-Spiel. In Zeiten politischer Wirren wurde das cheo zum Forum zeitkritischer Betrachter, die regionale und landesweite Mißstände aufzeigten. Ziel der Angriffe waren die Notabeln der Dörfer, Mandarine, aber auch die Könige. Geschickte und mutige Stellungnahmen machten eine Truppe berühmt. Menschliche Schicksale wurden lyrisch, satirisch oder humorvoll abgehandelt, wobei häufig legendären Gestalten Zeitkritik in den Mund gelegt wurde. Unerschöpflichen Stoff lieferte das Leben der Helden der Vergangenheit. Im 19. Jh. rückten auch Frauengestalten in den Mittelpunkt, deren hingebende Aufopferung schlecht belohnt worden war. Ende des 19. Jhs. gab es mindestens zwölf geschriebene Texte für cheo-Spiele, vom Volk geschaffen für das Volk.

Tuong – die Höfische Oper

Das *tuong*, als Höfische Oper bezeichnet, hat den gleichen Ursprung, nahm aber von Anfang an stärker religiöse und zeremonielle Elemente auf. Es läßt sich bis in das 11. Jh. zurückverfolgen. Zu einer festen Einrichtung entwickelte es sich aber erst unter der Tran-Dynastie durch einen Chinesen, einen ehemaligen Schauspieler der Peking-Oper, der während der Mongolenkriege in Gefangenschaft geraten war. Aus dieser Zeit stammt die gehobene Sprache des tuong, die Verwendung vieler chinesischer Wörter und Wendungen und die straffe Regie. Im 15. Jh., unter den Le-Königen, wurde auch das tuong verboten, konnte sich aber als Volkstheater in Bac Ninh (Provinz Ha Bac) halten. Mit den Nguyen gelangte das tuong-Spiel im 17. Jh. nach Süden. Die Nguyen verfolgten zunächst politische Zwecke und benutzten das tuong-Spiel, um ihre Loyalität gegenüber ihren Lehnsherren, den Le-Königen, zum Ausdruck zu bringen. Es wurde in Phu Xuan und später auch in Quang Nam und in Binh Dinh (dem heutigen Quy Nhon) gespielt. Hier nahm es Elemente der beliebten, kriegerischen *vo*-Spiele auf.

Im 19. Jh. wurde das tuong unter der Nguyen-Dynastie von Hue zu einem Bestandteil der höfischen Unterhaltung, war aber auch bei der Bevölkerung beliebt. Am Hof spielten professionelle, in den Dörfern Amateurtruppen. Im Unterschied zu den cheo-Spielen, die teilweise Improvisation blieben, an der die Zuschauer teilhatten, hielt sich das tuong an Texte bekannter Autoren. Unter den Verfassern war auch König Tu Duc, der das Spiel favorisierte. Es sollen etwa 500 Stücke mit einer Spieldauer von zwei bis drei Stunden existiert haben, viele davon gingen auf alte chinesische Heldensagen zurück, beruhten auf konfuzianischer Ethik und drückten die Loyalität gegenüber dem König aus. Die in den Dörfern gespielten Stücke nahmen die Themen aus dem bäuerlichen Leben, flochten zeitkritische Bemerkungen ein, die Autoren blieben anonym.

Tha then wird die Methode genannt, nach der auch das tuong mit sparsamen Requisiten, festgelegten Typen und Rollen arbeitet, die leicht stereotyp wirken. Kostüme, Bewegungen, Stimmlage und auch die Gesichtsfarbe sind von Bedeutung. Rot deutet auf einen ehrlichen Charakter, Leute aus den Bergen haben blaue, Fischer orangefarbene, Banditen dagegen gestreifte Gesichter. Die Form der Augen und Bärte sind von Bedeutung, Seelenzustände lassen sich erkennen. Auf Zehenspitzen laufen deutet Verwirrung an, zu Boden fallen Leiden. Wichtig sind die Bewegungen der Hände, die sich Wort und Lied anpassen müssen. Frauen sind weniger stark geschminkt als Männer, bei ihnen soll die natürliche Schönheit zum Ausdruck kommen. Die soziale Stellung ist an den Kostümen zu erkennen. Musikalische Begleitung erfolgt durch vier Instrumente: *khen,* die zweisaitige Geige sowie Trommel und Zymbal.

Dem fernöstlichen Theater fehlt – bedingt durch die Typisierung und Symbolisierung der Charaktere – eine für das westliche Theater entscheidende Ausdrucksmöglichkeit: der innere Wandel der agierenden Personen im Laufe der Handlung. Spannung kann nur durch Eintreten dramatischer Ereignisse erzeugt werden, die Reaktion der Akteure steht unabänderlich fest.

Im 20. Jh. entstanden unter dem Einfluß des westlichen Theaters zwei neue Formen des vietnamesischen Schauspiels und der Oper. *Kich noi,* das Sprechtheater, sucht westliches Schauspiel und Drama wiederzugeben. Die Bemühungen erwiesen sich als schwierig, aber das kich noi hat sich bis in die Gegenwart gehalten, seine Vermittlerrolle zum europäischen Theater wird noch an Bedeutung gewinnen. Eine Erneuerung des östlichen Operntheaters nahm in den Jahren 1916 bis 1918 ihren Anfang, als Amateure das *cai luong* ins Leben riefen. Sie spielten in den größeren Städten des Mekong-Deltas, schließlich entstanden auch professionelle Gruppen. Cai luong fand auch im zentralen und nördlichen Vietnam eine Zuhörerschaft. Zunächst wandelte sich die Ausstattung des Bühnenbildes und der Kostüme, während man die Texte in Versform beibehielt. In den dreißiger Jahren wurden dann Stoffe der Weltliteratur aufgenommen (die Kameliendame, Maria Stuart u. a.) und in Frack und Abendkleid gespielt. Diese Phase brachte dem cai luong jedoch viel Kritik ein.

Das cai luong hatte sich von allen Seiten inspirieren lassen, vom Volks- und klassischen Theater *(bai choi* und *ca hue),* die sich aus der klassischen chinesischen Oper entwickelt hatten, sowie vom westlichen Theater. Es fand aber schnell seinen eigenen Stil und profilierte sich, weil es lokale und allgemeine Probleme aufnahm, seine Musik leicht, melodiös und einprägsam war, Dekor, Beleuchtung und Kostüme attraktiv erschienen, besonders für junge Leute. Cheo und tuong erlebten zu dieser Zeit einen Tiefstand und waren gezwungen, sich zu erneuern. Ein Disput entstand zwischen den Verteidigern der traditionellen Form und den Reformern, die sie als überholt ansahen. Der Streit dauerte bis 1945 und setzte in den achtziger Jahren erneut ein. Cheo, tuong und cai luong gerieten auch in das Kreuzfeuer der Revolutionäre, die alle drei Theaterformen als Werk der Feudalisten ansahen. Aber die Verteidiger der Tradition gaben nicht auf. Mancherorts verboten, wurden die Spiele an anderer Stelle heimlich gespielt, bis das Zentralkomitee der Kommunistischen Partei dem vietnamesischen Theater eine Erneuerung verordnete. Auch in mündlicher Form erhaltene Texte wurden aufgeschrieben, der Film nahm die alten Themen auf. An der neu gegründeten Schule für das Nationale Dramentheater wurden Schauspieler für staatliche Ensembles ausgebildet. Während des Zweiten Indochinakrieges spielten Truppen aus dem Norden für die Widerstandskämpfer im Süden. 1976 fand das erste tuong-Festival statt. Die einst schlecht angesehenen Schauspieler sind heute hochangesehen, jedoch sind die Spiele der Kritik unterworfen und ihr Platz im vietnamesischen Kulturleben steht noch nicht fest.

Puppen- und Wasserpuppenspiele

Das Puppenspiel stammt aus dem indischen Kulturkreis. Es war seit den 11. Jh. bei den Ly und Tran bekannt. Ein chinesischer Gesandter berichtet, daß bei einem Bankett am Hof der Tran-Könige vor dem Palast ein Spiel stattfand, bei dem Puppen an langen Stäben bewegt wurden.

Jedes Dorf hatte seinen Teich, auf dem zum Laternenfest, am Ende der Neujahrsfeierlichkeiten, drehbare Laternen über dem Wasser aufgestellt wurden, um den Effekt der

Tempel des Schutzgeistes der Wasserpuppenspieler, Thay-Pagode

Wasserspiegelung zu nutzen. Puppen- und Wasserpuppenspiel (*mua roi*) erreichten im 18. Jh. ihren Höhepunkt. Schon im 17. Jh. hatte es Truppen gegeben, die anläßlich des Herbstfestes Wasserpuppenspiele vorführten. Besonders die Thay-Pagode in der Provinz Ha Son Binh und die Giong-Pagode im Dorf Phu Dong (Provinz Ha Bac) waren berühmt für ihre Spiele. Auf ihren Teichen blieben die kleinen *thuy dinh*, die Tempel für den Wassergott, erhalten, von denen aus gespielt wurde. Alle Spieler standen im Wasser und bewegten die geschnitzten Puppen, die von den gleichen Künstlern hergestellt wurden wie die Statuen in den Pagoden. Die Schauspieler bildeten Gilden unter einem Meister und hatten ihren Schutzgeist. Von etwa zweihundert Texten für Wasserpuppenspiele blieben ca. siebzig erhalten, von denen bis zu dreißig bei einer Aufführung gezeigt werden. In den letzten Jahren wurde die Tradition der Wasserpuppenspiele mit großem Erfolg wieder aufgenommen, sie werden auch bei besonderen Gelegenheiten gezeigt. Alte Männer, die noch Erfahrung besaßen, halfen jungen Spielern, die auf Auslandstourneen viel Erfolg verbuchen konnten.

Wasserpuppenspiele für den Königshof fanden in Thang Long auf dem Roten Fluß in der Nähe der alten Bien Long-Brücke, wo auch die Bootsrennen abgehalten wurden, statt. Eine Stele, die im Sung Thien Dien Linh, einem Turm auf dem Hügel Long Doi im Dorf Dai, Distrikt Duy Thien, in der heutigen Provinz Ha Nam Ninh gefunden wurde, berichtet mit 4036 Silben von einem Wasserpuppenspiel am 3. Tag des 8. Mondmonats des Jahres 1121, dem Geburtstag des Königs Ly Nhan Tong: »Die Oberfläche des Wassers kräuselt sich. Eine Schildkröte taucht auf, trägt auf ihrem Rücken drei Berge mit Höhlen. Sie schwimmt langsam vorüber, dann stößt sie einen Wasserstrahl aus. Musik ist zu hören. Die Eingänge der Höhlen öffnen sich. Feenhafte Tänzerinnen kommen zum Vorschein. Sie heben ihre biegsamen Arme und beugen ihre Knie im Takt der Musik. Vögel hüpfen vorbei, Rehe tollen herum. Die Schildkröte wendet sich um, erscheint vor dem König und beugt ihren Kopf, um ihm ihre Hochachtung zu erweisen.«

Beim mua roi auf dem Dorfteich geht es einfacher zu. Bunte Fahnen flattern und Feuerwerkskörper knallen, auch sogenannte Entenkracher unter Wasser. Eine Ente taucht auf, schlägt mit den Flügeln, taucht mehrmals auf und unter. Bevor das Spiel beginnt, erscheint auch hier *teu*, ein junger, lächelnder Bauer im einfachen Leinenkittel, stellt sich vor und beginnt ein Zwiegespräch mit den Zuschauern: »Ich war seit vielen tausend Jahren ein Bewohner des Himmels und wurde verbannt, weil ich einen himmlischen Pfirsich gestohlen habe. Nun bin ich dazu verurteilt, die verwickelten Angelegenheiten der Erde zu entwirren.« Die Zuschauer folgen seinen Bewegungen lachend, besonders wenn er in Disput gerät mit dem Angeber *(phot)*, den er zurück ins Wasser jagt. Aber phot taucht irgendwo wieder auf und spritzt die Zuschauer naß, die lachend flüchten. Die heiligen Tiere erscheinen, der Drache speit Feuer und Wasser, der Phönix schlägt mit den Flügeln, bis sich das Wasser kräuselt, das Einhorn zeigt einen Kriegstanz. Dann folgen Spiele mit geschichtlichen Themen, Szenen aus klassischen Opern, Feentänze und Fuchsjagd, Kämpfe der nationalen Helden, denen die Zuschauer mit großer Anteilnahme folgen.

Die Literatur

Bis in das 19. Jh. blieb die klassische chinesische Sprache, Schrift und Literatur Grundlage der vietnamesischen Bildung. Die nom-Schrift, mit der sich die vietnamesische Sprache besser wiedergeben ließ, setzte sich nur langsam durch (s. S. 36). Mit der Unabhängigkeit Dai Viets von China im 10. Jh. lassen sich drei Literaturgattungen unterscheiden. Die älteste und größte Gruppe umfaßt die Werke, die sich mit der Entstehung des Landes, den Mythen und Legenden, der Geschichte und Geographie, den Riten und der Rechtsprechung befassen. Enzyklopädien entstehen, Werke mit 20 bis 100 Bänden sowie umfangreiche Kommentare. Ständige Wiederholungen der Themen und die Bezugnahme und Zitierung älterer Werke hat deren Inhalt erhalten, obwohl zahlreiche Bibliotheken verloren gingen.

Die ersten Autoren waren gelehrte buddhistische Mönche. Abgelöst wurden sie von den Konfuzianern, die bis zum Anfang des 20. Jhs. allein Träger der Gelehrsamkeit waren. Die Schriften halten sich formal an die chinesischen Vorbilder, aber sie spiegeln auch das erwachende vietnamesische Nationalbewußtsein, Heimatliebe, die Bindung an die eigene Tradition und den Kampf um die Wahrung der Unabhängigkeit wider. Sie zeigen viel Liebe zum Detail, gute Beobachtungsgabe und eine kritische Betrachtungsweise. Die Werke entstanden im Auftrag der Könige, jede Dynastie ließ sie daher neu schreiben.

Die zweite Literaturgattung, lyrische Poesie und rhythmische Prosa, entstand ebenfalls an den Höfen. Ihre Autoren waren Könige, Prinzen, Gelehrte, Dichter, Generäle, und vom 18. Jh. an auch Prinzessinnen und gebildete Frauen von Hofbeamten. Mit der bildhaften und klangvollen vietnamesischen Sprache ließen sich mit Hilfe der nom-Schrift Gefühle besser ausdrücken, Sehnsucht, Heimatliebe, die Erinnerung an die Kindheit im Dorf, die Liebe zur Natur und die Verehrung der Götter und Ahnen. Poesie und Prosa der Ly- und Tran-Dynastie entstanden noch in klassischem Chinesisch, nur vereinzelt erschienen Werke in nom. Nguyen Trai, einer der bedeutendsten Dichter Vietnams, hat Anfang des 15. Jhs. in klassischem Chinesisch und 254 Gedichte in nom geschrieben. Eines seiner bedeutendsten Werke ist die Proklamation anläßlich der Befreiung des Landes von der Herrschaft der Ming-Dynastie, die er im Auftrage des Siegers Le Loi, des späteren Königs Le Thai To verfaßte, dem er als Stratege zur Seite gestanden hatte: »Im Reich ist die Ruhe wiederhergestellt. Die Berge und Flüsse haben ihr Aussehen verändert. Das in Unordnung geratene Weltall hat seine Harmonie wiedergefunden. Sonne und Mond kehren aus der Finsternis ins Licht zurück ...« König Le Thanh Tong war selbst ein Dichter und schrieb auch in nom. Er versammelte zwischen 1460 und 1497 achtundzwanzig Würdenträger zu einer Dichterakademie *(tao dan)*. Im 18. Jh. schrieb der Mandarin und Dichter Nguyen Binh Khiem, der sich aus der Politik zurückgezogen hatte, ein Meisterwerk in nom: ›Über das Einssein mit der Natur‹: »Im Herbst esse ich Bambusschößlinge, im Winter Bohnenkeime, im Frühling bade ich im Lotossee und im Winter im Dorfweiher. Am Fuß eines Baumes trinke ich in kleinen Schlucken Wein und sinne darüber nach, daß Reichtum und Ruhm nur ein flüchtiger Traum sind.« Der einsame Weise war Berater der Staatsmänner seiner Zeit.

Im Laufe des 18. Jhs. wird die Poesie – bisher Ausdruck der Harmonie, Liebe und Schönheit – zum Instrument der Klage und Anklage. Besonders die Werke in nom sprengen die Fesseln der konfuzianischen Gesellschaft, die der Frau nur die Rolle der liebenden Gattin zugesteht. Die Revolution der Tay Son hatte die Unterdrückten und Leidenden zwar nicht befreit, aber sie durften ihre Stimme erheben. Königin Ngoc Han aus der Familie der Le-Könige beweinte den frühen Tod des Gatten, König Quang Trung, mit stiller Klage. Aber die Dichterin Ho Xuan Huong wagte am Ende des Jahrhunderts laute Klage wider die Gesellschaft mit ihrem sehr mutigen Gedicht: ›Klage einer unehelichen Mutter‹. Die schönen Verse haben die Herausforderung an die konfuzianische Gesellschaft nicht gemildert:

»Weil ich dir meine Gunst gewährte, ist nun meine Schande offenbar.
Was weißt du, mein Geliebter, von meinem Leid?
Es war deine Schuld, mein Geliebter, unauslöschbar,
und würdest du hundert Jahre alt.
So muß ich allein die Frucht unserer Liebe tragen.
Was kümmert mich das niederträchtige Gerede der Leute,
sie, die verheirateten Frauen, haben klug reden
über die, die weniger klug waren.«

In der von den Nguyen verlassenen alten Königsstadt Thang Long klagte die Dichterin Thanh Quan in klassischen Achtzeilern:

»Über die Straßen, wo sich einst die Wagen drängten,
schwebt der Hauch der Herbstgräser.
Auf die zerfallenen Paläste senkt sich der Abendschatten.
Deine Steine nur widerstehen der Brandung der Zeit,
indes, das Antlitz der Gewässer beklagt die Vergänglichkeit.«

In der neuen Königsstadt Hue versuchten die Nguyen den Glanz des chinesischen Kaiserhofes nachzuahmen und an der Schwelle des Einbrechens Europas in das harmonische Lebensgefühl Vietnams Schönheit und Harmonie neu zu beleben.

Aus einer halbvergessenen chinesischen Novelle gelang dem Dichter Nguyen Du ein Werk (Kim Van Kieu), das seiner Zeit voraus war. Leiden und Unrast der schönen Kieu waren auch dem Dichter nicht fremd. Er litt unter dem Schuldgefühl, durch seinen Dienst für die Nguyen die Le-Dynastie verraten zu haben, eine Denkweise, die nur aus dem konfuzianischen Verhältnis zur Obrigkeit verständlich ist. Sein Versroman schildert das Schicksal der Kieu, die dem konfuzianischen Bild von der Frau, die dem Mann bei der Eheschließung hundert Jahre Treue geloben und den Schwur auch halten muß, zu trotzen wagte und eine neue Bindung einging. Die Gestalten, die Nguyen Du schildert, sind lebensnah, sie straucheln und fallen, nur wenige widerstehen der Versuchung.

»Glück oder Unglück liegen auf den Wegen des Himmels.
Der Himmel ist da, aber alles hängt auch von uns ab:
Verzicht ist die Quelle der Glückseligkeit,
Liebe die Fessel des Schmerzes.«

Der Dichter läßt eine Nonne die Worte sprechen, die aus einer Erkenntnis resultieren, die die schöne Kieu – aber auch den Dichter selbst – am Ende des Lebens zu innerer Ruhe führen. Die eleganten Sechs/Acht-Zeiler des Gelehrten und Dichters erreichen auch die Herzen des Volkes. Viele, die nicht lesen konnten, kannten die Verse auswendig. Das Werk blieb für eine Dichtergeneration unerreichtes Vorbild.

Der Versroman Kim Van Kieu steht bereits in der Nähe der dritten Literaturgattung: der Volksdichtung, den Märchen und Sagen, Geschichten aus den Dörfern und dem Alltag der Bauern, Handwerker und Fischer. Ihre Sprache ist offener, freier, manchmal auch derb, immer voller Humor und es herrscht sichtliches Vergnügen, sich selbst und andere zu karikieren. Den kleinen und großen Schurken sind die Törichten ausgeliefert, die sich von ihnen übertölpeln lassen. Charaktere und Ereignisse werden schwarz-weiß gezeichnet. Es gibt keinen Mandarin, der nicht habgierig, geizig und erpresserisch handelt. Die Natur erweist sich als segensreich und gefahrvoll.

Die europäische, besonders die französische Literatur beeinflußte die vietnamesischen Schriftsteller am Ende des 19. Jhs. und vermochte ihre Gedanken und ihre Sprache aus Formalismus und Konvention zu befreien. Viele Vietnamesen schrieben in französischer Sprache. Durch den Kolonialismus, den Unabhängigkeitskampf und die revolutionäre Literatur entstand ein neuer, sehr umfangreicher Literaturkomplex.

Exkurs: Der vietnamesische Drache

Als Drache, Krokodil oder Schlange verehrten die Ackerbauern in der Ägäis, in Mesopotamien, Indien, Südost- und Ostasien, in der Südsee und auf der Osterinsel die Kraft des göttlichen Wassers. In Vietnam ist der Drache das häufigste Symbol und Schmuckmotiv, ziert er den Königsthron und die Zündholzschachtel, den Altar Buddhas und die Spielkarte, das Brokatgewand der Könige und das volkstümliche Neujahrsbild.

Tatsächlich sind es zwei Drachen verschiedener Herkunft. Als Drachenkönig Lac Long ist der Drache Symbol des Wassers und Urvater der Vietnamesen (s. S. 44). An *long* (altvietnamesisch *rong*), den Regenbringer und Fruchtbarkeitsspender, wenden sich die Reisbauern um Wasser für ihre Felder, fürchten ihn, wenn er sich aufbäumt, Flutwellen und Überschwemmungen hervorruft. Der Drache der Bauern erschien schon auf den Bronzetrommeln der Dong Son-Kultur, dient als Schmuck der Häuser, dinh und Tempel, wird in Liedern besungen, ist als Kinderspielzeug und bei den Drachentänzen anzutreffen.

Während der chinesischen Okkupation erschien ein anderer Drache, das Symbol der chinesischen Kaisermacht. Der Drache der Himmelssöhne auf dem Thron Chinas läßt sich zurückverfolgen bis zu der legendären Xia-Dynastie, als deren Totem ein Drache fungierte. Unter der vietnamesischen Ly-Dynastie wurde er zum Symbol der Könige von Dai Viet und zu einem wandlungsfähigen Stilelement der vietnamesischen Kunst. Ab dem 11. Jh. erschien er an den Bauwerken der Könige. Nur die königlichen Gebäude, auch die von den Königen errichteten Pagoden, durften sich mit dem Drachen schmücken.

Drachen der Ly-Dynastie (11. Jh.) am Podest einer Buddhastatue, Phat Tich-Pagode

Allein für Flachreliefs, nicht für Hochreliefs und Rundplastiken und für Material aus Stein und Keramik war Drachenschmuck erlaubt.

Der Drache der Ly-Dynastie hatte einen wellen- oder wurmartigen Körper, der nach vielen Windungen in einen spitzen Schwanz auslief. In seinem aufgerissenen Rachen schwebte eine Kugel. Umgeben war er von Wasser und Wellen, aus denen er aufstieg. Er ähnelte dem zeitgenössischen chinesischen Drachen, aber seine rüsselartig verlängerte Nase und den hervorstehenden Zahn hat er von den Makara der indischen Mythologie entliehen. An seinem Kopf bezeichnet eine Wellenlinie den Mond, das Omega steht für Donner und Blitz. Auf vier kurzen Beinen tummelt er sich in den königlichen Pagoden zwischen Lotosblüten und Bo-Baum-Blättern. Während der Tran-Dynastie durften auch die hohen Würdenträger der königlichen Familie zunächst kein Drachensymbol benutzen. Erst Ende des 13. Jhs. erschien es an Bauwerken des Adels. Der Drache durfte nun auch in Holz geschnitzt werden und fand als Schmuck von Bronzen Verwendung. Der Drache der Tran-Dynastie blieb gewunden, der Schwanz spitz auslaufend, aber der Körper machte weniger Biegungen. Manchmal hatte er Flossen auf dem Rücken. Seine Beine waren noch kürzer, mit Haarbüscheln an den Knien. Der Kopf ist häufig weniger sorgfältig ausgeführt. Der Rachen bleibt geöffnet, die Kugel ist nicht mehr vorhanden. Er wird im Profil dargestellt, so daß nur ein Auge sichtbar ist. Aus dem Haarbüschel am Kopf wurde ein Ohr, manchmal hat er auch gegabelte Hörner. Das Mondzeichen ist verschwunden, aus dem Omega wurde eine Augenbraue.

Der Drache veränderte sich im 13.–14. Jh., wird anmutig und lebhaft. Der Kopf auf einem kürzer gewordenen Körper dreht sich dem Schwanz zu. Diese Entwicklung läßt sich am Thap Pho Minh bei Nam Dinh, der Heimat der Tran-Könige, verfolgen. Ende des 13. Jhs. erschienen auf Flachreliefs blattförmige Wolken anstelle der Girlanden und Kugeln der Ly-Kunst. Drachen tummeln sich zwischen Wolken, eine Darstellung, die in den nächsten Jahrhunderten beibehalten wird. Sie gleichen immer mehr einem Säugetier mit Hörnern und Ohren, der Rüssel verwandelt sich in eine ausgeprägte Nase. Die Drachen der vietnamesischen Dynastien machen die Entwicklung der chinesischen Drachen mit.

In Thanh Hoa, der Heimat der Le-Könige, erscheinen auf der Vinh Lang-Stele aus dem Jahr 1433, im Gräberfeld von Lam Son, zwei verschiedene Drachen (s. S. 395). Auf der Vorderseite der Stele ringeln sich Drachen wie aus der Ly- und Tran-Dynastie. Ihre Oberlippe ist gradlinig verlängert, besetzt mit gezackten, flossenartigen Auswüchsen, der Eckzahn nach oben gedreht. Über der omega-förmigen Augenbraue erscheint ein gegabeltes, schneckenförmig eingebogenes Horn. Mit dem Vorderfuß hebt der Drache seinen kurzen Bart an. Dieser Drache erscheint weiterhin als Schmuckelement. Der zweite Drache, der ab dem 15. Jh. auf allen königlichen Stelen erscheint, besitzt jedoch alle Merkmale des kaiserlich-chinesischen Drachens. Ein Zeichen, daß sich die Le-Könige den chinesischen Kaisern gleichgestellt sahen. Der neue Drachen ist umgeben von Kreis und Quadrat, den Symbolen für Erde und Himmel. Statt der bisher üblichen drei hat er nun fünf Klauen. Sein Kopf mit zwei Hörnern streckt sich nach vorn. Unter gezackten Augenbrauen und zwei vorstehenden Augen springt eine starke Nase hervor. Er ist nicht mehr im Profil dargestellt, sein Körper ist gestreckt und richtet sich auf wie der eines Säugetiers.

Die beiden Drachen der Vinh Lang-Stele entwickelten sich unabhängig voneinander in der höfischen Kunst weiter. Mit dem Drachen der Reisbauern haben sie nichts mehr gemeinsam. Auch die Nguyen-Dynastie von Hue übernahm den Drachen als Zeichen der Königsmacht. Als sie 1804 ihre Hauptstadt von Thang Long nach Hue verlegten, nahmen sie alle Drachensymbole mit, die sich transportieren ließen, andere wurden zerstört. Vom Palast blieb eine Drachentreppe erhalten.

Thang Long, die ›Stadt des Aufsteigenden Drachen‹, mußte auch seinen Namen ablegen. Es heißt nun Hanoi, ›zwischen zwei Flüssen‹. Der königliche Drache zierte die Paläste der Nguyen bis 1945. In vielerlei Form taucht er noch heute in Kunsthandwerk und Design auf. Auch der Drache der Reisbauern ist lebendig wie eh und je. Er bringt noch immer den segenspendenden Regen oder treibt die Wassermassen der Taifune vor sich her, und wenn er nicht rechtzeitig erscheint, muß er durch Drachentänzer herbeigerufen werden.

Das Reich Fu Nan

Die Geschichte

Fu Nan war zwischen dem 1. und 6. Jh. das erste indisierte Reich Südostasiens. Es erlebte seine höchste Machtentfaltung im 2. und 3. Jh. und wurde im 6. Jh. von dem benachbarten Reich Chen La besiegt und ausgelöscht. Von der Südspitze des heutigen Vietnam erstreckte es sich bis in die Nähe der jetzigen kambodschanischen Hauptstadt Phnom Penh, und es besaß das fruchtbare Schwemmland zwischen dem Golf von Siam und den Deltas des Bassac und Mekong. Fu Nan beherrschte die Küsten Indonesiens und des Südchinesischen Meeres bis nach Zentralvietnam, Teile der malaiischen Halbinsel und zeitweise auch Süd-Birma. Reichtum und Macht verdankte es seiner geographischen Lage an der Schiffahrtsstraße zwischen Indien und China, dem Gold und Schlamm seiner Flüsse, aber auch dem Netz von Be- und Entwässerungskanälen, die es geschaffen und zu Schiffahrtswegen ausgebaut hatte.

Als die Karawanenstraßen durch Zentralasien um die Zeitenwende von Nomadenvölkern unterbrochen wurden, der Bedarf an Edelmetallen und Luxuswaren aus dem Fernen Orient im Römischen und Indischen Reich jedoch wuchs, suchten Handelsdschunken den Weg durch den Indischen Ozean und das Südchinesische Meer nach China. Das Kanalsystem Fu Nans gestattete es, die von Piraten beherrschte Ostpassage zwischen den Indonesischen Inseln und den Weg um das gefürchtete Kap Ca Mau zu meiden und, wie chinesische Reisende berichteten, mit seegängigen Dschunken »durch Fu Nan zu segeln«. Französische Forscher haben das über 200 km lange Kanalsystem im 20. Jh. vom Flugzeug aus entdeckt. Es war sternförmig angelegt und nutzte das natürliche Gefälle der Ebene vom Bassac bis zum Meer. Die gradlinigen, untereinander und mit den Flüssen verbundenen Kanäle dienten gleichzeitig der Entsalzung der Flußmündungen des Mekong und Bassac.

Nahezu alle Kenntnisse über das Reich Fu Nan stammen von chinesischen Reisenden und Historikern. Kang Tai war der erste Berichterstatter, er besuchte Fu Nan zwischen 245 und 250 mit einer Delegation, die die erste Tributgesandtschaft Fu Nans erwiderte, die im Jahre 243 nach China entsandt worden war. Gleichzeitig hielt sich auch eine Mission der *Murunda* aus Indien in Fu Nan auf. Nach seinem Bericht hatte ein indischer Brahmane, Kaundinya, im 1. Jh. die *naga*-Königin Liu Yeh (Weidenblatt) besiegt, geheiratet und eine Dynastie gegründet, die 150 Jahre herrschte. Einer seiner Nachfolger, Fan Shi-man (um 205 bis 225), war möglicherweise der König Sri Mara, den die Stele von Vo Canh erwähnt (s. S. 274).

Biu Nam, nach der heutigen chinesischen Aussprache Fu Nan, Könige der Berge, nannten sich die Herrscher, eine Bezeichnung, die alle Gottkönige der indisierten Staaten beanspruchten (s. S. 271). Der Name wurde auf das Land übertragen, für das kein anderer bekannt ist. Kang Tai beschreibt die großen, ummauerten, dichtbevölkerten Städte mit Palästen und Wohnhäusern aus Holz, mit Schnitzereien verziert. Die Bewohner besaßen silbernes Eßgeschirr und zahlten die Steuern in Gold, Silber, Perlen oder Duftstoffen. Sie hatten Archive, die mit Büchern gefüllt waren, und benutzten indische Schriftzeichen. Kang Tai pries den Reichtum Fu Nans, aber seine Bevölkerung erschien ihm häßlich, schwarzhäutig und kraushaarig, zudem schilderte er sie als unbekleidet. Ihre Sitten nannte er einfach, die Ackerbaumethoden primitiv, nur ihrer Holzschnitzkunst zollte er Bewunderung.

Im 3. Jh. wurden die Beziehungen zwischen Fu Nan und China enger, Tributgesandtschaften und Berichterstattung nahmen zu. Nur zwischen 287 und 357 schwiegen die Chronisten, danach erschienen wieder chinesische Texte. Auch Stelen, die im Mekong-Delta, in Champa, Java und Borneo gefunden wurden, erwähnten Fu Nan. Bis heute wurde jedoch keine Stele eines Königs von Fu Nan gefunden. Im Jahre 357 schickte König Chan Tan – der Name ist eine Sinisierung von *Chandan*, dem Titel der Kushan-Könige in Indien – eine Tributgesandtschaft nach China. Er nannte sich *Hindu*, das bedeutet Inder, und er könnte ein geflüchteter Angehöriger der Kushan-Dynastie gewesen sein, die im 4. Jh. von den Gupta-Herrschern vertrieben wurde. Ein Kushan auf dem funesischen Thron würde nicht nur die engen Beziehungen zu Indien, vielmehr auch die persischen Einflüsse und die starke Betonung des Kultes für den Sonnengott *Surya* erklären. In der Folgezeit blieben die Kontakte mit Indien bestehen, aber es wurden auch viele Tributgesandtschaften nach China gemeldet.

Zwischen Fu Nan und Champa ist es zu kriegerischen Auseinandersetzungen gekommen, die aber für beide Staaten nicht gravierend waren.

Von dem bedeutendsten König Fu Nans, Kaundinya Jayavarman, ist nur sein Todesjahr (514) bekannt. Er wird als Sivait bezeichnet, soll aber auch Buddha verehrt haben. Der Kaiser von China verlieh ihm den Titel: General des befriedeten Südens, König von Fu Nan.

Die Annalen nennen die Fu Nan tüchtige Seefahrer, aber auch Piraten. Der König, Männer und Frauen trugen nun Lendentücher (*sampot*). Mehrere Familien gemeinsam benutzten ein Badebassin. Nur der König und seine Familie ritten auf Elefanten. Schweine- und Hahnenkämpfe dienten der Belustigung. Die Hauptstadt Vyadhapura (die Stadt der Jäger) lag 120 km vom Meer entfernt, die Fu Nan hatten sich in das Hügelland in der Provinz Prei Veng im heutigen südlichen Kambodscha an den Phnom Da zurückgezogen. Als Grund dafür wurde die Verlagerung der Flußläufe oder Handelswege angenommen, ohne daß es Beweise dafür gibt.

Der letzte nachweisbare König von Fu Nan, Rudravarman, war Sohn einer Konkubine und usurpierte den Thron. Seine Enkel Chitrasena und Bhavavarman erhoben sich gegen ihn. Es ist nicht gesichert, ob Bhavavarman Fu Nan regierte oder ob beide nacheinander in Chen La herrschten. In den Jahren 517 und 559 sind Tributgesandtschaften nach China bezeugt. Die letzte Gesandtschaft wird im Jahre 627 erwähnt, sie kam aber aus einer weiter südlich gelegenen Stadt Fu Nans. Vyadhapura befand sich schon im Besitz der Chen La, der Vorgänger der Khmer. Chen La hat aber nur im Hügelland geherrscht, die Ebene wurde erneut von alluvialen Ablagerungen bedeckt. Als die Vietnamesen im 17. Jh. in das Mekong-Delta vordrangen, gab es nur wenige Khmersiedlungen, und sie mußten es erneut urbar machen. Auch die Herrschaft an den Küsten Indonesiens und Malayas wurde von Chen La nicht beansprucht. Die Chinesen berichten von Tributgesandtschaften neuer Staaten.

Im Jahre 1987 fand der vietnamesische Archäologe Vo Si Khai bei Grabungen unter der Leitung von Nguyen Du Luu, beide von der Archäologischen Abteilung der Provinz Long An, im Mekong-Delta unter den freigelegten Fundamenten eines Tempels einen sorgfältig verborgenen Schatz aus 32 Gold- und Edelsteinartikeln und einigen Metallgegenständen. Sie waren in einer Kammer unter 16 Lagen einer in der Form der *Swastika* angeordneten Ziegelsäule, von Steinblöcken, Lateritkieseln und Sand umgeben, in einer Tiefe von 1,7 bis 1,9 Metern verborgen. Ein sehr dünnes Goldblättchen, nur 21 x 4 cm groß, trägt eine Inschrift in altem südindischen Sanskrit. Der Inhalt könnte dazu beitragen, die Endphase des Reiches Fu Nan zu erhellen. Der Text, wie er in englischer Sprache vorliegt, lautet: »Der ehrenwerte Bhavavarman, begabt mit ausgezeichneter Redekunst, ruft zum Rückzug seiner 100 000 Mann starken Armee. Dieser kluge Entschluß kann verglichen werden mit einem Blumenkranz oder einem großen Weisen. Die Menschen beginnen ihr Eigentum zu vergraben, ihren Gold- und Silberschmuck, sogar die gröberen Arbeiten. Andere Stücke von weniger Wert wie Bronze- und Messinggeräte werden auch vergraben. Nach Beendigung dieser Arbeit beginnt der Rückzug der Armee, weit, sehr weit nach Süden. Ihre Elefantenstatuen, alte Ringe, Stoffe und Elefantenzähne sollen ebenfalls den Göttern und Indra geopfert werden. Weisheit und Reinheit sind behindert durch Begierde. Das Land wird daher ohne Unterbrechung von den Feinden angegriffen. Die sich in Gefahr befinden, sollen ihren Besitz opfern, sich als Anhänger unterwerfen und aus freiem Willen dem Glauben folgen. Der Schreiber D. H. M. opfert diesen Besitz den Göttern.«

Die Goldtafel war umgeben von den systematisch angeordneten 32 Beigaben. Der in dem Text genannte Bhavavarman könnte der letzte König von Fu Nan gewesen sein. Ob die Fundstelle in Go Xoai (in der Provinz Long An) die Hauptstadt Vyadhapura war, ist noch zu beweisen. Vielleicht war sie die südliche Hauptstadt, aus der nach chinesischen Schriften die letzte Gesandtschaft der Fu Nan kam. Der Goldschatz und die Goldplatte befinden sich heute im Museum der Provinz Long An.

Ethnologie und Religionen der Fu Nan

Über die Bevölkerung Fu Nans ist noch weniger bekannt als über seine Geschichte. Die chinesischen Annalen lassen auf malayo-indonesische Stämme schließen, bei denen Mon-Khmer-Einflüsse nicht auszuschließen sind. Sie lebten in Pfahlbauten, vielfach in städtischen Siedlungen, an Flüssen und Kanälen und betrieben Reisanbau und eine hochentwickelte Wasserwirtschaft. Zumindest zeitweise waren Fernhandel und Seefahrt, mit bis zu 25 Meter langen Dschunken, ihr Haupterwerb. Durch Bodenfunde lassen sich zahlreiche Handwerke nachweisen wie Holzschnitzerei, Steinbildhauerei, Ziegelherstellung, Maurerhandwerk, Keramikherstellung, Zimmerer- und Bootsbauergewerbe, Metallgießerei, Weberei, Goldschmiedehandwerk. L. Malleret stellte auf Grund der Ausgrabungen in Oc Eo fest, daß eine große Anzahl der gefundenen Gegenstände aus fernen Ländern stammte. Es bestanden enge Beziehungen mit China, Siam, Malaya, Indien und den Mittelmeerländern.

Die Entstehungsgeschichte Fu Nans beweist naga-(Schlangen)kulte, wie sie auch bei den Nachfolgestaaten Chen La und Khmer verbreitet waren. B. Ph. Groslier berichtet von einer Legende, nach der der naga-König die Wasser der Überschwemmungen austrank, um Land als Mitgift für seine Tochter zu schaffen. Fruchtbarkeitskulte und die Verehrung von Menhiren als Manifestation der vergöttlichten Ahnen und Könige erleichterten die Übernahme der Lingam- und Sivakulte des Hinduismus (s. S. 271). Mit der Indisierung wurden hinduistische und vorvedische Götter wie *Indra,* der Regengott, *Yama,* der Totengott, und *Surya,* der Sonnengott, übernommen. Visnu wurde in Fu Nan sehr häufig verehrt, Siva spielte die entscheidende Rolle für das Gottkönigtum. Als Herr des Berges Kailash im Himalaya wurde er auch auf den Bergheiligtümern in Fu Nan verehrt.

Der *Mahayana*-Buddhismus läßt sich ebenfalls an den Höfen der Fu Nan nachweisen. Mönche, die zwischen Indien und China reisten, brachten ihn mit. Welche Bedeutung er im Volk hatte, ob Klöster bestanden, ist nicht bekannt. Aber mit den Tributgesandtschaften wurden kostbare Buddhastatuen an den Kaiserhof in China gesandt, darunter ein Buddha aus Korallen, Statuen aus Bronze mit Gold-und Edelsteineinlagen und ein *Stupa* aus Elfenbein. Bei den Ausgrabungen in Oc Eo wurden keine Buddhastatuen gefunden, dagegen in der Reetgrasebene im Delta und im heutigen südlichen Kambodscha.

Kultur und Kunst

Zwischen 1942 und 1944 legte der französische Forscher L. Malleret in Oc Eo, Provinz An Giang, eine städtische Siedlung frei, deren Kultur er nach dem Fundort Oc Eo-Kultur nannte, da es nicht zu beweisen war, daß es sich um eine Stadt des Staates handelte, den die Chinesen als Fu Nan bezeichnet haben. Erst im letzten Jahrzehnt fanden vietnamesische Archäologen an weiteren Plätzen Zeugen der gleichen Kultur, so daß sich die Annahme verdichtet, daß sich die Wissenschaft auf den Spuren des Reiches Fu Nan befindet. Luftaufnahmen des Geländes und Forschungen der Vietnamesen fanden in dem Gebiet des Deltas, das 40 000 km^2 mißt, Spuren menschlicher Siedlungsgebiete, die wahrscheinlich seit 1300 Jahren von alluvialen Ablagerungen bedeckt sind. Unter den Funden von L. Malleret befanden sich Gegenstände aus dem Vorderen Orient und Indien, Stücke aus dem hellenistischen und Römischen Reich, ein Buddha aus Amaravati in Südindien, ein Edelstein der Sassaniden, eine römische Goldmünze mit dem Bild des Kaisers Antonius Pius aus dem Jahre 152 und viele andere Zeugnisse fremder Kulturen.

Schmuck, Gemmen und Siegel lassen Rückschlüsse auf das funesische Kunsthandwerk zu. Der Goldschmuck zeigt eine feine, materialgerechte Verarbeitung. Den Goldschmieden gelang es, Blätter naturgetreu nachzubilden. Bemerkenswert ist ihr Ideenreichtum, so daß kein Stück dem anderen gleicht. Auf Siegelringen finden sich feine Gravuren in südindischem Sanskrit. Steinsiegel wurden gefunden und Nachbildungen des Lingam in Zinn.

In Oc Eo sind keine Zeugnisse der Architektur erhalten geblieben. Dem indischen Vorbild folgend, wurden nur Sakralbauten in Stein und Ziegeln ausgeführt. Die chinesischen Chronisten berichten von Palästen aus geschnitzten Edelhölzern mit reichlichem Mobiliar. Sie gingen verloren, von den Pfahlbauten des Volkes ließen sich nur Spuren nachweisen. Auch von den Ziegelbauten wurden nur Fundamente freigelegt. In Nekropolen lassen sich verschiedene Bestattungsarten erkennen.

Die Ziegelbauten des 5. und 6. Jhs. am Phnom Da und Nui Som waren mit Pfeilern, Säulchen und Blendfenstern aus Ton verziert, aus denen Menschengesichter hervorsahen. Am Phnom Da, bei der heutigen kambodschanischen Stadt Prei Borei, blieben kleine, indisch beeinflußte Tempel aus Quadersteinen erhalten. Es ist nicht sicher, ob sie die einzigen erhaltenen Bauwerke der Fu Nan darstellen oder etwas später zu datieren sind. Aber es wurden Visnus und Buddhas gefunden – die als Vertreter des Phnom Da-Stiles gelten, der ersten vorangkorianischen Stilepoche –, die von den Fu Nan stammen. Phnom Da liegt am Rande des Überschwemmungsgebietes des Bassac und war ein Bergheiligtum der Fu Nan, in dessen Nähe die Hauptstadt Vyadhapura zu suchen ist. B. Ph. Groslier unterteilt den Stil von Phnom Da in die Gruppe A, Statuen aus der Zeit König Rudravarmans (514–539), und die zeitlich spätere Gruppe B, als die Kunst bereits Vereinfachungen und Verarmung zeigte. Visnu wurde am häufigsten dargestellt, von Rudravarman heißt es, daß er Visnuit war. Weibliche Statuen wurden am Phnom Da nicht gefunden. In der Nähe des Hügels gibt es große Sandsteinvorkommen, die in der Delta-Ebene fehlen. Sie erklären die große Anzahl der Statuen. Die Plastiken stehen am Ende der Entwicklung einer hohen Kunst, die in ihrer letzten Phase bereits den Niedergang andeutet. Der Einfluß der Späten Gupta in Indien ist erkennbar, aber die Fu Nan sind über ihre indischen Lehrmeister hinausgewachsen. Am Phnom Da vollzog sich die Loslösung der Figuren aus dem Hochrelief, entstand die Rundplastik. Die meisten Statuen befinden sich im Nationalmuseum in Phnom Penh.

Die Künstler fanden immer neue Möglichkeiten, ihre überlebensgroßen Statuen vom Hintergrund zu befreien und ihnen dennoch Standfestigkeit zu geben. Die Ikonographie verlangte oft die Darstellung von vier oder acht Armpaaren, die seitlich ausgestreckt Attribute der Götter tragen: Lotosblüten, Muschelhörner, Dreizack und Keule. Am Anfang der Entwicklung blieb von der Rückwand ein Pfeiler oder ein Bogen stehen, an den sich die Statue lehnte. Ließ es die Ikonographie zu, stützten sich die unteren Armpaare auf Waffen oder Pfeiler, die mit dem Sockel verbunden waren. Eine andere, kaum mehr als Stütze wahrnehmbare Hilfe waren die zwischen den Füßen herabhängenden Schurze an der Vorderseite des Gewandes als ›drittes Bein‹. Die sorgfältige Bearbeitung der Rückseite der Statue zeigt den vollzogenen Schritt zur Rundplastik. Die Künstler verstanden den Sandstein fein zu bearbeiten und zu glätten, so daß auch Andeutungen des Körpers sichtbar wurden. Die Gestalten strömen Ruhe und Harmonie aus, lassen die Anatomie vergessen. Der Statik wegen ruhen die fein modellierten, schlanken Körper auf stämmigen, pfahlartigen Beinen. Ohne die Andeutung von Schulterblättern wachsen die Arme aus den Schultern. Auf den runden Gesichtern deutet sich ein Lächeln an, typisch sind gebogene Nasen und zusammengewachsene Augenbrauen. Bei den frühen Statuen ist die Kleidung nur angedeutet, der kurze *sampot* bedeckt kaum die Oberschenkel. Die Statuen zeigen keinen Schmuck. Sie wurden bei Zeremonien mit Juwelen ausgestattet, die zu den Tempelschätzen gehörten. Der Kopfschmuck wurde sehr sorgfältig ausgeführt, aus kunstvollen Haarkronen fielen seitlich einzelne gedrehte Locken. Bei den späteren Plastiken wurden die Schurze vielfach abgewandelt, schließlich zu einem Merkmal der Khmer-Plastik.

Die Buddhas der Gruppe A wurden ebenfalls stehend und rundplastisch dargestellt, Standfestigkeit durch herabwallende Gewänder gewährt, die bis zum Sockel reichten und aus denen nur die Füße herausgearbeitet wurden. Die Gesichter ähneln denen der Hindu-Götter, die Haare bestehen jedoch aus eng gerollten Locken, die flach am Kopf anliegen. Die Gruppe B zeigt meist sitzende Gestalten, die weniger sorgfältig bearbeitet sind.

Seit 1975 beschäftigt sich das Institut für Gesellschaftswissenschaft in Ho Chi Minh-Stadt, gemeinsam mit den Provinzverwaltungen und -museen, gestützt auf die Arbeiten der französischen Wissenschaft, mit der Erforschung der Oc Eo- bzw. Fu Nan-Kultur. An etwa zwölf Plätzen im Mekong-Delta sind Grabungen durchgeführt worden, wobei Fundamente von Tempeln, Nekropolen und Wohnsiedlungen freigelegt wurden. Die Gebäude bestanden aus Stein, Ziegeln, Holz, seltener Laterit, Kultgegenstände aus Stein, Terrakotta, Holz, Gold, Bronze und anderen Legierungen; Statuen wurden nur wenige gefunden. Auch Gebrauchsgegenstände und Handwerksgerät fand man an den Grabungsstellen. Es gab wertvolle Funde von Schmuck, Ornamenten, Siegeln, Amuletten, Münzen aus Edelstein, Gold, Silber, Zinn und Glas. Außerdem konnte organisches Material, menschliche und tierische Knochen, Reiskörner usw., sichergestellt werden. Die bisher ausgemachten Spuren menschlicher Siedlungen werden die Archäologen noch für Jahrzehnte beschäftigen.

Die Reiche Champa

Bevölkerung und Lebensraum

Die Cham oder Lin Yi siedelten zwischen dem Hoanh-Gebirge in der Provinz Nghe Tinh im Norden bis in die Provinz Thuan Hai im Süden, in den Becken und an den Küsten des Ostmeeres, bebauten die Reisfelder in der Ebene und im Hügelland, waren Fischer, Handwerker, aber auch Seefahrer und Piraten. Über ihre Herkunft und Wanderbewegungen existieren verschiedene Theorien. Als sicher gilt, daß sie ein austro-asiatisches Volk der malayo-indonesischen Sprachgruppe sind. Sie werden entweder den indonesischen Gruppen, die Träger der Dong Son-Kultur im nördlichen Vietnam waren (s. S. 139), oder den Nachfahren der Sa Huynh-Kultur (s. S. 138) in Zentralvietnam zugerechnet. Theorien, daß sie aus Indien eingewandert sind, werden heute verworfen. Neueste Forschungen, die Verwandtschaften mit Völkergruppen der Philippinen festgestellt haben, schließen ihre austro-asiatische Herkunft nicht aus.

Sie wurden wahrscheinlich zwischen dem 1. und 2. Jh., mit Sicherheit aber zwischen dem 4. und 5. Jh. stark indisiert. Chinesische Annalen erwähnen ab dem 1. Jh. n. Zt. am Südrand ihrer Provinz *Giao Chi* ›Barbaren‹. Bis in das 7. Jh. läßt sich die Geschichte der Lin Yi verfolgen, dann taucht der Name Cham auf. Es ist allerdings noch offen, ob die Cham die Nachfolger der Lin Yi darstellen, oder diese nur einer der Stämme sind, die sich im Reich Champa zusammenfanden. Als Schrift verwenden sie auf ihren Stelen eine frühe Form des südindischen Sanskrit. Schrifttum blieb nicht erhalten.

Die französische Indochina-Forschung hat sich ab dem 19. Jh. mit Geschichte und Kunst der Cham beschäftigt, von den Vietnamesen wurde diese Forschung weitergeführt. Vietnamesische und polnische Restaurateure sind seit 1981 um die Erhaltung der Cham-Kunst bemüht. Trotzdem ist es bisher nicht gelungen, eine kontinuierliche und lückenlose Geschichte oder Kunstgeschichte der Cham zu erarbeiten. Nicht nur die Zeit zwischen dem 4. und 7. Jh. ist unzulänglich belegt, es klaffen auch für spätere Perioden Lücken. Sicher scheint die Abstammung von zwei Klans, aber in welchem Zusammenhang diese standen und welche Kunstepochen und Stile ihnen zuzuschreiben sind, ist umstritten. Der Klan der Kokosnu esser *(Dua)* siedelte im Norden, in den heutigen Provinzen Quang Nam-Da Nang und Nghia Binh, ihr Reich wurde *Amaravati* genannt. Im Süden, zwischen dem Cu Mong-Paß und dem Dong Nai-Becken, lebten die *Cau*, die

Reiche der Cham und Zentren der Cham-Kultur

Das Reich Amaravati (Nordreich)

zwischen Hue im Norden und der Provinz Quan Nam – Da Nang im Süden. Zentrum um das heutige Tra Kieu. Amaravati, nach dem südindischen Reich und dem Amaravati-Stil des 2.–3. Jh. benannt, zeigt enge Beziehung zu Indien. In Amaravati lagen zwei Reiche, deren Namen unbekannt sind:

1) 4.–8. Jh. Hinduistische Periode:
Hauptstadt Simhapura – die Löwenstadt (Tra Kieu).
Tempelstadt My Son (25 km von Trau Kieu), belegt vom 4.–13. Jh., existierte in den folgenden Reichen weiter.

2) 9.–10. Jh. Buddhistische Periode:
Hauptstadt Indrapura oder Champura (nicht genau lokalisiert) im Raum Tra Kieu.
Buddhistischer Tempel und Kloster Dong Duong (875–982).

Das Reich Panduranga (Südreich)

existierte gleichzeitig, dominiert aber nur:

1) 749–808 Hauptstadt Virapura bei Panduranga (Phan Rang).
Tempelstadt Kauthara (Nha Trang), wahrscheinlich schon im 4. Jh. bis heute.

2) 1471–1693 Hauptstadt Panduranga (Phan Rang).
1693–1822 Fürstensitze der Cham als Vasallen der vietnamesischen Feudalherren von Hue.

Das Reich Vijaya

Das Nordreich zog sich nach der Niederlage von 982 nach Süden zurück.

1000–1471 Hauptstadt Vijaya (Binh Dinh), 300 km südlich von Tra Kieu. My Son existierte weiter, letzte Bauten und Stelen im 13. Jh.

Betelnußesser. Die Klans bildeten Kokos- und Betelnüsse in Gold nach und opferten sie ihren Göttern. Dua und Cau unterschieden sich durch Tradition und Tabus so stark, daß es nur selten und kurzzeitig zu Zusammenschlüssen kam, häufiger waren kriegerische Auseinandersetzungen. Gemeinsam war ihnen eine indisierte Kunst an der Nahtstelle indischer und chinesischer Kultur.

Zur Schilderung dieser Gesellschaft des 4. Jhs. wird in der Literatur das Werk des chinesischen Historikers Ma Tuan Lin aus dem 13. Jh. benutzt, das sich auf ältere Schriften stützt: Das Gold der Cham habe nachts geleuchtet wie Glühwürmchen. Münzen wurden aus Muscheln und Schildpatt hergestellt. Die Fäden des Strauches *chi pei* (einer Baumwollart) ließen sich zu feinen Geweben verarbeiten und einfärben. Aus diesem Stoff bestand das einzige Kleidungsstück von Männern und Frauen, das um die Hüften geschlungen wurde. In durchstoßenen Ohrläppchen trugen sie kleine Ringe. Duftstoffe aus *chin chui* und Amber fanden reichlich Verwendung. Die Männer wurden von den Mädchen zur Heirat aufgefordert und zogen in das Haus der Frau. Der König ritt auf einem Elefanten. Seinen hohen Hut (Krone) zierten goldene Blumen und eine Seidenquaste. Schirm und Fahnen, die ihm vorangetragen wurden, waren ebenfalls aus chi pei. Könige, Adelige und das Volk wurden nach dem Tode am Meer oder an einem Fluß verbrannt, ihre Asche und Knochen in goldenen, silbernen oder tönernen Urnen dem Wasser übergeben.

Diese Beschreibung deutet auf eine indisierte, matriarchalische Gesellschaft hin. Die Lin Yi waren Bauern, Seefahrer, Kaufleute und gefürchtete Piraten, dazu geschickte Handwerker, Baumeister, Bildhauer und mutige Krieger. Bewässerungstechniken, Ackergerät und Anbaumethoden hatten sie von indischen Lehrmeistern übernommen. Ihre großen Pflüge und Ochsenkarren sind heute nur noch selten anzutreffen. Erhalten blieben Tiefbrunnen und Wasserreservoirs mit klarem Wasser. Bei Phan Rang sind noch die Reste des Chakling-Dammes aus dem 12. Jh. und des Ma Ren-Dammes aus dem 17. Jh. zu erkennen. Die Reisfelder wurden je nach Lage und Bodenqualität in drei Kategorien unterteilt. Auf den fruchtbarsten Feldern, *thuy dien,* wuchs der Herbstreis. Die übrigen Naßreisfelder, auf die der Reis verpflanzt wurde, hießen *tram thuy.* Der Trockenreis im Hügelland, *son dien,* wurde nach der Regenzeit eingesät und reifte im 5.–9. Mondmonat. Die chinesischen Annalen berichten von einem 100-Tage-Reis, den die Cham mit anderen Tributgeschenken im 11. Jh. an den chinesischen Kaiserhof brachten. Im 15. Jh. hatte er sich über Südchina verbreitet.

Bereits im 4. Jh. berichten chinesische Schriften von den großen Flotten der Lin Yi, Hunderten von Segelschiffen, Handels-und Kriegsdschunken. Zwischen dem 6. und 10. Jh. beherrschte Champa den Gewürzhandel im Ostmeer. In seinen Bergen wuchsen Zimt, Nelken, Pfeffer und Kardamom. Neben Rhinozeroshorn und Elfenbein waren Heilkräuter begehrte Handelswaren. Gold und Silber wurde in Minen abgebaut, Gold auch in den Flüssen gewaschen. Der Hafen Champas lag an der damaligen Mündung des Thu Bon-Flusses, landeinwärts der heutigen Stadt Hoi An.

Das Reich der Lin Yi (ca. 1.–6. Jh.)

Um das Jahr 100 lehnten sich Stämme südlich des Wolkenpasses gegen das Vordringen der Chinesen aus der Provinz Giao Chi nach Süden auf. Chinesischen Annalen zufolge überfielen und plünderten ›Barbaren‹ die nördlich des Wolkenpasses gelegene chinesische Provinz Hsiang Lin, vietnamesisch Tuong Lam, im Süden der Provinz Nhat Nam. Im Jahre 192 gelang es dem Häuptling Khu Lien, den chinesischen Präfekten zu töten und sich zum König auszurufen. Seine Hauptstadt nannte er Hsing Lin Yi (vietnamesisch

Tuong Lam Ap). Khu Lien und seine Nachfolger setzten ihre Angriffe auf die chinesischen Provinzen Nhat Nam und Cuu Chan fort, was von den Chinesen mit Gegenangriffen beantwortet wurde. Anläßlich einer ersten Tributgesandtschaft nach China im Jahre 284 tauchte in chinesischen Schriften für diese Völkerschaften der Name Lin Yi auf. Im 6. Jh. nutzten die Lin Yi die Zersplitterung Chinas und Aufstände der Viet aus, um bis in das Delta des Roten Flusses vorzustoßen, ohne sich aber lange halten zu können.

Vom 4.–10. Jh. herrschten die Lin Yi in einem Reich, das sie nach einer Region in Südindien *Amaravati* nannten. Es lag nördlich und südlich des Wolkenpasses. In einem abgelegenen Tal im Hügelland am Fluß Thu Bon, 65 km südwestlich der Stadt Da Nang, wurde eine Stele aus dem 4. Jh. gefunden, auf der König Bhadravarman I. den Bau eines Tempels für den Gott Siva-Bhadresvara meldet. Sie ist das früheste Zeugnis über die Entstehung der Tempelstadt der Cham, die durch weitere Stelen und ab dem 7. Jh. auch durch Bauwerke und Statuen belegt ist. Seit wann sie My Son (Schöner Berg) genannt wird, nach einer seltsam geformten Felsnase, die sich über den Tempeln erhebt, ist nicht bekannt. 25 km flußabwärts lag, an der Stelle der heutigen Stadt Tra Kieu, Simhapura (Löwenstadt), die Hauptstadt des Reiches Amaravati. An der Mündung des Thu Bon in das Ostmeer befand sich die Hafenstadt der Cham.

Der Reichtum Champas weckte die Begehrlichkeit der Nachbarn. Im Jahre 446 zerstörten die Chinesen Van Xa, nordwestlich des heutigen Hue, die Stadt des Prinzen Phang Duong Mai. Sie erbeuteten dabei eine Statue aus 100 Pfund Gold. Im Jahre 603 (oder 605) schlug der General der chinesischen Sui-Dynastie, Liu Fang, einen Aufstand der Viet im Delta des Roten Flusses nieder und zog dann weiter nach Simhapura. Er erbeutete dort 18 Tafeln gegossenes Gold, zahlreiche buddhistische Schriften und nahm auch Musikantinnen, Sängerinnen und Mönche als Gefangene mit.

Die Reiche der Cham vom 7.–17. Jh.

Aus dem Anfang des 7. Jhs. stammen Sanskritinschriften in Kambodscha und Südvietnam, die das Land erstmals Champa nennen. Chinesische Annalen benutzten die Transkription Chan Cheng (Chiem Thanh) erst ein Jahrhundert später. Von einigen Historikern wird daher nicht das Jahr 192, in dem die Lin Yi erstmals erwähnt wurden, sondern erst 603 oder 605 als Entstehung Champas angegeben.

Simhapura wurde im 8. Jh. Ziel weiterer chinesischer Angriffe, das Machtzentrum der Cham verlagerte sich nach Süden. Vermutlich haben die Cau zwischen 749 und der Mitte des 9. Jhs. den Norden beherrscht. In der Nähe des heutigen Phan Rang entstand Virapura, die Herrliche Stadt. Die Tempelstadt der Cau lag 90 km nördlicher in Kauthara, heute Nha Trang mit dem Heiligtum Po Nagar. In dieser Zeit ist das Südreich, nicht aber der Norden durch Stelen belegt. Seit 758 erwähnen die Chinesen *Huang Wang,* Süd-Champa.

My Son B3

Im 8. Jh. kontrollierte die Sailandra-Dynastie – die Könige des Berges aus Java – das Ostmeer und beherrschte die Küstenstaaten. Javanische Piraten raubten im Jahre 774 aus dem Heiligtum Po Nagar das ›Gesicht Sivas‹, eine goldene Maske, *kosa* genannt, die den *Lingam,* das Symbol des Gottes, schmückte. Der hölzerne Tempel ging in Flammen auf. Der König verfolgte die Räuber und schlug sie auf See. Im Jahre 784 wurde der Tempel aus Backsteinen neugebaut. Auch Virapura, die Hauptstadt des Südreiches, wurde im Jahre 787 von den Javanern angegriffen, ihre Tempel zerstört und beraubt. Nach 808 kehrte das Machtzentrum vermutlich in den Norden zurück.

Auf einer Stele in Dong Duong nannte König Indravarman II. seine neue Hauptstadt Indrapura, »die in weißem Lotos schimmernde Stadt«, und errichtete ein neues Heiligtum, das Kloster Dong Duong, 30 km von My Son entfernt. Diese Hauptstadt konnte bis heute nicht lokalisiert werden. In chinesischen Annalen wurden das Land *Chiem Thanh* und die Stadt *pura Cham* oder *Champa pura* genannt. Die neuere vietnamesische Forschung vermutet Champura (Indrapura) unter zwei langgestreckten Hügeln nahe dem heutigen Tra Kieu.

Die Herrscher Champas regierten als Gottkönige (s. S. 271), die Adel und Hofstaat durch Einkünfte aus Ländereien belohnten. Von der Übertragung der Macht auf die Verwaltung des Landes, dem Aufbau der Armee und Flotte der Cham ist nichts bekannt. Aus der weiteren Geschichte geht jedoch hervor, daß unter den einzelnen Klans ein starker Hang zum Separatismus herrschte.

Für das chinesische Kaiserreich waren die Kämpfe mit Lin Yi und Champa nur eine von vielen Auseinandersetzungen in seinen unruhigen Grenzprovinzen. Als die Viet im Jahre 939 das von China unabhängige Reich Dai Viet gründeten, war dessen Existenz auch von Champa bedroht, das ihnen zudem den einzigen Ausweg aus dem übervölker-

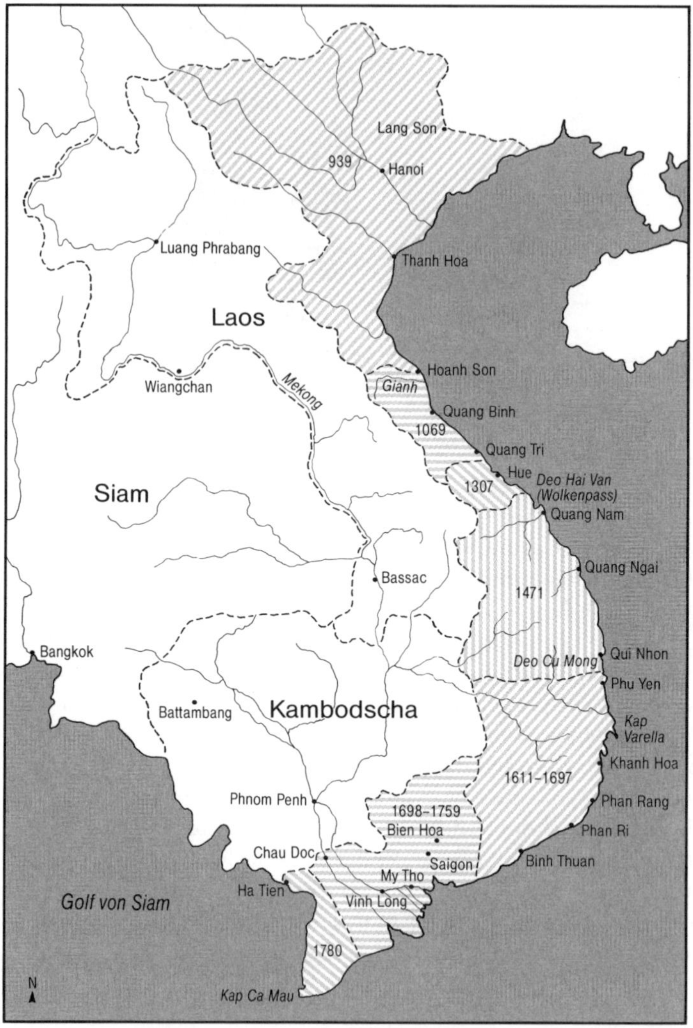

Rückzug der Cham

ten Delta des Roten Flusses nach Süden versperrte. Jahrhundertelang sahen sich beide Völker entweder in die Verteidigung gedrängt oder übernahmen die Rolle des Angreifers.

Im Jahre 982 vernichtete Dai Viet die Hauptstadt Indrapura. Die Cham verlegten ihr Reich nach Vijaya (bei Binh Dinh), 300 km weiter südlich. Vijaya lag geschützt, an drei Seiten von Bergen umgeben. Trotzdem wurde es von Dai Viet 1044 und 1069 als Vergeltung für Überfälle der Cham angegriffen. Im 11. Jh. hatte der Zug der Viet nach Süden begonnen. Auf königlichen Befehl wurde das von den Truppen eroberte Land von Bauern besiedelt.

Im 10. Jh. entstand durch Veränderungen in den Nachbarstaaten eine neue Situation für Champa. In Kambodscha begann der Aufstieg der Khmer von Angkor, 945 und 946 gab es erste Invasionen der Kambodschaner. Die Auseinandersetzungen erreichten ihren Höhepunkt aber erst im 11. bis 13. Jh., als Angkor unter König Suriyavarman II., dem Erbauer des Angkor Vat, seine größte Macht erreicht hatte. Dieser eroberte und brandschatzte im Jahre 1145 die Cham-Hauptstadt Vijaya und beherrschte Champa bis 1149. Eine Befreiung scheint aus dem Südreich gekommen zu sein. Die Cham griffen ihrerseits Angkor an und erreichten es 1177 mit ihren Schiffen über den Mekong und Tonle Sap. Sie zerstörten und beraubten Angkor und herrschten über die Khmer, bis es König Jayavarman VII., dem Erbauer der Stadt Angkor Thom mit dem Bayon-Tempel, gelang, sie 1181 zu vertreiben. Zwischen 1190 und 1220 besetzten die Khmer erneut das Reich Champa. Die schweren und andauernden Auseinandersetzungen mit Kambodscha trugen wesentlich zum Ende Champas bei.

In den Mongolen des Khubilai Khan und der mongolischen Yuan-Dynastie auf dem chinesischen Kaiserthron erwuchs Dai Viet und Champa im 13. Jh. ein gemeinsamer Feind. Khubilai Khan sah die Häfen Champas als geeigneten Ausgangspunkt für seine Weltherrschaft auf den Meeren an. Die Cham mußten sich zurückziehen, konnten die Mongolen aber durch heftige, kleine Attacken zermürben. In dieser Zeit ruhten die Feindseligkeiten zwischen Dai Viet und Champa, es kam jedoch zu keinem Bündnis. Beide Staaten gingen zwar als Sieger, aber geschwächt aus den Mongolenkriegen hervor.

Zu Beginn des 14. Jhs. kam es zu einer kurzfristigen Verbesserung der Beziehungen beider Staaten. Nach langen Verhandlungen fand 1307 die Eheschließung zwischen der Schwester des Tran-Königs von Dai Viet und dem König von Champa statt. Als Hochzeitsgabe erhielt die Prinzessin die nördlichen Provinzen Champas, O und Ri, südlich des Hoanh-Gebirges. Die Viet hatten den Ngang-Pass im Hoanh Son, die »Pforte nach An Nam«, erreicht. Ein Jahr später starb der Cham-König. Zwar konnten die Viet die beliebte Prinzessin retten, der als Witwe eines Hindukönigs der Tod auf dem Scheiterhaufen drohte, aber um ihre Hochzeitsgabe entbrannte neuer Krieg. 1311 und 1313 siegte Dai Viet, 1326 konnten sich die Cham wieder von der Tributpflicht befreien und die Viet schlagen. 1360 erhob sich Che Bong Ngha, der »letzte Held der Cham«, ein Usurpator und Abenteurer. Er brandschatzte das Delta des Roten Flusses viele Jahre lang und eroberte 1371 die Hauptstadt Thang Long. Erst 1390 fiel er durch Verrat in die Hände der Viet, die dem tapferen Gegner Achtung zollten. Bei den Cham-Minderheiten hat sich sein Andenken bis heute bewahrt. Die Kämpfe zwischen Viet und Cham wurden fortgesetzt, bis es König Le Thanh Tong im Jahre 1471 gelang, die Cham-Hauptstadt Vijaya zu erobern und sie dem Erdboden gleichzumachen. Ein Blutbad nahm den Cham die Kampfkraft, sie zogen nach Süden und gründeten in Panduranga (heute Phan Rang) ihr letztes Reich. Mehr als zweihundert Jahre später, 1692, erhoben sie sich noch einmal, nun gegen die Nguyen-Fürsten von Hue und verloren 1693 ihre Selbständigkeit. Ihre Könige wurden Vasallen der Nguyen, der letzte, Po Klong Khuan, starb Ende des 18. Jhs. Viele Cham wichen nach 1693 in das Hochland oder nach Kambodscha aus, dorthin folgte 1822 auch einer der letzten Fürsten, Prinz Po Chon. Aber noch während der Kolonialzeit wurden Franzosen von einem Cham-Fürsten empfangen, und bis in die Gegenwart gibt es Cham, die sich als königliche Nachkommen bezeichnen.

Die Cham waren den Khmer und Viet wirtschaftlich und auch zahlenmäßig unterlegen und lebten weit auseinandergezogen auf dem schmalen Küstenstreifen. Sie haben nie versucht, sich in das nach dem Untergang der Fu Nan im 6. Jh. nahezu unbesiedelte Mekong-Delta zurückzuziehen, sondern häufig Angriffe gegen die stärkeren Gegner vorgetragen. Ein Grund dafür könnte das Festhalten an ihren heiligen Stätten gewesen sein.

Die Minderheit der Cham in Vietnam

Nach dem Zensus von 1984 lebten mehr als 75 000 Cham im südlichen Vietnam. Sie standen zahlenmäßig an 11. Stelle der 54 Minderheiten und werden bis heute von zwei Abgeordneten in der vietnamesischen Nationalversammlung vertreten. Ca. 50 000 leben vorwiegend in geschlossenen Cham-Dörfern in der Küstenebene zwischen Quy Nhon im Norden und Phan Ri im Süden, etwa 30 000 im Mekong-Delta und in Ho Chi Minh-Stadt. Sie werden auch *Chiem* oder *Chiem Thanh* genannt oder sind unter lokalen Stammesnamen bekannt. Nach Statur und Kopfform lassen sie sich von den Vietnamesen unterschieden. Sie sind von kräftigerer Gestalt und haben runde bis eckige Gesichter, größere, oft mandelförmige Augen und längere, schmale Nasen mit ausgeprägten Nasenflügeln.

Die Kleidung, besonders der jüngeren Männer, läßt sich normalerweise nicht von der vietnamesischen unterscheiden. In der Provinz Thuan Hai tragen ältere Männer zuweilen noch den *sarong* um die Hüften geschlungen, seltener findet man langes Haar und ein Kopftuch. Frauen haben die langen Röcke zumeist beibehalten, schwarze Turbane sind nur noch bei den Cham Hroi üblich. Männer und Frauen trifft man öfter mit kleinen Körben über die Schulter gehängt. Südlich von Phan Rang an der Straße 1 liegen zahlreiche Cham-Dörfer dicht nebeneinander und sind an der Einzäunung oder Umwallung zu erkennen. Ihre Häuser gleichen meist den vietnamesischen. Die traditionellen Bauten auf niedrigen Pfählen sind in der Ebene selten geworden. Im Hügelland stehen sie teilweise auf bis zu einem Meter hohen Pfählen. Die Cham Hroi bauen kleine, leichte Häuser als Erinnerung an ihr einstiges Nomadenleben. In der Provinz Thuan Hai gibt es noch Gehöfte, deren Anlage auf das Matriarchat zurückgeht. Sie sind von Zäunen oder Wällen umschlossen, und die Häuser der Töchter gruppieren sich um das Haus der Mutter. Die Männer ziehen noch heute in das Haus der Frau. Zu einem Gehöft gehören Küchen- und Vorratshäuser und das *tuc*-Haus mit Reisscheuer, Hochzeitszimmer und dem Wohnraum für die Familie der jüngsten Tochter.

Angehöriger der Cham-Minderheit

Im südlichen Vietnam leben die Cham von Reis- und Gemüsebau, im Mekong-Delta sind sie Fischer und Handwerker, Weber, Schmiede, auch Gold- und Silberschmiede und Töpfer, die ihre Waren auf dem Töpferrad herstellen und lufttrocknen. Sie haben ihre Schrift – altes südindisches Sanskrit – beibehalten und eine eigene Literatur bewahrt, zu der die indischen Epen Ramayana und Mahabharata gehören, aber auch die Übersetzung der vietnamesischen Version des Aschenbrödel, *Tam Cam*, und die Geschichten aus 1001 Nacht. Auch die Cham-Helden spielen in ihrer Literatur eine Rolle, Cham Bri, Ta Tha Va, Kalin Paranga und Che Bong Ngha. Ihre melodische Musik ist auch bei den Vietnamesen beliebt.

Während der Kolonialzeit und in den beiden Indochinakriegen wurden von den Besatzern immer wieder Versuche unternommen, die Cham gegen die Vietnamesen auszuspielen. Es gab Vereinigungen – wie die *Cham thuong phuc hung* –, die eine Restaurierung des Cham-Staates anstrebten, aber auch revolutionäre Einheiten wie die Division *Che Bong Nga* in Thuan Hai, die auf der Seite des vietnamesischen Freiheitskampfes stand.

Die Religionen der Cham

Naturreligionen

Vor der Zeitrechnung, d. h. vor der Indisierung, verehrten die Cham Menhire, in denen sie die Manifestation ihrer vergöttlichten Ahnen und Könige sahen, die als Lokalgötter ein begrenztes Umfeld beherrschten. Die Ahnen galten als Gründer und Beschützer der Klans. Durch Beschwörungen, Opferkulte und rituelle Feste wurden ihre und die Kräfte der Naturgewalten zu Beschützern der Felder und Ernten. Schamanismus und Geisterbeschwörungen hielten sich auch in der hinduistischen Zeit bei der bäuerlichen Bevölkerung.

Mit dem Hinduismus kamen auch vorvedische bzw. vorarische Kulte nach Champa wie Büffelopfer, bei denen alle sieben Jahre das Blut der geopferten Tiere auf die Felder verteilt wurde, um Regen zu bewirken. Diese Opfer wurden bei den Cham noch im 20. Jh. beobachtet. Es blieben aber auch Kulte erhalten – wie das heimliche Pflügen der Felder –, die im indischen Raum unbekannt sind und aus dem austro-asiatischen Raum stammen. Die Cham glaubten, daß alles Land den Göttern gehört, und wollten sie nicht erzürnen, indem sie das Land in Besitz nahmen. Deshalb übernahm der Nachbar das Pflügen der Felder. In diesem Zusammenhang geben die *kut* genannten Steine, in die oft ein Gesicht gehauen ist, zu verschiedenen Deutungen Anlaß. Die europäische Wissenschaft hielt sie für Darstellungen von Ahnen- und Fruchtbarkeitsgöttern und Vorläufer des *Lingam*-Kultes des *Sivaismus,* der als *Muchalingam,* der Phallus mit dem Gesicht des Gottes, übernommen wurde. Die vietnamesische Cham-Forschung rechnet sie erst in das 17. Jh.

Zu den vorhinduistischen Kulten bei den Cham gehört die Verehrung der Erd- und Muttergöttinnen. Die oberste Göttin der matriarchalischen Gesellschaft ist die Mutter des Landes, *Uroja.* Ihr Name bedeutet Mutterbrust. Die Darstellung der weiblichen Brust erscheint häufig als Schmuckmotiv. Als *Yan Pu Nagara* oder *Po Nagar* ist Uroja auch Erschafferin der Welt und erscheint in der Gestalt einer *naga* (Schlange). Naga-Kulte sind bei den Cham bekannt, erreichten aber nicht die Bedeutung wie bei den Khmer. Die Göttin wird bis in die Gegenwart von Cham und Vietnamesen im Heiligtum Po Nagar in Nha Trang verehrt. Sie ist gleichzeitig die lokale Schutzgöttin von Nha Trang, die über alle Berggipfel und Hochplateaus der Region gebietet. In der hinduistischen Zeit trug sie Züge der *Uma-Bhagavati,* der Shakti Sivas, als *Muk Juk* (Schwarze Herrin) stand sie der Hindugöttin Durga nahe. Als *Pa Yan Dari,* die Göttin der Krankheiten, des Mutterleibes und der Liebe, nahm sie Eigenschaften der Durga an. *Pajau Jan* ist eine wohltätige Göttin, die die Krankheiten der Menschen heilt, weil sie selbst einst ein leidender Mensch war. Als sie Tote zu erwecken suchte, wurde sie auf den Mond verbannt. Die Schutzgöttin der Frauen, *Patan Kumei,* wurde aus den Wellen geboren. Sie wurde auch als Reisgöttin verehrt und war die wohltätige Gemahlin des Göttervaters *Pan Yan Amök.* Aber sie wird

Das Gottkönigtum

Die Idee des vergöttlichten Königs liegt den Naturreligionen zugrunde, die in den toten Ahnen und Herrschern die Schutzgötter ihrer Felder, Herden, dörflichen Gemeinschaften und ihres Landes sahen. Auch in den Altorientalischen Reichen, im Hellenismus und Römischen Kaisertum vereinigten die Herrscher sakrale und weltliche Aufgaben. In Indien gab es die *devaraja* (Gottkönige), aber erst in den indisierten Staaten Südostasiens, besonders im Reich Angkor der Khmer, erlangte der König als Inkarnation des Gottes ein Höchstmaß an religiös-geistlicher und politisch-weltlicher Macht.

Entscheidend dafür war die Übernahme des indischen *Siva-Lingam*-Kultes. Da Siva – der Herr des Berges Kailash im Himalaya – sich in dem lebenden König manifestierte, nannten sich die Herrscher von Fu Nan, Chen La, Kambodscha, Champa und Java ›König des Berges‹.

In der indischen Philosophie war es nicht der abstrakte, unpersönliche, nicht darstellbare Siva, der sich im Lingam als seinem Symbol manifestierte, sondern der einen begrenzten Raum beherrschende, lokale Gott. Er stand anstelle der Ahnen- und Fruchtbarkeitsgötter, und das Lingam war die Fortführung der Kutsteine (Menhire), die als Zeichen der Fruchtbarkeit galten. Für die Gottkönige bedeutete die Gleichsetzung mit Siva die Bestätigung ihrer höchsten, absoluten und unanfechtbaren Herrschergewalt.

Sah sich der Herrscher als Inkarnation Visnus oder des Bodhisattva Avalokitesvara, hing er dem Visnuismus oder Buddhismus an, wurde eine Änderung der Ikonographie und des Kultes erforderlich, die Stellung des Herrschers blieb jedoch unverändert.

Die Vereinigung der sakralen und weltlichen Macht ermöglichte dem König die Mobilisierung aller Kräfte seiner Untertanen, das Aufgebot aller materiellen und geistigen Ressourcen. Der Bau des Tempels galt als sakrale Handlung. Die Tempelbauten standen vielfach in keiner Relation zu dem Reichtum, der Bedeutung und Größe des Staates.

Das Reich des Gottkönigs symbolisierte das Universum. In seiner Mitte lag die Stadt mit dem Palast des Königs, und der Tempel ragte wie *meru,* der Götterberg der indischen Mythologie, als Zentrum der Welt auf. Die Macht des Königs endete nicht mit seinem Tode. Sein Tempel wurde sein Mausoleum, in dem er weiterhin göttliche Verehrung genoß. Jeder König baute eine neue Stadt und einen neuen Tempel.

Ein Gottkönig war der Besitzer allen Landes, über das nur er verfügen konnte. Er allein war aber auch für die Fruchtbarkeit des Bodens verantwortlich. Als Herr des Wassers ließ er Seen und Kanäle für die Bewässerung bauen. In seinem Dienste stand auch die Kunst, sie wurde unter den Gottkönigen zum Triumph der Macht.

An den Namen der Könige läßt sich erkennen, als welchen Gottes Inkarnation sie sich betrachteten. *Varman,* an den Namen gehängt, bedeutet wörtlich: Leben, aber in diesem Falle: Schützling des ... *Bhadravarman* ist der Schützling des Gottes *Bavas* , ein anderer Name Sivas. *Harivarman,* der Schützling *Haris,* ein Name für Visnu und Indra.

auch als Mutter von 28 bösen Töchtern von 97 Ehemännern angesehen (nach M. Sarkisyanz).

Als der Hinduismus im 11. Jh. langsam an Bedeutung verlor, hat nicht, wie in Kambodscha, der Buddhismus seine Stelle als Volksglaube eingenommen. Es fand vielmehr eine Aufwertung und Erneuerung vorhinduistischer Götter und Glaubensformen statt, die sich rudimentär bei den Cham-Minderheiten in Vietnam erhalten haben.

Hinduismus und Buddhismus in Champa

In die 1. Hälfte des 1. Jahrtausends n. Zt., der Herrschaft der Gupta-Könige in Indien, fällt die weiteste Ausbreitung des Buddhismus, der bis in die indisierten Länder Südostasiens und mit dem Mahayana-Buddhismus auch bis in den zentralasiatischen und chinesischen Raum gelangte. Indien nahm bis in das 6. Jh. am Seehandel zwischen Ost und West teil. Aber auch Brahmanen begleiteten die Kaufleute. Unter ihrer Führung entstanden Staaten und Gruppen, die sich am indischen Kastenprinzip orientierten und daher dem Hinduismus eingegliedert werden konnten. Um das Jahr 800 n. Zt. brachen die direkten buddhistischen Kontakte zwischen Indien und den indisierten Staaten Südostasiens ab. Um das Jahr 1000 hatte der Hinduismus den Buddhismus vom indischen Subkontinent verdrängt.

An den Königshöfen in Lin Yi und Champa wurde der Brahmanismus praktiziert, die Herrscher rühmten sich der Hindu-Genealogie. König Bhadravarman I. wurde auf einer Stele aus dem Jahre 380, die in My Son gefunden wurde, als Kenner der Veden gepriesen. Auch die indische Philosophie war an den Höfen der Cham bekannt. Von den vier indischen Kasten erlangten aber nur die Brahmanen und die Ksatriyas Bedeutung. Könige und Adel beriefen sich auf ihre Herkunft aus der Kriegerkaste. Die Brahmanen genossen als Priester und Berater hohes Ansehen. Zusammen mit den Ksatriyas stellten sie Minister und hohe Beamte und wachten über Hofzeremoniell und die Verehrung der Herrscher als Gottkönige. Brahmanische Gesetze wie Witwenverbrennung und Totenrituale wurden am Hofe beachtet. Im Volk besaßen die Brahmanen jedoch keine Vorrangstellung wie in Indien. Es hielt sich weiter an die Klan-Gesellschaft, das Matriarchat und den Totemismus. Wie weit der Hinduismus zur Volksreligion wurde, läßt sich bisher nicht nachweisen.

Die Cham haben aus dem hinduistischen Pantheon die Hauptgötter und ihre Shaktis, aber auch in Indien weniger bekannte Götter übernommen. *Indra,* der vorvedische Gewittergott, galt in Champa als Regenspender. Für *Ganesa,* den elefantenköpfigen Gott der Weisheit und der Kaufleute, fand in der Hauptstadt Vijaya der »Kult des verehrungswürdigen Elefanten« statt. Seinem Bruder *Skanda,* dem Kriegsgott, und *Kubera,* dem Gott des Reichtums, dem Vogelmenschen *Garuda* und dem Stier *Nandi* wurden Tempel und Statuen errichtet. An zweiter Stelle der Götterhierarchie stand *Visnu.* Den höchsten Rang nahm Siva ein, die Verehrung seines Lingam ist in Champa früher nachweisbar als in den übrigen indisierten Reichen Südostasiens. König Bhadravarman I. ließ im Jahre

Der Hinduismus

Das Sanskritwort Sindhu bezeichnet den großen Strom, den die Griechen Indos, die Perser Hindu nannten und ist auch der Ursprung der Namen Inder und Hindu. Die Religion, unter dem Namen Hinduismus bekannt, setzt wie der Judaismus der Juden und der Shintoismus der Japaner die Zugehörigkeit zu einem Volk oder einer Gesellschaft, in diesem Falle der indischen Kastengesellschaft, voraus. Sie entstand zwischen 1550 und 1250 v. Zt. aus dem Bestreben der aryischen Einwanderer Nordindiens heraus, sich von den *Drawiden,* den Trägern der Induskultur zu unterscheiden. Keine Individuen, nur Stammesgruppen fanden Aufnahme in die Gemeinschaft der Aryer, die aus vier Kasten *(varna)* bestand: der Priesterkaste der *Brahmanen,* den *Ksatriyas,* der Kriegerkaste, zu der die Herrscher gehörten, den *Vaishyas,* der Kaste der Bauern und Handwerker und den *Shudras,* die den anderen Kasten Dienste zu erweisen hatten. Die nicht Einzuordnenden wurden als Kastenlose bezeichnet und befanden sich außerhalb der Gesellschaft. Erst nach und nach entstanden die *jeti,* nach Berufsgruppen gegliederte Unterkasten.

Die aryische Religion beruht auf den zunächst mündlich überlieferten, erst viel später in der Kunstsprache des Sanskrit schriftlich niedergelegten *Veden,* die als Offenbarung der *Rishis* (Seher), dem Hauch des Brahma, göttlicher Verkündigung oder Ursubstanz, jedenfalls als göttlich, unwandelbar und ewig galten. Sie lehren, daß der Mensch nur durch Opfer mit den Göttern in Beziehung treten kann, deren Darbringung aber ein so kompliziertes Ritual verlangt, das nur durch ein erbliches Priestertum vollziehbar ist. Es gab weder Tempel noch Götterbilder, das Opfer fand auf Altären, die durch Opfergefäße symbolisiert waren, im Freien statt. Die Priesterklasse der Brahmanen verfügte über uneingeschränkte Macht, ihre Lehre wurde Brahmanismus genannt. Diese erste Phase der aryischen Religiosität war dem Irdischen zugewandt und glaubte an eine unsterbliche Seele, die in eine himmlische Welt einging. Um 800 v. Zt. entstand mit den *Upanishaden* (Geheimlehren) der Gedanke an ein *Karma,* die Summe der guten und bösen Taten, die den Menschen nach dem Tode nach seinen Verdiensten in Mensch oder Tier verwandelten und in Wiedergeburten an die leidvolle Welt bannten. Nur Askese konnte zur Erlösung führen.

Im 6. Jh. v. Zt. befand sich Asien auf der Suche nach neuen Glaubens- und Heilslehren. Es ist das Jahrhundert der Glaubensstifter und Reformer: Zarathustra, Buddha, Mahavira (Jainismus), Konfuzius, Lao-tse. In Indien entstanden die *Purana* und Epen (*Mahabharata* und *Ramayana*), Götterbilder und Tempel. Die Eremiten bargen die in ihrem Abbild manifestierten Götter unter großen aufrechten Bambusstangen, deren obere Enden sie zusammenbanden. In dieser Form entstanden dann die frühen indischen Tempel. Die Hauptgötter des indischen Pantheons hatten ihren Ursprung in vorvedischen Fruchtbarkeitsgöttern und Muttergöttinnen, unter ihnen Siva, Indra, Visnu, Brahma, Ganesa. Aus der *Bhagavadgita,* einem Gesang des Mahabharata-Epos, stammte der Gedanke eines neuen Heilsweges durch Gottergebenheit und Gottesliebe (*bhakti*). Einige Jahrhunderte später entstand der *Shaktismus,* die Lehre des Tantra, die auf voraryischen Kulten beruhte und die fünf M (mada-Wein, matsya-Fisch, mansa-Fleisch, mudra-Getreide und maithuna-Geschlechtsverkehr) in das Ritual einbezog. Die *Shakti,* das weibliche Prinzip der Götter, bedeutete die Wiederkehr der Muttergöttinnen.

380 in My Son den ersten Tempel für ein Lingam bauen. Der französische Wissenschaftler P. Mus übersetzte 128 Inschriften der Cham. Davon bezogen sich 92 auf Siva, dreizehn auf Visnu, sieben auf den Buddhismus, der Rest hatte keinen Bezug auf Religion. Visnu löste die Sivaverehrung nur kurz ab. Ende des 9. Jhs. wurde Siva vom Buddhismus verdrängt, ohne daß seine Kulte ganz aufgegeben wurden. Zu Beginn des 11. Jhs. fand eine Renaissance des Sivaismus statt.

Das Lingam als Symbol Sivas wurde auch zum Symbol des vergöttlichten Königs. Als Muchalingam, der Phallus mit dem Gesicht des Gottes, wird er auch in Indien verehrt. In Champa schmückte man ihn mit einer goldenen oder silbernen Maske (*kosa*). König Bhadravarman I. nannte den Tempel für das Lingam *Bhadresvara,* er verband den Namen des Gottes Siva-isvara mit seinem eigenen Namen. Der hölzerne Tempel brannte ab, 625 von König Sambhuvarman erneuert und *Sambhudesvara* genannt. In Champa repräsentierte das Lingam den lokalen Gott Siva, der König galt als seine Inkarnation. P. Mus sieht die Gleichsetzung Lingam-Gott-König auch damit bewiesen, daß die Cham für alle drei Begriffe nur einen Namen kannten.

Der Glaube an die Apotheose, die Vergöttlichung des Königs, hat sich bei den Cham bis in die Gegenwart gehalten. Im Tempel Po Klaung Garai wird die Manifestation eines Cham-Königs im Muchalingam verehrt. Er zeigt das Bild des Königs mit Krone und königlichem Schmuck. Alljährlich zu den Erntefesten kommen die Cham-Minderheiten aus der Umgebung zum Tempel und bitten den Gott-König um Segen für ihre Felder.

Der Buddhismus hat Champa etwa gleichzeitig mit dem Hinduismus erreicht, und zwar auf drei Wegen und in drei verschiedenen Lehrformen. Eine Stele aus dem 4. Jh., die in Vo Canh bei Nha Trang gefunden wurde und einen König Sri Mara als Beschützer des Buddhismus nennt, könnte sich auf einen Herrscher des Reiches Fu Nan beziehen, sie beweist aber, daß die Lehre Buddhas um diese Zeit im Südreich Champa bekannt war.

Der von Indien her verbreitete *Hinayana*-Buddhismus konnte in Champa schwer Fuß fassen. Seine Lehre vermochte die traditionellen Kulte der Cham nicht zu assimilieren.

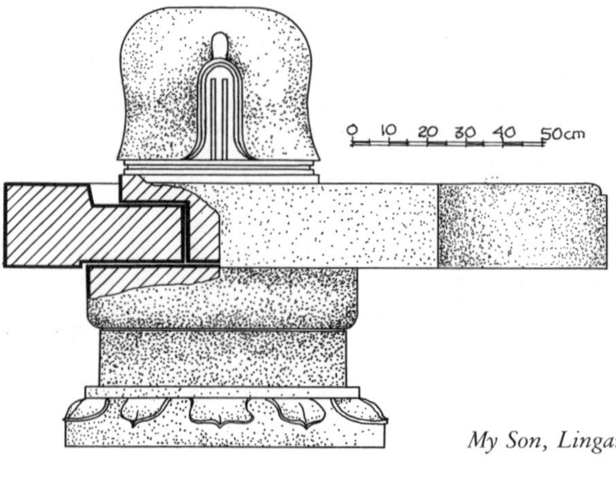

My Son, Lingam B1

Das gelang erst dem *Vajrayana*-Buddhismus, der durch eine Sekte von der Insel Sumatra eingeführt wurde und Sivaismus, Ahnenverehrung und Animismus in die buddhistische Lehre einbeziehen konnte. Den größten Erfolg, auch ikonographisch und künstlerisch, hatte der *Mahayana*-Buddhismus, der von China über die Provinz Giao Chi in das nördliche Lin Yi gelangte. Im gebirgigen Grenzgebiet Quang Binh entstanden Höhlentempel (Phong Nha, Lac Son und Hang Chua), die starken Einfluß der Höhlentempel von Dunhuang und Long Men in Nordchina erkennen lassen.

Chinesische Schriften bestätigen das Vorhandensein des Buddhismus in Champa, so z. B. im Jahre 603, als bei der Brandschatzung der Hauptstadt Simhapura neben Tempelschätzen auch zahlreiche buddhistische Schriften in die Hände des chinesischen Generals fielen. Buddhistische Mönche müssen auf ihrem Weg zwischen Indien und China auch Champa besucht haben, aber der Buddhismus stand lange im Schatten eines orthodoxen Hinduismus, besonders des Sivaismus, der dem Gottkönigtum entsprach.

König Indravarman II. (875–889) erhob den Buddhismus zur Staatsreligion. Er stammte aus dem Norden Champas und war ein Usurpator niedriger Abkunft. Daher betonte er seine Abstammung aus der Krieger- und Brahmanenkaste und begründete seinen Herrschaftsanspruch auch mit seinen Verdiensten aus früheren Leben. Seine Herkunft, das Fehlen einer Hindu-Genealogie, könnte ihn dem Buddhismus geneigt gemacht haben, außerdem war die buddhistische Lehre im Norden stärker verbreitet. Indravarman II. förderte den Buddhismus während seiner Regierungszeit, er blieb auch unter seinem Nachfolger noch die Religion des Königshofes. In einer Hymne an Siva pries er auf einer Stele, die im Kloster Dong Duong gefunden wurde, die alten Siva-Heiligtümer in My Son und nannte ihre Erbauer die ›Ahnen des Reiches‹. Es muß ihm an einer Synthese beider Religionen gelegen gewesen sein, zumindestens stand er dem Vajrayana-Buddhismus nahe, so daß er alle Kulte vereinigen konnte. Seine Bauwerke lassen jedoch starken Einfluß des Mahayana-Buddhismus erkennen.

Im Jahre 875 begann Indravarman II. mit dem Bau des Klosters *Laksmindra Lokesvara*, wie er es auf der Stele nennt, das als Dong Duong bekannt ist. Der Name bedeutet eine Verbindung der Hindu-Namen *Laksmi* und *Indra* mit dem buddhistischen *Lokesvara.*

Der Buddhismus veränderte die Stellung des Herrschers als Gottkönig nicht. Er sah sich als Inkarnation des Bodhisattva Avalokitesvara.

Es scheint, daß das Volk wenig Anteil hatte an der Glaubensänderung der Könige. Es hat nicht, wie in Kambodscha, die tröstliche Botschaft des Erleuchteten angenommen. Jedenfalls blieb bei den Cham-Minderheiten keine Erinnerung an die buddhistische Heilslehre erhalten. Das Reich Amaravati und seine Hauptstadt Indrapura wurden im Jahre 982 durch Dai Viet zerstört. Das neue Reich Vijaya, 300 km weiter südlich, kehrte zum Sivaismus zurück.

Der Islam und die späten Kulte der Cham

Bis zum Ende Champas gibt es keine Hinweise auf den Islam. Begegnungen mit moslemischen Kaufleuten, die die Häfen der Cham besuchten, fanden ohne Zweifel statt, aus dem Beginn des 11. Jhs. sind Moslem-Gräber bekannt. Auch aus späterer Zeit, als sich Nachbarländer dem Islam zuwandten, gibt es keine Anhaltspunkte für Bekehrungen in Champa. Mit Java, wo der Islam im 15. Jh. Einfluß gewann, bestanden Verbindungen. Ein Cham-Prinz, der im Jahre 1471 aus Vijaya floh, ist bald darauf in Atjeh, dem islamischen Norden der Insel Sumatra, König geworden. Im Jahre 1511 bestand eine islamische Cham-Kolonie in Malakka.

Von der Islamisierung Champas weiß nur die Legende zu berichten. Danach soll Ali, der Schwiegersohn des Propheten, die Cham bekehrt und ein Fürst Po Owlah (Herr Allah) Champa von 1000–1036 regiert haben, bevor er auf einer Pilgerfahrt nach Mekka starb. Vermutlich erfolgte die Islamisierung der Cham nach der Niederlage von 1471 oder später, vielleicht sogar von Kambodscha aus, wo die Cham-Minderheiten einen strengeren Islam praktizieren als in Vietnam.

Über 10 000 Cham im Mekong-Delta üben gegenwärtig einen Islam aus, der dem indonesischen oder malaiischen ähnelt, während sich bei etwa 30 000 Cham im südlichen Zentralvietnam eine Form des Islams herausgebildet hat, die jeden Moslem der arabischen Welt an Häresie denken läßt. M. Sarkisyanz berichtet von Glaubensvorstellungen der *Banu-Islam,* die Matriarchat, Hinduismus und Islam verbinden. Sie nennen die hinduistischen *Cham ka phia* (arabisch *kaphir*) Ungläubige oder auch *Cham Chun.* Er erwähnt die Toleranz und gemeinsame Feste der Banu-Islam und der Cham ka phia. Vietnamesische Autoren berichten dagegen im Jahr 1984, daß beide Gruppen streng getrennt leben, weder in gemeinsamen Dörfern wohnen noch Heiraten zwischen Andersgläubigen zulassen und sich auch nicht an einen gemeinsamen Tisch setzen. Beide Gruppen praktizieren während ihrer Feste jedoch noch Kulte aus dem gemeinsamen vorhinduistischen Erbe, haben aber auch hinduistische Traditionen beibehalten. Die Banu-Islam nennen ihre Imane *ong igru* (ähnlich den guru der Hinduisten), haben Priesterinnen und essen als Moslems kein Schweinefleisch, aber auch wie die Hindus kein Rindfleisch. Der Götterhimmel der Banu-Islam ähnelt mehr dem indischen Pantheon als dem Ein-Gott-Glauben der Moslems. Der ungeschaffene Schöpfergott *Alwahuk* (Allah) trägt auf seiner Stirn Demiurg Owlah, eine andere Erscheinungsform Allahs, auf seinem Gesicht Mohammed und den Erzengel Gabriel, auf seinen Nasenflügeln Hussain und Hassan, die Söhne des Ali, und auf seinen Ohren Adam und Eva. Die Banu-Islam beherrschen die arabische Sprache so wenig wie die Priester der hinduistischen *boncha* den Sanskrit. Kulte und Rituale werden in einer den Priestern wie den Laien unverständlichen Sprache zelebriert.

Die Kunst Champas

Im 4. Jh. berichten Inschriften auf Stelen der Cham-Könige von Tempelbauten, ab dem 7. Jh. blieben Statuen, Reliefs und Ziegelbauten in Zentralvietnam, dem Land Amaravati, erhalten, an denen sich die Entwicklung der Cham-Kunst verfolgen läßt. Inschriften der

Khmer, Reliefs an den Tempeln in Angkor sowie die vietnamesische Geschichtsschreibung liefern weitere Beiträge zur Kunstgeschichte der Cham, ohne allerdings eine lückenlose Darstellung zu ermöglichen. Mit dem Verfall des letzten Reiches Champa im 17. Jh. gerieten die Tempel in Vergessenheit. Das bedeutendste kulturelle Erbe der Cham, die Tempelstadt My Son, wurde von französischen Wissenschaftlern im Jahre 1898 wiederentdeckt, vom Dschungel freigelegt und teilweise restauriert.

Die Kunst und Kultur des französischen Kolonialreiches Indochina war bis in die Mitte des 20. Jhs. nur der französischen Wissenschaft zugänglich. Von ihren zahlreichen Veröffentlichungen wurde kaum eine übersetzt, die Cham und ihre Kultur blieben daher bis heute weitgehend unbekannt. Sie standen zudem im Schatten der Kunst der Khmer von Angkor. Die französische Forschung galt im Prinzip als abgeschlossen, da angenommen werden mußte, daß das vergängliche Material, Raubgrabungen und die Kosten weiterer Forschungen auf keine dem Aufwand entsprechenden Erfolge hoffen ließen.

Die Cham haben religiöse und elitäre Kunst geschaffen. Sie hatten den Hinduismus und Buddhismus angenommen. Ihre Tempelbauten waren das Werk der Könige, Kultstätten und Kultgegenstände des Volkes sind ebensowenig bekannt wie seine Religion. Zu den Tempeln und Heiligtümern hatten nur die als Gottkönige angesehenen Herrscher und die Priester Zugang. Sie lagen auf Anhöhen und an Flußläufen im Hügelland und bezogen Steuereinkünfte und Ernteanteile von den umliegenden Dörfern, die ihnen auch zu Dienstleistungen verpflichtet waren. Die Könige bedachten sie mit Schenkungen, und sie besaßen reiche Tempelschätze.

Von mehr als 300 Tempeln haben kaum 100 den Untergang Champas, das aggressive Klima, die Vergessenheit und die beiden Indochinakriege des 20. Jhs. überlebt. Viele befinden sich in ruinösem Zustand, sind von Pflanzen- und Baumbewuchs, der ihre Bausubstanz zu sprengen droht, Flechten, Moosen und Pilzbefall bedroht. Aus brüchigem Mauerwerk holt die Bevölkerung Ziegel für Haus- und Wegebau.

Museumsbestände, detaillierte Beschreibungen in französischer Sprache, Zeichnungen und Fotos französischer Wissenschaftler haben Kenntnisse von den schönsten, heute zerstörten Cham-Baudenkmälern – der Tempelstadt My Son und dem Kloster Dong Duong – bewahrt. In My Son blieben nach dem Bombardement der US-Luftwaffe im Jahre 1968 von 70 Tempeln nur 20 stark zerstört in einem Umfeld von Bombentrichtern und Minen zurück. Die Ruinen in My Son und weitere Baudenkmäler der Cham werden seit 1981 von vietnamesischen und polnischen Denkmalsschützern restauriert und sind soweit hergestellt, daß sie wieder eine Vorstellung von ihrer einstigen Schönheit bieten. My Son lag in einem von den USA zur feuerfreien Zone erklärten Gebiet, in dem sich vietnamesische Widerstandskämpfer aufhielten. Französische Wissenschaftler haben My Son durch ihre Intervention beim Präsidenten der USA vor der völligen Zerstörung bewahrt. Das Kloster Dong Duong wurde in einer ähnlichen Situation im Kampf zwischen Vietnamesen und Franzosen im 1. Indochinakrieg völlig zerstört. Es blieben nur Spuren der Umfassungsmauern, eine klägliche Ruine vom Osttor des Königstempels sowie versprengte Reste von Bauteilen und Plastiken zurück.

My Son, Ruine B7, 1968 zerstört, 1981 vorgefunden

Im Zuge der Restaurierungsarbeiten des letzten Jahrzehntes wurden in My Son und im Umkreis weiterer Tempel (Chien Dan, Duong Long u. a.) Statuen, Friese, Reliefs, Baubekrönungen u. a. gefunden. Nach vorsichtigen Schätzungen liegen mehr Kunstobjekte unter der Erde, als bisher gehoben wurden.

Von der Kunst der Cham blieben Bauwerke und Plastiken erhalten, die Indien als Lehrmeister erkennen lassen. Als sich Indien im 6. Jh. von den Weltmeeren zurückzog, brach der direkte Kontakt zu den indisierten Staaten Südostasiens ab. Ein Austausch zwischen Kambodscha, Java und Champa bestand jedoch weiterhin. Vietnamesische, chinesische und zentral-asiatische Einflüsse auf die Cham-Kunst sind erkennbar, wenn sie auch zu keiner Zeit dominierend waren. Ein Austausch von Kunst und Kultur erfolgte vielfach durch Baumeister und Bildhauer, die als Gefangene in die jeweiligen Siegerländer mitgenommen wurden.

Das Kunsthandwerk

Vom Kunsthandwerk der Cham blieb wenig erhalten. Chinesische Schriften berichten schon in den ersten Jahrhunderten nach der Zeitenwende von Bronzearbeiten, Statuen und Tempelgerät aus Gold und Silber. Darunter befanden sich *kosa,* Masken mit dem

Gesicht Sivas zum Schmuck des Lingam. Aus dem 8.–10. Jh. sind Bronzefiguren, meist Buddha und Bodhisattva, erhalten. Tempelschätze wurden von Chinesen, Vietnamesen, Javanern und Khmer geraubt und gehen durch Raubgrabungen bis in die Gegenwart verloren. Die Franzosen haben Teile der Schätze noch gesehen und beschrieben. Wieweit sie noch existieren, will niemand bestätigen. Es heißt, daß bei den Nachkommen der Cham-Fürsten und in vietnamesischen Depots noch Gold- und Silberschätze lagern, die momentan aber nicht zugänglich sind.

Keramik und Terrakotten waren als Tempelgerät und Bauschmuck reichlich vorhanden. Die französische Forschung hat ihnen jedoch wenig Beachtung geschenkt. Neuere Funde könnten zur Grundlage systematischer Erfassung und Beschreibung werden. Paläste, Nebengebäude der Tempel und Wohnhäuser bestanden aus vergänglichem Material und sind wie Schmuck, Kleidung, Musikinstrumente, Waffen und Gerät nur aus Darstellungen an Reliefs und Plastiken bekannt. Bei den Cham-Minderheiten blieb davon wenig erhalten.

Die Architektur

Das überraschende Merkmal der Architektur ist ihre Kontinuität in bezug auf Baumaterial, Bauplan und Bauform. Die Einhaltung der Tradition wurde unzweifelhaft durch den orthodoxen Hinduismus der Cham bestärkt. Dieses Festhalten an Form und Gestalt hat die Architektur auch in Phasen des politischen Niederganges vor schnellem Verfall bewahrt, Entwicklung und Stilwandel sind daher weniger an den Bauwerken als an Baudekor und Bauplastik zu verfolgen.

Das Baumaterial

Vom 4.–7. Jh. benutzten die Cham für den Tempelbau Holz. Diese Tempel sind nur durch chinesische Annalen und die Inschriften auf Stelen der Cham-Könige belegt. Ziegelbauten entstanden erst ab dem 7. Jh. Die Baumeister suchten die Holzbauweise mit dem spröderen Material nachzuahmen. Daher erwiesen sich frühe Backsteinbauten bereits als ausgereifte Werke, die auf Erfahrungen basierten.

Ziegel fanden im indischen wie im chinesischen Kulturkreis Verwendung. Während Indien und die indisierten Länder mehr und mehr zu Sandstein übergingen, blieb Champa bis zum 16. Jh. ausnahmslos bei der Backsteinbauweise. Und dies, obwohl Sandstein in Champa vorhanden war und die Cham verstanden, ihn zu bearbeiten. Er fand als Baudekor, für Treppenstufen und -geländer, zur Gestaltung der Portal- und Fenstereinrahmungen, als Blendbogenfüllungen, Reliefs an Fundamenten und Giebeln sowie als Eck- und Ziersteine in der Dachzone und als Schlußsteine Verwendung. Im 11. und 12. Jh., unter stärkerem Einfluß der Khmer-Architektur, wurden die Außenwände der Tempel reichlicher mit Sandstein verkleidet.

Die Ziegel der Cham sind von guter Qualität, ihre Oberflächen glatt. Sie wurden ohne Mörtel eng aufeinandergefügt und ergaben nahezu fugenloses Mauerwerk, aus dem sich figürlicher Schmuck und Dekor herausmeißeln ließen. Das Fehlen einer Bindeschicht aus Mörtel zwischen den Ziegeln und die konsequente Beibehaltung der Bauform führte bei den französischen Wissenschaftlern zu Überlegungen, aus denen sich zwei Theorien entwickelten. Einmal, daß anstelle von Mörtel organische Klebemittel aus Schnecken und Muscheln Verwendung fanden, zum anderen, daß die Bauten aus ungebrannten, luftgetrockneten Ziegeln errichtet und als quasi-Brennöfen in fertigem Zustand gebrannt wurden. Die Öffnungen in der Dachzone konnten dabei als Rauchabzüge gedient haben. In polnischen Laboratorien hat sich, unter Einsatz neuester Untersuchungsmethoden, keine der beiden Theorien bestätigen lassen. Organische Stoffe als Bindemittel konnten nicht festgestellt werden. Als erwiesen gilt, daß für die Bauten gebrannte Ziegel Verwendung fanden. Zwischen den Backsteinen wurde aber eine dünne Schicht der gleichen Tonerde gefunden, aus der die Ziegel bestehen. Nach dem derzeitigen Stand der Untersuchungen darf davon ausgegangen werden, daß die Bauwerke aus gebrannten Ziegeln und einer Bindeschicht aus Ton ausgeführt und in fertigem Zustand nochmals gebrannt wurden, wodurch sich ihre Haltbarkeit erhöhte. Nicht ausgeschlossen werden kann, daß Beigaben von organischen Klebemitteln zu der Tonschicht bei dem Brand verlorengingen. Die Untersuchungen sind noch nicht abgeschlossen.

Bisher sind drei Arten von Ziegeln bekannt: weiße, die von den Umfassungsmauern der Tempelanlagen stammen, weiß-rote, die für die Fundamente Verwendung fanden, und die weitaus größte Zahl der roten Ziegel, aus denen die Aufbauten bestehen.

Der Bauplan

Große Tempelanlagen und Tempelstädte wie in Indien, Java und Kambodscha gab es in Champa nicht. Eine Ausnahme stellt das buddhistische Kloster Dong Duong (875–982) dar (s. S. 291). Auch die Tempelstadt My Son ist kein einheitliches Bauwerk. Das hügelige Tal am Thu Bon-Fluß diente den Cham-Königen vom 4.–13. Jh. als Kultstätte, wo sie nach ihrer Inthronisierung einen Tempel bauten und frühere Bauwerke restaurierten. My Son wird mit Recht als Baumuseum der Cham bezeichnet. Die Tempelstadt, nach dem jeweiligen Haupttempel des Königs benannt, hatte viele Namen. My Son heißt ›Schöner Berg‹ und bezieht sich auf eine charakteristische Bergkuppe, unter der das Tal liegt. Zu welcher Zeit dieser Name entstand, ist unbekannt. Die Tempelstadt lag etwa 30 km von den Hauptstädten der Cham entfernt. Die Tempelgruppen bestehen aus mehreren Gebäuden und Nebengebäuden, deren Bauplan gleich blieb. Französische Forscher bezeichneten die Gruppen durch die Buchstaben A–L und die einzelnen Gebäude innerhalb der Gruppen mit Zahlen (A1, E3 usw.).

Die Cham-Architektur blieb bei drei Bautypen, dem *kalan,* einem turmartigen Sanktuarium, der rechteckigen sogenannten Bibliothek, und der großen Halle, *mandapa.*

Der kalan ist nach Osten, zur aufgehenden Sonne, und zum Licht hin offen. Nur selten, wenn ein Heiligtum der Verehrung eines toten Königs dient, öffnet es sich nach Westen, der Richtung, in die die Toten gehen. Das mandapa ist ihm im Osten axial vor-

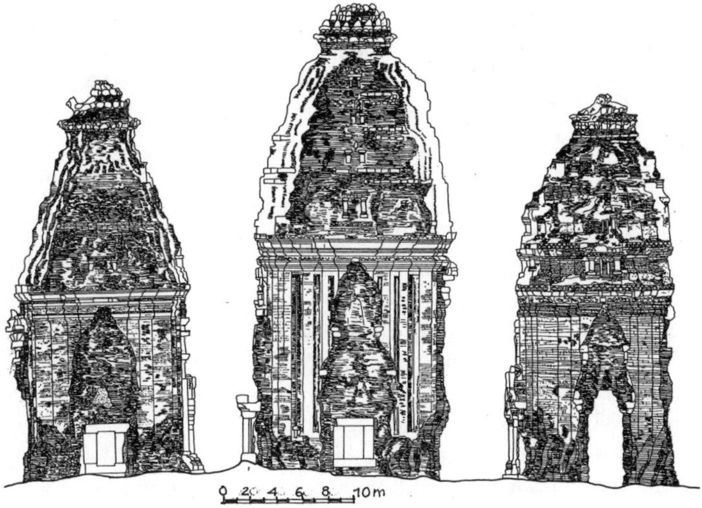

Drei-Turm-Heiligtum, Duong Long

gelagert. Steht der kalan auf einer Anhöhe, kann das mandapa am Abhang liegen (Po Nagar). Die Bibliothek befindet sich stets im Süden des kalan, ihm mit ihrer Längsseite zugewandt. Die Tempelanlagen waren von Mauern umgeben, das mandapa lag häufig außerhalb der Umfassungsmauer, durch die *gopura,* kleine Tortürme, führten. Die vier Portale dienten häufig zur Aufstellung der Stelen (Banh it, Po Klaung Garai, My Son). Zu den Tempeln gehörten Nebengebäude aus Holz, von denen nur selten Fundamente aus Ziegeln erhalten blieben. In Entfernungen bis zu einem Kilometer befand sich ein Teich oder See, aus dem das Wasser für die Waschungen des Lingam oder Kultbildes geschöpft wurde.

Häufig sind kalane ohne Bibliothek und mandapa erhalten geblieben, sie waren von Nebengebäuden und einer Umfassungsmauer umgeben. Einzelne kalane wirken schlank und elegant (Canh Tien, Bang An). Zwei kalane sind nur anzutreffen, wenn einer von ehemals dreien zerstört wurde (Hoa Lai, Thap Doi). Am häufigsten stößt man auf Gruppen von drei Sanktuarien. Diese Drei-Turm-Heiligtümer sind die imposantesten Bauten der Cham. Sie stehen nur wenige Meter voneinander entfernt, so daß sich die vorgebauten Scheinportale fast berühren. Je nach Perspektive wirken sie aus der Ferne zunächst wie ein zusammenhängendes Gebäude, erst frontal betrachtet lösen sie sich voneinander. Ihre Höhe und quadratische Grundfläche kann differieren, entstanden sind sie aber gleichzeitig (Khuong My, Chien Dan, Duong Long). Die meisten stammen aus dem Reich Vijaya (1000–1471).

Viele Cham-Tempel auf Anhöhen sind weithin sichtbar, manche lagen zu Zeiten Champas noch am Meer. Sie beherrschen die Landschaft und lassen den Gedanken aufkommen, daß sie den seefahrenden Cham zur Kommunikation oder Orientierung gedient haben. Beweise lassen sich dafür bisher nicht erbringen. Die Cham-Bauten stehen in krassem Gegensatz zu den Tempelanlagen der Vietnamesen, die sich der Landschaft unterordnen und mit der Natur verbunden bleiben.

Die Bauform

Das Vorbild des Cham-Sanktuariums ist der nordindische Tempel, wie er bis in das 8. Jh. gebaut wurde. Über einem quadratischen, fensterlosen Raum, der *cella,* erhob sich der turmartige, nach oben verjüngende *shikhara.* Indische Tempel müssen nach den Geheimlehren (*vastu vidya*) der indischen Priesterarchitekten (*sthapati*) als Manifestation des Kosmos auf dem Quadrat errichtet werden, in Indien das Symbol des Himmels. Nur wenn Terrain, Himmelsrichtung, Grundriß, Baubeginn, Material, Abmessungen und Form vorherbestimmt und genau errechnet den kosmischen und kultischen Gesetzen entsprechen, kann der Tempel zum Wohnsitz des Gottes werden. Die Brahmanen in Champa haben die Gesetzmäßigkeiten gekannt und sind ihnen gefolgt.

Der kalan, das Sanktuarium, birgt die Kultfigur. Er besteht aus drei Bauteilen: dem quadratischen Sockel, dem hohen, geraden, quadratischen Baukörper und dem nahezu ebenso hohen, sich stufenförmig verjüngenden Dachaufbau. Der Sockel ist bei den meisten Gebäuden im Laufe der Jahrhunderte von Erde bedeckt worden und wird häufig bei Restaurierungsarbeiten freigelegt (My Son, Chien Dan, Po Klaung Garai). Er ist oft von umlaufenden Sandsteinfriesen geschmückt, auf deren Hochreliefs Musiker und Tänzerinnen, Krieger und Jäger, Szenen aus dem Hofleben und das Leben des Volkes, unterbrochen von Tierszenen und Pflanzenornamenten, dargestellt sind. Hochreliefs sind typisch für die Cham, die Khmer sind Meister des Basreliefs. Diese Sockelreliefs finden Verwendung im Reich Vijaya. Sie betonen die Horizontale und verleihen dem Bauwerk den Ausdruck von Standvermögen. Auf diesem Unterbau erhebt sich der etwas kleinere Turm, so daß er auf dem Sockel umwandelt werden kann. Sein Dekor betont die Vertikale. Die Ziegelmauern werden von Pilastern, Halbsäulen und senkrecht verlaufenden Schmuckbändern aufgelockert. Die Blendarkaden nehmen im Laufe der Zeit an Bedeutung zu. Pilaster und Säulen unterbrechen nicht nur die Flächen, sie erzeugen auch eine Licht-Schatten-Wirkung und lassen den Baukörper höher und schlanker erscheinen. Die entstandenen Nischen sind mit figürlichem Schmuck ausgefüllt: göttliche Tänzerinnen, (*apsaras*), Götter (*devas*).

Der Tempel weist auf allen vier Seiten hohe Portale auf. Das Eingangsportal nach Osten hebt sich schon bei den frühen Bauten durch reicheren Zierat von den drei Scheinportalen ab. Im Laufe der Zeit wird es stärker betont und entwickelt sich zu einem Vestibül. Über den Portalen greifen Doppelgiebel ineinander, Schmuckbänder aus Blattwerk, Schlangenleibern und Flammenmotiven umgeben das Tympanon aus Sandstein. Die Scheinportale sind mit Figurenschmuck ausgefüllt. Zum Hauptportal führt eine Treppe, deren Wangen häufig mit üppigem Reliefschmuck ausgestattet sind.

Das fensterlose Innere des kalans ist dunkel, schmucklos und dumpf. Die Aufmerksamkeit soll sich auf das Göttliche richten. In der Mitte des Raumes, einen schmalen

Umwandelgang freilassend, dient ein sehr großer Sockel, häufig aus Ziegeln gemauert und von Sandsteinreliefs umkleidet, als Podest für das Kultbild, meist aber für *Lingam* und *Yoni.* Es ist von einer Rinne mit Abfluß nach Norden umgeben, damit das Wasser bei den Waschungen ablaufen kann. Diese Waschungen gehen auf Blutopfer zurück. In kleinen Nischen im Mauerwerk wurden Öllampen aufgestellt. Aus den Dachöffnungen fällt nur ein matter Schein, so daß in der Dunkelheit das Raumgefühl verlorengeht. Heute schaffen Beschädigungen der Dächer meist einen starken Lichteinfall. Die Höhe über einem Quadrat von nicht mehr als acht Metern erscheint dann beträchtlich, und das Kraggewölbe der Dachzone läßt sich deutlich erkennen. Die höchsten kalane erreichen 35 Meter, der kleinste mißt nur 3,8 Meter. Die Sanktuarien waren durch Holztüren verschlossen, bei Vorbauten waren diese vor und hinter dem Vestibül angebracht (Po Klaung Garai). Im Mauerwerk sind oft noch die Aussparungen für die Türangeln zu erkennen (Bang An). Die Höhe der Dachzone entspricht etwa der des Baukörpers, sie hat sich aber im Laufe der Zeit verändert. Da ihr oft dreistufiger Aufbau horizontal angelegt ist, wirkt sie niedriger. Hinzu kommt, daß die meisten Dächer beschädigt sind und nicht mehr ihre volle Höhe besitzen. Durch den Pflanzenbewuchs wirken sie heute romantisch, ein Effekt, der von den Cham-Architekten nicht gewollt war. Cham-Architektur neigt zu Monumentalität und Harmonie. Die indisierten Staaten Südostasiens hatten die Idee des *meru* (Götterberges) aus der indischen Mythologie übernommen, ihre Krönung erfuhr sie in der Khmer-Architektur von Angkor. Der kalan ist ebenfalls als Götterberg konzipiert. Dachzonen bieten Platz für reichen, figürlichen Schmuck. Von umlaufenden Friesen mit tanzenden apsaras blieb wenig erhalten. Die vier Ecken der überhängenden Simse tragen Miniatur-Nachbildungen der kalane, auf den Kraggesimsen wiederholten sie sich oft dreimal. Tierplastiken fanden zur Verzierung der Dächer häufig Verwendung. In My Son waren die Dächer zu manchen Zeiten mit Goldblech gedeckt.

Das mandapa von My Son D1

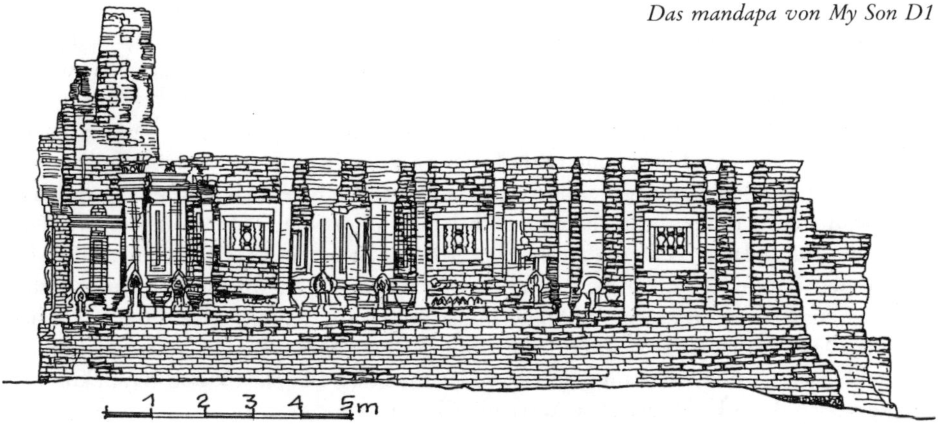

Die Cham-Künstler mußten sich dem Anliegen der Architekten fügen, den Wechsel der Horizontalen und Vertikalen beachten und durften den monumentalen Charakter der Bauwerke nicht durch Dekor auflösen. Auch die Nischen, Vor- und Rücksprünge blieben Dekor, wurden nicht zum Teil des Baukörpers. Pilaster und Blendarkaturen wiederholen sich verkleinert an der Sockelzone. Der Stilwechsel, der mit der Übernahme einer neuen Religion im 9. Jh. notwendigerweise auftrat, änderte am Baumaterial, aber auch an den Grundzügen des Bauplanes und der Form nichts. Die Rückkehr zur alten, klassischen Form vollzog sich schnell und ohne Konzessionen.

Die Bibliothek ist ein kleines Gebäude, über einem Rechteck erbaut. Sie unterscheidet sich von der Khmer-Bibliothek. Das Innere ist in zwei gleich große Räume aufgeteilt, die durch Balusterfenster erhellt werden. Sie diente zur Aufbewahrung des Tempelgerätes. Das zierliche, nur wenige Meter hohe Gebäude trägt ein verhältnismäßig schweres, gewölbtes Dach. An beiden Enden hochgezogen ähnelt es einem indonesischen Haus oder auch den Haus-Darstellungen auf den Dong Son-Trommeln (s. S. 141). Die Außenfassaden des Gebäudes sind durch die Balusterfenster, Pilaster und Figurenschmuck reich gegliedert.

Das mandapa ist eine flache, großräumige Halle, die der Vorbereitung der Kulte diente. Hier könnten auch die Tempeltänze stattgefunden haben. Wegen seiner Größe besaß es eine flache Holzdecke, die mit Ziegeln oder Stroh gedeckt war. In sehr großen Hallen wurde der Innenraum durch zwei weitere Säulenreihen abgestützt. Häufig blieben nur diese Säulen erhalten (Po Nagar). Die Außenwände sind von Balusterfenstern, Pilastern und Figurenschmuck aufgelöst und gehören zu den schönsten Werken der Cham-Architektur (My Son D 1 und D 2).

Die Bildhauerkunst

Im Gegensatz zur konventionellen Architektur unterlag die Plastik häufigem, spontanem Wandel des Stils und des Ausdrucks. Sie zeigte sich fremden Einflüssen gegenüber aufnahmebereit, wechselte ihre Ideale häufig, vermochte aber schnell zu assimilieren und zu modifizieren und kehrte immer wieder zu ihren eigenen ethnischen Merkmalen zurück. Die ersten Werke, die heute dem 7. Jh. zugeschrieben werden, stellen bereits eine erfahrene Kunst dar. Es ist daher anzunehmen, daß frühere Werke in Holz vorausgingen.

Die Cham haben die freistehende Rundplastik vor den Khmer beherrscht. Ihre Statuen sind sorgfältig bearbeitet, der Stein ist geglättet, wenn auch heute häufig angegriffen und rauh. Statuen und Reliefs bestechen durch ihre Lebendigkeit und Harmonie. Obwohl die Cham die Rundplastik genauso meisterlich beherrschten wie das Hochrelief, gaben sie diesem den Vorzug, offenbar weil seine Aussagekraft und erzählende Wirkung stärker waren. Einen Höhepunkt der Bildhauerkunst bilden die Arbeiten der buddhistischen Periode. Man findet aber während aller Stilepochen Meisterwerke, obwohl nur ein kleiner Teil der Arbeiten erhalten geblieben ist. Auch als Bauplastik und Baudekor sind Werke von hohem künstlerischen Wert überliefert.

Mit der Verlagerung des Reiches nach Vijaya verstärkte sich der Hang der Cham-Künstler zu Stilisierung und Vereinfachung, aber auch zu Monumentalität, dies gilt auch für die Plastik. Am Ende dieser Periode, im 14. und 15. Jh., ist eine Verarmung von Form und Aussage zu beobachten. Die Bauplastik vermochte die gezackten Dachaufbauten nicht mehr abzudecken und abzurunden, sie ragen bizarr aus den Stufendächern (Po Romé). Auch die Statuen verloren an Wärme und Lebendigkeit. Diese Entwicklung läßt sich auch an der Tierplastik ablesen, in der die Cham Meister waren. Die heitere Beweglichkeit der scheinbar schwerelosen Elefanten, die verspielte Grazie der Löwen verloren sich. Plastiken wurden größer, schwerer und erstarrten. Unter Schmuck und Perlengehänge erschienen sie unbeweglich und seelenlos. Sie scheinen den Überdruß an einer Kunst zum Ausdruck zu bringen, die keine neuen Impulse mehr empfing, deren Ideale verlorengegangen waren. Vielleicht war es auch Folge der Bedrängnis von außen, zwang Not die Künstler und ihre Auftraggeber zur Eile, steigerte ihre Lustlosigkeit. Am letzten Tempel der Cham, dem Po Romé aus dem 16. Jh., ließ sogar die Verarbeitung der Ziegel die gewohnte Akkuratesse vermissen.

Die ausdrucksstarke Kunst der Cham war kraftlos geworden. Als die Franzosen die letzten verarmten und mutlos gewordenen Werke sahen, hielten sie sie zunächst für die ersten Versuche einer am Anfang stehenden Kunst.

Phan Rang-Brama

Ab dem 11. Jh. fanden wieder Schmuckmotive der vorhinduistischen Periode Verwendung, wie *uroja*, das Symbol der Mutterbrust. Suchten die Cham Zuflucht bei ihren alten Göttern, oder hatte das Volk sie nie aufgegeben und durfte sie nun wieder darstellen?

Das Museum der Cham-Skulptur in Da Nang
Mit der Entdeckung der Ruinen der Cham und Grabungen Ende des 19. und in den ersten Jahrzehnten des 20. Jhs. entstand für die École Française de l'Extrême Orient in Hanoi die Frage der Unterbringung der Fundstücke. In Da Nang, im einstigen Reich Amaravati, entstand zwischen 1915 und 1916 in einem Park in der Nähe des Hafens der erste Teil eines Museums. Fertiggestellt und eingeweiht wurde es erst im Jahre 1939. Der Baustil erinnert an ein Cham-mandapa. In zehn Räumen sind in drei Flügeln eines offenen Vierecks und in dessen Hof etwa 300 Plastiken und Reliefs ausgestellt. Da die Räume nur halbhohe Mauern besitzen, mußten viele Objekte recht unschön an den Wänden befestigt werden.

Die Stile der Cham-Kunst

Die nachfolgende Gliederung der Cham-Kunst in sechs Architektur- und neun Stile der Bildhauerkunst folgt der französischen Wissenschaft und der Einteilung des Museums der Cham-Skulptur in Da Nang, berücksichtigt aber auch die Ergänzungen des Kurators des Museums, Tran Phuong Ky, die auf Grund neuer Funde und Forschungen erfolgten.

Architektur	Zeit	Plastik
	Spätes 7. Jh.	Früher Tra Kieu-Stil
	Anfang 8. Jh.	An My-Stil
My Son E 1-Stil	Anfang 8.–Anfang 9. Jh.	My Son E 1-Stil
Hoa Lai-Stil	Erste Hälfte 9. Jh.	
Dong Duong-Stil	Ende 9.–Anfang 10. Jh.	Dong Duong-Stil
My Son A 1-Stil	10. Jh.–Ende 10. Jh.	Khuong My-Stil
	Ende 10. Jh.	Später Tra Kieu-Stil
Po Nagara-Stil	11. Jh.	Chanh Lo (Chien Dan)-Stil
Binh Dinh-Stil	12.–14. Jh.	Thap Mam-Stil
	Ende 14. Jh.	Yan Mum-Stil

Der Frühe Tra Kieu-Stil (Spätes 7. Jh.)

Name: nach dem Fundort Tra Kieu, 40 km südwestlich von Da Nang. Grabungen der École Française de l'Extrème Orient 1927–1928. An dieser Stelle befand sich vom 4.–8. Jh. Simhapura, die Löwenstadt, Hauptstadt des Reiches Amaravati.

Fundorte und Funde: Tra Kieu, zwischen Hue im Norden und der Provinz Quang Nam-Da Nang im Süden. Reliefs, Statuen, Altarsockel, Stelen.

Stilmerkmale: Vollentwickelter Stil, dessen Anfang weit zurückliegt. Einflüsse des südindischen Amaravati-Stils des 2. und 3. Jhs. Cham-Elemente noch nicht ausgeprägt.

Dekor: Beschränkung auf einfache, geometrische Formen.

Reliefs: Flächen sind harmonisch ausgefüllt. Gut gearbeitete Hochreliefs wirken kraftvoll, graziös und lebensfroh.

Statuen: Der Gesichtsausdruck ist natürlich. Mandelförmige Augen ohne Augäpfel, betonte Nasenflügel, lächelnder Mund und volle Lippen. Die Gesichter wirken großflächig.

Kleidung und Schmuck: Typisch sind flatternde Gürtel, um die Bewegung zu unterstreichen. Die Haare sind im Nacken zu einem Knoten geschlungen und zu einer Haarkrone aufgebaut.

Tierplastik: Elefanten, Rinder und Löwen sind Hauptmotive. Ihre Darstellung zeugt von guter Naturbeobachtung. Weiche, natürliche Bewegungen.

Stelen: Eine Stele aus dem Jahre 658 wurde in My Son gefunden. Sie preist Valmiki, den Dichter des indischen Ramayana-Epos.

Architektur: Blieb nicht erhalten.

Exponate im Museum: Wichtiges Beispiel für diesen Stil ist ein Altar aus Tra Kieu, der in drei Szenen die Hochzeit von Rama und Sita aus dem Ramayana-Epos berichtet. 16 bis 18 Personen sind auf jeder Szene abwechslungsreich dargestellt. Kleidung und Schmuck vermitteln ein Bild der hohen Kultur der frühen Cham-Epoche. Auf einer vierten Szene begleiten elf apsaras das vermählte Paar. Die göttlichen Tänzerinnen sind ein vollendetes Werk der frühen Cham. Ihre extreme Körperhaltung unterstreicht Bewegtheit und Ausdruckskraft der Szene, ohne ihre Anmut und gelöste Heiterkeit einzuschränken. Von der gleichen Bewegtheit sind die Gesten der beiden Polospieler, während die schweren Pferde an die Darstellungen in der chinesischen Han-Dynastie denken lassen. Natürlich und lebensnah wirken die Plastiken von Elefanten und dem Stier Nandi, frühe Beispiele der meisterlichen Tierplastiken.

An My-Stil (Anfang 8. Jh.)

Name: Benannt nach einem zerstörten großen kalan in An My, 90 km südlich von Da Nang, dessen Fundamente bei Erdarbeiten im Jahre 1982 gefunden wurden, zusammen mit einem entsprechend großen Lingam mit Yoni sowie Fundamenten von Nebengebäuden.

Fundorte und Funde: An My, Quang Nam und Provinz Quang Nam – Da Nang. Götterbüsten und Statuen, Lingam und Yoni.

Stilmerkmale: Ein schwer einzuordnender Stil, bei dem sich die Cham-Elemente spontan durchgesetzt haben. Die indischen Einflüsse scheinen assimiliert. Spuren des Mon-Dvaravati-Stils deuten sich an.

Statuen: Charakteristisch sind die spiralförmig gedrehten, lang herunterhängenden Haare, die die Gesichter einrahmen. Die Gesichtsform wirkt eckig mit betontem Kinn. Die weitgeöffneten Augen mit Augäpfeln sind im äußeren Augenwinkel leicht nach oben gebogen, die Augenbrauen kräftig. Die langen Nasen haben sehr betonte Nasenflügel. Typisch sind mandelförmige Ohrringe und reicher Halsschmuck.

Architektur: Blieb in Amaravati nicht erhalten. In dieser Zeit entstand der südlichste Tempel der Cham, der Pho Lai bei Phan Thiet. Er weist Ähnlichkeiten mit den Bauten der Chen La auf, die Vorläufer der Khmer-Kunst sind.

Exponate im Museum: Statuen mit ausgeprägten Merkmalen des Stils.

My Son E 1-Stil (Anfang 8. bis Anfang 9. Jh.)

Name: Benannt nach dem nicht erhaltenen Turmheiligtum E 1 in My Son. Das Sanktuarium war 24 m hoch und wurde im 10. Jh. von sechs kleinen kalanen umgeben.

Fundorte und Funde: My Son, Amaravati und Südreich. Altarsockel, Reliefs, Statuen.

Stilmerkmale: Anfang des 8. Jhs. war die Macht an das Südreich übergegangen. Die Begegnung des Nordens mit dem Süden hatte reiche künstlerische Entwicklungen zur Folge. Das Nordreich stand noch unter dem Einfluß der indischen Kunst von Mathura und der Späten Gupta. Der Süden hatte lokale Formen entwickelt, die nun auch den Norden beeinflußten. Im Süden machte sich auch der Einfluß von Kambodscha, Java und Dvaravati bemerkbar. In dieser Periode liegen die Anfänge der eigenständigen Cham-Kunst.

Dekor: Neunzackige Sterne, konzentrische Kreise und Dreiecke, Blattornamente und Ranken quellen aus den Nischen auf die Leisten über.

Statuen: Gesichter mit leicht schräggestellten Augen, starke Augenbrauen, große Nasen, dicke Lippen. Das Haar ist zu einer hohen, spitzen *jata-mukuta* aufgebaut, die Figuren wirken schlank und graziös.

Kleidung und Schmuck: Knielange Röcke (*sampot*) mit einem gerade herabhängenden, gefälteten Überfall auf der Vorderseite. Wehende Tücher, reicher Schmuck.

Reliefs: Gut ausgearbeitete Hochreliefs, von Pilastern in einzelne Bilder aufgeteilt. Die flachen Bögen der Blendarkaturen ruhen auf geschmückten Kapitellen. Die so entstandenen Nischen werden von den Figuren voll ausgefüllt, was eine monumentale Wirkung erzeugt.

Architektur: Blieb nicht erhalten, von den Reliefs lassen sich einige Merkmale ablesen.

Exponate im Museum: Repräsentativ für den Stil My Son E 1 ist der Altarsockel aus dem kalan E 1. Er ist nur 63 cm hoch, wirkt aber monumental. An einer Seite führen zwei Treppenstufen zum Lingam, die reich mit Reliefs geschmückt sind. An den übrigen drei Seiten wird das Leben der Eremiten dargestellt, die meditieren, musizieren, tanzen,

Kranke durch Massage heilen und die Pillen der Unsterblichkeit drehen. Tänzerinnen bei einem rituellen Tanz wirken hingegeben, übersinnlich und entrückt. Ihre Gesten sind voller Anmut und Grazie.

Ein reifes, in seiner Komposition einzigartiges Werk ist der unvollendete Giebel aus dem gleichen Sanktuarium. Die Szene stellt die Geburt Brahmas aus dem Nabel des Visnus dar. Der Raum unter dem flachen Bogen wird ausgefüllt von der ausgestreckt ruhenden Gestalt Visnus. Zu seinen Füßen findet ein *rishi* (Seher) Platz. Genial wirkt die Plazierung Brahmas auf dem oberen Außenrand des Giebels, mit der die architektonische Aufgabe perfekt gelöst ist, wenn auch die Ikonographie ungewöhnlich ist.

Weitere Exponate sind Statuen Sivas und ein elefantenköpfiger *Ganesa.*

Hoa Lai-Stil (Erste Hälfte des 9. Jhs.)

Name: Benannt nach dem ältesten erhalten gebliebenen Drei-Turm-Heiligtum Hoa Lai, 90 km südlich von Nha Trang. Im 1. Indochinakrieg wurde ein kalan zerstört, die beiden anderen befinden sich in schlechtem Zustand, die Dachaufbauten sind durch Pflanzen überwuchert.

Fundort und Funde: Am Beginn der Periode entstand My Son F 1, an ihrem Ende das restaurierte Heiligtum My Son E 7 und der nicht erhalten gebliebene Tempel Po Dam. Der im Jahre 802 gebaute *Prasat Damrei Krap* des gleichen Stiles in Kambodscha wird einem Cham-Architekten zugeschrieben. Buddhistische Bronzestatuen aus der gleichen Zeit können nicht mit diesem Stil in Verbindung gesetzt werden.

Architektur und Dekor: Die einfache Linienführung von My Son E 1 wurde fortgesetzt, das Dekor wird reicher. Pfeiler und Schmuckbänder gliedern den Baukörper stärker, die Vertikale bleibt betont. Charakteristisch sind die Blendfächerbögen, die die Türrahmen bekrönen und zu einem beherrschenden Schmuckelement werden. Pflanzliche Ornamente triumphieren, sie quellen aus den Mündern von Ungeheuern. Der vorstehende Dachüberbau wird von einer Girlande aus Blüten und Blättern eingeleitet. Die Türme von Hoa Lai waren 20 Meter hoch. Mit ihnen begann der Bau steiler Kragsteingewölbe.

Dong Duong-Stil (Anfang 9. bis Anfang 10. Jh.)

Namen: Benannt nach dem Kloster Dong Duong, 60 km südlich von Da Nang, das von den Franzosen im Jahre 1902 wiederentdeckt, aber im 1. Indochinakrieg völlig zerstört wurde.

Fundorte und Funde: Kloster Dong Duong, Amaravati (besonders im Norden) und die Höhlen-Klöster Dau Huu und Mi Duc im Grenzgebirge zu der Provinz Giao Chi. Reliefs, Statuen, Tierplastiken, Stelen. Weit verstreut kleine Buddha- und Bodhisattva-Statuen aus Bronze.

Stilmerkmale: Mit der Einführung des Buddhismus wird eine neue, die buddhistische Ikonographie notwendig. Das Entstehen von Klöstern mit einer großen Anzahl von

Mönchen wirkt sich auch auf die Architektur aus. Die Ikonographie stammt aus dem Mahayana-Buddhismus und besitzt viele Ähnlichkeiten mit der der Höhlentempel Dunhuang und Long Men in Nordchina. Auffällig ist, daß die buddhistische Kunst der Cham keine Züge der Weltentsagung und Entrückung trägt, vielmehr kraftvoll und lebensnah wirkt. Viele Forscher bezeichnen den Dong Duong-Stil als die nationale Kunst der Cham. Dem steht entgegen, daß er mit dem Buddhismus kam und mit ihm auch zu Ende ging. Er erscheint aber als höchste Vollendung der künstlerischen Ausdruckskraft, für die es keine Steigerung gibt. Die Cham kehren danach zu ihrem klassischen, einfachen Stil zurück.

Plastik: Lebensvolle Rundplastik. Die kriegerischen Wächtergestalten, aus dem chinesischen Pantheon übernommen, sind in der Cham-Kunst fremd, sie halten sich aber bis in das 12. Jh. Die Gesichter haben einen natürlichen Ausdruck, mandelförmige, leicht schräggestellte Augen, große, breite Nasen und dicke Lippen. Auf dem Kopf hohe, spitze jata-mukuta. Die Figuren wirken elegant und leicht. Zum Ende der Periode erscheint ein Typ, für den es keine Vorgänger gibt. Die gedrungenen Gestalten haben runde Gesichter, hervorquellende Augen und eine Stupsnase. Erst einige Zeit später tauchen in Java, genauso unvermittelt, ähnliche Gestalten auf.

Zwei Bronze-Buddhas geben ebenfalls Rätsel auf. Der erste wurde auf dem Altar des Königstempels in Dong Duong gefunden. Er ist 1,08 m hoch, seine Datierung ist strittig, er wird dem 4.–6. Jh. zugerechnet. Neben Merkmalen des Amaravati-Stils werden Einflüsse der Frühen Gupta aus Nordindien, aber auch ceylonesische vermutet. Wahrscheinlich steht er im Zusammenhang mit einer größeren Anzahl Bronzebuddhas, die sich von Ceylon aus über Südostasien bis auf die Insel Sulawesi ausgebreitet haben. Vietnamesische Forscher suchen ihn einer eigenen Schule der Cham einzuordnen, für die es bisher keine Vergleichsmöglichkeiten gibt. Die Statue ist im Historischen Museum in Ho Chi Minh-Stadt ausgestellt.

Noch schwieriger ist die Zuordnung des zweiten Bronzebuddhas. Er wurde 1978 etwa 50 m von der Stelle entfernt gefunden, an der sich der Hauptaltar des Klosters Dong Duong befand, und wurde dort sorgfältig vergraben, wahrscheinlich, als das Kloster in Bedrängnis geriet. Bauern fanden ihn – von einem Meter Erde bedeckt – bei Feldarbeiten. Mit dem Kopf nach Westen ruhte er auf einer runden Ziegelsteinschicht, unter seinem Rücken waren kleine Steine und Kiesel aufgeschüttet. Die Statue ist 1,14 m groß, der Faltenwurf ihrer Gewänder ist in Champa unbekannt. Im Kopfschmuck, einer doppelten Haarkrone *(jata)*, aus der auf jeder Seite drei Locken heraushängen, befindet sich ein *Amitabha*-Buddha, auf der Stirn eine *urna,* die aus einem Edelstein bestand. Unter der *jata* ließ sich ein Diadem befestigen. Auch die Augen waren aus Edelsteinen zusammengesetzt und von einem Goldfaden umgeben. Der Saum des Gewandes zeigte ebenfalls Metallschmuck. Alle Schmuckteile gingen verloren. Die Nase der Statue ist kurz, spitz und hervorspringend. In den langen Ohren konnten Ohrringe befestigt werden. In den vorgestreckten Händen trug die Statue rechts eine fünfblätterige Lotosblüte, links eine Muschel, Attribute, die auf den Hinduismus hinweisen. Es wird daher angenommen, daß

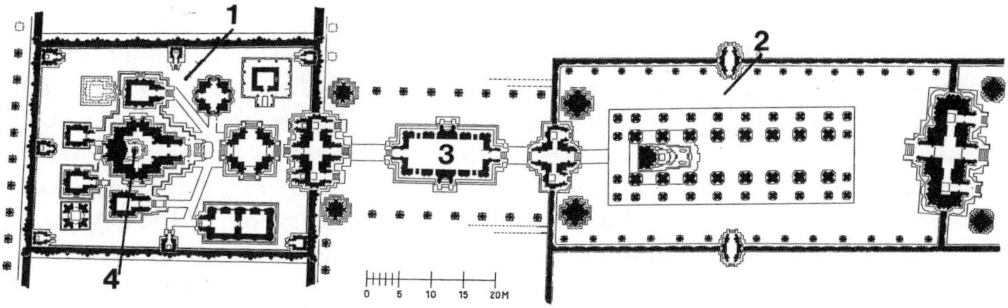

Gesamtanlage des Klosters Dong Duong von 875 (völlig zerstört): 1 Der Königstempel 2 Das Mönchskloster 3 Das Hauptheiligtum 4 Der Hauptaltar

es sich um die Statue des Königs Indravarman II. in seiner Inkarnation als Bodhisattva handelt, dessen Statue, einer Stele seines Neffen und Nachfolgers zufolge, in Dong Duong verehrt wurde. Die Statue war im Museum in Da Nang ausgestellt, wurde aber inzwischen gesichert untergebracht.

Reliefs: Die Hochreliefs sind harmonisch aufgeteilt und überreich mit Figuren ausgestaltet, deren Fülle zuweilen den Rahmen sprengt, so daß sie aus dem Relief hervortreten. Das bisherige Anliegen der Cham, Ausgewogenheit und Harmonie zu zeigen, weicht dem Bestreben nach Aussage und Verbildlichung erzählender Stoffe, häufig der *jatakas,* Geschichten aus früheren Leben Buddhas.

Dekor: Die Felder der Reliefs sind durch breite Rahmen isoliert, die reich geschmückten Pilaster sind von flachen Bögen begrenzt. Bäume innerhalb der Felder greifen auf die Blattranken und Blüten der Leisten über, die neben geometrischen Mustern an Häufigkeit zunehmen. Durch Stilisierung entsteht das Dong Duong-Motiv, auch *Vermicule-* oder Wurmmotiv genannt, das an das chinesische Wind-Wolken-Motiv erinnert. Die Fülle der Ornamente degenerierte.

Architektur: Die klaren Formen und Gliederungen der kalane gingen verloren. Neu sind Säulen und Stupas.

Das Kloster Dong Duong: Von Indravarman II. wurde es Laksmindra Lokesvara genannt. Die weitläufige, für die Cham-Architektur ungewöhnliche und einmalige Klosteranlage besaß einen Hauptteil, der sich 1330 m von Westen nach Osten erstreckte. Die einzelnen Teile waren jeweils von hohen Ziegelmauern umgeben, der Westteil der Verehrung des vergöttlichten Königs vorbehalten. Er bildete ein Rechteck von 325 x 125 m, der Königstempel war von vielen kleinen Gebäuden, Säulen und Stupas umgeben, zu denen ziegelsteingepflasterte Wege führten. Den Hof des Ostteiles für die Mönche beherrschte ein *vihara,* der von Mönchswohnungen, achteckigen Säulen und Stupas umgeben war. Zwischen den beiden Teilen lag der Haupttempel, von beiden Seiten zugänglich und von 18 Säulen flankiert, in einem großen Hof. In einiger Entfernung, mit dem Tempel verbunden, befindet sich ein See. Das Kloster wurde zerstört.

Exponate im Museum: Der Reliefschmuck des Piedestals eines großen Altars aus Dong Duong ist nur 25 cm hoch. Reliefs, überreich mit jataka-Szenen bedeckt, wurden an den Treppenwangen übereinandergestellt. Die bis ins Detail gearbeiteten Figuren wirken lebensnah und spontan. Auf dem Altar thront eine 76 cm hohe Figur in der *maharaja-lilasana,* der Haltung der königlichen Ruhe, ein Bein horizontal untergeschlagen, das andere vertikal aufgestellt. Am Rücken weisen Pilasteransätze darauf hin, daß sie früher mit einer Altarrückwand verbunden war. Ein Pendant befindet sich im Rietberg-Museum in Zürich. Die beiden Plastiken wenden sich einer dritten zu, die in der Mitte gestanden hatte. Nach J. Boisellier kann es ein *Sakyamuni,* der Buddha der Gegenwart, oder *Akshobhya,* der Unwandelbare des Ostens, gewesen sein. Bei den beiden Figuren handelt es sich jedenfalls um Bodhisattvas, nicht um Sivas, wie zuweilen in der Literatur angegeben wird.

Das Museum besitzt eine Reihe von Götter- und Wächterfiguren. Der *Dvarapala,* der – auf einem Büffel stehend – einen Krieger ausspuckt, bietet in seinem kriegerischen Ungestüm den sinnfälligsten Gegensatz zu der Kunst von My Son.

Khuong My-Stil (Frühes 10. Jh.)
Name: Drei-Turm-Heiligtum Khuong My, 90 km südlich von Da Nang.

Fundort und Funde: Khuong My und Provinz Quang Nam – Da Nang. Statuen und Reliefs.

Stilmerkmale: Das Turmheiligtum und die Plastik lassen den Khmer-Einfluß des Stils von Koh-ker erkennen. Die Kunst Indonesiens, aber auch einige ältere Stile (Tra Kieu und My Son E 1) gewinnen Einfluß. Charakteristische ethnische Züge der Cham suchen nach Ausdruck. Vitalität und Biegsamkeit ändern nichts an den Grundzügen des Stils, Realistik und Einfachheit.

Exponate im Museum: Die Reliefs sind gut gearbeitet, besonders wirkungsvoll ist ein Tanzender Siva und eine Gruppe von Ringern.

My Son A 1-Stil (Ende des 10. Jhs.)
Name: Sanktuarium A 1 in My Son.

Fundort und Funde: Diesem Architekturstil gehören eine Reihe weiterer Bauwerke in My Son an: My Son A 8 und A 9, B 3–8, B 11 und B 14 und die Gruppen C 1–5, D 1–4 und D 6.

Architektur: Die Bauwerke, besonders der kalan A 1 und das mandapa D 1, zählen zu den schönsten Cham-Bauten. G. Ph. Groslier bezeichnet den kalan A 1 als den schönsten Backsteinbau der indisierten Welt. Er wurde 1968 weitgehend zerstört und ist nicht restauriert. Die Kunst der Khmer und Javas blieb nicht ohne Einfluß. Indonesische *makara*-Köpfe erscheinen häufig als Bauschmuck. Aus dem My Son E 1-Stil tauchen Arkaden und Ornamente verfeinert wieder auf. Die Baukörper sind nun höher, sie wir-

mandapa D1 (Ausschnitt), My Son

ken schlanker, die Dachaufbauten werden kleiner. Die Bauform kehrt zum Konzept der Monumentalität zurück.

Tierplastik: Die Tierplastik erobert nun auch die Dachaufbauten und erscheint als Ziersteine auf den Kraggesimsen.

Der Späte Tra Kieu-Stil (Spätes 10. Jh.)

Name: Tra Kieu, 40 km südwestlich von Da Nang.

Fundort und Funde: Amaravati, Tra Kieu. Statuen, Reliefs.

Stilmerkmale: Das Hindukönigreich der Sailandra in Java beeinflußt Champa, aber es macht sich auch eine Rückkehr zu dem Frühen Tra Kieu- und dem My Son E 1-Stil bemerkbar. Lokale Einflüsse wirken belebend.

Statuen: Mandelförmige Augen ohne Augapfel, schmale Nasen und ein lächelnder Mund zeigen Ähnlichkeiten der Gesichter mit dem Frühen Tra Kieu-Stil.

Exponate im Museum: Zu den schönsten Arbeiten der Cham, aber auch des indisierten Südostasien gehört das Bruchstück eines Reliefs von drei Metern Seitenlänge und 1,15 Meter Höhe. Dargestellt sind Musiker und eine Tänzerin, deren Anmut und Grazie nicht zu übertreffen ist. Das Hochrelief ist so gut gearbeitet, daß die Figur der Tänzerin

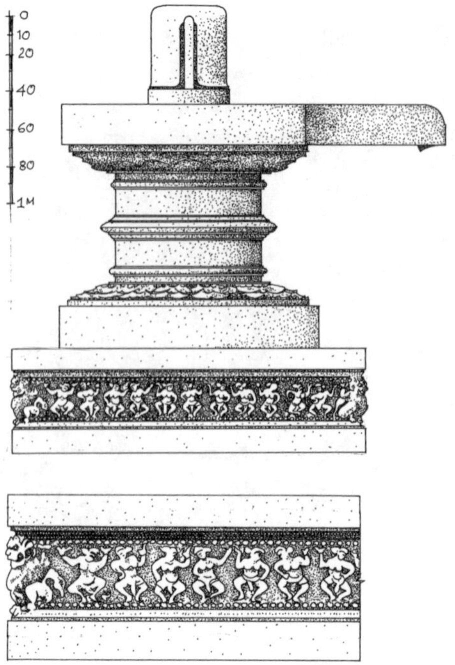

Lingam, Später Tra Kieu-Stil, Museum Da Nang

freistehend scheint, nur leicht an die Rückwand gelehnt. Sie kann sich gegen den monumentalen Sims behaupten. Der javanische Einfluß zeigt sich am Perlenschmuck der Tänzerin, aber auch an der vollendeten *kirita-mukuta,* die bei den Cham selten ist. Ihre Bewegungen sind äußerst grazil und ausdrucksvoll, sie haben nichts von der selbstvergessenen Hingabe der Tänzerin von dem Altarsokkel aus dem Heiligtum My Son E 1, wirken selbstbewußter, irdischer und sinnlicher.

Tierplastik: Zu den lebendigen Darstellungen von Elefanten und Löwen als Plastik und Relief gesellen sich zarte Rehe. *Makara-kala* werden zum häufigen Schmuckmotiv, von der Kunst Javas beeinflußt. Der Drache erscheint als Dekor.

Die beiden folgenden Stile (Po Nagara-und Chanh Lo-Stil) korrespondieren miteinander, werden aber in der Literatur getrennt geführt.

Po Nagara-Stil (11. Jh.)

Name: Heiligtum Po Nagar in Nha Trang (Kauthara).

Fundorte und Funde: Nha Trang, Chanh Lo, 150 km südlich von Da Nang, My Son E 4.

Stilmerkmale: Französische Forscher bezeichnen den Po Nagara als Übergangsstil. Die politische Krise wirkte sich auf die Kunst der Cham, besonders das Baudekor aus. Es wird sparsamer, durch starke Stilisierung verliert es an Lebendigkeit und Ausdruckskraft, die Kunst wird freudloser.

Architektur: Das Haupttheiligtum Po Nagar ist ein letzter Höhepunkt der Cham-Architektur, sein Dekor erreicht ebenfalls einen Höhepunkt.

Chanh Lo-Stil (11. Jh.)

Name: Chanh Lo in Quang Nai, 150 km südlich von Da Nang.

Fundorte und Funde: Chanh Lo, My Son E 4. Statuen, Reliefs.

Stilmerkmale: Der Einfluß Javas schwand, Cham-Merkmale werden wieder deutlicher, eine schnelle Überleitung zum Thap Mam-Stil erfolgt.

Statuen: Schmale Augen ohne Augäpfel, flache Nasen und sehr dicke Lippen kennzeichnen die Gesichter. Die Haare sind zu einer zweiteiligen mukuta aufgebaut und mit Blumen geschmückt. Perlenhalsbänder ähneln denen des Späten Tra Kieu-Stiles.

Exponate im Museum: Die harmonisch ausgefüllten Hochreliefs sind gut gearbeitet. Den Tänzerinnen und Musikantinnen fehlt die Beseeltheit, Grazie und der Elan. Die Körper wirken fraulicher, realistischer und kühler.

Binh Dinh-Stil (12.–14. Jh.)

Name: Nach dem heutigen Namen der alten Hauptstadt Vijaya (1000–1471) benannt.

Fundorte und Funde: Tempel im Großraum Binh Dinh-Quy Nhon: Thap Doi, Banh it, Canh Tien, Thoc Loc, Duong Dong, Thap Mam, auch späte Bauten wie Po Klaung Garai und Po Romé.

Po Klaung Garai (Detail)

Stilmerkmale: Die Baukörper werden höher und weisen eine ebenfalls erhöhte Dachkonstruktion auf. Die Vorbauten vor den Hauptportalen der kalane werden zu großen Vestibülen. Die Architektur kann sich durch Wahrung der Tradition noch behaupten, sie zeigt aber ein bisher ungewohntes Experimentieren.

Thap Mam-Stil (12.–14. Jh. bzw. 11.–12. Jh.)

Die Franzosen haben den Thap Mam-Stil bedeutend früher angesetzt, als er heute angenommen wird.

Name: Thap Mam war das nördlichste Heiligtum des Reiches Vijaya.

Fundorte und Funde: Thap Mam und Vijaya. Ausgrabungen der Franzosen zwischen 1934 und 1936 brachten Funde an Statuen, Reliefs und Baudekor.

Stilmerkmale: Die ständigen kriegerischen Auseinandersetzungen mit Dai Viet und Kambodscha sowie die Mongoleneinfälle begannen sich auf die Kunst der Cham auszuwirken. Sie ist aber stark genug, ihrerseits noch Einfluß auf die Kunst ihrer Nachbarn auszuüben (Tempel Bayon in Angkor Thom). Der Verfall macht sich durch langsame

Vereinfachung und Verarmung zunächst des Dekors und der Plastik bemerkbar. Die Dynamik läßt sich trotz mehrfacher Versuche der Rückbesinnung auf die eigene Tradition nicht erhalten. Die Dachaufbauten wirken unruhig und ausgezackt, weil sie von der Schmuckplastik nicht mehr ausgefüllt werden. Versuche, durch Wechsel der Anzahl und der Höhe der Dachaufbauten neue Effekte zu erreichen, können über die zunehmende Leere nur bedingt hinwegtäuschen.

Dekor: Das Thap Mam-Motiv entsteht durch starke Vereinfachung des Blattdekors. Rückgriffe auf vorhinduistische Motive wie *uroja* (die Mutterbrust) als Schmuck auch in der Dachzone. Die Girlanden als Überleitung zur Dachzone verschwinden. Tierfiguren erscheinen auf den Kraggesimsen, aber auch auf den Friesen.

Statuen: Rundplastik entsteht kaum noch, die Statuen stützen sich. Der Rückgang wird schmerzhaft erkennbar.

Tierplastiken: Die nahezu monströsen Tierplastiken versuchen an den Späten Tra Kieu-Stil anzuschließen, wirken aber wie Fabelwesen, phantastisch, aber degeneriert. Sie haben ihre Natürlichkeit verloren, sind mit reichem Schmuck ausgestattet. Es erscheinen Löwen-Elefanten, *Gajasimha, Makara* und *Garuda,* ihre Heiterkeit und Beweglichkeit ist jedoch verschwunden.

Exponate im Museum: Die bei den Ausgrabungen gefundenen Reliefs von Tänzerinnen sind unvollendet. Sie stammen aus der Anfangsperiode und zeigen noch keine Anzeichen des künstlerischen Niedergangs. Khmer-Einflüsse in Haltung und Bewegung sind erkennbar, die Gewänder werden, wie bei den Khmer, weniger sorgfältig gearbeitet, die Wirkung ist aber insgesamt harmonisch und ruhig.

Yang Mum-Stil (Ende 14. bis Anfang 15. Jh.)

Name: Yang Mum ist ein Heiligtum im Zentralen Hochland, Provinz Dac Lac.

Fundorte und Funde: Rückzugsgebiete der Cham im Zentralen Hochland und in der Provinz Thuan Hai. Wenige Statuen, Reliefs.

Stilmerkmale: Einfluß der Khmer-Kunst der ›Nach-Bayon-Epoche‹, die selbst eine niedergehende Kunst ist. Die Statuen wirken fremd, aber doch reizvoll.

Dekor: Reichliches Dekor, das sehr stilisiert wirkt.

Statuen: Sie sind nicht mit der Kunst der vergangenen Jahrhunderte vergleichbar, aber sie bringen ein kurzes Aufraffen vor dem völligen Verschwinden der Cham-Kunst zum Ausdruck. Es werden keine stehenden Figuren dargestellt, sie hocken hinter dem Dreieck eines ausladenden Rockes. Im 17. Jh. entstehen nur noch *kut*-Steine. Sie erinnern an die Menhire der vorindischen Epoche, tragen Gesichter und sind auf den Friedhöfen der Cham südlich von Phan Rang zu finden.

Exponate im Museum: Zwei Figuren zeigen die typischen Merkmale des Stils. Sie sind gut gearbeitet, lassen sich aber schwer in Zusammenhang bringen mit den frühen Arbeiten der Cham.

35 Glockenturm der Keo-Pagode (17. Jh.), Provinz Thai Binh ▷

36 Chua Pho Minh bei Nam Dinh, Provinz Ha Bac

37 Grab Tu Duc in Hue, Aufgang zum Tempel

38 Tien Tru-Pagode

40 Chua Thien Mu, Hue

◁ 39 Landschaft bei Hue

41 Ehrenhof mit Mandarinen und Tiergruppen als Wächterfiguren, Grab Thieu Tri, Hue

42 Neun königliche Urnen im Palast (Bronzeguß), Hue

43 In den Marmorbergen

44 In Vinh Long, Mekong-Delta ▷

46 Quan Am in Vung Tau

47 Gebirgsfluß bei Lang Son ▷

◁ 45 In den Marmorbergen

48 Ziegeleiarbeiterinnen im Mekong-Delta ▷▷

Hauptstadt und Stadtstaat Hanoi

Topographie und Geschichte

»Die topographischen Gegebenheiten gleichen der Gestalt eines sich windenden Drachens oder eines geduckten Tigers. Die Stadt zieht sich von Nord nach Süd, von Ost nach West und hat eine günstige Lage im Hinblick auf Berge und Flüsse. Das umliegende Land ist weit und eben, die Felder tragen reiche Früchte. Die Bevölkerung lebt geschützt gegen Hochwasser und Überflutung«, heißt es in dem ersten Edikt des Reiches Dai Viet, mit dem der Gründer der Ly-Dynastie, König Ly Thai To, im Jahre 1010 die als chinesischer Verwaltungssitz erbaute Festung La Thanh zu seiner Hauptstadt machte. Er sah einen goldenen Drachen aus der Zitadelle aufsteigen und nannte seine Stadt Thang Long, Aufsteigender Drache. Die Topographie dieser Stadt, die heute Hanoi heißt, ist noch zu erkennen.

Archäologische Funde und chinesische Annalen bestätigen um die Zeitenwende an der Stelle der alten Hauptstadt Thang Long eine Fischersiedlung. Im Jahre 607 legten die chinesischen Besatzer ihren Verwaltungssitz nach Tong Binh und umgaben ihn mit der Zitadelle La Thanh. Die Festung wurde 866 mit einem Schutzwall, dem Dai La, umgeben, von dem noch Reste erhalten blieben. Der Rote Fluß (Song Hong) bildete die östliche Begrenzung der Stadt. Der Westsee, das alte westliche Bett des Flusses, war zu dieser Zeit noch mit ihm verbunden und bildete die Grenze im Norden. Geprägt wurde Thang Long durch einen kleineren, mehrarmigen Fluß, den To Lich. Einer seiner Arme mündete südlich der alten Long Bien-Brücke in den Roten Fluß, sein Hauptarm floß durch die Stadt, verband den Roten Fluß mit dem Nhue, mit dem gemeinsam er die Westgrenze der Stadt bildete. Im Süden wurde sie von einem anderen Arm, dem Kim Nguu, abgeschlossen. Deiche schützten die Stadt bei normalem Hochwasser, gegen Sturmfluten ist sie bis heute nicht gefeit. Wie im Edikt beschrieben, gab es in der Umgebung der Stadt Berge und Flüsse. *Son-ha,* Berg und Wasser, bedeutete für die Vietnamesen von Anbeginn Wohnstätte, Heimatdorf und in erweitertem Sinne auch Vaterland. Eine natürliche Verbindung von Berg und Wasser ist 65 km nördlich der Stadt, heute am Rande des Stadtstaates, gegeben. Im ›Land des Berggeistes‹ liegen Drei Berge, Ba Vi, im weiten Bogen vom Roten Fluß umgeben. Die neue Stadt brauchte eigene Schutzgeister, sie verehrte den Schutzgeist des To Lich. Um die glückbringende Topographie zu vollenden, ließ der König am nördlichen Arm des To Lich zehn Hügel aufschütten, jeweils drei bis

◁ 49 Flußlandschaft bei Ninh Binh

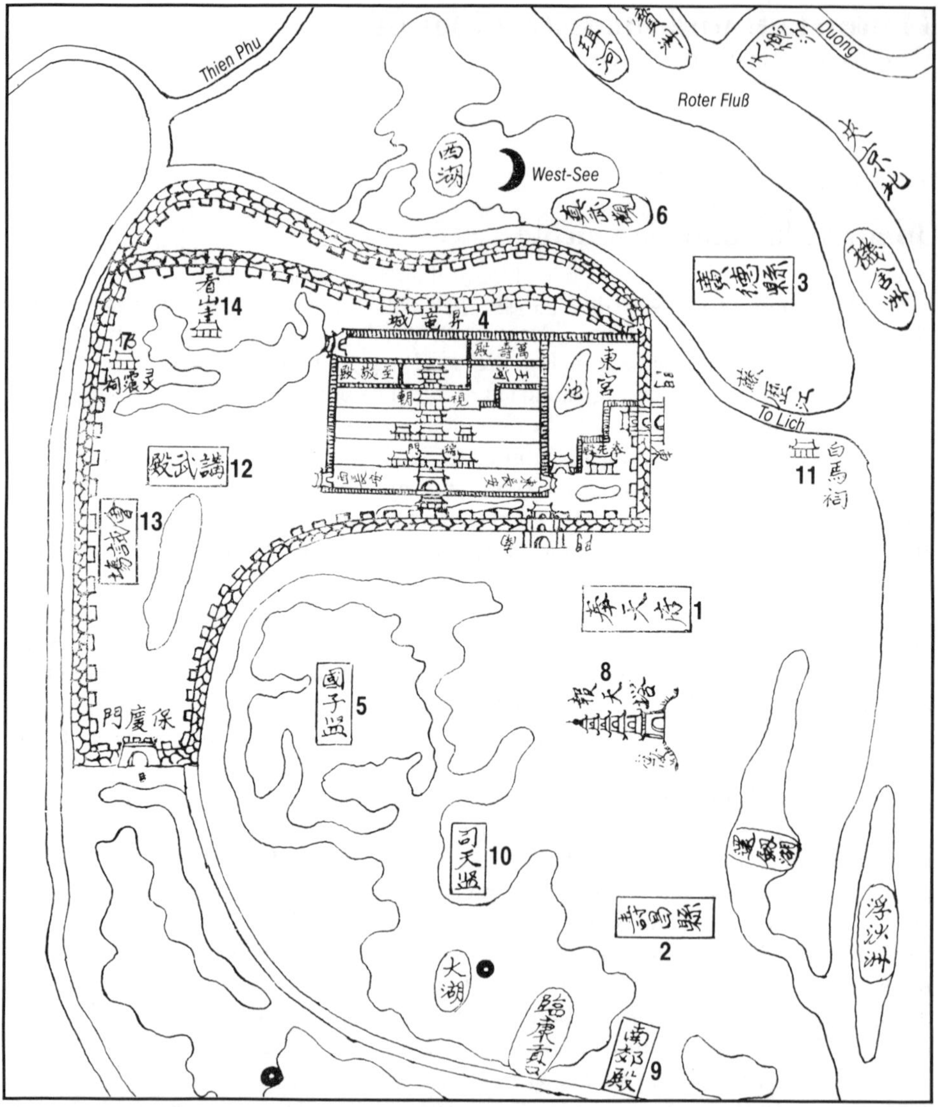

Dong Do (Hanoi) 1470 1 Phung Thien Phu (Unterpräfektur) 2 Tho Xuong (Distrikt) 3 Quang Duc (Distrikt) 4 Zitadelle 5 Van Mieu (Tempel der Literatur) 6 Den Tran Vu 7 Chua Linh Lang 8 Thap Bao Thien 9 Nam Giao-Palast 10 Observatorium (Thien Giam) 11 Den Bach Mai (Tempel des Weißen Pferdes) 12 Giang Vo-Palast 13 Camp der Gelehrten 14 Khai Son-Erdwall

fünf Meter hoch. Auf dem Hügel Nung wurde dem Schutzgeist der Berge ein Tempel errichtet. Berg und Tempelneubau liegen heute in einem abgeschlossenen Gelände, sind aber zugänglich.

Zitadelle und Königsstadt

Thang Long bestand bis 1802 aus der Zitadelle und der Königsstadt, Hoang Thanh, mit der Verbotenen Stadt (*Cam Thanh*) in ihrer Mitte. Die Anlage der Königsstadt und ihre Bauten folgten der Konzeption der chinesischen Kaiserstädte, Thang Long erreichte jedoch als Hauptstadt eines armen Landes nie Größe und Glanz der Vorbilder. Die Spuren der Königsstadt sind heute verwischt, was in Kriegen nicht vernichtet wurde, ging bei Palastrevolutionen, Aufständen und in der Kolonialzeit verloren.

Als die Ho-Dynastie vorübergehend in *Tay Do,* der ›Westlichen Hauptstadt‹ bei Thanh Hoa, regierte, hieß Thang Long ›Östliche Hauptstadt‹, *Dong Do.* Während der Okkupation des Landes durch die chinesische Ming-Dynastie (1407–1427) wurde sie *Dong Quan* genannt. Die Le-Könige nannten sie *Dong Kinh.* Aus diesem Namen resultiert das Tonkin oder Tongking der Europäer, das von den Franzosen auch auf das nördliche Protektorat und den Golf übertragen wurde. Die Kaufleute, die mit ihren Schiffen am Roten Fluß und To Lich festmachten, nannten sie *Khe Cho,* den Markt, für die Bewohner blieb sie Thang Long, die Stadt des Aufsteigenden Drachen. Im Jahre 1490 erschien der erste erhalten gebliebene Stadtplan.

Nach dem Bürgerkrieg zwischen den Trinh und den Nguyen im 17. Jh. verfiel die Königsstadt, in der die entmachtete Le-Dynastie eine Schattenherrschaft führte. Die Feudalherren aus der Familie Trinh bauten 52 Paläste außerhalb der Zitadelle an dem damals sehr viel größeren Hoan Kiem-See und am Westsee. Nach dem Sturz der Le-Dynastie 1789 regierte die Tay Son-Dynastie von Phu Xuan aus, dem späteren Hue, das dann unter der Nguyen-Dynastie zur letzten Königsstadt Vietnams wurde. Nach 1802 verlor Thang Long Bedeutung und Namen. Es hieß *Thanh Tich,* dann *Bac Thanh.* Seit 1831 heißt es als Hauptstadt der gleichnamigen Provinz Hanoi, was soviel bedeutet wie: ›Zwischen den Flüssen‹ oder ›von Flüssen umgeben‹.

Thanh Kinh, die Stadt der Bauern, Handwerker und Händler

Thanh Kinh hat zu allen Zeiten das Schicksal der Königsstadt geteilt. Seine Bewohner flohen mit den Herrschern und der Hofhaltung vor den Feinden aus der brennenden Stadt in das Delta, kehrten zurück und bauten sie wieder auf. Bis in das 18. Jh. lag Thanh Kinh innerhalb des Schutzwalles Dai La, der zu dieser Zeit dreißig Kilometer lang war. Märkte und Feste fanden vor den Toren der Königsstadt, später an den Stadttoren von Thanh Kinh statt. Die Königsstadt besaß vier, Thanh Kinh im 17. Jh. acht und im 19. Jh. sechzehn Tore. Nur eines, das Cua Bac am Ende der Pho Phan Dinh Phong, blieb erhalten. Bis zum 15. Jh. berichten die dynastischen Geschichtswerke nur von der Zitadelle und der Königs-

Der Stadtstaat Hanoi

Thu do Hanoi, die Hauptstadt, ist 2 130 km^2 groß, die Innenstadt 40 km^2. Nach dem Zensus von 1989 wurden 3 257 000 Einwohner gezählt. Hanoi liegt beiderseits des Roten Flusses, über den von 1902 bis 1984 nur eine Brücke führte, nun sind drei vorhanden.
Die **Long Bien-Brücke,** von den Franzosen 1902 erbaut (1 682 m lang), hatte rechts und links je eine Fahrspur für den Straßenverkehr und besaß in der Mitte Gleise für die Eisenbahn. Von ihren 21 Aufbauten wurden im Jahre 1972 elf durch amerikanische Bomben zerstört, sie mußte vielmals geflickt werden und dient heute nur noch als Fußgänger- und Radfahrerbrücke. Die **Thang Long-Brücke** liegt zehn Kilometer nördlich der alten Brücke. Ihre

Häuser in der Altstadt

Baugeschichte vermittelt ein Bild der politischen Ereignisse. Sie wurde von den Chinesen nach dem Modell ihrer Brücke in Nanking projektiert, die von der UdSSR geplant, begonnen und nach ideologischem Streit 1968 aufgegeben worden war. Die angefangene Brücke über den Roten Fluß gaben die Chinesen 1978 auf, der Bau wurde von der UdSSR 1980 aufgenommen, 1984 teilweise in Dienst gestellt und 1985 vollendet. Mit 5,5 km Länge überbrückt sie weitgehend auch das Überschwemmungsgebiet des Roten Flusses und ist – doppelstöckig – für Eisenbahn-und Straßenverkehr eingerichtet. Die **Chuong Duong-**

Brücke (2,8 km) überquert den Roten Fluß wenige Kilometer südlich der alten Long Bien-Brücke, endet in Chuong Duong, wo im 13. Jh. die Mongolen geschlagen wurden. Die Brücke wurde 1985 mit Hilfe der UdSSR in Dienst gestellt und ist die kürzeste Verbindung zwischen der Stadt und dem Internationalen Flughafen Noi Bai sowie mit der Hafenstadt Hai Phong und dem Delta.

Der Stadtstaat Hanoi besteht aus der Innenstadt: Noi thanh
vier Stadtbezirken (*quan*): Quan Hoang Kiem mit der Altstadt, Quan Hai Ba Trung, Quan Dong Da und Quan Ba Dinh sowie
elf Vororten (*huyen*):

Thanh Tri
Tu Liem
Dong Anh (Zitadelle Co Loa)
Gia Lam (Nationaler Flughafen)
Ba Vi (Land des Berggeistes)
Thach That (Thay-Pagode)
Phuc Tho
Hoai Duc
Dan Phuong
Me Linh (Heimat der Trung-Schwestern)
Soc Son (Internationaler Flughafen Noi Bai)

286 Dörfern (*ngo*)
Die Stadt ist eingeteilt in
Duong – Alleen und Boulevards
Pho – Straßen
Hang – Altstadtstraßen

Flüsse (*song*): Der Rote Fluß, Song Hong, fließt über 93 km durch den Stadtstaat Hanoi. Weitere Flüsse: Song Da, der Schwarze Fluß, Song Duong, Song Nhue, Song Day und Song Kim Nguu (Fluß des Goldenen Büffels).
Parkanlagen: Bach Thao, Botanischer Garten, Lenin-Park, Thu Le-Park.
Die fünf größten Seen (ho):
Ho Tay, der Westsee, ein altes, westliches Bett des Roten Flusses, im Norden der Stadt, der **Ho Hoan Kiem,** ›See des zurückgegebenen Schwertes‹, auch Zentralsee genannt, in der Mitte der Stadt. **Ho Bay Mau, Ho Thuyen Quan,** auch Thien Quan genannt, und der **Ho Truc Bach,** Weißer-Seide-See.

stadt. Thanh Kinh, die Stadt der Mandarine, Offiziere, Soldaten, Bauern, Fischer, Handwerker und Händler, die Märkte an den Toren und bei den Anlegestellen der Schiffe am Roten Fluß und am To Lich schildern erst chinesische Reisende, europäische Missionare und Kaufleute im 15. Jh. Nach ihren Berichten war Thang Long zu dieser Zeit einer der buntesten und lebhaftesten Plätze im Orient. Fünf Brücken führten über den To Lich, eine aus Stein, die anderen aus Bambus und Kokosnußholz. An seinen Ufern bestellten Bauern ihre Felder und Obstgärten, lebten Fischer und Fährleute. Schiffe brachten Waren von weither, in Thang Long luden sie landwirtschaftliche Erzeugnisse, Seide, Porzellan, Keramik, Lack- und Metallwaren.

Der Fernhandel blieb bis zum 19. Jh. Monopol der Könige, die auch den Binnenhandel kontrollierten. Nur wenige Chinesen besaßen beschränkte Handelsrechte, die vietnamesischen Kaufleute tätigten nur den Regional- und Kleinhandel. Ab dem 15. Jh. gewann die Ansiedlung mehr und mehr städtischen Charakter. Im 16. Jh. war Thanh Kinh dreimal so groß wie zur Zeit der Ly- und Tran-Könige am Ende des 14. Jhs. Sie wuchs im 19. Jh. auf 100 000 Einwohner. Für einen Bürgerstand im europäischen Sinne fehlten die Voraussetzungen, er konnte sich erst in der Kolonialzeit entwickeln.

Der Adel, soweit er nicht – aus königlichem Hause – in der Nähe des Hofes lebte, saß, wie auch Gutsbesitzer und ein Teil der Mandarine und Gelehrten, auf seinen Gütern oder in seinen Dörfern. Andere Mandarine, ihrer konfuzianischen oder daoistischen Bildung wegen hochangesehen und dem König loyal verbunden, lebten mit ihren Familien in der Stadt, je nach ihrem Rang in bescheidenen oder palastartigen Gebäuden, hatten einen geringen oder großen Hofstaat um sich und hielten sich Leibwächter oder Privatarmeen bis 100 Mann. Auch wohlhabende Händler, selbst wenn sie sich durch Heirat mit armen Mandarinfamilien verbanden, konnten ihr geringes Ansehen dadurch kaum aufbessern. Angesehener waren Handwerker und Bauern. Die Fischer standen am unteren Ende der Gesellschaft. Sie durften z. B. am tet-Fest die Tempel erst am vierten Tag besuchen.

Kolonialzeit und Indochinakriege 1882–1975

1882 eroberte die französische Kolonialarmee Hanoi. Die Stadt wurde Hauptstadt des Protektorats Tongking. Mit Ausnahme der Altstadt wandelte sich ihr Gesicht völlig. Anstelle der abgerissenen Zitadelle und der Reste der Paläste entstanden Kasernen und die koloniale Wohn- und Geschäftsstadt. Große Teile des To Lich wurden zugeschüttet und Straßen darauf gebaut. Auf dem Gelände des ebenfalls teilweise zugeschütteten Hoan Kiem-Sees entstand die Geschäftsstadt, die verbliebenen Paläste der Trinh wurden abgerissen. Die Bao Thien-Pagode mußte 1883 der Kathedrale weichen, die Bao An-Pagode dem Postamt. Die Vietnamesen haben während der Kolonialepoche den Kampf um die Unabhängigkeit nicht aufgegeben. Aber erst im August 1945 konnten sie den Palast des Gouverneurs von Tongking, der heute als Gästehaus der Regierung dient, stürmen. Am 2. September 1945 verlas Ho Chi Minh auf dem Ba Dinh-Platz die Unabhängigkeitserklärung. Die Franzosen kehrten 1945 noch einmal zurück. Im Dezember 1946 wurde der Stadtteil Dong Xuan beschossen, und am 19. 12. mußten die 1500 Mann des vietnamesischen Regiments die Verteidigung Hanois nach einem blutigen Gefecht am Dong Xuan-Markt aufgeben. »Wir kommen zurück!« schworen sie. Am 10. 10. 1954 konnte das gleiche Regiment wieder in die Stadt einziehen.

Der erste amerikanische Bombenangriff auf Hanoi erfolgte am 17. 4. 1966, die letzten sehr schweren Bombardements der B 52 zwischen dem 18. und 30. 12. 1972. Die Angriffe vom 21. und 22. 12. richteten schwere Schäden auch in dichtbesiedelten Wohnvierteln und an Krankenhäusern an, die Verluste unter der Zivilbevölkerung waren hoch.

Die Altstadt

»Die Seele der Stadt hat sich in die Altstadt, die Straßen der Bürger und Handwerker zurückgezogen«, sagte Thanh Quan, die Dichterin des 19. Jhs. Auf dem Stadtplan ist die Altstadt heute noch als Stadt in der Stadt zu erkennen, wie ein Schachbrett zwischen dem Hoan Kiem-See und dem Roten Fluß. Sie wurde unter der Ly-Dynastie in *phuong* eingeteilt, quadratische Viertel, von *pho* (Straßen) geradlinig durchzogen. In unruhigen Zeiten wurden die phuong durch Wälle und Hecken geschützt und waren durch bewachte Tore mit dem benachbarten phuong verbunden. Mehrere phuong unterstanden einem Zivil- und einem Militär-Mandarin, die für Verwaltung und Sicherheit zuständig waren. Ein phuong war in kleinere Einheiten unterteilt, die kleinste, ein *ti,* bestand aus fünf Häusern. Dieses System erleichterte die Eintreibung der Steuern, Verteilung der Gemeinschaftsarbeiten, diente der Sauberkeit, Sicherheit, der Feuerverhütung und Brandbekämpfung. Für die Stadt, die die steigenden Ansprüche der Hofhaltung zu befriedigen hatte, diente das Delta als Menschenreservoir. Ein Zuzug von Einzelpersonen fand kaum statt, es kamen vielmehr Familien, die sich spezialisiert hatten, Schmuck, Seide, Keramik, Lackwaren, Devotionalien, Bronze, Waffen und später auch Möbel herstellten. Teure Waren wurden auf Bestellung angefertigt, billige in den Läden der phuong angeboten. Meist waren es jedoch Gruppen von Handwerkern aus dem gleichen Dorf – oft in gut organisierten Gilden unter einem Meister –, die sich in Thang Long oder in stadtnahen Dörfern ansiedelten. Zwangsverpflichtet waren nur die Arbeiter für die Königlichen Werkstätten, die Generalmanufaktur und die Münze. Ihnen wurden Kopfsteuer und Frondienste erlassen. Das galt auch für kooperativ arbeitende Handwerker, die die Rohstoffe vom Staat gestellt bekamen und sie zu bestimmten Fertigwaren zu verarbeiten hatten, wie die Silberschmiede der Hang Bac und die Papiermacher des Dorfes Buoi. Sie hatten zwar ebenfalls keine Kopfsteuer zu entrichten, dagegen Steuern auf ihre Produkte zu zahlen, die oft höher lagen.

Bauern und Handwerker brachten die Ahnen- und Schutzgeister ihrer Dörfer und Berufe mit, errichteten in ihren Vierteln oder Straßen *dinh, den* und *chua.* Es gibt bis heute keine Straße in der Altstadt, in der nicht einer dieser Bauten erhalten blieb. Seit 1989 sind sie wieder zugänglich und werden vielfach restauriert. In einem Reisebericht aus dem Jahre 1651 heißt es: »Die Stadt ist 6000 Fuß lang und 6000 Fuß breit, und ihre Straßen sind so breit, daß zehn bis zwölf Reiter nebeneinander reiten können. Aber zweimal im Monat, bei Vollmond und Neumond, sind so viele Menschen unterwegs, bevölkern alle Straßen, daß man fortgesetzt angerannt und gestoßen wird, und es dauert lange Zeit, auch nur einen kurzen Weg zurückzulegen.« Das Gedränge entstand, weil die Vietnamesen am ersten und fünfzehnten Tag des Mondmonats die Tempel besuchten.

Die erhalten gebliebenen Häuser der Altstadt stammen aus dem 19. und dem Beginn des 20. Jhs. Die zunächst lockere Besiedlung wurde ständig dichter, heute gibt es in der Altstadt keinen Meter ungenutzten Boden. Grundstückspreise haben schwindelerregende Höhen erreicht, die Häuser werden teilweise aufgestockt, sind eng ineinander verschachtelt, schmale Gänge führen in Höfe und dahinter gelegene Gebäude. Gerüche von Abfällen und Abwässern mischen sich mit den Düften der Garküchen und Restaurants. Der 40tägige Nieselregen von Februar bis März, Frühlingsregen genannt, hat längst die letzten Farbreste von den Hausfronten abgewaschen. Statt dessen sind sie mit grünlichen und schwärzlichen Pilzen und Moosen überzogen. Ein Farbanstrich müßte mindestens einmal im Jahr erneuert werden. Die gesamte Bausubstanz macht auf den Europäer einen trostlosen Eindruck. Aber die Hanoier lieben ihre Altstadt, weil man dort wieder alles kaufen kann, und die Händler lieben die Altstadt ebenfalls, weil sich dort wieder alles verkaufen läßt, auch Schwarzmarktware zu Schwarzmarktpreisen.

In der Altstadt drängen sich Fußgänger, Fahr- und Motorräder, Autos, Bauern und Händler mit der Tragestange über der Schulter. Schmiede, Nudelmacher und Garköche sind bei der Arbeit anzutreffen. Nachdem fast alle Altstädte in Südostasien renoviert, saniert oder verschwunden sind, wird ein Spaziergang durch die Altstadt Hanois zu einem unwiederholbaren Erlebnis. Wo aber müßte die empfindsame Dichterin des 19. Jhs. angesichts des geschäftigen Treibens am Ende des 20. Jhs., der Billigwaren aus Plastik, Jeans, Fernsehern und dem Lärm aus hundert Radios die Seele des alten Thang Long suchen? Sie hat sich in die Höfe und auf die Dächer geflüchtet, in die chua, dinh und den. Wenn man sie sucht, läßt sie sich finden.

Die Sehenswürdigkeiten von Hanoi (noi thanh)

Es gibt mindestens 200 sehenswerte Pagoden, Tempel, Sakral- und Profanbauten im Stadtstaat Hanoi, und es werden noch mehr hinzukommen, die bisher nicht zugänglich waren oder restauriert werden müssen. In diesem Rahmen lassen sich nur die bedeutendsten Bauten vorstellen, zunächst innerhalb der vier Stadtbezirke, danach in den Vororten und als Tagesausflüge im Stadtstaat und in die Nachbarprovinzen.

Mancher Sakralbau wurde schon gegründet, als Thang Long (Hanoi) im Jahre 1010 Hauptstadt der vietnamesischen Könige wurde. Legenden und die Geschichtsschreibung wissen darüber zu berichten. Aber das Erscheinungsbild der Bauwerke hat sich seither vielfach verändert. Sie wurden umgebaut, vergrößert, manchmal sogar an eine andere Stelle verlegt. Von Restaurierungen im Sinne der Wiederherstellung des alten Bauzustandes läßt sich erst Ende des 19. und im 20. Jh. sprechen. Bis dahin erfolgten die Erneuerungen jeweils im Stil der Neubauperiode. Selbstverständlich hat sich auch die Ausstattung geändert. Das sich stets vergrößernde Pantheon war häufig Anlaß zu Erweiterungsbauten. Erhalten blieben aber einzelne Teile der Architektur, Inventar und Statuen. Eine unscheinbare Tafel an dem Gebäude selbst oder am Zugang zu einem solchen mit der

Aufschrift: *Di tich lich su da xep hang cam khong duoc vi pham* weist darauf hin, daß es sich um eine unter Denkmalschutz stehende Sehenswürdigkeit handelt.

Kaum eine andere Großstadt ist so reich an Seen mit baumbestandenen Ufern und Inseln wie Hanoi. Bis zum Beginn unseres Jahrhunderts waren sie noch bedeutend größer. Die Stadt entstand aus Siedlungen zwischen Flüssen und Seen.

Quan Hoan Kiem mit der Altstadt

Der **Hoan Kiem-See** am Südrand der Altstadt ist heute das Zentrum der Geschäftsstadt. Zur Zeit der restaurierten Le-Dynastie, ab dem 17. Jh., ließen die Trinh auf dem See, den sie *Tuy Quan* (›See der Marine‹) nannten, Flottenmanöver abhalten. Er wurde aber auch *Ho Guom* (›Schwertsee‹) oder *Ho Hoan Kiem* (›See des Zurückgegebenen Schwertes‹) genannt. Der Name geht auf eine Legende zurück:

Le Loi, der spätere König Le Thai To, kämpfte zehn Jahre gegen die chinesische Ming-Dynastie, die Dai Viet von 1407 bis 1427 noch einmal zur Kolonie degradiert hatte. Erst

Hoan Kiem-See mit Tempel

als eine Goldene Schildkröte aus dem See auftauchte und ihm ein Schwert übergab, verhalf ihm dieses zum Sieg. Bei der Siegesparade auf dem See erschien die Schildkröte und forderte das Schwert zurück. Der König erkannte, daß sie ein göttlicher Geist war.

Im 17. und 18. Jh. bauten die Trinh 52 Paläste am See, darunter einen Untergrund-Palast (Thuong Tri Cung) und einen mehrstöckigen Palast mit fünf Drachenmosaiken. Der Teil der Sees, der links von diesem Fünf-Drachen-Palast lag, hieß *Ta Vong* (›Sieh nach links‹), der andere Teil *Huu Vong* (›Sieh nach rechts‹). Nur der Ta Vong blieb erhalten, die rechte Seite wurde während der Kolonialzeit zugeschüttet, um für die Geschäftsstadt Raum zu schaffen. Der See ist heute noch 12 Hektar groß. Ein kleiner Tempel auf dem See, im 19. Jh. für die Goldene Schildkröte erbaut, wurde zum Wahrzeichen der Stadt.

Vom Ostufer des Sees führt eine rote Regenbogenbrücke – auch *The Huc* (›Brücke der Aufgehenden Sonne‹) oder *cau go* (›Holzbrücke‹) genannt – zur **Insel Ngoc Son** (Jadeberg) und dem Den Ngoc Son aus dem 19. Jh. Vor der Brücke links auf einem Steinhügel steht als Denkmal für die Literaten der **Thap But,** ein großer steinerner Tuschpinsel, wie er zum Schreiben der chinesischen Zeichen benutzt wird. Am Tempeltor links ist die Schildkröte mit dem Schwert dargestellt. 1968 wurde im See eine riesige, 2,10 m lange Schildkröte, die 250 kg wog und etwa 400 Jahre alt sein soll, gefunden, präpariert und ausgestellt. Im **Den Ngoc Son** dient der erste Raum der Vorbereitung der Opfer, im zweiten wird der Patron der Literaten (Khuong Xuong) und der Heilkundigen (La To) verehrt, der dritte Raum ist dem Gedenken des Generals Tran Hung Dao gewidmet, der im 13. Jh. die Mongolen besiegte.

Ein **Denkmal für Le Loi** steht im Thang Nhat (Jugendklub) an der Pho Le Thai To am Westufer des Sees auf einer schlanken Säule. Eine Stele berichtet die Legende. Der kleine Pavillon in der Nähe stammt aus dem 17. Jh. **Der Neujahrs-Markt** (bang hang tet) findet am Westufer des Ho Hoan Kiem, entlang der Le Thai To-Straße statt, mit Ständen, die verkaufen, was zum tet-Fest gehört: Süßigkeiten und Räucherstäbchen, Eßwaren und Getränke, Geschenke und Feuerwerkskörper. Ein spezieller **Blumenmarkt** für den Verkauf der Aprikosen- und Orangenbäumchen und -zweige wird in der Hang Luoc, der ›Kamm-Gasse‹, abgehalten. Tet-Märkte gibt es aber auch in allen Stadtteilen.

Der **Chua Ba Da** in der Pho Nha Tho 3, die Pagode für eine verehrungswürdige Dame (*ba*) aus Stein (*da*), ist heute Sitz der Vereinigung der Buddhisten von Hanoi. Im 11. Jh. wurde, der Legende zufolge, bei Grabungen zum Bau der Zitadelle Thang Long eine steinerne Frauenstatue gefunden, für die der Tempel errichtet wurde. Die Statue blieb nicht erhalten, aus dem Tempel wurde später eine Pagode. Der Eingang zwischen den Häusern ist unscheinbar. Im kleinen Hof steht ein Verbrennungsofen für Papiergeld und Opfergaben. Die Stupas rechts und links davon stammen wahrscheinlich aus dem 11. Jh. Ihre Bausteine besitzen ein Format, wie es in dieser Zeit üblich war. Auch die Pflastersteine des Hofes weisen eine ungewöhnliche Größe auf. Architektur und Schnitzereien des Hauptraumes sind bemerkenswert, gemeinsam mit dem sehr reichen Pantheon wirken sie feierlich und intim. Vor dem Altar auf der rechten Seite befindet sich die Statue des Duc Ong, des lokalen Gottes, der über den Boden gebietet, auf dem die Pagode steht.

Der chua wird von vielen Gläubigen aus der Umgebung besucht, die hier auch die Bilder ihrer Toten aufstellen lassen.

Der **Chua Quan Su,** die ›Pagode der Ausländischen Diplomaten‹ in der Pho Quan Su, wurde im 15. Jh. gegründet und erhielt seinen Namen, weil er neben einem Rasthaus für Gesandte aus buddhistischen Ländern erbaut wurde. Der heutige Bau – von 1936 bis 1942 errichtet – ist für das nördliche Vietnam ungewöhnlich: ein hoher, heller Raum, in dem nur wenige Statuen stehen. Die Pagode ist seit 1934 Sitz der Vereinigung der Buddhisten in Vietnam mit einem Seminar zur Ausbildung von Mönchen und Nonnen. Besucher kommen besonders an Feiertagen, wie dem tet-Fest.

Der **Den Phu Ung** (Den Pham Ngu Lao), Pho Ly Quoc Su Nr. 25, ist General Pham Ngu Lao gewidmet, der im 13. Jh. mit General Tran Hung Dao gegen die Mongolen kämpfte. Er kam aus armer Familie, Tran Hung Dao wählte ihn erst nach einem langen Zweikampf zu seinem Mitstreiter. Über der Statue des Pham Ngu Lao ist die Statue des Generals aufgestellt. Die Frauengestalten sind die Töchter Tran Hung Daos, die auf der rechten Seite dargestellte war die Gemahlin des Helden. Der *den* war ursprünglich ein Familientempel des Klans aus dem Dorf Phu Ung in der Provinz Hai Hung. Er wurde nationalisiert und wird weiter von der Familie betreut.

Im **Chua Ly Trieu Quoc Su,** Pho Ly Quoc Su Nr. 50, wird der Oberpriester der Ly-Dynastie, Khong Lo, als buddhistische Inkarnation verehrt, daher ist der Tempel kein *den.* Unterhalb der ›Drei Buddhas der Gegenwart, Vergangenheit und Zukunft‹ steht seine Statue als Buddha. An der rechten Seite neben dem Altar ist er als Mönch dargestellt.

Josephs-Kathedrale

Die **Josephs-Kathedrale,** 1886 als einer der ersten Kirchenbauten im Bac Bo auf dem Gelände einer Pagode errichtet, steht an der Pho Nha Chung, westlich des Ho Hoan Kiem. Ihre hohen, quadratischen Türme überragen die umliegenden Bauten (täglich geöffnet von 5.00 bis 7.00 und 17.00 bis 19.00 Uhr).

Die **Altstadt** beginnt nördlich des Ho Hoan Kiem, wird im Osten vom Roten Fluß, im Westen von der Pho Phung Hung begrenzt und reicht im Norden bis zur alten Long Bien-Brücke. Sie besteht aus 36 *hang*, das bedeutet wörtlich Ware und im übertragenen Sinne einen Straßenabschnitt, in dem gleiche Waren hergestellt und zum Verkauf angeboten werden. Der Name einer hang ändert sich oft an jeder Straßenecke. Die alte Straßenbahn aus der Kolonialzeit, die durch die Hang Dao rattert, ist heute mehr Sehenswürdigkeit als Verkehrsmittel. Auch der Stadtverkehr mit Bussen ist noch unzureichend. Auf der Strecke von Hanoi in die Nachbarstadt Ha Dong verkehren Trolleybusse.

Der **Cho Dong Xuan** an der Hang Xuan ist der größte Markt der Altstadt mit der Markthalle und den unüberdachten Plätzen und Straßen. Das Warenangebot der staatlichen, mehr noch der Märkte der Bauern und Händler, hat zugenommen. Es gibt wieder viele verschiedene Reissorten, darunter den beliebten duftenden Reis, aber auch Gemüse, Obst, Salate, Fleisch und Fisch sind reichlicher vorhanden, Blumen, Gebrauchsgegenstände, Plastikwaren stehen zum Verkauf.

In der Hang Dao befinden sich auch einige dinh (Gemeinschaftshäuser): **Dinh Hoa Loc Ti** und der **Dinh Phu My** der Gemeinden gleichen Namens, die vor langer Zeit nach Hanoi gezogen sind. In der **Hang Tiec** ist der **Dinh Nghi Khe** zu finden, in der **Hang Quat** der **Den Dau** (Den Thuan My) für die 18 Hung-Könige, mit Reisstrohhüten und Baldachinen, wie sie einst auf Reisen benutzt wurden, Schlangen und Muttergöttinnen ausgestattet. In der **Hang Trong** Nr. 62. liegt im 1. Stock des schmalen Hauses der **Dinh Dong Huong,** dessen Schutzgeist ein junges Mädchen ist. Der **Den Bach Ma** (Gedenktempel für das Weiße Pferd) wurde von der Ly-Dynastie gegründet und geht zurück auf einen gleichnamigen Tempel in China. Er befand sich vor dem Westtor der Zitadelle. Der heutige Tempel läßt schöne Schnitzereien erkennen, das Heiligtum mit dem Weißen Pferd wird noch verehrt. Eine Restauration des Tempels ist geplant.

Am nördlichen Rand der Altstadt, bereits dem Bezirk **Quan Ba Dinh** zugehörend, auf dem Wege zum Ho Truc Bach, liegen einige Sakralbauten, die sich mit einem Besuch der Altstadt verbinden lassen und daher an dieser Stelle erwähnt werden sollen. Der vielbesuchte **Den Tran Hung Dao** liegt in der Hang Than fast am Deich. In einem hinteren, verschlossenen Raum werden Teetassen und anderes Geschirr von Verstorbenen aufbewahrt, das die Angehörigen als Opfer bringen.

Der **Chua Hoe Nhai** (Chua Hong Phu) liegt ebenfalls in der Hang Than. Er wurde im 13. Jh., noch unter der Ly-Dynastie, gegründet und – wie eine Stele im Hof berichtet – 1687, 1899 und 1952 erneuert. Ein thap (Beerdigungsstupa), der aus der Gründungszeit stammen könnte, blieb in einem Garten rechts neben der Pagode erhalten. Der chua besitzt einen Altar für die daoistischen Mütter. An der Ecke der Pho Hoe Nhai, die die Hang Than kreuzt, blieb der **Den Hang Than** erhalten, eine Reihe weiterer chua und den sind noch nicht zugänglich. Der **Chua Phuoc Lam,** Hang Than Ecke Duong Yen Tu 120, wurde 1990 renoviert, auch der Altar für die daoistischen Mütter hinter dem Hauptaltar.

Quan Hai Ba Trung

Der Bezirk wurde nach den ersten Nationalheldinnen Vietnams, den Trung-Schwestern (Hai Ba Trung) benannt, die 40–43 n. Zt. gegen die Chinesen kämpften und eine Dynastie gründeten. Ihr Gedenktempel liegt in diesem Bezirk, der Wohngebiete, im Süden auch ein Industrieviertel und Dörfer umfaßt.

Der **Den Hai Ba Trung** an der Pho Dong Nhan liegt an einem Platz und See. Er wurde 1143 von König Ly Anh Tong für die Schwestern Trung Trac und Trung Nhi erbaut, seitdem mehrmals erneuert und gehört zu den schönsten Tempeln der Innenstadt. Die Anlage besteht aus dem Den Hai Ba Trung, einem *chua* und einem *dien*. Der Gedenktempel für die Trung-Schwestern weist sehr schöne Schnitzereien auf, eine Waffensammlung und Gerätschaften für das Tempelfest. Verehrt werden auch die zwölf meist weiblichen Generäle der Nationalheldinnen. Der Schrein, der die Steinstatuen der Schwestern enthält, wird nur zum Tempelfest geöffnet. Sie sind kniend mit erhobenen Armen dargestellt, bereit, sich nach der letzten, verlorenen Schlacht in die Fluten zu stürzen. Die Legende berichtet, daß die beiden Statuen vom Fluß angespült wurden. Die Pagode ist einfacher ausgestattet als der *den*. Im 1819 erbauten *dien* – für die tu phu, die daoistischen Mütter – fanden auch Statuen aus anderen Tempeln Aufstellung, so daß das Pantheon nicht der üblichen Anordnung entspricht. Auch die Urmutter Mau, umgeben von ihren Töchtern, wird verehrt. Das Tempelfest findet am 5. Tag des 2. Mondmonats statt.

Der **Chua Van Ho,** Pho Le Dai Hanh 40, besitzt ein reiches buddhistisches Pantheon alter Holzstatuen, die frisch lackiert wurden. Im Hof der Anlage steht der **Dien Van Ho** mit dem völlig erhaltenen daoistischen Pantheon der Vier Mütter, umgeben von ihren Dienern und Gehilfen und einer Statue des Generals Tran Hung Dao (s. S. 60). Dieser dien läßt eine Vorstellung von dem reichen Pantheon und den Kulten der tu phu gewinnen. Der Tempel der Mütter wird viel besucht, besonders auch von Frauen aus dem Delta.

Der **Chua Chan Thien** (Chua Phu Nguyen Khanh) in der Pho Ba Trieu 151 wurde von König Ly Thanh Tong im 12. Jh. im Dorf Chan Cam gegründet und galt zu der damaligen Zeit als der schönste Tempel im Delta. Am Ende der Tran-Dynastie wurde er wahrschein-

Den Hai Ba Trung
1 Stele
2 Eingang
3 Höfe
4 Galerien
5 Dreiteiliger den
6 Pagode
7 dien, Tempel für die daoistischen Mütter
8 Räume des Klosters
9 Küche

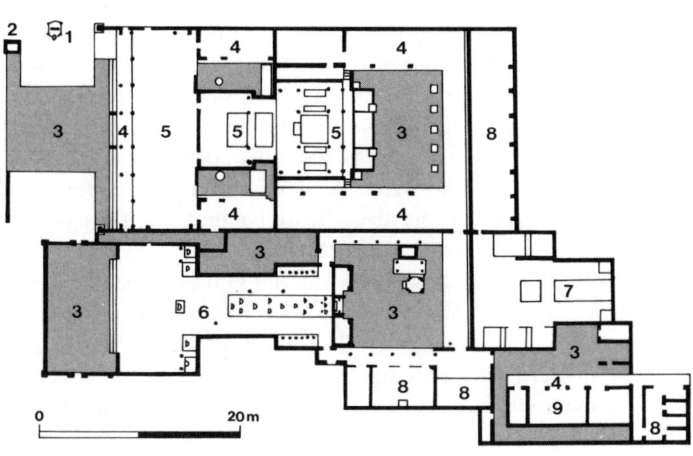

lich durch Feuer zerstört und im Dorf Phu Khan im Distrikt Hoa La wieder aufgebaut, das heute zu Groß-Hanoi gehört, und erhielt den Namen Chua Chan Thien. In dieser Pagode schloß Le Loi nach seinem Sieg über die chinesische Ming-Dynastie 1427 mit dem chinesischen General Vuong Thang einen Vertrag, in dem die Chinesen erklärten, nie wiederzukommen. Le Loi nannte die Pagode Nguyen Khanh. Sie wurde 1888 von den Franzosen zerstört, die an dieser Stelle ein Gefängnis erbauten, und danach von den Vietnamesen an ihrem heutigen Platz errichtet. Auf dem Altar befindet sich eine alte Kupferstatue. Auch General Tran Hung Dao wird hier verehrt.

Der **Chua Lien Phai,** Bach Mai-Straße, liegt etwa 150 m Fußweg von der Straße entfernt zwischen Häusern. Zu der Pagode gehörte ein großes Gelände – heute von Rückkehrern aus den Neuen Ökonomischen Zonen in Besitz genommen – mit schönen Stupas, darunter ein 11stöckiger. Die sehr bemerkenswerte alte Pagode, in Stadtplänen von Hanoi als großer Stupa eingezeichnet, lohnt trotz des im Moment desolaten Zustandes einen Besuch.

Der **Chua Ba Ngo,** auch Chua Ngo Ho (Klarer See) oder Chua Minh Phuc genannt, in der Pho Nguyen Khuyen wurde während der Herrschaft der Minh-Dynastie von der Frau eines Mandarins – der Dame Ngo – erneuert. Er geht zurück auf eine Stiftung der Ly-Dynastie an dem See Ngoc Ho. Die Pagode besitzt einen dien für die daoistischen Mütter, mit einer Statue des Generals Tran Hung Dao, des Beschützers der Frauen, und ist gleichzeitig ein *den* für König Le Thanh Tong, der, flankiert von zwei Generälen, verehrt wird.

Der **Chua Pho Giac,** heute in der Pho Cat Linh 11 gelegen, ist an einer Grotte an der Straße zu erkennen. Die Pagode liegt etwa 100 m von der Straße entfernt. Sie wurde 1774 gegründet und lag neben der heutigen Hauptpost. 1886 wurde sie von den Franzosen abgerissen, um Platz für Bürogebäude zu schaffen und entstand an dieser Stelle neu. Die letzte Restaurierung fand 1951 statt.

Der **Chua Phung Khanh** hieß früher Chua Phung Thanh und wird auch heute häufig noch so genannt. Er ist ein chua, gleichzeitig aber auch ein mieu für eine Prinzessin. In der Ly-Zeit war hier ein großer See. Eine Prinzessin kam in ihrem Boot zur Pagode, um zu beten. Das Boot kenterte im Taifun, alle Insassen wurden gefunden, nur die Prinzessin blieb verschwunden. Sie wurde nun im chua an einem besonderen Altar verehrt. Der Vater der Prinzessin nannte das Dorf, in dem der chua stand, Ngo Trung Phung, es lag an dem heutigen See Ho Bay Mau. Der Tempel ist erneuert. Er wurde von den Franzosen in den 40er Jahren zerstört, weil sich Truong Chinh, Generalsekretär der kommunistischen Partei (1940–1958), hier versteckt hielt.

Im **Dinh, Den und Chua Hoa Ma** in der Pho Phung Khac Khoan sind der chua und der dien zugänglich, im dinh befindet sich zur Zeit noch eine Schule. Der dien hat neben dem Altar für die tu phu auch einen Altar für Au Co, die Mutter aller Vietnamesen. Im Hof befindet sich ein Grottentempel für Mutter Dschungel.

Der **Chua und Den Huyen Quang,** Pho Tran Binh Trong 106, liegt in einem Geschäftsviertel. Er besitzt ebenfalls einen den für den General Tran Hung Dao sowie einen dien.

Straßenszene

Der **Chua Quang Ho** neben dem Chua Huyen Quang hat hinter dem Hauptaltar einen Altar für die daoistischen Mütter. Der **Den Tho Tan Vien** in der Pho Tran Binh Trong Nr. 23 ist ein Gedenktempel für den Berggeist Tan Nui und liegt auf einem künstlichen Hügel. Vor der großen Statue stehen die gelben Schuhe des Berggeistes, er ist umgeben von Dienern. Außer einem chua gibt es auch noch einen dien für die daoistischen Mütter.

Die ›Pagode der Schimmernden Blume‹, **Chua Quang Hoa,** liegt an der Nordseite des Thien Quan-Sees. Der Hauptaltar wird flankiert von den zehn Höllenkönigen, auch Richter genannt, auf der linken Seite vor dem Altar ist die lokale Muttergöttin Thanh Mau dargestellt.

Im Süden des Quan Hai Ba Trung liegen im **Dorf Hoang Mai (**›Gelbe Pfirsichblüte‹) an der Pho Truong Dinh die Sakralbauten der Gemeinde (7 km vom Stadtzentrum). **Chua und Dinh Hoang Mai** sind über einen Fußweg bei der Pho Truong Dinh 102/103 zu erreichen, der etwa 1,5 km weit zu dem Komplex führt. Der **Chua Hung Ky** liegt ebenfalls im Dorf Hoang Mai in der Pho Minh Khai Nr. 4.

Quan Dong Da

Er ist benannt nach dem Hügel Dong Da, an dem König Quang Trung der Tay Son-Dynastie (Nguyen Hue) am 5. Tag des tet-Festes 1789 die Truppen der chinesischen Qing-

Dynastie schlug und die Hauptstadt Thang Long von der chinesischen Invasion befreite. Zu dieser Zeit lag der Hügel Dong Da noch vor den Toren der Stadt. Im Jahre 1989 wurde am Fuße des Hügels eine Gedenkstätte mit einer monumentalen Statue von König Quang Trung errichtet. An einer Steinwand verkündet ein Poem in chinesischen Schriftzeichen die Taten des Tay Son-Königs. Daneben zeigt eine Karte den Verlauf der Schlacht. Vom Hügel läßt sich die Umgebung überblicken. Die niedrigen Wohnhäuser werden überragt von den hohen, geschwungenen Dächern der Sakralbauten entlang der Pho Tay Son, die in die Nachbarstadt Ha Dong führt. In den dinh und chua und auch in einigen Gräbern der Mandarine aus der Nguyen-Zeit haben sich Rückkehrer aus den Neuen Ökonomischen Zonen festgesetzt. Stadteinwärts und auch auf der gegenüberliegenden Straßenseite gibt es einige chua und dinh.

Der **Chua Dong Quang** und **Den Quang Trung** liegen an der Pho Tay Son gegenüber dem Hügel Dong Da. 1842 entstand zunächst eine kleine Gedenkstätte, der Mieu Dan Lo Thien, und 1851 der den und der chua. Der *Nha Tho Mau,* der Ahnenaltar für die Mütter (*mau*), die daoistischen tu phu, besitzt eine Tigergrotte unter dem Altar.

Den Eingang zu dem **Chua Phuc Khanh** findet man in der Tay Son-Straße Nr. 430. Die Pagode mußte 1972 für Wohn- und Straßenbau viel Land abgeben. In ihrem Hof befindet sich ein kleiner den für einen Mandarin.

Im **Dinh Nam Dong** in der Tay Son-Straße 73 wird als Schutzgeist der General der Ly-Dynastie, Ly Thuong Kiet, verehrt, der die Chinesen geschlagen hat. Erhalten blieben auch die seitlichen Nebengebäude. Der dinh wurde 1959 geschlossen, nun hat die Gemeinde ihn wieder übernommen und ist dabei, ihn neu einzurichten.

Der **Chua Boc** (Sung Phu Tu) im **Dorf Khuong Thuong,** das im Südteil des Quan Dong Da liegt, wurde von der Le-Dynastie erbaut. Ein Besuch dieser Pagode lohnt sich, da sie einige Besonderheiten aufweist. Im Haupttempel links vom Altar befindet sich die Statue der Muttergöttin Mau, zu der die kinderlosen Frauen beten, rechts neben ihr die des Königs Quang Trung (Nguyen Hue), der nur in dieser einen Pagode, sonst nur in *den* verehrt wird. Seine Statue stammt von 1846. Der Hügel Dong Da, an dem er 1789 die Schlacht gegen die Chinesen gewann, ist nicht weit entfernt. Im Hof befindet sich ein großer, weißer, unüberdachter Altar mit einer braunen Weihrauchschale. Es handelt sich um einen Weihrauchbaum (s. S. 111). Alle Besucher opfern Weihrauchstäbchen an diesem Altar. In einem hinteren Raum befinden sich Altäre und Statuen der tu phu, der daoistischen Mütter: Mutter Himmel und Mutter Dschungel in weißer und grüner Kleidung haben je einen Altar. Auf dem mittleren, größeren sind alle vier Mütter zu sehen. Auf der rechten Seite befinden sich die Statuen der beiden letzten Äbte.

Beim Tempelfest 1990 fand im Chua Boc – nach 20 Jahren – wieder eine traditionelle Zeremonie statt, ausgeführt von den Frauen der Gemeinde (Tempelfest 5. Tag des 1. Mondmonats).

Der **Van Mieu** (Tempel der Literatur) liegt am Nordrand des Quan Dong Da, südwestlich vom Ba Dinh-Platz an der Pho Quoc Tu Giam (s. S. 201).

Van Mieu, 3. Hof mit See und Stelen

Quan Ba Dinh

Er trägt seinen Namen nach einem Fort in der Provinz Thanh Hoa, das den Franzosen 1886 erbitterten Widerstand leistete. Der **Ba Dinh-Platz** an der Duong Hung Vuong hieß bis 1954 Hong Bang-Garten, nach der legendären ersten Königs-Dynastie. An dem 35 000 m^2 großen Platz mit einer Aufmarschfläche für 200 000 Menschen liegen das Ho Chi Minh-Mausoleum, das Parlamentsgebäude, das Außenministerium, das Haus der Partei und der Palast des französischen Generalgouverneurs von Indochina, der, 1906 erbaut, heute nur Repräsentationszwecken dient.

An der Stelle, wo heute das **Ho Chi Minh-Mausoleum** steht, verlas Ho Chi Minh am 2. September 1945 die Unabhängigkeitserklärung. Ende 1954 wurde für einige Zeit die 18 m hohe Nachbildung eines Zitadellentores errichtet. Das Mausoleum für Ho Chi Minh ist zwischen 1973 und 1975 mit Hilfe der UdSSR erbaut worden. Das Material für das 21,6 m hohe Marmorgebäude in Form einer Lotosblüte, Baum- und Blumenschmuck wurden aus allen Teilen des Landes gespendet (geöffnet Dienstag–Donnerstag und Samstag 8.00–11.00 Uhr und Sonntag 7.30–11.30 Uhr. Zutritt nur ohne Taschen und Kameras).

Vom Mausoleum führt ein Ausgang in den Park des Generalgouverneurspalastes und zum **Wohnhaus Ho Chi Minhs.** Das Haus aus edlen Hölzern wurde 1958 auf Pfählen – im Stil der Minderheiten des nördlichen Berglandes – errichtet, bei denen der Revolutionär Zuflucht gefunden hatte. Es ist umgeben von einem Obstgarten und Fischteich.

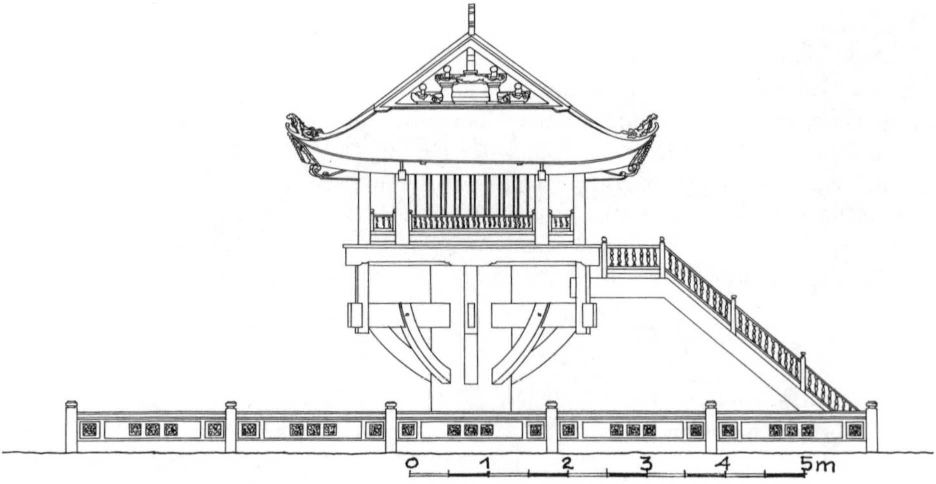

Die Einsäulenpagode

Der dreistöckige Bau des **Ho Chi Minh-Museums** wurde mit Hilfe der UdSSR zum 100. Geburtstag Ho Chi Minhs im Mai 1990 fertiggestellt und zeigt viele Erinnerungen an den Revolutionär und Präsidenten.

Die **Einsäulenpagode** (Chua Mot Cot) oder Chua Dien Huu liegt zwischen dem Mausoleum und dem Ho Chi Minh-Museum. Sie wurde 1049 von König Ly Thai Tong auf einer einzigen starken Holzsäule im Stil der Tempel für Natur- und Ahnengeister erbaut. Dem kinderlosen König war die Göttin der Barmherzigkeit (Quan Am) im Traum erschienen, die ihm, auf einer Lotosblüte thronend, einen Knaben entgegenhielt. Als ihm ein junges Bauernmädchen, das er zur Favoritin erwählt hatte, den Thronerben gebar, ließ er die Pagode errichten. Sie wurde erstmals 1105 und danach noch sehr häufig restauriert. Als zentrales Heiligtum einer einst großen Tempelanlage, mit Gärten und Teichen umgeben, war sie typisch für einen Stil der Pagoden zur Zeit der Ly- und Tran-Dynastie. Die abziehenden französischen Truppen hatten die Pagode 1954 zerstört, sie wurde 1955 wieder aufgebaut. Der Tempel ist 3 x 3 m groß, die Säule hat einen Durchmesser von 1,25 m. In der Pagode befindet sich die Statue der Quan Am.

Der **Chua Bat Thap** steht am Ende der Pho Doi Can. Diese Pagode mit einem sehr großen dreifachen Tor mit einem aufgesetzten, begehbaren Pavillon wurde im 15. Jh. gegründet und zuletzt 1989 restauriert.

Ein unscheinbarer Eingang führt in den großen **Chua Kim Son,** der im 12. Jh. gegründet und Anfang des 20. Jhs. zum letzten Mal restauriert wurde (Pho Son Tay Nr. 223).

Einige Sakralbauten im nordöstlichen Teil des Quan Ba Dinh wurden im Anschluß an die Bauwerke der Altstadt (s. S. 324) beschrieben.

Die Duong Hung Vuong führt am Ba Dinh-Platz vorüber zum Westsee. Vor dem See zweigt die Pho Thuy Khuc nach links ab. An ihrem Ende wieder nach links, kann man erhaltene Teile des **Song To Lich** und auch ein Stück des **Walles Dai La** aus dem 9. Jh. sehen. Die Fahrt am Fluß entlang führt in ein unbekanntes, teilweise ländliches Hanoi.

Auf dem Wege zum Westsee, rechts der Duong Dien Bien Phu, lag der Teil der **Zitadelle,** der von den Nguyen beibehalten wurde und seit der Kolonialzeit unzugängliches Militärgelände ist. In diesem Gebiet lag auch das als ›Hanoi Hilton‹ bekannte Gefängnis der abgeschossenen amerikanischen Piloten. Der dreistöckige **Flaggenturm** ist 60 m hoch, er wurde 1804 von König Gia Long erbaut.

Museen und Ausstellungen

Das **Historische Museum** (Bao Tang Lich Su), nicht weit vom Theater in der Pho Pham Ngu Lao 1, 1895 von der École Française de l'Extrême Orient als Forschungsinstitut gebaut, wurde 1958 Historisches Museum. In zwei Stockwerken durchläuft der Besucher die vietnamesische Geschichte in acht Sektionen. In der Halle des Erdgeschosses geben Wandkarten einen Überblick.

Sektion I zeigt die Vor- und Frühgeschichte.

Sektion II beschäftigt sich mit dem ersten Reich Van Lang und zeigt Funde vom Neolithikum bis zur Bronzezeit, Dong Son-Kultur genannt: Grabfunde, Waffen und Geräte aus dem Rote-Fluß-Delta, aus Sa Huynh im Trung Bo und aus Dong Nai im Nam Bo.

Sektion III umfaßt die Zeit der Besetzung durch China. In diesem Raum befinden sich auch Trommeln der Dong Son-Zeit wie auch Zeugnisse der Cham- und der Oc Eo-Kultur (Fu Nan). Unter diesen Exponaten befindet sich auch der ›Lampenträger‹ (s. S. 204).

Sektion IV umfaßt die ersten unabhängigen vietnamesischen Reiche, vom Sieg über China am Bach Dang-Fluß bis zum Ende der Tran-Dynastie. Steinreliefs aus der Phat Tich-Pagode und der Ngo Xa-Pagode (Chua Pho Minh) in der Provinz Ha Nam Ninh, Stelen und die hervorragenden Keramiken der Ly-Dynastie, aber auch die Holzschnitzereien dieser Epoche gehören zu den schönsten Exponaten des Museums.

Sektion V zeigt die Zeit des Kampfes gegen die chinesische Ming-Dynastie. Die Keramiken stammen aus Bat Trang, Tho Ha und Phu Lang, den besten Brennöfen des 15. und 16. Jhs. In diese Zeit gehört auch eine Nachbildung der Statue der Quan Am aus der But Thap-Pagode.

Sektion VI stellt den Ablauf des Tay Son-Aufstandes dar.

Sektion VII schildert die Kämpfe gegen die Kolonialmacht.

Sektion VIII endet mit dem Befreiungskampf 1945.

Geschichtliche Abläufe – dokumentiert durch Zeittafeln, aber auch durch Wandbilder – werden ergänzt durch archäologische Funde sowie handwerkliche und künstlerische Erzeugnisse.

Der ›Lampenträger‹ (Historisches Museum)

Das **Museum der Schönen Künste** (Bao Tang My Thuat) in der Pho Nguyen Thai Hoc 66, nicht weit vom Tempel der Literatur entfernt, zeigt Objekte aus der Kunst des Landes: Dong Son-Trommeln, religiöse Kunst, Statuen und Schnitzereien, aber auch Kleidung und Hausbau der Minderheiten sowie Einrichtungsgegenstände des 19. und 20. Jhs., und auf den Gängen die Nachbildungen der 18 La Han aus der Tay Phuong-Pagode. Im Parterre läßt sich ein Eindruck von Malerei und Plastik in der Kolonial- und Nachkolonialepoche gewinnen. Das Museum zeigt auch Ausstellungen.

Ein **Ausstellungszentrum für Kunst** (Trien Lam Van Hoa) befindet sich im Quan Hai Ba Trung in der Pho Ba Trieu zwischen dem Den Hai Ba Trung und dem Bay Mau-See. Das **Giang Vo-Ausstellungszentrum** dient für Wirtschaftsausstellungen.

Das **Revolutionsmuseum** (Bao Tang Cach Mang) in der Pho Tong Dan 25 ist im französischen Zollhaus untergebracht und zeigt Exponate aus allen Phasen der Revolution. Das **Armeemuseum** (Bao Tang Quan Doi) am Duong Dien Bien Phu ist dem Kampf und Sieg der vietnamesischen Streitkräfte gewidmet.

Sehenswürdigkeiten im Stadtstaat Hanoi

Der Westsee und der Ho Truc Bach im Vorort Tu Liem

Das Flair der Stadt beruht nicht zuletzt auf seinen Seen. Der größte, der Westsee (Ho Tay), bedeckt heute noch 538 Hektar. Sein Umfang beträgt 12,5 km, seine durchschnittliche Tiefe 1,5 m. Er ist ein altes Bett des Roten Flusses und bildete zusammen mit seinem Westteil, dem heutigen Truc Bach (›Weiße-Seide-See‹) eine große Ausbuchtung des Flusses, mit dem er durch den To Lich verbunden war. Erst in der Kolonialzeit wurde der To Lich an dieser Stelle zugeschüttet. Der See hatte viele Namen: *Kim Nguu* (Goldenes Kalb), *Dam Dam* (Nebelsee), seit 1575 heißt er Ho Tay, weil er westlich des Roten Flusses liegt. Über seine Entstehung berichten Legenden: In den Wäldern lebte ein Fuchs mit neun Schwänzen, der Kleintiere und sogar kleine Kinder verschlang. Als sich die Bauern bei dem Himmelskönig beschwerten, schickte dieser seinen General Tran Vu, einen sehr starken Helden. Er mußte viele Tage mit dem Fuchsmonster kämpfen. Bei diesem Kampf traten sie ein so tiefes Loch in den Boden, daß der Westsee entstand. Und damit beginnt gleich die nächste Legende: Die Bauern bauten für den General Tran Vu den Gedenktempel Quan Thanh. Statt der heutigen Bronzeglocke besaß er eine Glocke aus Gold, die einen so hellen Ton erzeugte, daß er im ganzen Land und bis nach China zu hören war. Dort lebte eine Büffelkuh mit ihrem Kalb. Beide waren aus purem Gold. Eines Tages war die Büffelkuh verschwunden, und das Kälbchen suchte seine Mutter. Beim Tönen der goldenen Glocke vermeinte es die Stimme der Mutter zu hören, folgte dem Klang und irrte suchend um den Tempel. Aus dem Land, das es dabei zertrat, entstand der Westsee.

In früher Zeit umgab undurchdringlicher Dschungel den See. Später bauten die Könige und auch die Feudalherren Trinh dort ihre Sommerpaläste, Pagoden und Tempel.

1620 legten die Trinh zwischen Ho Tay und Ho Truc Bach den Deich Co Ngu an, über den die heutige Duong Thanh Nien (Straße der Jugend), von Flammenbäumen flankiert, führt. Am Ho Truc Bach liegen viele Handwerkerdörfer. Im 18. Jh. ließen die Trinh unbotmäßige Konkubinen in einem Palast – wie in einem Gefängnis lebend – weiße Seide weben.

Das Theater

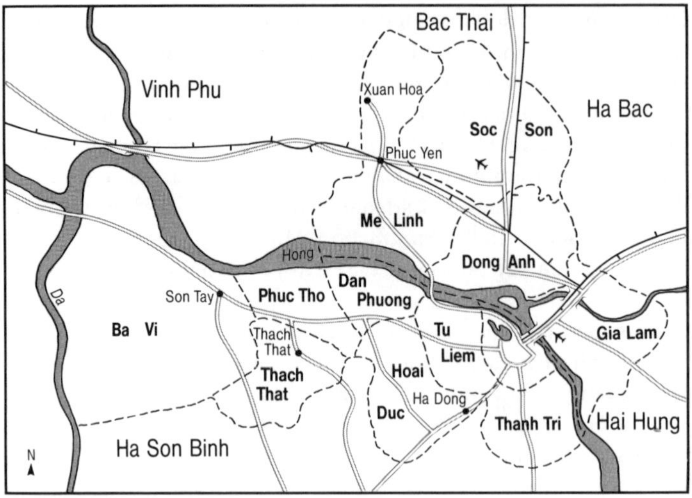

Der Stadtstaat Hanoi

Der **Den Quan Thanh** liegt rechts, gleich am Anfang der Duong Thanh Nien unter hohen Bäumen. Er ist der Gedenktempel für den General Tran Vu, der das neunschwänzige Fuchsmonster (Quai Tinh) besiegt hatte. Sein Tempel wurde 1010 mit der Gründung der Hauptstadt Thang Long als Schutzgeisttempel erbaut und seitdem häufig erneuert. Die 3,96 m große, 4 t schwere Bronzestatue ist die größte in Vietnam. Seitdem die Franzosen sie als ›größten Buddha Vietnams‹ bezeichnet hatten, geistert dieser Irrtum weiter durch die Literatur. Sie wurde, wie auch die große Bronzeglocke im Tempel, 1677 gegossen und ersetzte eine kleinere Holzstatue. Die gelben Schuhe des Schutzgeistes sind ein Geschenk aus Südvietnam. Auf der rechten Seite steht die Statue des Meisters, der den Guß besorgte. Zum tet-Fest findet im Hof des Tempels ein Markt statt, auf dem Zier- und Gebrauchsgegenstände aus riesigen, knorrigen Wurzeln verkauft werden. Bekannt ist der Wettstreit der Nachtigallen, die in großen verhängten Käfigen gehalten werden. Den Siegern winken hohe Geldpreise.

Links der Duong Thanh Nien, auf einer Halbinsel des Sees, liegt der **Chua Tran Quoc,** die älteste Pagode in Hanoi. Ihre Geschichte wird auf einer Stele aus dem Jahre 1639 berichtet. Sie wurde während der Frühen Ly-Dynastie im 6. Jh. von König Ly Nam De gegründet und später an diesen Platz verlegt. Eine kleine Statue, die an dieser Stelle gefunden wurde, ist im Tempelraum im Hof an der linken Wand zu sehen und soll den Anlaß zum Bau der Pagode gegeben haben. Im gleichen Hof befinden sich ein Glockenturm, die Stele und mehrere Beerdigungsstupas.

Der **Chua Kim Lien** liegt im Vorort Tu Liem am Deich Yen Phu auf einer Halbinsel im See. Am Ende der Duong Thanh Nien biegt eine Straße nach links zum Thang Loi-Hotel ab. Kurz vor demHotel führt rechts nach etwa 200 m eine Treppe zu einem schmalen Damm über den See. Die Pagode liegt links, umgeben von Beerdigungsstupas.

An der Stelle der heutigen Pagode befand sich der Hof Tam Tam, auf den König Ly Than Tong seine Tochter schickte, um Maulbeerbäume zu züchten und die schwere Arbeit der Bauern kennenzulernen. Die Tran-Könige bauten an dieser Stelle den Chua Dong Long, die Le-Könige nannten ihn Chua Dai Bi. Erst im Jahre 1771, unter König Hien Tong, erhielt er den Namen Kim Lien (›Goldener Lotos‹). Er wurde 1792 unter der Tay Son-Dynastie erneuert, die letzte Restauration 1988 abgeschlossen.

Die Pagode Kim Lien ist, wie die Tay Phuóng-Pagode, im tam quan-Stil erbaut, drei hintereinander liegende Gebäude sind von Dächern mit hochgebogenen Ecken bedeckt. Das dreiteilige Tor ist prächtig und reich geschnitzt, auch die Säulenreihen im Innern und das Dachgebälk tragen reiche Schnitzereien. Der Hauptaltar hat ein großes Pantheon, die Seitenaltäre für die daoistischen Mütter sind nicht vollständig.

Dem Fußweg am chua vorbei folgend liegt das **Dorf Nghi Tam** etwa 500 m entfernt. Es ist bekannt als Dorf der Bonsai-Gärtner, die Miniaturpflanzen und -bäume, aber auch Aprikosen- und Orangenbäumchen zum tet-Fest sowie Zier- und Kampffische züchten. Die Bauern von Nghi Tam sind reich, besitzen geschnitzte Möbel, Porzellan, Bronzen.

Zurück zur Straße und nach 1 1/2 km links abbiegen; der Straße nach rechts folgend, liegt der **Chua Tay Ho** (Chua Pho Linh). Die Pagode auf einer Halbinsel wurde 1988 restauriert und wirkt sehr harmonisch, der Eindruck ist abhängig von der Stimmung, die über dem See liegt, der viele Gesichter hat.

Der **Den Phu Tay Ho** liegt noch etwa 500 m weiter am See entlang und dient der Verehrung der Urmutter Au Co, ihrer Töchter und der 18 Hung-Könige der legendären ersten Hang Bang-Dynastie des Reiches Van Lang. An der Mauer vor dem Eingang befindet sich ein kleiner Schrein für Mutter Mau. Im Haupttempel sind auf dem ersten Altar die beiden Töchter des 18. Hung-Königs dargestellt, am nächsten werden die 18 Könige verehrt, auf dem folgenden befindet sich die Urmutter mit ihren Töchtern, der oberste Altar ist ihr ebenfalls gewidmet.

Am Westsee liegen noch viele Dörfer, die alle dinh und chua besitzen, deren mächtige Dächer sind von den Deichen aus zu erkennen.

Der **Den Voi Phuc,** der Tempel des Knienden Elefanten, auch Den Linh Lang genannt, liegt rechts der Straße 2 A am Rand der Innenstadt im Park und Tiergarten Thu Le (Vorort Tu Liem, Dorf Thu Le). Am Tor des Tempels knien zwei steinerne Elefanten. Eine Allee mit hundertjährigen Bäumen führt zu dem *den,* der von König Ly Thai Tong (1028–1054) erbaut und danach mehrmals erneuert wurde. Verehrt wird der Nationalheld Linh Lang, der die Feinde des Landes von seinem Reitelefanten aus in die Flucht schlug.
Die Legende berichtet:

»Zur Zeit der Ly-Könige wurde ein schönes Bauernmädchen für eine Nacht die Auserwählte des Königs und kehrte dann in sein Dorf zurück. Als es sich eines Tages am Westsee wusch, fühlte es sich von einer Schlange umschlungen. Zwölf Monate nachdem das Mädchen zum König gerufen worden war, gebar es einen Knaben, von dem die Leute glaubten, daß nicht der König, sondern ein Gott in Gestalt der Schlange sein Vater war, erschienen, um das Land vor seinen Feinden zu retten. Der Knabe wurde stark und klug und half seiner Mutter bei der Feldarbeit. Als der König einen General suchte, meldete er sich, zog in die Schlacht und kehrte als Sieger heim. Der König wollte ihn zum Prinzen machen, aber er verließ den Hof auf seinem Reitelefanten, um in das Haus seiner Mutter zurückzukehren, das an der Stelle des heutigen Tempels stand. Sein Elefant kniete nieder, Linh Lang stieg ab, legte sich auf die Erde, seinen Kopf auf einen Stein gebettet. Alsbald stieg ein Drache zum Himmel auf.«

Eine andere Version berichtet, er habe sich im Hause seiner Mutter schlafen gelegt. Morgens sei er verschwunden gewesen, auf seinem versteinerten Kopfkissen, das noch seinen Kopfabdruck zeigte, lag eine Schlange, die in den Garten floh und zum Himmel zurückkehrte. Als der König von den Ereignissen hörte, ließ er einen Tempel für Linh Lang bauen. In dem schlichten den wird im ersten Raum an einem Altar der Mutter des Linh Lang gedacht, im zweiten er selbst verehrt. Vor dem Altar liegt der Stein mit seinem Kopfabdruck.

Das **Dorf Lang** oder Yen Lang im Vorort Tu Liem ist 7 km vom Stadtzentrum und 2 km vom Den Voi Phuc entfernt. Hinter der *Cau Giay,* der Papierbrücke, im früheren Dorf der Papiermacher, beginnt an der großen Kreuzung links (an der Straße nach Nga Tu So) das Dorf Lang. Nach 500 m führt ein schmaler Weg links zwischen Häusern zu einem kleinen Platz, an dem Wodka hergestellt wird, gegenüber produziert ein Kleinbetrieb Schmerztabletten, dazwischen geht es zum **Chua Nen.** Im engen Hof der Pagode steht ein den für die Eltern des Abtes Tu Dao Hanh der Thay-Pagode (s. S. 350). An der Rückwand des Ziegelbaues blieben zwei Weihrauchbäume erhalten (s. S. 111). Der kleine alte chua dahinter ist ein flacher Holzbau mit ausgebleichten Holzschnitzereien. Die Häuser des Dorfes engen die Tempel ein, so daß kaum ein paar Bananenstauden im Hof Platz haben.

Auf die Straße zurückgekehrt, führt nach 100 m wieder ein schmaler Weg nach links zwischen Häusern hindurch in die Felder. Nach 300 m, vor einem Friedhof, steht der **Mieu Ba,** die Gedenkstätte für eine *ba*, eine verehrungswürdige Dame, in diesem Falle die Mutter des Mönches Tu Dao Hanh. Der kleine, schmucklose, nahezu quadratische Bau mit glatten Ziegelwänden hat über dem Eingang ein Karpfenrelief. Im Innern befindet sich nur ein einfacher Thron. Der Eingang des mieu wird von einer Geistermauer geschützt.

Der **Chua Lang,** auch Chua Chien Thien genannt, liegt gleich hinter dem Friedhof, von einer Mauer umgeben, unter hohen Bäumen. Er gehört zu den schönsten Pagoden des Rote-Fluß-Deltas. Das Dorf Lang, aber auch das stadteinwärts angrenzende Universitätsviertel rücken ihm Jahr für Jahr näher. Die Pagode wurde in der ersten Hälfte des 12. Jhs. von König Ly Than Tong gegründet und seitdem vielfach erneuert. Sie steht an der Stelle des Elternhauses des Abtes Tu Dao Hanh, der als König Ly Than Tong wiedergeboren sein soll. In der Pagode findet der gleiche, dreifache Kult für Buddha, den Abt und den König statt wie in der Thay-Pagode (s. S. 350). Ein hohes, dreiteiliges Tor mit drei Säulenreihen führt in den ersten Hof. Auf dem Tor befindet sich ein Wasserkrug, *binh cam ku* (s. S. 193), das Symbol der Quan Am Bo Tat. Auf dem Steinsockel im Hof werden zum Tempelfest Statuen aufgestellt. Hinter dem zweiten Tor dient ein achteckiger Pavillon mit doppelten Dächern aus dem 19. Jh. beim Blumenfest zum Aufstellen der blumengeschmückten Statuen. Auf dem Altar im Saal der Räucheropfer steht ein verschlossener Schrein, der – wie der gleichfalls verschlossene hintere Raum – der Verehrung des Königs und des Abtes dient. Der Hauptaltar im dritten Raum mit dem buddhistischen Pantheon steigt ungewöhnlich steil bis in das Gebälk an. Die Vielzahl des Pantheons bedrängt den Besucher, der versucht, aus der Fülle die Meisterwerke herauszufinden. Nur langsam lösen sich einzelne Gestalten, um gleich wieder unterzutauchen in dem gedämpften Licht, das Lack und Gold sanft schimmern läßt. Die Feierlichkeit der engen Räume, bis in das Gebälk erfüllt von göttlicher Harmonie, verführt zur Wahrnehmung des Ganzen, zum Erfassen einer Stimmung ohne Würdigung der Einzelheiten. Der Chua Lang ist eines der besten Beispiele für den Zauber, der von den Pagoden des Deltas ausgeht. Unter den Statuen befindet sich eine Darstellung des Königs in Holz und eine des Abtes aus Rattan, mit Lack überzogen. Zwei seitliche Altäre sind typisch für das 19. Jh. In Grotten wird die dreigeteilte Welt dargestellt, und auf der untersten Stufe sind die Höllenqualen sehr drastisch veranschaulicht. Eine Fülle von kleinen Tonfiguren auf dem linken Altar zeigt die Bestrafung der Räuber, auf der rechten Seite werden die Strafen sichtbar, die Frauen drohen, die abgetrieben haben. Alte Leute erzählen, daß die Pagode buddhistische Bücher besaß – wie sie von den Königen benutzt wurden –, deren Deckel und Blätter aus dünnen Bronzetäfelchen bestanden. Sie sind verloren gegangen. Die Sänften und hölzernen Pferde werden beim Tempelfest am 7. Tag des 3. Mondmonats benutzt. Alle zwölf Jahre findet ein besonders großes Pagodenfest statt.

Tuyet Son-Buddha (Fastenbuddha), Chua Yen Thuong

Das Dorf Tan Trieu
(Stadtteil Thanh Tri, Gemeinde Trieu Khuc)
Die Gemeinde, die aus dem Dorf Tan Trieu und zwei Weilern besteht, hat etwa 6000 Einwohner. Sie verdankt ihren bescheidenen Wohlstand der Weberei, die hier eine lange Tradition besitzt. Tan Trieu ist eines der 286 Dörfer, die nun zum Stadtstaat Hanoi gehören, ohne ihren dörflichen Charakter dem Ansehen und der gesellschaftlichen Struktur nach verloren zu haben.

Das Dorf liegt gut 200 m von der Straße 6 (Fortsetzung der Pho Tay Son), der Ausfallstraße nach Ha Dong und Hoa Binh, entfernt im Süden der Stadt. Kurz hinter einem neuen Gebäude im vietnamesischen Stil, dem Amt für Denkmalspflege, biegt die Straße nach links ab und führt zu dem eingefaßten Quellteich am Ortseingang. Rechts von dieser liegt der chua des Dorfes mit einem dien für die daoistischen Mütter in seinem Hof. Pantheon und Ausstattung entsprechen einer dörflichen Pagode, im dien blieben die wichtigsten Statuen erhalten. Links, hinter dem Dorftor, liegt der nghe, der den Schutzgeist des Dorfes, den Helden Phung Hung, beherbergt, der im Jahre 791 gegen die Administration der chinesischen Tang-Dynastie kämpfte. Im nghe – mit seinem erhöhten Vorraum, aber ohne den Versammlungsraum eines dinh – wird als Symbol des Schutzgeistes sein Schwert verehrt, in einem rückwärtigen Raum ist er durch Kleid und Krone figürlich angedeutet.

Dem gepflasterten Weg durch das Dorf folgend steht auf der linken Seite ein großer, alter Baum mit einem Strohdach für die Baumgeister (s. S. 100), gegenüber ein quan, ein kleiner nach drei Seiten offener Ziegelbau mit zwei großen chinesischen Zeichen an der Rückwand. Er hat nichts mit einem daoistischen Tempel zu tun, der ebenfalls quan heißt. Hier wird auf dem Wege zum Friedhof der Sarg abgestellt, und die Trauergemeinde versammelt sich. Die Straße biegt dann nach rechts ab. An ihrer rechten Seite dient ein mieu der Verehrung des Gründers des Dorfes. Kurz dahinter befindet sich der dinh aus dem 19. Jh. Bevor der Weg in den Feldern endet, steht links ein kleiner dien für die daoistischen tu phu, die Heiligen Mütter. Unter einem hohen, alten Baum auf einem Hügel wird in einem kleinen Tempel eine Königin der Le-Dynastie verehrt, die im Dorf gestorben ist. Die Dorfbewohner nennen ihn dien, weil die Königin hier als Mutter verehrt wird. Im benachbarten Weiler, 2 km entfernt, gibt es einen quan, einen daoistischen Tempel, in dem die Gelehrten leben. Das Dorf pflegt Traditionen, die 1200 Jahre alt sein sollen. Das Fest für den Schutzgeist wurde nur zwischen 1945 und 1980 unterbrochen. Viele Utensilien, alte vietnamesische Kleidungstücke, Musikinstrumente, Sänften für den Schutzgeist und sein Schwert, blieben erhalten oder wurden neu angefertigt. Alte Männer im Dorf, die die Zeremonien noch kennen, gaben sie weiter an die jüngeren. Der feierliche Zug des Schutzgeistes durch das Dorf wird von Drachen und Einhorn angeführt. Ihnen folgt eine Sänfte mit dem Schwert des Phung Hung, danach eine Musikkapelle sowie eine Gruppe junger Männer in alten Gewändern. Knaller vertreiben die bösen Geister, und dann wird der Schutzgeist – symbolisiert durch Kleid und Krone – feierlich auf die zweite Sänfte gehoben. Die Spannung hat ihren Höhepunkt erreicht, wenn sich der Zug in Bewegung setzt. Die Sänftenträger schieben den Fuß nur um eine Länge voraus und ziehen den anderen nach. In diesem langsamen Nachstellschritt braucht der Zug für die 200 m von nghe zum dinh etwa zwei Stunden. Ihm folgen die Männer und danach die Frauen über siebzig in alter vietnamesischer Kleidung. Der Schutzgeist bleibt während des Festes im dinh und kehrt am dritten Tag in wiederum feierlichem Zug in den nghe zurück.

Der **Dinh Vong** liegt im gleichen Stadtteil, nicht weit entfernt am To Lich, der an dieser Stelle saniert werden soll.

Chua, Dinh, Den und **Nghe Kim Giang** findet man ebenfalls am To Lich, nur wenige hundert Meter entfernt. Der Schutzgeist des dinh ist der General und Mandarin Thanh Huang aus der Zeit des Königs Le Anh Tong.

Das **Keramikdorf Bat Trang** liegt 16 km vom Stadtzentrum entfernt. Von der Straße 5 (Richtung Hai Phong) hinter der Chuong Duong-Brücke nach rechts führt nach 5 km ein Weg rechts über die Bahnlinie und auf der Deichkuppe nach Bat Trang. Man kann auch gleich hinter der Brücke nach rechts auf der Deichkuppe entlang fahren und hat dann den Blick über die Dörfer und Obstgärten.

Bat heißt Schüssel; seit dem Ende des 14. Jhs. wird in Bat Trang Keramik – heute auch Porzellan – nur mit blauem Dekor hergestellt (s. S. 208). Zwei Keramikmeister aus der Provinz Thanh Hoa haben die ersten Brennöfen von Bat Trang eingerichtet, heute sind es etwa 850. Das Dorf liegt am Roten Fluß, die meisten der 4000 Einwohner leben von der Keramik- bzw. Porzellanherstellung. Neben einem Staatsbetrieb arbeiten Kooperativen und Familienbetriebe, am bekanntesten ist der Betrieb der Familie Nguyen Duc Dong, der unterschiedliche Gebrauchs- und Schmuckgegenstände herstellt. Andere Familienbetriebe haben sich spezialisiert, manche produzieren täglich 1200–1500 Suppenschalen. In einem Kleinbetrieb läßt sich der gesamte Arbeitsablauf am besten verfolgen.

Gefäß (19. Jh.) aus Bat Trang

Es lohnt sich, den dinh und chua in Bat Trang zu besuchen.

Co Loa, die Hauptstadt des Reiches Au Lac, liegt 18 km nördlich des Stadtzentrums im Vorort Dong Anh. Wenige Kilometer vor dem Flughafen Noi Bai zweigt

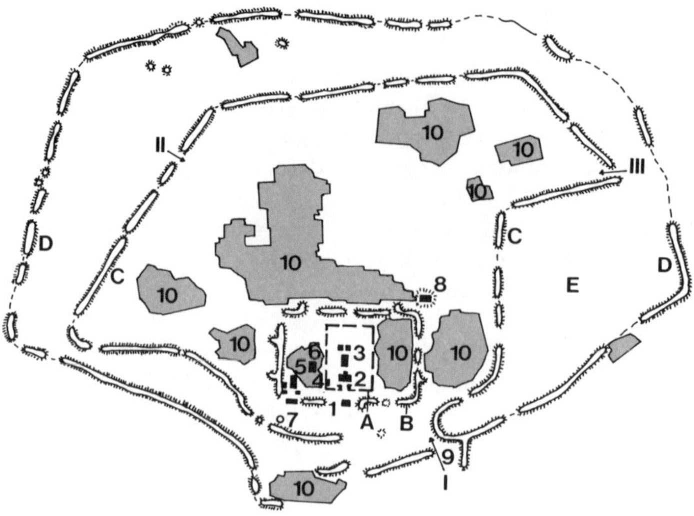

Zitadelle Co Loa Historische Anlagen (nicht erhalten) A Mauer um den Königspalast / B Mauer um die Königsstadt / C Erste äußere Mauer / D Zweite äußere Mauer / E Manöverplatz / I Südportal / II Westportal / III Ostportal Heutige – erhaltene oder neu – Anlagen 1 Dorftor 2 Dinh (Gemeinschaftshaus der Männer) / 3 Buddhistische Pagode / 4 Den für Prinzessin My Chau / 5 Den, Gedenktempel für An Duong Vuong / 6 Stelenhaus / 7 Quelle, in die sich Trong Thuy stürzte / 8 Erdhügel, von dem der König den Militärübungen zusah / 9 Heutiger Markt / 10 Wohnviertel um 1930, heute größer

eine kleine Straße von der Straße 2 nach rechts ab. Die Besichtigung läßt sich daher auch nach Ankunft oder vor Abflug einplanen.

Der Name Co Loa, als ›Muschelstadt‹ interpretiert, entspricht zwar den Spuren der Festung, aber die Forschung sieht darin die Wandlung eines alten Dorfnamens *Cha Chu* (Dorf des Chu), aus dem durch sino-vietnamesische Umschreibung Co Loa wurde.

An der Stelle des heutigen großen Dorfes befand sich die Hauptstadt des Reiches Au Lac (258–208 v. Zt.; s. S. 47). Auch die Ngo-Dynastie (938–965), die erste des Reiches Dai Viet, regierte von hier aus (s. S. 54). Archäologische Funde, chinesische Annalen und die vietnamesische Überlieferung, bekräftigt von der Legende, bestätigen gleichermaßen einen Festungsbau im 3. Jh. v. Zt. Von der Hauptstadt des Ngo Quyen im 10. Jh. blieben jedoch keine Relikte erhalten, nur ein Gedenktempel erinnert an den ersten Herrscher des unabhängigen Dai Viet. Der Bau einer Festung dieses Ausmaßes in einem Zeitraum von nur fünfzig Jahren setzt eine gut organisierte Gesellschaft und technische Fertigkeiten im Erd- und Wasserbau voraus. Am besten läßt sich der Verlauf der Festungswälle aus der Luft erkennen. Die beiden äußeren besitzen die Gestalt unregelmäßiger Ovale, die sich der Bodenoberfläche und dem alten Flußlauf angepaßt haben. Sie messen 7600 und 6170 m, wobei der kleinere, innere etwas höher gewesen ist. Es handelt sich um Erdwälle, die mit Steinen oder Keramikplatten abgedeckt und an der Basis 25 m, an der Kuppe 12 m breit waren. Die Höhe betrug 3 bis 4 m, sie wurden wahrscheinlich durch Wachttürme verstärkt. In das Verteidigungssystem einbezogen war das Fluß- und

Kanalsystem des Hoang Giang, das die tiefen, breiten Wassergräben speiste. Die Festung war vom Fluß aus zu erreichen, der einen zusätzlichen Schutz bot. Verteidigt wurde sie von Armbrustschützen, von denen bekannt ist, daß sie den chinesischen eine Zeitlang überlegen waren. 1959 fanden vietnamesische Archäologen etwa 300 m von den Wällen entfernt Tausende bronzener Pfeilspitzen von hoher Qualität, auch Stein- und Bronzeäxte, 1966 drei bronzene Pflugscharen und 1982 eine Bronzetrommel mit fein gearbeitetem Dekor. Die Franzosen hatten schon früher Ziegel gefunden, die sie der Da Lai-Kunst zurechneten.
Die Legende berichtet:

»Der chinesische General der Qin-Dynastie, der vergeblich gegen Au Lac gekämpft hatte, vermählte seinen Sohn Trong Thuy mit der Tochter des Königs von Au Lac, der schönen My Chau. Zwei Jahre lang lebte der Prinz in Au Lac und suchte die Überlegenheit der vietnamesischen Verteidigung zu ergründen. Schließlich verriet My Chau, aus Liebe zu ihrem Gatten, das Geheimnis ihres Vaters. Bei dem Bau der Festung hatte ihm sein Schutzgeist, die Goldene Schildkröte Kim Quy, beigestanden. Bevor sie verschwand, gab sie ihm eine Armbrust, die ihn unbesiegbar machte. Trong Thuy vertauschte nun die Armbrust des An Duong Vuong gegen seine eigene, dann bat er um Urlaub, um seinen Vater zu besuchen. My Chau versprach, ihm ein Zeichen zu hinterlassen, wo er sie bei seiner Rückkehr finden könne. Nach zwei Jahren kehrte der Prinz mit einer Armee zurück. König An Duong, vom Kriegsglück verlassen, mußte fliehen, seine Tochter hinter sich auf dem Pferd. Als er im Süden seines Landes, in der Provinz Nghe Tinh, wo heute der Den Cuong Coa Lay an ihn erinnert, der früher am Meer lag, angekommen war, tauchte die Goldene Schildkröte aus dem Wasser auf. »Der Feind ist hinter dir«, bedeutete sie ihm. Er erkannte, daß seine Tochter das Land verraten hatte, schlug ihr den Kopf ab und warf sie ins Meer. Ihr Körper verwandelte sich in einen kleinen Stein, der auf den Wellen nach Norden trieb. Die Prinzessin hatte aus ihrem Gewand Federn auf den Fluchtweg fallen lassen, so daß Trong Thuy den Fliehenden nachsetzen konnte. Als der König die Feinde kommen sah, folgte er der Goldenen Schildkröte ins Meer. Der Prinz kehrte nach Co Loa zurück. Er bereute seine Tat und stürzte sich in die Jadequelle, an der My Chau oft gesessen hatte und in der er ihr Bild zu sehen meinte.«

Abgesehen von den Spuren der ovalen **Wallanlagen** sind alle Erinnerungsstätten in Co Loa jüngeren Datums.

Der **Den An Duong** wurde von der Ly-Dynastie im 11. Jh. »auf dem Rücken eines Drachens« – das heißt an einem sehr günstigen Platz – erbaut und seitdem häufig erneuert und vergrößert. Er liegt an der Südwestecke des alten, rechteckigen, dritten Walles, aber außerhalb der heutigen Mauer um den dinh des Dorfes. Nicht weit von dem Tempel wird die **Jadequelle** gezeigt.

Ein dreifaches Tor führt in den ersten Hof des Tempels, ein zweites in den teilweise überdachten Vorhof. Die beiden hölzernen Pferde stammen von 1710, sie werden, wie auch die Sänfte und die Waffen des Königs, von den Tempelbesuchern mit Räucherstäbchen bedacht. Im Hof befinden sich auf einem Altar Statuen der Generäle des Königs. Auf dem Hauptaltar im Tempel sind Gewänder als Symbole des Königs zu sehen. Seine Bronzestatue wird nur anläßlich des Tempelfestes gezeigt. Hinter dem Hauptaltar dient der rechte Altar der Verehrung der Königin, der Legende zufolge eine Tochter des 18. Hung-Königs. Am linken Altar wird der Eltern des Königs gedacht. Sänfte, Pferd und andere Erinnerungsstücke werden bei dem Tempelfest in feierlicher Prozession durch das Dorf geführt. Das zwölftägige Fest findet ab dem 6. Tag des 1. Mondmonats statt. Das **Stelenhaus** oberhalb des *den* stammt aus dem 17. Jh.

Der **Dinh Co Loa,** innerhalb der heutigen Mauer an der Stelle, wo sich der Königspalast befunden haben soll, ist ein mächtiger Bau, dessen hohes Dach von starken Säulen getragen wird. Sie sind im oberen Teil mit schönen Schnitzereien verziert, die sich im Gebälk, besonders an den Dachstreben, fortsetzen. Im Schutzgeisttempel, innerhalb der Versammlungshalle, wird die Goldene Schildkröte verehrt.

Der kleine **Den My Chau** liegt versteckt hinter dem Stamm eines riesigen Banyanbaumes, der die linke Seite des Hofes einnimmt. Den Hauptraum des Tempels füllt ein dreieckiger Stein in Größe und Form einer hockenden Frauengestalt ohne Kopf. Er soll die Prinzessin darstellen, und die Legende berichtet, daß der Fluß eines Tages einen kleinen Stein angespült habe, der die gleiche Form besaß. Als er in dem Tempel aufgestellt wurde, wuchs er, so daß der Raum vergrößert werden mußte. My Chau wird, besonders von Frauen, als Symbol der Gattentreue verehrt.

Der **Chua Bao Son** des Dorfes Co Loa wird von Nonnen betreut, die viele Legenden zu erzählen wissen. Er liegt hinter dem dinh. In seinen Seitengängen sind die 18 La Han (Arhat) sehr eigenwillig dargestellt. Ein Wandbild zeigt den göttlichen Helden Thanh Giong aus dem Dorf Phu Dong, Provinz Ha Bac. Er reitet auf einem eisernen Roß und trägt als Waffe eine entwurzelte Bambusstange. Auf der linken Seite des Hauptaltars befinden sich zwei weibliche Statuen, Mutter und Tochter, von denen die Legende berichtet: »Ein Prinz wollte Mönch werden, aber der Abt des Klosters verlangte, er solle erst eine Blume finden, die es nur einmal gibt. Der Prinz begegnete den beiden Frauen und erfuhr, daß sie eine knospende Pflanze besaßen, die nur alle hundert Jahre blüht. Die Mutter versprach dem Prinzen, die Blüte ins Kloster zu bringen, wenn er bereit sei, ihre Tochter zu heiraten. Der Prinz sagte zu, wandte sich dann aber hilfesuchend an den Abt, und dieser riet ihm, sich die Haare zu scheren und die Zähne schwarz zu färben. Als die Frauen die Blüte brachten, ließ der Abt sie nach dem Heiratskandidaten suchen, aber sie erkannten ihn nicht. Die Sinne des enttäuschten Mädchens verwirrten sich und es tötete sich vor dem Kloster. Die beiden Statuen sollen nun mahnen, gegebene Versprechen einzuhalten.« An der rechten Seite des Altars erinnert eine Männerstatue an einen reichen, aber geizigen Grundbesitzer, den Buddha vergeblich um ein Stück Land zum Bau eines Tempels bat. Er verlangte, daß er es zuvor mit Gold bedecken müsse. Buddha aber bedeckte nun alles Land des Geizigen mit Gold, bis dieser ihm das letzte Stückchen doch noch schenkte. Da befahl Buddha, daß dem Bekehrten auf diesem Land nach seinem Tode eine Statue errichtet werden solle.

Das Denkmal des Königs An Duong Vuong in Co Loa wurde im Jahre 1984 aufgestellt.

In das Land des Berggeistes am Fuße der Drei Berge (Ba Vi)

(Dinh Mong Phu – Chua und Den Hung – Chua Mia [Sung Nghiem Tu] – Lang Phung Hung – Lang Ngo Quyen – Den Va – Dinh Tay Dang u. a., Tagesausflug, ca. 120 km)

Der Berggeist Than Nui, als Schutzgeist Son Tinh genannt, hat seinen Sitz auf der höchsten Spitze (Tan Vien, 1296 m) in den **Ba Vi,** den ›Drei Bergen‹ im Nordwesten des Stadtstaates Hanoi. Die Legende berichtet, daß er den Wettstreit um die Tochter des Hung-Königs gegen den Wassergeist Than Tuy gewann und dieser noch immer voller Zorn in jedem Jahr Sturm und Regen sendet und der Berggeist sich gegen die Wassermassen behaupten muß. Er steht damit stellvertretend für die vietnamesischen Bauern im Rote-Fluß-Delta, die diesen Kampf auch alljährlich von neuem aufnehmen müssen. Der Berggeist ist der Schutzgeist vieler Dörfer und wird in vielen den verehrt.

Der Ausflug zu wenig bekannten dinh aus dem 16./17. Jh., die zu den ältesten und schönsten gehören, führt durch die Deltalandschaft zum Berg Ba Vi und ist sehr lohnend. Die Straße 2 A erreicht 7 km hinter der Abzweigung zur Tay Phuong-Pagode (s. S. 348) die **Stadt Son Tay.** Sie war früher Hauptstadt einer gleichnamigen Provinz und ist nun Distrikthauptstadt und eingemeindet nach Groß-Hanoi. Im Krieg wurde sie stark zerstört. Als einstiger Vorposten von Thang Long besaß Son Tay eine starke Festung. Teile ihrer Mauer und des Grabens sowie ein Tor und eine Steinbrücke blieben erhalten. Die Festung ist aus Laterit erbaut, einem rötlichen Gestein, das in dieser Gegend reichlich vorkommt.

Der **Dinh Mong Phu** im **Dorf Duong Lam** stammt aus dem 16. oder 17. Jh. Von der großen Anlage, mit einem Lateritzaun umgeben, blieb der Hauptbau (Versammlungsraum) erhalten. Der angebaute Schutzgeisttempel muß innen restauriert werden. Die Symbole (Kleidung und Krone) des Schutzgeistes Son Tinh, des Berggeistes, sind derzeit in einem Schrein an erhöhter Stelle innerhalb des dinh untergebracht. Das weit heruntergezogene Dach ruht auf mächtigen Säulen, deren obere Teile wie auch das Dachgebälk reich geschnitzt sind.

Das Dorf Duong Lam ist der Geburtsort von Ngo Quyen, dem Gründer der Ngo-Dynastie, der im Jahre 938 die Chinesen auf dem Bach Dang-Fluß schlug und damit die Voraussetzung für das Unabhängige Reich Dai Viet schuf. Sein aus neuerer Zeit stammendes Denkmal steht in einer Grünanlage neben der Einfriedung des dinh. Der große dinh an dem weiten Platz und ein Spaziergang durch die Dorfstraßen, an denen hinter geschlossenen Toren die bäuerlichen Anwesen liegen, vermitteln den Eindruck eines wohlhabenden Dorfes. Aus Duong Lam stammten viele berühmte Mandarine. Manche Familien haben die mieu (Ahnentempel) über dreizehn Generationen bewahrt und hüten bis heute die Schlüssel zu den Gedenkstätten. Hinter schön bepflanzten Innenhöfen liegen die kleinen Tempel mit den Ahnenaltären, die zu den Festen, besonders zum tet-Fest, reich geschmückt werden. **Chua** und **Den Dung** wurden für Nguyen Thi Dung, eine Favoritin Ngo Quyens, erbaut. Vom dreifachen Tor führt eine Baumallee zum chua mit dem den. Die Altäre des Hauptraumes weisen besonders schöne Schnitzarbeiten auf. Der Hof ist für eine besondere Art des Schachspiels eingerichtet, bei dem Helfer, auf Weisung der Spieler, Stangen mit Bildern der Schachfiguren in die dafür vorgesehenen Löcher des Pflasters umstecken. Das Pagodenfest, an dem auch Schachwettbewerbe ausgetragen werden, findet am letzten Tag des 12. Mondmonats statt.

Der **Chua Mia** (Sung Nghiem Tu) liegt unter hohen, alten Bäumen inmitten des **Dorfes Phung Hung,** Distrikt Ba Vi, und ist von einer Mauer umgeben. *Mia* bedeutet Zuckerrohr. Die 428 Statuen auf vier Altären, eines der größten Pantheons im Rote-Fluß-Delta, sind aus einer Mischung von Tonerde, Stroh und feingemahlenem Zuckerrohr geformt und wegen ihres hohen künstlerischen Wertes geschätzt. Neben dem Hauptaltar in einem geschlossenen Schrein befindet sich die Statue der Stifterin. Das **Lang Phung Hung,** das Grab des Freiheitskämpfers gegen die chinesische Tang-Dynastie, liegt im gleichen Dorf. 791 erhob sich Phung Hung – wie es in den Schriften heißt: der Herr der Gegend – mit seiner Bauerntruppe. Er eroberte die Stadt Son Tay, starb aber bald darauf. Sein Aufstand schloß erstmals auch die Bauern ein, daher ist er bis heute Schutzgeist vieler Dörfer. Sein Grab besteht aus einem schlichten, tempelartigen Gebäude, in dem aber als Symbol nur ein Thron auf einem Altar steht. Das **Lang Ngo Quyen,** Grab des Ngo Quyen, liegt nur 100 Meter entfernt. Zu dem ebenfalls sehr einfachen Gebäude mit der gleichen Innenausstattung führt eine schöne Baumallee. Beide Gräber liegen außerhalb des Dorfes mit dem Blick zu einem Hügel, an dem Reis auf Terrassen angebaut wird.

Der **Den Va** (Den Dong Cung) liegt bei dem **Dorf Trung Hung,** das zur Gemeinde Van Gia im Distrikt Ba Vi gehört. Er ist der Verehrung des Berggeistes Than Nui gewidmet, der auf dem Ba Vi, einer den Vietnamesen sehr heiligen Stätte, thront. Der *den* ist von einer starken Mauer und von Toren abgeschlossen. An der Innenseite der Umfassungsmauer ist in einer Grotte die Legende dargestellt, die berichtet, wie es dem Karpfen gelingt, durch drei mächtige Sprünge ein Drache zu werden. Hinter dem dreiteiligen Tor befindet sich ein Hof, dessen eine Seite von Pilgerherbergen eingenommen wird. Bei dem Glockenturm und dem Trommelturm fallen die schön geschwungenen Dächer und Mondfenster auf. Vor dem Hauptgebäude stehen Stelen und Steinlampen. Der Raum, in dem sich der Thron des Berggeistes befindet, wird Ausländern nur ungern geöffnet. Vor dem Thron des Than Nui halten vier steinerne Mandarine Wache. Die weißen und roten Pferde werden im Festzug des Tempelfestes mitgeführt. Vasen, Weihrauchgefäße, Lampen mit gelben Drachen und Tafeln mit den Namen der 18 Hung-Könige schmücken den Raum. Der Tempel wurde unter der Ly-Dynastie gegründet, ist seitdem aber vielfach erneuert und vergrößert worden. Die letzten Renovierungen erfolgten durch König Minh Mang und König Tu Duc der Nguyen-Dynastie und nochmals 1907 und 1916.

Der **Dinh Vien Chau** im **Dorf Co Do** sowie der **Dinh Thang Lung** und **Dinh Tuong Phieu** gehören in die Reihe der schönsten dinh, deren sich der Distrikt Ba Vi rühmen darf.

Der **Dinh Tay Dong** (Dinh Nam Cung) im **Dorf Tay Son,** wenige Kilometer von dem Dorf Phung Hung entfernt, liegt schon im Distrikt Quang Hai. Er wird als der schönste dinh des 16./17. Jhs. bezeichnet. Auch seine Lage zu Füßen der Ba Vi ist unvergleichlich.

Liebespaar, Holzskulptur 16. Jh., Dinh Tay Dong

Das Areal des dinh ist an drei Seiten von einer Mauer geschützt, die vierte wird von einem See und dem Ba Vi dahinter abgeschlossen. Rechts und links des Hauptgebäudes blieben zwei Nebengebäude erhalten, die eine eigenartige Doppeldachkonstruktion aufweisen. Ihre geschwungenen, fliessenden Linien sind typisch für die vietnamesische Architektur. Das Hauptgebäude weist die reichsten Schnitzereien auf. Sein vierteiliges Dach schmükken die heiligen Tiere: Drache, Phönix, Schildkröte und Einhorn. Auch die Giebel an den Außenseiten zeigen reiche Schnitzereien. Der Innenraum ist durch mächtige Säulen in fünf Teile unterteilt, mit dem Schutzgeisttempel in der Mitte. Der dinh könnte aus dem 16. Jh. stammen, er zeigt an den Oberteilen der Säulen und im Gebälk des Daches Meisterwerke bäuerlicher Schnitzkunst. Mit gelöster Natürlichkeit und Heiterkeit, von jeder Konvention befreit, ist der bäuerliche Alltag dargestellt: eine Mutter, die ihr Kind im Korb der Tragestange trägt, Bootsszenen, Waldarbeiter, Männer und Frauen, die sich gegenseitig das Haar bürsten, ein Mann, der einen Speer nach dem Tiger schleudert. Die Schnitzereien wurden offensichtlich von zwei Arbeitsgruppen ausgeführt, die miteinander im Wettstreit lagen. Mit dem Blick zum Schutzgeisttempel sind die Arbeiten auf der rechten Seite sorgfältiger ausgeführt, die Linien fließender, die Formen gefälliger. Auf dieser Seite blieben auch Teile des Gebälkes aus sehr frühen Konstruktionen erhalten. Der dinh wurde häufig erneuert, auf Stelen werden Umbauten in den Jahren 1808, 1926 und 1942 erwähnt, aber auch 1979 wurden Restaurierungsarbeiten am Außengiebel ausgeführt. Das Fest des Dinh Tay Dong findet am tet-Fest statt.

Im Nachbardistrikt Hoai Duoc stehen folgende Gebäude unter Denkmalschutz:

- Chua Huong Trai im Dorf Chien Thang
- Dinh So im Dorf Cong Hoa

- Dinh, den und chua im Dorf Son Dong
- Dinh und Chua La Phu im Dorf La Phu
- Dinh La Tinh im Dorf Dong La
- Dinh und Den Giang Xa im Dorf Duc Giang
- Dinh und Chua Ngai Cau im Dorf An Khanh

Hanoi – Chua Huong

(Tagesausflug von Hanoi, ca 120 km und Bootsfahrt)

Die 60 km entfernte Pagode liegt in der Provinz Ha Son Binh, Distrikt My Doc, Ausgangspunkt der Bootsfahrt ist das **Dorf Ben Duc.** Hinter der Stadt Ha Dong an der Straße 6 zweigt eine kleine Straße nach links ab. Sie führt durch das Rote-Fluß-Delta, an Deichen und verfallenen Befestigungsanlagen der Franzosen entlang und endet auf einem Parkplatz am Fluß Ben Duc (›Fährhafen‹). An dieser Stelle haben sich die Pilger bis vor wenigen Jahren auf dem Weg zur Huong-Pagode übersetzen lassen müssen. Nun führt eine Fußgängerbrücke in das Dorf. Nach einem Kilometer biegt ein Weg von der Ortsstraße nach rechts über eine steinerne Brücke zum Bootshafen ab. Ben Duc macht einen wohlhabenden Eindruck, es verdient an den Pilgern, die alljährlich aus dem ganzen Land zum Pagodenfest kommen.

Die einfachen Boote mit zwei Ruderinnen brauchen flußabwärts etwa 45 Minuten und auf dem Rückweg, flußaufwärts, je nach Wasserstand eine bis eineinhalb Stunden. Ein Kanal führt zwischen hohen Deichen zum Fluß Suoi Yen Vi (Schwalbenschwanz). Den Namen verdankt er einer scharfen Gabelung, die nach rechts zur Pagode führt. In der Regenzeit sind die Reisfelder an seinen Ufern überflutet, in der Trockenzeit können sie und auch schwimmende Inseln bebaut werden. Die Boote gleiten zwischen bizarren Felsen hindurch, hinter denen das Huong-Gebirge aufragt. Bäuerinnen bringen Maniok, Gemüse und Aprikosen, deren Wurzeln zu Heilmitteln verarbeitet werden, auf die Märkte. Zwei vom Fluß getrennte Felsen, die zusammengesetzt die Gestalt eines Elefanten besäßen, soll der Legende nach der Blitz gespalten haben, weil der Elefant sich nicht, wie alle Lebewesen und Dinge, der Pagode zu-, sondern von ihr abgewandt hatte.

Die Höhlen im Kalksteingebirge waren schon vor 2000 Jahren bekannt, aber zu Pagoden wurden sie erst 1575 ausgebaut, gerieten wieder in Vergessenheit und wurden 1687 wieder entdeckt. Die letzte, von Geröll und Erde verschüttete Höhle wurde erst 1982 freigelegt. Von der Entstehung der Tempel berichtet die Legende in vielen Versionen:

»Ein König hatte drei Töchter, zwei waren glücklich verheiratet. Die jüngste und schönste verbarg sich in der Pagode und weihte ihr Leben Buddha. Der König sandte einen Mönch aus, sie an ihre Kindespflicht zu mahnen, aber sie ließ sich nicht umstimmen. Da befahl der König seinen Leibwächtern, die ungehorsame Tochter zu töten und die Pagode in Brand zu setzen. Aber der

Den Trinh, *Gedenktempel für den Weißen Tiger, der die Prinzessin gerettet hat, am Fuße des Ngu Nhac Son.* **Tien Tru,** *Himmlische Küche, terrassenförmig angelegt mit zwei chuas und zwei Stupas. Von einer Mauer umgeben. Im oberen Teil Gräber von Äbten aus dem 17. u. 18. Jahrhundert.*
Tien Son, *Feenberg, Pagode in Höhle aus dem 17. Jh. mit fünf Steinstatuen und Steintrommeln.*
Giai Oan, *Quelle der Reinigung, Höhlenpagode, Höhlen, Quelle, die alle Sünden tilgt, Krankheiten und Leiden heilt, die Wünsche kinderloser Frauen erfüllt und die Seelen vereinigt.*
Chua Vong, *Hängematten-Pagode, wo der König auf dem Weg zu seiner Tochter rastete.*
Huong Tich, *die Hauptpagode des Wohlriechenden Pfades. Sie wurde 1675 erbaut. In der großen Höhle haben viele der seltsam geformten Stalaktiten und Stalagmiten Namen. Andere, die aussehen wie Kinderköpfe, wurden von Kinderlosen berührt. In der Höhle befinden sich Bronze- und Steinstatuen der Prinzessin, des Königs und der Königin. Auf einer Steinstele steht geschrieben, daß eine Bronzestatue der Göttin Quan Am, die 1767 gegossen wurde, von der Tay Son-Armee 1786 geraubt und für die Herstellung von Waffen eingeschmolzen wurde. Sie wurde 1793 durch eine Steinstatue ersetzt. Die fünf chinesischen Schriftzeichen über dem Höhleneingang bedeuten: Schönste Höhle unter dem südlichen Himmel (d. i. Vietnam). Am 19. Tag des 2. Mondmonats empfing die Prinzessin die Erleuchtung. An diesem Tag beginnt auch das Tempelfest.*
Hinh Bong, *Höhle mit Pagode in den Bergen*
Long Van, *Pagode und Höhlen*
Bao Dai, *Pagode zwischen den Bergen*
Tuyet Son, *Pagode und Höhle, in der die Prinzessin das Gelöbnis ablegte.*

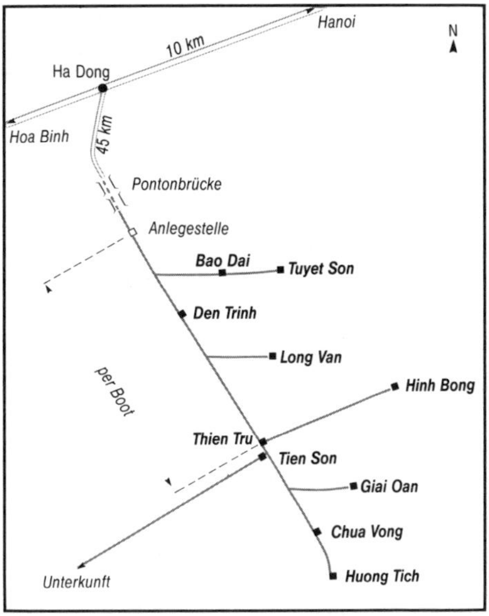

›Weiße Tiger‹ rettete sie und entführte sie in eine Höhle hoch in den Bergen. Die Tiere des Waldes brachten ihr Früchte, und sie verharrte im Gebet. Der König jedoch erkrankte an Lepra und verlor Hände und Augenlicht. Er sandte Boten aus nach einem Weisen, der ihn zu heilen vermochte. Aber ein Jünger Buddhas verkündete ihm, daß er nur gesund werden könne, wenn ein Untertan ihm seine Augen und Hände opfern würde. Niemand fand sich bereit, aber als die Prinzessin in ihrer Einsamkeit von der Krankheit ihres Vaters hörte, gab sie ihre Hände und Augen für ihn. Der geheilte König wollte seinen ihm unbekannten Retter belohnen. Man führte ihn in die Berge und er erkannte seine totgeglaubte Tochter. Sie hatte die Buddhaschaft erlangt und ihre Hände und Augen zurückerhalten. Tiefergriffen weihte sich auch der König dem Buddha. Er lebte fortan in den Höhlen der Berge und baute viele Pagoden.«

Es gibt zwei Gruppen von Höhlen – ein Weg führt zur **Huong Tich-Pagode,** der andere endet mit dem **Chua Tuyet,** der ›Pagode der Schneeberge‹. Die Hauptwege sind mit großen, glatten Steinen gepflastert, sie werden hoch oben schmaler und winden sich in vielen

Kehren von einer Höhle zur anderen. Der Ausblick vom Gipfel ist einzigartig. Die Pilger ziehen tagelang mit Weihrauchstäbchen und Opfergaben von Höhle zu Höhle. Wenn sie in der Hitze der März- und Apriltage den Mut verlieren, rufen sie sich zu: *Nam mo A Di Da Phat,* Amidha Buddha sei gelobt. Ihr Ruf schallt durch die Wälder, und sie ziehen getröstet und gestärkt weiter.

In der Huong Tich-Pagode verehrt wird die Prinzessin, die als Inkarnation der Quan Am, des Bodhisattva Avalokitesvara gilt. Von der Pagode Tien Tru, nahe der Anlagestelle, dauert der Besuch der höchstgelegenen Pagode Huong Tich und der übrigen Höhlen am Wege insgesamt etwa drei Stunden. In der Tien Tru-Pagode ist – außerhalb der Pilgerzeiten – eine einfache Unterkunft zu haben (vorherige Anmeldung). Der Besuch der Pagode ist sehr lohnend, da er auch ein Bild der Landschaft vermittelt. Die Huong Tich-Pagode könnte auch mit dem Besuch in Hoa Binh (s. S. 377) verbunden werden.

Pagoden im Rote-Fluß-Delta

(Chua Tay Phuong – Chua Thay – Chua Tram Gian; Tagesausflug von Hanoi; ca. 90 km)

Vom Stadtzentrum sind es 42 km zur Tay Phuong-Pagode. Am Wege liegt der Den Voi Phuc und der Chua Lang (s. S. 335). Die Straße 2 A über die Thang Long-Brücke kreuzt die Bahnlinie an der für den Neubau des Bahnhofs Hanois vorgesehenen Stelle. Der erste verfallene Wachtturm der Franzosen steht an einer Brücke, die von den Amerikanern zerbombt wurde, der zweite an einer, die die Franzosen zerstört haben. Nach 32 km zweigt eine schmale Straße nach links ab, auf der hochbeladene Fahrräder und Wagen Ziegel und Dachziegel von den umliegenden Ziegeleien abtransportieren. Zwischen den Reisfeldern ragen bewachsene Hügel auf. Nach 9 km biegt ein schmaler Weg auf einer Deichkuppe nach rechts ab und erreicht nach 1 km den Fuß des 50 m hohen Hügels Cau Lau, auf dem sich unter hohen Bäumen der **Chua Tay Phuong** verbirgt. Die Pagode gehört zum Dorf Thach Xa (Kreis Thach That, Stadtstaat Hanoi). Vom Parkplatz führen 262 flache Stufen auf den Gipfel. Gleich rechts, innerhalb der Ummauerung, liegt ein kleiner Tempel für den lokalen Gott, im Hintergrund, neben der Pagode, erhebt sich ein Glockenturm. Die Pagode wurde im 8. Jh. als bescheidene Holzkonstruktion mit Strohdach gegründet und hieß Sung Phuc Tu. Die heutigen Bauten entstanden unter der Mac-Dynastie. Im Jahre 1632 wurde der Pagode ein dritter Teil und das hintere Gästehaus hinzugefügt. 1794 erhielt sie ihren heutigen Namen, auch die Tay Son-Dynastie nahm einen Umbau vor. Sie wurde 1954 durch Bomben beschädigt und 1958 restauriert. Entscheidend für ihr heutiges Aussehen ist der Neubau des 17. Jhs., der im tam quan-Stil erfolgte, von dem gleichen Architekten, der auch die Kim Lien-Pagode am Westsee erbaut hat. Beide gehören zu den schönsten Pagoden des Deltas.

Die doppelten, hohen Dächer verlieren ihre Schwere durch die nach oben gebogenen Ecken, die in Drachen enden. Mondgitterfenster in den Ziegelwänden der Giebelseiten lockern trotz ihrer geometrischen Wirkung die Strenge des Mauerwerkes auf. Die drei aufeinanderfolgenden Gebäude werden von je zwei Säulenreihen unterstützt.

Von den 62 geschnitzten Holzfiguren, die meisten aus dem 18. Jh., sind die der 18 La Han (in China 500 *Lo Han,* Sanskrit *arhats*) die bekanntesten. Kopien der übermannsgroßen Gestalten stehen im Museum für schöne Künste in Hanoi und in der Thay-Pagode. Sie sind unübertrefflich in ihrer Lebendigkeit des Ausdruckes und der Feinheit der Holzbearbeitung. Alle 18 sind in faltenreiche Mönchsgewänder gehüllt, haben geschorene Köpfe, aber keine Statue gleicht der anderen. Einige sind in Meditationshaltung gezeigt, aber alle haben sie etwas von der burlesken Derbheit der streitenden achtzehn Brüder, wie sie in der vietnamesischen Legende geschildert werden. Von der verzweifelten Mutter ins Kloster gesandt, ließen sie von ihrem Streit nicht ab, bis sie sich gegenseitig umgebracht hatten und nur durch Buddhas Gnade ins Leben zurückkehren konnten. Nun erst wurden sie zu den Getreuen des Erleuchteten, als die sie heute in fast keiner Pagode fehlen. Einige andere Statuen, darunter Maitreya, der Buddha der Zukunft (Di Lac) in Gestalt des dickbäuchigen Mönchs, und acht Wächtergestalten gehören ebenfalls zu den Meisterwerken der Holzschnitzer des 18. Jhs. Der Amitabha Buddha auf dem Hauptaltar stammt wahrscheinlich aus dem 17. Jh. An der linken Seite des Altars befindet sich eine sehr schöne Darstellung der Quan Am Thi Kinh mit dem Kind (s. S. 196). In der Pagode hängen rote, grüne, gelbe und weiße Bänder, *phuon* genannt, die aus dem lamaistischen Buddhismus übernommen wurden, der Dai Viet während der Mongolenstürme im 13. Jh. streifte. Die Vietnamesen haben für die phuon eine andere Erklärung: »Ein alter Bauer wollte Buddha sein Leben weihen. Auf dem Weg zur Pagode überfiel ihn Schwäche und er bat zwei Mönche, zum Zeichen seiner Opferbereitschaft seine Eingeweide, die er

Dachgiebel der Tay Phuong-Pagode, tam quan-Stil

sich aus dem Leibe trennte, zur Pagode zu bringen. Die beiden aber schliefen unterwegs ein, und die Vögel raubten die ihnen anvertraute Opfergabe. In der Pagode trafen sie Buddha, der alles weiß, und sie mußten ihre Nachlässigkeit gestehen. Buddha ließ, zum Zeichen, daß er das Opfer des alten Mannes angenommen hatte, die bunten Bänder in alle Pagoden hängen.« Das Pagodenfest findet am 6. Tag des 3. Mondmonats statt. Auch am tet-Fest kommen viele Besucher hierher.

Der **Chua Thay** im **Dorf Sai Son** (Distrikt Quoc Oai, Provinz Ha Son Binh) liegt 30 km von Hanoi, von der Tay Phuong-Pagode nur etwa 12 km entfernt. Über den Deich 1 km zur Straße zurück, führt diese weiter durch die Ebene, aus der bizarre Kalksteinfelsen aufragen. Zu ihren Füßen liegen Dörfer, von manchen Felsen wird Baumaterial abgetragen. Dorf und **Dinh Nghe Sai** liegen 4 km von der Tay Phuong-Pagode entfernt. Das **Dorf Hong Ngo** nach weiteren 3 km besitzt eine Steinbrücke. Die Straße windet sich zwischen Bergkegeln, Flußläufen und Kanälen bis Sai Son.

Die Thay-Pagode schmiegt sich an den Felsen Phat Tich, auch Son Thay genannt. Bis hoch in den Berg wurden in Höhlen Pagoden eingerichtet und kleine chua thronen auf den Felsen. Der Berg ist steil, der Weg schlecht, die Besteigung zeitraubend, der Ausblick aber sehr lohnend. Der Gipfel heißt Che Troi (Himmlischer Markt) und wird von den Göttern in hellen Mondnächten besucht, oder sie spielen auf der Bergkuppe Schach. Die Pagode hat viele Namen, wird Thien Phuc (Himmlisches Glück), Chua Ca oder Chua Huong Hai (Duftendes Wasser) oder Chua Bo Da genannt. Erbaut wurde sie unter König Ly Than Tong (1072–1128), danach sind sechs Erneuerungen bekannt, der größte Umbau fand im 15. Jh. statt.

Vor der Pagode liegt der Long Tri, der Drachensee, mit einem *thuy dinh* (Schutzgeisttempel der Wasserpuppenspieler), von dem aus die Spiele stattfinden, die an der Thay-Pagode ihren Anfang genommen haben. Die beiden gedeckten Holzbrücken stammen von 1602, die rechte heißt *nhat* (Sonne), die linke *nguyet* (Mond).

Die Legende berichtet von dem Mönch To Lo, mit dem Ehrennamen Tu Dao Hanh. Er soll im 11. Jh. als Wunderheiler in das Dorf Sai Son gekommen sein und die Lehre Buddhas verbreitet haben. Er lehrte die Menschen aber auch Tänze, Gesänge und das Spiel der Wasserpuppen, daher wurde er *Thay* (Meister) genannt. 1076 baute er die Pagode, ebenfalls Thay genannt, deren Abt er wurde. Nach seinem Tode glaubten die Menschen, er sei ein Gott gewesen und sie bestatteten seine Knochen in einer Statue aus Eukalyptusholz und setzten sie in einen Schrein. Wenn dessen Tür geöffnet wurde, erhob sich die Statue wie eine Marionette. Um die Zeit, als der Abt gestorben war, wurde ein Prinz geboren, der als König Ly Thanh Tong den Buddhismus förderte. Die Menschen hielten ihn für die Wiedergeburt des vergöttlichten Abtes.

In dem chua findet daher bis in die Gegenwart ein dreifacher Kult statt: für Buddha, den Abt Tu Dao Thanh und König Ly Thanh Tong. Auf dem Hauptaltar, unterhalb der drei Buddhas, sind Throne für die Könige der Ly-Dynastie aufgestellt. Neben dem Altar, im Hintergrund rechts, befindet sich der Schrein mit der Statue des Tu Dao Hanh, die seine Knochen enthält; davor eine Statue, die ihn als Buddha zeigt. Im Vordergrund rechts steht ein Altar für die Ly-Dynastie. Im Hintergrund, links vom Mittelaltar, befindet sich die Statue des Königs Ly Thanh Tong und davor eine Gruppe: Der König empfängt Mönche aus Kambodscha. Die Pagode scheint mit dem Berg verwachsen, ihre Gebäude nutzen die natürliche Steigung. *Tam cap* (drei Stufen) heißt die Bauweise: drei Gebäude mit drei getrennten Dächern. In das Hauptheiligtum fällt gedämpftes Licht, die Statuen des Pantheons stammen meist aus dem Umbau der Le-Dynastie. Der chua mit seinen kleinen, von Blumen und Grün überquellenden Gärten, den Galerien und alten Bäumen wirkt intim und kleiner, als er tatsächlich ist.

In die **Höhle Cac Co,** ganz in der Nähe, kann mit einem Boot eingefahren werden. Das Pagodenfest findet am 7. Tag des 3. Mondmonats statt, ein besonderer Anziehungspunkt sind die Wasserpuppenspiele.

Lo Han (18. Jh.), Chua Tay Phuong

Der **Chua Tram Gian** liegt 28 km vom Stadtzentrum Hanoi, etwa 10 km von der Thay-Pagode entfernt, im **Dorf Tien Phuong,** im Vorort Hoai Duc auf einer Terrasse des Hügels Ma. Tram Gian (Hundert Räume) ist ihr bekanntester Name. Sie wird auch Tien Lu nach dem Namen des Ortsteils genannt oder Quang Nghiem nach einem alten Ortsnamen. König Ly Cao Tong hat sie im Jahre 1185 gegründet. Die heutigen Bauten stammen zum Teil aus dem 17. und 18. Jh. Der chua zeigt nach der Thay Phuong- und der Thay-Pagode eine dritte Lösung, Landschaft und Architektur in Einklang zu bringen. Die obere Terrasse des Hügels läßt Platz für die weiträumige Anlage unter hohen Bäumen. Der Blick in die Deltalandschaft scheint in die Baukonzeption einbezogen. Wege und Treppen führen von der Straße zum dreiteiligen Tor, hinter dem ein Lotosteich liegt. Am Tor treffen sich die Schachspieler. Bei den Tempelfesten werden die Sänften der Götter am Tor abgestellt, damit sie dem Spiel der Wasserpuppen auf dem Teich zusehen können. Im Glockenturm hängt eine große Glocke aus dem Jahr 1794, 1,10 m hoch mit einem Durchmesser von 60 cm.

Die Pagode ist stolz auf 153 Statuen, die meisten befinden sich im Hauptgebäude; es sind Holzschnitzereien, nur wenige Tonstatuen darunter, die sich aber kaum unterscheiden lassen. Die Statue des Generals Dang Tien Dong wird verehrt, der unter Nguyen Hue (König Quang Trung) am tet-Fest 1789 in der Schlacht am Hügel Dong Da kämpfte, um Thang Long von den Chinesen zu befreien.

Die Pagode war die Wirkungsstätte des berühmten Mönchs Nguyen Nhu, eines Magiers, der Regen und Wind herbeirufen konnte. Seine Asche ist in einem der Stupas im Hof der Pagode beigesetzt. Die Leute glauben aber auch, daß eine Statue aus Rattan, mit präpariertem Stoff überzogen, den Körper des Mönchs enthält, den sie auch Boi nannten. Das Tempelfest findet am 5. Tag des 1. Mondmonats statt.

Rückfahrt 5 km bis zur Straße 6 und dann noch 24 km bis Hanoi.

Zu den Sakralbauten in der Provinz Ha Bac

(1. Ausflug: Dorf Phu Dong – Dinh Dinh Bang – Chua Trung – Chua Phat Tich [Van Phuc] – Bac Ninh – Dorf Tho Ha; Tagesausflug von Hanoi ca. 85 km)

Zum **Dorf Phu Dong** führt die Straße 2 A stadtauswärts nach 3 km über den Fluß Duong, einen Nebenarm des Roten Flusses. Ein Weg zweigt hinter der Brücke nach rechts auf die Deichkuppe (für PKW geeignet) in das 5 km entfernte Dorf ab. Es ist das Heimatdorf des Helden Thanh Giong, auch Phu Dong genannt, den die Götter gesandt haben. Das Dorf fühlt sich bis heute eng verbunden mit dem legendären Helden aus der Zeit der Hung-Könige und seiner Lebensgeschichte, die sich einige Jahrhunderte vor der Zeitenwende abgespielt haben soll und so gegenwärtig ist, als sei sie gerade erst geschehen:

»Zur Zeit des sechsten Hung-Königs lebte in dem Dorf Ke Dong (heute Phu Dong) eine nicht mehr junge Frau, die Auberginen züchtete. Auf einem Stein im Auberginengarten entdeckte sie den großen Fußabdruck eines Mannes und maß ihren eigenen Fuß daran. Bald darauf fühlte sie sich schwanger und gebar einen Knaben, den sie Giong nannte. Sie begann sich zu grämen, als er, fast dreijährig, nicht sprechen und nicht lachen konnte und verharrte, wie und wo sie ihn hinsetzte. Feinde aus dem Norden fielen in das Land ein und massakrierten die Bevölkerung. Der König sandte seine Herolde aus, einen Helden zu suchen, der sie zu vertreiben vermochte. Die Boten kamen auch nach Ke Dong, und der bisher apathische Giong bat seine Mutter lebhaft und inständig, sie zu rufen. Angesichts der königlichen Botschafter begann er zu wachsen und verlangte vom König Pferd, Helm und Waffen. Sie wurden eilig herbeigebracht, aber zwei Pferde brachen zusammen, als er ihren Rücken nur mit der Hand berührte. Der König ließ einen erzhaltigen Berg abtragen und rief alle Schmiede des Landes zusammen, um ein gewaltiges, eisernes Pferd zu schmieden. Inzwischen half das ganze Dorf, den Hunger des starken Helden zu stillen, der körbeweise Reis und Auberginen aß. Als alle Vorbereitungen getroffen waren, schwang sich Giong auf das eiserne Pferd, das aus seinen Nüstern Feuer spie, und sprengte in das Lager der Feinde. Sie fielen oder flohen, und er setzte ihnen nach. Statt einer Waffe schwang er riesige Bambusstangen, die er mit ihrer Wurzel ausriß. Nach dem Kampf trank er in langen Zügen eine Quelle leer, dann ritt er zum Berg Soc. Er bestieg einen Baum, blickte zum letzten Mal über das Land und kehrte auf dem eisernen Pferd in den Himmel zurück, der ihn gesandt hatte.«

Der König, so hieß es, ließ dem ›himmlischen Prinzen aus Phu Dong‹, wie das Dorf nun genannt wurde, einen Tempel, den **Den Giong,** bauen. Die Hufspuren des eisernen Pferdes sind heute noch zu sehen, aus ihnen wurden die kleinen Teiche des Dorfes. In der Umgebung wächst Bambus, *dang nga* genannt, den das Feuer aus den Nüstern des Pferdes versengt hatte, so daß er heute noch gelb ist. Das Dorf Chay (Verbranntes Dorf) soll damals in Brand geraten sein.

Phu Dong hat etwa 10 000 Einwohner und ist ein typisches Flußdorf. Es liegt vor und hinter dem Deich am Fluß Duong. Die Hauptwege sind mit Ziegelsteinen gepflastert, die von den Hochzeitspaaren gestiftet werden (s. S. 29). Von der Deichkuppe fällt der Blick auf einen Teich unter hohen Bäumen, in seiner Mitte ein kleiner Tempel für den Schutzgeist der Wasserpuppenspieler, die hier ihre Kunst zeigen. Der Den Giong am Ufer des Teiches wurde von König Ly Thai To, der aus dem Nachbardorf Co Phap, heute Dinh Bang, stammte, gegründet, als er 1010 seine Hauptstadt von Hoa Lu nach Thang Long (Hanoi) verlegte. Er wurde immer wieder erneuert, im 17. Jh. und 1788 von der Le-Dynastie. Von der letzten Renovierung stammt auch das große dreiteilige Tor sowie das Inventar und Kultgerät. Auf dem Hauptaltar stehen die Statuen des Helden und seiner sechs Generäle. Bei der Beschreibung der Gedenktempel fällt auf, daß kein Held oder König ohne seine Generäle erscheint, auch wenn sie von der Geschichte nicht erwähnt werden. Sie sind ein Zeichen seiner Macht und Bedeutung, im Falle des Helden der Nation sind es daher sechs Generäle. Der **Chua Kien So** (›Von Anbeginn‹) ist die älteste Pagode des Dorfes, mit dem den durch einen Garten verbunden. Hinter ihrem Hauptaltar befindet sich ein Altar für die Mutter des Helden. Die drei grottenähnlichen Altäre aus dem 19. Jh. außerhalb des chua sind eine Sehenswürdigkeit.

Hinter einem Deich, der sich durch das Dorf zieht, wird der Geburtsplatz des Helden Giong gezeigt. Auf einer Insel inmitten eines großen Quellteiches hielt sich die verstoßene Mutter verborgen, um den vaterlosen Knaben zu gebären. Außerhalb des Dorfes, über die Deichkrone Richtung Dinh Bang zu erreichen, liegt ein den für die Mutter des Helden. Sie wird nicht mit Namen, sondern nur als *mau* (Mutter) bezeichnet, ihr Gedenktempel heißt daher **Den Mau.** Das Dorf hat ihn 1989 aus eigenen Mitteln restauriert und will noch ein Tempeltor am Berghang erneuern.

Die alten Männer von Phu Dong kennen die Legende besser. Nicht im eigenen Auberginengarten, sondern im Nachbardorf, das man vom Den Mau aus sehen kann, hat sie den Fußabdruck entdeckt, aber dieses und das danebengelegene Dorf haben der Schwangeren keine Bleibe gegeben, so ist sie nach Phu Dong gekommen. Die Feindschaft scheint anzudauern, es heißt, daß die Leute aus den beiden Dörfern nicht zum Tempelfest in Phu Dong kommen dürfen, obwohl es eines der größten im Delta ist. Zweihundert Mitwirkende lassen alljährlich die Geschichte des Helden Than Giong lebendig werden. Das Festgelände liegt zwischen dem Den Mau und einem Quellteich außerhalb des Dorfes, das Fest findet am 9. Tag des 4. Mondmonats statt.

Die Weiterfahrt auf der Deichkrone, 10 km bis **Dinh Bang,** ist mit dem PKW nur in der Trockenzeit möglich. Rechts an dem Hügel Nui Lim liegt das Dorf Lim, das durch seine

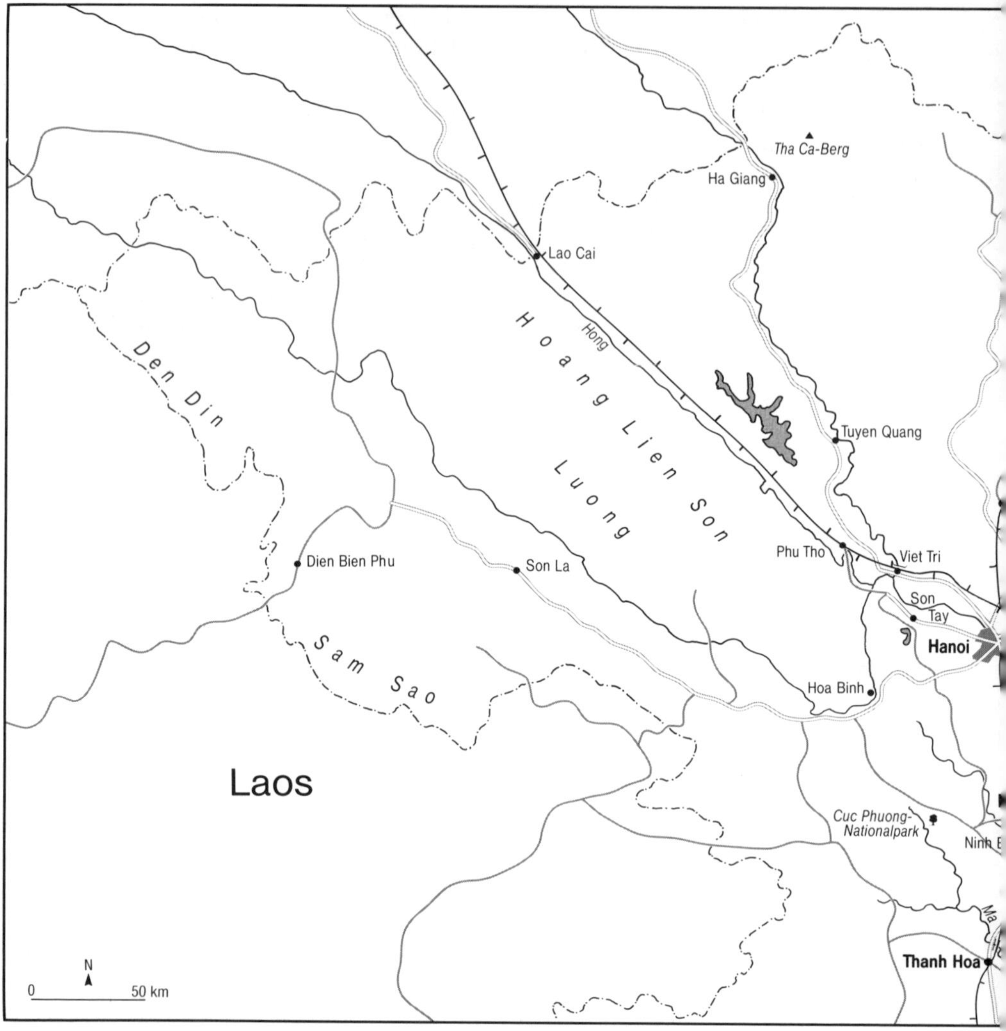

Der Norden Vietnams

Sänger und Sängerinnen und ihre Wechselgesänge weithin bekannt ist (s. S. 244). Auch die Straße 2 A führt nach Dinh Bang. Früher hieß es Co Phap und war das Heimatdorf des ersten Königs der Ly-Dynastie, der nun zum Schutzgeist des Dorfes wurde. Am Ortseingang steht ein Schulgebäude, eine Straße führt zu einem großen Platz, den früher die ummauerte Anlage des **Dinh Dinh Bang** mit seinen Nebengebäuden einnahm. Er blieb bis heute in dem dichtbesiedelten Ort unbebaut.

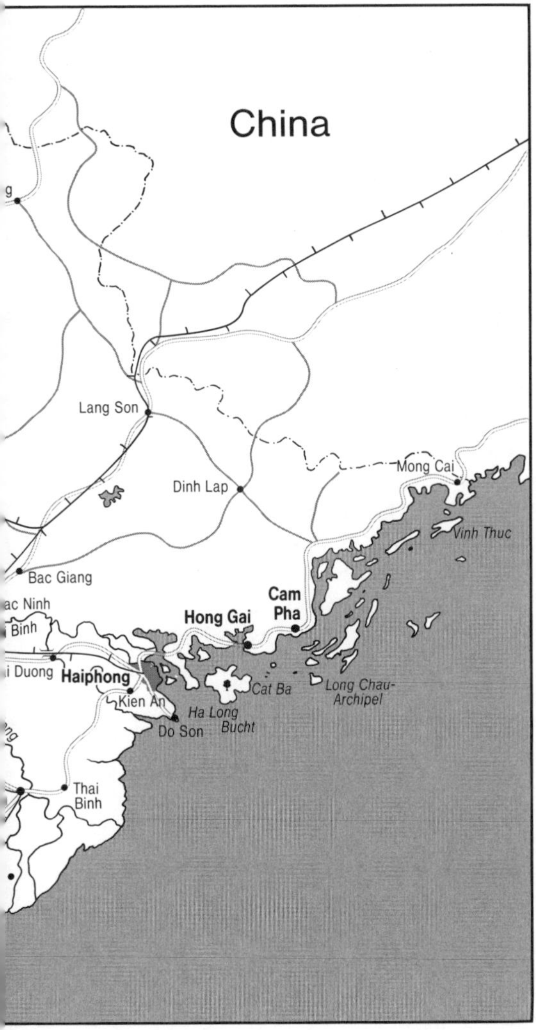

Erhalten blieben das Hauptgebäude, die große Versammlungshalle der Männer und der Tempel des Schutzgeistes *(hau cung)*. Der dinh von 1736 ist ein hervorragendes Beispiel der dinh-Architektur des 18. Jhs. mit reich geschnitzten Säulen und Dachstreben, besonders schöne Arbeiten sind die Tierplastiken am Eingang. Der Schutzgeisttempel wird viel besucht und ist auch von der Rückseite des Gebäudes zugänglich, ohne daß die Versammlungshalle betreten werden muß. 1946 trat im Dinh Dinh Bang die erste vietnamesische Nationalversammlung zusammen. Dinh Bang wirkt im Gegensatz zu dem Nachbardorf Phu Dong städtisch. Es hat ebenfalls 10 000 Einwohner, denen Geschäftstüchtigkeit nachgesagt wird. Sie stehen im Ruf, dem nur 18 km entfernten Hanoi nachzueifern. Am Stadtrand in Richtung Phu Dong wurde Anfang 1990 der Neubau eines chua eingeweiht. Auch Dinh Bang liegt am Song Duong. Die Gräber der Ly-Dynastie im Wald von Co Phap blieben nicht erhalten.

Weiter stadtauswärts führt von der 2 A nach 5,8 km ein schmaler Weg nach links 800 m lang durch das Dorf, in dem seit 1990 viele Häuser restauriert oder neugebaut wurden. Der **Chua Trung** liegt – von einer Mauer umgeben – unter hohen Bäumen. 1776 wurde er von einem Mandarin und seiner Frau restauriert, deren Statuen sich im Hintergebäude des chua befinden, zusammen mit einer Stele, die darüber berichtet. Der chua und ein nghe (Schutzgeisttempel) wurden 1989 erneut restauriert. Der Statuenschmuck in der Pagode läßt erkennen, daß sie einem wohlhabenden Dorf gehört.

Nur 1 km weiter, ebenfalls an der linken Straßenseite, wurde der kleine **Dinh Noi Duc** 1990 erneuert und in lebhaften Farben gestrichen.

Der im Kampf mit den Franzosen 1949 völlig zerstörte **Chua Phat Tich,** auch Chua Van Phuc genannt, war der schönste des Deltas. Die Pagode liegt am Song Dau im Bezirk Tien Du und gehört zur Gemeinde Phuong Hoang, Weiler Phat Tich. In Lim zweigt ein Weg von der 2 A ab und führt nach rechts über die Deichkuppe. Die Pagode wurde im Jahre 1057 von König Ly Thanh Tong gegründet, an ihrer Stelle befand sich bereits ein Stupa, den der chinesische Gouverneur Cao Bien im 8. Jh. errichten ließ und von dem einige Zeugnisse der Dai La-Kunst geborgen werden konnten (s. S. 144). An der Stelle der Pagode blieben eine Buddhastatue, die wahrscheinlich aus dem 11. Jh. stammt, sowie einige Tierplastiken erhalten. Der Buddha gehört zu den schönsten Steinstatuen, er weist einige kleinere Beschädigungen auf. Eine Kopie befindet sich im Historischen Museum in Hanoi. Es liegen Pläne zum Wiederaufbau der Pagode vor. Sie wurde von L. Bezacier in seinem Werk ›L'Art Vietnamien‹ sehr eingehend beschrieben. Für die Vietnamesen ist es ein Gelände, auf dem nach der Legende der Kampf des An Duong stattfand, als er im 3. Jh. v. Zt. von den Bergen in das Tiefland gezogen war und sein Reich Au Lac gründete. Am Song Dau hat Dai Viet oft seine Freiheit verteidigt.

A Di Da, Chua Phat Tich, vor der Zerstörung

Das **Dorf Tho Ha** ist immer noch als Keramikdorf bekannt, besonders für seine Tonfiguren, die aber im Zeitalter des Plastikspielzeuges keinen Absatz mehr fanden, so daß die Brennöfen vor einigen Jahren stillgelegt wurden. Vor manchen Häusern stehen noch Tonkrüge. Tonscherben wurden als Baumaterial benutzt. Das Dorf züchtet nun Schweine und wurde dadurch nicht weniger berühmt und schnell wieder wohlhabend. Hunderte tummeln sich in den Straßen und in den Eingängen zu den Gehöften. Kurz vor dem Neujahrsfest, für das sie gemästet werden, erreichen sie eine stattliche Größe.

Der Weg nach Tho Ha führt über die Provinzhauptstadt Bac Ninh der Provinz Ha Bac. Von Phat Tich ist Bac Ninh über den Deich – ca. 10 km mit PKW – zu erreichen oder über die Straße 2 A. Hinter der Stadtgrenze biegt nach einem Kilometer, vor der christlichen Kirche, eine Straße nach links ab, dann nochmal nach links über das Eisenbahngleis und nach vier Kilometern nach rechts zu der Anlegestelle der kleinen Boote, die den Fährbetrieb besorgen. Es gibt mehrere Stellen, an denen nach Bedarf übergesetzt werden kann. Tho Ha ist ein langgestrecktes Dorf am Fluß. Von der ersten Fähre sind es nur etwa 200 m an einem kleinen Markt vorüber zum **Dinh Tho Ha** (1685).

Zusammen mit einem nghe und chua läßt der große Komplex den Reichtum des Dorfes im 16. oder 17. Jh. ahnen, als der dinh gebaut wurde. Unter hohen, alten Bäumen blieb das Hauptgebäude und das Vorhaus *(tien te)* erhalten. Die Ausmaße des parallel vor dem dinh gelegenen Querbaus sind bescheidener. Er dient zum Vorbereiten der Opfer für den Schutzgeist. Bei Festen werden im tien te oder im Hof vor dem chua Spiele aufgeführt. Der große rechteckige Innenraum des dinh wird von mächtigen, in ihren oberen Partien reich geschnitzten Säulen beherrscht. Das Schnitzwerk setzt sich im Gebälk des Dachstuhles fort. Über dem Eingang zum Schutzgeisttempel befindet sich ein dreiteiliger Schrein. Seine Türfüllungen springen schräg nach hinten zurück und sind so fein und reich geschnitzt, daß sie leicht und zierlich wirken. Die Tür unter dem Schrein führt in den Schutzgeisttempel. Der Thron des Geistes wird von zwei nahezu lebensgroßen Gestalten in altvietnamesischer Kleidung bewacht. Verehrt wird die Goldene Schildkröte, erster Schutzgeist (*Than Ca)* genannt, die auch die Zitadelle von Co Loa (s. S. 339) beschützt hat. Auf den geschnitzten Sänften – die rechte für den Schutzgeist, die linke für seine Mutter – werden beide beim Tempelfest durch das Dorf getragen. An der Innenseite der Mitteltür hängt eine Tafel mit chinesischen Zeichen, die vom zwölften König der Nguyen-Dynastie stammt. Das Fest des dinh findet vom 20.–22. Tag des 1. Mondmonats statt.

Der **Nghe Tho Ha** (ein Schutzgeisttempel ohne Versammlungsstätte) mit seinen drei ineinandergreifenden Dächern muß restauriert werden. Die **Chua Tho Ha** hinter dem dinh, von diesem durch einen großen Hof getrennt, auf dem das Pagodenfest stattfindet, hat seinen Figurenschmuck und seine Ausstattung 1945 eingebüßt. Die Figuren auf dem Hauptaltar sind neu. Der große Buddha, der ein bescheidenes Pantheon dominiert, schafft eine völlig fremde Raumwirkung. Erhalten blieben zwei Grottenaltäre und die Statuen von Duc Ong und Mutter Mau. Im Rückgebäude erinnern die Statuen an die Äbte des Klosters.

Es lohnt sich, ein Boot zu mieten, um das geschäftige Treiben auf dem Song Dau und an seinen Ufern zu erleben.

(2. Ausflug: Chua Dau [Phap Van] – Den Si Nhiep – Chua Ninh Phuc [But Thap] – Dorf Dong Ho – Dorf Dong Ky – Dorf Lim-Lang Nguyen Dien; Rundreise ca. 85 km)

Die Provinz Ha Bac ist besonders reich an schönen Pagoden, großen dinh und den, aber auch an daoistischen Kultstätten. Sie ist die Heimatprovinz der Ly-Dynastie, deren erster Herrscher, König Ly Thai To, in der Pagode von Co Phap (heute Dinh Bang) erzogen wurde. Unter ihm und seinen Nachfolgern gelangte der Buddhismus zu großem Anse-

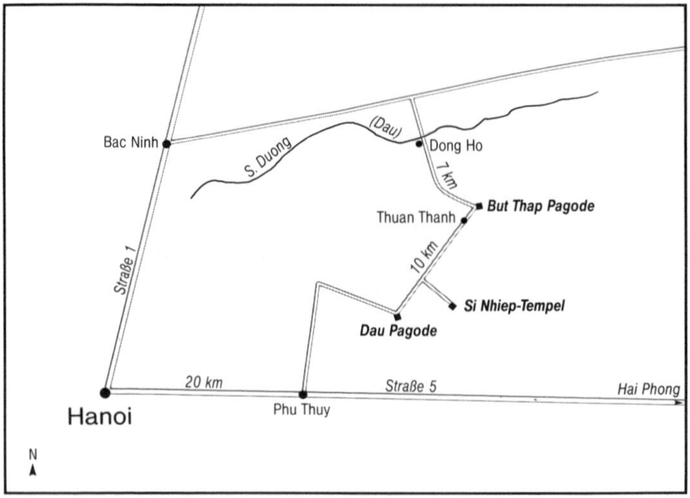

Skizze 2. Ausflug: Hanoi – Chua Dau – Chua But Thap

hen, Macht und Einfluß, wie er sie später nie mehr erreichte. Der König, seine Familie und der Adel stifteten Pagoden und Klöster, viele davon in der Provinz Ha Bac, und Mönche aus China gründeten hier ihre Sekten. Aber auch der Glaube an die Natur-, Schutz- und Ahnengeister der Vietnamesischen Religionen und die Kulte der Genien und Unsterblichen der daoistischen Lehre hatten ihre Wurzeln in der Provinz Ha Bac. Eine enge Verbindung zwischen den verschiedenen Glaubensformen entstand, und die Lebensgeschichte und Taten der adaptierten Götter und Genien wurden zu einem Bestandteil der vietnamesischen Legende und damit auch der Geschichte. Viele dieser Legenden sollen sich in der Provinz Ha Bac ereignet haben.

Eine Legende berichtet, daß die Naturgeister mit dem Buddhismus ins Land kamen, weil sie der Lehre Buddhas folgten. Diese Geister sind weiblich und werden auch als die Töchter der Mutter des Landes bezeichnet. Im Distrikt Khuong Tu gibt es vier Pagoden – die einzigen in Vietnam –, in denen Naturgeister verehrt werden:

- *May,* der Wolkengeist, in der Phap Van (Dau)-Pagode
- *Mua,* der Regengeist, in der Phap Vu-Pagode
- *Sam,* der Donnergeist, in der Phap Loi-Pagode
- *Chop,* der Blitzgeist, in der Phap Dien-Pagode.

In dieser Gegend werden viele Geistergeschichten erzählt. Auf die Märkte, so heißt es, kommen die Höllengeister. Sie zahlen mit richtigem Geld, aber wenn es die Händler später zählen wollen, ist es verschwunden.

Hinter der Chuong Duong-Brücke über den Roten Fluß zweigt die Straße 5 nach rechts in Richtung Hai Phong ab. Nach 20 km, in Phu Thuy, führt eine Straße links nach Thuan Thanh und dann wieder rechts zum Chua Dau.

Der **Chua Dau** (Phap Van) liegt im **Dorf Khuong Tu** im Distrikt Thuan Thanh. Der von weitem sichtbare Glockenturm im Hof der Pagode stammt aus dem 17. Jh. Auf seiner Spitze steht ein *binh com lu,* ein Wasserkrug, wie er zum Waschen der Buddhastatuen verwendet wird. Er weist auf die Verehrung der Quan Am Bo Tat hin, die ihn als Symbol im Arm trägt. Das Geländer der Treppe, die zum Turm führt, wird von Einhörnern geschmückt. Die Plastik eines Schafes mit gedrehten Hörnern rechts neben der Treppe soll aus China kommen und sehr alt sein, in Vietnam ist diese Tierart nicht vorhanden. Das Gegenstück befindet sich in einer Nachbarpagode. Die Stelen im Hof mit oben abgeschrägten Ecken sind typisch für das 19. und 20. Jh., eine rechteckige Steintafel trägt die Jahreszahl 1737. Die einfachen Steindrachen an der Treppe zur Pagode könnten aus dem 16. Jh. stammen. Im Raum der Räucheropfer wird Phap Van (der Wolkengeist) verehrt, sie ist umgeben von zwei Töchtern und zwei Dienern. Teile des Gebälkes im Haupttempel blieben aus dem 14. Jh. erhalten, auch die oberen Reihen der Statuen sind alt. Auf den beiden Sesseln (16. Jh.), die hinter dem Altar stehen, werden die Statuen beim Pagodenfest durch das Dorf getragen, ihre Seelen bleiben jedoch in den großen, einfachen Holzkästen zurück. Die quadratischen Sockel der Säulen deuten auf das 18. Jh. Nur in dinh fanden quadratische Säulensockel schon im 16. Jh. Verwendung. Drei Mütterstatuen des daoistischen Pantheons blieben erhalten, die größte gehört der Dau-Pagode, die beiden kleineren kommen aus Nachbarpagoden. Die Legende berichtet von der Entstehung der Pagode: In alter Zeit wurde am Ufer des Song Duong, wo heute die Pagode steht, ein Stamm aus *Dau* (Holz des Maulbeerbaumes) angeschwemmt. Niemand beachtete ihn. Als aber das Dorf schnell zu Reichtum gelangte, hieß es, daß sich ein Gott in dem Holzstamm verberge, dem zu Ehren nun der chua gebaut wurde. Aus dem Stamm wurden drei Figuren geschnitzt, die übrigen aus Ton gefertigt. Die gleiche Legende wird auch von der Keo-Pagode in der Provinz Thai Binh erzählt, die ebenfalls am Song Duong liegt.

Thronsessel für Prozessionen (16. Jh.), Chua Dau

Das Tempelfest findet am 8. Tag des 4. Mondmonats statt.

Die Reste der Wälle der **Zitadelle des Si Nhiep,** des ersten vietnamesischen Gouverneurs, der die Provinz Giao Chau verwaltete, sind im Dorf Gia Binh, Distrikt Thuan Thanh, auf dem Wege zur But

Thap-Pagode zu erkennen. Nicht weit von der Straße liegt sein Gedenktempel und Grab **(Den und Lang Si Nhiep).**

Der **Chua Ninh Phuc** (Chua But Thap) liegt im **Dorf Dinh To,** Distrikt Thuan Thanh, nicht weit von der Dau-Pagode entfernt. Er hatte im Laufe der Geschichte viele Namen. Heute ist er am besten unter dem alten Dorfnamen *But Thap* (Turm in Form eines Schreibpinsels) bekannt.

Seine Entstehung ist mit drei bedeutenden Mönchen und Sektenführern des frühen vietnamesischen Buddhismus verbunden. Der Bonze Huyen Quang stammte aus Van Ty und lebte um die Wende des 13./14. Jhs. Er soll an der Stelle der heutigen Pagode einen neunstöckigen Turm erbaut haben, der mit Lotos verziert war. Chuyet Cong, auch Chuyet Chuyet genannt, und sein Nachfolger Minh Hanh kamen beide aus Südchina. Chuyet Cong besuchte die Pagode mehrmals und starb dort im Jahre 1644. Sein Nachfolger Minh Hanh erbaute ihm einen Beerdigungsstupa, der erhalten blieb. Ein weiterer Stupa für Chuyet Cong befindet sich im Dorf Tranh Lam in der Provinz Thanh Hoa. Der Bau der Pagode erfolgte 1647, Stifterinnen sind Königin Dieu Vien und Prinzessin Dieu Tue, als Erbauer gilt der Mönch Minh Hanh.

Die Anlage ist charakteristisch für die Pagoden des Deltas, die auf Stiftungen des Adels zurückgehen. But Thap ist, nach der Zerstörung des Chua Van Phuc (Phat Tich), die

Die Pagode Ninh Phuc (But Thap), Provinz Ha Bac 1 Dreifaches Tor 2 Glockenturm 3 Vorhalle – tien duong 4 Saal der Räucheropfer mit den Seitenhöfen – thieu huong 5 Haupttempel – thuong dien 6 Tausendarmige Quan Am 7 Steinere Brücke 8 Haus der neun Berge, toa cuu pham, mit Gebetsmühle 9 Versammlungsraum der Mönche – nha chung 10 Raum für die königlichen Stifter – phu tho 11 Hinteres Gebäude, hau duong, für daoistische Genien 12 Stupa für Chuyet Cong mit Vorraum für Statuen und Stelen 13 Steinstupa 14 Galerien innerhalb der Umfassungsmauern

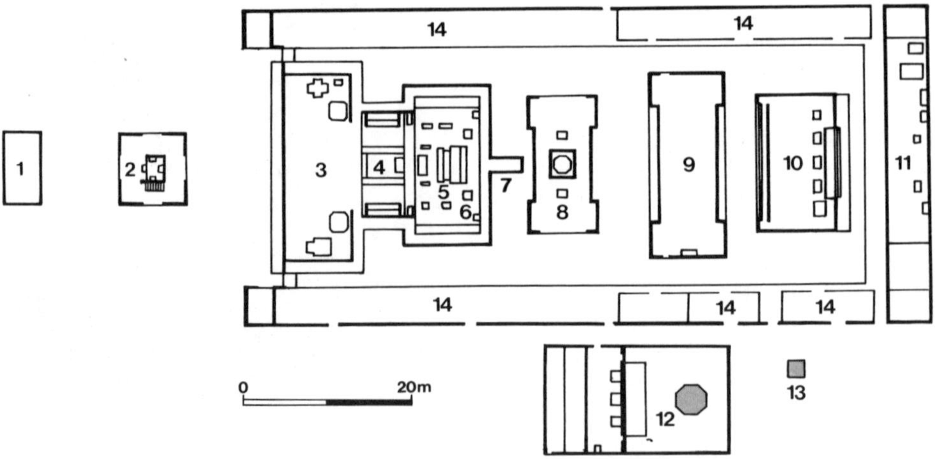

schönste erhaltene Pagode, die auf eine Adelsstiftung zurückgeht. Sie besitzt sechs Gebäude innerhalb der Umfriedung und vier weitere außerhalb der Mauern. Vor der Umfriedung liegt das große dreifache Tor, dessen halbrunde Ziegel eine Erneuerung im 17. Jh. erkennen lassen, eine weitere fand 1904 statt. Zur Zeit erfolgt eine Restauration der Pagode mit Hilfe der Bundesrepublik Deutschland, bei der besonders die Schäden durch Termitenbefall an Säulen und Dächern behoben werden. Auch der Glockenturm liegt außerhalb der Umfassungsmauern. Er besteht aus zwei Etagen, in der unteren befindet sich, nach Süden gerichtet, der Jadekaiser mit seinen beiden Begleitern, in der oberen der Himmelskönig, ebenfalls mit seinen Begleitern. Die Glocke stammt von 1815 und soll eine Stiftung von König Gia Long sein.

Innerhalb der Mauern liegt die Vorhalle (*tien duong*). Ihre Architektur und Ausstattung ist einfach. Sie beherbergt Wächterstatuen, den Drachengeist und eine Statue Anandas mit seinen Begleitern. Das Dachgebälk ist schmucklos. Dagegen weist die Zimmermanns- und Schnitzerarbeit im nachfolgenden *thieu huong*, dem Raum der Weihrauchopfer, einige Besonderheiten auf. Die Säulen sind mit Drachen geschmückt, der Giebel ist nicht wie üblich dreieckig, sondern gewölbt gearbeitet und besitzt sechs bemerkenswerte, geschnitzte Friese. Auf den beiden ersten sind Phönixe, auf zwei weiteren Drachen und auf den letzten beiden Inschriften zu sehen. Die Schnitzarbeiten zeichnen sich durch große Meisterschaft aus und sind in blau, weiß und rot bemalt, wogegen schwarz und gelb, die beiden anderen ›Farben der Kardinaltugenden‹, fehlen. Die offenen Seiten des Raumes führen rechts und links in kleine Höfe. Auf deren ziegelbedeckten Altären an den Außenwänden haben die Höllenkönige bzw. Richter ihren Platz.

Der Übergang in den Hauptraum *(thuong dien)* erfolgt direkt. Dieser Raum ist sowohl wegen seiner Architektur als auch wegen der Statuen und Ausschmückung der bedeutendste. Tho Dia, der Geist des Bodens, hat hier seinen Platz und auch Bodhidharma, der den Buddhismus von Indien nach China brachte und an seinem schwarzen Bart und seinen runden Augen erkennbar ist. Auf einem großen rotlackierten Altar mit Goldverzierung steht eine Quan Am, rechts und links begleitet von dem Goldkind und der Jadetochter. Das große Pantheon auf dem Hauptaltar würde den Betrachter länger beschäftigen, stünde nicht zu seiner Rechten die Statue der Quan Am, des Avalokitesvara, mit tausend Armen. Es ist ein einmaliges Werk, an dessen Sockel der Stifter genannt wird (Truong Van Tho), die Jahreszahl kann als 1656 oder 1716 gelesen werden. Die Statue ist ein Meisterwerk, von dem ein mystischer Zauber ausgeht. Auf einem reich geschmückten Sockel mit Drachen, Meerestieren und Lotosranken steht die Göttin mit tausend Armen und tausend Augen. Die Legende berichtet, daß Buddha sie ihr gegeben hat, um das Ungeheuer zu ihren Füßen zu besiegen. Die Arme sind in zwei Gruppen angeordnet, die ersten hielten die Attribute, die nicht mehr vorhanden sind. Die zweite, zahlreichere Gruppe, die die Köpfe der Göttin gleich einem Nimbus umgeben, tragen in jeder Handfläche ein göttliches Auge. Der zentrale Kopf der Göttin, flankiert von zwei weiteren seitlichen, trägt eine Tiara, in deren Mitte der Amitabha-Buddha, der geistige Vater des Avalokitesvara, thront. Auch die weiteren Köpfe, auf drei Ebenen turmartig angeordnet, werden von klei-

Fastenbuddha, Chua But Thap

nen Amitabhafiguren gekrönt. Die Statue ist in Rot und Gold lackiert. Sie wirkt faszinierend und zugleich zutiefst beunruhigend, ein Eindruck, der selten von einer Buddhastatue ausgeht. Im Spiel des Lichtes scheinen sich die Arme und Hände zu bewegen. Weder die Nachbildungen in den Museen Vietnams noch im Museum Louis Finot in Paris besitzen diese Ausdruckskraft, die auch durch die Umgebung mitbestimmt wird.

Links vom Hauptaltar befindet sich eine zweite bemerkenswerte Statue, ein Fastenbuddha, ebenfalls ein Meisterstück. Auch die Holzschnitzereien am Altar und an den Paneelen sind von außerordentlicher Lebendigkeit und Akkuratesse. Das Gebäude ist außen eingefaßt von einer steinernen Balustrade, die sich in einer steinernen Brücke fortsetzt, die einen unvollendeten Halbmond beschreibt. Die Reliefs gehören zu den besten Steinmetzarbeiten in Vietnam. Die gesamte Balustrade besteht aus 56, die der Brücke aus drei Paneelen. Die Brückenpaneele sind beiderseits mit Hirschen, Pferden, Drachen und Phönixen verziert und geben lokale Sagen wieder. Läßt schon die ungewöhnlich reiche Ausstattung und das große Pantheon besonders des thuong dien erkennen, daß es sich um eine königliche Stiftung handelt, wird dies durch die drei nachfolgenden Gebäude, die im vietnamesischen Pagodenbau nicht üblich sind, bestätigt. Auf den Hof mit der Brücke folgt das *toa cuu pham*, das ›Haus für den Berg mit neun Stufen‹. Es wird beherrscht von einer großen Gebetsmühle, die zu bestimmten Festtagen in Bewegung gesetzt wurde. Sie wird flankiert von zwei Amitabha-Buddhas, die die Gläubigen in das ›Östliche Paradies der neun Himmel‹ führen. Eine ähnliche Gebetsmühle, die aus dem tibetischen Buddhismus kommt, existiert – wenn auch weniger reich verziert – nur noch in der Pagode in Phu Mai, ebenfalls in der Provinz Ha Bac. Die Gebetsmühle soll der von Huyen Quang im 14. Jh. errichtete Stupa sein.

Das nächste Gebäude, *nha chung*, ist ein einfacher Versammlungsraum der Mönche. Es folgen der *phu tho* mit Statuen der königlichen Stifter sowie eine Stele, die über den Bau berichtet. Das letzte, in nahezu jeder Pagode vorhandene Gebäude, *hau duong*, enthält die Statue des Erbauers der Pagode, Minh Hanh, dient aber auch der Verehrung der daoistischen Mütter und der Sterngötter.

Auf der rechten Seite, außerhalb der Umfassungsmauer, befindet sich im Vordergrund der Stupa für Chuyet Cong, eine vierstöckige Steinkonstruktion auf einem Achteck mit einer schirmartigen, neunteiligen Spitze. Der Thap wurde 1646 oder 1647 von dem Bonzen Minh Hanh für seinen Lehrer erbaut. Das davor gelegene Gebäude enthält Statuen der Gründer sowie Stelen. Die Basreliefs zeigen ähnliche Szenen wie die Balustrade des Haupttempels.

Der kleine Stupa im Hintergrund trägt weder Inschrift noch Jahreszahl. Er stammt vermutlich aus dem 17. Jh. und birgt die Asche eines Abtes oder Mönches.

Dorf Dong Ho

Eigentlich ist es nur eines von vielen Dörfern hinter den Deichen des Rote-Fluß-Deltas, zwischen den Reisfeldern hinter einer hohen Bambushecke. Aber Dong Ho kennt jeder Vietnamese, als Dorf der *thanh tet,* der Neujahrsbilder (s. S. 125). Lange Zeit wurden die Holzschnitte mit großer Sorgfalt in Familienbetrieben hergestellt, heute liefert Dong Ho jährlich 500 000 Stück für den inländischen Bedarf und den Export in die UdSSR, nach Italien, Japan und in die Tschechoslowakei. Für den Inlandsmarkt findet meist billigere Anilinfarbe Verwendung, die Herstellungsmenge von Neujahrsbildern mit Naturfarben ist begrenzt, da sie an der Sonne trocknen müssen. Die meisten Holzschnitte werden von Kooperativen hergestellt, die im dinh des Dorfes, **Dinh Lo Hanh,** ihre Werkstätten haben. Aber nebenbei entstehen noch weitere thanh tet von den Druckstöcken, die in den Familien weitervererbt werden. Zwei Wochen vor dem Neujahrsfest müssen alle Bilder abgeliefert sein. Erst vier Wochen nach dem Fest wird die Arbeit wiederaufgenommen, zwischen Dezember und März, je nach Lage des tet-Festes, das nach dem Mondkalender errechnet wird, sind die Werkstätten sechs Wochen geschlossen.

Von Dong Ho aus empfiehlt sich der Rückweg über Bac Ninh, die Provinzhauptstadt der Provinz Ha Bac. Sie selbst hat keine Sehenswürdigkeiten aufzuweisen, aber in der Nähe gibt es viele Pagoden, Gemeindehäuser und Gedenktempel.

Dorf Dong Ky

Das Feuerwerker-Dorf ist nicht weniger bekannt als Dong Ho, sein Besuch lohnt sich nur am 4. Tag des 1. Mondmonats, wenn der Wettbewerb stattfindet. Daran dürfen fünf große Feuerwerksraketen teilnehmen, jede 5 m lang mit 80 cm Durchmesser – bei denen es auch auf die bunte Dekoration ankommt –, und fünf Ketten von 5 bis 6 m Länge aus unzähligen kleinen Knallern, die sich einer am anderen entzünden und mit einem Kanonenschlag enden. Die Feuerwerkskörper werden auf Ochsenkarren am Haus der Teilnehmer abgeholt und von jungen Männern mit Trommeln und Gongs zum Festplatz begleitet. Nach dem Wettbewerb finden traditionelle Spiele statt.

Der Sängerwettstreit von Lim
Vom 13.–15. Tag des 1. Mondmonats findet an der Lim-Pagode am Hügel Lim, der zum Weiler Luong Giang des Dorfes Von Tuong gehört, ein Wettstreit statt, bei dem *Quang Ho,* lyrische Volkslieder, als Wechselgesang zwischen jungen Frauen und Männern vorgetragen werden (s. S. 244). Die Sänger aus Lim sind sehr bekannt, die Besucherzahl somit sehr groß.

Auf einem Hügel bei dem **Chua Lim** liegt das **Lang Nguyen Dien** eines Militärmandarins aus dem Jahr 1769, bekannt als ›Grab des Eunuchen‹. Es ist mit einer doppelten Einfriedung aus Laterit umgeben. Das erste Tor bewachen zwei vietnamesische Hunde, das zweite, dreiteilige, wird von zwei menschlichen Gestalten und zwei Pferden bewacht. Im Grabraum steht ein Weihrauchgefäß auf einer Steinplatte, dahinter das Grab, ein Lateritblock mit einer Steinplatte. Ein Zivil- und ein Militärmandarin stehen daneben, zwei *ong phong* (Chamsklaven) knien davor. An den Wänden halten starre Figuren Wache, alle in gleicher Pose, sie unterscheiden sich nur durch die Gegenstände, die sie in den Händen halten. Hinter dem Steingrab steht die Namensstele. Die Bearbeitung der steinernen Figuren erreicht nicht die Feinheit der Wächterfiguren an den Gräbern der Nguyen-Könige in Hue.

Zu den Anfängen der Geschichte

(Thap Binh Son – Gedenktempel für die Hung-Könige – Tam Dao – Me Linh; Tagesausflug; ca. 280 km nach Nordwesten in die Provinz Vinh Phu)

Der Ausflug zu den Anfängen der Kunstgeschichte und der vietnamesischen Geschichte nimmt durch die weite Fahrstrecke, teilweise schlechte Straßen und den Aufstieg zu den Tempeln viel Zeit in Anspruch. Er erfordert ein besonderes Interesse an dem frühesten Zeugnis vietnamesischer Architektur und an einer Gruppe von Tempeln, die mehr Atmosphäre als Kunst zu bieten haben. Für die Vietnamesen ist es eine »Reise in das Land der Väter«. Die Landschaft, besonders der Übergang von der Ebene in das Hügelland, ist zu allen Jahreszeiten, vom Aussetzen der Reispflanzen bis zu ihrer Ernte, ein Erlebnis. Der Ausflug läßt sich auch durch einen Besuch in Me Linh, der Heimat der Trung-Schwestern, der ersten Freiheitskämpferinnen (40–43), bereichern, der ebenfalls ein spezielles Interesse an der Geschichte erfordert.

Über die Chuong Duong-Brücke auf der Straße 1 Richtung Flughafen Noi Bai und kurz vor dem Flughafen nach links auf die Straße 3 wechseln. 64 km von Hanoi entfernt, in Tam Duong, führt eine kleine Straße nach rechts. Sie ist schlecht und nicht ausgeschildert (s. Skizze). Die Fahrzeit für die ca. 100 km von Hanoi zum Thap Binh Son beträgt etwa 2½ Std. Der **Thap Binh Son,** nicht weit vom linken Ufer des Klaren Flusses entfernt, ist ein schlanker, fast zerbrechlich wirkender Ziegelbau, der in das 11. Jh. datiert wird. Er ist der einzige Stupa aus der Dai La- bzw. Han Viet-Epoche (s. S. 144), der erhalten blieb

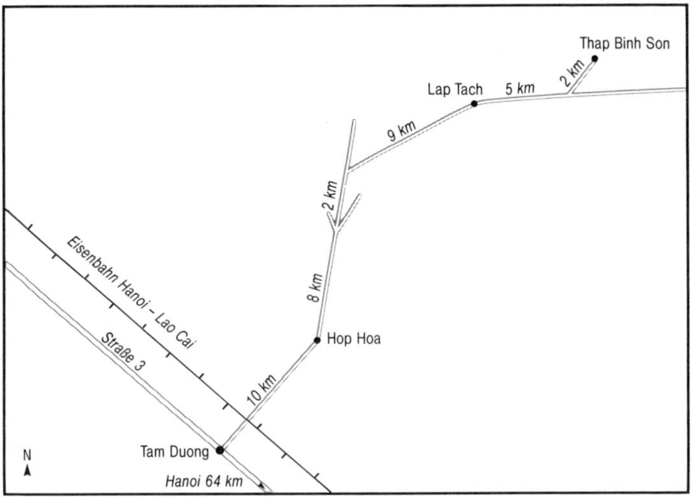

Skizze Hanoi-Thap Binh Son

und Rückschlüsse auf weitere, aus der Literatur bekannte thap zuläßt. Die Pagoden des 10.–13. Jhs. besaßen vielfach Türme, die sowohl Gedächtnis-, als auch Beerdigungs- und Reliquien-Stupas waren. Ihre Konstruktion ging auf chinesischen Einfluß zurück, der vermutlich von Mönchen ausging, die um diese Zeit in Dai Viet den Buddhismus lehrten. Thap fanden in späterer Zeit in der vietnamesischen Architektur, die immer um eine enge Verbindung und Einbettung der Architektur in die Landschaft bemüht war, nur noch als kleine Beerdigungsstupas für Mönche Verwendung. Der massive, 15 m hohe, 11stöckige Thap Binh Son verjüngt sich nach oben nur wenig. Die quadratischen, an der Basis 4 m^2 großen Stockwerke ruhen auf einer stilisierten Lotosblüte. Der Turm wurde 1974 erneuert und um einige Meter versetzt. Seine Ziegel besitzen das gleiche Dekor wie Backsteine aus dem 11.–12. Jh., die in Thang Long am Wall Dai La, aber auch an der Phat Tich-Pagode in der Provinz Ha Bac gefunden wurden. Die Muster korrespondieren auch mit Ziegeln, die an der Zitadelle von Co Loa ausgegraben wurden. Sie zeigen verschiedene Drachen, darunter wurmförmige schlanke und andere, die wie auch die stilisierten Chrysanthemen von Kreisen umgeben waren. Neu ist eine Ellipse mit einem Cabochon, umgeben von betonten Schnörkeln, die wie eine Brosche wirkt. Auch die Ziegel zeigen teilweise eine neue Kombination zwischen den üblichen flachen und runden Ziegeln, indem auf einem flachen Ziegel zwei Rippen aufgesetzt werden, die an ihren Enden Platten mit einer Miniaturdarstellung des Turmes tragen. Im Jahre 1937 entdeckten die Franzosen 10 km entfernt auf dem Hügel Kim Tou einen zweiten, zerstörten Turm mit drei quadratischen Stockwerken an der Basis, die übrigen waren rund. Die Ziegel dieses Turmes sind z. T. im Historischen Museum in Hanoi zu sehen.

Die Weiterfahrt erfolgt auf dem gleichen Weg zur Straße 3 und dieser 22 km folgend nach Viet Tri. Vor der Hauptstadt der Provinz Vinh Phu, einer Industriestadt, überquert eine Straßen- und Eisenbahnbrücke den Klaren Fluß kurz vor seiner Mündung in den Roten Fluß. In der Nähe mündet auch der Schwarze in den Roten Fluß, und an dieser Stelle beginnt das Rote-Fluß-Delta. Die ebene Deltalandschaft wandelt sich, steigt terrassenförmig zu den Hügeln an den Rändern des Deltas an. Die Felder sind kleiner, von Gebüsch unterbrochen, an den Hügeln beginnt die Waldlandschaft. Hinter Viet Tri führt die Straße 3 nach rechts zur chinesischen Grenze. Eine kleine Straße nach links und an der nächsten Abzweigung nach rechts endet auf einem großen Parkplatz mit Rasthäusern und dem Tempelbüro für die Pilger. An dem 175 m hohen **Hügel Nghia Linh** lag, nach vietnamesischer Geschichtsschreibung, die Hauptstadt ihres ersten Reiches Van Lang, von den Hung-Königen regiert (s. S. 46). Wenige Kilometer vom Hügel entfernt, in Phung Nguyen, fanden vietnamesische Archäologen Steinwerkzeuge, Keramik und Bronzegegenstände aus der frühen Bronzezeit, nach der Fundstelle Phung Nguyen-Kultur genannt (s. S. 140). Die Auswertung der Funde könnte zur Datierung des Reiches Van Lang beitragen und die Hung-Könige aus der Zeit der Mythen in die Frühgeschichte verweisen. Die **Hung-Tempel** sind für die Vietnamesen wie der Schrein von Ise für die Japaner eine Kultstätte für die Gründer der Nation. Kunstgeschichtlich haben sie keine Bedeutung.

Die vier Tempelgruppen auf verschiedenen Ebenen des Hügels stammen aus dem 15. Jh. und wurden im 19. Jh. erneuert. 523 steinerne Stufen führen zum Gipfel, für die Stifterin der Treppe wurde bei der ersten Tempelgruppe eine Stele errichtet. Das erste Tor liegt oberhalb des Parkplatzes, etwa 100 Stufen führen zum Glockenturm. Rechts im Hof liegt der **Ha Den,** Gedenktempel für Au Co, die Urmutter der Hung-Könige und aller Vietnamesen. Neben ihr, auf dem Hauptaltar, sitzen ein Zivil- und ein Militär-Mandarin, der linke Altar dient der Verehrung des ersten Hung-Königs. Das zurückgesetzte linke Gebäude ist eine Pagode. Links an ihr vorbei führt die Treppe zum **Trung Den,** dem Haupttempel. Das jetzige Gebäude stammt aus dem 19. Jh. Es wurde für den Gründer des Reiches, den ersten Hung-König, errichtet, am Altar auf der linken Seite werden alle 18 Hung-Könige verehrt.

Auf der Kuppe des bewaldeten Hügels hinter einem Tor mit Glocken- und Trommelturm steht der **Tuong Den** (obere Tempel), den Göttern des Himmels und der Erde gewidmet. Auf dem mittleren Altar liegt das Schwert Phu Dongs, der das Land von den Feinden befreite, am linken Altar wird der Frauen und Töchter des ersten Hung-Königs gedacht. Etwas tiefer gelegen soll sich der Himmelsaltar der Hung befunden haben, nun steht an dieser Stelle ein Mausoleum für die Dynastie. An einem ummauerten Stein, ›Stein des Eides‹ genannt, soll An Duong, der Gründer des Reiches Au Lac, der Legende nach – bevor er in die Ebene nach Co Loa zog – geschworen haben, das Land der Väter zu verteidigen.

Vom Gipfel führt ein Weg hinunter zum vierten Tempel am Fuße des Berges, der aber auch direkt vom Parkplatz aus zu erreichen ist. In diesem **Den Co** (Tempel der jungen Frauen) oder Den Gieng (Tempel der Quelle) werden die Statuen der Ngoc Hoa und Tien

Aufstieg zu den Hung-Tempeln

Dung, Töchter des letzten, achtzehnten Hung-Königs, verehrt, um die sich viele Legenden ranken. Die ummauerte Quelle im Tempel soll beiden als Spiegel gedient haben. Die Besucher schöpfen daraus Wasser, trinken es und benetzen sich den Kopf. Das Tempelfest am 10. Tag des dritten Mondmonats, am Fest der Ahnen, dauert heute mehrere Tage, früher einen Monat. Pilger kommen aus dem ganzen Land. Ein Markt wird abgehalten, Wettkämpfe werden ausgetragen.

Erholungsgebiet Tam Dao

An der Straße 3, 90 km von Hanoi entfernt, liegt der Berg Tam Dao (›Drei Inseln‹). Der Gebirgszug erstreckt sich etwa 50 km lang und acht bis zwölf km breit von Nordwest nach Südost, als Grenze zwischen den Provinzen Vinh Phu im Süden und Hai Bac im Norden. Auf einer Hochfläche bauten die Franzosen 1902 ein Erholungsgebiet, das im Unabhängigkeitskampf stark zerstört, inzwischen aber wieder aufgebaut wurde. Die Durchschnittstemperatur ist hier um 6° niedriger als im Tiefland. Das Bergplateau wird von drei Bergen überragt: Thien Thi (1375 m), Tach Ban (1388 m), Phu Nghia (1400 m). Vom Thien Thi kommt der Suoi Bac (der ›Silbrige Strom‹), der Wasser für das Schwimmbad liefert, und stürzt sich als Silberwasserfall (Thac Bac) zu Tal. Die Wälder und Täler sind reich an Pflanzen und Tieren, besonders Schmetterlingen.

In **Me Linh, Dorf Cu An,** der Heimat der Trung-Schwestern, erinnert ein Gedenktempel in den Resten einer alten Zitadelle an die ersten vietnamesischen Nationalheldinnen (40–43). Zu erreichen vom Tam Dao über Vinh Yen, gehört Me Linh schon zum Stadtstaat Hanoi und liegt etwa 40 km vom Stadtzentrum entfernt.

Hanoi – Hai Phong – Ha Long

(2 Tage; ca. 350 km; mit Bademöglichkeit; 3–5 Tage mit Anschlußfahrt nach Tra Co oder Rückfahrt über Con Son – Bac Ninh. Beide Ausflüge sind sehr lohnend)

Hanoi – Hai Phong (102 km)

Hinter der Chuong Duong-Brücke biegt die Straße 5 nach rechts ab, die Hanoi mit der Hafen- und Industriestadt Hai Phong verbindet. Im Delta des Roten Flusses wird Reis, Gemüse und Obst angebaut, Geflügelzucht (besonders Enten), Ziegeleien und Kalkbrennereien betrieben. Hinter der 400 m langen Brücke über den Song Thai Binh, den ›Stillen Fluß‹, liegt die Industriestadt Hai Duong mit 500 000 Einwohnern.

Hai Phong im Nordosten des Rote-Fluß-Deltas am Rande einer Hügellandschaft ist seit dem 1. Jh. als Außenposten am Meer bekannt. *Hai* bedeutet See, *phong* Verteidigung.

Stadt und Hafen liegen etwa 20 km vom Meer entfernt am rechten Ufer des Song Cam, des ›Verbotenen Flusses‹, der zusammen mit dem Thai Binh, dem Bach Dang und kleineren Flüssen eine große Trichtermündung bildet. Die Flüsse führen alluviale Schwemmstoffe aus dem Gebirge mit, so daß der Hafen ständig ausgebaggert werden muß, um Seeschiffen mit 10 000 BRT die Einfahrt zu ermöglichen. Stadt und Hafen haben in der Kolonialzeit eine bedeutende Rolle gespielt, 1872 landete das französische Expeditionskorps, das 1873 Hanoi angriff. 1955 verließen die letzten französischen Soldaten Vietnam in Hai Phong. Im 2. Indochinakrieg hatten Stadt und Umgebung unter Bombardements zu leiden. Häuser und Fabriken mußten wiederaufgebaut, der Hafen von Schrott gesäubert werden.

Der Stadtstaat Hai Phong ist 1515 km^2 groß und zählt 1,6 Millionen Einwohner, das sind 950 pro km^2. (Zum Vergleich: Der Stadtstaat Hamburg ist 755 km^2 groß und hat bei gleicher Einwohnerzahl 2087 Einwohner pro km^2). Hai Phong besteht aus drei Stadtbezirken: Hong Bang, Ngo Quyen und Le Chan sowie sechs Vororten. Sechzehn Flüsse und Flußarme durchfließen die Stadt. Im Süden beginnt das seenreiche Hügelland Trang Kenh.

Die Ansiedlung von Industriewerken begann in der Kolonialzeit, die Zementfabrik stammt von 1888, es gibt Maschinen-, Glas-und Tabakfabriken und eine Schiffswerft. Handwerker-Kooperativen produzieren Flechtwaren, Teppiche, Lack- und Einlegearbeiten, Webwaren sowie Andenken aus Muscheln, Schildpatt, Perlmutter, Marmor und Korallen. Seit dem 17. Jh. ist das **Dorf Bao Ha** für seine Holzschnitzereien bekannt. An der

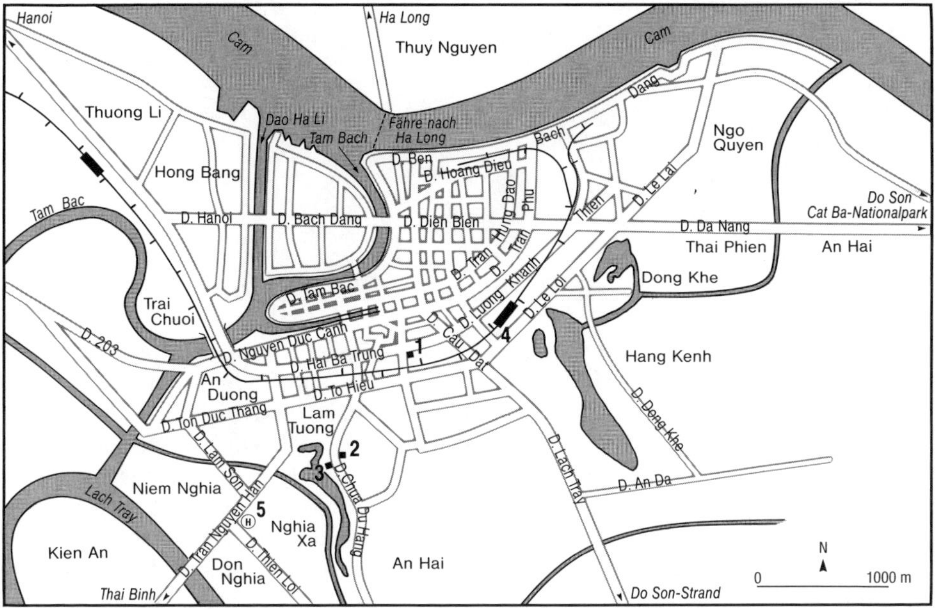

Hai Phong 1 Den und Nghe Le Chan 2 Dinh Hang Kenh (Dinh Nhan Tho) 3 Chua Du Hang 4 Hauptbahnhof 5 Busbahnhof

94 km langen Küste wird Fischerei betrieben, die Fänge teilweise zu Fischkonserven verarbeitet. Auf den Märkten gibt es alles, was in Stadt und Land hergestellt wird, der Fischmarkt lohnt einen Morgenspaziergang. Die Stadt selbst hat wenig Anziehendes, dafür ist die Umgebung abwechslungsreich. Im südlichen Stadtbezirk Le Chan, benannt nach einem weiblichen General der Trung-Schwestern, liegen an der Hai Ba Trung-Straße der **Den und Nghe Le Chan,** in denen zwei weibliche Generäle verehrt werden. Mit seinen reichen Schnitzereien ist der Gedenk- und Schutzgeisttempel der schönste Sakralbau der Stadt. Südlich der Bahnlinie und der To Hieu-Straße, im gleichen Stadtbezirk, liegt der **Dinh Hang Kenh,** auch als Dinh Nhan Tho bekannt, und an einem See der **Chua Du Hang.**

In Hai Phong ist die Nähe des Meeres zu spüren. Auf der Fahrt in das 22 km entfernte Seebad Do Son, das in der Kolonialzeit entstand, befindet sich links der Straße der **Chua Ve** und etwas weiter, auf der gleichen Straßenseite, der **Den Tho Ngo Quyen** für den Sieger am Bach Dang, der 938 die Unabhängigkeit des Reiches Dai Viet einleitete. **Do Son** liegt auf einer Halbinsel in der Trichtermündung zwischen dem Song Cam im Norden und dem Thai Binh im Süden an einem 4 km langen Vorgebirge, das wegen seiner neun Hügel *Cuu Long* (Neunköpfiger Drache) genannt wird. Do Son besitzt einen langen, weißen Sandstrand unter Kiefern. Nur das Wasser ist oft getrübt durch die Schwemmstoffe

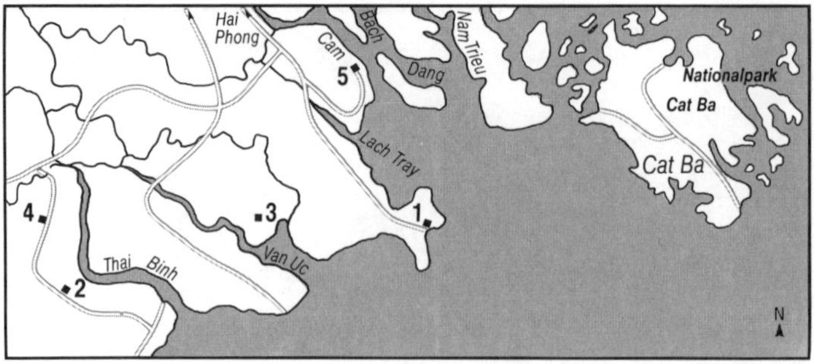

Übersicht Halbinsel Do Son
1 Den Ba De
2 Den Tho Nguyen Binh Khiem / Gemeinde Tan Trao
3 Dinh Kim Son / Gemeinde Tan Trao
4 Dinh Cung Chuc / Distrikt Vinh Bao
5 Den Tho Ngo Quyen

der Flüsse. Auf dem Berg Doc erinnert ein kleiner Tempel, der **Den Ba De,** an das Schicksal eines Bauernmädchens, das sich für eine Nacht von einem Höfling verführen ließ. Auf einem anderen Hügel steht ein chua aus dem 11. Jh., und in der **Gemeinde Tan Trao** liegen der **Den Tho Nguyen Binh Khiem** und der **Dinh Kim Son.** Der **Dinh Cung Chuc** in dem **Dorf Trung Lap,** Distrikt Vinh Bao, weist nicht nur eine einmalige Architektur auf, es blieben auch Holz- und Tonstatuetten – besonders Tierplastiken – erhalten. Viele Feste finden in diesem Dorf statt, begleitet von Wasserpuppenspielen, Wasserbüffelkämpfen und Feuerwerkswettkämpfen. Die Truppe der Wasserpuppenspieler von Vinh Bao ist weithin bekannt.

Die Inselwelt vor der Nordostküste besitzt eine Fülle an Naturschönheiten und weiße, unberührte Badestrände, so daß sich der Tourismus dorthin verlagern wird, wenn die Wasserversorgung sichergestellt ist. Auch auf größeren Inseln mit Bergen bis 400 m ü. M. führen die Flüsse nur in der Regenzeit Wasser, so daß Wasserreservoirs angelegt werden müssen, bevor an Besiedlung und Tourismus gedacht werden kann. Vor der Mündung des Song Cam, als Windschutz für Stadt und Hafen Hai Phong, liegt in der Bai Tu Long-Bucht der **Cat Ba-Archipel** mit der Hauptinsel Cat Ba (188 km^2) und 366 kleineren Inseln und aus dem Meer aufragenden Felsen (insgesamt 300 km^2) mit zum Teil herrlichen Naturstränden, unerforschten Grotten und einer unberührten Tier- und Pflanzenwelt. Auf der Hauptinsel Cat Ba, 80 km von Hai Phong entfernt, entstand in einem großen Forst ein Naturschutzpark, der auf 570 Hektar einer Flora und Fauna mit über 600 verschiedenen Baum-, Pflanzen-, Vogel- und anderen Tierarten Lebensraum bietet. Die Insel ragt bis zu 200 m ü. M. auf und wurde durch eine Straße erschlossen.

Hai Phong – Ha Long (75 km)

Es besteht täglicher Bootsverkehr von Hai Phong nach Ha Long. Auf der Straße 10 und 18 sind es 75 km mit zwei Fährüberfahrten. Die Binh-Fähre führt im Hafen von Hai Phong über den Song Cam. Die Überfahrt mit der Autofähre dauert sechs Minuten, die Wartezeit ist meistens länger. Bis zur Rung-Fähre über den Bach Dang sind es 18 km. Dreimal entschied sich auf dem Bach Dang das Schicksal des Reiches Dai Viet im Kampf gegen

China. Im Jahre 938 begann mit dem Sieg des Ngo Quyen die Unabhängigkeit des Landes (s. S. 51). Im Jahre 981 siegte General Le Hoan, der spätere König Le Dai Hanh, über die Truppen der Song-Dynastie, und im Jahre 1288 schlug General Tran Hung Dao die Yuan-Dynastie (s. S. 60). Die Überfahrt über den Bach Dang dauert je nach Wasserstand 10–12 Minuten, bei meist längerer Wartezeit. Aus der Flußlandschaft ragen verwitterte Kalksteinfelsen auf, zwischen ihnen kreuzen Dschunken und Sampan. Große Fischernetze hängen am Ufer zum Trocknen. Die restlichen 57 km nach Ha Long führen durch eine veränderte Landschaft, deren ärmere Böden nur spärlichen Bewuchs zulassen. Blaugrüne Buchten wechseln mit Steilufern und Felsen.

Ha Long ist der Name einer 1500 km^2 großen Bucht in der Provinz Quang Ninh. Es gibt weder einen Ort noch eine Insel dieses Namens. Hotels und Sanatorien bezeichnen ihren Standort mit Ha Long. Weil Grundwasser fehlt, konnte kein größerer Ort entstehen, das Wasser muß von den Bergen aufgefangen werden, auch die Hotels haben bisher noch Wasserprobleme. Der **Strand Bai Chay,** unterhalb der Touristenhotels, zählt nicht zu den schönsten, aber der Blick von der Steilküste über die Ha Long-Bucht und den Naturhafen ist unvergleichlich. Der Hafen ist maximal 100 m, durchschnittlich 25–30 m tief und kann von Schiffen bis 30 000 BRT angelaufen werden, die meisten davon sind Kohletransporter nach Japan. Wenn die Nebel fallen, erinnern sie an die Sage von der Drachenmutter, die von den Bergen herabstieg. Ha Long heißt ›Herabsteigender Drache‹. Es gibt dazu viele Sagen und Legenden, die in immer neuen Versionen erzählt werden. Von den Hotels sind es 5 km in die Bergbaustadt **Hon Gai,** die unter einem gewaltigen Kalksteinfelsen liegt und von Kohlestaub überzogen ist. In der Stadt gibt es viele chinesische Tempel. Bis 1979 lebten hier auch viele chinesische Bergleute und Fischer. Der Fischmarkt liegt im Dschunkenhafen, wo die Fischer ihre Fänge anlanden: kleine Haie und Wale, große Tintenfische, etwa 18 Fischarten aus dem flachen Meer und 20 aus der Tiefsee. Dazu Schalentiere, Seegurken, Seetang, Korallen, Muscheln und Schnecken, die zu

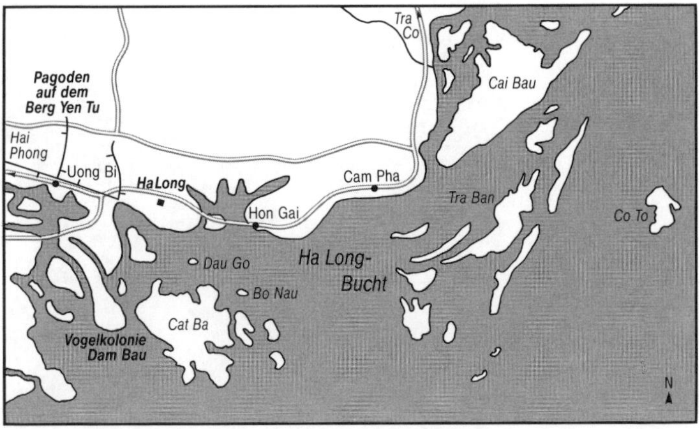

Ha Long-Bucht

Andenken verarbeitet werden. In der Trokkenzeit kämpft auch die Stadt mit ihren etwa 500 000 Einwohnern mit Wasserproblemen.

Luc Hai (blaue See) wird die Inselwelt zwischen Hai Phong im Süden und Kap Ngoc, dem Jadekap im Norden nahe der chinesischen Grenze genannt. Auf 100 km gibt es ca. 1600 Inseln, die einen Namen haben, sowie unzählige namenlose. In der Ha Long-Bucht allein sollen es tausend bis zweitausend sein, niemand kennt die genaue Zahl. Darunter sind Inseln, Inselchen oder auch nur Felsen, die aus dem Meer aufragen, manche bewaldet, andere nur von bizarren, verkrüppelten Bäumen oder Büschen bestanden. Mindestens drei Stunden dauert die Bootsfahrt durch die küstennahen Gewässer, auf der man Frachtschiffen begegnet, häufiger aber Dschunken mit weißen, roten und schwarzen, geflickten Segeln. Es gibt Inseln, die versteinerten Tieren gleichen, einer Kröte oder Schildkröte, kämpfenden Hähnen oder einem mächtigen Stier, nach denen sie auch benannt sind. Andere, um die sich Legenden gebildet haben, sehen wie Menschen aus und heißen ›Fischer-Insel‹ oder die ›Insel der Schlafenden Jungfrau‹. Auf einer soll ein Tiger gehaust haben, auf den meisten leben nur Affen, Schlangen und Bergziegen. Nur 15 sind ständig besiedelt, auf anderen halten sich die Fischer nur während der Fangzeit auf. Auf der **Insel Bo Nau** (›Höhle der Vögel‹) gibt es Vogelkolonien, durch die zwei Meter lange Höhle der **Insel Luon** fahren die Boote hindurch zur anderen Seite.

In der Ha Long-Bucht

Höhle auf Bo Nau, Ha Long-Bucht

Provinz Quang Ninh

Die Provinz im Nordosten Vietnams grenzt an China. Im Südwesten ist sie gebirgig, von Tien Yen nach Nordosten bis Mong Cai an der chinesischen Grenze erstreckt sich die größte Küstenebene des Bac Bo. An der alluvialen Küste wachsen Mangrovenwälder. Landeinwärts am Fuße der Berge liegt eine hügelige Ebene. Der Wald ist seit langer Zeit vernichtet, Büsche und Gras wachsen an den sanften Hängen. Auf der Küstenebene siedeln Hoa, in den Bergen Thai und Nung. Flüsse steigen in der Regenzeit an und versiegen in der Trokkenzeit, dann dringen die Gezeiten weit ins Land, versalzen es, und machen die Anlage von Wasserreservoirs notwendig. Bei Tien Yen reichen die Hügel bis an die Küste.

Die Region ist reich an Bodenschätzen, Eisenerz, Kaolin, Tonerden, Antimon, Quecksilber und Bauxit. In die Häfen Cua Ong und Cua Luc können 10 000 BRT-Schiffe einlaufen. Auf den Inseln gibt es bisher ungehobene Bodenschätze sowie Sand und Kies für die Kristallherstellung. Den Reichtum der Provinz machen die Anthrazitvorkommen im Raum Mong Duong – Pha Lai aus.

Manche Inseln haben schöne, weiße Badestrände. Vier Kilometer von Hon Gai entfernt, auf der **Insel Hang Dau Go** (auch **Giau Go** genannt, ›Versteck der Holzstangen‹), soll General Tran Hung Dao die riesigen Pfähle verborgen gehalten haben, die – in den Song Bach Dang gerammt – zur tödlichen Falle für die Schiffe der Yuan-Dynastie wurden. In der ersten Höhle hinter dem 30 m hohen Eingang können einige hundert Menschen Platz finden, die zweite ist lang und schmal, in der dritten, tiefer gelegenen, tropft Wasser von den Wänden. Wie in den meisten Höhlen wachsen Stalagmiten aus dem Boden, hängen Stalaktiten von der Decke, die aussehen wie verwunschene Menschen, Tiere oder Pflanzen. Wenn man sie berührt, erklingt ein feiner Ton.

In die faszinierende Inselwelt vorzudringen ist zeitaufwendig.

Ha Long – Tra Co (100 km)

Der Weg zum schönsten Badestrand des nördlichen Vietnam führt vorüber an den Kohlebecken Hon Gai und Cam Pha. Im Stadtteil Cua Ong in **Cam Pha** liegt auf einem Hügel der **Den Cua Ong** für Tran Quoc Tang, den zweiten Sohn des Tran Hung Dao, der ebenfalls ein berühmter General war.

Zwischen Tien Yen und Mong Cai haben die Flüsse an ihren Ufern alluviale Terrassen aufgebaut. Die Grenzstadt **Mong Cai** am Song Bac Luan ist bekannt für ihre Keramik.

Tra Co liegt auf einer Halbinsel, deren Südspitze, das Kap Ngoc (Jadekap), von blaugrünem Meer umspült ist. Die 10 km lange, weiße Sandbank ist je nach Stand der Gezeiten bis zu mehr als 100 m breit, sie hat Tra Co den Ruf eines Seebades eingebracht, obwohl eine touristische Infrastruktur noch fehlt. Tra Co besitzt auch einen dinh, der den Besuch lohnt.

(Rückfahrt nach Hanoi über Hon Gai – Ha Long – Hai Phong.
1. Variante: Ha Long – Uong Bi – Mao Khe – Chi Linh [Con Son] – Bac Ninh = ca. 135 km.
2. Variante: Straße 5 bis Phu Tuy und zur Chua Dau und Chua But Thap)

Ha Long – Uong Bi – Chi Linh (Con Son) – Bac Ninh – Hanoi (ca. 135 km)

Vom Uong Bi führt der Weg zum **Berg Yen Tu.** 1237 zog sich König Tran Thai Tong eine Zeitlang in die Van Tu-Pagode auf dem Yen Tu zurück, erschreckt von der Grausamkeit des Premierministers Thu Do, und schrieb zwei Essays über den Meditationsbuddhismus. König Tran Nhan Tong gründete 1299 auf dem Berg Yen Tu die Meditationssekte des Bambuswaldes (Truc Lam, s. S. 107). Seine beiden Nachfolger Phap Loa und Huyen Quang verkündeten die Lehre von Yen Tu bis 1334 weiter. Nhan Tong, der sich ›Eremit des Bambuswaldes‹ nannte, zog sich nach Beendigung der Mongolenkriege 1293 in die ›Klause der Schlafenden Wolke‹ zurück. Sein Sohn und Nachfolger Tran Anh Tong ließ seine Asche im Thap Pho Minh, in Nam Dinh, der Heimat der Tran-Dynastie, beisetzen. Die Gräber der späteren Tran-Könige wurden am Berg Yen Tu angelegt und im 19. Jh. von

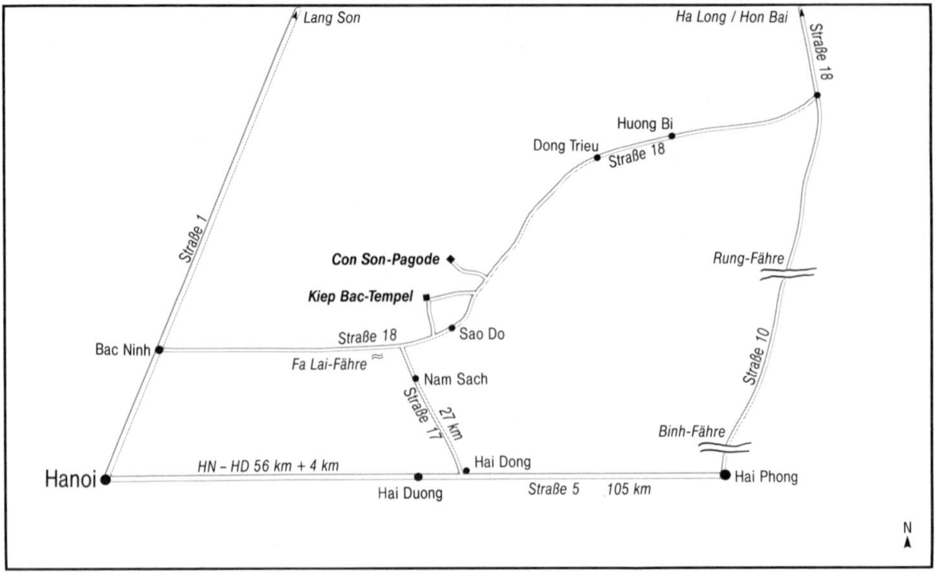

Skizze Ha Long-Con Son-Hanoi

König Nguyen Minh Mang mit Stelen gekennzeichnet. Auf dem Berg befinden sich auch viele thap, Beisetzungsstätten von Äbten und Mönchen. Ein kurvenreicher Weg windet sich über Steinstufen unter hohen Kiefern zum Gipfel. Im unteren Teil des Berges liegen der Chua Cam Tuc (die Fastenpagode) und der Chua Lan, weiter oben der Chua Hoa Yen.

Der schönere Weg von Ha Long nach Hanoi folgt der Straße 18 am Rand der Gebirge durch die Provinz Quang Ninh über Uong Bi, Mao Khe und Dong Trieu. Ausgangspunkt für den Besuch des Gebietes von Con Son ist der Distrikt Chi Linh im Nordteil der Provinz Hai Hung.

Con Son ist verbunden mit drei bedeutenden Männern der vietnamesischen Geschichte. In der Gemeinde Cong Hoa befand sich ein Meditationszentrum der buddhistischen Truc Lam (Bambuswald-Sekte), die König Tran Nhan Tong im Jahre 1299 auf dem Berg Yen Tu gegründet hatte. Im 15. Jh. zog sich der Stratege, Staatsmann und Dichter Nguyen Trai hierher in seinen Geburtsort zurück. 5 km entfernt lag die Garnison des Generals Tran Hung Dao, der sich nach seinem Sieg über die Mongolen in die Stille der Berge von Kiep Bac zurückzog.

Von Ha Long kommend gilt der Besuch zunächst der **Chua Hun** für den König Tran Nhan Tong und den Dichter Nguyen Trai. Die heutige, auch Chua Con Son genannte Pagode entstand an der Stelle einer kleinen, im 13. Jh. für den Gründer der Truc Lam-Sekte gebauten. Sie hat hochgeschwungene Dächer, die mit Drachen geschmückt und mit Ziegelsteinen in Form von Maulbeerblättern gedeckt sind. Der chua wurde mehrfach restauriert und birgt Statuen von König Tran Nhan Tong und den beiden ihm folgenden Sektenführern sowie eine Statue des Dichters Nguyen Trai. In der Umgebung der Pagode stehen 14 Stelen aus dem 17. Jh. sowie einige kleinere Stupas. Hinter der Pagode führt ein Weg aufwärts zu der Quelle Con Son. Auf den beiden flachen Steinen an ihrem Rand soll Nguyen Trai gesessen haben, wenn er über die schöne Landschaft seiner Heimat schrieb. An der anderen Seite der Pagode führen 600 Stufen auf den Berg Con Son. Seine Kuppe ist flach und wird *Ban Do Thien* (Schachbrett der Götter) genannt. In der Ferne liegt das Phuong Hoang, das Phönixgebirge.

Fünf Kilometer entfernt im **Dorf Hung Dao,** ebenfalls im Distrikt Chi Linh, liegt der **Den Kiep Bac** für den General Tran Hung Dao. Er wurde im 13. oder Anfang des 14. Jhs. erbaut und im 19. Jh. erneuert. Kiep und Bac sind die alten Ortsnamen der heutigen Dörfer Van Yen und Duc Son. Der Tempel besitzt sieben Bronzestatuen: für den General, seine Frau, seine beiden Töchter und seine drei Generäle, außerdem vier Altäre für seine vier Söhne. Das Tempelfest findet am 20. Tag des 8. Mondmonats statt. Hinter dem Tempel erheben sich die Ketten des Drachengebirges, die südliche wird *Nam Tao,* die nördliche *Bac Dao* genannt, nach den Sterngöttern, die gleichzeitig die Götter des Südens und Nordens sind. Die Berge heißen wegen der dort wachsenden Heilkräuter im Volksmund *Duoc Son* (Heilmittelberge).

Die Rückfahrt nach Hanoi kann auf drei Wegen erfolgen: Wenige Kilometer vor der Fähre Fa Lai führt die Straße 17 nach links und erreicht nach 27 km die Straße 5 bei Hai Dong und nach weiteren 56 km Hanoi. Von der Straße 5 kann man bei Phu Thuy, 20 km vor Hanoi, nach rechts abbiegen und einen Ausflug (s. S. 357) anschließen. Ein dritter Weg folgt der Straße 18 über die Fa Lai-Fähre nach Bac Ninh, der Hauptstadt der Provinz Ha Bac, und nach 85 km erreicht man Hanoi. In diesem Falle lassen sich im Kreis Que Vo im **Dorf Nam Son** noch der **Chua Dai Lam** – auch als Chua Dam bekannt – und der **Chua Ham Long** besichtigen. Im **Dorf Van Duong** gibt es den **Den Van Mau** und den **Nghe Chu Mau.**

Hanoi – Mai Chau – Hoa Binh – Son La – Dien Biền Phu

(Ein lohnender Tagesausflug Hanoi – Hoa Binh oder 2-Tage-Ausflug Hanoi – Mai Chau – Hoa Binh mit Übernachtung in Hoa Binh. Der 5-Tage-Ausflug Hanoi – Hoa Binh – Son La – Dien Bien Phu ist sehr anstrengend, nur bei Interesse für Bergvölker oder Dien Bien Phu).

Von Hanoi nach Mai Chau sind 140 km zurückzulegen. Von der Straße 6 nach Südwesten, über Ha Dong und Hoa Binh, zweigt hinter dem Ort Suoi Rut eine schlechtere Straße nach Süden ab und erreicht nach 25 km Mai Chau. 40 km hinter Hanoi beginnt die

Provinz Lang Son

Lohnend ist eine Fahrt in die Provinz Lang Son mit der gleichnamigen Provinzhauptstadt (157 km von Hanoi). Sie führt durch die an Kunstdenkmälern reiche Provinz Ha Bac und in die Provinz Quang Ninh. Lang Son ist die Grenzprovinz zu China, über deren Pässe die chinesischen Armeen immer wieder nach Vietnam vorgedrungen sind, zum letzten Mal 1979 bei dem ›Straffeldzug‹. Das ›Tor von Chi Lang‹ liegt 60 km von der chinesischen Grenze und nur 110 km von Hanoi entfernt. Im Jahre 981 verteidigte Le Hoan, der General der Dinh-Dynastie, der die Frühe Le-Dynastie gründete, das Tal. Die Tay-Minderheit stand 1076 gegen chinesische Truppen auf. 1285 wurden die Mongolen geschlagen und 1427 erlitten die Truppen der Ming-Dynastie ihre endgültige Niederlage in Chi Lang.

Auch die Eisenbahnlinie Ho Chi Minh-Stadt – Hanoi – Beijing nimmt ihren Weg über Lang Son zu der vierzehn Kilometer entfernten Grenzstation Dong Dang für Eisenbahn und Straße. Nach 1979 waren beide unterbrochen, seit 1989 ist auch die Eisenbahnverbindung wieder hergestellt, der Grenzübergang ist derzeit für Ausländer noch nicht offen. Die Eisenbahn führt von hier aus nach Nordkorea oder nach Beijing und weiter durch den asiatischen Teil der Russischen Republik nach Europa.

In der Provinz Lang Son leben Vietnamesen und viele Minderheiten wie Tay, Nung, Zao, Hoa (Chinesen), Ngai und Hmong (Meo). 80 % des Landes sind mit bewaldeten Bergen bedeckt, in denen Edelhölzer (darunter Eisenholz) wachsen und Tiger, Panther, Bären, Schuppentiere, Gemsen u. a. leben. Pilze und andere Forstprodukte werden ausgeführt. Der Tabak aus Lang Son ist wegen seines feinen Geschmackes und der gelben Farbe bekannt. Kohle wird in Na Duong, Phosphat in Vinh Tinh abgebaut. Der Song Ky Cung fließt als einziger Fluß der Provinz in nördlicher Richtung nach China.

Die **Stadt Lang Son** besaß eine starke Festung Than Tien. Auf den nahen Markt Ky Lua kommen die Minderheiten, besonders Nung und Tay, um ihre Erzeugnisse anzubieten. *Sli* und *luon,* die Wechselgesänge der Männer und Frauen, sind hier zu hören.

Die **Tam Thanh-Grotte** besteht aus drei Höhlen (Nhat Thanh, Tam Thanh und Nhi Thanh) mit einer Pagode, in der die Statue von Ngo Thoi Si, einem Gouverneur von Lang Son unter der Le-Dynastie, verehrt wird. Der Felsen To Thi oder Vong Phu (›den Gatten erwarten‹) ist von Legenden umrankt. Er gleicht einer Frau mit einem Kind im Arm, sie soll solange nach dem Gatten Ausschau gehalten haben, bis sie zu Stein wurde. Ähnliche Steine gibt es auch an anderen Stellen in Vietnam.

Von Lang Son führt eine Straße über das Gebirge in die Provinz Quang Ninh, nach Ha Long und Hai Phong.

Landschaft der bizarren Kalksteinfelsen im Tal des Song Da, des Schwarzen Flusses, an dem mit Hilfe der UdSSR das bisher größte Kraftwerk im Bac Bo gebaut wurde.

Um **Mai Chau,** in einem Taleinschnitt gelegen, siedeln Thai-Stämme, oft mehr als 50 Großfamilien in einem Dorf. Sie bauen bewässerten Reis, ihre beste Einkommensquelle ist die Goldwäscherei an Flüssen, wobei das Gold mit Hilfe von Quecksilber ausgeschieden wird. 60 km beträgt die Rückfahrt nach Hoa Binh.

Hoa Binh liegt 295 m hoch am Song Da. Verfallene Verteidigungsanlagen in der Umgebung sind Zeugen vieler Aufstände und Kämpfe während der Kolonialzeit. Die fruchtbare Reislandschaft ist von Bergen umgeben. In den Bergschneisen siedeln die Muong, eine den Vietnamesen verwandte Minderheit (s. S. 140), die auf dem Morgenmarkt in Hoa

Provinz Cao Bang

Die Fahrt hierher ist beschwerlich, zeitraubend und nur bei besonderem Interesse für Gebirgslandschaft, Minderheiten oder für die Entwicklung des Widerstandskampfes unter Ho Chi Minh zu empfehlen. Die Straße 3 von Hanoi in die Provinz Cao Bang mit der gleichnamigen Provinzhauptstadt am Song Bang (317 km von Hanoi) führt durch die Provinzen Vinh Phu und Bac Thai über Pässe und Gebirgsstraßen. Zu 90 % besteht die Provinz aus bewaldetem Bergland, auf den 7,8 % kultiviertem Land wird Reis und Mais angebaut. Hergestellt werden Web- und Korbwaren, in den Bergen wachsen Heilpflanzen, darunter eine Art falscher Ginseng. Über 3000 km Ströme und Flüsse eignen sich zum Ausbau der Energiewirtschaft.

Die Bodenschätze der Provinz wurden häufig zum Anlaß von Auseinandersetzungen mit China. Außer Braunkohle wurden Zinn, Wolfram, Magnesium und Phosphate gefunden. Nach der Entstehung des Staates Dai Viet beanspruchten beide Staaten die Goldminen, daher bestand lange Zeit keine feste Grenzziehung. Die heutige Grenze erstreckt sich über 314 km. Die Konzessionen für den Bergbau befanden sich häufig im Besitz von Chinesen. Im 16. Jh. konnte die aus dem Delta des Roten Flusses vertriebene Mac-Dynastie sich mit Hilfe Chinas vorübergehend ein unabhängiges Herrschaftsgebiet in Cao Bang sichern. Aus dieser Zeit blieben im Gebirge Reste der Schutzwälle der Mac erhalten.

In den Bergen ist das Wetter kühl, im Winter kann Schnee fallen. Die Bevölkerung besteht aus Vietnamesen, 41 % Tay und anderen Minderheiten wie Nung, Dao und Meo. Ho Chi Minh kam nach 30jähriger Abwesenheit zunächst nach Pac Ho, einem Weiler in der Gemeinde Truong Hoa, 60 km von Cao Bang entfernt. Zwischen 1945 und 1954 lebte er in der Nähe, in der Höhle Coc Bo.

In den Gebirgen locken Wasserfälle und Seen als Erholungsgebiete. Sie müssen für den Auslandstourismus noch erschlossen werden. Zu den schönsten Gebieten gehört der **Thang Hen-See** mit einem Durchmesser von 1000 m, umgeben von Kalksteinbergen und Wäldern, nordöstlich von Cao Bang. Weiter nordwärts, im Distrikt Trung Khanh, stürzt der Song Quy Xuan in einem 30 m hohen Wasserfall zu Tal. In seiner Umgebung wachsen wilde Orchideen, und es besteht die Möglichkeit zur Jagd.

Der **See Ba Be** läßt sich auf einem Umweg besuchen. Er liegt an der Grenze zur Provinz Bac Thai in den Bergen von Bac Can (145 m ü. M.), umgeben von 800 m hohen Bergen und Kalksteinfelsen. Neun Kilometer ist er lang und 0,5 bis zwei Kilometer breit, und er besteht aus drei Teilen. Gespeist wird er von Bergflüssen, darunter dem Ba Be, und er ergießt sich in den Song Be Cam. Der Ho Ba Be ist bis zu zehn Meter tief, besitzt zwei Inseln und ist umgeben von grünen Ufern. Er verfügt über eine reiche Flora und Fauna, darunter eine vielfältige Vogelwelt. Trotz seiner Größe ist der See glatt wie ein Spiegel.

Binh anzutreffen sind. Das Muong-Dorf Ban Dam liegt 8 km, das Dorf Giang 5 km entfernt, inmitten bewässerter Reisfelder. Die Großfamilien leben in auf Pfählen gebauten Gemeinschaftshäusern und halten Schweine, Geflügel und Wasserbüffel. Jede Familie hat eine eigene Feuerstelle innerhalb des Hauses. Die Frauen tragen Röcke. In Hoa Binh tanzen die Muong Tänze in ihren Trachten für die Touristen und bieten *ruou can,* ein alkoholisches Getränk, an: ruou (aus Klebreis), das aus can (Bambusrohr) getrunken wird.

Auf der Rückfahrt nach Hanoi (80 km) läßt sich eine Bootsfahrt auf dem Stausee des Song Da und der Besuch einiger Höhlen der Hoa Binh-Zeit arrangieren. Vorherige Anmeldung zum Besuch der Höhlen ist erforderlich. Die Landschaft ist sehr abwechslungsreich, der Besuch der Minderheiten vermittelt einen Eindruck von ihrem Leben.

Hanoi – Hoa Binh – Son La – Dien Bien Phu

(5 Tage [davon 4 Fahrtage im Jeep] ohne Besichtigungen in Hoa Binh. Insgesamt ca. 1100 km, schlechte Straße und sehr einfache Unterkünfte in Son La und Dien Bien Phu. Nur in der Trockenzeit möglich)

Die Region liegt südlich des Hoang Lien Son. Seine Berge und die südlicheren Ketten, die kaum höher als 2000 m. ü. M. sind, bestimmen den Lauf der Flüsse, Klima, Flora und Fauna und die Wirtschaft der Region. Die hügeligen Plateaus mit größeren Siedlungen liegen 500–700 m hoch. Verwitterte und verkarstete Kalksteingebirge lassen die Feuchtigkeit schnell versickern, so daß viele Gebiete unter Trockenheit leiden. Das Gebirge bewahrt die Provinzen Son La und Lai Chau vor kalten Wintermonsunen. Im Januar, dem kältesten Monat, sinken die Durchschnittstemperaturen nicht unter 11°, im Sommer steigen sie bei heißen Föhnwinden aus Laos bis 27°. Die Regenzeit dauert gebietsweise sechs Monate mit Regenmengen zwischen 1100 bis 1500 mm. Die Vegetation vieler Landstriche besteht nur aus dünnem Nadelwald oder Savannen. Jede landwirtschaftliche Nutzung setzt Bewässerung voraus, das bedeutet Auffangen des Wassers und Speicherung in Reservoirs. Dann kann Baumwolle gepflanzt werden, deren Ernte in die Trockenzeit fällt, aber auch Gemüse, Flachs und Tee. Teebüsche wachsen wild und in Plantagen und werden von den kühlen Nebeln begünstigt. Mehr als eine Million Hektar Grasland eignen sich für Viehzucht: Rinder, Wasserbüffel, Milchvieh und Schafe. Auf dem Plateau von Moc Chau, auf 11 000 Hektar Weideland, dessen natürliche Grassorten stellenweise verbessert werden mußten, entstand in einer Neuen Ökonomischen Zone mit Hilfe Kubas eine Zuchtstation für Milchkühe. Die Bergwälder wurden durch Brandrodungsbau zerstört, nur in entlegenen Gegenden wachsen noch Edelhölzer. Die Region leidet unter Mangel an Kommunikation, der durch die Straße 6 (Hanoi – Lai Chau) teilweise behoben werden konnte. Hydroelektrische Erschließung ist projektiert.

1. Etappe: Hanoi – Hoa Binh – Suoi Rut – Son La (350 km meist schlechte Straße)

Von Hanoi auf der Straße 6 bis Suoi Rut. Hinter Suoi Rut führt die Straße über den *Deo* Pha Ly (Paß Pha Ly) in die Provinz Son La. Das Moc Chau-Plateau (972 m) ist umgeben

Viehzucht auf dem Weg nach Dien Bien Phu

von Bergen. Der höchste, der Phu Dong Tinh, ist 1485 m hoch. Der Provinzstadt **Son La** (662 m) haftet noch immer ihr trauriger Ruf als Strafkolonie während der Kolonialzeit an. Das Gefängnis, Schauplatz blutig niedergeschlagener Revolten, blieb erhalten. Die Thai-Stämme haben sich der französischen Herrschaft erwehrt, die Aufstände kosteten hohe Verluste auf beiden Seiten. In der Umgebung, auf dem 500–700 m hohen Plateau, gibt es Seen, der nächstgelegene bei Nam Noi ist 8 km entfernt.

In den Bergregionen der Provinz Son La, auf hohen, steilen, wasserarmen Plateaus, siedeln die Meo. Sie bauen Mais und Flachs und züchten Schweine, Ochsen und Pferde. Nur wenig tiefer leben die Man und weiter unten, auf wasserreicheren Hochebenen, die Thai, die Reis und Baumwolle anbauen und Büffel züchten. In die Dörfer – besonders der Meo – führen keine befahrbaren Straßen, sie sind aber auf den Märkten zu treffen.

2. Etappe: Son La – Dien Bien Phu (200 km, schlechte Straße)

Der 970 m hohe Deo Pha Din bildet die Grenze zur Provinz Lai Chau. Der Ort **Tuan Giao,** auf einer mit Reis bebauten Hochebene, liegt an einer Wegekreuzung und ist Marktplatz für die Minderheiten. Die Straße 6 führt weiter in die Hauptstadt Lai Chau, der Weg nach Dien Bien Phu wendet sich nach Westen und erreicht über Muong Phan die Hochebene Muong Thanh, die von einem Kranz von Bergen umgeben ist und vom Nam

Rom und seinen Nebenflüssen bewässert wird. Muong Thanh ist der größte Ort auf dem Plateau. Die Straße folgt einem alten Handelsweg von China über Laos nach Myanmar (Birma) und Indien, den auch die buddhistischen Pilger benutzten. **Dien Bien Phu** liegt auf einem 18 km langen und 6–8 km breiten Hochplateau, der größten, fruchtbarsten und volkreichsten der fünf Hochebenen in der Region. Die Winter sind mild, im Sommer weht der heiße Laos-Wind, der Boden eignet sich für Reisanbau. In den Bergen leben viele Minderheiten, die auf den Markt nach Muong Thanh kommen. Die bekannten sind die Meo, Thai, Tay und Zao, aber es gibt auch Lu, Ha Nhi, lokale Gruppen der Phu La und Cong, Kho Mu, Xinh Mun und andere.

Die Schlacht von Dien Bien Phu hat den neun Jahre dauernden 1. Indochinakrieg beendet, aber sie kann nicht isoliert betrachtet werden. Der Kampf gegen das französische Expeditionskorps wurde von Soldaten und Guerillakämpfern, Vietnamesen und Minderheiten getragen, das in den Jahren 1953 und 1954 im Mekong- und Rote-Fluß-Delta, im Zentralen Hochland und in der Provinz Binh Tri Thien im Trung Bo operierte und die wichtige Straße von Hanoi nach Hai Phong unter Beschuß hielt. Die vietnamesische Armee kämpfte zusammen mit den Truppen der Pathet Lao (den laotischen Kommunisten) und kambodschanischen Revolutionären. Angesichts der vielen Kriegsschauplätze suchten beide Seiten nach einem die Kräfte des Gegners aufzehrenden Kampffeld. Die Franzosen glaubten, die Vietnamesen – zu einem Angriff auf die als uneinnehmbar geltende Festung Dien Bien Phu verleitet – schwächen zu können, um über Son La das Delta des Roten Flusses aufrollen zu können. Dien Bien Phu war zur Beherrschung von Südchina, Nordvietnam und Oberlaos angelegt worden. Die vietnamesische Führung war sich der strategischen Bedeutung wie auch der scheinbar unüberwindlichen Stärke der Festungsanlagen und des modernen Kriegsmaterials bewußt. General Vo Nguyen Giap beschloß dennoch, Dien Bien Phu anzugreifen, um eine Entscheidung herbeizuführen.

Im Museum von Dien Bien Phu und bei einem Besuch der Verteidigungsanlagen, besonders des Hügels A 1, wird die Kühnheit des Entschlusses und die Durchhaltekraft der vietnamesischen Soldaten deutlich, aber auch die Tatsache, daß der Sieg nur einer Armee möglich war, die vom Volk, in diesem Falle von den Minderheiten der Umgebung, getragen wurde. Das Kriegsmaterial der Vietnamesen wurde von Soldaten, Guerillakämpfern und den Minderheiten der Provinzen Son La und Lai Chau aus dem Delta des Roten Flusses auf dem Rücken, auf Fahrrädern und Booten, selten auf Lastwagen, über 500 km durch den Dschungel, über Gebirgspässe und Taleinschnitte herbeigeschleppt. General Giap schaffte sich im November 1953 Rückenfreiheit durch den Angriff und die Eroberung der Provinzhauptstadt Lai Chau, während er gleichzeitig Dien Bien Phu weiträumig umzingelte. Am 20. November 1953 brachten die Franzosen ihre Elitebataillone und Fallschirmspringer in die Festung. Inzwischen gingen die Kämpfe in Laos und im Zentralen Hochland weiter, und den Vietnamesen gelang es, auf den Basen in Cat Bi und Gia Lam im Rote-Fluß-Delta Flugzeuge zu zerstören, die für den Einsatz in Dien Bien

Phu bestimmt waren. Die Franzosen erwarteten zwar einen Angriff auf Dien Bien Phu, nicht aber, daß es General Giap gelungen war, schwere Artilleriegeschütze als entscheidende Feuerhilfe für die angreifende Infanterie in Bergstellungen zu bringen.

Dien Bien Phu bestand aus drei Sektoren auf fünf Hügeln, unterstützt von 49 stark ausgebauten Vorposten. Das Zentrum A 1 lag in Muong Thanh, dem Hauptort der Hochebene, von vier Stellungen auf Hügeln umgeben. Im Norden schützten Doc Lap und Him Lam gegen Angriffe aus Richtung Lai Chau. Ban Keo war nach Nordwesten gerichtet und im Süden, etwas weiter entfernt, sollte Hang Cum die Verbindung mit den Streitkräften in Oberlaos halten. A 1 und Hang Cum besaßen Flughäfen.

Die Angriffe des Generals Giap erfolgten in drei Phasen, wobei die zweite sich als die schwierigste, längste, aber auch wichtigste erwies. Am Abend des 13. März 1954 begann der Angriff auf den Vorposten Him Lam, der nach fünfeinhalb Stunden aufgeben mußte. Am nächsten Tag fiel Doc Lap und am 17. März Ban Keo in die Hände der Vietnamesen. Noch befanden sich die beiden Flugplätze im Besitz der Franzosen, von denen aus die Stellungen und Straßen der Angreifer bombardiert wurden. Die zweite Phase begann am 30. März und zog sich bis Ende April hin. Der erste Vorstoß galt dem Flughafen in A 1. Wichtige Positionen wechselten mehrmals den Besitzer. Die Versorgung der vietnamesischen Truppe war nur mit Hilfe von Frauen und Kindern möglich, die Munition und Verpflegung, meist in der Nacht, herantrugen. Der Ring um Dien Bien Phu hatte sich nach dem ersten Angriff enger gezogen, am Ende der zweiten Phase umschloß er den Kern der Festung A 1. Häufig landete die von französischen Flugzeugen abgeworfene Munition und Verpflegung in den Stellungen der Vietnamesen.

Der dritte Angriff am 1. Mai wurde von General Giap, aber auch von Ho Chi Minh selbst ideologisch unterstützt. Er dauerte nur sieben Tage und endete am 7. Mai 1954 mit der Aufgabe von A 1 und der Gefangennahme der gesamten Besatzung der Festung einschließlich der Offiziere und des Generals de Castries. Um 24 Uhr des gleichen Tages mußte sich auch der letzte Außenposten, Hang Cum, ergeben. Die Niederlage in Dien Bien Phu hat das französische Expeditionskorps entmutigt und die Bevölkerung in Frankreich kriegsmüde gemacht. Der 1. Indochinakrieg endete im Juli 1954 mit den Genfer Beschlüssen. Mit entschieden wurde der Sieg auf den 500 Kilometern zwischen dem Delta des Roten Flusses und der Festung, über die das Kriegsmaterial mit Menschenkraft transportiert werden mußte, von Soldaten, Frauen und Kindern, Vietnamesen und Minderheiten, so wie der 2. Indochinakrieg letztlich auf dem Ho Chi Minh-Pfad entschieden wurde.

Die Rückkehr nach Hanoi muß auf dem gleichen Wege, wieder mit einer Übernachtung in Son La, erfolgen. Dien Bien Phu wird bisher nur einmal wöchentlich von der Vietnam Airlines angeflogen.

Die Keo-Pagode (Provinz Thai Binh)

In der Provinzhauptstadt Nam Dinh der Provinz Ha Nam Ninh, 100 km von Hanoi entfernt, kreuzt die Autofähre den Song Duong, einen Arm des Roten Flusses, in die Nachbarprovinz Thai Binh. Zu der gleichnamigen Hauptstadt sind es noch 20 km. Es besteht eine Straßenverbindung Thai Binh – Hai Phong, die wegen schlechter Wegstrecken und Fährbetrieb über Flüsse sehr zeitraubend ist.

Provinz Thai Binh

Sie ist die reichste Provinz und Reiskammer des nördlichen Vietnam. Im ständigen Wettbewerb mit der Nachbarprovinz Ha Nam Ninh liegt sie meist an erster Stelle. Die am dichtesten bevölkerte Provinz im Delta des Roten Flusses mit etwa 1400 Einwohnern pro Quadratkilometer besteht nur aus Ebenen, die nur wenige Meter über dem Meeresspiegel lie-

Dachstrebe, Chua Keo, Provinz Thai Binh

gen. Die landwirtschaftliche Produktion macht 68,5 % der Gesamtproduktion aus. Neben Reis werden Obst, Gemüse, Zuckerrohr, Erdnüsse, Jute und Binsen angebaut. Kleine Industriebetriebe und Handwerker-Kooperativen erzeugen an erster Stelle Matten, Web- und Flechtwaren aus Jute und Binsen, dazu Seide, Wollteppiche und Stickereien. An der 50 km langen Küste wird Salz gewonnen, an der See und an den Flüssen Fischerei und Fischzucht betrieben.

Das **Dorf Kho** im Distrikt Tien Hung ist bekannt für seine Terrakottafiguren, die in Familienbetrieben hergestellt werden (s. S. 233).

400 Meter hinter der Fähre führt eine Straße nach rechts auf der Deichkuppe am Fluß entlang ca. 17 km bis zum **Chua Keo** in der Gemeinde Vu Nghia, Distrikt Vu Tu. Die Wachstationen auf dem Deich beobachten nicht nur den Wasserstand. Jede Beschädigung, auch durch Wühlarbeit von Nagetieren und Termiten, kann die Stabilität gefährden. Nach 15 km führt eine Straße nach links und erreicht nach 1,5 km die Pagode, die auch Chua Thanh Quang (Heiliges Licht) genannt wird. Ihr Gründungsdatum ist nicht bekannt. Anstelle eines kleinen chua stehen heute prächtige Bauwerke aus dem 16. und 17. Jh. in einer ungewöhnlich großen Anlage unter alten Bo-Bäumen, auf denen sich, wie die Vietnamesen sagen, die Geister treffen. Die Pagode wurde seitdem mehrmals erneuert und restauriert. Sie ist von einer Mauer umgeben.

Von dem *tam quan,* dem dreiteiligen Tor hinter dem Deich, blieb die mittlere Tür aus dem 17. Jh. erhalten. Ihre reiche Schnitzerei zeigt den Himmel mit Drachen und Wolken und einer Sonne mit gezackten Strahlen. Hinter dem halbmondförmigen See liegt das *tien duong* (das Vorderhaus) mit tief herabgezogenem Dach, in dessen Winkeln das Einhorn zu sehen ist, ein Symbol für Klugheit, Verstand, aber auch Barmherzigkeit. Auf dem Dachfirst tummeln sich Drachen. Stelen rechts und links vor dem tien duong berichten von den Restaurierungen. Die Säulen des tien duong, wie auch die des tam quan, stehen auf niedrigen Lotospodesten aus Stein, die Einfluß der Cham-Kunst zeigen. Die Pagode ist in Form eines liegenden H erbaut, der nachfolgende kleinere Saal für die Räucheropfer ist nahezu quadratisch.

Großartig ist die Wirkung des Hauptraumes, in dessen feierlicher Dunkelheit das Gold der Statuen nur matt schimmert. Das frühe Pantheon ging verloren, das jetzige stammt aus dem 19. Jh. Nur in der zweiten Reihe von oben blieb der Avalokitesvara aus der Mitte des 17. Jhs. erhalten, aus der gleichen Zeit stammt auch die Quan Am in der dritten Reihe von oben. Zu erkennen sind sie an dem für das 17. Jh. typischen vorspringenden Blumendekor auf den Kronen. Der Amitabha in der vierten Reihe stammt aus dem 18. Jh. Der große, ansteigende Altar ruht auf hölzernen Ständern. Links vom Altar sitzt der Himmelskönig mit seinen beiden Schreibern, rechts Tho Dia mit weißem Haar und weißem Bart, der Geist des Bodens, auf dem der chua steht.

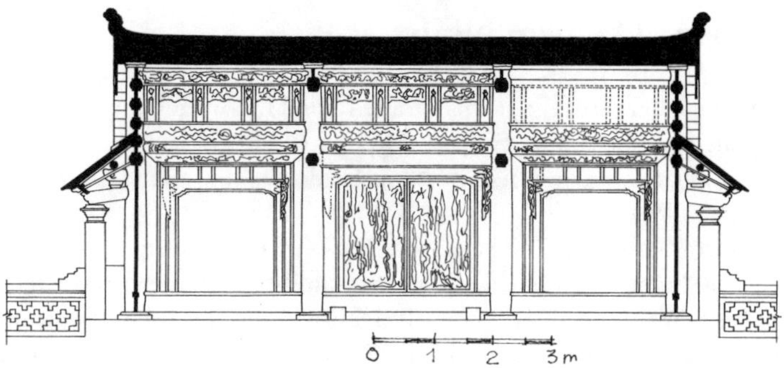

Tam quan des Chua Keo

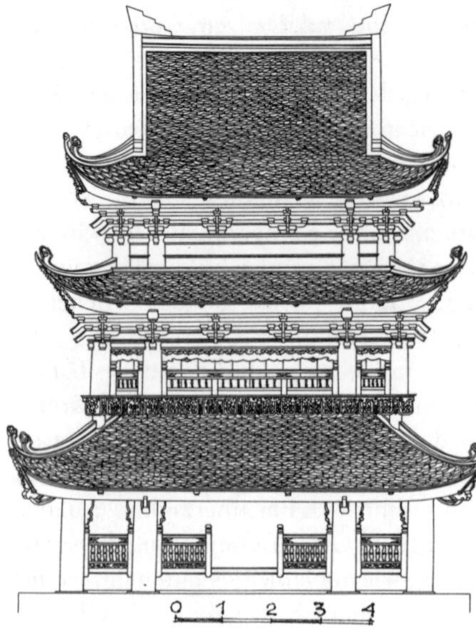

Glockenturm, Chua Keo

Hinter der Pagode, ebenfalls in Form eines liegenden H konstruiert, befindet sich der in seinen Abmessungen kleinere **Den Minh Khong** für einen berühmten Mönch der Ly-Dynastie. Als Symbol wird ein Kleidungsstück gezeigt. In dem geschlossenen Schrein auf dem Altar steht nur ein Thron.

Der Glockenturm als drittes Gebäude ist eine hervorstechende Arbeit aus dem 18. Jh., einer Zeit, zu der die Holzschnitzkunst in Vietnam noch einmal einen Höhepunkt erreichte. In den überdachten Galerien zu beiden Seiten der Höfe sind Boote untergebracht. Bootsrennen wurden früher an vielen Pagoden am fünften Mai veranstaltet, heute finden nur wenige statt, die dann mit den Pagodenfesten verbunden sind. Die Keo-Pagode feiert zwei Feste: am 4. Tag des 1. Mondmonats, noch während des Neujahrsfestes, und das Hauptfest vom 10. bis zum 16. Tag des 9. Mondmontas, an dem auch die Bootswettbewerbe stattfinden.

Weitere Sehenswürdigkeiten: Im gleichen Distrikt Vu Thu im **Dorf Song Lang** befindet sich die **Chua Hoi** und der **Den Thuong** und im **Dorf Xuan Hoa** der **Mieu Hai Thon.**

In der Bach Thuan-Gemeinde des Distriktes, am Ufer eines Flusses, wird, einer langen Tradition folgend, Obst angebaut.

Provinz Ha Nam Ninh

Die stark befahrene Nationalstraße 1 von Hanoi nach Ha Nam Ninh verläuft meist parallel zur Eisenbahnlinie Hanoi – Ho Chi Minh-Stadt. Nach 60 km zweigt die Straße nach links zur Provinzhauptstadt **Nam Dinh** ab, eine Nebenlinie der Eisenbahn nimmt den gleichen Weg.

Nam Dinh ist ein altes kulturelles Zentrum. Vor hundert Jahren machten die Franzosen die Stadt zu einem Textilzentrum und bauten Straßenviertel im französischen Kolonialstil. Während des zweiten Indochinakrieges wurden Stadt und Umgebung bombardiert, schwer beschädigt und die Straße stark zerstört. Sie wurden nur notdürftig repariert. Sehenswert ist der *Cho Rong*, der Drachenmarkt in Nam Dinh, mit allen Produkten, die die Provinz zu bieten hat.

Die Provinz liegt am Südrand des Rote-Fluß-Deltas, sie wird bewässert vom Roten Fluß, dem Song Day und Song Ninh Co, denen sie ihr fruchtbares Schwemmland verdankt. Obwohl dicht besiedelt, gehört Ha Nam Ninh zu den reichsten Provinzen und steht im ständigen Wettbewerb mit der Nachbarprovinz Thai Binh. Vier unterschiedliche Landschaften und einige Stätten von historischer Bedeutung machen die Provinz für den Tourismus interessant. Sie gestatten aber auch den Anbau und die Herstellung unterschiedlicher Produkte. An der 84 km langen Küste und an den Flüssen wird Fischerei betrieben, an der See Salz gewonnen. Schöne Strände sollen touristisch erschlossen werden. Die Flüsse führen fruchtbare Schwemmstoffe mit, eignen sich aber auch für die Energieerzeugung und bieten auch Möglichkeiten für Bootsfahrten. In der Ebene wachsen Reis, Mais, Zuckerrohr, Gemüse, Obst, Erdnüsse u. a. Etwa 300 km^2 groß ist das Gebiet der Kalksteinberge mit fantastischen Bergkegeln und Felsnadeln wie in der Ha Long-Bucht, das aber im Laufe der Jahrhunderte Festland wurde. In einem ruhigen Tal lag Hoa Lu, die Hauptstadt des Reiches Dai Co Viet. Einmalig in Vietnam ist der Dschungel von Cuc Phuong, ein Naturschutzgebiet mit vielen seltenen Pflanzen- und Tierarten.

Chua Thap Pho Minh und Den Tran

3 km vom Stadtzentrum Nam Dinh entfernt, inmitten von Reisfeldern, lag Tuc Mac, die Goldene Stadt der Tran-Dynastie. Bei Grabungen wurden Keramiken und schuhförmige

Kalksteinberge in der Provinz Ha Nam Ninh

Ziegel aus dem 13. Jh. gefunden und Reste einer 700 Jahre alten Wasserleitung freigelegt. Die Tran-Dynastie stammt von einem Fischerklan dieser Gegend.

Die beiden Sakralbauten sind von weitem erkennbar an den Baumgruppen, die sie umgeben. Der **Chua Pho Minh** ist von einer Mauer umgeben, zwischen zwei Lotosteichen im Hof der Pagode erhebt sich der Thap Pho Minh, ein 21 m hoher, sich kaum verjüngender 13stöckiger Bau. Er ruht auf zwei Steinplatten, der Ziegelsteinbau war mit einem Drachendekor geschmückt. In der Kolonialzeit wurde er mit einem Stucküberzug umgeben. Der zweite König der Tran-Dynastie ließ den Turm zur Beisetzung der Asche seines Vaters, Tran Nhan Tong, errichten. Die Ziegel tragen die Zahl 1305, das Todesjahr des Königs, der zurückgezogen auf dem Berg Yen Tu lebte.

Den Treppenaufgang zum chua schmücken zwei Drachen aus dem 13. Jh., ihre Köpfe sind 700 Jahre jünger. Sie mußten ersetzt werden, die Originale wurden in das Museum Guimet nach Paris gebracht. Das Original der schön geschnitzten Tür aus Eisenholz befindet sich im Historischen Museum in Hanoi. Der chua wurde unter der Ly-Dynastie erbaut, 1262 und auch im 14. und 19. Jh. erneuert. Der schlichte Bau zeigt hervorragende Schnitzereien. Ein liegender Buddha in der Pagode wird als König Tran Nhan Tong verehrt, der die Buddhaschaft errang. Die Glocke stammt aus dem Jahre 1792.

Ebenfalls in ummauertem Gelände unter hohen Bäumen, nur 500 m entfernt, liegen die Gedenktempel für die Tran-Dynastie und ihren berühmten General Tran Hung Dao. Der Gedenktempel für die Dynastie ist etwas vorgebaut. Das Schwert auf einem Thron symbolisiert die Herrschermacht. Während der große Altar der Verehrung der gesamten Dynastie gilt, werden dahinter auf vierzehn Thronen die vierzehn Tran-Könige verehrt.

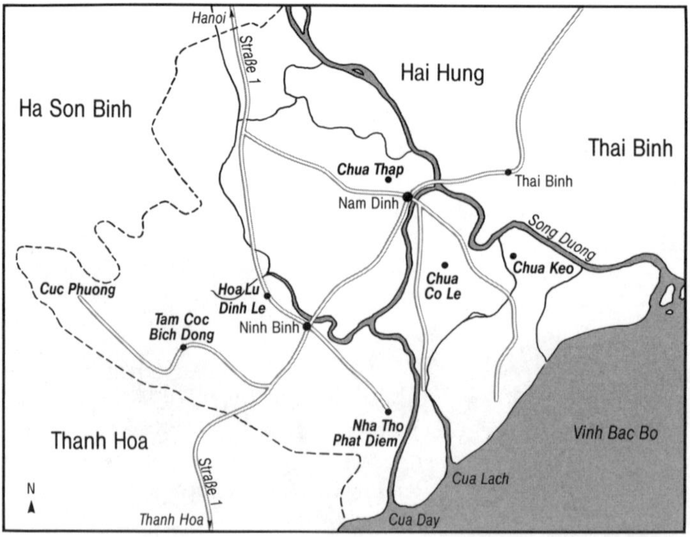

Die Provinz Ha Nam Ninh

Abweichend von der dynastischen Folge nehmen die Herrscher, die die Mongolen und die Yuan-Dynastie bekämpft haben, die mittleren Plätze ein. Ein zweiter Raum für den Vater des ersten Königs, den ›Vater der Dynastie‹, bedarf der Restaurierung.

Im rechten, etwas zurückgebauten *den* wird auf dem mittleren Thron der General verehrt, der flankiert ist von seinen beiden Brüdern. Hinter seinem Altar in der Mitte befinden sich die Statuen seiner Eltern, seitlich die seiner vier Söhne. Vor seinem Thron halten seine drei Generäle Wache, in der Mitte Pham Ngu Lao, der tapferste. Aus armer Familie stammend, mußte er sich in einem langen Zweikampf mit dem General messen, bevor dieser ihn für den Dienst des Königs verpflichtete. Links von ihm Nguyen Bao und rechts Nguyen Che Nghia, alle drei verdiente Kämpfer gegen die Mongolen.

Chua Co Le und Chua Keo

In der Reisschüssel der Provinz, 20 km südöstlich von Nam Dinh, wurde unter der Ly-Dynastie die **Co Le-Pagode** erbaut und später häufig restauriert. Der Thap Cuu Pham vor der Pagode steht auf dem Rücken einer Schildkröte, die ihn, wie die Legende berichtet, aus der Pagode trug, als er zu wachsen begann. Die 9000 kg schwere Glocke wurde im Jahr 1945 gegossen. Gläubige sollen ihren Schmuck in die flüssige Gußmasse geworfen haben. Die Pagode wurde ohne Nägel, ihre Ziegelmauern ohne Mörtelbinder gebaut. Der 21,20 m hohe Buddha, im Innern von vier Kupfersäulen gestützt, ist einer der größten in Vietnam. Den Sockel ziert das Wappen der Tran-Dynastie, Lotosblüten und Wellen. Die Statue wurde zu Ehren des Mönchs Nguyen Minh Khong errichtet, der großen Anteil an der Verbreitung des Buddhismus in Dai Viet hatte. Hinter dieser Statue auf einer Empore unter Glas eine Buddhastatue aus Sandelholz, sie ist etwa 800 Jahre alt, eine der ältesten in Vietnam.

Das Pagodenfest wird vom 13.–15. Tag des 9. Mondmonats gefeiert.

Der **Chua Keo** liegt etwa 15 km von der Co Le-Pagode entfernt in Hanh Thien im Distrikt Xuan Truong, südlich des Song Duong, nicht weit von der gleichnamigen Pagode in der Provinz Thai Binh, auf der anderen Seite des Flusses.

Das Tor zum Alten Reich

Weitere Besichtigungen lassen sich von **Ninh Binh** aus, d r zweitgrößten Stadt der Provinz, antreten. Die Fahrt von Nam Dinh nach Ninh Binh führt über die Straßen- und Eisenbahnbrücke des Song Day, aus dem ein Felsen mit der Ruine eines französischen Forts herausragt. Zur Zeit der Dinh-Dynastie, im 10. Jh., stand auf dem Felsen *Non Nuoc* (›Schöne Brise‹) ein Pavillon, in dem die Gemahlin des 1. Dinh-Herrschers, Königin Duong Van Nga, den siegreichen General Le Hoan erwartete, der gegen die Chinesen gekämpft hatte. Sie soll ihm ein königliches Gewand überreicht und die Herrschaft über das Land angetragen haben, in dem nach dem Tod des Königs Thronstreitigkeiten ausgebrochen waren. Diese Stelle des Flusses wird ›Tor zum Alten Reich‹ genannt. Die

Straße trifft dann auf die Nationalstraße 1, die links nach Ninh Binh und rechts zur alten Hauptstadt Hoa Lu führt.

Hoa Lu, Hauptstadt des Reiches Dai Co Viet

Von 968 bis 1009 war Hoa Lu, im Schutz der Kalksteinberge gelegen, Hauptstadt der Dinh- und der Frühen Le-Dynastie, die hier ihr Reich Dai Co Viet organisierten und eine schlagkräftige Armee ausbildeten.

In dem Gelände vor den heutigen Gedenktempeln lebten die Hofbeamten, direkt am Fluß befand sich das Heerlager. An der Stelle der Tempel stand die Audienzhalle, und hinter dem Hügel *Ma Yen* (Pferdesattel) lag der Innere Palast.

Der *den* für den König Dinh Tien Hoang ist von einer Mauer umgeben und durch ein Tor zu erreichen. Er liegt am Fuße des Hügels Ma Yen, auf dem sich sein Grab befindet, über mehr als 300 Stufen zu erreichen. Der Gedenktempel wurde im 11. Jh. erbaut und danach häufig erneuert – als Erinnerung an den König, der dem unabhängigen Staat Dai Co Viet zu innerer Einheit und Ordnung verhalf. Sein Thron nimmt die Mitte des Tempels ein. Die Statue des Königs – die älteste eines vietnamesischen Herrschers – ist von seinen drei Söhnen umgeben. Beim Tempelfest wird der Thron auf den Steinsockel vor dem Tempel gesetzt, davor ein Weihrauchbecken. Das Drachenbrett dient zum Ablegen der Opfergaben, rechts und links werden Fahnen aufgestellt. Der etwas kleinere Tempel für den späteren König Le Dai Hanh, der hier aber als der siegreiche General Le Hoan verehrt wird, liegt rechts vom Dinh-Tempel, von Nam Binh kommend vor diesem. Auch Touristen sollten dem König Dinh Tien Hoang zuerst einen Besuch abstatten. Der **Den Le Hoan** wurde im 17. Jh. von der Späten Le-Dynastie erbaut. Zunächst fand nur die Statue des Generals darin Aufstellung. Die Statue der Königin, die zuvor die Gemahlin des Königs Dinh Tien Hoang gewesen war, zu seiner Rechten und beider Sohn zu seiner Linken, wie auch ein Thron ohne Statue für die Tochter aus der ersten Ehe der Königin, die ihr gefolgt war, sind erst später hinzugekommen.

Als der erste König der Ly-Dynastie, Ly Thai To, 1010 seine Hauptstadt von Hoa Lu nach Thang Long (Hanoi) verlegte, gab er der alten Hauptstadt den Ehrennamen *Truong An Phu,* Stätte des Ewigen Friedens.

Das Tempelfest in Hoa Lu wird an beiden Tempeln am 3. Tag des 3. Mondmonats gefeiert.

Tam Coc und Bich Dong

Beides sind Ziele eines lohnenden Halbtagsausflugs von Ninh Binh aus in das Kalksteingebirge. Von dem Weiler Dam Khe des Dorfes Ninh Hai fahren kleine Ruderboote in die **Tam Coc,** die drei Höhlen. Die Fahrt dauert etwa drei Stunden, die Höhlen werden durchfahren und sind ungefähr 100 m lang, dazwischen staut sich der Fluß, bizarre Felswände steigen senkrecht aus dem Wasser auf, in den Felsen hausen Bergziegen und Affen,

Bei Ninh Binh

an den Ufern bauen die Bauern ihren Reis an. Es ist eine bezaubernde, stille Landschaft, in der besonders 1953 der erbitterte Unabhängigkeitskrieg getobt hat.

Etwa 2 km tiefer im Tal – in der Regenzeit muß die Strecke evtl. zu Fuß zurückgelegt werden – haben 1228 zwei Mönche drei Pagoden, **Bich Dong,** erbaut, zu denen eine 200 Jahre alte Steinbrücke führt. Die untere Pagode liegt zu Füßen des Berges, die beiden anderen sind in Höhlen hoch im Felsen erbaut. Der Ausblick ist unvergleichlich.

Der Urwald Cuc Phuong

In das 1959 entdeckte Dschungelgebiet führt von der Nationalstraße 1 bis zum Rand des Naturschutzgebietes eine 40 km lange, teilweise schlechte Straße. Die höchste Erhebung ist 637 m hoch. Es gibt zwei uralte Bäume mit einem Umfang von 10 Metern. In diesem Gebiet liegen einige Höhlen, in denen Funde aus der Hoa Binh-Kultur (s. S. 137) gemacht wurden. Aus wilden Aprikosen und wildem Honig wird *mo* herstellt, ein süßer Wein, der, wie auch grüner Tee, exportiert wird. Nur im Urwald wächst der Kim Giao-Baum, dessen Namen die Legende erklärt: Ein Junge namens Kim und das Mädchen Giao liebten sich, aber ihre Familien waren nicht ebenbürtig. Die beiden stürzten sich, weil sie sich nicht trennen wollten, in einen Fluß. Als an dieser Stelle ein Baum wuchs, den niemand zuvor gesehen hatte, wurde er Kim Giao genannt. Aus seinen Wurzeln, Blüten und Blättern wird Medizin hergestellt und aus seinem Holz Eßstäbchen, die im ganzen Land berühmt sind. Am Königshof wurden sie für die Giftprobe benutzt, sie sollen sich bei der Berührung mit pflanzlichen Giften verfärben.

Phat Diem

Die Kathedrale liegt 28 km von Ninh Binh entfernt in der Gemeinde Luu Phong der Stadt Phat Diem. Sie war eine der ersten großen christlichen Bauten und wurde 1891 von dem vietnamesischen Pfarrer Sau im Stil einer Pagode erbaut. Im 2. Indochinakrieg erlitt sie schwere Bombenschäden, ist aber restauriert.

Provinz Thanh Hoa

(Den Ba Trieu – Zitadelle der Ho-Dynastie – Gräber der Le-Dynastie in Lam Son – Dong Son Kultur – Strand Sam Son)

Bis zum 6. Jh. hieß die Provinz *Cuu Chan,* ab 549 *Cau Ai.* Sie war Grenz- und Kampfgebiet gegen Champa. Erst die Tran-Dynastie nannte Provinz und Hauptstadt Thanh Hoa. 85 % der Bevölkerung sind Vietnamesen, in den Bergen leben Muong, Thai, Dao und Meo. Thanh Hoa liegt südlich des Rote-Fluß-Deltas. Der Song Ma und Song Chu bilden eigene Deltas. Zwanzig Flüsse und Ströme bewässern die Provinz, der längste, der Ma (382 km), bewässert 10 000 Hektar Ackerland. Geographisch reicht Thanh Hoa von den Bergregionen an der Grenze zu Laos, wo Edelhölzer wachsen, über das Hügelland – auf dessen Hochflächen Zimt angebaut wird – bis in die Ebene mit Reis-, Mais-, Süßkartoffel-, Zuckerrohr- und Erdnußfeldern. An Bodenschätzen haben Chrom in Co Dinh und Mangan in Nghia Trang die größte Bedeutung. An der 102 km langen Küste wird Fischerei betrieben.

Das Gebiet von Thanh Hoa ist von großer kultureller Bedeutung. Die Dong Son-Kultur, die vietnamesische Bronzezeit, die Herstellung von Keramiken und Schmuck gehen bis in das 1. Jahrtausend v. Zt. zurück. Der bedeutendste Fundort, das Dorf Dong Son, liegt am Song Ma.

Der direkte Weg von Hanoi nach Thanh Hoa führt über die Nationalstraße 1 durch die Provinzen Ha Son Binh und Ha Nam Ninh.

Den und Lang Ba Trieu

Von Tam Diep an der Grenze der Provinz bis in die Stadt Thanh Hoa sind es 51 km. Nach 30 km liegt links der Straße auf dem Nui Voi, dem Elefantenberg, einem Hügel im Dorf

Übersichtskarte Vietnam von Thanh Hoa bis Quang Tri

Phu Dien, Distrikt Hau Loc, der **Den Ba Trieu** für die Freiheitskämpferin des 3. Jhs., Trieu Au, auch Hoa Trieu Thi Trinh genannt, die in goldener Rüstung auf ihrem Kriegselefanten ritt (s. S. 50). Das heutige Bauwerk stammt aus dem 19. Jh. In der Nähe befindet sich auch die Grabstätte.

Ein Kinderlied singt von Trieu Au:
»Schlaf Kind, schlaf, Deine Mutter geht Wasser holen,
den goldenen Sitz des Elefanten zu waschen.
Laß uns zum Hügel aufsteigen, um die Dame Trieu zu

sehen auf ihrem Elefanten, wie sie den Gong schlägt.
Laß uns Brokatbeutel füllen, rosenrote Seidenbeutel
mit Betel für unsere Männer, die in den Krieg ziehen.«

Vor kurzer Zeit wurde am Berg Nua, wo der Aufstand der Trieu Au stattgefunden hat, ein Bronzeschwert gefunden. Der geschnitzte Griff zeigt eine Frau aus der Aristokratie der Viet mit einem Turban und kostbaren Kleidern. Das Schwert stammt aus der letzten Periode der Dong Son-Kultur.

Die Brücke Ham Rong über den Song Ma

Kurz vor der Stadt Thanh Hoa überquert die **Brücke Ham Rong** (›Drachenkiefer‹, *rong* ist die altvietnamesische Bezeichnung für *long*, Drache) den Song Ma und verbindet den Berg Ngoc mit dem Berg Rong. Die erste, 160 m lange Brücke wurde 1904 gebaut, während der Befreiungskämpfe zwischen 1945 und 1954 beschädigt und 1964 neu errichtet. Als eine verwundbare Stelle für den Nachschub wurde sie von der US-Luftwaffe besonders 1964 und 1965 mit über 100 Einsätzen angegriffen, 1972 getroffen und beschädigt und 1973 zum dritten Mal gebaut. Der Song Ma (›Galoppierendes Pferd‹) macht besonders in der Regenzeit seinem Namen Ehre.

Das Seebad Sam Son

Der 15 km lange Strand Sam Son, benannt nach dem Küstengebirge, das zur Truong Le-Kette gehört, liegt 16 km südlich von Thanh Hoa im Dorf Quang Son, Distrikt Quang Xuong, und wird von Kiefern überschattet. Der Sand ist weiß und fein, der Strand wird im Süden von der Bergkette, die direkt bis zum Meer reicht, abgeschlossen. Auf halber Höhe steht der **Den Doc Cuoc,** einer einbeinigen Gottheit gewidmet, die sich selbst in zwei Teile teilte, um die Fischer auf See und die Menschen an Land beschützen zu können. Am Ende der Bergkette liegt der **Co Tien,** der Feentempel. Der Felsen erinnert an Mann und Frau, die sich nie trennten, auch nicht während der Sturmflut, in der sie zusammen umkamen. Der Blick von der Bergkette geht über Meer und Land.

Tay Do und die Zitadelle der Ho

Weitere Sehenswürdigkeiten der Provinz zu besuchen, erfordert einen Umweg von etwa 70 km auf schlechter Straße. Von der Provinz Ha Nam Ninh kommend, geht die Straße 14 km hinter Tam Diep in dem Dorf Ha Trung nach rechts ab ins Gebirge und erreicht nach 20 km die heute zu dem Weiler Huan Nhai, Distrikt Vinh Loc, gehörende Zitadelle der Ho-Dynastie mit den Relikten der Hauptstadt Tay Do. 1397 ließ der Regent Le Quy Ly binnen weniger Monate eine neue, geschützte Hauptstadt bauen, die 1398 vom Hof bezogen wurde. Ho Quy Ly (s. S. 61) regierte von 1400 bis 1407, als die Ming-Truppen bei einem zweiten Angriff die Zitadelle eroberten. Erst die Soldaten der Tay Son zerstörten Paläste und Mauern völlig, so daß nur wenige Ruinen zurückblieben. Die Zitadelle ist der einzige Festungsbau in Vietnam, der aus Quadersteinen erbaut wurde. Sie waren bis sechs Meter lang, 1,70 m hoch, 1,20 m breit und wogen bis zu 16 t. Erhalten blieben die Ruine eines Tores, einige Treppenstufen und Tierplastiken, deren Körper mit einem Dekor aus Blütenblättern übersät sind und an den Dai La-Stil erinnern. Der äußere Wall der Zitadelle war 5 m hoch und 3 m dick. In ihrem Innern wächst Reis, wo früher Palastanlagen standen, von denen nur die Grundrisse zu erkennen sind. 17 km südlich der Zitadelle erhebt sich der 138 m hohe Berg Nui Noi.

Rückkehr zur Straße 1 oder Weiterfahrt nach Lam Son.

Die Gräber der Le-Dynastie

Wären sie besser erhalten bzw. restauriert, würden sie die Königsgräber in Hue an künstlerischem Wert übertreffen. Sie liegen im **Dorf Xuan Lam** im Distrikt Tho Xuan, 30 km von der Zitadelle der Ho-Dynastie entfernt. **Lam Son** ist der Geburtsort des Gutsbesitzersohnes Le Loi, der im Jahre 1418 den Kampf gegen die Ming-Dynastie begann und zehn Jahre später – als Le Thai To – die Späte Le-Dynastie gründete, die in Dai Viet bis 1789 bestand (s. S. 61). Als Vorbild der Le-Gräber dienten zweifellos die Kaisergräber der Ming-Dynastie bei Beijing, sie beweisen aber auch erneut das Bestreben der Vietnamesen, zwischen Architektur und Landschaft eine Bindung zu schaffen und bieten ein Beispiel vietnamesischer Grabkunst ab der Mitte des 14. Jhs. Das Grab des 1. Königs Le Thai To liegt durch einen Kanal vom Dorf getrennt hinter einem neueren Tor. Sein weiträumiges Gelände ist von einer Mauer umgeben. Auf der Westseite eines großen Wasserbeckens steht die Vinh Lang-Stele (s. S. 250) mit einem Text des Mitkämpfers des Königs, Nguyen Trai, aus dem Jahre 1433. Die Statue des Königs in dem Gedenktempel wurde 1532 gegossen. Die Sockel des Gebäudes lassen einen dreiteiligen Grundriß in Form eines liegenden H erkennen. Nur Fragmente einer Steintreppe mit Drachendekor blieben erhalten. Reste einer Geisterhalle führen zu einem einfachen viereckigen Grabhügel von etwa 1 m Höhe, der mit einer Ziegelmauer eingefaßt ist.

Westlich von diesem ältesten Grab liegt das des Königs Le Hien Tong, der 1504 starb. Es weist große Ähnlichkeiten in der Architektur auf, das Dekor entspricht jedoch der Kunstauffassung des ausgehenden 15. Jhs. Auch die übrigen zehn Gräber sind ähnlich, wenn auch bescheidener konzipiert. Einige Könige sind in anderen Dörfern der Provinz Thanh Hoa beigesetzt. Ihre Grabhügel wurden nur durch eine Stele mit dem Namen des Toten und der Jahreszahl 1840 gekennzeichnet, dem Jahr, an dem König Nguyen Minh Mang die Gedenksteine setzen ließ.

Die Nguyen-Dynastie stammte aus dem Dorf Giao Mieu, aber sie ließ – als erste Dynastie – ihre Gräber nicht an ihrem Geburtsort, sondern in der Königsstadt Hue anlegen.

Bei dem **Dorf Dong Son** am Berg Do, im Tal des Ma-Flusses, wurden Gräber aus der südostasiatischen Bronzezeit gefunden (s. S. 139), die daher Dong Son-Kultur genannt wird. Die Grabungsstellen, die jedoch nicht zugänglich und für Laien auch nicht von Interesse sind, liegen 8 km von Thanh Hoa entfernt.

Hanoi – Vinh

Von Thanh Hoa nach Vinh sind es ca. 130 km auf der Nationalstraße 1, die in der Provinz Nghe Tinh noch viele Kriegsschäden aufweist. Sie führt durch eine Landschaft, geprägt von Bergen, schmalen Küstenebenen und dem Meer mit Felsen, Lagunen und vorgelagerten Inseln. Nghe Tinh ist räumlich wie bevölkerungmäßig eine sehr große Provinz. Die Bevölkerung besteht zu 92,6 % aus Vietnamesen, 5,3 % Thai, der Rest sind sehr kleine Gruppen verschiedener Minderheiten.

Nghe Tinh ist die Provinz der Dichter, Strategen, aber auch der ›hungernden Gelehrten‹ und die ›Schule der Revolutionäre‹. Studenten, so wird scherzhaft erzählt, sollen Glühwürmchen in Gläsern gehalten haben, um bei ihrem Schein zu studieren, weil sie keine Kerzen hatten. Die Provinz wurde auch ›Land der hölzernen Fische‹ genannt. Wer so arm war, daß er im Gasthaus nur Reis und *nuoc mam* (Fischsoße) bestellen konnte, versuchte unbemerkt einen hölzernen Fisch in die Tunke zu legen, um nicht zu mittellos zu erscheinen und ihn, wenn er sich vollgesogen hatte, genüßlich auszusaugen. Die Hanoier schätzen die Leute aus Nghe Tinh und Vinh nicht, kluge, fleißige, ehrgeizige Intellektuelle, die in die Beamtenposten der Hauptstadt drängen. Kraftfahrer aus Hanoi schimpfen, daß sich hier sogar Hühner und Radfahrer undiszipliniert benehmen.

Die Provinz war Schauplatz geschichtlicher Ereignisse von prähistorischer Zeit an. Während der 1000jährigen chinesischen Okkupation hieß sie *Nhat Nam*, später *Cuu Duc* und *Duc Chau*, auch *Hoan* und *Dien*. Die Kämpfe mit dem Reich Champa fanden in diesen Gebieten statt. Dai Viet konnte seine Grenze dann bis an den Song Gian vortragen, die Tran-Dynastie überschritt den Ngang-Paß im Hoanh Son, der die Provinz im Süden abschließt und die ›Pforte nach An Nam‹ genannt wird. Könige verbannten Rebellen in diese entlegene Gegend. Le Loi schlug im 15. Jh. sein Feldlager gegen die chinesische Ming-Dynastie am Berg Thien Nanh auf. Die Ming hatten ihr Lager in der Ebene. Le Loi umging sie am Steilhang des Ru Thanh-Berges und setzte erstmals mit Erfolg die von den Vietnamesen in dem 2. Indochinakrieg angewandte ›Strategie der Bergpfade‹ ein. Im Bürgerkrieg zwischen den Trinh im Norden und den Nguyen im Süden war die Provinz Kampfgebiet. Die Kolonialregierung schuf Energiequellen aus den Wasserläufen und suchte Industrie anzusiedeln. Aber die Region blieb ein Unruheherd, Ausgangspunkt von Rebellionen und ein Versteck für Freiheitskämpfer. Auch der Nguyen-König und die Mandarine, die sich gegen die Franzosen auflehnten, kämpften in Nghe Tinh. Viele Gelehrte und Revolutionäre reisten ins Ausland, um zu lernen und Hilfe zu suchen, unter ihnen Ho Chi Minh, damals hieß er noch Nguyen Ai Quoc. Der Widerstand der Stadt

Provinz Nghe Tinh

Im Jahre 1975 wurde die wirtschaftlich besser gestellte Provinz Nghe An mit der südlicher gelegenen, armen Provinz Ha Tinh zusammengelegt und Nghe Tinh genannt. *Nghe An* bedeutet Schubkarre. Die Handwagen mit den großen Rädern sind heute nur noch selten zu sehen. 70 % der Provinz besteht aus unbewohntem oder schwach besiedeltem Bergland, auf den restlichen 30 % Hügelland und Ebenen leben dicht gedrängt 80 % der Bevölkerung.

Das Bergland nördlich des Flusses Ca gehört zu den Bergketten bei Dien Bien Phu, deren Ausläufer sich bis Vinh erstrecken. Südlich des Song Ca beginnt die 1000 km von Nord nach Süd verlaufende Basaltkette des Truong Son. Durch das Tal des Ca führt die Straße 7 nach Laos, mit dem die Provinz eine 530 km lange Grenze im Gebirge besitzt. Eine zweite Straße nach Laos überwindet den 734 m hohen Keo Nua-Paß. Beide Straßen bieten Laos, dem einzigen Binnenland Südostasiens, Zugang zum Meer.

Im Hügelland wurden die Wälder durch Brandrodung dezimiert, im Gebirge gibt es noch große Bestände an Holz und Edelhölzern, die Provinz exportiert Holz. Im nördlichen Teil wächst noch Reis und Mais, je nach der Bewässerungslage, im südlichen Teil bringt der Reis kaum Erträge; Mais, Süßkartoffeln, Erdnüsse und Zuckerrohr werden angebaut. Als Zusatzverdienst stellen die Bauern irdenes Kochgeschirr her, ziehen Seidenraupen, verdingen sich als Träger und errichten Kohlenmeiler. An den Flüssen und an der 250 km langen Küste wird Fischerei betrieben und Salz gewonnen. An Bodenschätzen kommen Apatit, Eisen, Phosphat, Mangan und Zink vor.

Die Winter sind verhältnismäßig rauh, der Nordostmonsun dringt ungehindert ein, im Sommer fallen heiße Winde vom Gebirge, Laos-Winde genannt. Die starken Kontraste des Reliefs machen die eigenartige Schönheit der Landschaft aus, im Volkslied gepriesen als das ›Land des grünen Meeres und der blauen Berge‹. Im Spätsommer und Herbst richten Stürme und Taifune Schaden an. An dem schmalen Küstenstreifen ist das Meer allgegenwärtig, es heißt, daß die Bauern von Meersalz ausgelaugte Hände haben. Bis in die zwanziger Jahre dieses Jahrhunderts trugen die Bauern noch, ungeachtet aller königlichen Erlasse, einfache braune Leinenröcke. Erst die Kolonialverwaltung erklärte dieses Kleidungsstück als unsittlich und zwang Männer und Frauen dazu, Hosen zu tragen.

Vinh zwischen 1945 und 1954 endete mit ihrer Vernichtung. Notdürftig wieder aufgebaut, fielen die Bomben der Amerikaner. Die Nationalstraße 1 weist noch immer Schäden auf, Brücken wurden notdürftig geflickt oder neu gebaut. Der Ho Chi Minh-Pfad nahm seinen Ausgangspunkt in der Provinz, in diesen Jahren fühlten sich alle Vietnamesen mit der Provinz verbunden, die seit 1954 wieder Grenzgebiet war.

Zum **Den Cuong** für An Duong Vuong, dreißig Kilometer vor Vinh in dem **Dorf Dien An,** Distrikt Dien Chau, führt links der Straße eine steile Treppe auf den Hügel Mo Da mit dem Tempel für König An Duong Vuong, den Gründer des Reiches Au Lac in Co Loa

(s. S. 47). An der Grenze seines Reiches soll seine und seiner Tochter Flucht geendet haben. Der erste Tempel wurde im 10. Jh. von der Ly-Dynastie gebaut und im 16. und 17. Jh. erneuert. Der heutige Bau stammt von der Nguyen-Dynastie aus dem 19. Jh. Ihm fehlen die vietnamesischen Schnitzereien, dafür ist er – nach chinesischer Manier – ausgemalt. Er befindet sich in schlechtem Zustand, die meisten Statuen – des Königs, der Prinzessin und der Generäle – fehlen. Schildkröten als Schutzgeister des Königs blieben erhalten. Auch hier wird eine Quelle gezeigt, in die der verräterische Prinz sich gestürzt haben soll, als er die Prinzessin My Chau nicht mehr lebend antraf.

Die Stadt **Vinh** wurde nach dem Krieg aufgebaut und hat wenig Sehenswertes zu bieten, wenn nicht ein Sänger- oder Theaterensemble spielt (von Gruppen können sie vorbestellt werden). 20 km von der Stadt entfernt liegt der **Strand Cua Lo** mit einer langen weißen Sandküste, aber ohne alle touristischen Einrichtungen. Morgens und abends gehört der Strand den Fischern. Im Sommer fischen sie im flachen, küstennahen Wasser, im Winter ziehen sich die Fische in die tiefere See zurück und die Fischer müssen ihnen folgen. Fischsoße *(nuoc mam)* aus Cua Lo gehört zwar nicht zu den berühmtesten im Land, aber in der Umgebung ist sie sehr beliebt. Ihre Herstellungsbetriebe lassen sich – durch den Geruch – leicht finden.

20 km westlich von Vinh liegt der Geburtsort von Ho Chi Minh, das **Dorf Chua** oder Hoang Tru, aus dem seine Mutter stammte. Sechs Jahre nach seiner Geburt zog die Familie in das **Dorf Sen** oder Kim Lien (Goldener Lotos), das Heimatdorf des Vaters, wo man dem Doktor der Literatur ein bescheidenes Haus zur Verfügung gestellt hatte. Es wurde 1955 als Gedenkstätte eingerichtet. Auch im Nachbardorf erinnert ein kleines Bauernhaus an ihn. Die Dörfer liegen im Tal des Song Lam (Blauer Fluß), wie der Song Ca kurz vor seiner Mündung wegen seiner blauen Farbe geannt wird. Berge umgeben die sehr reizvolle Flußlandschaft.

Südöstlich von Vinh im **Dorf Thien Dien,** Distrikt Nghi Xuan, wurde eine Gedenkstätte und der **Den Nguyen Du** (1765–1820) errichtet für den Dichter des Versromans Kim Van Kieu (s. S. 251). Er starb in Hue und wurde in Thien Dien, einen Kilometer von dem Tempel entfernt, begraben.

Das **Dorf Dong Loc** mit seinen 630 Familien und die 20 km entfernte Kreuzung der Straßen 5 und 15 galten im 2. Indochinakrieg als wichtiger Punkt des Versorgungsweges von Nord nach Süd, Ho Chi Minh-Pfad genannt.

In **Sa Nam,** Distrikt Nam Dan, nordwestlich von Vinh, in der Nähe der Straße 5, befindet sich die Gedenkstätte **Den Mai Thuc Loan** für den Muong-Häuptling, der im 8. Jh. gegen die Truppen der chinesischen Tang-Dynastie kämpfte (s. S. 51). Am Tempel findet alljährlich ein Fest statt. In der Nähe liegt auch der Ve Son, auf dem noch Reste seiner Festung erhalten sein sollen.

Der **Le-Tempel** am Ru Thanh-Berg ist eine Gedenkstätte für Le Loi (s. S. 61), der gegen die Truppen der Ming-Dynastie kämpfte. Sein Kampf wird alle zwölf Jahre durch eine Prozession nachvollzogen, die sich zwischen dem Le-Tempel und dem Tempel Tuyen Nghia bewegt. Das Fest ist das bedeutendste der Provinz.

Strand bei Vinh

Weitere Tempelfeste und Bootswettbewerbe, die verbunden sind mit der Bitte um Regen und gute Ernte, finden in verschiedenen Tempeln statt. Die Boote bewegen sich gegen den Uhrzeigersinn, ahmen damit den Lauf der Sonne nach und der Donner wird von Trommeln imitiert.

Küstendorf **Phung Cau,** Distrikt Quynh Luu im Norden der Provinz: Das alljährliche Fest, ein Kampf zwischen zwei Nachbardörfern um einen Baumstamm, geht zurück auf den Freiheitskämpfer Nguyen Huu Cau im 18. Jh.

In **Cat Nhan** erinnern Büffelkämpfe an Dinh Bo Linh, den späteren ersten König der Dinh-Dynastie. Das Fest findet jährlich statt.

Distrikt Do Luong am Song Ca: Alle drei Jahre werden am **Tempel Bach Ngoc** Bootsrennen ausgetragen.

Im Distrikt Thanh Chuong an der **Bach Ma-Pagode** im Dorf Vo Liet und am **Tempel in Song Loc** im Distrikt Nghi Loc finden alljährlich Bootswettbewerbe statt.

Vinh – Hue

Auf der gesamten Fahrt von Norden nach Süden ist die Strecke von Vinh nach Hue die längste, beschwerlichste und schlechteste (365 km). Nach 50 km ist die ehemalige Provinzhauptstadt Ha Tinh erreicht, südlich davon liegt ein Gebiet, von dem die Vietnamesen sagen: Wenn wir es nicht haben, werden wir nicht ärmer, wenn wir es haben, sind wir nicht reicher. Die Straße ist übersät von Bombentrichtern, die nur provisorisch geflickt sind und immer wieder aufbrechen. Auch Taifune suchen dieses Gebiet häufiger heim. Südlich von Ha Tinh ist das Land schwächer besiedelt, die Böden sind arm, es gedeiht kein Reis.

Hoanh Son mit dem Deo Ngang: Das Tor nach An Nam

Der **Paß Ngang** im Hoanh-Gebirge hat historische Bedeutung. Vom 2. Jh. bis in das 13. Jh. konnte sich das Reich Champa südlich dieses Gebirges, das wie eine Barriere aus dem von Norden nach Süden verlaufenden Gebirgszug des Truong Son nach Osten bis zum Meer vorspringt, halten. Erst danach setzte die Besiedlung durch Dai Viet ein. Der Paß wird ›das Tor nach An Nam‹ genannt. In den Felsen oberhalb der Straße steht ein Tor, an der Straße ein Meilenstein, auf dem zu lesen steht, daß es bis zur chinesischen Grenze 595 km und 200 m und bis nach Hue 219 km sind. Der Deo Ngang ist gleichzeitig auch die südliche Grenze der Provinz Nghe Tinh. Zehn Kilometer kurvenreicher Straße führen in die Ebene. Das Hoanh Son dient auch als Windschutz, und das Klima weiter südlich ist

Provinz Quang Binh

Die Provinzeinteilung des Jahres 1975 wurde im Juli 1989 rückgängig gemacht und die ehemalige Provinz Binh Tri Thien wieder in drei Teile geteilt. Die Provinz Quang Binh mit der Provinzhauptstadt Dong Hoi liegt im Süden des Hoanh-Gebirges und wird bewohnt von Vietnamesen und einer kleinen Minderheit von Muong und Van Kieu. Das Klima ist im Sommer heiß, im Herbst suchen oft schwere Stürme die Küste heim. Die langgestreckten Dünen liefern Sand, der sich für die Glasherstellung eignet. Angebaut werden Reis, Pfeffer, Süßkartoffeln u. a. Der Fischfang versorgt die lokalen Märkte.

Die Provinz war im 17. Jh. Schauplatz des Bürgerkrieges zwischen den Trinh im Norden und den Nguyen im Süden (s. S. 63), der 1673 zur Teilung des Landes am Song Gianh führte. Über diesen Fluß gab es nie eine Brücke, auch heute setzt eine Autofähre über. Aus der Zeit dieser Kämpfe stammt der Verteidigungswall Dong Hoi an der Mündung des Song Nhat Le.

Während der Befreiungskriege zwischen 1945 und 1975 hatte die Provinz schwer zu leiden. Dong Hoi wurde von der US-Luftwaffe völlig zerstört und ist wieder aufgebaut worden.

Provinz Quang Tri

Die fruchtbarsten Gegenden liegen in den Flußebenen. Die Provinz liefert Kaffee, Pfeffer, Fischereierzeugnisse und Edelholz aus den Bergen. Sie wird von Vietnamesen und verschiedenen Bergvölkern bewohnt, Van Kieu, Ta Oi und Ka Tu.

milder, die Felder sind fruchtbarer. Hinter einem kleineren Paß, dem Deo Ly Hoa, liegt eine Reisebene im Tal. Die Straße führt nahe der Küste entlang, zuweilen tauchen Bergkegel auf, perfekte, längst erloschene Vulkane.

Der Gianh kommt aus dem Hoanh Son und fließt 158 km durch die Provinz Quang Binh. An seinem Durchbruch durch das Kalksteingebirge nördlich von Dong Hoi, bei dem Dorf Son Trach, Distrikt Bo Trach, liegen auf 1,5 km Länge Höhlen an seinem Ufer. Die **Phong Nha-Höhle** ist die sehenswerteste (Taschenlampe).

An der Mündung des Song Roon, Distrikt Quang Trach, liegt das **Dorf Canh Duong,** dessen Bevölkerung während der Befreiungskriege durch ihre Tapferkeit bekannt wurde. Im **Mieu Ong** (Gedenkstätte für einen verehrungswürdigen Herrn) wird ein Walfisch verehrt, von dem die Dorfbewohner glauben, daß er sie beschützt habe. Sie bauten ihm deshalb einen Tempel. Während der amerikanischen Bombenangriffe brachten sie das Skelett des Wals als Schutzgeist des Dorfes in den dinh **(Dinh Canh Duong).**

Die schmalste Stelle des Landes liegt bei Dong Hoi. Es ist ein Küstenstreifen zwischen den laotischen Bergen und dem Meer, der unterschiedlich mit 45–52 km Breite angegeben wird.

Provinz Thua Thien – Hue

Mehr als die Hälfte des Gebietes besteht aus waldbedeckten Bergen und Hügeln. Die Ebenen an den Flüssen und an der 120 km langen Küste sind klein, im Westen bildet das Truong-Gebirge die natürliche Grenze zu Laos. Die Flüsse enden in zwei Trichtermündungen (Thuan An und Tu Hien), die sich als lokale Verkehrswege und für den Tourismus eignen. Die Provinz hat zwei ausgeprägte Jahreszeiten, heiße Sommer von April bis September und kühlere Winter zwischen Oktober und März. Sie gilt als regenreich und hat unter Taifunen zu leiden. Neben Vietnamesen leben Van Kieu, Ka Tu und Cham in Thua Thien. Außer Ackerbau und Forstwirtschaft spielen handwerkliche Erzeugnisse eine bedeutende Rolle, die zum Teil noch auf die Tradition der königlichen Hofhaltung zurückgehen.

Im Jahre 1824 ließ König Minh Mang im **Dorf Thach Han** die **Zitadelle Quang Tri** mit einem Erdwall von fast 5 km Umfang bauen, der später durch eine Ziegelmauer ersetzt wurde. Die Festung wurde 1972 durch Bomben sehr stark beschädigt.

Demarkationslinie am 17. Breitengrad

Das Genfer Abkommen des Jahres 1954 bestimmte den Fluß Ben Hai zur provisorischen militärischen Grenze zwischen Nord- und Südvietnam. Sie blieb es bis 1975. Heute überspannt die 178 m lange Hien Luong-Brücke den Ben Hai, der im Truong Son entspringt und sich in einer Trichtermündung (Cua Tung) in das Ostmeer ergießt.

Hue (Phu Xuan) – die letzte Königsstadt

Hue liegt 654 km von Hanoi und 1076 km von Ho Chi Minh-Stadt entfernt. Sie nimmt 90 km^2 ein und ist eingebettet in die harmonische Landschaft zu beiden Seiten des Huong Giang (Fluß der Wohlgerüche). Ihr Entstehen und ihre Geschichte ist mit der Adelsfamilie Nguyen verbunden, die ab dem 16. Jh. ihr Einflußgebiet südlich des Gianh-Flusses ständig erweiterte, deren erster Regierungssitz als Gouverneure von Thuan Hoa war Ai Tu, nördlich von Quang Tri. 1570, nachdem sie die heutige Provinz Quang Nam erobert hatten, zogen sie nach Tra Bat, 1620 nach Phuoc Yen am Song Bo, 15 km nördlich von Hue. 1636 regierten sie von Kim Long aus, heute ein Dorf zwischen der Zitadelle von Hue und der Thien Mu-Pagode. Erst im Jahre 1687 verlegten sie ihre Hauptstadt nach Phu Xuan, das 1775 im Zuge des Tay Son-Aufstandes von den Trinh-Fürsten, den Regenten des Nordens, zerstört wurde. Die Tay Son-Dynastie wählte Phu Xuan ebenfalls als Königssitz (1779–1801). Von 1804–1945 regierten die Nguyen-Könige von Phu Xuan aus, das nun Hue hieß. In der Kolonialzeit bezeichneten die Franzosen Hue als die alte Kaiserstadt und die vietnamesischen Könige als Kaiser. Im 2. Indochinakrieg fanden diese Begriffe Aufnahme in den amerikanischen Sprachgebrauch und wurden von der Weltpresse übernommen.

Der Tourismus des ausgehenden 20. Jhs. kann Hue nicht auslassen, wenn er wenigstens das Ende einer glanzvollen Entwicklung an ihren letzten Zeugnissen kennenlernen möchte. Von den Gemälde- und Porzellansammlungen der Nguyen, den Lack- und Bronzearbeiten, dem Inventar der Paläste mit Schnitzereien und Intarsien blieb wenig erhalten. Museen und Privatsammlungen in aller Welt haben mehr aufzuweisen, aber das Flair einer kunstsinnigen Stadt blieb bestehen. *Chua, dinh* und *den* sind lohnende Beispiele der Sakralkunst im Trung Bo, Gärten und Grabanlagen, die Stadtviertel der Gelehrten, Leben und Landschaft am Song Huong, den die Vietnamesen Huong Giang nennen (giang bedeutet auch Fluß), zeugen von einer Stadt, in der Kultur und Kunst ein Lebenselement war. Musik, Theater und die Hue-Küche mit 60 Rezepten der Königlichen Tafel halten die Erinnerung wach.

Huong Giang – Fluß der Wohlgerüche

Er entspringt im Truong Son am Langen Berg in Laos, wo duftende Hölzer wachsen. Von der Quelle bis zur Mündung legt er 80 km zurück. Seine beiden Arme vereinigen sich vor

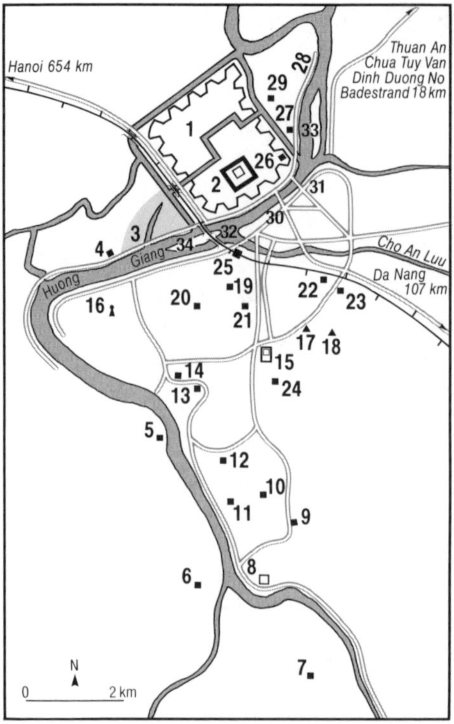

Hue

1 Zitadelle – heute größtenteils Stadtgebiet 2 Dai Noi – Die Königsstadt mit der Verbotenen Stadt 3 Dorf Kim Lien 4 Thien Mu-Pagode 5 Tempel Hon Chen 6 Grab Minh Mang 7 Grab Gia Long 8 Markt 9 Grab Khai Dinh 10 Grab Ba Van 11 See Tuy Thien 12 Grab Thieu Tri 13 Grab Tu Duc 14 Grab Dong Khanh 15 Arena für Tiger/Elefantenkämpfe (bis 1904) – Ho Quyen 16 Denkmal für Unabhängigkeitskämpfer – früher Altar des Himmels und der Erde – Nam Giao 17 Berg Ba Tang 18 Berg Ngu Binh 19 Pagode Bao Quoc 20 Pagode Tu Dam 21 Pagode Tu Hieu 22 Grab Duc Duc 23 Pagode Tra Am 24 Pagode Truc Lam 25 Bahnhof 26 Pagode Quoc Tu Dien De 27 Markt und Markthalle Dong Ba 28 Duong Chi Lang – Hauptstraße im Chinesenviertel 29 Pagode Tang Quang 30 Brücke Trang Tien (1897) 31 Brücke Phu Xuan (1971) 32 Eisenbahnbrücke 33 Insel ›Linker Grüner Drache‹ 34 Insel ›Rechter Weißer Tiger‹

Hue. Der Fluß umschlingt die Stadt, er trennt sie nicht. Unablässig kreuzen Ruderboote, Sampan und Motorboote von einer Seite zur anderen. Die Brücken sind neueren Datums, die Trang Tien-Brücke wurde 1897 von den Franzosen erbaut, 1968 bei der tet-Offensive zerstört und 1971 repariert, die Phu Xuan-Brücke entstand erst 1971. Die dritte (Bach Ho) ist eine Eisenbahnbrücke, der Bahnhof liegt am Südufer am Ende der Le Loi-Straße, in der Bui Thi Xuan-Straße.

Der Gesang der Ruderinnen tönt weich und lyrisch über den Fluß, es sind Lieder der Cham, die bis zum 14. Jh. südlich des Hoanh-Gebirges siedelten. Nachts klingt es manchmal wie Trommeln über das Wasser. Fischer schlagen dann mit ihren Rudern an den Bootsrand, um die Fische zum Ufer zu treiben. Morgens gleiten hochbeladene Boote zur Markthalle Dong Ba, eine Prozession von Gemüse, Obst, Brennholz und Hüten aus Palmblättern. Die *non* sind berühmt wegen ihrer Transparenz, die die feine Malerei sichtbar werden läßt und gehören zu den zartfarbenen, gestickten *Ao Dai,* einem der kleidsamsten Frauengewänder – allerdings nur für zierliche, schlanke Asiatinnen.

Von Hue aus legt der Fluß der Wohlgerüche noch 18 km zurück bis zur Mündung bei Thuan An. Dichter besingen den Fluß und seine fünf verschiedenen Farbnuancen und nennen Hue die Stadt der Halbtöne. Sie besingen die aufsteigenden Nebel und den fallenden Regen ebenso wie das Spiel der untergehenden Sonne und das Mondlicht auf seinen Wassern.

Das alte Hue ist im **Stadtteil Gia Hoi** zu finden, wo die Häuser zwischen hohen alten Bäumen liegen.

Thien Mu- oder Linh Mu-Pagode

Sie liegt fünf Kilometer von der Stadt entfernt am linken, nördlichen Ufer des Flusses der Wohlgerüche. Die Fahrt flußaufwärts dauert je nach Wasserstand und Bootsmotor etwa 50 Minuten, führt an der Zitadelle und dem **Dorf Kim Long** (Goldener Drache) vorüber. An dieser Stelle lag von 1636 bis 1687 die Hauptstadt der Nguyen-Fürsten, bevor sie ihren Sitz in das heutige Hue verlegten. Aus dieser Zeit blieben Ruinen erhalten und einer der schönsten Gärten von Hue. Lohnend ist der Besuch des dinh und einer Pagode aus dem 18. Jh, man kann auch das Leben der Fischer und Bootsleute am Fluß beobachten. Kim Long ist auch auf der Straße am Nordufer zu erreichen, es liegt 3 km von der Zitadelle entfernt.

Die Pagode steht auf dem Hügel Ha Khe, auf dem es seit Jahrhunderten Tempel gab. Einer wurde 1601 gegründet, als dem Regenten eine Göttin erschien, Thien Mu, die Himmelskönigin, auch Linh Mu, gnädige Göttin genannt. Im Jahre 1858 besuchte König Tu Duc diesen Platz und ließ eine Pagode bauen. Sie wurde reich, besitzt vier Hektar Boden und wurde häufig durch Taifune, Überschwemmungen und Blitzschlag zerstört, aber

Thien Mu-Pagode (Holzschnitt)

immer wieder aufgebaut. Eine steile Treppe führt vom Ufer zu dem siebenstöckigen, 21 m hohen **Stupa Phuc Duyen.** Jedes Stockwerk steht für ein Buddhaleben, das letzte für das des Sakyamuni. Er wurde 1864 erbaut, auf der steinernen Plattform vor dem Stupa stand ein Tempel, den 1904 ein Taifun zerstörte.

In dem Pavillon auf der rechten Seite berichtet die auf einer Schildkröte ruhende Stele von 1714 in chinesischen Zeichen über den Bau der Pagode. Stele und Schildkröte wurden aus unterschiedlichem Marmor hergestellt. Die zwei Tonnen schwere Glocke, über die eine Stele berichtet, daß sie 1710 gegossen wurde, hängt im linken Pavillon. Sie ist über zwei Meter hoch und hat einen Durchmesser von 1,2 Meter. Die dazu benötigte Gußmasse mußte in 50 Tiegeln geschmolzen werden. Ihr Klang ist 10 km weit zu hören, sie wurde morgens um vier Uhr 108mal geschlagen.

Ein dreifaches Tor mit Wächterfiguren in den Nischen führt in den Hof der Pagode. Sie wurde 1907 – nach einem schweren Taifun – erbaut. Unterschiede zu der Architektur im Bac Bo lassen sich u. a. am Dach erkennen. Die Dachecken sind fast gerade – nicht hochaufgebogen wie im Norden, und die Altäre zeigen weniger Statuen. Im ersten Raum sitzt ein großer Di Lac, der Maitreya-Buddha, als dickbäuchiger, lachender Mönch, der in Vietnam auch ›der sich wohlfühlende Buddha‹ genannt wird. Auf dem Hauptaltar unter den drei Buddhas der Vergangenheit, Gegenwart und Zukunft steht ein Sakyamuni-Buddha, vor ihm sitzt noch einmal Di Lac. Die Gebäude hinter der Pagode gehören zum Kloster.

Auf der linken Seite des Gartens, in der Nähe eines Verkaufsraumes, steht das Auto, neben dem sich der Mönch Thich Quang Duc, als er im Kloster An Quang Den in Saigon zu Besuch war, selbst verbrannt hat. Ein Foto zeigt diese erste Selbstverbrennung eines vietnamesischen Mönches am 11. 6. 1965 aus Protest gegen die Regierung Diem in Süd-Vietnam und die zunehmende Einmischung der USA. Sein Wagen wurde von dem Abt der Pagode in Saigon an die Thien Mu-Pagode gesandt. Am Ende des Gartens, hinter der Ummauerung, liegt an einem Hang ein großer Friedhof. Unvergleichlich schön ist der Blick von der Pagode in die Berge und über das Flußtal.

Dien Hon Chen

Ein Tempel für die Muttergöttin Hon Chen liegt weitere fünf Kilometer flußaufwärts (etwa 50 Minuten Fahrzeit mit dem Boot). Die Tiefe des Huong Giang wird bei normalem Wasserstand mit 4 m angegeben, aber an dieser Stelle ist er 7 m tief. Das Waschwasser für die Könige wurde an dieser Stelle geschöpft. Eine steile Treppe führt von der Anlegestelle zu den Tempeln auf drei Stufen des Abhanges. Am Anfang der Treppe, in einem kleinen Tempel, wird der Flußgott, auf der nächsten Stufe der Sonnengott verehrt, und an einem weiteren Tempel holen sich die alleinstehenden Frauen Trost. Der Haupttempel auf der oberen Stufe wurde 1832 von König Minh Mang erbaut. Aber Yana oder Ponagar, die Mutter des Landes, wurde an diesem Platz von den Cham schon seit Jahrhunderten verehrt. Die Tempelanlage, die wie ein Teil der Landschaft wirkt, und der Ausblick lohnen den Besuch. Weiter flußaufwärts liegen zwei Königsgräber.

Die Königsgräber – Lang Tam

»Wo die Trauer lächelt und die Freude weint.« Nichts vermag die Stimmung über den Gräbern besser auszudrücken, als diese Verszeile. Unzweifelhaft wurden sie von den Ming-Gräbern bei Beijing inspiriert. Aber sie sind auch der Ausdruck vietnamesischer Lebensauffassung. Die Nguyen konzipierten und begannen die Bauten ihrer Gräber bei Lebzeiten, fertiggestellt wurden sie meist erst nach ihrem Tode. Sie vermitteln nicht nur die Kunst des 19. und 20. Jhs., sondern sagen auch etwas über die Persönlichkeit ihres Erbauers und zugleich über seine historische Bedeutung aus. Es lohnt sich, nicht nur eines, sondern alle Gräber zu besuchen. Sie vermögen die Entwicklung der letzten 150 Jahre höfischer Kunst widerzuspiegeln, die einerseits unter den Einfluß der europäischen Kunst geriet, andererseits ihre Impulse – als Gegengewicht – aus der zeitgenössischen Kunst Chinas, aber auch aus der Epoche der Ming-Dynastie bezog.

Es gibt eine Reihe feststehender und wiederkehrender Merkmale der Grabkunst von Hue, ihr künstlerischer Wert wird aber durch die unterschiedlichen architektonischen, aber auch philosophischen Lösungen bestimmt.
Gemeinsame Merkmale sind:

- Alle Grabanlagen sind mit Mauern umgeben (eine Ausnahme ist das Grab des 3. Königs, Thieu Tri).
- Die Verwendung von *bat-trang*-Platten, das sind 30 cm grosse, quadratische, dunkelbraune Ziegel, die zum Pflastern der Höfe und Wege, auch der Ehrenhöfe, dienen. Die Ehrenhöfe mit den ›Geisteralleen‹ wurden von den chinesischen Grabanlagen übernommen, zu denen paarweise steinerne Tiere wie Elefanten und Pferde sowie Mandarine geleiten.
- Auf einer Marmorstele in einem Pavillon hinter dem Ehrenhof berichtet der Nachfolger über Ereignisse und Taten seines Vorgängers (nur der kinderlose 3. König Tu Duc verfaßte den Text seiner Stele selbst).
- Auf den Stelenpavillon folgt ein Tempel, in dem der König und die Königin verehrt werden (Ausnahme das Grab des 12. Königs, den die Königin lange Zeit überlebte). Vor dem Altar sollte – es fehlt manchmal – ein reich verziertes großes Liegebett stehen, mit den Utensilien für den täglichen Gebrauch des Königspaares: Teegerät, Kästen mit Rauchwaren und Betel, Kissen u. a.
- Grabanlagen, die von den Königen zu Lebzeiten gebaut und besucht wurden, besitzen Gebäude, die dem Aufenthalt des Königs, seiner Unterhaltung dienen und in denen auch die Hofhaltung, Konkubinen und Bedienstete Platz fanden.
- Das eigentliche Grab – gemessen an der Gesamtanlage meist klein – ist von einer hohen, aus edlem Material gebauten Mauer umgeben, durch die eine Bronzetür führt.

Der Gedanke an den Tod scheint fern, der Wunsch nach Schönheit und Harmonie inmitten einer gestalteten Natur wird erkennbar.

Lang Minh Mang

Das Grab des 2. Königs der Dynastie, Minh Mang (1820–1841), liegt weitere 35 Minuten Bootsfahrt stromaufwärts vom Dien Hon Chen. Nur Minh Mang und sein Vater Gia Long haben ihre Gräber auf der Nordseite des Flusses erbauen lassen. König Minh Mang entwarf sein Grab zu Lebzeiten und besuchte den Platz häufig. Fertiggestellt wurde es von 1841–1843 durch seinen Nachfolger, König Thien Trieu. Mit 45 Hektar stellt es die größte Grabanlage der Dynastie dar. Der linke Flügel des dreiteiligen großen Roten Tores steht für Besucher offen. Hinter dem Ehrenhof reihen sich die Gebäude auf einer leicht ansteigenden Achse hintereinander. Tore wechseln mit Höfen und Tempeln, sie sind eingebettet in Seen, über die sich Brücken wölben. Etwa zehn Gebäude der ursprünglichen Anlage gingen verloren.

Lang Gia Long

Der Gründer der Dynastie, der das Land vom Mekong-Delta bis zum Roten Fluß zurückerobert hat, regierte noch achtzehn Jahre (1802–1820). Er ließ sein Grab 1814, sechs Jahre vor seinem Tode, bauen. Die kleine Anlage fügt sich völlig in die Landschaft

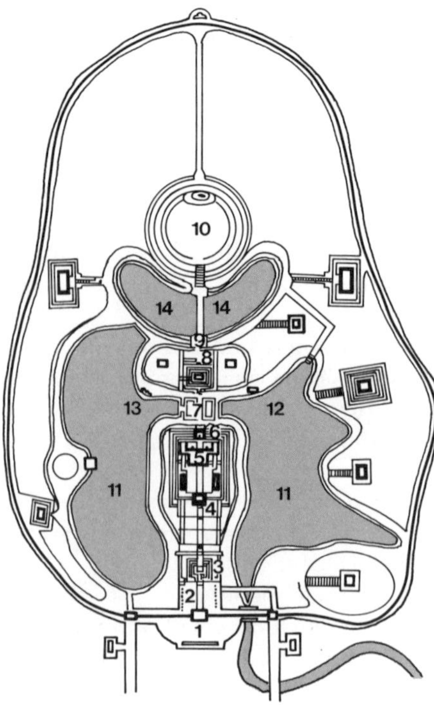

Lang Minh Mang

1 Dai Hong, das große Rote Tor (Eingang an der linken Seiten) 2 Ehrenhof, Mandarine und Tierplastiken aus Stein 3 Stelenpavillon mit Stelen-inschrift von König Thien Trieu für Minh Mang 4 3 ansteigende Höfe, auf dem höchsten das Hien Duc-Tor 5 Sung An, Tempel für König und König, in rot und gold, gepflasterter Hof 6 Hoang Trach-Tor 7 dreifache Brücke, die mittlere: Trung Dao-Brücke, links: Ta Phu – rechts: Huu Bat-Brücke 8 Minh Lau Pavillon 9 Thong Minh-Brücke mit Pavillon und Inschriften zum Lobe Minh Mangs 10 Grab in einer Umwallung unter Büschen und Bäumen 11 See Trung Minh mit Lotos 12 Nghe Luong-Pavillon 13 Dieu Ngu Dinh-Pavillon 14 Neumondförmiger See (Ho Tan Nguyet)

und ist über einen ca. 800 m langen Fußweg vom Flußufer aus zu erreichen. Die Gebäude befinden sich derzeit in schlechtem Zustand.

Die Rückfahrt nach Hue stromabwärts dauert je nach Wasserstand etwa 2½ Stunden. Steigt man jedoch am Südufer aus, führt eine Straße (12 km) nach Hue. Auf diesem Wege läßt sich der Besuch der Königsgräber fortsetzen.

Lang Khai Dinh

Das Grab des 12. Königs, Khai Dinh (1916–1925), liegt im **Dorf Chau Chu,** 10 km von Hue entfernt am Südufer des Huong Giang. Der Bau wurde 1920 vom König begonnen und unter seinem Nachfolger, König Bao Dai, 1925 beendet. Dieses letzte Königsgrab – Bao Dai lebt noch in Paris – zeigt, daß bei Einhaltung der Merkmale durch den Wandel des philosophischen Hintergrundes ein völlig anderes Ergebnis zustande kommt. Die Grabanlage sucht nach einer Synthese vietnamesischer, chinesischer und europäischer Stilelemente. Ob diese als geglückt bezeichnet werden kann, ist heftig umstritten. Das heimische Baumaterial, dessen Verarbeitung den Vietnamesen seit Jahrhunderten vertraut ist, wurde durch Beton ersetzt. Die Proportionen des pompösen, in die Höhe strebenden Bauwerkes, seine Plazierung auf einem Hügel, sind ebenfalls unvietnamesisch. Die chinesischen Elemente erscheinen als Pflichtübung bei der Anlage des Ehrenhofes und Stelenhauses, und die europäischen Einflüsse wirken unverarbeitet und deplaziert.

36 Stufen – begleitet von einem Drachengeländer – hat der Besucher zum ersten Absatz zu erklimmen, 26 weitere führen zum Ehrenhof, in dessen Mitte ein achteckiger Stelenpavillon, flankiert von Säulen, aufragt. Das Hauptgebäude ist über weitere 47 Stufen und durch drei Höfe zu erreichen. Es ist in drei Teile unterteilt: den Tempel Khai Dinh, den Grabraum mit der Bronzestele des Königs und den dritten Raum, der seiner Verehrung dient und einige Gegenstände aus seinem Besitz zeigt. Die Königin, die ihn lange überlebte, ist nicht dargestellt. Einige Räume sind in einer bis dahin unbekannten Manier mit Porzellanmosaiken ausgestattet, der Boden mit farbigen Fliesen ausgelegt, die Wände mit Bildern dekoriert, die alte Motive wie die vier Jahreszeiten zeigen.

Lang der Ba Van und Lang Thieu Tri

Das nahe gelegene Grab der Mutter des Königs ist eine kleine, in ihren Proportionen aber sehr harmonische Anlage. Nur das Grab des dritten Königs, Thieu Tri, hat keine Umfassungsmauer. An einer Seite wird es von einem See, an den drei anderen von Bäumen begrenzt. Der Grundriß gleicht dem Grab des Königs Minh Mang, ist aber sehr viel kleiner.

Lang Tu Duc

Der vierte König, Tu Duc (1847–1883), hat sein Grab bereits sechzehn Jahre vor seinem Tode erbauen lassen und es als Refugium benutzt, wenn ihn die politischen Ereignisse

Lang Khai Dinh

seiner unruhigen Regierungszeit und persönliche Nöte bedrängten. Es liegt sieben Kilometer vom Palast entfernt im **Dorf Dong Xuan Thuong.** Der König mit der längsten Regierungszeit war klein von Gestalt, litt häufig unter Krankheiten, und obwohl er hundert Frauen hatte, blieb er kinderlos. Diese Tatsache führte dazu, daß er nicht nur sein Grab bei Lebzeiten fertigstellen ließ, sondern auch den Text auf seiner Gedenkstele selbst

verfaßte. Er benutzte den Begriff *khiem* (moderat, mittelmäßig) für seine Regierungszeit und seine Person und nannte auch sein Grab khiem. Tu Duc war ein Poet, zudem überzeugter konfuzianischer Gelehrter, und wollte sein Land vor dem Eindringen fremder Ideen bewahren. Dennoch mußte er erleben, daß es von den Franzosen gewaltsam aufgebrochen wurde. Er konnte die Besetzung des Mekong-Deltas nicht verhindern und mußte in Verträgen den Verlust bestätigen. Als Architekt schuf er zwischen 1864 und 1867 sein Grab als ein Zeugnis fernöstlicher Philosophie und Harmonie. Der Teil, den er zu Lebzeiten benutzte, ist bedeutend größer als der Raum, den er für seinen Tod vorsah. Von einem starken Wall mit vier Toren umgeben, umfaßt es eine Miniaturwelt mit Wasser, Hügeln, Flora und Fauna.

Am See Luu Khiem im Xung Khiem-Pavillon pflegte der König Literatur und Dichtung, auf einer kleinen Insel jagte er Hasen und Rohrdommeln. Sein Tee wurde aus dem Tau in den Blütenkelchen der Lotosblüten zubereitet. Er umgab sich mit Schönheit und Harmonie und bat auf seiner Stele das Volk um Verzeihung für die Fehler, die er an ihm begangen hatte. In dem Tempel, der heute seine und der Königin Gedenkstätte ist, residierte er bei Lebzeiten und ließ sich Theaterstücke vorspielen, die bis zu hundert Nächte währten. Zu dieser Zeit hat kaum etwas an sein Grab erinnert, das in einem kleineren, abgetrennten Teil liegt. Wenn die Dynastie nach ihm auch noch fünf Jahrzehnte lang bestand, er war der letzte der Epoche der Unabhängigkeit – auch der geistigen – von Europa.

Einer seiner Adoptivsöhne, der sechste König, Kien Phuc (1883–1884), wurde innerhalb dieser Grabanlage im Kiefernwald hinter dem See begraben. Dort liegt auch das Grab der Königin Le Thien Anh.

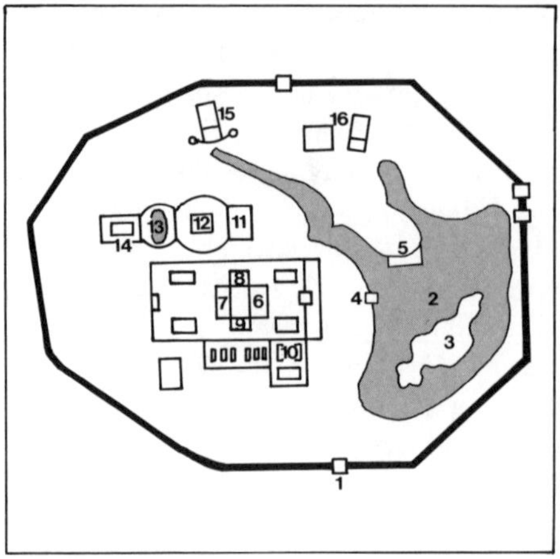

Lang Tu Duc
1 Tor Vu Khiem (Osten) 2 See Luu Khiem 3 Insel Khiem 4 Kleiner Pavillon 5 Xung Khiem-Pavillon auf Pfählen 6 Hoa Khiem-Tempel, vor dem Tod des Königs Palast. Mit großer Stele für die Königin und kleiner für den kleinen König. 7 Tempel für die Mutter des Königs 8 Minh Khiem-Theater 9 On Khiem 10 Wohnungen für Konkubinen und Bedienstete 11 Ehrenhof mit Tierstatuen und Mandarinen 12 Stelenhaus mit Stele, seitlich Säulen 13 Halbmondförmiger See 14 Grab, umgeben mit Mauer und Bronzetür 15 Grab des Adoptivsohnes König Kien Phuc 16 Grab der Königin Le Thien Anh

Lang Dong Khanh und Lang Duc Duc
Dieses Grab eines Adoptivsohnes des Königs Tu Duc, der von den Franzosen 1885 eingesetzt wurde anstelle des Königs Ham Nghi, der den Franzosen im Untergrund Widerstand leistete, ist das kleinste der Königsgräber und weist die üblichen Merkmale auf. Auch Duc Duc, ebenfalls ein Adoptivsohn des Königs Tu Duc, erhielt ein Grabmal, obwohl er 1883 nur drei Tage regierte und dann einer Palastintrige zum Opfer fiel. Sein Grab liegt nahe der Stadt.

Lang Tu Duc

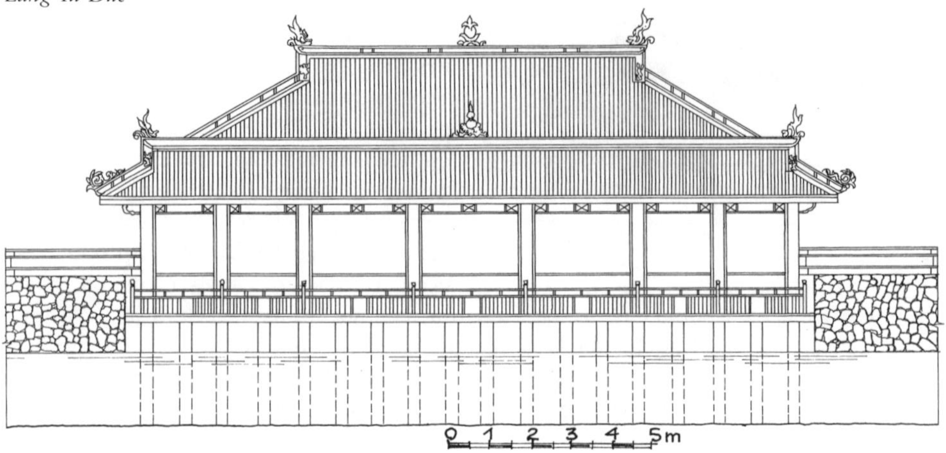

Nam Giao und Ho Quyen – Himmelsaltar und Tigerarena
Die ansprechenden Karten und Beschreibungen neueren Datums, die es in Hue zu kaufen gibt, enthalten eine Reihe von Sehenswürdigkeiten, die spätestens seit 1947 oder 1968 verschwunden sind, aber das ›alte Hue‹ heraufbeschwören sollen. Dazu gehört auch der **Nam Giao,** der Altar für Himmel und Erde, auf dem Wege zu den Königsgräbern. Von ihm blieb keine Spur. An seiner Stelle erhebt sich ein großes Ehrenmal für die Freiheitskämpfer.

König Gia Long verlegte den Nam Giao von Thang Long nach Hue. Der große Altar unter freiem Himmel bestand aus einer Folge von übereinander gelagerten Quadraten und Kreisen, Symbole des Himmels und der Erde. Alle drei Jahre opferten die Könige am Nam Giao in einer Zeremonie, die ihnen als den Söhnen des Himmels oblag (s. S. 57). Es war das größte Fest in Hue und wird von den Franzosen als eine nächtliche Zeremonie mit Fackelschein und rituellen Tänzen geschildert.

Ho Quyen, die Tigerarena, wurde 1830 auf 44 m^2 erbaut, umgeben von einer 5 m hohen Mauer. Sie war eine der seltenen Arenen, in der Tiger und Elefanten miteinander kämpften. Bei einem der längsten Kämpfe sollen achtzehn Tiger getötet worden sein. Der letzte Kampf fand 1904 statt.

Die Zitadelle mit dem Königspalast

Auf über 500 Hektar entstand am Nordufer des Huong Giang in fast dreißigjähriger Bauzeit zwischen 1804 und 1831 die quadratische Anlage der Zitadelle mit den Palästen der Nguyen-Dynastie. Tausende zu Dienstleistungen verpflichtete Bauern arbeiteten Tag und Nacht. Der Bau wurde von König Gia Long, unter Einbeziehung aller geomantischen Aspekte, auf einer nach Südosten gerichteten Achse geplant. Vor der Zitadelle, im Fluß der Wohlgerüche, lagen zwei glückverheißende Inseln, genannt der ›Linke Grüne Drache‹ und der ›Rechte Weiße Tiger‹. Im Hintergrund schützte der Berg Ngu Binh die Stadt wie eine Geistermauer.

Als Vorbild diente der Kaiserpalast in Beijing, es bestehen jedoch Unterschiede, sowohl im Grundriß als auch in der Architektur. Der Verlauf der äußeren Wallanlagen ist heute im Stadtbild noch durch den Graben und die Stadttore zu erkennen, zu denen Brücken führen. Die Tore im Nordwesten sind verschlossen und führen zu dem noch vom Militär benutzten Fort Mang Ca.

Phong Thanh, der äußere Schutzwall, war nach 1804 zunächst ein Erdwall, sechs Meter hoch und an seiner Kuppe zwei Meter breit. 1818 wurde er nach der Methode des französischen Festungsbauers Vauban innen und außen durch Ziegelmauern verstärkt. Nun war er zehn Kilometer lang, 20 m dick und sechs Meter hoch und besaß 24 Bastionen und zehn befestigte Tore. Seine Mauern verliefen an drei Seiten gerade und paßten sich nur im Süden dem Lauf des Flusses der Wohlgerüche an. An seinem Ufer errichtete König Gia Long 1809 einen Turm *(Cot Co),* auch *Ky Dai* (Königlicher Ritter) genannt, den sein

Nachfolger Minh Mang 1831 vergrößern ließ. 1909 und 1947 wurde er durch verheerende Taifune zerstört und 1915 sowie 1949 – in seiner heutigen Gestalt – wiederaufgebaut. Die Flagge der Monarchie wurde 1945 eingezogen. 1968, nach der tet-Offensive, wehte am Mast die Fahne der Befreiungsarmee, die für drei Wochen von der Zitadelle Besitz ergriffen hatte, bis die US-Luftwaffe sie durch einen Großeinsatz zurückgewann. Dieser Angriff zerstörte, was der Unabhängigkeitskampf gegen die Franzosen verschont hatte.

Der Wall war umgeben von einem vier Meter tiefen und 22 km langen Graben, der in gezackter Linie verlief. Innerhalb dieser Schutzmauer lagen die Verteidigungsanlagen und die Administration der Nguyen, aber auch die Königsstadt.

Thanh Hoang, die Stadt, in der der König repräsentierte, ist viel kleiner und liegt im Süden der Zitadelle. Ihre vier Meter hohe Mauer hat nur 2,5 Kilometer Umfang. Vier Tore führen nach allen vier Himmelsrichtungen. Das Südtor, *Ngo Mon* (Mittagstor), liegt gegenüber dem Flaggenturm.

Tu Cam Thanh, die Verbotene Stadt inmitten der Königsstadt, wird von einer dritten, 1 m dicken Mauer umgeben. Sie diente als Residenz des Königs, in der auch die königliche Familie und die Konkubinen lebten. Ihre Mauern waren nur 1,2 km lang. Beide Komplexe, Thanh Hoang und Tu Cam Thanh, wurden von der Bevölkerung *Dai Noi* genannt, eine Bezeichnung, die beibehalten wurde.

Neun Kanonen vor dem Königspalast sollen Macht demonstrieren, obwohl sie nicht zum Abfeuern von Geschossen geschaffen wurden. König Gia Long ließ sie 1804 aus dem Metall gießen, das von den Tay Son zurückgelassen worden war. Sie sind fünf Meter lang und etwa zehn Tonnen schwer und hervorragende Beispiele der Metallgießkunst der Nguyen. Fünf Kanonen stehen seitlich des Cot Co an der Ngan-Brücke und symbolisieren die fünf Elemente: Feuer, Wasser, Erde, Holz und Metall. Die vier anderen, nicht weit entfernt an der Quang Duc-Brücke aufgestellt, sind Symbole der vier Jahreszeiten.

Durch das **Ngo Mon** (Mittagstor) betritt der Besucher den Königsspalast. Das Tor wurde 1833 aus Granitstein erbaut, 1921 restauriert und besitzt fünf Eingänge. Die seitlichen sind mit grünen Ziegeln gedeckt, der mittlere, mit gelben Ziegeln, war dem König vorbehalten. Der **Lau Ngu Phong** (Fünf Phönix Pavillon) ist dem Tor aufgesetzt. Von ihm aus nahm der König an Festen und Paraden teil. Hier übergab der 13. König, Bao Dai, am 24. August 1945 Siegel und Schwert an den Abgesandten der Regierung in Hanoi. Damit endeten 1007 Jahre vietnamesischer Monarchie. Es lohnt sich, auf den Pavillon zu steigen, um einen Überblick über die Palastanlage zu gewinnen.

Durch einen **Garten** mit Frangipani-Bäumen und einem See, über die Trung Dao-Brücke, führt der Weg zum Palast Dien Thai Hoa. Die Brücke und der mittlere Weg waren dem König vorbehalten. Vor dem Palast liegen die drei ansteigenden **Terrassen** des Zeremonienhofes **(Dai Trien Nghi).** Bei offiziellen Anlässen nahm die königliche Familie auf der unteren Terrasse Platz. Auf der mittleren saßen die Mandarine der unteren Ränge, die obere war den Mandarinen der Ränge eins bis drei vorbehalten. Diese Plätze sind durch Steinstelen gekennzeichnet. Da jeder der neun Mandarinränge von je einem militärischen und dem ihm übergeordneten zivilen Mandarin besetzt und die Ränge zudem in zwei

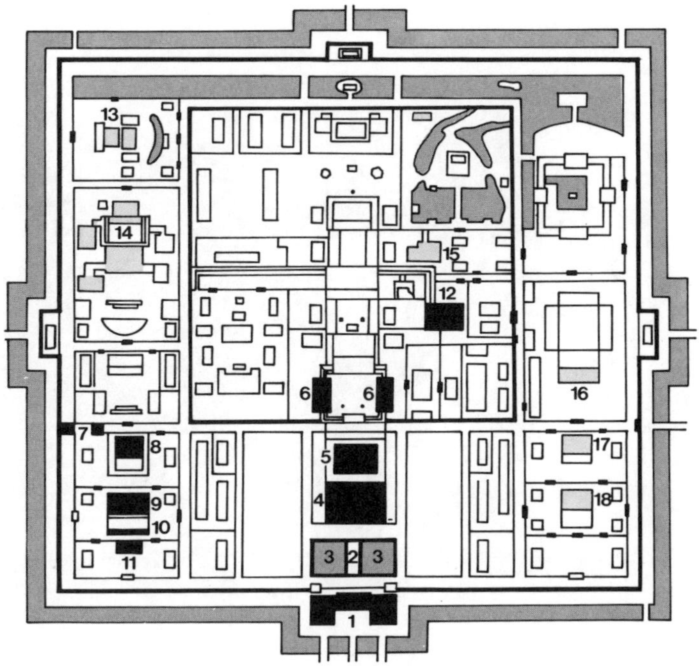

1 Ngo Mon-Südtor mit Pavillon 2 Cau Trung Dao – Brücke 3 Ho Thai Dich – Seen 4 San Dai Trieu – Terrassen-Hof 5 Dien Thai Hoa – Palast des Himmlischen Friedens 6 Linker und rechter Saal für die Mandarine 7 Zwei Tore 8 Hung Mieu – Gedenkstätte für den Vater von König Gia Long als dem »Vater der Dynastie« 9 The Mieu – Gedenkstätte für die Nguyen-Könige – 10 Cuu Dinh oder Vuong Dinh. Neun Bronzeurnen 11 Dien Phung Tien – Gedenkstätte für die Frauen der Königlichen Familie – 12 Duyet Thi Duong – Königliches Theater (restauriert), heute Nationales Konservatorium
Von den nachfolgenden Gebäuden blieben nur Ruinen, die restlichen Gebäude liegen in Trümmern. Diese Teile des Palastes sind nur mit Sondergenehmigung zugänglich.
13 Cung Truong Sanh-Palast, erbaut unter König Minh Mang, auch als Palast der Großmutter bezeichnet 14 Dien Tho Ninh – Palast, erbaut von König Gia Long 15 Thai Binh Lau – zweistöckige Königliche Bibliothek 16 Dai Tho Son – Teil des Königlichen Ahnentempels 17 Trieu Mieu – Gedenktempel im östlichen Tempelhof – 18 Hai Mieu – Gedenktempel im östlichen Tempelhof

Stufen unterteilt waren, boten die 36 Mandarine, jeweils begleitet von ihrem Adlatus, in ihren verschiedenfarbigen Seidenroben ein prächtiges Bild. Die Zivilmandarine trugen eine viereckige Kopfbedeckung und ein Zepter aus Elfenbein, die Militärmandarine runde Hüte und ein Schwert. Direkt vor dem Palast war der Platz der Minister und der Generalität, aus der Sicht des Königs auf seinem Thron im Palast zu seiner Rechten die Zivilisten, zur Linken die Militärs.

Im **Dien Thai Hoa,** ›Palast der Himmlischen Harmonie‹, fanden die Krönungen der Könige, die Feiern ihres Geburtstages und die größten Feste wie das tet-Fest statt. Der Bau wurde 1803 von König Gia Long begonnen, erst 1833 auf seinen heutigen Platz gebracht. 1806 fand als erste Zeremonie die offizielle Krönung Gia Longs statt. Das mächtige Dach des Palastes wird von 80 Eisenholzsäulen getragen, die rot lackiert und in ihren oberen Teilen geschnitzt sind. Das Gebäude wurde im letzten Jahrzehnt restauriert.

Empfangshalle für Mandarine in der Verbotenen Stadt

Hinter dem Palast beginnt die Verbotene Stadt. In einem großen Hof stehen zwei mit UNESCO-Hilfe restaurierte Gebäude: **Ha Vu** auf der linken Seite wurde 1977 fertiggestellt, **Huu Vu** auf der rechten Seite ist erst seit 1988 wieder zugänglich. Die Dekoration erfolgte nach alten Vorlagen. Sie dienten den Mandarinen zur Vorbereitung der Audienz beim König, der sie im **Dien Can Chanh,** dem ›Palast der Gesetze des Himmels‹, empfing. Dieser schloß den Hof nach Norden ab, aber es blieben nur Mauerreste erhalten. Weiter in die Verbotene Stadt hineinzugehen, lohnt den Zeitaufwand nicht. Zwischen trostlosen Trümmern ragt eine Mauer der ehemaligen zweistöckigen Bibliothek auf, die vor dem Verfall gerettet werden soll. Am Nordrand der Verbotenen Stadt liegen Teiche, einer mit einem Tempel für den Wassergeist.

Im westlichen und östlichen Teil des Königspalastes blieben dagegen fünf Gedenktempel teilweise erhalten, die im westlichen Teil lohnt es aufzusuchen. Am Ha Vu vorbei führt ein breiter Weg an den überwachsenen Trümmern des Königspalastes vorüber, der einst 50 oder mehr Bauwerke besaß. Am Ende des Weges und als Eingang zum Tempelbezirk blieben Tore erhalten. Die fünf Tempel dienten der Verehrung der Nguyen-Dynastie, der Nguyen-Fürsten und ihrer Vorfahren:

● **Thai Mieu** ist die Gedenkstätte für die Nguyen-Fürsten, die im 16. Jh. ihr Lehensgebiet im Süden auszubauen begannen.
● Im **Trieu Mieu** wird Nguyen Kim verehrt, der erste Fürst der Nguyen, der im 16. Jh. gemeinsam mit den Trinh-Fürsten die Le-Dynastie wieder einsetzte.
● **Hung Mieu** dient als Gedenkstätte für den Vater König Gia Longs, der als ›Vater der Dynastie‹ verehrt wird.
● **The Mieu** ist der Gedenktempel für alle Nguyen-Könige.
● **Dien Phung Thien** oder Hien Lam Cac dient dem Gedenken der Frauen der königlichen Familie.

Die beiden letztgenannten Tempel wurden mit Mitteln der UNESCO restauriert. Im The Mieu, der Gedenkstätte für die Könige, stehen zehn Thronsessel, sieben davon sind rot lackiert und goldverziert, drei sehr einfache wurden erst 1954 von der Regierung Diem hinzugefügt, zwei am Anfang, der dritte am Ende der langen Reihe. Sie wurden für die Könige erstellt, die sich gegen Frankreich aufgelehnt hatten und verbannt wurden. In der Kolonialzeit durften sie nicht geehrt werden. Zwei weitere Könige haben nur ganz kurze Zeit regiert und König Bao Dai lebt noch in Frankreich. Die Schirme über den

Thronen sind Zeichen der Herrscherwürde. Kleine vergoldete Täfelchen, zu einem Stupa aufgesetzt, entsprechen der Sitte des Königshofes, zu einer Beerdigung Blattgold zu spenden; ein Brauch, der in Hue auch von der Bevölkerung übernommen wurde. Die Anzahl und Schichtung ist ein Zahlenspiel (1, 3, 5, 7, 9) und symbolisiert Schöpfung, Fortschritt, Langlebigkeit und die fünf Elemente. Hinter den Altären sind Verehrungsstätten für die Könige eingerichtet, mit Altären und Totentafeln, auf denen ihre Namen in chinesischen Buchstaben geschrieben stehen (Taschenlampe).

Im Hof gegenüber vor dem Hien Lam Cac stehen die **Cuu Dinh** oder **Vuong Dinh,** ›Neun Urnen‹ oder ›Königliche Urnen‹ genannt. König Minh Mang ließ sie zwischen 1835 und 1837 in der Form alter chinesischer Gefäße der Xia-Dynastie (2000 Jahre v. Zt.) gießen. Sie sind etwa 1,20 m hoch, die größte wiegt 2600, die kleinste 1900 kg. Um sie herzustellen, war die Gußmasse aus 80–90 Schmelzkesseln erforderlich. Größe und Gewicht sollen Stabilität und Stärke der Dynastie symbolisieren. Auf jeder Urne stellen 18 fein ausgearbeitete Motive die Schönheit der vietnamesischen Landschaft, die Tier- und Pflanzenwelt dar. Es sind Meisterwerke der Bronzegießer.

Der dahinter liegende **Hien Lam Cac** wurde restauriert, seine frühere Gestalt nicht wiederhergestellt, er weist aber einige sehr schöne Schnitzereien auf. Die beiden Tempel im östlichen Tempelhof blieben nur als Ruinen erhalten.

Nördlich des Tempelhofes, in einem Trümmerfeld, gibt es noch den **Dien Tho-Palast,** (›Palast des Langen Lebens‹), den König Gia Long 1804 erbauen ließ, mit einem Empfangsraum, Werkstätten und den Privatgemächern für die Mutter des Königs sowie den **Truong Sanh-Palast,** der von einigen Familien bewohnt wird. Seine drei Gebäude, von König Minh Mang erbaut, sind beschädigt, die Dächer mit Wellblech abgedeckt. Auch dieser Teil der Königsstadt hinterläßt nur den Eindruck der Zerstörung und ist daher im offiziellen Besuchsprogramm nicht vorgesehen.

Das Palastmuseum im Long An-Palast

Im ehemaligen **Long An-Palast,** der 1845 erbaut wurde und dessen Dach auf Säulen aus Eisenholz ruht, ist das Museum untergebracht. Im Jahre 1909 wurde das Gebäude an seinen jetzigen Standort versetzt und 1923 von dem zwölften König als Museum eingerichtet. Viele Gegenstände stammen aus königlichem Besitz. Im Garten befinden sich einige schöne Glocken und Gefäße aus Bronze. Unter den Exponaten gibt es Porzellane, Musikinstrumente und anderes. Allein das Gebäude lohnt jedoch einen Besuch, es ist das schönste Palastgebäude, das in Vietnam erhalten blieb. Rechts neben dem Palast, in einem verschlossenen Gebäude, werden einige wertvolle Cham-Plastiken verwahrt, die in der Umgebung von Hue gefunden wurden und demnächst ausgestellt werden sollen.

Gegenüber vom Long An-Palast befand sich die ehemalige Schule der Königlichen Prinzen, die heute **Armeemuseum** ist.

Pagoden, Tempel und Gemeinschaftshäuser

Bei einem Besuch in Hue werden Zitadelle und Königsgräber, weil sie nur hier zu finden sind, im Vordergrund stehen. Aber die Sakralbauten sollten nicht ganz vergessen werden, da sie gegenüber den Bauwerken im Bac Bo und Nam Bo Besonderheiten in Architektur und Ausstattung aufweisen. Die Nguyen-Fürsten und Nguyen-Könige waren bestrebt, den Buddhismus zu fördern, Pagoden zu errichten, die denen der alten Hauptstadt Thang Long nicht nachstanden. Sie nahmen Handwerker und Mönche aus dem Bac Bo mit, aber sie riefen auch chinesische Mönche nach Hue. Die Pagoden zeigen daher vielfach chinesische Merkmale. Die Architektur der Dächer ist gradliniger, die aufgebogenen Enden der chua des Bac Bo fehlen, die Gebäude sind meist höher, die Innenräume heller und das Pantheon bedeutend kleiner. Auch die farbenfrohen Wandbilder tragen dazu bei, den Räumen die Schwere und Feierlichkeit der Pagoden des Rote-Fluß-Deltas zu nehmen. Schnitzereien, obwohl vorhanden, können sich selten mit denen des Nordens messen. Das gilt für die vietnamesischen Pagoden, obwohl sie vielfach von König und Staat unterstützt wurden. Die schönsten sind fast alle auf engem Raum am Südufer des Flusses auf dem Wege zu den Königsgräbern zu finden. Sie liegen am Ende der Uferstraße (Duong Le Loi), jenseits der Bahnlinie an der Duong Dien Bien Phu.

Die Pagoden in Hue wurden zwischen 1955 und 1963 zu Keimzellen und Zentren des Widerstandes gegen die katholische Regierung Diem in Saigon und später gegen die amerikanische Invasion und haben durch Selbstverbrennungen nicht nur die vietnamesische, sondern auch die Weltöffentlichkeit aufhorchen lassen. Fast jede Pagode in Hue hat am Widerstand teilgenommen, an dem sich auch Laien, besonders Studenten, aktiv beteiligten.

Der **Chua Bao Quoc** auf dem Hügel Ham Long wurde 1674 von dem chinesischen Mönch Giac Phong gegründet. 1824 ernannte König Minh Mang ihn zu einer der ›Nationalen Pagoden‹, die dem königlichen Schutz unterstanden. In dieser Pagode wurde 1940 das Bao Quoc gegründet, eine Schule zur Erneuerung des Buddhismus, aus der auch die führenden Mönche des buddhistischen Widerstandes gegen die Diem-Regierung in Saigon kamen. Die Pagode ist über eine steile Treppe zu erreichen. Der Hauptraum zeigt ein schönes, für den Trung Bo typisches Pantheon. In einem dahinter liegenden Raum sind die Statuen der bedeutendsten Äbte aufgestellt, um die Pagode liegen die Beerdigungsstupas. Anziehungspunkt ist ein schöner Orchideengarten und ein sprachbegabter Papagei.

Der **Chua Tu Dam** liegt nur einige hundert Meter entfernt an der Duong Tu Dam. Der heutige Bau stammt von 1936, so daß nur die Geschichte der Pagode von Interesse ist. Sie wurde ebenfalls von einem chinesischen Mönch, Minh Hoang Tu Dung, erbaut. 1841 nahm König Tieu Tri, der Nachfolger von Minh Mang, sie als ›Nationale Pagode‹ unter seinen persönlichen Schutz. 1951 entstand hier die Vereinigung der Vietnamesischen Buddhisten, die inzwischen nach Hanoi verlegt wurde, so daß die Pagode nun der Sitz der Buddhistischen Vereinigung der Provinz ist. Sie war ein Zentrum der Anti-Diem-Aktionen und war 1968 bei der tet-Offensive in die Kämpfe verwickelt.

Drei weitere Pagoden sind auf dem Wege zu den Königsgräbern zu erreichen. Der **Chua Tu Hieu** liegt ein gutes Stück hinter dem Lang Dong Khanh, rechts der Straße. Er wurde 1893 erbaut und ist Begräbnisstätte vieler Eunuchen der königlichen Hofhaltung. Auch in dieser Pagode entwickelte sich eine anti-amerikanische und gegen die Diem-Regierung gerichtete Bewegung.

Der **Chua Truc Lam** liegt südlich des Ehrenmals für die Gefallenen auf dem Wege zum Lang Thieu Tri. Er gehört zur Zen-Sekte des Bambuswaldes (Truc Lam), die ihr Zentrum auf dem Berg Yen Tu in der Nähe der Ha Long-Bucht hat. In der Pagode wird eine kostbare Ausgabe der Sutren aufbewahrt, die König Quang Toan, der zweite König der Tay Son-Dynastie (1792–1801), der Pagode geschenkt hat.

Der **Chua Tra Am,** zwischen dem Hügel Tan Thai und dem Hügel Ngu Binh gelegen, überrascht durch seine Einbettung in die Landschaft.

Der **Chua Quoc Tu Dien De** ist der einzige große vietnamesische chua, der am Nordufer des Flusses der Wohlgerüche liegt, am Rande der Zitadelle im Marktviertel. Er ist über die Trang Tien-Brücke, dahinter rechts über die Duong Tran Hung Dao zu erreichen, von der die Duong Bach Dang nach links abbiegt. Sie wurde als ›Nationale Pagode‹ unter dem Schutz von König Thieu Tri erbaut. Auffallend sind ihre Glocken- und Trommeltürme, jeweils ein Paar vor dem Eingang und vor dem Hauptgebäude. Eine Stele berichtet über den Bau. Die Mönche, unterstützt von Studenten und der Bevölkerung, wandten sich gegen das Diem-Regime, aber auch gegen den amerikanischen Krieg. 1966 besetzte die Polizei die Pagode und verhaftete Mönche und Laien.

Die Distrikte Phu Cat und Phu Hiep liegen zwischen dem Fluß der Wohlgerüche und Kanälen wie auf einer Insel. Sie werden zum großen Teil von Chinesen bewohnt, deren Leben sich um die **Markthalle Dong Ba** abspielt, die bis zum Flußufer reicht, an dem Bauern und Händler ihre Waren anlanden und abtransportieren. Die **Duong Chi Lang** am Flußufer, ihre Nebenstraßen und Parallelstraßen, die Duong Chua Ong und Duong Nguyen Chi Thanh bilden das Geschäftsviertel von Hue. Hier befinden sich auch die **Hoi Quan,** Versammlungsstätten der Chinesen, meist in Verbindung mit Verehrungsstätten für daoistische Geister und Götter oder die Gründer ihres Klans, selten für Buddha oder die Quan Am. Die Chinesen leben in Gemeinden zusammen, nach ihrer Herkunft aus den Heimatprovinzen in Südchina. Diese Hoi Quan, die auch Speiseräume besitzen, in denen Feste begangen werden, werden fälschlich oft als chua bezeichnet und sind auch unter dieser Bezeichnung bekannt.

Weil die Chinesen häufig Fischer waren, verehren sie in ihren Tempeln die Meeresgöttin Thien Hau mit ihren Begleitern Thien Ly Nhan, der 1000 Meilen weit sehen, und Thuan Phong Nhi, der 1000 Meilen weit hören kann. Sie berichten der Göttin, die den Fischern und den Reisenden auf dem Meer beisteht, wenn ein Schiff in Seenot gerät. Die Tempel sind auch Verehrungsstätten für den chinesischen General der ›Drei Reiche‹ im 3. Jh., Ong Quan Cong, begleitet von einem Militär- und einem Zivilmandarin. Der

Hochverehrte *(ong)* Quan Cong ist an seinem roten Gesicht zu erkennen. In den chinesischen Tempeln werden auch Konfuzius (Khong Tu) und Laotse (Lao Tu) verehrt, und aus dem buddhistischen Pantheon am häufigsten die Quan Am, die fernöstliche Inkarnation des Bodhisattva Avalokitesvara. Die Hoi Quan sind zu erkennen an ihrer Farbenfreudigkeit, den Darstellungen chinesischer Legenden und der Anordnung ihrer Tempel mit Zwischenhöfen, die einem chinesischen Haus gleicht. Sie bergen selten Kunstwerke, aber häufig Reichtümer, Statuen aus Gold u. a. Ein Erlebnis ist es, diese Tempel anläßlich von Tempelfesten zu besuchen, besonders bei Frühlings- und Herbstvollmond.

Der **Chua Tang Quang** in der Duong Nguyen Chi Thanh wurde 1947 von einer buddhistischen Gemeinde, die dem Theravada-Buddhismus anhängt, der direkt von Indien nach Vietnam kam, erbaut. Der Theravada- oder Hinayana-Buddhismus konnte in Vietnam nur wenig Bedeutung erlangen, da er auf Grund seiner strengen Lehre die Natur- und Ahnengeister sowie die daoistischen Genien und Götter nicht assimilieren oder adaptieren kann, wie dies dem Mahayana- oder Vajrayana-Buddhismus möglich ist, der aus diesem Grunde in Ostasien vorherrschend wurde.

Chua Tuy Van – Dinh Duong No – Badestrand Thuan An

Eine Bootsfahrt auf dem Wohlriechenden Fluß etwa 18 km bis nach Thuan An ist ein sehr lohnender Ausflug. Die Fahrt kann auch mit dem PKW unternommen werden und führt dann durch das Dorf Duong No mit einem sehr schönen dinh und über eine Autofähre nach Thuan An mit einem weißen Sandstrand. Von hier aus lohnt der Besuch des Chua Thuy Van auf dem Hügel einer vorgelagerten Insel gleichen Namens.

Bildungszentrum Hue

Hue besitzt eine der drei Universitäten des Landes (neben Hanoi und Ho Chi Minh-Stadt). Die *Quoc Hoc Secondary School* hat ihren guten Ruf behalten. Sie liegt an der

Straßenszene

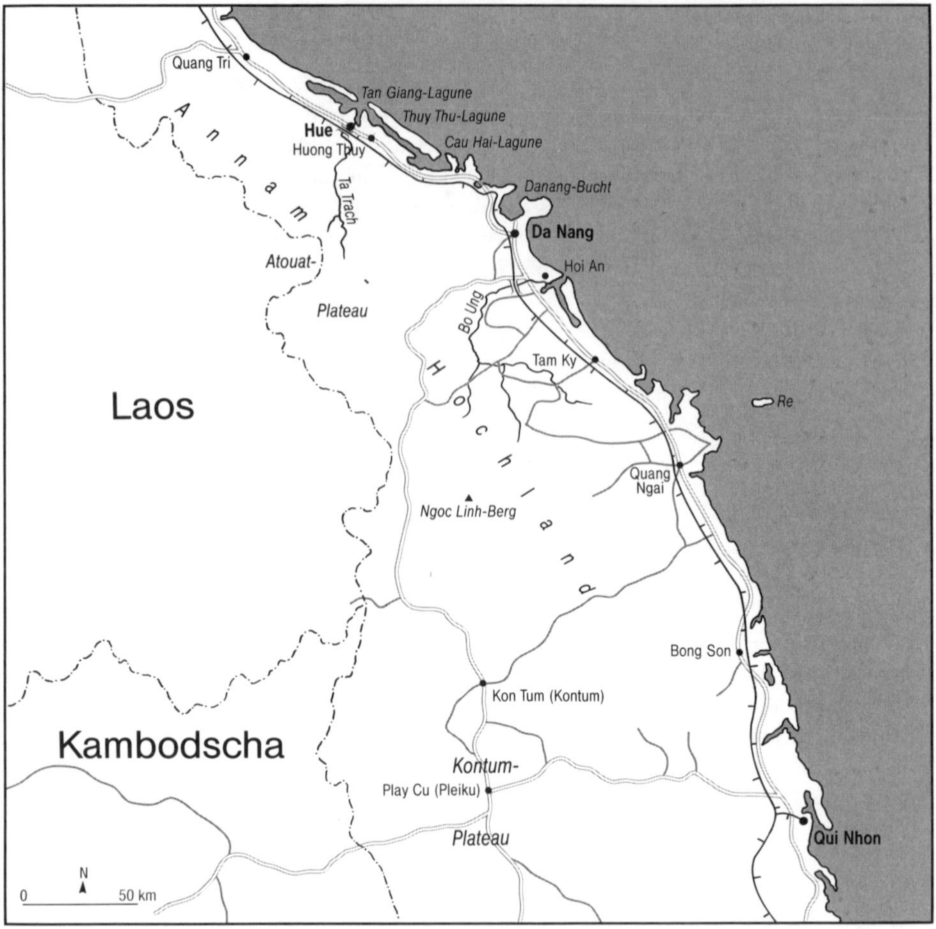

Übersichtskarte Vietnam von Quang Tri bis Quy Nhon

Duong Le Loi neben der *Hai Ba Trung Secondary School* für Mädchen. Viele prominente Vietnamesen besuchten diese Schule, unter ihnen Präsident Ho Chi Minh und General Vo Nguyen Giap, der Sieger von Dien Bien Phu.

Ein kleines **Ho Chi Minh-Museum** (Bao Tang Ho Chi Minh) liegt nicht weit entfernt auf der anderen Straßenseite und bewahrt Dokumente und Gegenstände aus dem persönlichen Besitz des Revolutionärs.

Hue – Wolkenpaß – Da Nang

Die 105 km lange Strecke ist die schönste der Nationalstraße 1. Die Fahrzeit beträgt etwa 2½ Stunden (Paßstraßen) und führt durch eine abwechslungsreiche Landschaft, die bestimmt ist durch die Truong Son-Kette im Westen und das Meer im Osten. Angebaut werden Reis, Zuckerrohr, Maniok (Tapioka), Erdnüsse und Maulbeerbäume. In den Feldern wachsen Betel- und Kokospalmen. Kilometerweit führt die Straße durch Alleen von hohen, schlanken Eukalyptusbäumen. Malerische Buchten mit Sandstränden, Lagunen und Fischerbooten wechseln mit dem Blick in das Hügel- und Bergland. Die Eisenbahn nimmt den gleichen Weg.

In den Morgenstunden herrscht auf den Dorfmärkten lebhafter Handel, Fischerboote kommen in die Flußmündungen, bis an die Marktplätze. In jedem Dorf gibt es eine Pagode, einen mieu und vor vielen Häusern einen Altar auf einem Pfahl, auf dem Räucherkerzen, Blumen, Früchte oder Süßigkeiten für die Ahnen und die Götter des Bodens geopfert werden. An ähnlichen sehr einfachen Altären außerhalb der Dörfer legen die Vorüberkommenden ein kleines Opfer für die ma, die umherirrenden Seelen nieder (s. S. 102).

Gleich bei der Einmündung der Ausfallstraße von Hue in die Nationalstraße 1 lagen auf der rechten Seite die Felder, auf denen der ›Duftende Reis‹ für die Hofhaltung angebaut wurde. Der **Flughafen Phu Bai** liegt nicht weit von der Straße 1 entfernt. 15 km südlich von Hue befand sich eine Basis der Amerikaner. Der Kriegsschrott wurden 1985 im ganzen Land zusammengetragen und abgefahren, nur zahlreiche Wellblechdächer sind zurückgeblieben.

38 km von Hue entfernt liegt die **Insel Tuy Van** mit dem gleichnamigen Berg und dem **Chua Tuy Van.** Sie ist besser von Hue aus mit einem Boot oder Auto über Thuan An zu erreichen (s. S. 421).

Der **Deo Phu Gia und Deo Phuoc Tuong,** der ›Paß des Wohlstandes‹ und der des ›Glücklichen Elefanten‹, sind dem Wolkenpaß vorgelagerte, kleinere Pässe mit Ausblikken über Land und Meer.

59 km von Hue entfernt, landeinwärts, am Fuße des 1444 m hohen **Berges Bach Ma** (Weißes Pferd), liegt ein von den Franzosen entdecktes Erholungsgebiet etwa 1000 m hoch, dem es aber momentan an allen touristischen Einrichtungen fehlt.

60 km von Hue entfernt lädt der **Strand Canh Duong** mit feinem weißen Sand und klarem Wasser zum Baden ein.

Das **Dorf Lang Co** ist 67 km von Hue entfernt, ihm vorgelagert eine lange Lagune mit weißem Strand. Das Dorf liegt unter Palmen auf einer Landzunge. Lang Co bedeutet ›Grab eines Mädchens‹. Die Legende erklärt den Namen: Vor langer Zeit wurde das Dorf von Krankheit und Tod heimgesucht. Ein Mädchen, das niemand zuvor gesehen hatte, brachte Heilkräuter aus den Bergen und kurierte die Kranken. Es blieb im Dorf und half den Fischersfamilien. Als es – unverheiratet – starb, bauten die Fischer ein Grab, von dem aber nur der Dorfname erhalten blieb.

Deo Hai Van – der Wolkenpaß
Mit 22 km Länge und einer Höhe von fast 500 m ist dies der höchste Punkt, den die Nationalstraße 1 überwindet. Die ihn umgebenden Berge sind über 1000 m (der Ai Van Son 1170 m) hoch. Ein Ausläufer des Truong Son wendet sich an dieser Stelle nach Osten und fällt steil ab ins Meer. Er bildet eine Barriere, die gleichzeitig Klimagrenze und Wetterscheide ist. Regnet es nördlich des Passes, kann im Süden die Sonne scheinen. Aber die Taifune treffen die Küste nördlich und südlich des Passes. Der Deo Hai Van macht seinem Namen häufig Ehre und hüllt sich in Wolken, dann kann es kühl sein auf der Paßhöhe.

Bald hinter dem Dorf Lang Co steigt die Straße an und windet sich in langen Serpentinen am Steilhang empor. In der Regenzeit stürzen Wasserfälle von den Bergwänden. Immer wieder gibt es Ausblicke auf das Meer, den Strand und das Dorf. Die Eisenbahn sucht ihren Weg in der Ebene. Zwischen Felsen und Meer muß sie immer wieder in Tunnel ausweichen. Auf der Paßhöhe steht ein verfallenes französisches Fort. Gekämpft wurde hier, seit die Cham sich erst gegen die Provinz Giao Chi und dann gegen Dai Viet verteidigt haben. Im zweiten Indochinakrieg lag die koreanische Division ›Weiße Tiger‹ am Wolkenpaß. Seit ein Weg über die Paßhöhe führt, wird an seiner höchsten Stelle der Geist des Berges verehrt. Auch die ma, die umherirrenden Seelen, haben einen Altar (am). 1990 wurde ein neuer, größerer gebaut. Der Ausblick nach beiden Seiten ist grandios, nach Norden auf Meer, Strände und Dörfer, nach Süden auf die Bucht von Da

Provinz Quang Nam – Da Nang

Bis zum Ende des 10. Jhs. hatten die Cham südlich des Deo Hai Van ihr Reich, das sie Amaravati nannten. Ihre Bauwerke und ihre Kunst sind die bedeutendsten Sehenswürdigkeiten der Provinz.

Sie liegt in der Mitte Vietnams und ist jeweils etwa 800 km von Hanoi und von Ho Chi Minh-Stadt entfernt. Neben Vietnamesen leben hier viele Minderheiten, meist im Bergland, darunter Hoa, Sedang, Ka Tu, Co und Cham. Dank zahlreicher Flüsse sind die kleinen Ebenen fruchtbar, weil sie ganzjährig bewässert werden können. Außer Reis, Zuckerrohr und Erdnüssen gedeihen Baumwolle und Maulbeerbäume. Bekannt ist die Provinz durch Zimt aus Tra My, Pfeffer aus Tien Phuoc, Seide aus Phu Vang und Fischsoße aus Nam O, aber auch wegen ihrer Fische und Meeresfrüchte und der Seeschwalbennester von den Inseln. Hügel und Berge sind zu 62,4 % von Wäldern bedeckt, die Edelhölzer, darunter Eben-, Rosen- und Eisenholz sowie Heilpflanzen liefern.

Im zweiten Indochinakrieg lag die größte amerikanische Militärbasis – Armee, Luftwaffe und Marine – 110 km südlich von Da Nang in Chu Lai. Das Gebiet um Da Nang wurde zur ›Feuerfreien Zone‹ erklärt, die Bevölkerung flüchtete in die Stadt. Da Nang wuchs von etwa 50 000 Einwohnern im Jahre 1956 auf ½ Million.

Nang, in die die Halbinsel Son Tra hineinragt, mit dem großen, von Bergen umgebenen Naturhafen, in dem Schiffe auf Reede liegen. Die Straße windet sich in steilen Kehren bergab. Am Fuße des Passes liegt eine alte französische Bunkerstation. Von hier sind es noch 18 km bis Da Nang. Der Weg führt durch ein Dorf, das lilarotes Papier zum Einpacken der Feuerwerkskörper herstellt und es an der Straße zum Trocknen auslegt, und vorüber an dem großen Friedhof zu beiden Seiten der Straße. In der Hauptverkehrszeit sind auch die breiten Straßen von Da Nang von Radfahrerkolonnen verstopft.

Da Nang

Da Nang ist Industrie-, Wirtschafts- und Kulturzentrum der Provinz. Die Bucht südlich des Wolkenpasses erregte schon die Aufmerksamkeit der Nguyen-Fürsten. Im 17. Jh. entstand eine Siedlung. An dieser Stelle unternahmen die Franzosen die ersten Versuche, in Dai Viet Fuß zu fassen.

Die Stadt hat wenig Sehenswertes zu bieten. Zwei der vielen Märkte sind besonders interessant. Auf dem **Cho Han** am Han-Fluß werden Fische und Schalentiere fangfrisch angelandet. Er liegt zwischen der Duong Hung Vuong und der Duong Tran Hung Dao. Der **Cho Con** in der gleichen Straße stadteinwärts gelegen bietet außer Lebensmitteln und Kleidung auch handwerkliche Erzeugnisse. Ganz in der Nähe befindet sich das größte Warenhaus der Stadt und das Theater. Es lohnt sich, die Galerien aufzusuchen, die fast an jeder Straßenecke zu finden sind. Junge Maler versuchen die reglementierten Wege zu verlassen und zu einem eigenen, der europäischen Kunst verwandten Stil zu finden.

Nach 1975 mußte auch das vietnamesische Theater (tuong) und cai luong neu ins Leben gerufen werden, das in Da Nang vor dem Kriege eine große Tradition besaß (s. S. 245). Heute gibt es wieder Theatergruppen, auch in den Dörfern. Wem es gelingt, eine öffentliche Vorstellung zu besuchen, sollte diese einer Vorführung in einem Hotelsaal vorziehen. Das fernöstliche Theaterspiel erfordert eine gewisse Verständnisbereitschaft. Auch der Versuch, die traditionellen Lieder *(bai choi)*, die während des Kartenspieles gesungen werden, zu sammeln, ist gelungen.

Der **Chua Tam Bao,** die schönste und größte Pagode in Da Nang, liegt an der Duong Phan Chu Trinh im Südteil der Stadt, auf dem Wege nach Hoi An oder auf der Weiterfahrt nach Süden.

Das **Museum der Cham-Skulptur (Bao Tang Cham)** stellt aber die größte Sehenswürdigkeit dar. Einmalig in der Welt, hat es 300 Exponate der Cham aus dem 7.–14. Jh. aufzuweisen (ausführliche Beschreibung s. S. 286). Das Museum ist von 8.00 bis 15.00 Uhr geöffnet, außer montags.

Die Berge der Fünf Elemente (Ngu Hanh Son)

Über die Nguyen Van Troi-Brücke des Han-Flusses führt die Straße zu den 8 km entfernten Kalksteinbergen, auch Marmorberge genannt, die einst Inseln gewesen sein sollen.

In den Marmorbergen

Die fünf Elemente, aus denen die Welt besteht, und die den Bergen ihre Namen gaben, sind *Thuy* – Wasser, *Kim* – Metall, *Tho* – Erde, *Hoa* – Feuer und *Moc* – Holz. In der Dämmerung sehen die Felsen wie riesige Elefanten aus, die zum nahen Meer drängen. Eine Legende berichtet, daß die Berge Eier einer riesigen Drachenmutter sind. Die Farbe der Felsen wechselt mit dem Tageslicht von hell- bis dunkelgrün, grau und schwarz. Am Fuße der Berge im Weiler Non Nuoc haben sich Steinbildhauer niedergelassen, die in Familienbetrieben Statuen und Schmuck aus dem rosa, weiß und grünlich schimmernden Marmor herstellen.

Die Cham haben die Höhlen gekannt und Reliefs in das Gestein gehauen. In Dai Viet wurden die Felsberge bekannt, weil König Le Thanh Tong im 15. Jh. auf seinem Siegeszug gegen die Cham daran vorüber kam. Die heutigen Tempel in den Höhlen stammen aber aus dem 19. Jh. Als König Minh Mang 1825 die Berge besuchte, gab er den Befehl, Wege anzulegen und die Tam Thai- und Linh Ung-Pagode auszubauen und unterstellte sie als ›Nationale Pagoden‹ seinem Schutz.

Der größte und schönste Berg Tuy, mit den meisten Pagoden, verläuft von Osten nach Westen und nimmt 15 Hektar ein. Zwei Wege führen auf den Berg zu den Grotten und Höhlen bis zu den Aussichtspunkten mit dem Blick über das Meer. Der Weg an der Südseite erreicht über 156 Stufen die **Tam Thai-Höhle.** Sie erhielt ihren Namen, weil die Lage der drei Bergspitzen der Stellung von drei Sternen im Sternbild des Großen Bären entspricht. Die **Tam Thai-Pagode** wurde 1946 und 1975 restauriert. Ihre vergoldete Buddhastatue ging verloren. Erhalten blieben Steinstatuen von Sakyamuni und der Quan Am.

Der Weg an der Ostseite über 108 Stufen führt zum **Chua Linh Ung.** Gewundene Pfade verbinden die beiden Pagoden untereinander und mit den Grotten Tang Chan, Van Thong, Van Nguyen und den Aussichtspunkten Vong Giang Da und Vong Hai Dai. Auch in den vier anderen Bergen gibt es viele Höhlen und Grotten, die aber wenig bekannt sind. Am Berg Tho blieben die meisten Reliefs der Cham erhalten.

Im Widerstandskampf haben die Anwohner der umliegenden Dörfer vergeblich versucht, die Statuen zu retten. Die heutigen Plastiken sind neueren Datums. Bekannt wurde die Heldentat einer jungen Artilleristin aus dem Dorf Hoa Hai. Sie brachte ihr Geschütz auf einem Gipfel in Stellung und beschoß von dort aus den Flughafen Nuoc Man. Seit 1975 kommen wieder Pilger zu den Tempeln.

Der **Strand Non Nuoc** liegt nicht weit von den Marmorbergen entfernt. An dem einen Kilometer langen weißen Sandstrand schlagen die Wellen sanft an, und nahezu gleichbleibende Temperaturen machen das Baden während des ganzen Jahres möglich.

Hoi An

Die Stadt liegt 22 km von den Marmorbergen und 30 km von Da Nang entfernt an einer Nebenstraße. Die Küste hat sich verändert, seit hier die Cham ihren Hafen hatten. Das Land ist in das Meer hinausgewachsen. Heute liegt Hoi An 3 km von der Hafeneinfahrt Cua Dai entfernt. Seine Bedeutung als Hafenstadt hat es an Da Nang abtreten müssen.

Im 5. und 6. Jh. hatten die seefahrenden Cham ihren Hafen östlich des heutigen Hoi An an der Mündung des Thu Bon, wo sich heute der See Trung Phuong befindet. An dem 200 km langen Fluß lagen auch die Cham-Hauptstadt Tra Kieu (Simhapura) und die Tempelstadt My Son. Bis zum 10. Jh. kontrollierten die Cham den Gewürzhandel auf dem Ostmeer. Die Küste der Provinz Quang Nam und der Hafen Hoi An lagen einst an den Handelswegen zwischen Ost und West, die lange küstennah verliefen, bevor Hochseeschiffe über die Meere kreuzten. Seit dem 15. und 16. Jh. war die Küste unter den Seefahrern bekannt, aber erst im 17. Jh. ließen sich Chinesen aus Fukien und später Japaner aus Nagasaki in Hoi An nieder, das damals *Hai Pho* (›Ort am Meer‹) hieß. Die Europäer machten daraus *Faifo*. Der Missionar Pater Borri berichtet, es sei der »schönste Hafen, in dem alle Fremden ankommen« und in dem jährlich eine Handelsmesse stattfände, die vier Monate dauere. Damit sind die Monate gemeint, die die Kaufleute zwischen den Monsunen in Hai Pho verbrachten. Aus dieser Zeit wurden Keramiken, japanische Gräber, aber auch römische Münzen gefunden.

Hai Pho verlor mit dem Chinahandel der Europäer an Bedeutung, die Mündung des Thu Bon versandete. Im 17. Jh. zerstörten die Tay Son die Stadt der fremden Kaufleute. Während die Chinesen ihr Stadtviertel in der Nähe des zerstörten wieder aufbauten, entstand das japanische Viertel nicht wieder. Unter der Nguyen-Dynastie und den französischen Eroberern entwickelte sich Da Nang – mit seiner günstigeren Lage an der Bucht und näher an Hue – zum Hafen. Als die Eisenbahnlinie 1930 über Da Nang führte, zogen die Franzosen sogar kleine Industriebetriebe, die sie in Hoi An angesiedelt hatten, nach Da Nang ab. Hoi An wurde die abseits gelegene Stadt der Widerstandskämpfer gegen die Kolonialmacht und die amerikanischen Invasoren. Nach 1965 wurde eine Dienststelle des amerikanischen CIA und die südkoreanische Einheit der ›Grünen Drachen‹ nach Hoi An verlegt. Im Zentralgefängnis der Provinz, das sich ebenfalls in Hoi An befand, saßen zeitweise 3000–4000 politische Häftlinge ein. Die Widerstandskämpfer zogen sich

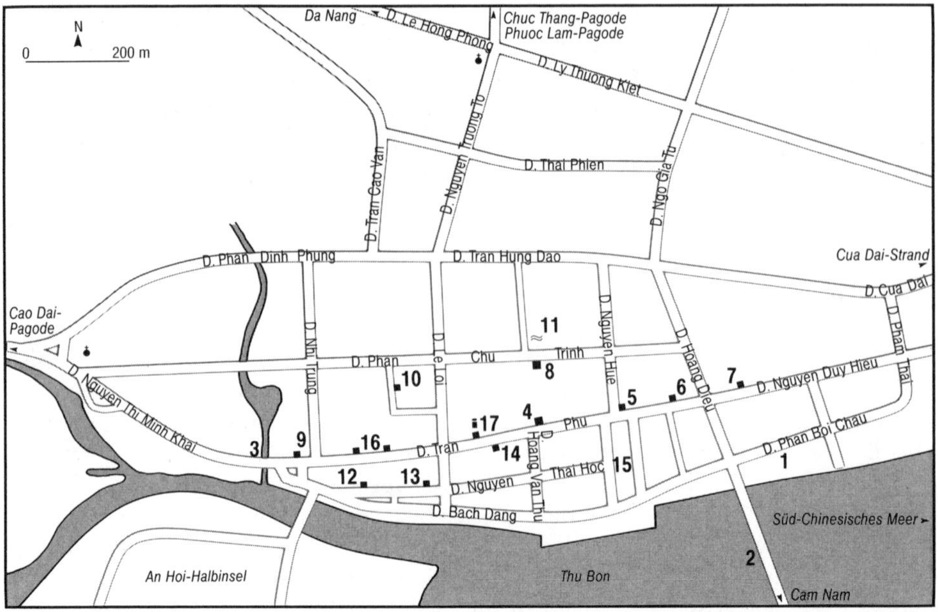

Stadtplan Hoi An: 1 Straßenzug in französischem Baustil 2 Cam Nam-Brücke 3 Japanische Brücke mit Pagode 4 Hoi Quan Phuc Kien 5 Mieu Quan Cong 6 Hoi Quan Hai Nam 7 Hoi Quan Trieu Chau 8 Hoi Quan der chinesischen Gemeinden 9 Hoi Quan Quang Dong 10 Nha Tho Toc – Ahnentempel der Familie Truong 11 Quelle der Cham 12 Haus der Familie Tan Ky 13 Haus eines chinesischen Kaufmanns 14 Haus einer chinesischen Familie 15 Markt 16 Webereien 17 Touristen-Information

in das Dorf Cam Than am Meer, hinter einem für Panzer unbefahrbaren Sandstreifen, zurück. Daraufhin vernichtete die US-Luftwaffe die sieben Hektar Küstenstreifen und Kokospalmenplantagen mit Napalm und chemischen Kampfstoffen.

Nach 1975 war Hoi An, einst Stadt der Weber, entvölkert, viele waren nach Saigon gezogen und hatten ihre Webstühle mitgenommen. Zu Beginn der achtziger Jahre wurden von Frauen und Mädchen Perlvorhänge hergestellt. Heute klappern mehr als 600 halbautomatische Handwebstühle, werden Seiden- und Baumwollgarne verarbeitet. Künstler haben sich in den malerischen Gassen niedergelassen, polnische Denkmalsschützer nahmen sich restaurierbedürftiger Bausubstanz an.

Die Straßen von Hoi An, wie sie sich heute darstellen, vermitteln das Bild einer wohlhabenden Stadt des 19. Jhs. mit stark chinesischem Einfluß. Die Bewohner sind auch großenteils Chinesen, die seit Generationen ansässig, eingebürgert und integriert sind, ohne ihre Traditionen aufgegeben zu haben. Das kommt auch im Baustil zum Ausdruck, obwohl auch japanische und französische Einflüsse erkennbar sind. In der Duong Phan

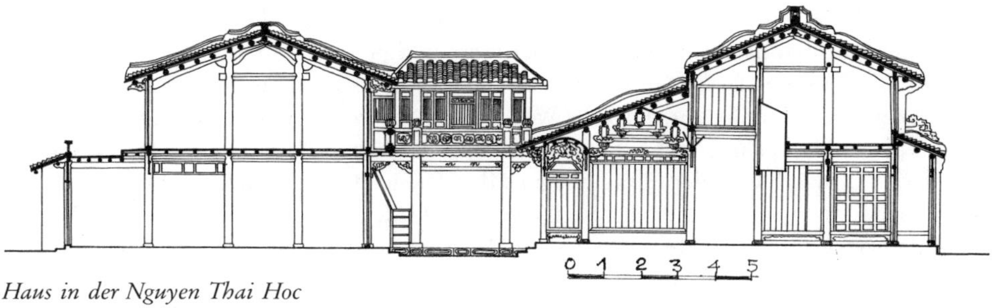

Haus in der Nguyen Thai Hoc

Boi Chau, nicht weit von der Cam Nam-Brücke über den Thu Bon, blieben Häuser im französischen Kolonialstil erhalten. Der japanische Einfluß läßt sich nur an Bauteilen oder am Dekor erkennen. Dominierend ist der chinesische Baustil des 19. Jhs.

Bei einem Gang durch die Straßen der alten Stadt und am Thu Bon-Fluß entlang folgt der Blick immer wieder der Dachflucht der niedrigen Häuser. Die bald vorspringenden, bald zurückgesetzten, unterschiedlich hohen Dächer wirken dennoch einheitlich, vor allem malerisch und auch nostalgisch. Häuser und Dächer sind so fest ineinandergeschachtelt wie die Ziegel, die auf schweren Dachbalken ruhen. Deren runde, geschnitzte Enden haben eine Vielzahl von Motiven. Auch die Haustüren und Fenster weisen Schnitzereien auf oder bestehen aus fein gedrehten Säulen. Aus manchen Häusern ist das Klappern der Webstühle zu hören. Die Arbeit ist schwer, aber die Frauen sagen, daß sie leichter sei als früher, als es keine Fußpedale gab. In den Eisenpfannen der Garküchen brutzeln Fleisch, Fisch und Gewürze. Die Teestuben sind eine Oase, von der aus sich der Straßenverkehr in Ruhe betrachten läßt. Nur Alpträume von einem Hoi An, das nach den ehrgeizigen Wünschen der Touristenorganisation und der japanischen Mäzene zu einem Touristenzentrum werden soll, beunruhigen. Bisher gibt es wenige Hauseigentümer, die (gegen Entgelt) Touristen ihr Haus zeigen. Die drei bekanntesten

Chinesisches Haus mit einem Verkaufsraum für Chinesische Medizin: 1 Haupteingang von der Duong Nguyen Thai Hoc 2 Verkaufsraum 3 Schlafräume 4 Hof 5 Wirtschaftsteil 6 Lagerraum 7 Toilette 8 Küche 9 Ausgang zur Nebenstraße 10 Treppe zum 1. Geschoß

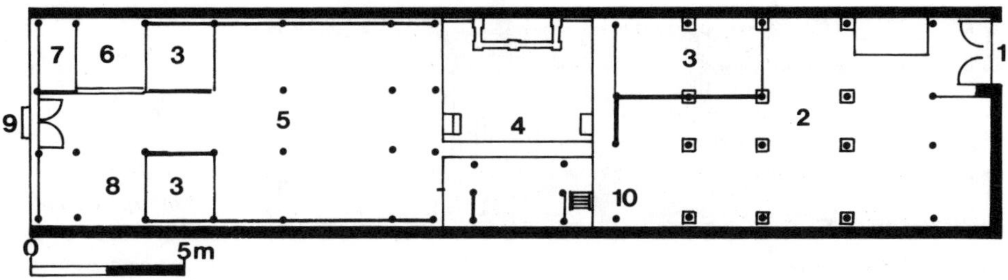

Häuser sind zwar nicht grundverschieden, aber jedes hat Besonderheiten zu bieten. Das **Haus der Kaufmannsfamilie Tan Ky** in der Duong Nguyen Thai Hoc wurde 1840 erbaut und ist seit der sechsten Generation im Familienbesitz. Gebaut wurde es als Handelshaus einer begüterten Familie und zeigt die Wohnkultur des 19. Jhs. Grundriß und Architektur sind typisch für ein chinesisches Haus mit dem Wechsel von Haus – Hof – Haus. Es reicht durch den Häuserblock, der Hinterausgang durch einen kleinen Garten führte zum Fluß. Inzwischen ist an dessen Ufer eine Straße gebaut worden. Der erste Teil, das große Wohnzimmer, wirkt dunkel und feierlich, läßt an das Zeremoniell einer konfuzianischen Familie denken. Der Steinfußboden kommt aus Hanoi, die grauen Steine näher am Hof aus Thang Hoa. Schwere, dunkle, geschnitzte Säulen tragen das mit einer reich verzierten Holzdecke verkleidete Dach. Im Wohnteil, über und neben der Eingangstür, in den Raum und zum Fluß gerichtet, befinden sich die Ahnenaltäre mit den Ahnentafeln, Gefäßen für

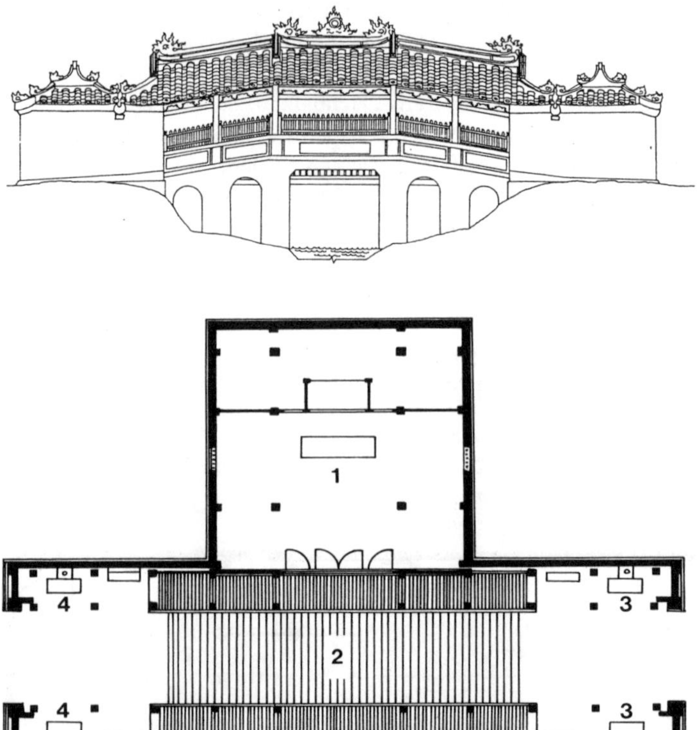

Die Brücke in Hoi An

1 Chua Cau – die Brückenpagode
2 Die Brücke mit Fußweg in der Mitte
3 Die beiden Hunde
4 Die beiden Affen

Räucherstäbchen und Blumen. Der große Tisch und die Sessel sind überreich geschnitzt, der Raum wirkt gediegen und zeugt von Wohlstand. Durch den Hof dringen Licht und Luft in das Haus, ein Stückchen Natur in der Abgeschirmtheit und Abgeschlossenheit gegen die Umgebung, die weder einzudringen vermag, noch für die Bewohner wahrnehmbar wird. Aus Steinen, Pflanzen und Blumen ist eine Miniaturwelt dargestellt, in großen Tonnen wird Regenwasser gesammelt. Hinter dem Hof liegen die Schlaf- und Wirtschaftsräume. Jeder Gegenstand strahlt Solidität aus, Ansätze zu einem Bürgertum lassen sich erkennen.

Das **Haus der Familie Diep Dong Nguyen** in der gleichen Straße wurde von einem Chinesen erbaut, der im unteren Stockwerk eine Apotheke betrieb, von der noch Erinnerungsstücke erhalten blieben. Das Haus wurde Ende des 19. Jhs. erbaut. Im oberen Stockwerk hat der jetzige Besitzer eine kleine Sammlung von Antiquitäten aus dem Familienbesitz zusammengetragen.

Das **Haus in der Duong Tran Phu** soll älter sein. Um den Innenhof liegen Räume, deren Außenwände zum Hof hin besonders schöne Schnitzereien aufweisen. Sie wirken leicht und gefällig, sind akkurat und liebevoll bis in die Einzelheiten ausgeführt, zeigen Blumen, Vögel, Ranken. Bis hoch in die Dachbalken reicht das Schnitzwerk. Die Gesamtwirkung ist weniger dunkel, weniger schwer.

Der **Chua Cau,** die Brückenpagode, stammt aus dem Jahr 1793, als japanische Kaufleute zwischen ihrer und der Siedlung der Chinesen eine Verbindung schufen. Sie wurde 1817 erneuert und gehört zu den wenigen überdachten, gewölbten Holzbrücken, die in Vietnam erhalten blieben (s. S. 178). Auf der Seite der japanischen Siedlung sitzen zwei steinerne Affen, auf der chinesischen Seite zwei Hunde am Eingang zur Brücke. Das bedeutet, daß der Bau im Jahre des Affen begann und zwei Jahre später im Jahr des Hundes beendet wurde.

Die Legende berichtet, daß ein riesiger Drache seinen Kopf in Indien und seinen Schwanz in Japan hatte. Wenn er seinen Körper, in Dai Viet gelegen, bewegte, gab es in Japan Erdbeben. Um ihn zu beruhigen, bauten die Japaner auf der Mitte der Brücke eine Pagode. Für die Touristen wäre es besser, die Händler, die sich in der Pagode eingenistet haben, an den von den Brückenbauern vorgesehenen Platz zu verweisen und die Brücke für Fahrzeuge zu sperren, für die sie nicht gebaut wurde. Die 18 m lange, dreiteilige Brücke hat in der Mitte einen Überweg für Fußgänger, an den Seiten Rastplätze für Wegemüde und Verkaufsplätze für Händler.

Pagoden, Gemeindehäuser, Tempel

Es gibt in Hoi An nur zwei sehenswerte Pagoden, beide außerhalb der Stadt gelegen. An der Duong Nguyen Truong, fast einen Kilometer von der Stadtmitte entfernt, liegt der älteste **Chua Chuc Thanh.** Er wurde 1434 von dem chinesischen Mönch Minh Hai gegründet, aus dieser Zeit sollen Glocken sowie ein steinerner und ein hölzerner Gong stammen. Eine Inschrift in chinesischen Schriftzeichen berichtet über den Bau der Pagode, sie ist mit goldenen Zeichen auf einen roten Dachbalken geschrieben. Der heutige Bau soll von 1911 stammen.

Der **Chua Phuc Lam** liegt nur wenige hundert Meter weiter stadtauswärts. Er soll in der Mitte des 17. Jhs. gegründet worden sein. Um einen Abt zum Ende des 17. Jhs. rankt sich eine Legende. Als junger Mönch soll er freiwillig für seinen Bruder, der zur Niederschlagung eines Aufstandes eingezogen wurde, eingesprungen sein und es auf Grund seiner Tapferkeit zum General gebracht haben. Als er nach dem Krieg in das Kloster zurückkehrte, bereute er, viele Menschen getötet zu haben und erlegte sich selbst die Strafe auf, 20 Jahre lang den Marktplatz von Hoi An zu kehren. Nach der Buße wurde er zum Abt des Klosters berufen.

Der Weg zur zweiten Pagode führt vorüber an einem Gedenkstein für dreizehn Chinesen, die wegen ihres Widerstandes im 2. Weltkrieg von den Japanern getötet wurden.

Noch weiter stadtauswärts liegen Gräber japanischer Kaufleute aus dem 17. Jh.

Zu den 20 sehenswerten Gebäuden, die seitens der Touristenorganisation in Hoi An genannt werden, gehören einige *Hoi Quan*, Versammlungshäuser chinesischer Gemeinden, die aus verschiedenen südchinesischen Provinzen kamen. Sie sind verbunden mit Verehrungsstätten für Götter und Geister des daoistischen Pantheons, seltener für Buddha oder die Quan Am. Der Grundriß und die Architektur der Hoi Quan folgt dem des chinesischen Hauses mit Innenhöfen. Sie haben Versammlungsräume, in denen Ratsversammlungen abgehalten, und Speiseräume, in denen Feste begangen werden können. Einige der bedeutendsten liegen entlang der Duong Tran Phu.

Der **Hoi Quan Phuc Kien** wurde 1792 gegründet, der heutige Bau stammt von 1970. Ein Tor führt durch den Hof, ein weiteres, noch prächtigeres in den Versammlungsraum der

Hoi Quan Phuc Kien, die Versammlungshalle der Chinesen aus Fukien mit Tempel für die Meeresgöttin: 1 Garten mit Vasen, künstlichen Felsen 2 Dreiteiliges Tor 3 Versammlungsraum, rechts und links Wandbilder 4 Hof 5 Tempel für die Meeresgöttin Thien Hau mit ihren Begleitern, dem rotgesichtigen Thuan Phang (der alles hört) und dem grüngesichtigen Thien Ly Nhan (der alles sieht) 6 Dschunke 7 Hof mit Miniaturfelsen 8 Ahnentempel mit Statuen der 6 Dorfgründer und ihren Nachfolgern

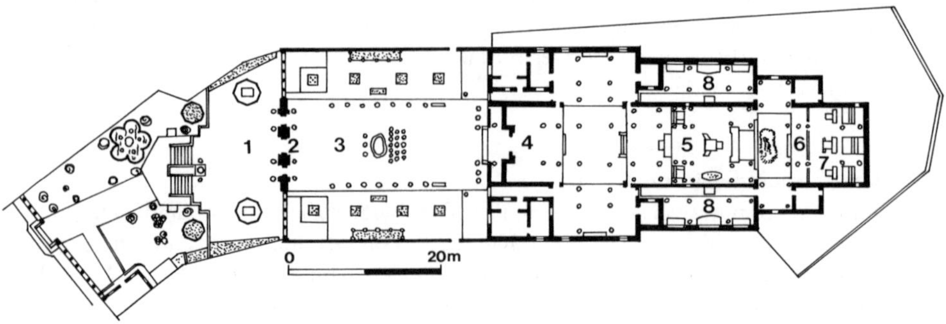

In den Straßen von Hoi An

Chinesen aus Fukien. Der große Tisch hat eine etwa 15 cm dicke Marmorplatte. Das Wandbild an der rechten Seite zeigt eine riesige Woge, auf der die Fischerboote, von der Meeresgöttin beschützt, wohlbehütet treiben. Auf dem linken Bild sind sechs Mandarine auf ihren Pferden dargestellt, die aus Fukien kamen, um das Dorf Minh Hoang zu gründen, aus dem Hoi An entstanden sein soll.

Im anschließenden Tempel, hinter einem Hof, wird die Meeresgöttin verehrt, die die Fischer beschützt. Sie ist mit ihren beiden Begleitern dargestellt: ›Alles-Sehen‹ und ›Alles-Hören‹, die ihr berichten, wenn ein Boot in Seenot gerät. Nach rechts, an dem Modell einer Dschunke vorüber, liegt ein weiterer Hof und ein Ahnentempel für die sechs Klanältesten aus Fukien und ihre Nachfolger. Ein kleine Statue unter Glas verkörpert einen vietnamesischen Arzt, Le Huu Trac, der bei Vietnamesen und Chinesen gleichermaßen angesehen war. Auch der Gott des Wohlstandes ist vertreten sowie 12 Frauengestalten, zu denen kinderlose Ehepaare beten. Der Raum rechts vom Hof dient der Verehrung der Ältesten der Fukien-Gemeinde, hier liegen Spendenlisten aus, getrennt nach Männern und Frauen.

Hoi Quan Quang Dong in der gleichen Straße ist die Versammlungshalle für die Chinesen aus Quang Dong, die 1786 gegründet wurde. In ihrem Tempel wird Ong Quan Cong, der General der drei Reiche aus dem 3. Jh., verehrt.

Hoi Quan Hai Nam ist die Versammlungshalle der Chinesen von der Insel Hai Nam, mit einer Gedenkstätte für 108 Mitglieder der Gemeinde, Kaufleuten, die unter der Herrschaft von König Tu Duc als Piraten angesehen und getötet wurden.

Hoi Quan Trieu Chau, die Versammlungshalle der Chinesen aus Trieu Chau, wurde 1776 erbaut und besitzt hervorragende Holzschnitzereien.

Ein **Hoi Quan für fünf chinesische Gemeinden** wurde 1773 gegründet. Er wird heute gewerblich genutzt, es werden Teppiche und Vorhänge aus Bambus hergestellt. Nur bei großen Festen ruht die Arbeit, und die Versammlungshalle wird für kurze Zeit wieder ihrer eigentlichen Funktion entsprechend benutzt.

Der 1653 gegründete **Mieu Quan Cong** liegt ebenfalls in der Duong Tran Phu. Als dominierende Statue auf dem Hauptaltar wird Ong Quan Cong verehrt, flankiert von

General Chua Xuong und dem Zivilmandarin Quang Binh. In seinen Tempeln wird allgemein sein rotes Pferd verehrt, in diesem Falle ein weißes, um das sich eine Legende rankt.

Die **Quelle der Cham** (Ba Le) ist von der Duong Phan Chu Trinh zu erreichen. Die Cham verstanden ausgezeichnete Brunnenanlagen zu schaffen, ihre Quellen sind bis heute wegen ihres klaren und reinen Wassers bekannt. Die Leute aus Hoi An holen aus dieser Quelle Wasser, wenn sie *Cao Lau* kochen wollen, ein Nudelgericht, das es nur in Hoi An geben soll, weil dazu das Wasser dieser einen Quelle verwendet werden muß.

Im **Dorf Kim Bong** auf der **Insel Cam Kim** leben seit ein paar Jahrhunderten Holzschnitzer, denen die Schnitzereien in den Häusern und Tempeln von Hoi An zu verdanken sind. Auch die Herstellung von Holzstichen hat hier Tradition, heute werden auch Boote gebaut. Theoretisch ist eine Fahrt bis in die Nähe der Tempelstadt My Son möglich, die dann zu Fuß zu erreichen ist. Das hängt aber von der Jahreszeit und dem Wasserstand ab.

Auf den vorgelagerten Inseln – besonders auf der größten und zwei kleineren **Cham-Inseln** – brüten Seeschwalben in fünf Grotten. Die Nguyen-Fürsten hatten Dörfer für das mühevolle und gefährliche Einsammeln der Nester angesiedelt, später wurden die Konzessionen an meistbietende Chinesen vergeben. Heute erfolgt die Nutzung durch den Staat. Die Inselgruppe liegt etwa 20 km vor der Mündung des Cua Dai. In den Höhlen sind Gerüste aus Bambus, zusammengebunden mit Rattanschnüren, aufgestellt. ›Geerntet‹ wird dreimal im Jahre, in der Mitte des 12., im 2. und im 3.–5. Mondmonat. Um die Kolonien nicht zu dezimieren muß mit dem Sammeln der Nester gewartet werden, bis die Jungen flügge sind. Die Nester werden gereinigt und der Größe und Qualität entsprechend nach vier Güteklassen sortiert.

Die Rückkehr nach Da Nang ist auch auf einer Verbindungsstraße und über die Nationalstraße 1 möglich, auch mit einem Abstecher zum Cham-Turmheiligtum Bang An (s. S. 439).

Das Land der Cham

Zwischen Hue im Norden und Phan Thiet im Süden befanden sich seit dem 2. Jh. die indisierten Reiche Champa. Seit dem 17. Jh. leben Cham als Minderheit in diesen Gebieten. Sie schufen etwa 300 Bauwerke, von den kaum 100 erhalten blieben. Die Cham und ihre Kunst sind in einem gesonderten Kapitel (s. S. 261 ff.) beschrieben, so daß sich die folgenden Schilderungen auf Besonderheiten der einzelnen Bauwerke beschränken. Deren Erhaltungszustand ist unterschiedlich, manche fielen dem natürlichen Verfall zum Opfer, andere wurden in den Kriegen teilweise oder völlig zerstört. Die französischen Forscher haben viele noch angetroffen, die heute verschwunden sind, ausführlich beschrieben, teilweise auch restauriert. Andere werden seit 1981 von vietnamesischen und polnischen Denkmalsschützern katalogisiert, untersucht, überwacht und unter der Leitung des polnischen Architekten K. Kwiatkowski vom Polnischen Institut für Denkmalspflege, dem viele Illustrationen dieses Buches zu verdanken sind, restauriert.

Manche Bauwerke liegen nahe der Nationalstraße 1, andere entferntere lohnen wegen ihres Verfalls nicht immer Anfahrt und Fußweg. Die auf den folgenden Seiten geschilderten sind – My Son ausgenommen – ohne Anstrengungen und großen Zeitaufwand zu erreichen. Sie sind beispielhaft für alle Zeit- und Stilepochen dieser nahezu unbekannten Kunst.

Da Nang – My Son

Hin und zurück sind bei diesem Tagesausflug 136 km Fahrt und ca. 10 km Fußweg zurückzulegen. Der Ausflug ist durch Regen und auch durch Hochwasser des Song Thu Bon gefährdet, das schon die Brücke vor Tra Kieu überfluten kann. Im November, zum Ende der lokalen Regenzeit, ist der Wasserstand am höchsten. Völlig trockenen Fußes läßt sich My Son höchstens zum Ende der Trockenzeit erreichen, sonst gibt es immer wieder Rinnsale. Die Schuhe sollten – wegen der Blutegel im Wasser – nicht ausgezogen werden.

Nach 40 km Fahrt in südlicher Richtung auf der Nationalstraße 1 beginnt eine schlechte, zeitraubende Straße über die Bezirksstadt Tra Kieu zum Fluß Thu Bon. Wie weit der Sandweg bis an den Fluß befahren werden kann, hängt von seiner momentanen Beschaffenheit ab, es kann 1/2 km Fußweg erforderlich werden. Ein – vorbestelltes – Fischerboot setzt über den Fluß. Auf der anderen Seite führt ein ausgetretener Pfad (etwa 4,5 km) nach My Son. Er überwindet keine wesentlichen Höhenunterschiede, ist jedoch schattenlos und daher anstrengend und sollte nicht über die Mittagszeit begangen werden.

My Son, der schöne Berg, auch *Hon Quap,* Katzenzahn genannt, ist von Da Nang und von der Nationalstraße 1 aus zu sehen und an seiner nach links gebogenen Bergkuppe zu erkennen. Zu seinen Füßen, eingebettet in das Hügelland am Song Thu Bon, lag zwischen dem 4. und dem Anfang des 13. Jhs. die Tempelstadt der Cham-Könige (s. S. 262). Die ersten Holzbauten sind durch Steleninschriften belegt. Nach Zerstörungen durch Kriege, dynastische Wirren und normalen Verfall blieben bis zur Mitte des 20. Jhs. 70 Gebäude erhalten, die von den französischen Forschern, besonders H. Parmentier, registriert, in allen Einzelheiten beschrieben und teilweise restauriert wurden. Die Bombardements der US-Luftwaffe von 1968 überlebten nur 20 Gebäude in ruinösem Zustand, von denen etwa 15 von vietnamesischen und polnischen Restaurateuren soweit wie möglich instandgesetzt wurden oder zur Restauration vorgesehen sind. Vor Beginn der Arbeiten, die 1981 geplant und begonnen wurden, mußten die Bauwerke zunächst vom Dschungel, der sie überwuchert hatte, und von Bombenresten und Minen befreit werden. Die lange und mühevolle Arbeit ist ständig erneut von Pflanzenbewuchs, Pilz- und

My Son (Überblick)

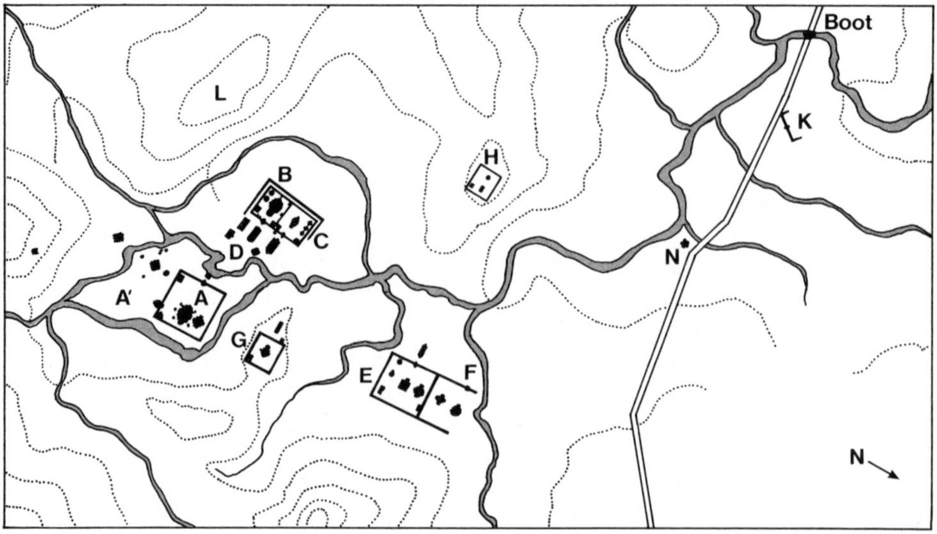

My Son (Ausschnitt)

Flechtenbefall bedroht. Die Tempelbauten von My Son nehmen unter den Cham-Bauten eine Sonderstellung ein, da sie reine Cham-Architektur, ohne nennenswerte fremde Einflüsse, zeigen und die Ensembles und Einzelbauten verschiedenen Zeitepochen angehören und somit die Entwicklung der Cham-Kunst durch Jahrhunderte dokumentieren.

In My Son sind nur Tempelgruppen, bestehend aus kalan, Bibliothek, mandapa und Nebengebäuden zu finden, nicht aber die für die spätere Cham-Architektur typischen Drei-Turm-Heiligtümer, die in der Landschaft von My Son auch schwer vorstellbar sind. Die verbliebenen Gebäude zeigen Beispiele der verschiedenen Bautypen und die Entwicklung des aus fugenlosem Mauerwerk gemeißelten figürlichen und dekorativen Bauschmucks. Sandstein fand in der Architektur nur sparsam Verwendung, dagegen blieben schöne Plastiken und Sockel mit Reliefschmuck, die zur Aufstellung der Götterfiguren und des Lingam dienten, erhalten.

Die kalane sind, wie die meisten übrigen Tempelbauten in My Son, nach Osten ausgerichtet und waren für die Verehrung des Gottes Siva oder Visnu und des Königs bestimmt. Die in ihnen aufgestellten Statuen bzw. die kosa, die Gesichtsmasken Sivas, blicken ebenfalls nach Osten. Die Yoni, auf der sie ruhen, ist nach Norden gerichtet. Einige wenige Nebenbauten sind jedoch nach Westen orientiert und lassen die Vermutung zu, daß es sich um Tempel handelt, die mit Beerdigungsriten zusammenhängen. Aber erstmals 1988 fanden die Restaurateure zwischen den aneinanderstoßenden Mauern der Tempelgruppe B und C ein in Nord-Südrichtung gelagertes Grab. Es enthielt nur Asche und Keramik. Da es ein Einzelfund blieb, lassen sich noch keine Schlüsse ziehen. Der Weg zu den Tempeln führt an der **Gruppe K** vorüber, deren Besuch aus den genannten Gründen nicht ratsam und wenig ergiebig ist, und erreicht das Zentrum, die **Gruppen A–D,** seitlich der Gruppe C. Die Betrachtung sollte – um eine Orientierung zu ermöglichen – von dem Platz zwischen den langgestreckten Gebäuden D1 und D2 erfolgen. Dabei irritiert momentan die Einteilung der Gruppen. Die **Gruppe D** ist kein selbständiges Bauensemble, es handelt sich um die mandapa der Gruppe B und C, die den Umfassungsmauern vorgelagert waren. D1 gehört zur Gruppe B und D2 zur Gruppe C.

Dem **mandapa D1** gebührt besondere Aufmerksamkeit, es ist – durch die Harmonie der Architektur und des Baudekors – eines der schönsten Bauwerke der Cham, stammt wahrscheinlich aus dem 10. Jh. und besaß ein Holzdach. Der Eingang ist nach Osten gerichtet. Die stark gegliederte Fassade wird durch Balusterfenster aufgelockert und durch Pilaster unterbrochen, in den Nischen stehen Figuren, von einfachem Dekor umgeben, die aus den Ziegelwänden gemeißelt wurden. In dem großen Raum wurden die Fundstücke, die bei der Restauration anfallen, ausgestellt. Das **mandapa D 2** ähnelt D 1, stammt jedoch aus einer etwas späteren Zeit.

Vom Standpunkt zwischen D 1 und D 2 aus gesehen liegt links die **Tempelgruppe B,** rechts der Komplex C. Das **Eingangstor B 2** markiert die Umfassungsmauer der Gruppe B. Ihr **Haupttempel B 1** wurde vernichtet, nur die Grundmauern blieben erhalten. Der Lingam wurde 1985 gefunden und aufgestellt. An der Ummauerung, um das Hauptheiligtum, liegen Nebengebäude. Links blieb eine **Bibliothek B 5** erhalten, mit Fenstern im Mauerwerk. Ihre Westseite ist mit einem Elefantenrelief geschmückt. Sie soll im 10. Jh. entstanden sein, wogegen das nächste Gebäude, **B 4,** dem 9. Jh. zugerechnet wird. Die Verwendung von **B 6** scheint nicht restlos geklärt. Es wird angenommen, daß hier Wasser für die Waschungen des Lingam aufbewahrt wurde. Das **Hauptheiligtum C 1** macht eine Ausnahme, es steht nicht auf quadratischen, sondern auf einem rechteckigen Grundriß. Der große kalan mit einem langgestreckten Vorbau wirkt wie ein Hallenbau, zumal er nur eine eingeschossige Dachzone besaß. Der Fassadenschmuck des Heiligtums, das in das 10. Jh. datiert wird, ist außerordentlich schön. Auch an den seitlich gelegenen Gebäuden **C 5–7** blieben figürlicher Schmuck zwischen den Pilastern sowie dekorative Schmuckbänder erhalten.

Jenseits des Flusses, gegenüber von den beschriebenen Gruppen B–D liegt die **Gruppe A.** Der **Turm A 1,** von dem nur Bruchstücke des Mauerwerkes erhalten blieben, wird von den Franzosen der schönste Ziegelbau des asiatischen Raumes genannt, nach ihm ist auch der Baustil A 1 der Cham benannt. Die Umfassungsmauer und einige Neben-

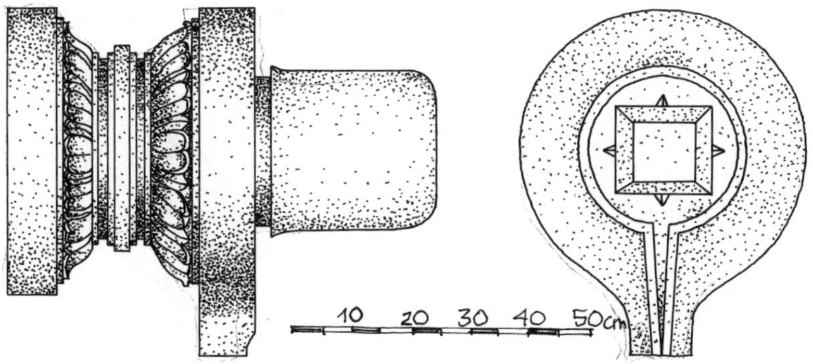

Lingam (My Son)

bauten konnten, soweit möglich, restauriert werden. Links von dieser Gruppe wurden im Dornengebüsch Ruinen des **Ensembles F** gefunden, zwei umgestürzte Säulen, eine Figur ohne Kopf, eine Stierplastik, Sockel und andere Bruchstücke.

Ebenfalls völlig vernichtet ist die **Gruppe E.** Der Tempel E 1 steht auch für eine Stilepoche der Cham.

Eine Besonderheit bietet der Tempel der **Gruppe G,** der aus Laterit erbaut wurde, einer Gesteinsart, die zwar reichlich vorhanden, von den Cham aber kaum benutzt wurde.

Da Nang – Bang An – Chien Dan – Khuong My

(Die Bauwerke können als Tagesausflug von Da Nang, Gesamtstrecke etwa 200 km, oder auf dem Wege von Da Nang nach Quy Nhon besucht werden)

Nach etwa 27 km, hinter einer Brücke, zweigt eine Straße im spitzen Winkel von der Nationalstraße 1 nach rechts ab und führt zu dem ca. 6 km entfernten Ein-Turm-Heiligtum (kalan) **Bang An** (12. Jh.), dem einzigen achteckigen Bau der Cham. Die Khmer haben zwischen 600 und 650 in Sambor Prei Kule achteckige Bauten errichtet. Sie sind aber im gesamten südostasiatischen Raum selten.

Die stark beschädigten, architektonisch interessanten Dachaufbauten wurden 1990 vom Pflanzenwuchs befreit. Von dem umlaufenden Fries tanzender Apsaras ist kaum noch etwas erkennbar. Auch der Baukörper zeigt nur Reste figürlichen Schmuckes. Vor dem Eingang zum Turm befinden sich dagegen Tierplastiken, die für die Cham typisch sind (s. S. 285). In dem schmucklosen Innenraum (cella) stand ein steinerner Altar mit dem Lingam. Das Heiligtum war mit schweren Holztüren verschlossen, die Aussparungen für

Drei-Turm-Heiligtum Khuong My

die Türangeln sind im Mauerwerk noch zu erkennen. Am Eingang rechts haben die Franzosen restauriert, darüber blieb das Originalmauerwerk ohne Mörtelschicht erhalten.

Etwa 80 km südlich von Da Nang liegt das Drei-Turm-Heiligtum **Chien Dan** (10. Jh.), nur 100 m von der Nationalstraße 1 entfernt am Ortsausgang hinter einer Kurve, so daß es nur rückwärtsblickend zu sehen ist. 1989/90 wurde der Pflanzenbewuchs entfernt. Um das Bauwerk zu sichern, mußte das Erdreich um die Türme ausgehoben werden, dabei fanden sich nahezu 2000 Plastiken, Reliefs, Tierstatuen, davon viele Bruchstücke. Die wertvollsten Funde sind in einem Raum bei den Türmen aufbewahrt und können besichtigt werden. Einige hervorragende Reliefs mit Tänzern und Musikanten, Pflanzen-und Tierornamenten, darunter Elefanten, die lebhaft und naturgetreu wirken, konnten an den Sockeln der Türme wieder eingefügt werden. Die monumentalen kalane erhalten durch senkrecht verlaufende Zierbänder eine verstärkt horizontale Wirkung. Die Restaurierungsarbeiten hatten in erster Linie die Aufgabe der Sicherung und Stabilisierung durch Behebung der Schäden in der Sockelzone der Türme und an den Ecken des Baukörpers, konnten und sollten – auch auf Grund der beschränkten finanziellen Mittel – daher den alten Zustand nicht wieder herstellen.

92 km von Da Nang, 10 km südlich von Chien Dan, am Ortsausgang des sehr langen Dorfes Tam Ky, führt hinter der Brücke über den Song Tam Ky nach rechts eine Straße zu dem 1 km entfernten Drei-Turm-Heiligtum **Khuong My** (10. Jh.). Die drei mächtigen kalane sind von unterschiedlicher Höhe. Auch ihr Grundriß, auf quadratischen Sockeln, unterscheidet sich in der Größe. Nur der mittlere und südliche Turm besitzt ein Vestibül. Von aus den Ziegelwänden gemeißelten Figuren und Dekor zwischen Pilastern und Arkaden blieb wenig erhalten. Pflanzen- und Baumbewuchs drohen Mauerwerk und Dachaufsatz zu sprengen. Aus den Ecken der unteren Partien wurden Steine für Haus- und Wegebau gebrochen. In einem Kilometer Entfernung liegt ein See, aus dem das Wasser für die Waschungen des Lingam geschöpft wurde. Er war einbezogen in eine große

Chien Dan, Relief der Sockelzone

Anlage, von deren Umwallung und Nebengebäuden nur Spuren gefunden wurden. Die für die nächsten Jahre geplante Restaurierung erfordert umfangreiche Erdaushebungen um die Sockelzone, bei denen auf Funde – Plastik und Relief – zu hoffen ist.

Nach diesem bedeutenden Bauwerk der Cham ist der Khuong My-Stil benannt, der – als Übergangsstil bezeichnet – Einflüsse der Khmer-Architektur zeigt (s. S. 292). Vor den drei kalanen befindet sich ein kleiner lokaler Tempel, jenseits der Straße ein Brunnen der Cham.

Da Nang – Quy Nhon

Die 310 km lange Strecke über die Nationalstraße 1 ist unterschiedlich gut, der Verkehr teilweise lebhaft. Vom Stadtzentrum Da Nang sind es 10 km zur Straße 1, auch der Flughafen Nuoc Man liegt in dieser Richtung.

Nach 27 km geht es rechts zu dem Cham-Turm Bang An (s. S. 439), links – ausgeschildert – nach Hoi An. Die Cham-Türme Chien Dan sind etwa 80 km von Da Nang entfernt (s. S. 440). Der sehr langgestreckte Ort Tam Ky (90 km) hat mehrere, nicht sehr sehenswerte Tempel. Hinter dem Ortsausgang führt eine Straße nach rechts zu den Cham-Türmen Khuong My (s. S. 440). In der Nähe arbeitet eine Korbflechter-Kooperative. 110 km südlich von Da Nang erstreckte sich links der Straße über ca. 20 km Chu Lai, die größte amerikanische Militärbasis von Armee, Luftwaffe und Marine. Auf der rechten Seite befindet sich ein vietnamesisches Siegesdenkmal.

Thien An Hien Ha heißt ein 100 m hoher Hügel links der Straße, nördlich des Flusses Tra Khuc, nahe am Meer. Auf seiner Kuppe steht, umgeben von hohen Bäumen, der gleichnamige Tempel. Der Ausblick geht weit über das blaugrüne Meer und die kleinen Inseln sowie die Dörfer in den Reisfeldern.

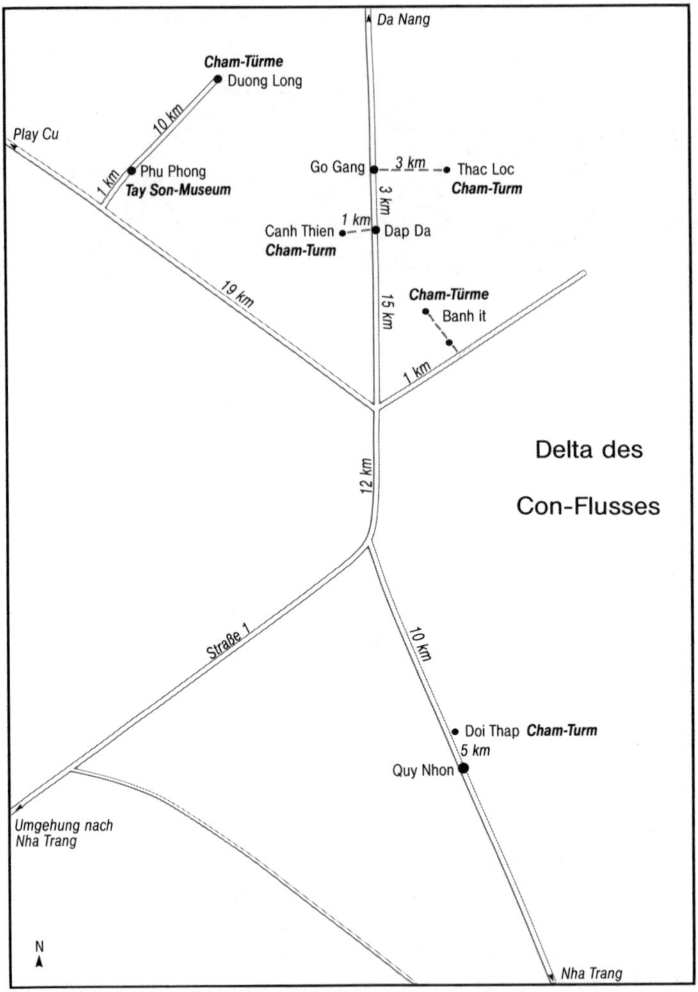

Cham-Bauwerke auf dem Wege von Da Nang nach Quy Nhon

Der Name **My Lai** ging 1968 um die Welt. Amerikanische Soldaten landeten mit einem Hubschrauber zu einer Strafexpedition in den Feldern des Weilers Tu Cung, der wie Co Luy, My Lai und Trung Dinh zu dem Dorf Son My der Gemeinde Tinh Khe gehörte, bei der Häuser dem Erdboden gleichgemacht und 504 Menschen, meist Frauen und Kinder, getötet wurden. 2 km vor Quang Ngai vor der Brücke über den Tra Khuc deutet ein Wegweiser nach My Lai. Von der Straße sind es 12 km zu der Gedenkstätte.

Co Ly, ebenfalls ein Weiler des Dorfes Son My, liegt nahe der Mündung des Tra Khuc. Die Cham hatten hier eine Festung, die die Flußmündung schützte. 1958 wurden mehrere

Provinz Quang Ngai

Die Stadt Quang Ngai ist seit der Provinzbereinigung vom Juli 1989 wieder Hauptstadt der gleichnamigen Provinz, in der außer Vietnamesen Minderheiten der Sedang, Hre, Bahnar, Cham u. a. leben. Zahlreiche Flüsse gestatten eine ganzjährige Bewässerung der Felder. Aus den Bergwäldern kommen Edelhölzer und Heilpflanzen. Es gibt Vorkommen von Eisen, Kupfer, Graphit u. a. Mineralien. Die heißen Quellen von Binh Hoa (50°), Thach Tru (52°) und On Thu (49°) liegen in der Bergregion. Bekannt ist der Zimt aus Tra Bong.

Steinstatuen der Cham gefunden, die aus einem zerstörten Tempel stammten. Ein kleiner Tempel mit einer Statue des Königs Po Klaung Gahul blieb erhalten. In der Nähe, in dem Weiler My Vien, Dorf Tu Hoa, wurden Cham-Gräber gefunden. In der Umgebung leben Cham des Klans Che.

Das am Meer liegende **Sa Huynh** besitzt einen schönen Badestrand. Ein wichtiger Erwerbszweig ist die Salzgewinnung. Der Ort lieh der protohistorischen Sa Huynh-Kultur seinen Namen (s. S. 138).

Bei der heutigen Stadt **Binh Dinh** lag vom 11.–15. Jh. die Cham-Hauptstadt Vijaya. Aus dieser Epoche blieben zwischen Binh Dinh und Quy Nhon zwölf Cham-Bauten erhalten. Sie lassen sich von Quy Nhon aus erreichen oder auch schon auf dem Wege dahin besuchen.

Der Cham-Turm **Thoc Loc** (12. Jh.) wurde von den Franzosen ›Goldturm‹ genannt. Er liegt etwa 40 km von Quy Nhon und 2 km Fußweg von der Nationalstraße 1 entfernt. Ausgangspunkt ist das **Dorf Go Gang,** von dem aus er links der Straße zu sehen ist. Der

Provinz Binh Dinh

Die Provinz mit der Hauptstadt Quy Nhon wird von Vietnamesen und Cham bewohnt. Sie nennt sich auch ›Land der Kokosnüsse‹, Kokospalmen wachsen an der Küste und in großen Plantagen. Die übrigen Produkte entsprechen weitgehend denen der Nachbarprovinzen: Edelholz, Heilpflanzen, Zimt aus den Bergen, Fischereiprodukte von der 100 km langen Küste. Besonders bekannt sind Mangos aus Phu Cat, Ananas aus Bong Son, Hüte aus Tuy Phuoc und Seide aus Binh Dinh. Auf den vorgelagerten Inseln werden Seeschwalbennester gesammelt. Es gibt mehrere heiße Quellen, die bekannteste ist Van Hoi im Distrikt Phu Cat, nördlich von Quy Nhon.

Cham-Türme Thap Doi

Turm stammt aus einer späten Zeit der Cham von Vijaya. Die Eckmotive der Dachaufbauten sind bereits stark stilisiert, wirken ausgezackt, die Blendstockwerke sind vorgetäuscht.

Etwa in der Mitte des Dorfes Dap Da führt ein schmaler Fußweg nach rechts zwischen Häusern hindurch, über einen Damm durch Reisfelder, wieder an Häusern, dann an einem Friedhof vorüber zu dem etwa 1 km entfernten Turmheiligtum **Canh Tien** (11./12. Jh.) auf einem kleinen Hügel. In der französischen Literatur wird es ›Kupferturm‹ genannt. Der Hügel ist von einer dichten Kakteenhecke umgeben und von der Rückseite zugänglich. Sein Vestibül ist vollkommen zerstört, dagegen blieb der Dachaufbau verhältnismäßig gut erhalten. Die Eckaufbauten als Wiederholung des Turmes lassen sich erkennen, das Dekor ist bereits stilisiert. Auffallend sind die weit vorspringenden Simse.

Der Turm gehörte zu der Cham-Hauptstadt Vijaya, von der im weiten Umkreis Ruinen und Reste der Mauern erhalten blieben (s. S. 266).

Die vier erhalten gebliebenen Gebäude der Tempelgruppe **Banh it** (11. Jh.) auf einem Hügel sind schon von der Ferne zu sehen. 18 km vor Quy Nhon biegt die Straße 19 von der Nationalstraße 1 nach rechts ab, nach links führt eine kleine Straße am Hügel vorüber links zum Fußweg auf den Hügel. Der leichteste Zugang führt von hinten her.

Erhalten blieb am Hang ein Tor, axial vor dem Hauptturm, mit Eingängen nach allen vier Seiten. Der kalan besitzt ein großes, gut erhaltenes (restauriertes) Vestibül. Das Gebäude seiner Südseite, Bibliothek genannt, besitzt zwei gleich große Räume, ein Tonnendach und eine reich verzierte Fassade. Unterhalb der Tempel blieben Reste von Verteidigungsanlagen der Tay Son erhalten.

Duong Long (12. Jh)

Die Franzosen nannten die drei kalane Elfenbeintürme. Zu erreichen sind sie über die Straße 19, die 14 km nördlich von Quy Nhon in das Hochland nach Play Cu führt. Sie wurde von den Amerikanern als strategische Route ausgebaut. Nach ca. 25 km, im Ort **Phu Phong,** biegt eine kleine Straße zu der Gedenkstätte für die Tay Son ab. Es lohnt sich, den Damm über den Song Con zu Fuß zu überqueren. In der Gegend leben Minderheiten (Rade und Sarang).

Von Phu Phong sind es 10 km durch Ortschaften, an Ziegeleien vorüber auf schmaler Straße bis zu dem **Dorf Trung Dinh.** Ein Weg biegt nach rechts ab und endet nach einigen hundert Metern. Die letzten 100 m bis zu den drei kalanen muß man zu Fuß gehen.

Duong Long, Detail des Portals am Südturm

Das Ensemble wirkt monumental, noch unterstrichen durch die rückläufigen Ecken, auf denen die Türme ruhen. An den Fassaden fehlt die Unterteilung durch Pilaster, die Dachaufbauten folgen nicht der gewohnten Gliederung. Der Khmer-Einfluß macht sich, auch an der häufigeren Verwendung von Sandstein im Dekor, bemerkbar. Die Harmonie scheint gestört, eine Fremdheit der Form macht sich bemerkbar. Das Portal am Südturm dürfte aber eines der schönsten der Cham-Architektur sein. Dem Mittelturm zugewandt, kommt es nicht voll zur Geltung und ist auch wegen seiner Höhe schwer zu erfassen. Die Cham erweisen sich hier als Meister der Sandsteinbearbeitung. Die Frage nach Entwicklung und Wandel der Cham-Architektur drängt sich auf, wenn diese nicht gewaltsam zu Ende gegangen wäre. Auch beim Umwandern und aus größerer Distanz gesehen wird die Veränderung der Silhouette, die Schlankheit der Türme deutlich, obwohl es ihnen noch nicht an Monumentalität und Dominanz fehlt. Der schnelle Niedergang der Cham-Architektur läßt sich in Duong Long noch nicht absehen, aber Vereinfachung der Form und Eindringen fremder Elemente sind unübersehbar.

In der Gegend wächst viel Zuckerrohr. Der Saft wird in großen, vasenförmigen Tongefäßen, die spitz zulaufen und in die Erde gesteckt werden, getrocknet.

In dem Dorf Phu Phong, wo sich ein **Museum für die Tay Son-Brüder** befindet, sind die Erinnerungen an ihren Kampf sehr lebendig. Aus der Kampftechnik, die von Nguyen Hue entwickelt wurde, dem ›Hahnenkampf‹, auch *Tay Son Vo Si* genannt, hat sich eine Sportart herausgebildet, in der es besonders die jungen Männer aus der Umgebung von Phu Phong zu großer Meisterschaft bringen. Im Tay Son Vo Si wurde eine Technik entwickelt, die es körperlich kleinen Männern gestattet, weit größere Gegner zu bezwingen. Vorführungen können im Museum vorbestellt werden.

Das Museum zeigt Erinnerungen an die Tay Son und ihren Kampf. Zu ihrer Verehrung sind drei Altäre aufgebaut, der mittlere für Nguyen Hue, den späteren König Quang Trung. Am 5. Tag des 1. Mondmonats, zum tet-Fest, wird der Sieg des Nguyen Hue über die Armee der chinesischen Qing-Dynastie und die Befreiung der Hauptstadt Thang Long im Hof des Museums dargestellt. Das Museum, ein Gästehaus für Besucher, und auch die Statue des Königs Quang Trung vor dem Museum, die ihn als Bauerngeneral zeigt, entstanden zwischen 1977 und 1979.

Die **Festung An Luy** bei dem Dorf Khe liegt in der Nähe von Phu Phong im Hügelland. Es blieben nur Reste erhalten. Auch von der **Stadt Hoang De** des Nguyen Nhac, des ältesten der Tay Son, nicht weit von der Nationalstraße 1, sind nur Grundmauern erhalten.

Auf der Straße 19 zur Nationalstraße 1 zurückgekehrt, führt diese westlich an Quy Nhon vorüber, eine Zubringerstraße dagegen geradeaus in die Stadt. Sie überquert mehrere Arme des Con-Flusses, der ein großes Delta bildet. Die beiden Cham-Türme **Thap Doi** (12.–13. Jh.) standen einmal zwischen Bergen und Meer auf einer Lagune. Heute sind sie von Häusern und einem Markt bedrängt und liegen in einem Außenbezirk von Quy Nhon, etwa 5 km von der Stadtmitte. Sie sind auf der linken Seite, 50 m von der Straße entfernt, zu sehen. Ein dritter Turm ging verloren, die vorhandenen zeigen interessante Dachaufbauten, die vor einigen Jahren restauriert wurden.

Von **Quy Nhon** läßt sich wenig berichten. Die Stadt liegt gegenüber einer Halbinsel an der Trichtermündung des Song Cai, der ein Delta bildet, und besitzt einen Hafen, in den größere Schiffe einlaufen können. Ein langer Strand liegt unter Palmen. Der häufige Regen und die Taifune bringen soviel Feuchtigkeit, daß die Häuser mit grauen und grünlichen Moosen bewachsen sind. Bunt und abwechslungsreich ist es nur um den *Cho Lon* (Großer Markt), den man als Stadtkern bezeichnen kann. Das klassische tuong-Theater hat in Quy Nhon Krieg und Notzeiten überstanden und besitzt heute die konkurrenzlos beste Truppe Vietnams unter ihrem Leiter Uo Si Thua. Aber der Wiederentdecker des tuong, zumindestens in Quy Nhon, war Dao Tan.

Der **Chua Long Khanh** mit einer 17 m hohen Buddhastatue von 1972 geht zwar auf eine Gründung um 1700 zurück, aber sein Hauptgebäude wurde 1946 gebaut, im Krieg zerstört und wieder aufgebaut. Auch die Glocke stammt von 1970.

Quy Nhon – Nha Trang

Auf 240 km überwindet die schönste Strecke auf der Weiterfahrt nach Süden drei große und mehrere kleine Pässe. Von der Stadtmitte bis zur Nationalstraße 1 sind es 10 km, dann wechseln Alleen schlanker Eukalyptusbäume mit Bambuswäldern. Nach 40 km beginnt der 6 km lange Deo Cu Mong, steigt durch Wälder bis auf 245 m Höhe und gibt den Blick frei über das Meer.

Auf einem Hügel an der Straße, im Distrikt Tuy Hoa, steht ein Cham-Turm **(Bao Thap)**, von dem wenig bekannt ist; am Fuße des Hügels ein kleiner Tempel **(Ba Chua Sat)**.

Der 12 km lange Deo Ca windet sich am Berghang empor, gestattet Ausblicke in weite Täler. Ein großer Felsen auf einem Gipfel an der linken Straßenseite wird *Hon Vong Phu*, Mutter und Kind, genannt. Die Legende erzählt von einer Fischersfrau, die mit ihrem

Provinz Phu Yen

Die Provinz mit der Hauptstadt Tuy Hoa entstand im Juli 1989 durch die Teilung der Provinz Phu Khanh. Sie beginnt am Cu Mong-Paß, grenzt im Westen an die Bergprovinzen Gia Lai-Kon Tum und Dac Lac. Die längste Brücke (1101 m) des südlichen Vietnam überquert den Song Tuy Hoa. Das Flußtal ist fruchtbar, die reichen Zuckerrohrernten werden in der Zukkerfabrik von Tuy Hoa verarbeitet. Küsten- und Hochseefischerei bilden einen weiteren Erwerbszweig. Lagunen und Strände wechseln mit steilen Felsküsten, denen Inseln vorgelagert sind. Nur einige werden von Fischern bewohnt. Unter den zahlreichen heißen Quellen sind die in Phuoc Long und Phu Son am bekanntesten. Klima und Landschaft sind tropisch.

Fischer bei Hoi An

Kind im Arm solange nach den verschollenen Booten Ausschau hielt, bis sie zu Stein wurde. Bei Lang Son im Bac Bo gibt es einen ähnlichen Felsen mit der gleichen Legende. Von der Paßhöhe aus wird das blaugrüne Meer sichtbar mit Buchten und Inseln, an die weiße Gischt brandet. Die Eisenbahn fährt auf dieser Strecke durch sieben Tunnel. Der längste (1 km) ist auch der längste in Vietnam.

Mit dem letzten der drei großen Pässe, dem Deo Dai Lang, ist die Grenze der Provinz erreicht. Noch einmal geht der Blick weit über das Meer, Fischerboote liegen in der Bucht, dahinter ein Dorf unter Palmen.

Nach einem Drittel des Weges, 83 km vor Nha Trang, bietet der Deo Co Ma, der Pferdehalspaß, noch einmal einen Blick über das Meer. An einigen Stellen wurde Neuland gewonnen und wartet nun auf die Entsalzung, bevor es bebaut werden kann. Nach links führt eine Straße nach Dac Deu, einem Touristendorf am Meer. Die Straße überwindet immer wieder Hügel und 27 km vor Nha Trang noch den kleinen Paß Ro Tuong, die

Provinz Khanh Hoa

Der Provinz mit der Hauptstadt Nha Trang ist der Truong Sa, ein Insel-Archipel, vorgelagert. Die Jahresdurchschnittstemperatur beträgt 26° bei zehn Monaten Sonnenschein. Nur drei Taifune haben die Provinz im 20. Jh. heimgesucht, 1912, 1950 und 1988. Die Ebenen werden von vielen Flüssen bewässert und sind fruchtbar. Außer den genannten Feldfrüchten gibt es Gummi-, Kokosnuß- und Tabakplantagen. Die Salzgewinnung ist eine gute Einnahmequelle, allein in dem Gebiet von Cam Ranh wird auf 300 Hektar Salz gewonnen. Auf den Inseln werden Seeschwalbennester gesammelt, das Meer liefert Fische und Schalentiere. Die Erschließung der langen Strände für den in- und ausländischen Tourismus ist bei der schnell wachsenden Privatinitiative nur eine Frage der Zeit. In der Stadt Nha Trang hat sie bereits begonnen.

umgebenden Berge sind 500 m hoch. Von der Nationalstraße sind es 10 km in die Stadtmitte von Nha Trang. Auf einem Hügel vor der Stadt steht eine große weiße Statue der Quan Am. Auf beiden Seiten der Straße liegt der Friedhof.

Nha Trang

Der Name der Stadt geht auf den Cham-Namen *Yatran* zurück. Der Fischerhafen liegt an der Nordeinfahrt am Yatran-Fluß, der Seehafen im Süden der Stadt.

Po Nagar – Thap Ba

Der Tempel war Kauthara, die Tempelstadt des südlichen Klans der Cham. Er liegt auf einem Hügel hoch über dem Fischerhafen. Das erste Heiligtum wurde schon im 7. Jh. erwähnt, der letzte Bau entstand im 13. Jh. Geweiht war der Tempel Uroja, der Muttergöttin der Cham. Während der Siva-Kulte wurde sie zu Bhagavati, der Shakti Sivas, wird aber auch als *Yana* oder *Yan Po Nagar*, Mutter des Landes, und als lokale Göttin von Nha Trang verehrt. Der Tempel wurde 774 von Javanern, 930 von den Khmer zerstört, danach noch häufig beschädigt, aber immer wieder aufgebaut. Er ist die einzige Kultstätte, die bis in die Gegenwart von Vietnamesen und Cham besucht wird. Das Ensemble der verbliebenen Tempel macht keinen einheitlichen Eindruck, ist aber ein gutes Beispiel der Cham-Architektur verschiedener Epochen. Von zehn Gebäuden blieben vier erhalten sowie 14 Säulen eines großen mandapa, das am Berghang lag, axial auf das Hauptheiligtum ausgerichtet, heute rechts des Treppenaufganges.

Im Hauptheiligtum wird Bhagavati-Po Nagar verehrt. Es ist mit 22,5 m einer der höchsten kalane der Cham, im 11. Jh. im Po Nagar-Stil erbaut (s. S. 294) und vor einigen Jahren restauriert. Dem dreistöckigen Dach sind auf den Ecken Miniaturkalane aufgesetzt, die Ecken bilden apsaras aus Sandstein. In den Arkaden in der Mitte werden Fabeltiere – Reittiere der Götter – dargestellt. Der Baukörper besitzt an jeder Seite doppelte Pilaster mit Arkaden in Form eines Feigenblattes. Die Gestalten unter den Arkaden tragen Lotosblüten vor der Brust. Die Göttin Bhagavati im Innern des Tempels sitzt mit gekreuzten Beinen auf einem Lotosthron, der auf einer yoni ruht. Von ihren zehn Armen ruhen zwei auf den Schenkeln, die anderen tragen die Symbole der Göttin.

Der Südtempel ruht auf einem rechteckigen Grundriß, sein Dachaufbau ist nicht gegliedert. Er entstand frühestens im 12. Jh. Der kleine Tempel im Südosten ist jünger, stammt aus dem 13. Jh., der älteste kalan im Nordwesten aus der zweiten Hälfte des 10. Jhs. Auf seiner gut erhaltenen Außenfassade sind Götter, auf Elefanten reitend, zu erkennen.

Das Tempelfest findet am 23. Tag des 3. Mondmonats statt.

Strand und Hafen

Nha Trang besitzt 10 km Sandstrand, das Meer vor seiner Küste gehört zu den fischreichsten Zonen Vietnams. Das Denkmal des Generals Tran Hung Dao, der im 13. Jh. die Mongolen besiegte, bezeichnet etwa die Mitte des Strandes. In den Werkstätten im Hafengebiet arbeiten Großfamilien an der Herstellung von Andenken aus Korallen, Schildpatt, Perlmutt u. a. Sie verkaufen auch große Seemuscheln und -schnecken. Auch vietnamesische Kinder halten Muscheln ans Ohr, um das ›Meeresrauschen‹ zu hören.

Auf einem Hügel am Hafen liegt **Bach Dinh,** eine Residenz des letzten vietnamesischen Königs Bao Dai (heute Hotel).

Das **Meeresbiologische Institut** liegt am Hafen, wurde 1922 erbaut und ist das einzige in Vietnam. In zwei Abteilungen werden Tausende von Exponaten gezeigt: präparierte Knochenfische und knochenlose Meerestiere.

Die **Insel Tri Nguyen (Hon Tre)** ist in 15–20 Minuten mit dem Boot zu erreichen und in einer Stunde zu umrunden. Sie wurde von Tri Nguyen 1971 als Ferieninsel eingerichtet. In großen Becken werden Fische, Wasserschildkröten und andere Meerestiere gehalten. Der Badestrand der dem Meer zugewandten Seite der Insel kann zu Fuß erreicht werden.

Der **Chua Long Son** liegt ebenfalls am Südende der Stadt. Er wurde 1971 anstelle eines älteren errichtet. Von dem großen Buddha auf einem Hügel über dem Tempel reicht der Blick weit über Land und Meer.

Südtempel Po Nagar

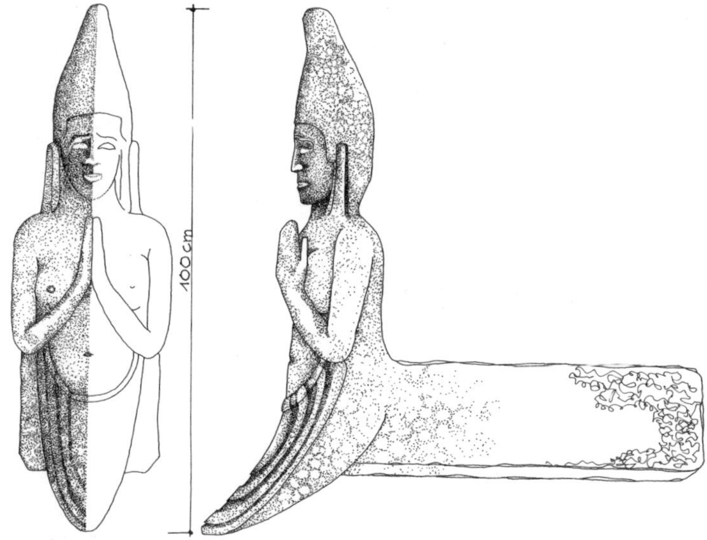

Apsara an der Ecke eines Cham-Turmes

An der nördlichen Stadteinfahrt liegt auf einem Hügel das Grab des französischen Arztes schweizerischer Abstammung, Alexandre Yersin (1863–1943), der aus dem Pasteur-Institut in Paris kam und 1899 das Pasteur-Institut in Nha Trang einrichtete. Er gilt als Entdecker des Erholungsortes Da Lat.

Die **Heißen Quellen in Duc My,** 25 km nordwestlich von Nha Trang, eignen sich (75°) für Bäder und Schlammbäder.

Der **Dam-Markt,** 1972 erbaut, ist der größte Markt in Nha Trang, bietet auch handwerkliche Erzeugnisse der Provinz. Nicht weit von Nha Trang **(Vo Canh)** wurde eine

Provinz Dac Lac

Dac Lac ist die drittgrößte nach der benachbarten Bergprovinz Gia Lai – Kon Tum und der Provinz Nghe Tinh, besiedelt von Vietnamesen, Ede und Muong. Neben Forstwirtschaft und Viehzucht kann auf bewässerten Feldern Reis angebaut werden. Das Bergland ist reich an Wasserfällen und Flüssen, die für die Energiewirtschaft nutzbar gemacht werden können. Der Reichtum der Provinz sind ihre Elefanten.

Der Chu Yang Sin ist mit 2442 m der höchste Berg in Dac Lac. Im Süden, auf 400 m Höhe, liegt der 500 Hektar große Lac-See, ein von Bergen umgebenes Paradies für Störche und Kraniche. Er ist als ›Fischtopf des Hochlandes‹ bekannt. Es soll darin auch Krokodile geben, die von den Fischern aber als harmlos bezeichnet werden.

Das Klima ist kühler als in der Ebene. Die Regenzeit von April bis in den November eignet sich nicht als Reisezeit.

Übersichtskarte Vietnam von Quy Nhon bis Ho Chi Minh-Stadt

Stele aus dem 3. oder 4. Jh. gefunden, auf der erstmals über den Buddhismus berichtet wird.

Ausflug nach Buon Ma Thuot
(Provinz Dac Lac; 3–4 Tage Tour; die etwas beschwerliche Bergstrecke auf der Straße 21 in die Bergprovinz Dac Lac ist 250 km lang und führt über den Deo Phuong Hoang, den Phönix-Paß, in die *Nui Voi,* Berge der Elefanten)

Provinz Gia Lai – Kon Tum

Die Nachbarprovinz mit der Hauptstadt Play Ku ist über die Straße 19 von Quy Nhon aus zu erreichen. 10 km von der Hauptstadt entfernt liegt der To Tnung-See, auch ›Großer See‹ genannt, ein Vulkansee, der sich zum Bootfahren und Fischen eignet. In der Provinz leben 27 Minderheiten. Die Regenzeit dauert von Mai bis November. Es gibt weniger zu sehen als in der Nachbarprovinz Dac Lac.

Im **Dorf Buon Don,** dem ›Land der Elefanten‹, rühmen sich Elefantenjäger, dreihundert Tiere eingefangen zu haben, die gezähmt und in zwei bis drei Jahren zu Arbeitselefanten ausgebildet werden. Im Frühjahr finden Elefantenwettkämpfe statt, Wettrennen werden über eine Distanz von 500 Metern ausgetragen. Manchmal nehmen 60 Tiere daran teil.

Buon Tua ist ein Dorf der Ede-Minderheit, die ihre Häuser auf Pfählen baut. Der Weg nach Buon Tua führt am **Dray Sap-Wasserfall** vorüber. Es gibt Möglichkeiten zu fischen und die Fische auf dem Boot auch zu verzehren. Die Ede brauen Alkohol aus Reis und zeigen ihre lokalen Tänze.

Der große Touristenstrom ist bisher an der Provinz vorübergegangen. Die Hauptstadt Buon Ma Thuot besitzt einen Flughafen.

Da Lat

Von Phan Rang aus auf der Straße 11 sind es 123 km nach Da Lat. Die Straße ist bis zum Einstieg in den Paß schlecht. Der 20 km lange Deo Song Pha führt auf eine Höhe von 1000 m. Das Wasserwerk am Da Nhim-Fluß wurde in den 60er Jahren gebaut. Ein zwei-

Provinz Lam Dong

Die Hauptstadt Da Lat entwickelte sich wegen ihres angenehmen Klimas und der schönen Berglandschaft während der Kolonialzeit zu einem Erholungsgebiet. Auf den Bergplateaus und in den Bergen leben 20 Minderheiten. Nach 1975 wurden auf den dünn besiedelten Hochplateaus vietnamesische Bauern aus überbevölkerten Regionen in ›Neuen Ökonomischen Zonen‹ angesiedelt. Es gibt drei Plateaus: Lam Vien (1500 m hoch), Don Duong-Lien Khuong (1000 m) und Bao Loc – Di Linh (800 m). Auf Böden aus rotem Basalt und Sand gedeihen Kaffee und Tee, Kartoffeln, Gemüse der kühleren Zonen und vielerlei Früchte. Auf 205 000 Hektar werden Ananas angebaut. 68 % der Provinz sind von Wald bedeckt.

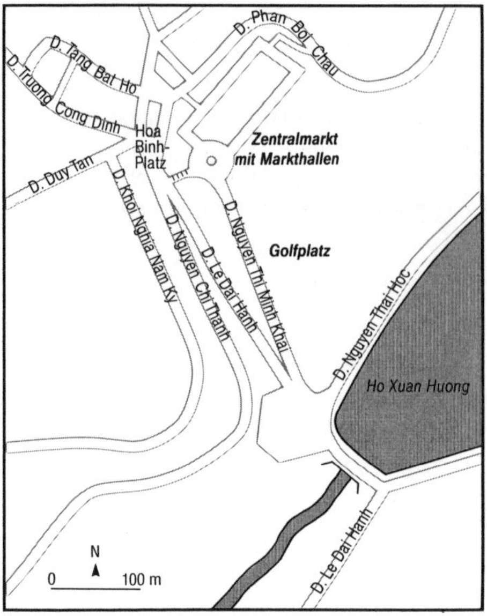

Das Zentrum von Da Lat

ter Paß erreicht 1500 m und damit auch die Höhe des Erholungszentrums. Die Temperaturen liegen hier zwischen 16–20°, es herrscht ein ›ewiger Frühling‹, allerdings kann es auch kühl und nebelig sein. Diese Region ist der Lebensraum von Bergvölkern wie den Kho, Lat, Chit, Ma und Chum. In der Sprache der Bergvölker bedeutet *da* Land und auch Wasser. Da Lat ist das ›Land der Lat‹. Um den Namen des Flusses Da Nhim, ›Wasser der Augen‹, rankt sich eine Legende: Das Mädchen Nang und der Knabe Biang liebten sich und konnten nicht heiraten, da sie aus verschiedenen Bergvölkern stammten. Sie verließen ihre Familien und gingen in den Dschungel, um zu sterben. Zu ihrem Begräbnis kamen alle Tiere und weinten so sehr, daß der Da Nhim entstand. Nur ein Löwe steht versteinert und trauernd auf dem Wege von Da Lat nach Ho Chi Minh-Stadt, weil er zu spät zum Begräbnis kam. Die Hochebene heißt bei den Bergvölkern Nang Biang. Da Lat wurde 1893 von dem schweizerisch-französischen Forscher Yersin als Erholungsgebiet für Kolonisten entdeckt, die es besonders wegen seines angenehmen Klimas schätzten. Es ist auch für seine Orchideenzüchtereien und Blumengärten bekannt (geöffnet bis 16.30 Uhr). Am Sonntag morgen kommen die Bergvölker auf den Marktplatz vor der großen Markthalle. Kohor, Sre, Baja, Lat, Chill, Nop, Mang und andere verkaufen ihre landwirtschaftlichen Produkte, Feuerholz und Holzkohle. Sie leben am Fuße der Berge, viele am Lang Biang Son – besser bekannt als Lam Vien Son – in Häusern auf Pfählen. Unter ihnen gibt es Anhänger der Naturreligionen, Katholiken und Protestanten. Manche haben mit Franzosen und Amerikanern kollaboriert, andere mußten ihren Widerstand mit dem Tod oder der Freiheit bezahlen. Viele sind scheu, andere an Ausländer gewöhnt. Die Erforschungen der Minderheiten, besonders im Zentralen Hochland, ist noch eine lohnende Aufgabe für Ethnologen. In und um Da Lat gibt es Seen und Wasserfälle. Der bekannteste ist der **Prenn-Fall** (10 km von Da Lat).

Die Pagoden sind neueren Datums und liegen außerhalb des Stadtzentrums. Der **Chua Linh Phong** (Chua Su Nu) wurde 1952 erbaut. Die beiden anderen gehören zu Hoi Quan, chinesischen Versammlungsstätten. Im **Hoi Quan Thien Vuong (Chua Tau),** 1958 von Chinesen aus Trieu Chau gegründet, wird die Quan Am angebetet. Die Chinesen aus Quangzhou (Kanton) verehren im **Hoi Quan** und **Chua Minh Nguyet Cu Sy Lam,** 1962 errbaut, ebenfalls Buddha und die Quan Am.

Das **Nuclear Institut** wurde von den USA gebaut, bei ihrem Abzug blieb es in unbrauchbarem Zustand zurück. Mit Hilfe der Sowjetunion wurden die fehlenden Teile ergänzt und der Betrieb – medizinische, agrartechnische und geologische Untersuchungen – wieder aufgenommen. Es ist das einzige Institut dieser Art in Vietnam.

Da Lat – Ho Chi Minh-Stadt

Die 300 km auf der Straße 20 lassen sich in 6 Stunden zurücklegen. Der Prenn-Wasserfall liegt am Wege. Im **Krayo-Tempel** der Cham werden Erinnerungen an die Cham-Könige, Kleidungsstücke und Schmuck aufbewahrt (75 km südlich von Da Lat).

Da Lat und Umgebung

1 Blumengarten 2 Nuclear Instiiut 3 Chua Linh Phong (Chua Su Nu) von 1952 4 Hoi Quan Thien Vuong (Chua Tau) von 1952 5 Hoi Quan und Chua Minh Nguyet Cu Sy Lam von 1962 6 Chua Linh Son von 1938 7 Sommerpalast des Königs Bao Dai 8 Chua Lam Ty Ni von 1961 9 Palast des französischen Generalgouverneurs 10 Bahnhof der Eisenbahnlinie 11 Zentralmarkt mit Markthalle 12 Thung Lung Thinh (Tal der Liebe)

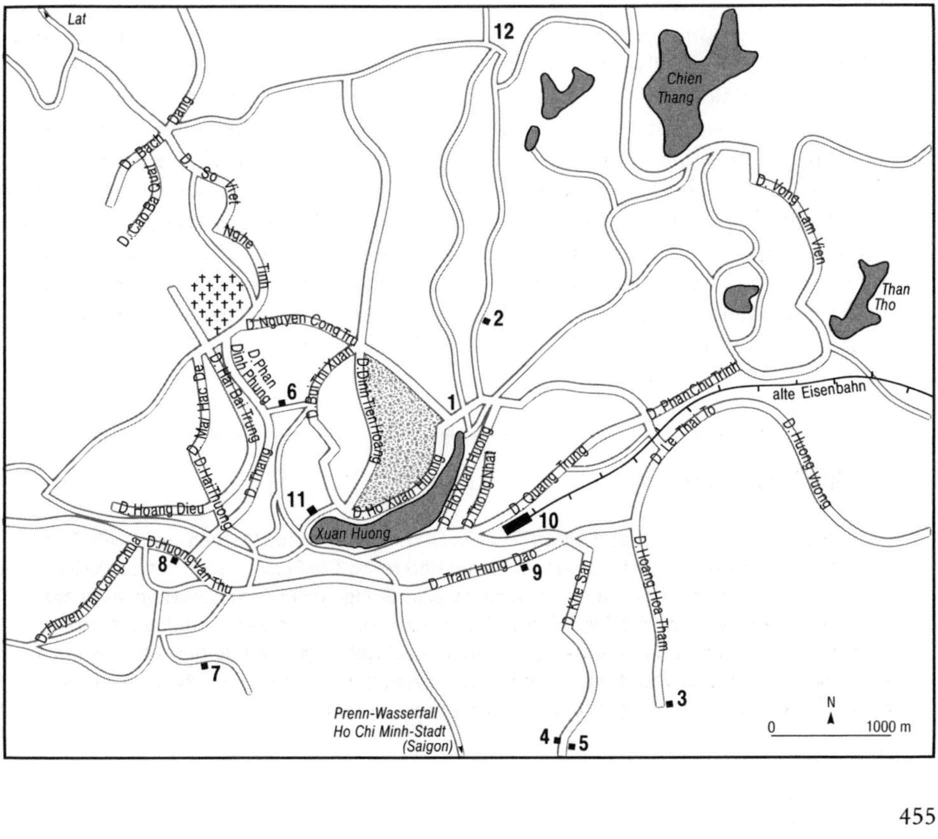

Nach 2 Stunden Fahrt, in der Umgebung der Stadt **Bao Loc,** kann man den Ma begegnen, die ihre Reisigkörbe an einem Stirnband tragen. Sie sind Sammler, Fischer, Jäger und Plantagenarbeiter. Die Frauen stellen Webwaren her. Sie glauben an Naturgötter. Bao Loc macht einen wohlhabenden Eindruck. Auf 10 000 Hektar werden Maulbeerbäume angepflanzt für die größte Seidenraupenzucht Vietnams, die durch Kreuzungen auch Arten züchtet, die kühleres Klima vertragen. Die Seidenraupenzucht wird – in allen Teilen Vietnams – seit über 1000 Jahren betrieben. Etwa 100 km vor Ho Chi Minh-Stadt ragen rechts und links der Straße, in **Duc Trong** (Dinh Quan), bizarre Felsen auf, um die sich Legenden ranken.

Die Straße 20 mündet vor Beginn der Autobahn nach Ho Chi Minh-Stadt in die Nationalstraße 1.

Nha Trang – Ho Chi Minh-Stadt

Die Straße 1 ist im allgemeinen gut und wird nach Süden hin besser. Für die 445 km lange Strecke beträgt die Fahrtzeit ohne Aufenthalte etwa 9 Stunden. Die Südausfahrt mündet nach 10 km in die Nationalstraße 1. Nach 40 km wechseln Mangoplantagen mit Kokospalmen und Tabakfeldern. In der Bucht von Cam Ranh liegt der schönste und auch beste Naturhafen Vietnams, 20 km lang und 4 km breit. Er war von der Regierung Südvietnams auf 99 Jahre an die USA verpachtet worden, der Vertrag wurde 1975 gekündigt. Der Hafen wird heute auch von Schiffen der Sowjetunion benutzt. In der Umgebung von Cam Ranh lebt die Minderheit der Darley, kleine, dunkelhäutige, rundköpfige Sammler, die ihre Körbe auf dem Rücken tragen. Salzgewinnung wird auf 300 Hektar betrieben, Meerwasser dazu in flache Becken geleitet, wenn es verdunstet ist, kann das Salz zusammengekehrt werden. Zum Abtransport liegt es in Bergen an der Straße. Zwischen Nha Trang und Ho Chi Minh-Stadt gibt es 257 Brücken und ebensoviele Flüsse und Bäche.

Provinz Thuan Hai

In der Provinz mit der Hauptstadt Phan Thiet im Süden leben außer Vietnamesen viele Minderheiten, darunter Cham, Khmer, Ragai, Kohor und Nung. Die Fischgründe vor der 320 km langen Küste gehören zu den besten Vietnams. Zwei Drittel der Provinz bestehen aus waldbedeckten Bergen mit wertvollen Edelholzbeständen. Die Jahresdurchschnittstemperatur beträgt 27,5°. Nur 10 % des Landes sind landwirtschaftlich genutzt, leiden aber vielfach unter Trockenheit. Der Sand ist für die Glasherstellung geeignet. Es gibt eine größere Anzahl heißer Quellen mit Temperaturen zwischen 36° und 49°.

Salzgewinnung bei Cam Ranh

Etwa 100 km südlich von Nha Trang, an der linken Straßenseite, liegen die ältesten erhalten gebliebenen Bauwerke der Cham, **Hoa Lai.** Sie stammen aus dem 8./9. Jh. und zeigen Ähnlichkeit mit der Khmer-Architektur am Kulen-Hügel. Aber sie weisen bereits die Merkmale der Cham-kalane auf, den Pilasterschmuck, die Arkaden und die betonten, vorgezogenen Eingänge (s. S. 281). Der dritte kalan ging im Kampf gegen Frankreich verloren. Der kleinere Südturm besitzt die schönere Bauplastik.

Im Trung Bo ist Viehfutter reichlicher als im Bac Bo, daher sind oft zwei Zugtiere, Wasserbüffel oder Zebu, vorgespannt, und die Bauern können auf dem Pflug stehen. Reiher

Po Klaung Garai

Cham-Tempel Po Klaung Garai
1 Haupttempel (kalan) mit sehr großem Vestibul
2 Bibliothek 3 Torgebäude der Umfassungsmauer 4 Aufgang vom Steilhang 5 Bäume
6 Reste der Umfassungsmauer

begleiten das Gespann, sie werden ›Freunde der Bauern‹ genannt. Enten folgen den Bauern auf die Felder. Manchmal sind es Hunderte an einem Teich oder Kanal. In unfruchtbaren Gebieten wird Viehzucht betrieben, die Rinder kommen aus Cuba, Wasserbüffel aus Indien und Schweine aus Yorkshire. Die vorspringenden Dächer der Häuser dienen als Sonnenschutz, viele haben einen offenen Vorbau auf Pfosten.

In Umkreis der Distriktstadt **Phan Rang-Thap Cham** leben 20 Minderheiten, darunter Cham, die hier ihr letztes Reich hatten (s. S. 267). Frauen, manchmal auch alte Männer, tragen Röcke, Turbane und oft große Körbe. Die muslimischen Cham haben in Phan Rang vier Moscheen.

In Phan Rang-Thap Cham zweigt die Straße 11 nach rechts Richtung Da Lat ab. Nach 8 km, in dem Ort San, gleich hinter den Eisenbahnschienen, liegt rechts auf einem 100 m hohen Hügel, 1,4 km von der Bahnstation Thap Cham entfernt, der Cham-Tempel **Po Klaung Garai.** Er soll von Simhavarman III. im 13. Jh. erbaut worden sein. Der Hügel ist fast bis zu den Tempeln befahrbar. Dann führt ein Fußweg rechts um den Tempel zu dem Eingang am steilen Hang durch ein Tor. Die Cham nennen den Tempel *Chok Hala.*

Das Tor steht axial auf den Haupttempel ausgerichtet. Das Dekor der Dachzone ist in dieser Spätzeit vereinfacht, so daß der Dachaufbau – auch aus der Ferne – gezackt und bizarr wirkt. Der Tempel wurde restauriert, einige alte Teile wiederverwendet. Im Vestibül des Haupttempels befindet sich die Plastik des Stieres Nandi, im Innern eine Statue des Königs Po Klaung Garai in Form eines Muchalingams (s. S. 274). Der seitliche Tempel wird von den Cham als Feuertempel bezeichnet. Bei ihren Festen brennt hier ein Feuer, an dem Räucherstäbchen zur Verehrung des Königs entzündet werden. Dabei singen die Cham ihre traditionellen Lieder und tanzen alte rituelle Tänze. Sie kommen zu ihrem Neujahrsbeginn im September und zu drei anderen Festen, die mit Ernte und Aussaat zusammenhängen.

Phan Rang – Phan Thiet

Von der Bahnstation Phan Rang – Thap Cham führte eine Bergbahn 86 km weit über den Ngoan Muc-Paß nach Da Lat. Sie war von 1930–1964 in Betrieb, die älteste Lokomotive wurde 1929 in der Maschinenfabrik Esslingen gebaut. Im Jahre 1990 wurde die Bahn abgebaut und in die Schweiz gebracht.

Der **Strand Ninh Chu** liegt 5 km südlich von Phan Rang.

Cham-Dörfer und -Gräber

Entlang der Straße liegen zahlreiche Cham-Dörfer. In der Nähe der Katholischen Kirche im **Dorf Tai Son** befindet sich ein Friedhof mit Grab- und Kutsteinen der Cham, über deren Datierung Zweifel bestehen (s. S. 270). Häufig begegnet man auch Cham, die an ihrer Kleidung zu erkennen sind. Die Frauen tragen Röcke, die Männer zuweilen noch Turbane.

Der Cham-Tempel **Po Rome** mit dem Cham-Namen *Palai Thuorn,* 15 km südlich von Phan Rang bei dem Dorf Huu Phuoc, Kreis Phuoc An, steht rechts, 5 km von der Straße

Po Klaung Garai

entfernt, auf einem von zwei dicht beieinander liegenden, etwa 50 m hohen Hügeln. Es war der letzte große Tempelbau der Cham im 16. oder 17. Jh. Architektur und Dekor sind soweit vereinfacht, daß die Harmonie gestört ist, die scharfen Kanten wirken bizarr. Der Bau muß in großer Eile ausgeführt worden sein, da auch die Exaktheit der Ziegelsetzung nicht mehr eingehalten ist.

Riesige Felsen türmen sich am weißen **Strand von Ca Na,** wo die Cham einst gefischt haben sollen. Die Straße 1 führt fast einen Kilometer an dieser bizarren Küstenlandschaft entlang.

Kaum 2 km von der Nationalstraße entfernt auf der rechten Seite liegt das **Dorf Vinh Hoa** im Distrikt Tuy Phong, dessen Mineralwasser im ganzen Land bekannt ist. Die Quellen sollen von einem Cham-König entdeckt worden sein, der in diesem Gebiet jagte. Den Cham galten sie als heilige Quellen. Sie werden seit 1948 abgefüllt, eine staatliche Mineralwasserfabrik entstand nach 1975.

An der Strecke nach Süden wird an vielen Stellen Salz aus Meerwasser gewonnen, die Vorräte lagern an der Straße.

Etwa 20 km vor Phan Thiet auf einer Halbinsel liegt das Fischerdorf **Mui Ne** mit seinem weißen Strand und Dünen.

Direkt am Meer, 7 km vor der Provinzhauptstadt Phan Thiet im äußersten Süden der Cham-Reiche, steht das sehr frühe Drei-Turm-Heiligtum **Pho Hai** aus dem 8. Jh. Es stammt aus der Frühzeit des Südreiches (s. S. 262) und zeigt Ähnlichkeit mit prä-ankorianischen Bauten der Khmer-Architektur des 8./9. Jhs. Die Scheinportale mit Säulen und Stürzen erinnern an die Khmer-Bauten. Sie liegen aber nicht wie in Kambodscha innerhalb der Portalumrandungen, sondern sind diesen vorgeblendet. Die typischen Merkmale der Cham – Pilaster und Arkaden am Baukörper – fehlen. Über die Entstehung und Zuordnung des Bauwerkes besteht keine Übereinstimmung.

Ebenfalls vor Phan Thiet, durch ein Neubaugebiet zu erreichen, liegt der Badestrand **Ninh Chu.**

Phan Thiet, die Provinzhauptstadt, erzeugt Fischsoße, *nuoc mam,* die im ganzen Land beliebt ist. Die Fischerflotte ankert an einer Brücke am Phan Thiet-Fluß an der nördlichen Stadteinfahrt.

Phan Thiet – Ho Chi Minh-Stadt

Von hier sind es noch etwa 200 km bis Ho Chi Minh-Stadt. Die Straße wird nach Süden zu immer besser. Sie führt durch die aridesten Gebiete Vietnams, in denen kein Reisanbau möglich ist. Dafür wird Viehzucht, besonders Rinderzucht betrieben, Hühner und Tauben gehalten. In vielen Dörfern sind die Häuser umgeben von Gewürzgärten mit Pfeffer, Nelken u. a., auch Kaffee und Tee wird hier angebaut.

Das Dorf **Tan Minh** wird auch *Rung Buong* (Palmwald) genannt. Große Palmwedel liegen zum Trocknen und Bleichen aus, bevor sie für die Herstellung von Hüten und Körben Verwendung finden.

Provinz Dong Nai

Die Provinz mit der Hauptstadt Bien Hoa ist nach dem Fluß benannt, der sie durchfließt. Hier beginnen die 40 000 km^2 der südlichen Deltalandschaft, die aber noch nicht zum Delta des Mekong gehören, das nur 36 000 km^2 einnimmt. 82 % der Bevölkerung sind Vietnamesen, der Rest Tay, Kho, Mu, Nung, Thai, Zao und Ma. Der Song Dong Nai entspringt im Zentralen Hochland, fließt 290 km durch die Provinz und bildet 36 km vor Bien Hoa einen Wasserfall (Tri An), an dem das größte Wasserkraftwerk Vietnams entstand, das Bien Hoa und Ho Chi Minh-Stadt mit Wasser und Strom versorgt.

Viele Gebiete eignen sich nicht für den Reisanbau, die Provinz liefert aber ein Drittel der Gesamtproduktion Vietnams der für die Ernährung wichtigen Sojabohnen und steht an zweiter Stelle als Latexproduzent hinter der Nachbarprovinz Song Be.

Im Norden, am Zusammenstoß der Provinzen Song Be, Lam Dong und Dong Nai liegt das **Naturschutzgebiet Cat Tien,** ein Waldgebiet von 10 000 Hektar, in dem seltene Tier- und Pflanzenarten, darunter Pythonschlangen und Krokodile und einzelne Exemplare des nahezu ausgestorbenen asiatischen Rhinozeros erhalten blieben.

Bien Hoa, die Hauptstadt der Provinz Dong Nai, zählt zu den ältesten Siedlungen der Vietnamesen im Mekong-Delta, heute ist sie eines der bedeutendsten Industriezentren. Bekannt sind die keramischen Erzeugnisse, große Wasserkrüge, Töpfe für die Fischsoße, aber auch Vasen, Aschenbecher und große und kleine Elefanten.

Die Fahrt nach Ho Chi Minh-Stadt führt durch die Gummiplantagen der Provinz Dong Nai.

In **Xuan Loc,** 60 km vor Ho Chi Minh-Stadt, fanden 1975 die letzten Kämpfe zwischen den nord- und südvietnamesischen Streitkräften statt.

Long Thanh ist ein Vergnügungspark und Ausflugsort von Ho Chi Minh-Stadt.

30 km vor Ho Chi Minh-Stadt beginnt eine mehrspurige Autobahn, 1958 erbaut, die die amerikanische Truppenbasis mit der Stadt verband. 2 km weiter zweigt eine Straße nach Bien Hoa ab, die 50 km um Ho Chi Minh-Stadt herumführt. Sie wurde mit amerikanischen Mitteln von südkoreanischen Soldaten erbaut und wird daher Koreastraße genannt. Rechts und links der Straße liegen Dörfer mit modernen christlichen Kirchen. Es sind Siedlungen der Christen, die nach der Genfer Konferenz 1954 aus dem Norden in den Süden abgewandert sind.

Hinter der Brücke über den Song Dong Nai beginnt ein Industriegebiet, dessen Werke von dem Kraftwerk in Bien Hoa gespeist werden. An der Brücke über den Rach (Kanal) Gia Chiec hielten die nordvietnamesischen Truppen noch ein paar Stunden an, bevor sie am 29. April 1975 in Ho Chi Minh-Stadt, das damals noch Saigon hieß, einzogen. Die letzte Brücke vor der Stadt führt über den Saigon-Fluß.

Ho Chi Minh-Stadt

Die Geschichte von Gia Dinh bis Saigon

Das heutige Cholon ist das alte Gia Dinh-Saigon. Es hatte, seitdem es im 16./17. Jh. ein Handelsplatz wurde, mehrere Namen. Zunächst hieß es *Dong Nai,* wie der Fluß, auf dem die Siedler ins Land kamen, später *Phan Yen,* danach *Gia Dinh.* Es wurde auch *Ben Nghe* genannt (›Landeplatz der Wasserbüffel‹) oder *Ben Thanh* (›Markt an der Zitadelle‹). Die Entstehung der Stadt ist mit den Nguyen-Fürsten verbunden, unter denen *nam tien,* der Zug nach Süden, das Mekong-Delta erreichte (s. S. 63 ff.).

Es gibt viele Versuche, den Namen Saigon zu erklären. Er könnte eine Transkription der sino-vietnamesischen Bezeichnung *sai con* sein, aus *cay goong* bzw. *cay gon,* dem vietnamesischen Namen für den *ceiba,* den Kapokbaum, oder auch aus dem kambodschanischen *preikor* entstanden sein. Zur Zeit der Nguyen-Fürsten hießen Stadt und Zitadelle, Provinz und Delta Gia Dinh. Auf der Landkarte von 1815 gab es eine Straße mit dem Namen Saigon und einen Markt *Cho Lon* (Großer Markt).

Ob Gia Dinh oder Saigon, es war schon immer eine Stadt mit südlichem Flair. Um 1820 heißt es: »In den Festnächten wie Neujahr und am ersten und fünfzehnten Tag jeden Monats hängen Laternen an den Fenstern, Lichter in den Bäumen und an den Brücken wie Sterne. Trommeln sind zu hören, junge Männer und Mädchen gehen hin und her, rastlos. Es ist eine Stadt in Festlaune.« In den Nächten des Frühlings- und Herbstvollmondes – und nicht nur dann – bewegt sich noch immer ein Korso durch die Stadt, nun allerdings auf Fahrrädern und Motorrädern.

1833–1835 hatte König Minh Mang gegen den Aufstand des Le Van Khoi zu kämpfen, das Delta wurde nun zum Generalgouvernement Nam Ky. 1859 drangen die Franzosen auf dem Saigon-Fluß bis zur Zitadelle Gia Dinh vor und zerstörten sie. Im Vertrag von 1862 wurde Saigon Hauptstadt der französischen Kolonie Cochinchina und 1883 Sitz der Kolonialregierung des französischen Kolonialreiches Indochina. Es blieb 1945–1954 unter französischer Herrschaft und wurde im Genfer Abkommen von 1954 zur provisorischen Hauptstadt Süd-Vietnams erklärt. Am 30. April 1975 wurde es – unblutig – von der NVA, der Nordvietnamesischen Befreiungsarmee, eingenommen. Seit der Wiedervereinigung 1976 ist es bevölkerungsmäßig die größte Stadt Vietnams. Bevor die Franzosen Saigon eroberten, bestand es aus 40 Dörfern mit etwa 40 000 Einwohnern. 1859 flohen die meisten, 8000 blieben, 1865 waren es wieder 40 000, 1883 mit Cholon 100 000. Als

Am Fluß Saigon

französische Kolonie ist es wirtschaftlich mehr gefördert worden als die Protektorate Annam und Tongking. Hafen und Schiffswerft wurden ausgebaut, die Eisenbahn erreichte Saigon 1910, die Straßen nach Hue und über Tay Ninh nach Kambodscha verbreitert.

Die moderne Stadt

Heute besitzt Ho Chi Minh-Stadt den größten Hafen Vietnams. Der Internationale Flughafen **Tan Son Nhat,** sieben Kilometer vom Stadtzentrum entfernt, wird von asiatischen und europäischen Luftlinien angeflogen. Das Straßennetz um Ho Chi Minh-Stadt und im Delta ist gut ausgebaut. Die Industrie stellt Konsumwaren, Textilien, Bekleidung, Chemikalien, Lebensmittelkonserven, Leichtmetallwaren und handwerkliche Erzeugnisse her.

Bei tropischem Klima liegt die Luftfeuchtigkeit um 10 % niedriger als in Hanoi (79,5 %), die durchschnittliche Jahrestemperatur bei 27°. Die Stadt befindet sich im Bereich des Südwestmonsuns, aber außerhalb der Taifunzone. Das Leben hier erscheint leichter, freier, heiterer. Dies beruht aber mehr auf dem freundlichen Klima und der Mentalität der Menschen als auf Tatsachen. Die Umstellung von der kapitalistischen auf die sozialistische Wirtschaft brachte nach 1975 schwere Probleme. Nach dem Abzug der amerikanischen Truppen und Zivilisten versiegten die von den Besatzern stammenden

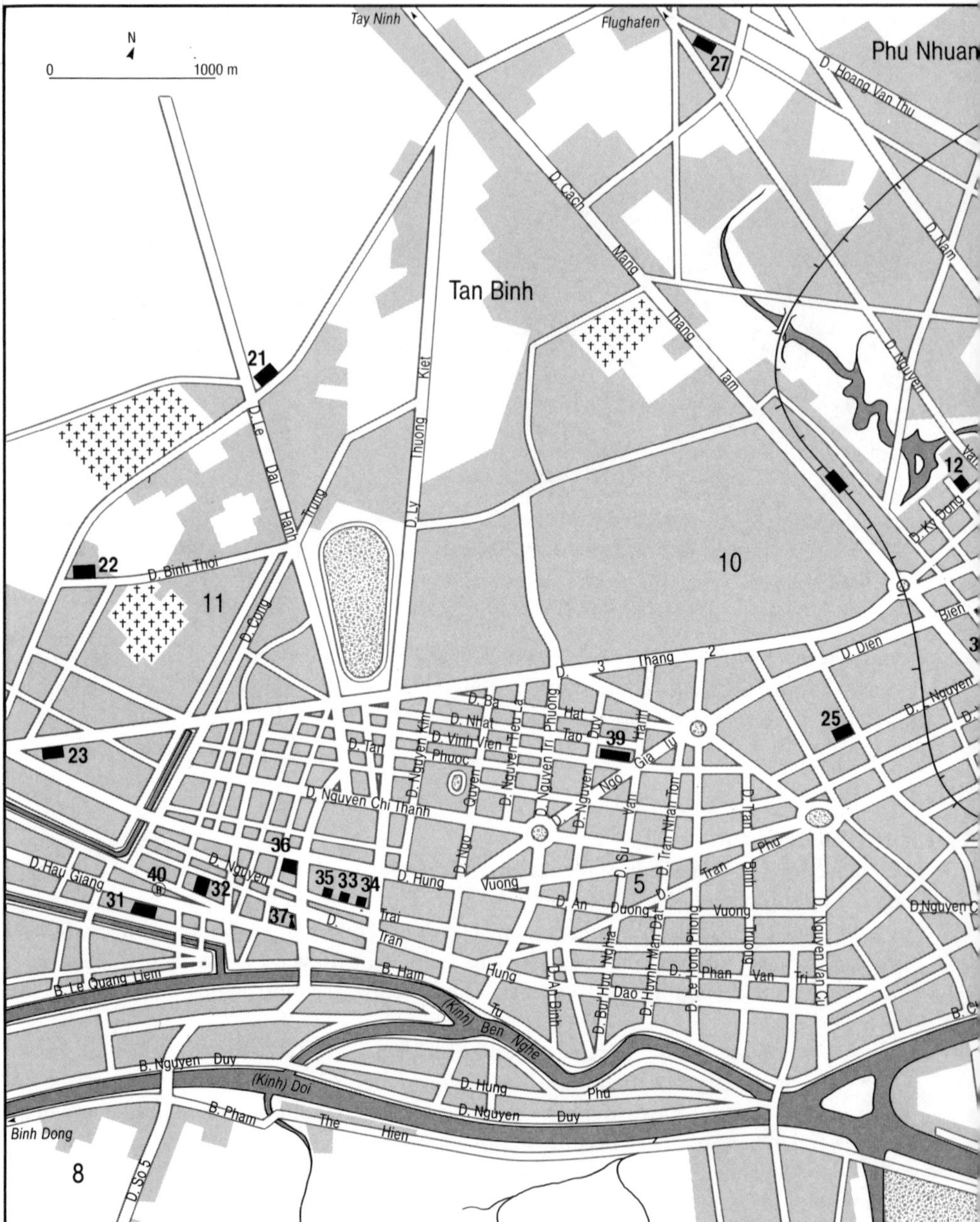
N
0
1000 m
Tay Ninh
Flughafen
Phu Nhuan
27
D. Hoang Van Thu
D. Cach
Mang
Thang
Tam
D. Nam
D. Nguyen
12
Tan Binh
21
D. Le
Dai
Hanh
D. Ly
Thuong
Kiet
Trung
22
D. Binh Thoi
11
D. Cong
10
D. Ky Dong
D. 3 Thang 2
D. Dien
Bien
D. Nguyen
25
D. Ba
Hat
D. Nhat
D. Vinh Vien
Tao
Duy
39
D. Tan
Phuoc
D. Nguyen Kim
Quyen
D. Nguyen Tieu La
D. Nguyen Tri Phuong
D. Nguyen
Ngo
Gia
Tu
Van
D. Tran Nhan Ton
D. Tran
Binh
Trong
23
D. Nguyen Chi Thanh
D. Hau Giang
40
31
32
D. Nguyen
36
35 33 34
37
D. Hung
Vuong
D. Ngo
D. Su
5
D. An
Duong
Vuong
Phu
D. Nguyen Van Cu
D. Nguyen C
Trai
D.
Tran
Hung
Dao
D. An Binh
D. Bui Huu Nghia
D. Huynh Man Dat
D. Le Hong Phong
D. Phan
Van
Tri
B. Le Quang Liem
B. Ham
Tu
(Kinh) Ben Nghe
B. C
B. Nguyen Duy
(Kinh) Doi
D. Hung
Phu
D. Nguyen
Duy
B. Pham
The
Hien
Binh Dong
8
D. So 5
Go Cong

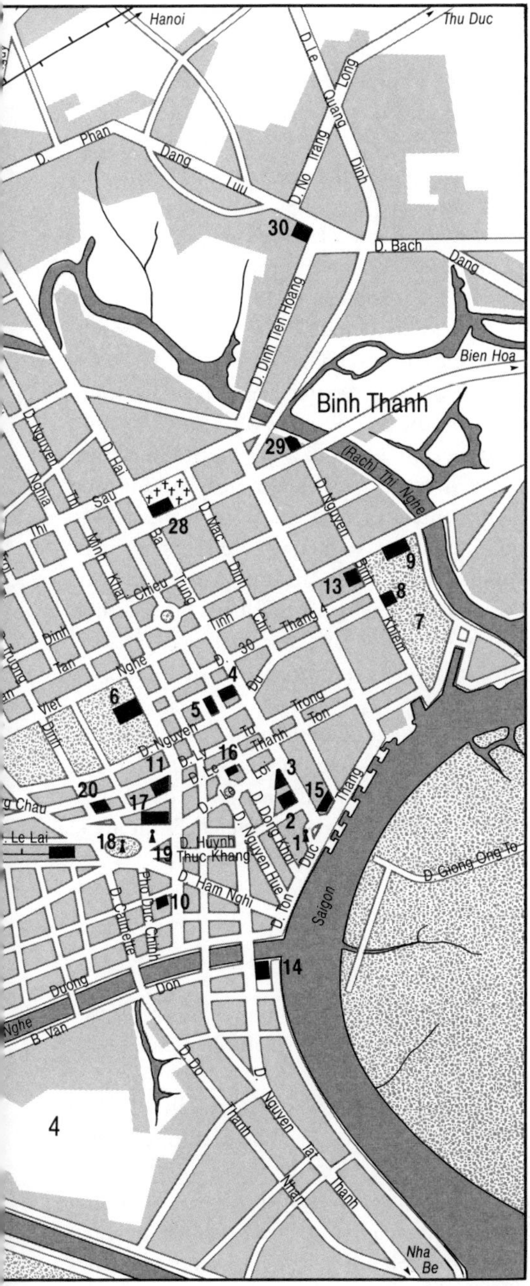

Ho Chi Minh-Stadt

1 *Denkmal des Generals Tran Hung Dao*
2 *Hauptmoschee*
3 *Stadttheater*
4 *Hauptpostamt*
5 *Kathedrale*
6 *Palast der Einheit (Thong Nhat)*
7 *Zoologischer und Botanischer Garten*
8 *Gedenktempel für die Hung Könige*
9 *Historisches Museum*
10 *Museum der Schönen Künste*
11 *Revolutionsmuseum*
12 *Museum der Kriegsverbrechen*
13 *Militärmuseum*
14 *Ho Chi Minh-Museum i. Nha Rong-Drachenhaus*
15 *Thon Duc Than-Museum*
16 *Rathaus*
17 *Markthalle*
18 *Reiterdenkmal Tran Nguyen Hans*
19 *Denkmal Quach Thi Trangs*
20 *Hindu-Tempel*
21 *Giac Lam-Pagode*
22 *Giac Vien-Pagode*
23 *Phung Son Tu-Pagode*
24 *Xa Loi-Pagode*
25 *Ky Vien- o. Ky Vien Tu-Pagode*
26 *Vinh Nghiem-Pagode*
27 *Dai Giac-Pagode*
28 *Den Tran Hung Dao*
29 *Ngoc Hoang- o. Phuc Hau Tu-Pagode*
30 *Den Le Van Duyet*
31 *Markthalle*
32 *Cha Tam-Kirche*
33 *Hoi Quan Ba Thieu Hau*
34 *Den Ong Quan Cong*
35 *Moschee*
36 *Quan Am-Pagode*
37 *Denkmal des Phan Din Phung*
38 *Denkmal für den Mönch Tich Quang Du*
39 *An Quang-Pagode*
40 *Busstation*

Einnahmequellen, aber auch die offiziellen Gelder der USA, erwies sich der Boom als eine Scheinblüte, und die von ihm gelebt hatten, sahen sich im Stich gelassen und zudem von dem neuen Regime kaltgestellt oder gefährdet. Wenigen gelang es, auf offiziellen Wegen Ausreisegenehmigungen zu Familienmitgliedern im Ausland zu bekommen. Der Exodus begann, an dem besonders zwei Gruppen beteiligt waren: Vietnamesen und Chinesen, die mit den Amerikanern kooperiert oder für sie gearbeitet hatten, und Chinesen, die sich ihrer Existenzgrundlage im freien Handel beraubt sahen. Der Anteil der emigrierenden Chinesen war daher extrem hoch. In der Chinesenstadt Cholon gingen in fast jedem zweiten Haus die Rolläden herunter. Andererseits setzten eine Zuwanderungswelle und Geburtenüberschuß ein. Der Versuch, die Übervölkerung durch Schaffung der ›Neuen Ökonomischen Zonen‹, besonders im Zentralen Hochland, zu steuern, scheiterte nicht nur an der Ortsgebundenheit der Vietnamesen durch Großfamilie und Ahnenkulte, nicht an der Idee, sondern an dem Fehlen der Möglichkeiten, sie durchzuführen, d. h. den Umsiedlern unerläßliche Starthilfen zukommen zu lassen. Wohnungsnot und Versorgungsschwierigkeiten in Saigon waren nicht geringer als in anderen Städten Vietnams. Nur: Im Süden gibt es keinen Winter, der Vorsorge für Heizung, Kleidung und Nahrung erfordert. Dafür waren Drogenprobleme entstanden, denen Eigentumsdelikte folgten, die Auflösung der Familienbande führte zur Verunsicherung der Gesellschaft. Viele hatten ihre Arbeitsplätze verloren, fanden keine ihrer Bildung entsprechende Posten. Es ist zwar längst nicht jeder Rikshafahrer in Ho Chi Minh-Stadt ein Intellektueller, aber es gibt einige unter ihnen. Der Boden war vorbereitet für Schwarzhandel mit Versorgungsgütern aus dem benachbarten Thailand und für Korruption, die sich kaum zu verstecken suchte.

Inzwischen haben besonders asiatische Investoren wieder Gefallen an Ho Chi Minh-Stadt gefunden. Japaner und Chinesen aus Singapur, Hongkong und Taiwan, Inder und auch Europäer entdecken, daß man sich in Ho Chi Minh-Stadt, das sie – der Kürze halber – wieder Saigon nennen, mit Investitionen und Marktwirtschaft leichter tut als in Hanoi. Botschaften eröffnen Generalkonsulate, Großfirmen Handelskontore.

Sehenswürdigkeiten

Ho Chi Minh-Stadt hat mit 3 934 000 Einwohnern 900 000 Einwohner mehr als die Hauptstadt Hanoi und ist auch dichter besiedelt. Es ist in zwölf Stadtteile *(quan)* – als Q 1 bis Q 12 bezeichnet – und sechs Vororte eingeteilt.

Die Strukturen der beiden größten Städte Vietnams sind verschieden. In Ho Chi Minh-Stadt gibt es keine durch Jahrhunderte gewachsene Altstadt. Die Siedlungen entstanden ab dem 17. Jh. an den Landeplätzen entlang der Flüsse und entwickelten sich im 18. Jh. im Schutze von Festungen, deren größte Gia Dinh war. Erst im 19. Jh. begannen Dörfer und Marktplätze zu einer Stadt zusammenzuwachsen, die dann in der zweiten Hälfte des Jahrhunderts durch die französische Stadtplanung fast das Gepräge einer europäischen Stadt erhielt. Das benachbarte Cholon, in dem sich Chinesen angesiedelt hatten, die zu den ersten Siedlern im Delta gehörten, entwickelte sich zu einer ›China Town‹ mit engen Straßen und einem Gewirr von Gassen, in deren schmalen Häusern Handwerksbetriebe und Handelsunternehmen – wie in allen Hafenstädten Südostasiens – anzutreffen sind.

Der Bezirk Q 1 ist die Geschäftsstadt Saigon, der Bezirk Q 5 und Q 6 die Chinesenstadt Cholon. Von Saigon nach Cholon führen zwei große Boulevards: nördlich (als Fortsetzung der Duong Xo Viet Nghe Tinh) der Boulevard Hung Vuong und etwas südlicher (als Fortsetzung des Le Loi-Boulevards) der Tran Hung Dao-Boulevard. Die Grenze zwischen Q 1 und Q 5 bildet der von Nord nach Süd verlaufende Boulevard Nguyen Van Cu.

Innenstadt Saigon (Q 1)

Am Ufer des Saigon-Flusses führt die Duong Ton Duc nach Norden, am Denkmal Tran Hung Daos, des Bezwingers der Mongolen, vorüber zum Hafen, in dem seegängige Frachter festmachen und demnächst auch wieder Passagierschiffe erwartet werden. Es besteht Gelegenheit, mit kleinen Booten meist privater Besitzer, Fahrten auf dem Fluß zu unternehmen. Am frühen Morgen üben sich besonders ältere Leute an der Uferpromenade in Schattenboxen und Gymnastik.

Die **Duong Dong Khoi** führt von der Mitte der Uferpromenade, am Cuu Long-Hotel, in das Geschäftsviertel zwischen der Duong Ham Nghi, der Markthalle Cho Ben, der Duong 30. Thang 4 und der Duong Hai Ba. Zahllose staatliche und private Läden, Kunstgalerien, Handwerksbetriebe und Restaurants bieten in diesen Zentrum des Bezirkes Q 1 ihre Waren und Dienste an.

Die **Hauptmoschee** der Stadt in der Duong Dong Du liegt in einer rechten Seitenstraße der Duong Dong Khoi. Sie wurde 1935 von einem reichen Spender finanziert und wird von allen Muslims der Stadt besucht, Indern, Cham, Vietnamesen und durchreisenden Malayen, Arabern u. a. Der hell, kühl und streng wirkende Bau mit vier kleinen Minaretten ist zu den täglichen Gebetszeiten geöffnet, aber nur zum Freitagsgebet finden sich etwa 50–60 Männer ein, an Festen kommen bis zu 200 Menschen zusammen. Von den 14 muslimischen Cham-Gemeinden in Ho Chi Minh-Stadt, insgesamt etwa 10 000 Menschen, besitzen acht eine eigene Moschee, die anderen haben aber auch Gebetsräume.

Das **Stadttheater (Nha Hat Thanh Pho)** wurde 1900 erbaut, während der amerikanischen Besatzung diente es als Parlament der Saigoner Regierung. Nach 1975 wurde es wieder Theater. Das abwechslungsreiche Programm reicht vom klassischen vietnamesischen Theater bis zu Beat- und Pop-Konzerten. Auf dem Platz vor dem Theater, mit der Vorderfront zum breiten Boulevard Le Loi, spielt sich der allabendliche Fahrrad- und Motorrad-Korso ab. Das **Hauptpostamt** liegt etwas zurückgebaut rechts der Duong Dong Khoi, auf der linken Seite ragt die **Kathedrale** empor, ein mächtiger Ziegelbau, von zwei 40 m hohen Türmen gekrönt. Sie wurde nach mehreren Baujahren 1883 in einem neo-romanischen Stil fertiggestellt und wird meist Notre Dame genannt. Zu Weihnachten findet um die Kathedrale der Weihnachtsmarkt statt, der allerdings mehr einem orientalischen Basar gleicht und dessen Devotionalien fast ausnahmslos eher bunt als schön sind.

Thong Nhat (die Konferenzhalle), auch Palast der Einheit genannt, liegt am Ende der Duong Dong Khoi. Sie nimmt die Stelle des Norodom-Palastes der französischen Gouverneure von 1868 ein. Während der Diem-Regierung 1962 wurde er von einem revoltierenden Fliegeroffizier schwer beschädigt. Präsident Diem rettete sich durch einen unterirdischen Tunnel in die Kirche Cha Tam. 1962–1966 wurde der Palast, und zwar in T-Form mit 100 Räumen (2000 m^2) auf sechs Etagen, davon zwei unterirdisch, aufgebaut. Am 30. April 1975 übergab der letzte Präsident, General Minh, an dieser Stelle die Stadt an die nordvietnamesischen Truppen. Die Nationale Konsultativkonferenz beschloß im Dezember 1975 in diesem Gebäude die Wiedervereinigung Vietnams ab dem Jahr 1976. Zerstörung und Aufbau haben nicht viel Sehenswertes hinterlassen. Interessant sind zwei Lackbilder: 1966 schuf der Maler Nguyen Van Minh ein aus 40 Teilen zusammengesetztes Bild, das die Überreichung der Beglaubigungsschreiben ausländischer Diplomaten im 15. Jh. zeigt. Aus dem gleichen Jahr stammt ein zweiteiliges Bild von Thu Ngon, das einmal den General Tran Hung Dao und zum anderen den Tempel der Literatur in Hanoi darstellt.

Zum **Zoologischen und Botanischen Garten** führt die 30. Thang 4, die Straße des 30. April, über die die nordvietnamesischen Truppen in den damaligen Sitz der südvietnamesischen Regierung einzogen. Am anderen Ende der Duong 30. Thang 4 liegt der große Garten. Der Zoologische und Botanische Garten, gleichzeitig ein Erholungspark, nimmt über 33 Hektar ein. Der Bau begann 1864, 1927 wurde ein künstlicher Kanal in das Gelände geleitet. Die Gärten beherbergen heute zahlreiche Tier-, Vogel- und Pflanzenarten. Im **Den Tho Hung Vuong,** innerhalb des Parkes rechts vom Eingang gelegen, werden die achtzehn Hung-Könige als Gründer der Nation verehrt.

Das **Historische Museum,** links vom Eingang, wurde 1929 erbaut und besitzt reiche Sammlungen aus allen Epochen der Geschichte, darunter Trommeln der Dong Son-Kultur, Funde aus Oc Eo, die der Fu Nan-Kultur zuzurechnen sind, eine hervorragende Sammlung von Keramiken und Cham-Plastiken, darunter den Bronzebuddha aus dem Kloster Dong Duong.

Am Theater beginnt der Boulevard Le Loi. An der rechten Seite liegt hinter der Grünanlage des Boulevards Nguyen Hue das französische **Rathaus.** Es wurde von 1801 bis 1808 in einem Stil gebaut, der heftig umstritten war. Zu dieser Zeit wurden französische Stimmen laut, die eine Anpassung der Kolonialbauten an den Stil der eroberten Länder verlangten. Davon ist allerdings bei dem etwas konfus wirkenden Bau noch nichts zu merken. Er wird heute vom Stadtkomitee, d. h. der Stadtverwaltung, benutzt.

Am Boulevard Le Loi liegt ebenfalls auf der rechten Seite der 1914 erbaute, größte der 32 Märkte der Dreistadt, **Cho Ben Thanh.** Die Markthallen sind überdacht von einer großen Kuppel, über dem Haupteingang erhebt sich ein viereckiger Glockenturm mit

Museen

Das **Museum der Schönen Künste (Bao Tang My Thuat),** Duong Pho Duc Chinh 97 A, zeigt einen Querschnitt der Kunst in Vietnam, von den Ausgrabungen der Fu Nan-Kultur in Oc Eo bis in die Gegenwart.

Das **Revolutionsmuseum (Vien Bao Tang Cach Mang)** befindet sich im Gia Long-Palast von 1886 in der Nähe der Konferenzhalle, Duong Nam Ky Khoi Nghia (Eingang von der Duong Ly Tu Trong). Die weitläufige Ausstellung reicht von der Kolonialepoche bis zum 2. Indochinakrieg. Unter dem Museum endet der Fluchtweg vom einstigen Präsidentenpalais (Konferenzhalle), der von Präsident Diem und seinem Bruder 1963 benutzt wurde.

Museum der Kriegsverbrechen

Das **Museum der Kriegsverbrechen** befindet sich im ehemaligen US-Informationsgebäude, Duong Le Qui Don, und beherbergt eine große Anzahl amerikanischen Kriegsgeräts.

Im **Militär-Museum,** Duong Nguyen Binh Khiem, in der Nähe des Zoologischen Gartens, ist vietnamesisches, aber auch russisches und chinesisches Militärgerät ausgestellt.

Das **Ho Chi Minh-Museum** wurde 1979 im ehemaligen Zollhaus von 1862, *Nha Rong* (Drachenhaus) genannt, Duong Nguyen Tat Thang, am Ufer des Saigon-Flusses, südlich der Mündung des Bach Ben Nghe eingerichtet. Es zeigt Erinnerungen an Ho Chi Minh, der von dieser Stelle aus 1911 in die Welt fuhr.

Das **Tran Duc Thanh-Museum** in der gleichnamigen Straße liegt am Nordende der Uferpromenade, in der Nähe des Denkmals des Tran Hung Dao. Tran Duc Than war der Nachfolger Ho Chi Minhs als Präsident Vietnams.

einer Uhr. Auch in den Straßen und auf den Plätzen rund um die Markthallen herrscht lebhaftes Treiben. Neben Lebensmitteln werden Kleidung, Schuhe, Gewürze, Zigaretten, Alkohol, Gebrauchsgegenstände, Ersatzteile, Medikamente, Plastikwaren u. v. a. angeboten.

Das Reiterdenkmal gegenüber vom Haupteingang zeigt Tran Nguyen Han aus der Königsfamilie der Tran, der im 13. Jh. erstmals Brieftauben für die Nachrichtenübermittlung benutzte. Das kleine Denkmal davor erinnert an die buddhistische Studentin Quach Thi Trang, die 1963 bei den buddhistischen Demonstrationen gegen die katholische, proamerikanische Diem-Regierung von der Polizei erschossen wurde.

Der einzige **Hindu-Tempel** in Ho Chi Minh-Stadt liegt östlich der Markthalle in der Duong Truong Dinh. Die indische Gemeinde, fast ausnahmslos Tamilen aus Südindien, zählt heute kaum noch 100 Mitglieder. Der Tempel wurde im 19. Jh. erbaut, seine buntbewegte Vielfalt an Göttern, Menschen und Tieren ist nicht zu überbieten. Die Vietnamesen und Chinesen nennen den Tempel *Chua Mari Amman.* Viele trauen der Göttin ungewöhnliche Kräfte zu und wenden sich um Hilfe an sie. Der Tempel war verstaatlicht. Der indischen Gemeinde zurückgegeben, wird nun der Fischgeruch der kleinen Betriebe, die sich darin angesiedelt hatten, langsam dem für indische Tempel typischen Jasminduft weichen.

Pagoden und Tempel

In Ho Chi Minh-Stadt gibt es Pagoden der vietnamesischen und der chinesischen Buddhisten. Bei letzteren steht jedoch häufig die Verehrung daoistischer Götter im Vordergrund. Die oft fälschlicherweise als chua bezeichneten Tempel sind Hoi Quan, Versammlungsstätten der chinesischen Gemeinden, die noch immer aus Nachfahren derselben Heimatprovinz in Südchina bestehen. Da die meisten Siedler entweder Fischer oder seefahrende Kaufleute waren, verehren sie die Meeresgöttin Thien Hau. Aber auch der chinesische General Ong Quan Cong, dessen Rotes Pferd den Reisenden Glück und Beistand bringen soll, ist in nahezu allen chinesischen Tempeln zu finden. Er war ein berühmter General des 3. Jhs. zur Zeit der Drei Reiche, um den sich zahlreiche Legenden gebildet haben. Die Hoi Quan verbinden den Versammlungs- und Speiseraum für die Ratssitzungen und Feste mit einem mieu, einer Gedenkstätte, seltener einem chua, in der auch Buddha oder die Quan Am verehrt werden. Auch die vietnamesischen Buddhisten in Ho Chi Minh-Stadt haben Versammlungsräume in ihren Pagoden. In den Vororten sind Wallfahrtszentren entstanden. Reiche Sekten haben in mehreren Stadtteilen Pagoden. Seit die Toten in Ho Chi Minh-Stadt verbrannt werden, bieten viele Pagoden Räume an, in denen die Urnen und auf Ahnenaltären auch die Bilder der Toten aufgestellt werden können.

Die hier getroffene Auswahl stellt Pagoden und Tempel unterschiedlicher Glaubensrichtungen vor. Sie sind über das gesamte Stadtgebiet verbreitet. Wegen ihrer Architektur

Im Hindu-Tempel Mari Amman

und Kunstschätze wären allerdings nur wenige erwähnenswert, obwohl sie Statuen und Sakralgerät aus edlem Material besitzen, die einen hohen materiellen Wert darstellen. Eine Ausnahme hiervon machen die zuerst genannten Pagoden.

Der **Chua Giac Lam** liegt etwas abseits im nordwestlichen Stadtteil Tan Binh, in der Duong Lac Long Quan 118. Er wird auch *Chua Ho Dat* (›Pagode der Erdgrube‹) genannt, weil viel Erde aufgeworfen werden mußte, um seinen Standort zu sichern. 1744 wurde er gegründet, 1804 und 1908 erneuert. Damit ist sie eine der ältesten und auch die schönste Pagode in der Dreistadt. Das Hauptgebäude, umgeben von einem Garten, mißt 65 x 22 Meter und besteht aus drei Teilen: dem Tempel, einem Gemeinschaftsraum und einem Speisesaal. Die flache Holzkonstruktion ist ungewöhnlich, verglichen mit anderen chua in Ho Chi Minh-Stadt. Der Hauptraum wirkt auch durch die drei schweren, geschnitzten Rahmen aus Edelholz (Bao Lam), die den Mittelteil des Schreins umgeben, sehr feierlich und konzentriert. Die Schnitzereien sind mit rotem Lack überzogen und vergoldet. Sie stellen die vier edlen Früchte und Pflanzen dar: Aprikose, Orchidee, Chrysantheme und Bambus sowie die vier heiligen Tiere: Drache, Schildkröte, Einhorn und Phönix. Der chua besitzt 153 holzgeschnitzte Statuen, davon mehr als 60 Buddhastatuen auf dem

Im Chua Phung Son Tu

Hauptaltar. Die Seiten nehmen die Diem Vuong, die Höllenkönige, und zwei übereinandergestellte Gruppen der Achtzehn La Han ein, von denen die unteren kleineren die älteren und wertvolleren sind. Eine Wächterfigur steht wie üblich im Nam Bo gegenüber dem Hauptaltar. Zwischen den Holzfiguren auf dem Altar befindet sich ein sitzender Sakyamuni-Buddha aus Bronze, wahrscheinlich die älteste Statue der Stadt. Das Buddhakind, umgeben von neun Drachen, wird im Delta sehr selten dargestellt. Die Statue aus schwarzem Messing ist die einzige dieser Art. Eine geschnitzte Holzstatue eines Di Lac (Maitreya-Buddha) im Versammlungsraum soll aus einer anderen Pagode stammen. Sie ist durch Holzwürmer stark beschädigt. Im Garten befinden sich einige Begräbnisstupas, auch die für den Gründer der Pagode.

Der Chua Giac Lam gehört zu einer Reihe von Pagoden, die eine ungewöhnlich große Anzahl von Festen begehen. Der 8. Tag des 4. Mondmonats, Buddhas Geburtstag, wird begangen; dazu der 15. Tag des 1., 7. und 10. Mondmonats. Das Hauptfest wird am 15. Tag des 4. Mondmonats gefeiert.

Der **Chua Giac Vien** liegt ebenfalls in der Duong Lac Long Quan, aber stadteinwärts und bereits im Bezirk Q 11, in der Nähe eines Lotossees. Er wurde im 18. Jh. von dem

Mönch Hai Tinh Giac Vien gegründet. Die Architektur entspricht der der Giac Lam-Pagode. Eine Statue des Gründers wird im zweiten Raum verehrt. Im Hauptraum steht – ebenfalls dem Hauptaltar gegenüber – die große Wächterfigur. An einem geschnitzten Wunschbaum mit 49 kleinen Buddhafiguren und 49 Öllämpchen hängen die Angehörigen Schwerkranker Wunschzettel, die um Genesung bitten, und opfern Öl für die Lampen. Besonders bemerkenswert ist der große, mit Drachen verzierte Bronzebehälter für Weihrauch.

Der **Chua Phung Son Tu,** auch Chua Go genannt, 1820 erbaut, gehört durch sein Pantheon zu den bedeutenden Pagoden in Ho Chi Minh-Stadt. Er liegt im Bezirk Q 11 in der Duong 3 Thang 2, nicht weit vom Boulevard Hung Vuong, auf einem kleinen Hügel. Diese Lage ließ vermuten, daß er auf einem Heiligtum der Fu Nan erbaut wurde. Im Jahre 1988 konnten sowjetische Archäologen die Annahme durch eine Probegrabung bestätigen. Die Pagode besitzt Statuen aus Bronze, Holz und Keramik, für den Nam Bo ein reiches Pantheon. Hinter dem Hauptaltar liegt ein Hof. In der Mitte eines Altars – umgeben von drei anderen Buddhastatuen – steht ein Bronzebuddha von auffälliger Harmonie und Schönheit. Die schlanke Gestalt ist umhüllt von einem gefälligen Faltenwurf.

Der **Chua Xa Loi,** Duong Ba Huyen Thanh Quan, wurde 1958 von der Südvietnamesischen Buddhistischen Assoziation mit Spenden von den 21 Provinzen im südlichen Viet-

Die Vinh Nghiem-Pagode

Im Chua Ngoc Hoang

nam fertiggestellt. Die Pagode besitzt einen Versammlungsraum, eine Bücherei, Aufenthalts- und Schlafräume für Mönche und einen Raum für die Urnen. Der siebenstöckige Glockenturm wurde von 1960–1961 gebaut, die Glocke in zwei Arbeitsgängen hergestellt. Der Tempel befindet sich in der zweiten Etage und besitzt eine Statue des Sakyamuni. An den Wänden hängen Gemälde, die die Lebensgeschichte Buddhas darstellen. Der **Chua An Quang** beherbergt das Verwaltungsbüro der Saigoner Buddhisten. In dieser Pagode war der Mönch Thich Quang Duc aus Hue zu Besuch, bevor er sich bei einem Demonstrationszug der Buddhisten an der Ecke Duong Cach Mang Thang Tam/ Nguyen Dinh Chieu verbrannte.

Der **Chua Ky Vien,** auch Ky Vien Tu genannt, liegt in Q 3 an der Ecke der Nguyen Dinh Chieu- und Ban Co-Straße. Er wurde 1952 erbaut und ist eine der ältesten Pagoden des Theravada-Buddhismus in Ho Chi Minh-Stadt. Im Haupttempel befindet sich ein Reliquien-Stupa, eine Sakyamuni-Statue und eine Parinirvana-Buddha-Statue. Die Pagode verfügt über einen Versammlungsraum sowie Räume für die Mönche.

Der **Chua Vinh Nghiem** (339 Nam Ky Khoi Nghia Straße, Q 3) wurde von 1964–1973 von geflüchteten Buddhisten aus dem Bac Bo mit einem siebenstöckigen Stupa für die Quan Am erbaut.

Der **Chua Dai Giac** liegt etwa 1,5 km vor dem Flughafen in der Duong Nguyen Van Troi. Er hat einen zehnstöckigen rosa Turm, und sein Buddha auf dem Hauptaltar ist von grünen und blauen Neonleuchten umgeben. Noch näher am Flughafen, auch in der Duong Nguyen Van Troi, befindet sich eine **Cham-Moschee,** deren Besuch lohnt.

Der Gedenktempel **Den Tran Hung Dao** für den General, der im 13. Jh. die Mongolen besiegte, liegt in einem Park an der Duong Dien Bien Phu im nördlichen Teil des Bezirkes Q 1, anstelle eines französischen Friedhofes. Der **Chua Ngoc Hoang** oder Chua Phuc Hai Tu ist ein Hoi Quan einer chinesischen Gemeinde aus Quangzhou (Kanton). Er liegt im nördlichen Teil (Da Cao) des Bezirkes Q 1 in der Duong Mai Luu. Interessant ist der rechte Teil des zweiteiligen Tempels, der ein großes daoistisches Pantheon aufzeigt und dem Jadekaiser gewidmet ist, der linke Teil ist als Pagode eingerichtet.

Jenseits des Bach Thi Nghe, in Q Binh Thanh, Duong Dinh Tien, befindet sich der **Den Le Van Duyet** für einen General, der unter Nguyen Anh, dem späteren König Gia Long, den Tay Son-Aufstand niederschlagen half und vom König zum Marschall gemacht wurde. Zu mächtig geworden, fiel er unter König Minh Mang in Ungnade und wurde erst unter dem dritten Nguyen-König rehabilitiert. Nach 1975 geriet er, als Gegner der Tay Son, in Vergessenheit. Sein Gedenktempel macht daher einen vernachlässigten Eindruck. Nur zum tet-Fest ist er Ziel vieler Besucher. Auf einem tet-Markt werden Zierfische und Vögel verkauft. Auch der Beweis der Mildtätigkeit kann erbracht werden, indem aus kleinen, engen Käfigen gekaufte Vögel freigelassen werden. In dem *den* werden ein Bild des Marschalls und Gegenstände aus seinem persönlichen Besitz aufbewahrt.

Von Saigon nach Cholon

Der Boulevard Tran Hung Dao, die Fortsetzung des Boulevard Le Loi, führt in das Zentrum von Cholon mit seinem Gewirr von Straßen der Handwerker und Händler. Die Chinesenstadt liegt in den Bezirken Q 5 und Q 6 und reicht im Süden bis an den Kanal Kinh Ben Nghe, an dem Fischer leben und ihre Fänge anlanden.

Die größte Markthalle in Cholon, **Cho Binh Tay,** ist umgeben von offenen Märkten. Gegenüber vom **Busbahnhof,** in der Duong Hoc Lac, erhebt sich die **Kirche Cha Tam,** in der Präsident Diem und sein Bruder 1963 Zuflucht fanden, bevor sie ermordet wurden.

An der **Duong Nguyen Trai** liegen verschiedenste Sakralbauten, die einen Eindruck von dem religiösen und kulturellen Leben Cholons bieten. Der **Hoi Quan Ba Thieu Hau** an der Ecke der Duong Trieu Quang Phuc wird häufig als Pagode bezeichnet. Er wurde 1847 von einer chinesischen Gemeinde aus Quangzhou (Kanton) erbaut und wird besonders zum Fest des Frühlings- und Herbstvollmondes besucht. Jederzeit sind aber Gläubige anzutreffen, die sich Wünsche auf Amulette schreiben lassen, beten oder Papiergeld für ihre Ahnen verbrennen. Sobald eine Spende gebracht wird, tönt die Bronzeglocke von 1830. Das große Weihrauchbecken aus Bronze stammt aus dem gleichen Jahr. Die großen

Weihrauchspiralen sind nur in wenigen chinesischen Pagoden zu finden, ihr Duft und Rauch erfüllt die Räume. Im Haupttempel hinter einem Hof wird die daoistische Meeresgöttin Thien Hau verehrt.

Der **Den Ong Quan Cong,** auch als Chua Nghia An Hoi Quan bekannt, liegt nur 300 Meter entfernt in der Duong Nguyen Trai 678. Er dient der Verehrung des chinesischen Generals Ong Quan Cong aus den Drei Reichen im 3. Jh. Der Wächter des Tempels ist Ong Bon, der einen Stock in der Hand trägt. Er ist der Geist des Glückes und der Tugend, an seinem Bart zu erkennen. Ong Quan Cong wird flankiert von dem General-Mandarin Chau Xuong und dem Zivil-Mandarin Quan Binh. Auch die Meeresgöttin Thien Hau hat ihren Platz auf dem Altar.

Die **Moschee** der Muslims von Cholon befindet sich ebenfalls in der Duong Nguyen Trai. Verglichen mit den Pagoden und Tempeln und ihrem reichen Pantheon wirkt sie schlicht und leer. In ihrem Hof dient ein Becken für die heiligen Waschungen. Von Muslims aus Südindien (Tamilen) 1932 erbaut, wird sie nun von Muslims aller Länder benutzt.

Der **Tempel Ha Chuong Hoi Quan** in der Duong Nguyen Trai 802 wurde von Chinesen aus Fukien errichtet. Sie verehren in dem Tempel Thien Hau Tanh Mau, die Meeresgöttin, die in Fukien geboren wurde. Ihr zu Ehren wurden vier Säulen mit gemalten Drachen aus Fukien gebracht.

Der **Chua Quan Am** in der Duong Lao Tu, bei der Duong Hung Vuong, ist tatsächlich eine Pagode, die 1816 ebenfalls von der Gemeinde aus Fukien erbaut wurde. Wenn sie auch nicht ganz auf daoistische Kulte verzichtet, ist sie doch in erster Linie der Quan Am, dem Bodhisattva Avalokitesvara gewidmet.

Das Denkmal am Treffpunkt einiger Straßen am Ende der Duong Tran Hung Dao stellt Phan Dinh Phung, einen Kämpfer gegen die Kolonialmacht, dar.

In fast allen Straßen sind Tempel für die daoistischen Genien – meist für die Meeresgöttin oder den General Ong Quan Cong – zu finden. In der Duong Hung Vuong und in der Duong Tran Hung Dao ist fast alle 100 Meter ein Tempel, chua, oder auch ab und zu ein dinh anzutreffen, sie beginnen aber schon in der Duong Xo Viet Nghe Tinh (Q 1). Interessant ist der **Dinh Minh Phung,** hinter einem Kino gelegen. Der Versammlungssaal des dinh dient auch als Kino. Im Hof steht ein großer chinesischer Ahnenaltar. Am 16. Tag des 1. Mondmonats findet das dinh-Fest mit einem Umzug durch die Straßen statt. Nicht weit entfernt befindet sich ein **Tempel für Ong Quan Cong,** in dem das Rote Pferd des Generals im Mittelpunkt des Kultes steht. Der Tempel wird von Gläubigen aufgesucht, die eine Reise antreten müssen. Nicht weit entfernt liegt der **Chua Hue Lam,** eine große, moderne Pagode, Zentrum einer Sekte, zu der der Chua Giac Lam und Chua Giac Vien und auch der Chua Tuyen Lam auf der anderen Seite der Straße gehören.

Außerhalb der Stadt, links und rechts der Autobahn, liegen eine Reihe großer Klöster und Pagoden verschiedener Sekten, darunter auch der 1965 erbaute **Chua Tinh Xa Trung Tam,** in der Duong Nguyen Trung Truc im Distrikt Binh Thanh. Vor 1975 war die Pagode Sitz

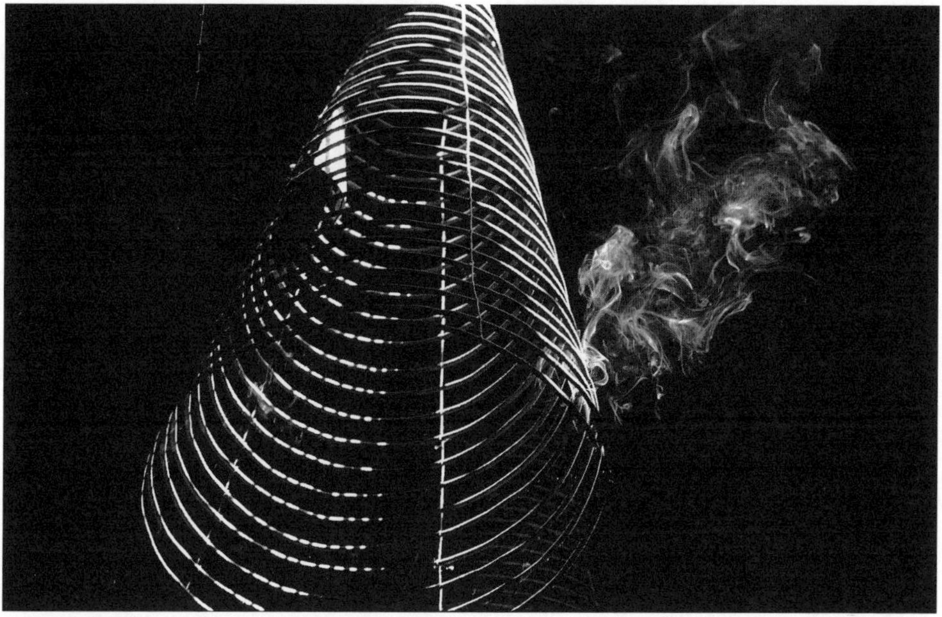

Weihrauchspirale im Hoi Quan Ba Thieu Hau

des Vietnamesischen Bettel-Ordens. Sie liegt in einem ruhigen Randgebiet der Stadt auf einem Areal von 5490 m^2. Im Hof steht eine 12 m hohe Buddhastatue.

Das **Keramikdorf Thu Dau Mot** ist über die sogenannte Korea-Straße zu erreichen. Im Dorf arbeiten Staats- und Familienbetriebe, vom Aschenbecher bis zum Wasserkrug wird jeder Artikel von Hand hergestellt. Auch die großen Krüge mit Deckel, in denen das Regenwasser gesammelt wird, da es im Delta nur wenige Brunnen gibt, und die etwas kleineren Krüge für die Fischsoße, sind handgeformt. Der gesamte Arbeitsprozeß, von der Mischung der verschiedenen Erden bis zu Glasur und Brand, lassen sich verfolgen. Die Krüge werden auf Fahrrädern, Ochsenkarren, Lastwagen und Kähnen in alle Winkel des Deltas gebracht.

Der **Dinh Phong Ong,** Distrikt Thu Duc, rechts der Nationalstraße 1, liegt etwa 15 km vom Stadtzentrum entfernt. Er ist weniger ein Gemeinschaftshaus der Männer als ein Tempel, zu dem Menschen aus Dörfern und aus der Stadt kommen. Als Schutzgeist wird der Gründer des Dorfes verehrt. Im Hof der großräumigen Anlage gibt es kleine Tempel für die daoistischen Mütter, die fünf Elemente sowie für lokale Götter. Weder in Architektur und Ausstattung noch im Verwendungszweck bestehen viele Gemeinsamkeiten mit den dinh im Rote-Fluß-Delta und im Trung Bo.

Das Fest des Schutzgeistes am 14. und 15. Tag des 11. Mondmonats zieht sehr viele Besucher an.

Cu Chi

Das unterirdische Tunnelsystem liegt 35 km nordwestlich von Ho Chi Minh-Stadt im Distrikt Cu Chi, zwischen dem Saigon- und dem Vam Co-Fluß. Im 1. Indochinakrieg hatte die Bevölkerung etwa 48 km lange Tunnel angelegt und führte von diesen aus den Guerillakrieg gegen die französischen Truppen. Im 2. Indochinakrieg wurde das Tunnelsystem auf 200 km ausgebaut, die meisten Gänge waren 0,6 m breit und 1,50 m hoch, es gab aber auch Arbeits- und Beratungsräume, Waffenlager, Ambulanzen und sogar Operationsräume. Angefangen hatte es mit kleinen Gruppen von 3–5 Mann, die sich 3 m tief eingruben und dann Verbindungen herstellten. In dieser ersten Phase entstanden einzelne Kampfstellen mit je 6 Kämpfern. Später wurden sie verbunden und im Abstand von 1–2 km Brunnen für Trinkwasser angelegt und Küchen, deren Rauch zerstäubt werden mußte, sollte er die Stellungen nicht verraten. Das Tunnelsystem befand sich 5–6 m unter der Erde, die Röhren lagen im Abstand von 10 m. An der Oberfläche war das Gelände von Minenfeldern und Bambusspitzen geschützt und bepflanzt.

Eine Bambusfalle in Cu Chi

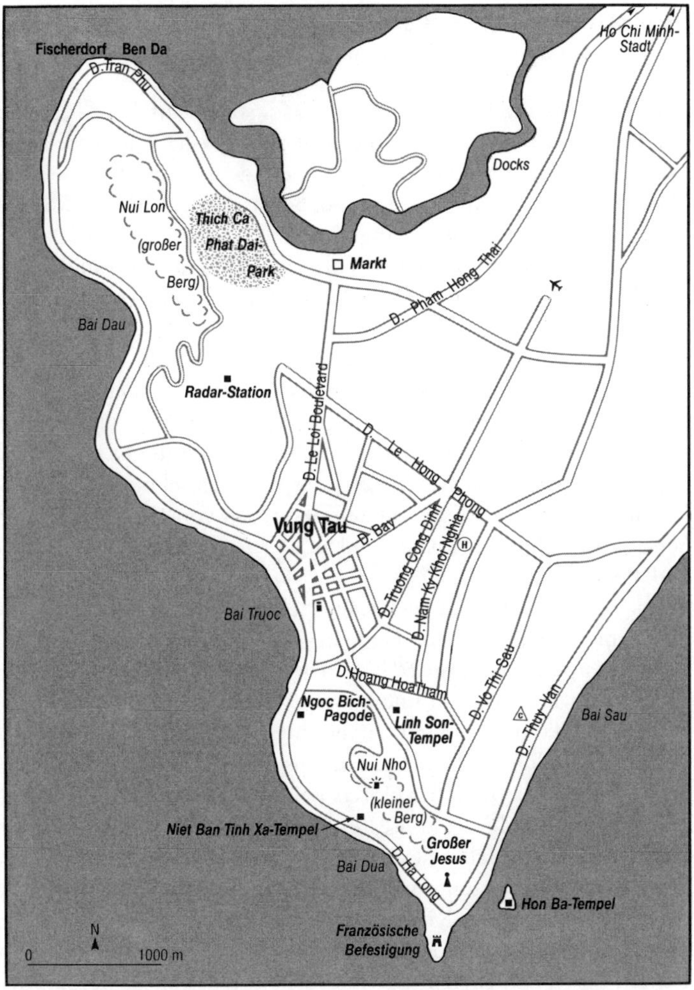

Vung Tau

1966 entdeckten die Amerikaner die Tunnel, belegten sie mit Bombenteppichen, streuten schnellwachsenden Grassamen aus und zündeten das Gras an und warfen Napalm und chemische Stoffe. Da die Amerikaner nicht in die engen Röhren einsteigen konnten, setzten sie Philippinos und deutsche Schäferhunde ein. Aber der Widerstand konnte nicht gebrochen werden. Auch die Dörfer, die die Kämpfer mit Nahrungsmitteln versorgten, wurden bombardiert.

Polnische Restaurateure haben die Röhren, die nicht ausgemauert oder zementiert waren, soweit abgesichert, daß ein Teil besucht werden kann.

Seebäder und Badestrände

Long Hai, Provinz Dong Hai, ist ein Badestrand auf dem Wege nach Vung Tau. An seinem schönen Sandstrand wurde ein Kulturzentrum der Minderheiten gebaut. In der Nähe der Küste, am Hügel Minh Dam, liegen einige Tempel. Von dem Dinh Co-Tempel für ein Mädchen berichtet die Legende, daß ein mutiges junges Mädchen, das einen Brief an König Quang Trung überbringen wollte, mit seinem Boot in den Wellen umkam.

Das **Seebad Vung Tau** liegt 125 km von Ho Chi Minh-Stadt entfernt, die Straße dorthin ist sehr gut. Die Halbinsel Vung Tau und die Gruppe von vierzehn Inseln **(Con Dao),** von den Franzosen *Poulo Condore* genannt, haben sich 1979 zu einer ›Speziellen Zone‹ zusammengeschlossen. Vung Tau (›Bucht der Schiffe‹) gehört zu den acht größten Seehäfen Vietnams und ist heute Sitz der Ölindustrie. Die Vietsopetro, ein vietnamesisch-sowjetisches Oil Joint Venture, begann 1981 mit den Bohrungen und wurde 1984 fündig.

Con Dao war 113 Jahre lang, bis 1975, von Franzosen und Amerikanern besetzt, die Hauptinsel diente als Gefängnis für vietnamesische Freiheitskämpfer. Die Inseln haben ein angenehmes Seeklima mit Temperaturen von 19,9° im Jahresdurchschnitt. Sie bestehen aus Stränden, Felsküsten und zu 84,4 % aus Hügeln und Wäldern mit seltenen Tieren und Pflanzen.

Das Seebad Vung Tau besitzt fünfzehn Kilometer Küste mit Sandstränden, Felsen, die steil zum Meer abfallen, und eine immergrüne Vegetation. Lufttemperaturen um 28° und Wassertemperaturen um 25° bieten ganzjährig Bademöglichkeiten. 1870 hatten die Franzosen Vung Tau entdeckt und bauten Villen und Hotels, darunter Bach Dinh, das Weiße Haus, die Villa des Generalgouverneurs. 1909–1910 wurde König Thanh Thai in diesem Haus festgehalten und dann auf die Insel Réunion deportiert. Während des 2. Indochinakrieges wuchs die Zahl der Hotels von 48 im Jahre 1971 auf 70 bis 1975. Vung Tau besitzt sieben Strände, die bekanntesten sind Thuy Van und Tam Duong.

In der zweiten Hälfte des 20. Jahrhunderts entstanden einige Pagoden, wie in Ho Chi Minh-Stadt von Sekten gegründet. Der **Chua Thich Ca Phat Dai** auf dem Nui Lon, dem Großen Berg, ist drei Kilometer vom Stadtzentrum entfernt und wurde 1963 fertiggestellt. Eine riesige Buddhastatue aus Beton, 6 m groß auf einem 4 m hohen Sockel, ist von weitem zu sehen, ebenso der Bao-Stupa. Die vier Urnen an den vier Ecken enthalten Erde von den heiligen buddhistischen Stätten Indiens.

Der **Chua Niet Ban Tinh Xa** (›Verweile hier, bevor du in das Nirvana eingehst‹) wurde 1974 am Hang des Nui Nho, des Kleinen Berges, zwei Kilometer vom Stadtzentrum entfernt gebaut. Der Thap Co ist ein 21 m hoher Fahnenturm in Form einer Lotosblüte. Der liegende Buddha im Haupttempel ist 12 m lang.

Das **Lang Ca Ong** in der Hoang Hoa Avenue in der Stadt wurde 1911 von Fischern gebaut, als Begräbnis- und Gedenkstätte für einen Wal, der ihnen hilfreich war. Im Tempel befinden sich außerdem drei Skelette von Walen, die 1968 angeschwemmt wurden. Das jährliche Fest findet am 16. Tag des 8. Mondmonats statt.

Reisen im Südlichen Delta

Die Erschließung und Besiedlung des Südlichen Deltas, einer damals brachliegenden alluvialen Ebene, vollzog sich im 17. Jh. Die Vietnamesen brachten ihre Götter und Genien, Schutzgeister und Helden mit, bauten ihnen chua, den, dinh und mieu und bauen sie weiter, bis in die Gegenwart. Neue Religionen kamen hinzu, Theravada-Buddhismus aus den Nachbarländern, Christentum und vereinzelt auch Islam. Im 20. Jh. entstanden große Sekten, Cao Dai, Hoa Hao u. a. (s. S. 116 ff.). Ihre Tempel und Kirchen sind groß, hoch, aus Beton, ›für die Ewigkeit‹ gebaut. Keines dieser Bauwerke ist älter als 300 Jahre, die meisten kaum 100 Jahre alt. Die Konfrontation unter der Diem-Regierung und während der Zeit, als Religion unerwünscht war, ist vorüber, die asiatische Toleranz zurückgekehrt. Die Religionsgemeinschaften haben viel Zulauf, ihre Tempel und Kirchen machen einen wohlhabenden Eindruck.

Eine Reise durch den Nam Bo, ob mit Auto oder Boot, führt durch eine einmalige Landschaft: 40 000 km^2 fruchtbares Bauernland, von Ho Chi Minh-Stadt bis zum Kap Ca Mau, zwischen Strömen, Flüssen und Kanälen. Nur im Nordwesten geht die Ebene in Hügelland über. Fast überall gedeiht Reis, durch Bewässerung lassen sich zwei bis drei Ernten einbringen. Zuckerrohr, Erdnüsse, Sojabohnen, Kokospalmen, Ananasplantagen, Bananenstauden, Orangen, Durian u. v. a. Früchte wachsen in allen Provinzen, auch Fischfang und Fischzucht, am Meer, an den Flüssen und Kanälen und der Fang von Schalentieren bedürfen keiner besonderen Erwähnung. Reisstroh kann nach der Ernte verkohlt und als Dünger verwendet werden, ist nicht, wie im Bac Bo, als Brennmaterial und Winterfutter erforderlich. Es gibt viele bäuerliche Familienbetriebe, Einzelhöfe und Weiler.

Über den *Cuu Long* (Neunköpfiger Drache), den Mekong mit seinen neun Mündungsarmen, gibt es keine Brücken, nur staatliche und private Personen- und Autofähren. Cuu Long wird auch das Mekong-Delta mit den neun Provinzen zwischen den Mekongarmen genannt, und die Provinz zwischen dem Tien Giang und dem Hau Giang heißt ebenfalls Cuu Long. Die Straßen sind besser als im Bac Bo und im Trung Bo. In vielen Gegenden sind dagegen die Wasserwege vorzuziehen, oft stehen auch keine anderen Verkehrswege zur Verfügung. Die Straßen wirken streckenweise ermüdend, führen über lange Distanzen geradeaus. Das Land im Reetgras, die Vogel- und Tierparadiese sind nicht spektaku-

Bei Vinh Long, Mekong-Delta

Strecke I:	Ho Chi Minh-Stadt – My Tho (85 km; 1-Tages-Tour)
1. Verlängerung:	My Tho – Cao Lanh (Reetgrasebene; 2–3 Tage; 85 km)
2. Verlängerung:	My Tho-Vinh Long – Tra Vinh – Ba Dong (Badestrand; 2–3 Tage)
Strecke II:	Ho Chi Minh-Stadt – Vinh Long – Can Tho – Long Xuyen – Chau Doc (290 km; mehrere Tage)
1. Verlängerung:	Can Tho – Phung Hiep – Soc Trung – Bac Lieu – Ca Mau (201 km; mehrere Tage)
2. Verlängerung:	Can Tho – Thot Nhot – Rach Gia – Ha Tien (ca. 200 km)
3. Verlängerung:	Long Xuyen – Oc Eo (½ Tag)
1. Umweg:	Long Xuyen – Phu Tan – Chau Doc (40 km)
2. Umweg:	Long Xuyen – Tri Ton – Ba Chuc – Chau Doc
Strecke III:	Ho Chi Minh-Stadt – Tay Ninh (100 km)

lär. Es sind einsame Landschaften von stiller Schönheit, in denen der Reisende auf Komfort verzichten muß, der an den Stränden gelegentlich schon anzutreffen ist.

Die nachfolgenden Streckenbeschreibungen können nur Hinweise und Anregungen bieten. Sie führen in reizvolle Landschaften, zu Wallfahrtsorten, nicht aber zu Stätten der Kunst. Die beschriebenen Standardstrecken lassen sich erweitern und verlängern. Wer lange Entfernungen nicht scheut, Zeit zur Verfügung hat und mehr Natur als Kultur sucht, reist im Südlichen Delta leichter als im übrigen Land.

Ho Chi Minh-Stadt – My Tho

Der schnellste und kürzeste Weg, das Delta zu erleben und mit dem Boot auf dem Mekong zu fahren, führt über die Straße 4, die ›Reisstraße‹, nach My Tho. Die Wasserstraßen, die dabei überquert werden, sind Mündungsarme des Song Vam, Co Dong oder Kanäle.

Provinz Long An

Die Provinz mit der Hauptstadt Tan An ist die erste der neun Deltaprovinzen. Im Norden reicht sie bis in das Hügelland, die übrigen Gebiete liegen nur ein bis zwei Meter über dem Meeresspiegel. Sie ist bekannt durch ihre Zuckerfabrik und Keramikherstellung.

In **Tan An,** an der rechten Straßenseite, liegt ein **Tempel der Cao Dai,** auf der linken Seite das **Provinzmuseum,** das aus neueren Grabungen sehr schöne Exponate der Fu Nan-Kultur, darunter einen Goldschatz, besitzt. Das Museum hat keine regelmäßigen Öffnungszeiten, es empfiehlt sich eine Voranmeldung bei Saigon-Tourist.

Provinz Tien Giang

Sie ist die zweite Deltaprovinz mit der Hauptstadt My Tho. Die ersten Siedler im 17. Jh. waren Chinesen, die vor der regierenden Qing-Dynastie fliehen mußten, weil sie die gestürzte Ming-Dynastie unterstützt hatten. Die Chinesenstadt liegt hinter der Thu Khoa Huan-Brücke, sie besitzt mehrere Hoi Quan.

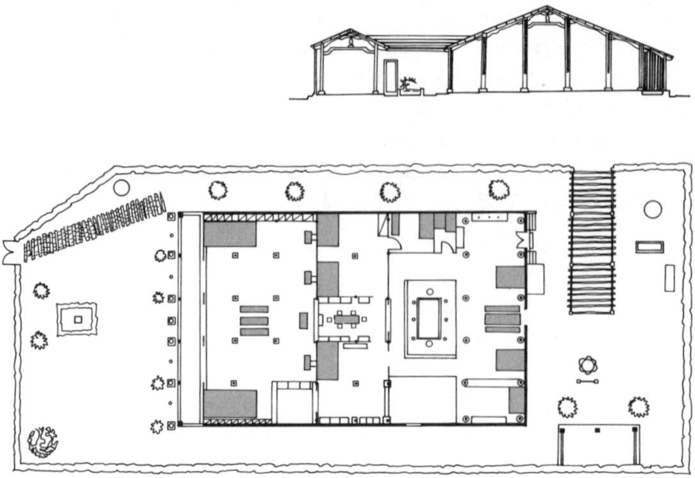

Haus und Gründstück im Mekong-Delta in der Nähe von Ho Chi Minh-Stadt

Die Zitadelle von **My Tho,** von der nichts erhalten blieb, war während des Tay Son-Aufstandes umkämpft, die Stadt wurde auch während des 2. Indochinakrieges Schauplatz blutiger Kämpfe. Die erste Eisenbahn in Indochina – längst außer Betrieb – führte von Saigon nach My Tho. Von hier sind Saigon und Phnom Penh in Kambodscha auf Wasserstraßen zu erreichen. Bis zur Grenze sind es 130 km, bis Phnom Penh 170 km und 35 km bis zum Meer.

Es blieben wenig alte Bauten erhalten. Das Leben in der Stadt wird von ihrer Lage am Fluß bestimmt. Der Marktplatz an der Duong Trung Trac nimmt ein ganzes Stadtviertel ein. Der **Chua Vinh Trang** stammt von 1849 und ist die älteste Pagode im Delta. Er liegt außerhalb der Stadt und ist von einer Mauer umgeben. Seine Bauweise, um einen Hof gelegen, entspricht einem chinesischen Haus.

Eine Fahrt auf dem Mekongarm Tien Giang läßt dessen wahre Breite nicht ahnen, da sie an vier Inseln vorüberführt, hinter denen der Fluß noch einmal so breit ist. Auf der **Tan Vinh,** der Phönixinsel, leben die letzten Anhänger der Dao Dua-Sekte (s. S. 119). Es gibt noch eine Dracheninsel, **Tan Long,** und eine Schildkröteninsel, **Tan Cat.** Auf der vierten, **Tan Thoi** (Löweninsel), lohnt ein Besuch. Sie ist 9 km lang und 1 km breit. Zu den fünf Weilern führen ›Affenbrücken‹, Holz- oder Bambusstege (s. S. 178) über die Bewässerungskanäle. Die fünf Weiler gehören zu einem Dorf, in dem 408 Familien, etwa 5 000 Menschen, leben, die Obst und Gemüse in Familienbetrieben anbauen und auch Hühner, Schweine und Rinder züchten. Auf der Insel gibt es eine Pagode, zwei Schulen, einen Arzt und ein kleines Hospital.

My Tho – Cao Lanh (1. Verlängerung)

Provinz Dong Thap

Die häufig überschwemmte Provinz liegt beiderseits des Tien Giang. Um den fruchtbaren Boden zu nutzen, wurde eine Reissorte (der Schwimmende Reis) auf sehr langen Halmen gezüchtet. Links des Flusses liegt die Reetgrasebene, in der auch Zuckerrohr, Reis und Obst angebaut wird. Die Bauern bringen ihre Erzeugnisse auf Booten zu den Märkten.

Die Bezirksstadt **Cao Lanh** auf der linken Seite des Tien Giang ist Ausgangspunkt für die Fahrt in das Grasland. Die Boote gleiten durch Kanäle zu den Seen und Lotosteichen. Nur Ortskundige finden den Weg durch diese stille, in sich geschlossene Welt, in der Wassertiere und Vögel leben. Der Thap Muoi, ein 42 m hoher, 10stöckiger Turm, existiert nicht mehr, er blieb als Aeranamen im Grasland und auch auf Landkarten erhalten.

Übersichtskarte Vietnam von Ho Chi Minh-Stadt bis Kap Ca Mau

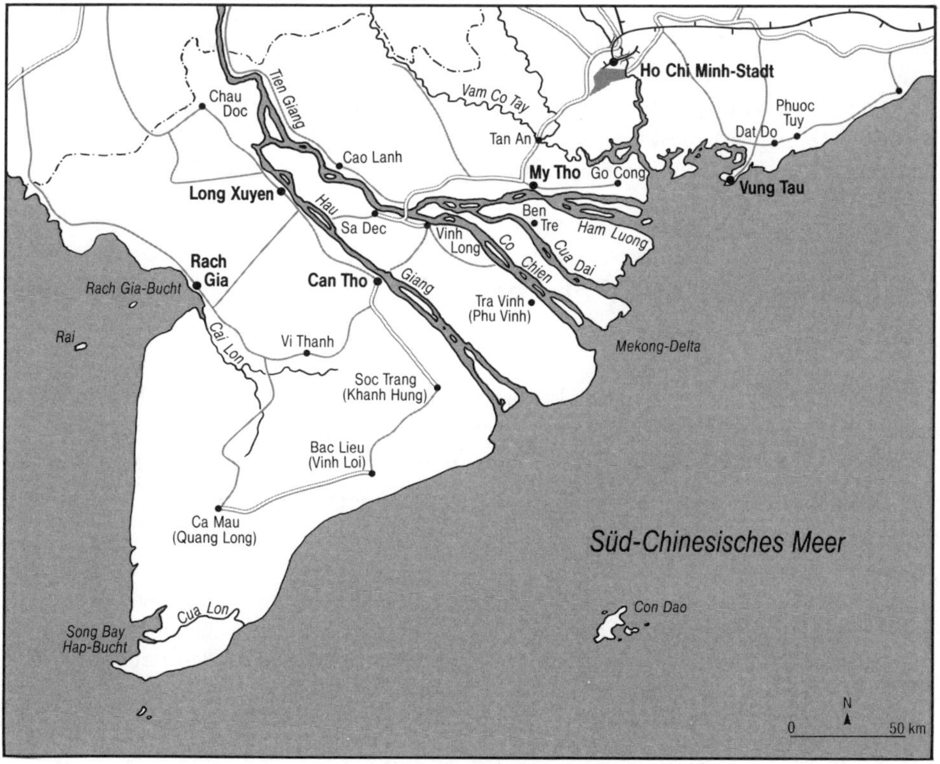

My Tho – Vinh Long (2. Verlängerung)

Provinz Cuu Long

Die Provinz ist völlig eben, sie liegt etwa 2 m ü. M. Ihr nördlicher Teil eignet sich für Reisanbau, im Süden gedeihen Gemüse, Obst, Zuckerrohr und Kokospalmen. Außer Vietnamesen leben 300 000 Khmer in der Provinz, die meisten in Tra Vinh und Umgebung. Sie gehen zurück auf die wenigen Siedler noch vor der Ankunft der Vietnamesen. Kanäle durchqueren das Bauernland. Das Klima ist feucht und warm, mit einer Durchschnittstemperatur von 26,6°. Die Regenzeit dauert von Mai bis Oktober.

Vor My Tho biegt die ›Reisstraße‹ Richtung **Vinh Long** ab. Sie führt über My Thuan, hinter einem Markt setzt eine Personen- und Autofähre über den Tien Giang nach Vinh Long über. Vinh Long, die Hauptstadt der Provinz, ist Ausgangspunkt für Bootsfahrten auf dem Fluß und in die Kanäle. Das bunte Leben auf dem Wasser, die Sampans, die Waren in abgelegene Dörfer transportieren, lassen sich hier besser beobachten als in My Tho. Die **Inseln An Binh** und **Binh Hoa Phuoc** sind in einer Stunde mit dem Boot zu erreichen. Auf ihnen werden viele Obstsorten angebaut. Ebenso ist Vinh Long Ausgangspunkt für Ausflüge nach **Tra Vinh** (80 km) zu den Khmer, die ihre Traditionen und alte Pagoden bewahrt haben. Der **Badestrand Ba Dong** an der Mündung des Hau Giang soll touristisch erschlossen werden. Von hier aus ist eine Schiffslinie zur Insel Con Dao geplant (s. S. 480).

Ho Chi Minh-Stadt – Vinh Long – Can Tho – Long Xuyen – Chau Doc

Die Anfahrt bis Vinh Long wurde bereits beschrieben. Von hier führt die Straße weiter nach Binh Minh (Morgendämmerung) am 2. Mekongarm, dem Hau Giang, und zur Personen- und Autofähre nach Can Tho, Provinz Hau Giang.

Provinz Hau Giang

Die Provinz mit der Hauptstadt Can Tho wird von Vietnamesen, Khmer und Hoa bewohnt. Sie trägt den Namen des Mekong-Armes, der sie bewässert und mit fruchtbarem Schlamm versorgt. Dörfer und Städte liegen an den Treffpunkten der Wasserstraßen. Hau Giang ist der größte Reisproduzent im Delta, darüber hinaus wird Obstbau und Viehzucht betrieben. Die Provinz besitzt ein Zementwerk, eine Schiffswerft und ein Kraftwerk in Tra Noc.

Buddhistischer Mönch bei Chau Doc

Can Tho gilt als die Hauptstadt des westlichen Nam Bo. Sie ist Sammelplatz für Reis und hat einen neuen Flußhafen, Ninh Kieu, in den Schiffe bis 5 000 BRT einlaufen können. Die Stadt besitzt eine Universität mit Fakultäten für Agrartechnik, Pädagogik und Medizin.

Rechts der Hauptstraße liegt der 1852 erbaute und häufig restaurierte **Dinh Long Tuyen,** auch Dinh Tan genannt. Verehrt wird Cong Chanh, ein Mandarin der Nguyen-Dynastie. Im hinteren Raum steht eine Gedenktafel für den König Tu Duc. Im Hofe rechts befindet sich der Mieu Than Mong für den Reisgott, links ein mieu für den Berggeist Son Quan. Das dinh-Fest findet vom 12.–14. Tag des 4. Mondmonats und am 14. Tag des 12. Mondmonats statt, zu Beginn und am Ende der Reisernte.

Die etwa 2 500 Khmer in der Stadt haben in der Duong Hoa Binh eine Pagode des Theravada-Buddhismus.

Can Tho – Phung Hiep – Soc Trang – Bac Lieu – Ca Mau (1. Verlängerung)

Der Schwimmende Markt von **Phung Hiep,** etwa 30 km von Can Tho entfernt, liegt an einer Stelle, wo viele Wasserstraßen zusammentreffen. Besonders malerisch ist das **Dorf Long Thanh.**

Bei **Soc Trang,** 65 km von Can Tho entfernt, leben viele Khmer, die ihre Traditionen bewahren konnten und dem Theravada-Buddhismus anhängen. Bei ihren Pagodenfesten am 14. Tag des 10. Mondmonats finden Bootswettkämpfe statt, an denen alte, geschnitzte Ruderboote teilnehmen, die bis zu 20 m lang sind.

Bac Lieu, 117 km von Can Tho, liegt nur 10 km vom Meer entfernt. Sieben Kilometer außerhalb der Stadt beginnen Mangrovendickichte, in denen elf Vogelarten nisten.

Provinz Minh Hai

Die Hauptstadt der südlichsten Provinz Vietnams ist Bac Lieu. Minh Hai liegt außerhalb des Mekong-Deltas und wird von verschiedenen Flüssen bewässert, die insgesamt eine Länge von 300 km besitzen. Auf der Halbinsel mit dem Kap Ca Mau, dem südlichsten Punkt Vietnams, ist ein Vogel- und Tierparadies.

Die Mangrovenwälder der Provinz Minh Hai und der nördlich gelegenen Provinz Kien Giang sind mit 150 000 Hektar die größten nach denen des Amazonasgebietes. Sie haben im 2. Indochinakrieg starke Schäden durch chemische Vernichtungsmittel erlitten und beginnen sich erst langsam zu erholen.

Die Stadt **Ca Mau,** 201 km von Can Tho entfernt, ist Ausgangspunkt für den Besuch der Tierreservate. An der Südspitze Vietnams liegen die Vogelparadiese um **Ngoc Hien.** Das **Tan Khanh-Reservat** mit Bären, Affen, Pythonschlangen u. a. bei **Dam Doi** erstreckt sich über 130 Hektar. Auch nördlich von Ca Mau, im Gebiet von **U Minh** leben Tiere geschützt in Reservaten.

Can Tho – Thot Nhot – Rach Gia – Ha Tien (2. Verlängerung)

Provinz Kien Giang

Die Provinz mit der Hauptstadt Rach Gia ist von Thot Not, auf dem Wege von Can Tho nach Long Xuyen, zu erreichen. Sie grenzt im Westen an den Golf von Thailand. Bewohnt wird sie von Vietnamesen, Khmer und Hoa. Der Distrikt Ha Tien spielte in der Geschichte des Deltas eine bedeutende Rolle. Bekannt ist die Provinz für Fischsoße, Pfeffer und Schildpatt.

Die Hauptstadt **Rach Gia** (*Rach* bedeutet Kanal) liegt zwischen zwei Armen des Cai Lon-Kanals, über den Brücken führen. In der Stadt gibt es Tempel verschiedener Religionen:

Chau Doc

Der **Chua Phat Lon,** eine kambodschanische Pagode des Theravada-Buddhismus aus dem 18. Jh., ist der älteste. Sie wird auch von vietnamesischen Buddhisten besucht. Der **Chua Tam Bao** soll aus dem Anfang des 19. Jhs. stammen, der **Chua Pho Minh** ist dagegen 1967 im Thai-Stil erbaut. Eine benachbarte Thai-Gemeinde stiftete 1971 die große Buddha-Figur. Der **Hoi Quan Ong Bac De** im Stadtzentrum wurde von den seit Beginn der Besiedlung ansässigen Chinesen errichtet, die hier den Jadekaiser verehren. Der **Den Nguyen Trung Truc** wurde für den Widerstandskämpfer gegen die Franzosen errichtet, der ihnen einen verzweifelten Kampf leistete, bis er 1868 auf dem Marktplatz hingerichtet wurde. Die erste, bescheidene Gedenkstätte wurde öfter erweitert und 1970 in der heutigen Form erbaut.

Außerdem gibt es einen kleinen Cao Dai-Tempel von 1969, die katholische Kirche von 1918, die etwas außerhalb der Stadt liegt, und die protestantische Kirche von 1972.

Auch die Ausgrabungen in Oc Eo sind von Rach Gia aus zu erreichen.

Ha Tien, 90 km von Rach Gia entfernt, an der Spitze einer Halbinsel, bietet ein vielfältiges Landschaftsbild. Felsen ragen vor der Küste auf. An die Strände von Ha Tien kommen die großen Wasserschildkröten. Dong Ho, der Ostsee, liegt zwischen den Bergzügen Ngo Ho und To Chau.

Die **Insel Phu Quoc** ist mit 568 km^2 Vietnams größte Insel. Zu dem Archipel gehören insgesamt 16 Inseln, deren Sand sich für die Glasherstellung eignet, auf denen aber auch Kaolinerden, Kupfer und Eisen gefunden wurden. Im ganzen Land ist Phu Quoc durch seine Fischsoße bekannt, mit der bei Kennern – und das sind alle Vietnamesen – nur noch die *nuoc mam* von Phan Thiet konkurrieren kann. Auch Pfeffer von Phu Quoc erfreut sich großer Beliebtheit.

Provinz An Giang

Die Provinz mit der Hauptstadt Long Xuyen wird von Vietnamesen, Khmer, Cham und Hoa bewohnt und grenzt an Kambodscha. Der Mekong versorgt die Felder mit alluvialen Ablagerungen. Im nördlichen Teil wird Ackerbau, im Süden Viehzucht betrieben. An Giang ist bekannt als Krabbenexporteur. In Tan Chau wird Seide hergestellt und aus Steinbrüchen Baumaterial gewonnen.

Long Xuyen – Oc Eo (3. Verlängerung)

Von Long Xuyen sind es etwa 30 km bis Oc Eo. In den 40er Jahren haben französische Wissenschaftler am Nui Sap, einem Bergkegel, der aus den Reisfeldern aufragt, eine Stadt ausgegraben, die aus den Anfängen der Zeitrechnung stammt. Sie gaben der Kultur den Namen des Fundortes Oc Eo, inzwischen scheint es sicher, daß es sich um einen Hafen des Reiches Fu Nan handelt (s. S. 255 ff.). Die Grabungsstellen sind verlassen, die Funde in Museen ausgestellt, darunter im Historischen Museum in Ho Chi Minh-Stadt.

Von Long Xuyen in das Dorf Nui Sap führt eine schmale Straße. Hinter der Brücke nach rechts beginnt über 10 km ein Sandweg bis zu einer Bootsanlegestelle auf der linken Straßenseite. Auf dem Kanal gelangt man in die Nähe der Ausgrabungen. Sollte sich kein Boot finden lassen, führt hinter dem Dorf Oc Eo ein Pfad über die Dämme zwischen den Reisfeldern zu demselben Kanal, über den man übersetzen muß. Auf der anderen Seite kommt man durch die Reisfelder – als Wegweiser der Berg Sap – zu den Grabungsstellen. Auskunft gibt das *So van hoa Thong tin Tinh An Giang*, das Amt für Kultur und Information der Provinz An Giang in Long Xuyen. Es ist auch behilflich bei einem Besuch des Provinzmuseums. Im Raum 2 sind Exponate aus Oc Eo zu besichtigen (Öffnungszeiten: Dienstag 18–20 Uhr, Donnerstag und Sonntag 8–10 und 18–20 Uhr).

1. Umweg: Long Xuyen – Phu Tam – Chau Doc (40 km)

Phu Tam ist das Heimatdorf des Gründers der Hoa Hao-Sekte, Huynh Phu So. In der Umgebung gehören viele Ortschaften zu dieser Sekte. Ihre Tempel ähneln denen der Cao Dai, es fehlt aber das Dreieck mit Auge über dem Portal. Die Hoa Hao leben heute sehr zurückgezogen, manche Männer tragen noch einen Haarknoten und Bart, das Zeichen der Sektenzugehörigkeit. Von Phu Tam führt eine Straße nach Cham Chau Giang, von dort aus setzen Boote nach Chau Doc über.

2. Umweg: Long Xuyen – Tri Ton – Ba Chuc – Chau Doc

Während des Pol Pot-Regimes in Kambodscha flüchteten Tausende über die Grenze, verfolgt von den Soldaten Pol Pots. 1978 hatten sich Khmer in die Pagoden von Ba Chuc geflüchtet und wurden dort umgebracht. Ein Ossarium bewahrt die Knochen von etwa 3 000 Getöteten. Heute gibt es viele Khmer-Siedlungen in diesem Gebiet. Von Ba Chuc führt eine Nebenstraße nach Chau Doc.

Long Xuyen – Chau Doc (62 km)

Chau Doc, der Endpunkt dieser Fahrt, liegt 290 km von Ho Chi Minh-Stadt entfernt, nahe der kambodschanischen Grenze. Die Stadt am Mekongarm Hau Giang besitzt einen langgestreckten Markt am Flußufer. Der Schutzgeist des ebenfalls am Flußufer gelegenen **Dinh Chau Phu** ist Nguyen Huu Canh, ein Verwandter des Dichters und Strategen Nguyen Trai aus dem 15. Jh.

In **Cham Chau Giang,** jenseits des Flusses, leben mehrere Cham-Gemeinden. Sie haben ihre Sprache und viele Traditionen bewahrt und betreiben Weberei. Als Muslims haben sie eine Moschee, die sie aber chua nennen. Boote setzen über den Fluß zu den Cham. Der **Nui Sam,** ›Berg Königskrabbe‹, ein aus der Ebene aufragender Bergkegel, ist 5 km von Chau Doc entfernt. Die Fahrt führt an Siedlungen an einem Kanal vorüber. Am Fuße des Berges liegt ein Wallfahrtszentrum, in dem Tempel verschiedener Religionen anzutreffen sind.

Im **Mieu Xu Thanh,** auch Ba Chua Xu genannt, wird ein Stein verehrt, der bemalt und mit kostbaren Gewändern bekleidet die Statue einer Frau darstellt. Er soll seit dem 4. oder 5. Jh. bekannt sein. 1821 wurde er in einer einfachen Gedenkstätte mit einem Dach aus Palmblättern untergebracht. Der heutige Tempel, ein eher pompöser Bau, stammt von 1972–1973, nachdem der Nui Sam zu einer Pilgerstätte geworden war. Die Gläubigen bringen der Ba Xu immer mehr kostbare Gewänder, die in Nebenräumen gestapelt werden. Im Hof ist ein kleiner Tempel für den lokalen Gott des Bodens, Ong Dat, errichtet. Zum Tempelfest der lokalen Muttergöttin Ba Xu am 23. Tag des 4. Mondmonats kommen Tausende aus dem ganzen Delta.

Auf der gegenüberliegenden Straßenseite befindet sich der **Den Thoai Ngoc Hau** für einen Mandarin aus der Regierungszeit des Königs Minh Mang (1820–1840), der mit der Erschließung dieser Gegend beauftragt worden war. Vor dem Gedenktempel liegen die Gräber des Mandarins und seiner beiden Frauen.

Neben dem **Chua Tang** aus dem Jahre 1847, in chinesischem Stil erbaut, befindet sich auch eine christliche Kirche.

Lohnender ist der Besuch des **Chua Phuc Dien Tu,** auch Chua Hang genannt, auf der anderen Seite des Nui Sam. Von ihm wird berichtet, daß die Stifterin, Le Thi Tho, hierher kam, um zu meditieren. Sie traf zwei Schlangen, weiß die eine, grün die andere, und brachte sie dazu, fortan niemandem Böses zu tun. Dann ließ sie – vor etwa 50 Jahren – die Pagode in die obere Höhle bauen, mit Statuen Buddhas und der Quan Am. Als sie starb, verschwanden die beiden Schlangen.

Ho Chi Minh-Stadt – (Kambodscha) – Tay Ninh (Tempel Cao Dai)

Die Straße 22 führt direkt nach Tay Ninh. In Go Dau zweigt die Straße nach Phnom Penh in Kambodscha ab. Die Fahrtzeit Ho Chi Minh-Stadt–Phnom Penh (300 km) beträgt 6–7 Stunden. Der Landweg ist seit kurzer Zeit geöffnet.

Der **Tempel Cao Dai,** etwa 3 km vor der Provinzstadt Tay Ninh an einem See, ist Wallfahrtszentrum, Haupttempel und Sitz der Cao Dai. Die Anlage entspricht dem Reichtum der Sekte, über die keine zuverlässigen Mitgliederzahlen zu erhalten sind, es dürften mehr als 2 Millionen sein. Von den Büros, Parkplätzen und Raststätten zielt die Anlage auf das Hauptheiligtum hin. Der sehr hohe, eckig wirkende Bau widerspricht dem Stilempfinden der Vietnamesen, das nach runden, harmonischen Formen strebt. Die riesige Halle wirkt sehr farbig, unruhig und pompös. Der Synkretismus der Sekte zeigt sich in Symbolen, die aus allen bedeutenden Religionen übernommen wurden. Die Zeremonien entsprechen denen der Katholischen Kirche, von der auch die Ränge der Priesterschaft übernommen wurden (s. S. 116 ff.).

Ziegelei im Mekong-Delta

Provinz Tay Ninh

Die Provinz mit der Hauptstadt Tay Ninh baut als wichtigste Produkte Zuckerrohr und Gummibäume an, ist aber auch wegen ihrer Wassermelonen bekannt. Am Song Vam Co können auf bewässertem Land jährlich drei Ernten eingebracht werden. 36,6 % des höher gelegenen Landes ist mit Wald bedeckt. Die Vietnamesen stellen 97 % der Bevölkerung, der Rest sind Cham und Khmer. Im 2. Indochinakrieg fanden blutige Kämpfe statt, die Provinz war eine Ausgangsbasis der Südvietnamesischen Nationalen Befreiungsfront.

Der einsame, 986 m hohe *Schwarze Berg – Ba Den,* ein längst erloschener, perfekter Vulkankegel, liegt nicht weit von Tay Ninh entfernt. Er hat mehrere Namen, *Van Son* und auch *Nui Mot* (›der Einzelne Berg‹). Die Legende berichtet von Thien Huong, einem schönen Mädchen, das den Sohn eines Mandarins heiraten sollte, während sein Liebster im Kriege war. Es floh auf den Berg und starb. Nun wird es verehrt als Ba Den (›Schwarze Dame‹) und Berg und Tempel tragen ebenfalls den Namen Ba Den. Der **Chua Ba Den** liegt etwa 300 m hoch. Zu dem Tempelfest nach Jahresbeginn kommen Besucher von weit her. Der Berg trägt auch den Namen Nui Chieng (›Berg des Trommelklanges‹), weil die Leute aus der Umgebung manchmal Trommelwirbel zu hören glauben.

Erklärung historischer und kunsthistorischer Fachbegriffe (Glossar)

Die Profan- und Sakralbauten

Profanbauten

nha	Haus
hanh cung	Rastplatz des Königs auf Reisen
dinh thu	Residenz des Mandarins in Provinzstädten
diem	Schutzhütten, Rastplätze für Reisende und Bauern auf Feldern, am Dorfrand, am Wege. Haus der Wachtposten des Dorfes
quan	Ein diem mit einer Teestube
quan, nha quan	Nach drei Seiten offener Versammlungsplatz der Trauergäste, wo der Sarg auf dem Wege vom Trauerhaus zum Grab abgestellt wird
quan, van thu	Wohnstätten und Versammlungsräume der daoistischen Gelehrten
mo, ma	Grab
lang tam	Königsgrab
thanh	Festung, Zitadelle
cho	Markt
cau/cau da/cau go	Brücke/Steinbrücke/Holzbrücke
hoi quan	Gemeindehaus der Chinesen, meist in Verbindung mit den oder chua der Gemeinde
tuong thanh	Mauer, Wall
cua	Tor, auch Flußmündung
mon	Chinesisch, für Zitadellen-Tor
bia, bia da	Stele, Steinstele
van bia	Inschrift der Stele

Sakralbauten

nam giao	Himmelsaltar, an dem der König die Opfer für Himmel und Erde bringt
van mieu	Tempel der Literatur zur Konfuziusverehrung
dinh	Versammlungshaus der Männer mit Schutzgeisttempel
nghe	Schutzgeisttempel
hau cung	Schutzgeisttempel im dinh
chua	Pagode, Bezeichnung für die buddhistische Tempelanlage, den Tempel, das Kloster
tu	Die chinesische Bezeichnung für eine Pagode
thap	Turm (Stupa, Pagode), auch Begräbnisstupa der Mönche, Turmheiligtümer der Cham
tang, phong	Tempel aus Holz oder Kloster (nur im Trung Bo)
den	Tempel für vergöttlichte Helden, Heldinnen und Ahnen (than und thanh)
dien, tinh	Kleiner daoistischer Tempel, dien besonders für die daoistischen Mütter
mieu, am	Kleine Gedenktempel für Dorf- und Klan-Gründer auf lokaler Ebene, am auch für ein kleines buddhistisches Heiligtum an entfernten Plätzen. Kleine Tempel für die herumirrenden Seelen (ma) werden als am, die größeren als mieu bezeichnet; am für gute und böse Geister
van thu	Überdachter Tempel für Konfuzius, im Dorf von einem Mandarin betreut, auch Versammlungsraum der daoistischen Gelehrten
van chi	Ein van thu ohne Dach
tho than, ban tho	Hausaltar (Ahnenaltar)
gia pha	Die hölzerne Tafel mit dem Namen des Toten auf dem tho than
cay huong/cay nhang	Räucherstäbchen im Bac Bo und im Nam Bo
nha tho	Christliche Kirche
thanh duong	Kathedrale
hoi quan	Versammlungshaus der chinesischen Gemeinden mit Ahnentempeln, Tempeln für die Meeresgöttin oder auch einer chua. Sie werden häufig chua genannt, obwohl sie keine sind

Amitabha Der »Bodhisattva mit dem unermeßlichen Glanz«; Mahayana-Buddhismus

Angkor Stadt. Provinz Siem Reap in Kambodscha. Vom 9.–15. Jh. entstanden in diesem Gebiet die Hauptstädte des Khmer-Reiches

Angkor Vat Vat = Tempel von Angkor

Apsara, Apsaren Ursprünglich: Nymphen, die auf dem Wasser wandelten. Himmlische Tänzerinnen und Musikantinnen des indischen Gottes Indra, später allgemein verwendet.

Arya Loyal, ergeben. Name der halbnomadischen Bevölkerung, die im 2. Jahrtausend v. Zt. nach Nordindien eindrang und die Indus-Kultur vernichtete

Avalokitesvara Der »herbschauende Herr«. Wichtigster Bodhisattva des Mahayana-Buddhismus. In Vietnam Quan Am genannt

bakhti Gottesliebe, liebende Gottesverehrung. Eine in Indien erfolgte Wandlung des Gottesbegriffes in den Visnu-Kulten

Banyanbaum Ficus Bengalensis aus der Familie der Moracea. In der englischen Sprache entstand der Name am Golf von Persien, weil unter diesem Baum die Banya, die indischen Händler, ihre Geschäfte betrieben. Besitzt weitverzweigte Luftwurzeln

Bo-Baum Bodhi-Baum, unter dem Buddha die Erleuchtung (bodhi) erlangte. Ficus religiosa oder Peepal-Baum, ohne Luftwurzeln. Der älteste Bo-Baum in Sri Lanka soll ein Ableger des nordindischen Baumes sein, unter dem Buddha erleuchtet wurde.

Bodhisattva Theravada-Buddhismus: Bezeichnung des historischen Buddha, der die Erleuchtung (bodhi) erlangte, sowie Wesen der jatakas. Mahayana-Buddhismus: Wesen, die auf das Eingehen in das Nirvana verzichten, um Menschen und Tieren den Weg zur Erlösung zu weisen. Ein »zur Erleuchtung bestimmtes Wesen«

Brahmane Angehöriger der obersten Hindu-Kaste. Nur die Brahmanen haben Zugang zu den Veden, pflegen die Wissenschaft und lehren als Priester, Erzieher und Berater der Fürsten.

Brahmanismus Lehre der Brahmanen, die ihr Wissen aus den Veden schöpfen. Ihre Lehre wird später als Hinduismus bezeichnet.

Buddha geboren 563 v. Zt. Siddharta Gautama, Sohn eines Fürsten im damaligen Nord-Indien (heute Nepal), aus dem Stamm der Sakya (Sakyamuni = Mönch aus dem Stamm der Sakya). In der Nähe von Gaya (Nordindien) erlangte er

	unter einem Bodhi-(Bo) Baum die Erleuchtung und wurde ein Buddha (Erleuchteter)
Casurinen	Familie der Casuarinaceae (benannt nach dem Kasuar, einem straußenähnlichen Vogel), als Eisenholz bekannt
deva	Götter
devaraja	Gottkönige
dhamilla	Verschiedene Haartrachten und Kopfputz
dvarapala	Wächterfiguren
Eisenholz	(Vietnamesisch: go lim) Erreicht Höhen bis zu 20 m. Das schwere Holz versinkt im Wasser, widersteht dem Verfall und dem Insektenbefall. Eignet sich für Bauholz und Pfähle.
Frangipani	Auch Tempelbaum oder Pagodenbaum genannt. Familie der Apocynacea, bis zu 7 m hoch, weiße, rosa und rote porzellanartige Blüten. Stamm und Blüten enthalten einen giftigen Saft, der für Arznei (Rheuma) verwendet wird. Die Blüten dienen als Opfergaben.
Garuda	Vogelmensch, auch in menschlicher Gestalt dargestellt, Reittier des Gottes Visnu, genießt ebenfalls göttliche Verehrung
Gandhara	Landschaft im Grenzgebiet Pakistan-Afghanistan. Hier entwickelte sich das Buddhabild aus dem griechischen, idealen Menschenbild und der indisch-buddhistischen Philosophie. 2. Jh. v. Zt.–5. Jh. n. Zt.
Ganesha	Elefantenköpfiger indischer Gott der Gelehrsamkeit. Der »Gott, der alle Hindernisse besiegt«. Sohn des indischen Gottes Siva und seiner Gemahlin Parvati. Diese hatte bei der Rückkehr Sivas einen Sohn geboren, Siva fühlte sich hintergangen und schlug ihm den Kopf ab. Als er seinen Irrtum erkannte, sandte er Boten aus, die den Kopf des ersten Lebewesens bringen sollten, das ihnen begegnete. Es war ein Elefant
guong	Eine Palmenart, aus deren Blättern Strohhüte gemacht werden
gopura	Tor, Toreingang südindischer Tempel
Grotte	Malerische, künstlich angelegte Felsenhöhle von geringer Tiefe

Gupta Nordindische Dynastie von 320–um 500.

Gupta-Kunst Mit Zentren in Mathura und Sarnath. In diese Zeit fällt die endgültige Ikonographie des Buddhabildes. Es entstehen die Epen Mahabharata und Ramayana

Indra Altindischer Gott und Götterkönig, Gewitter- und Regengott, als solcher in Südostasien verehrt. Rangiert später in der Hierarchie hinter Brahma, Visnu und Siva.

Ikonographie Abbildung, Beschreibung. Inhaltsbeschreibung von Bildwerken. Auch verwendet als feststehende Darstellung von Göttern und Heiligen, Glaubenshilfe für des Lesens unkundige Gläubige.

Jainismus (Jinismus) (Jini = Sieger) Beiname des Gründers der Religion: Mahavira Vardhamana, um 540–468 v. Zt., Reformer des Hinduismus, lehrt Askese, Zurückgezogenheit. Zwei Sekten: Svetambara (die Weißgekleideten) und Digambara (Die Luftgekleideten = Nackten) verweigern jede Tötung von Tieren

Jakholz (Vietnamesisch go mit) Holzart. Jakarandaholz oder Yacaranda. Rötlichbraun, von dunklen Streifen durchzogen

jataka Erzählungen aus früheren Existenzen des Buddha vor seiner Inkarnation als Sakyamuni

kala Die Zeit, der Tod. Dargestellt durch einen stilisierten, löwenähnlichen Kopf. Zur Abschreckung von bösen Dämonen auch in Verbindung mit dem makara

Kalligraphie Kunst des Schönschreibens im chinesischen Kulturraum. Eine der hochgeschätzten Künste.

Kaste Differenzierung der Menschen nach Aufgaben in der Gesellschaft. Zunächst bestanden vier Kasten: Brahmanen, kshatriyas, vaishas und sudra. Sie begannen mit der Einwanderung der Aryer in den indischen Raum und wurden varna = Farbe genannt, nach den der Kaste zugeteilten Farben: weiß für die Brahmanen, rot für die kshatriyas. Erst später entsteht eine unbekannte Zahl von jeti (Berufsgruppen)

kenh Vietnamesisch: künstlicher Kanal

kinnara, kinnari Meist als Vogelmensch dargestellte Musikantinnen und Musikanten

kosa Im Reich Champa anstelle des muchalingam, Gesichtsmaske des Siva aus Gold oder Silber

kshatriya Kriegerkaste, die den Staat nach innen und außen schützt, auch die Herrscher gehören zu dieser Kaste

Kubera Gott des Wohlstandes

Kushan Saktisch-skytisches Volk um 100 v. Zt. in Baktrien, 50 n. Zt. in Kabul, erobert und beherrscht Nordindien. Restreiche halten sich bis in das 5. Jh. n. Zt.

La Han 18 Anhänger des Buddha, dargestellt in verschiedenen Haltungen, als verschiedene Charaktere, alle in Mönchskleidung (in China 500 Lo Han, in Indien 18 arhat)

Lashmi Gemahlin des indischen Gottes Visnu, Göttin des Wohlstandes, des Glückes und der Schönheit

Lamaismus Tibetische Form des Buddhismus (lama = großer Lehrer). Enthält viele nicht-buddhistische Elemente

Laterit Geologisch: unfruchtbarer, aluminiumhaltiger, gelber bis rötlicher Boden in den Tropen und Subtropen

Linga, lingam Sanskrit: das linga, lingam, der Phallus des indischen Gottes Siva, der als Zerstörer und Erschaffer gilt. Im südostasiatischen Gottkönigtum auch Symbol des vergöttlichten Königs (s. a. muchalingam)

Lokesvara s. Avalokitesvara

Mahabharata Epos des Kampfes der Pandava und Kaurava, indischer Fürstengeschlechter des 1. Jahrtausends v. Zt. Schriftlich im 1. Jahrtausend n. Zt. zur Verherrlichung des Gottes Visnu

makara Seeungeheuer, Mischung aus Krokodil, Fisch und Elefant. In Südostasien auch kombiniert mit einem kala-Kopf als kala-makara. Besitzt Schmuck- und Schutzfunktion

mandapa Kulthalle vor dem indischen Tempel, meist offen

Mathura Stadt im indischen Bundesstaat Uttar Pradesh zwischen Delhi und Agra. Zentrum des Buddhismus und Jainismus

menhir Langer Stein. Aufrecht stehender, unbehauener Kultstein in den Naturreligionen

meru Der Götterberg der indischen Mythologie. 33 Götter sitzen, der Hierarchie folgend, auf 33 Stufen. Der meru hat fünf Gipfel und ist umgeben von dem Milchozean, den böse und gute Dämonen mit Hilfe der naga-Schlange quirlen, um die ewige göttliche Weisheit zu erringen. Die südostasiatischen Tempel, besonders der Khmer, sind als meru angelegt

Mon-Dvaravati-Stil — Im 7. Jh. im Menam-Tal (Phra Pathom und Pong Tuk) entstanden, einer der ersten buddhistischen Stile in Südostasien. Die Mon-Völker siedelten in Myanmar (Birma) und Nord-Thailand

muchalingam — (mukhalingam) Lingam mit der Darstellung eines oder mehrerer Siva-Köpfe. In Champa durch ein kosa ersetzt

mudra — Symbolische Hand- und Fingerhaltung. In der Gandhara-Kunst entstandener Teil der Ikonographie

mukuta — Die Krone. Jata-mukuta: die Krone aus Haarflechten der indischen Götter Brahma und Siva. Kirita-mukuta: die hohe, juwelenbesetzte Krone des indischen Gottes Visnu

naga — Schlange; 5-, 7- oder 9köpfige Kobra, entstand in Indien, am höchsten entwickelt in der prä-angkorianischen und angkorianischen Kunst als Symbol der Weisheit und des Königs. Tritt auch an die Stelle des makara

nagaraja — Schlangenkönig

nandi — Der Stier, als Reittier des Gottes Siva ebenfalls göttlich verehrt

Nekropole — Totenstadt, Begräbnisstätte

Nirvana — Aushauchen, verwehen. Ende des Zyklus der Wiedergeburten. Ziel des Buddhismus als Aufgehen im Absoluten.

Paneel — Lat. panis = Türfüllung. Holztäfelung, auch vertieft liegendes Feld einer Holztäfelung

Pagode — In Ostasien Bezeichnung für stupa, dagoba. In Vietnam übertragene Bezeichnung der buddhistischen Tempel und Klöster

Pali — Pali-Kanon oder Tipitaka-(Dreikorb)Schriften in drei Sammlungen, zusammengestellt auf dem 3. buddhistischen Konzil in Pataliputta in Nordindien, 236 Jahre, nachdem Buddha in das Nirvana einging. Die Tipitaka soll nach Sri Lanka gebracht worden sein, der Kanon in der Pali-Schrift gilt als Grundlage des Theravada-Buddhismus

phnom — Hügel

Polychromie — mehrfarbige Gestaltung mit kräftig voneinander abgesetzten Farbflächen

pradakshina — Umwandelgang und Umwandlung eines Götterbildes im Uhrzeigersinn

pura — Stadt

rach	Vietnamesisch: natürlicher Kanal
Ramayana	»Das Vorgehen de Rama«; indisches Volksepos, über Südost- und Ostasien verbreitet, beschreibt die Taten Ramas, einer Inkarnation des Gottes Visnu
Samanthabhadra	Boddhisattva des Mahayana-Buddhismus
Sakyamuni	s. Buddha
Sampan	Chinesisch = Drei Bohlen. Flaches, breites Ruder- oder Segelboot. In Ostasien auch kleines Hausboot
sangha	Der von Buddha gestiftete Mönchs- und Nonnenorden mit festen Ordensregeln
Sanskrit	Samkrta = geregelt, genormt. Das Sanskrit ist bis heute Gelehrten- und Literatursprache
Sassaniden	Persische Dynastie, 226–624, begründet von dem Enkel des Priesters Sassan
Shakti, Shaktismus	Das weibliche Element eines Gottes. Einbeziehung vorvedischer Mutterkulte in den Hinduismus und Vajrayana-Buddhismus
shikhara	Der Turm des indischen Tempels über dem Heiligtum, der cella
Stupa	Buddhistisches Bauwerk, das auf vorbuddhistischen Grabformen beruht und zunächst als Begräbnis- und Reliquienstupa, später auch als Gedächtnisstupa Verwendung fand; vietnamesisch thap
Sutren	Sanskrit; knappe, einprägsam formulierte Lehrsätze der indischen Literatur. Von den buddhistischen Priestern, Mönchen und Nonnen am Altar vorgetragen
Stele	Freistehende, mit Reliefs und Inschrift versehene Platte oder Säule, auch Grabdenkmal
Tabu	Tonga-Sprache (Polynesien), geheiligter, geschützter Platz oder Mensch. Verbot bestimmter Handlungen
Tantrismus	Religiöse Strömung in Indien seit dem 1. Jh. n. Zt., die mit magisch-mystischen Mitteln Befreiung vom Irdischen anstrebt
Tätowierung	Eigentlich Tatauierung. Farbige Musterung der Haut, die durch Einbringung von Farbstoff in Einritzungen hervorgerufen wird und unvergänglich ist. Die tatauierten Zeichen sind oft Totem oder besitzen Schutzfunktion
Teakholz	Tectona grandis aus der Familie Verbenaceae, Bäume können über 30 m hoch werden, werfen zwischen November

	und Januar die großen Blätter ab und bleiben während der heißen Jahreszeit blattlos. Blühen während der Monsunzeit. Bauholz
Totem	Bei Naturvölkern ein tierisches oder pflanzliches Wesen oder ein Gegenstand, der als Ahne des Klans gilt und von den Angehörigen als zauberkräftiger Helfer nicht getötet oder verletzt werden darf und als Erkennungszeichen des Klans dient. Das Totem der vietnamesischen Könige war der Drache
Tumulus	Grabhügel, meist als Bezeichnung für Rundgräber
Taxila	Stadt im heutigen Nordpakistan. Drei aufeinanderfolgende Städte zwischen dem 5. Jahrtausend v. Zt. und dem 1. Jahrtausend n. Zt. (Ghandarareich)
Tipitaka	S. Pali-Kanon
Tympanon	Tympanun, Giebelfeld über dem Türsturz
urna, ushnisha	Ikonographisches Merkmal Buddhas. Halbkugelförmige Ausbuchtung des Schädels zwischen den Augen als Zeichen des Wissens und Bewußtseins. Auch durch einen Diamanten oder Kristall ersetzt
vajra	Diamant, Donnerkeil, zerstörendes, selbst unzerstörbares Symbol im Hinduismus und Vajrayana-Buddhismus
Vajrayana	»Diamantenes Fahrzeug«, auch Vaschrayana, »Fahrzeug der Zaubersprüche«. Buddhistische Lehre, die sich in der Mitte des 1. Jahrtausends aus dem Mahayana-Buddhismus entwickelte. Paßt sich weitgehend den Naturreligionen an. Einbeziehung von Tantrismus und Shaktismus
vat	Bei den Khmer: Tempel
Veda, Veden	Wissen. In Sanskrit überlieferte Schriften als Grundlage des Brahmanismus und Hinduismus
vihara	Versammlungsraum der Mönche mit Buddhabild
Visnu	Indischer Gott
Valuten	Kunstwissenschaftlich: spiralförmige Einrollungen am Kapitell der ionischen Säulen. Bauelement der Renaissance
Yoni	Symbol der weiblichen Gottheit, oft dargestellt mit dem Phallus (Cham-Kunst), der in der Yoni ruht
Zarathustra	(Zoroaster), persönlicher Name: Spitama. Um 650–553 v. Zt. Iranischer Religionsstifter, vertritt altiranischen Pantheismus

Abbildungsnachweis

Farbabbildungen

Geoffrey Clifford, Wheeler Pictures 7
Dirk Eisermann 11, 25
H. H. Hahn, Ifa Umschlagvorderseite, vordere Umschlaginnenklappe, 26
M. Hens 4
Gerhard Jören 10
Dietmar Necke, Böblingen 1, 16, 17, 24
Dirk Renckhoff, Hamburg Umschlagrückseite, 2, 3, 5, 6, 18, 19, 21, 22, 23, 27
Annaliese Wulf, Stuttgart 8, 9, 12, 13, 14, 15, 20

Schwarzweißabbildungen in den Kunstdruckbögen

Dirk Renckhoff, Hamburg 1, 2, 3, 4, 5, 6, 7, 8, 26, 27, 28, 29, 30, 31, 32, 33, 37, 38, 43, 44, 45, 46, 48, 49
Le Vuong und Le Cuong, Hanoi 9, 10, 11, 12, 13, 14, 15, 16, 17, 18, 19, 20, 21, 22, 23, 24, 25, 34, 35, 36, 39, 40, 41, 42, 47

Textfotos und Illustrationen

Kazimierz Kwiatkowski, Lublin S. 162, 179, 183, 193, 204, 265, 274, 278, 281, 283, 285, 293, 294, 295, 330, 412, 421, 429, 430, 431, 433, 439, 440, 441, 444, 445, 448, 450, 451, 457, 458, 459
Dirk Renckhoff, Hamburg S. 12, 29, 33, 35, 102, 105, 109, 117, 121, 124, 164, 195, 248, 269, 321, 323, 327, 329, 333, 399, 410, 416, 426, 463, 469, 471, 472, 473, 474, 477, 478, 482, 487, 489, 493, 504
Le Vuong und Le Cuong, Hanoi S. 17, 27, 42, 45, 47, 59, 62, 83, 88, 99, 128, 133, 135, 163, 177, 178, 197, 199, 205, 207, 234, 235, 237, 239, 243, 316, 337, 339, 345, 349

Alle übrigen Textabbildungen entstammen dem Archiv der Autorin

Kartographie: DuMont Buchverlag, Köln

Praktische Reiseinformationen

Praktische Reiseinformationen

Tourismus in Vietnam

In diesem Führer zur Kultur und Kunst Vietnams blieb die politische und wirtschaftliche Entwicklung unerwähnt, muß aber in die Darlegung der Situation des Tourismus einbezogen werden, da sie diese in Vergangenheit und Gegenwart unmittelbar beeinflußt.

Zu einer Zeit, als sich in den Nachbarländern der Tourismus zu entwickeln begann, im Laufe der 60er Jahre, führte das zweigeteilte Vietnam einen Kampf um Unabhängigkeit und Wiedervereinigung, den 2. Indochina-Krieg, der erst 1975 beendet wurde, als Thailand, Indonesien, Singapur, Malaysia, aber auch Hongkong, Korea und Taiwan bereits beachtliche Fortschritte auf dem Wege zu einer touristischen Infrastruktur gemacht hatten. Wenige westdeutsche Veranstalter wagten sich Ende der 70er Jahre versuchsweise in das Neuland. Die ersten Touristen kamen aus dem Ostblock, in den Vietnam integriert war, nachdem das Embargo der USA, das auch für die westliche Welt galt, jede andere Orientierung unterband. Dieses Embargo besteht bis heute, es wurde im Oktober 1991 um ein Jahr verlängert. Es behindert den Aufbau des Landes wie den Ausbau des Tourismus. Nach den jüngsten Veränderungen im Ostblock hat Vietnam seine bisherigen Partner verloren. In die Lücke treten momentan auch die westlich orientierten asiatischen Staaten, allen voran Japan, gefolgt von Singapur, Hongkong, Taiwan, Malaysia und Indonesien. Thailand hat seine Haltung gegenüber Vietnam völlig geändert und wurde zum wichtigsten Wirtschaftspartner.

Ungeachtet der Unzulänglichkeiten der touristischen Möglichkeiten bemühen sich westeuropäische Reiseunternehmen seit 1981 um das Reiseland Vietnam. Die Versuche erwiesen sich als nicht problemlos, da die Erwartungen und Ansprüche des Westtourismus andere waren als die der Osttouristen, für die Sonne, Wärme, Badestrände, Essen und Trinken im Vordergrund standen. Die Frage nach Kultur und Kunst wurde dringlicher gestellt, von Vietnam jedoch mit großer Zurückhaltung beantwortet. Die Überzeugung wurde laut, daß Pagoden, Tempel, Paläste und andere Kulturgüter Opfer der jahrzehntelangen Kriege geworden waren. Die unübersetzten Werke der Franzosen, die Indochina und damit auch Vietnam ihrer Wissenschaft und Forschung vorbehalten hatten, schilderten jedoch noch in den 50er Jahren eine große Anzahl von Profan- und

Sakralbauten im Norden des Landes, im Rote-Fluß-Delta, das von dem 2. Indochinakrieg weniger in Mitleidenschaft gezogen worden war, und die nicht restlos dem Krieg zum Opfer gefallen sein konnten. In Zentralvietnam ragten, von der Straße sichtbar, die Ziegeltürme der Cham auf, eines indisierten Volkes, das bis in das 15. Jh. einen Staat besaß.

Ich habe seit 1981 diese beiden Spuren verfolgt, die Vietnam als Land an der Nahtstelle zweier Kulturen vermuten ließ, der chinesischen im Norden und der indischen in Mittel- und Südvietnam. Die Erfolge waren zunächst nicht sehr ermutigend. 1981 war es nur die Touristenorganisation der Provinz Ha Nam Ninh, die mich zu den Stätten der frühen unabhängigen Reiche der Vietnamesen in Hoa Lu einlud. Erst als es mir gelang, im Jahre 1984 die Tempelstadt der Cham, Mi Son bei Da Nang, zu besuchen und die ersten Touristen dorthin zu bringen, erkannte man auch in dieser Provinz, daß der Westtourismus weitgehend von einem Kulturangebot abhängig ist. Als sich im Jahre 1986 die Gesamteinstellung zur Kultur und Kunst der Vergangenheit wandelte, nahm der Tourismus einen fühlbaren Aufschwung.

Seit fünf Jahren zumindestens sind Westtouristen gerngesehene Gäste in Vietnam. Der Versuch, den Standard der Hotels, Verkehrswege und Verkehrsmittel zu heben, scheitert nicht an dem Bemühen und Willen von Regierung und mit dem Tourismus beauftragten Organisationen, sondern an der allgemeinen wirtschaftlichen Lage und an den eingeengten Möglichkeiten zu investieren, obwohl die vietnamesischen Angebote zu Joint-venture-Unternehmen günstig sind. Welchen Stellenwert die Bundesrepublik im Westtourismus einnimmt, läßt sich daran erkennen, daß in Hamburg im Jahre 1988 das bisher einzige Fremdenverkehrsamt der SR Vietnam eröffnet wurde.

Vietnam hat weiterhin nur wenige Hotels zu bieten, die sich am internationalen Standard messen lassen. Die Verbesserung der Straßen und der Neubau von Brücken geht langsam voran, kurz gesagt, die touristische Infrastruktur ist trotz aller Bemühungen lückenhaft. Dafür gehört Vietnam zu den wenigen Ländern, die – obwohl für den Tourismus wie geschaffen – noch unberührte Landschaft, von Massentourismus nicht angekränkelte Bevölkerung und Kultur mit einem eigenartigen Gepräge anzubieten hat. Die Strände mit feinem weißen Sand gehören zu den schönsten Asiens, die Landschaft mit Bergen, Seen, Ebenen und Hügelland zeigt auf kleinstem Raum Abwechslung und Vielfalt.

Seit 1989 bemühen sich staatliche Stellen um die Konservierung und den Wiederaufbau von Kulturdenkmälern, unterstützt vom Staatlichen Amt für Denkmalsschutz in Polen, das seit 1981 Restaurateure zur Erhaltung der Kunst Vietnams und der Cham schickt.

Wer Vietnam bereist hat, berichtet von der Freundlichkeit und Hilfsbereitschaft der Menschen, ihrer Offenheit, dem natürlichen Charme und einer Heiterkeit und Gelassenheit, die ansteckend wirken.

Vietnam hat seine Besucher zu keiner Zeit mit den Hinterlassenschaften der Kriege konfrontiert, sie zu Besichtigungen von Kriegsmuseen und Kampfstätten aufgefordert. Aber viele kamen und wollten sehen: die von Chemikalien zerstörten

Landschaften, das Tunnelsystem von Cu Chi, Spinnennetz genannt, die zerstörten Dörfer. Kriegsschrott wurde inzwischen im ganzen Land aufgeräumt, selten erinnert etwas an Krieg und Zerstörung. Seit zwei Jahren eskaliert ein Problem: Meist jüngere Reisende möchten das Land unreglementiert und unkontrolliert erfahren, erwandern. Die Motivation dazu scheint unterschiedlich: vom echten Interesse an den Menschen und ihrem Schicksal getrieben die einen, magisch angezogen von der galoppierenden Inflation, dem nahezu kostenlosen Reisen in dem neuesten Billigland die anderen. Vietnam erwartet, wie jedes andere Land, vom Tourismus wirtschaftlichen Gewinn und Devisen. Es versucht sich dem Individualtourismus zu verweigern und die Reisebedingungen zu erschweren, wie dies inzwischen auch von früheren Billigländern unternommen wird. Es muß sich dafür schelten lassen, von den Betroffenen, aber auch von Journalisten. Vietnam will sich eine Art des Tourismus und eine Gruppe von Besuchern nicht aufzwingen lassen. Darunter leiden auch die übrigen Touristen, für die noch Reisebedingungen bestehen, die sonst längst vereinfacht und erleichtert worden wären. Für Gruppen- und Einzeltouristen, die sich an Veranstalter ihres Landes oder die Touristenorganisationen in Vietnam wenden, sind die Formalitäten – die für sie im Ausfüllen von Formularen und Lieferung von Paßbildern bestehen – kaum spürbar.

Vietnamesen sind immer zu einem Scherz aufgelegt, sie stecken voller Legenden und Anekdoten, haben eine besondere Art von Humor, sind auch bereit, sich selbst zu belächeln. Je mehr Sie versuchen, die Menschen zu beobachten und zu verstehen, desto mehr wird Ihre Hochachtung wachsen vor ihrer Aktivität, ihrer Gabe zum Improvisieren und dem Alltag die besten Seiten abzugewinnen. Versuchen Sie, Ihre Kontakte nicht nur vor Ihrem Hotel zu knüpfen. Internationale Hotels in aller Welt werden nicht von den Besten belagert, warum sollte es in Vietnam anders sein. Wenn sich die Gelegenheit bietet, suchen Sie die schwere Arbeit auf den Feldern zu beobachten. Vielleicht besuchen Sie Vietnam in der Zeit, wenn die reifen Reisbüschel auf der Straße gelagert werden, wenn die Körner liebevoll zum Trocknen ausgebreitet werden. Reis ist die Grundnahrung in Stadt und Land.

In den Städten, aber auch auf dem Land ist viel Eigeninitiative zu beobachten, kleine Gaststätten und Verkaufsstände, Handwerksbetriebe und Läden entstehen. Häuser werden renoviert oder aufgestockt. Es regt sich im Land von Nord bis Süd. Bis Vietnam die Kriegsjahre und das Embargo der USA überwunden hat, werden noch Jahre vergehen, aber die Vietnamesen werden es schaffen.

Das Jahr 1990 galt in Vietnam als »Jahr des Tourismus«, und zwar der Werbung für den Gedanken des Tourismus innerhalb des Landes. Das wurde vielfach falsch verstanden, Vietnam wollte sich damit nicht als Touristenland darstellen, sondern zunächst den Tourismus im eigenen Land fördern.

Auskünfte vor Reiseantritt

Staatliches Fremdenverkehrsamt der Soz. Rep. Vietnam
Hamburger Str. 131

2000 Hamburg 76,
✆ (0 40) 29 53 45
Fax: (0 40) 29 67 05
(auch für Österreich und die Schweiz).
Das Fremdenverkehrsamt versendet auch Listen der Reiseveranstalter in den drei Ländern.

Botschaft der SR Vietnam mit Konsularabteilung
s. Diplomatische Vertretungen

Über Flugverbindungen informiert Sie die Deutsche Lufthansa

Es gibt in der Bundesrepublik derzeit mehrere Gesellschaften, die die Beziehungen mit der SR Vietnam pflegen:
Deutsch-Vietnamesische Gesellschaft e. V. (Hoi Duc-Viet)
4000 Düsseldorf
Postfach 14 02 41
✆ (02 11) 4 91 14 43

Deutsch-Vietnamesische Gesellschaft e. V.
c/o Hans Bussert
1000 Berlin 45
Kommandantenstr. 8
✆ (0 30) 8 11 79 08

Freundschaftsgesellschaft BRD-Vietnam e. V.
4000 Düsseldorf 30
Duisburger Straße 46
✆ (02 11) 49 01 11

Gesellschaft der Freunde der Cham-Kultur e. V.
7000 Stuttgart 1
Königstr. 1

Anreise

Mit dem eigenen Wagen nicht möglich.
Auf dem Landweg: Die Straßenverbindung Ho Chi Minh-Stadt – Phnom Penh (Kambodscha) kann mit Genehmigung benutzt werden (Fragen Sie Saigon-Tourist). In umgekehrter Richtung soll sie demnächst geöffnet werden (Fragen Sie Phnom Penh-Tourist).

Straßenverbindungen mit Laos bestehen für Ausländer noch nicht, sollen aber eröffnet werden.

Straßenverbindungen zwischen Vietnam und China für Ausländer noch nicht geöffnet.
Mit dem Schiff: Kreuzfahrten von Veranstaltern der Bundesrepublik werden durchgeführt und sind weiterhin vorgesehen: Neckermann, Transocean, Phoenix Reisen, Hapag Lloyd.
Mit dem Flugzeug: Die Vietnam Airlines (Hang Khong Vietnam) fliegen nachstehende Länder an:
Ab Hanoi: Vientiane (Laos), Phnom Penh (Kambodscha), Bangkok (Thailand).
Ab Ho Chi Minh-Stadt:
Phnom Penh (Kambodscha), Bangkok (Thailand), Manila (Philippinen), Singapur, Kuala Lumpur (Malaysia).
Folgende Fluglinien fliegen Vietnam an:
Hanoi, Noi Bai Airport: Aeroflot, Cambodian Airlines, Lao Airlines, Thai International.

Ho Chi Minh-Stadt, Tan Son Nhat Airport: Deutsche Lufthansa (zweimal wöchentlich Frankfurt-Singapur-Ho Chi Minh-Stadt. Abflüge montags und don-

nerstags in Frankfurt und dienstags und freitags in Ho Chi Minh-Stadt. Büro der Deutschen Lufthansa (Van phong Lufthansa) Tan Son Nhat Airport, ✆ 4 01 01, Telefax 4 25 77.
Tan Son Nhat Airport: Aeroflot, ✆ 4 37 74; Air France (mit mehreren Stops ab Paris), ✆ 4 12 78; Cambodian Airlines; Garuda Indonesia ab Jakarta; Malaysian Airline System ab Kuala Lumpur; Philippin Airlines ab Manila, ✆ 9 22 00; Thai International ab Bangkok, ✆ 4 62 35.

Ärztliche Versorgung

Gewohnte Medikamente sollten unbedingt – in ausreichender Menge – mitgenommen werden. Angebotene westliche Arzneimittel sind oft unsachgemäß und zu lange gelagert, die Originalpackungen beschädigt.

Eine Reiseapotheke sollte enthalten: Mittel gegen Verstopfung und Durchfall (auch schwerer Art), Erkältungen, Schmerzen (auch Zahnschmerzen), Antibiotika, antiseptischen Puder und Salbe sowie ein Fieberthermometer und Einwegspritzen. Sollte eine Injektion erforderlich sein, besteht sonst Ansteckungsgefahr. Bitte fragen Sie Ihren Arzt oder Apotheker.

Sanitätsstationen gibt es vielerorts, sie entsprechen, wie auch die meisten Krankenhäuser, nicht unseren Vorstellungen. Bei ernsten Erkrankungen ist der Heimtransport oder der Transport nach Bangkok ratsam. Notfalls berät und hilft die Botschaft oder das Generalkonsulat der Bundesrepublik Deutschland. Wenden Sie sich im Krankheitsfall zunächst an die Rezeption ihres Hotels oder an die Touristenorganisation, die Ihnen Ärzte, Zahnärzte und Apotheken nennen oder den Arzt rufen.

Krankenhäuser, in denen englisch oder französisch gesprochen wird: Internationales Hospital, Hanoi, Pho Kim Lien, mit Apotheke, ✆ 6 20 42.

Krankenhaus in Hue, Le Loi-Straße am Südufer des Flußes.

Krankenhaus Da Nang.

Choray-Krankenhaus Ho Chi Minh-Stadt, Duong Nguyen Chi Thanh.

Die Ambulanz der Krankenhäuser ist geöffnet von 8.00 bis 12.00 Uhr und von 14.00 bis 16.30.

Bei erforderlicher Behandlung erbitten Sie Befund und Rechnung für Ihre Krankenkasse in englischer oder französischer Sprache.

Autovermietung

Die Staatlichen Touristenorganisationen vermieten PKW mit Fahrer (air-conditioned oder nicht air-conditioned), 0.30 bis 0.35 US$ pro Kilometer. Mietwagen stehen noch nicht zur Verfügung.

Badestrände

Tra Co	Provinz Quang Ninh
Ha Long	Strände auf den Inseln in der Bucht, Provinz Quang Ninh
Do Son	20 km von Hai Phong entfernt

Sam Son	bei Thanh Hoa
Cua Lo	bei Vinh
Thuan An	bei Hue
Non Nuoc	bei Da Nang
Nha Trang	der Stadt vorgelagert und auf Inseln
Quy Nhon	der Stadt vorgelagert
Ninh Chu	Phan Rang
Long Hai	bei Ho Chi Minh-Stadt
Vung Tau	125 km von Ho Chi Minh-Stadt entfernt

Die besten Hotels und Einrichtungen für Touristen bestehen in Vung Tau.

Camping

Wegen fehlender Infrastruktur noch nicht gestattet.

Diplomatische Vertretungen

Botschaft der Sozialistischen Republik Vietnam
Konstantinstr. 37
5300 Bonn-Bad Godesberg
✆ (02 28) 35 70 22, Telex 88611122

Berliner Büro der Botschaft der SRV
O-Berlin 1136
Königswinterstr. 28
✆ 5 09 82 62

Botschaft der SR Vietnam in Österreich:
Wien 1130
Anton Lange Gasse 26

Botschaft der Bundesrepublik Deutschland
(Dai Su Quan Nuoc Cong Hoa Lien Bang Duc)
29 Tran Phu
Hanoi-Quan Ba Dinh
✆ (42) 53663 oder (42) 55402

Generalkonsulat der Bundesrepublik Deutschland
(Tong Lanh Su Quan Nuoc Cong Hoa Lien Bang Duc)
Ho Chi Minh-Stadt
196 Nguyen Dinh Chieu
✆ 91957, 24385

Konsularabteilung der Ständigen Vertretung der SR Vietnam beim Büro der Vereinten Nationen
34, Chemin François-Lehmann
CH-1218 Grand-Saconnex-Genève
✆ 7 98 24 85

Einkäufe

Bitte beachten Sie die Zollbestimmungen. Bei Einkäufen, die Sie mit Devisen bezahlen, lassen Sie sich eine Quittung geben, da Sie den Verbleib Ihrer Devisen u. U. nachweisen müssen.

Zu den lohnenden Andenken gehören Lackarbeiten, Lackintarsien, Holzschnitzereien, Metall- und Keramikwaren. Wenn diese als Luft- und Schiffsfracht geordert werden sollen, ist die Firma Lam Son in Ho Chi Minh-Stadt eine gute Adresse. Die Ausstellungs- und Verkaufsräume, aber auch die Werkstätten, in denen Sie innerhalb der Geschäftszeiten den Herstellungsprozeß verfolgen können, sind in der Nguyen Van Troi 106, ✆ 4 13 61, auf dem Weg zum Flughafen Tan Son Nhat.

Weitere beliebte Souvenirs sind Strohhüte (non), besonders aus Hue, mit zarter, durchscheinender Bemalung (bai tho), Seidenbilder und Briefkarten mit Seidenmalerei, Stickereien auf Tischdecken, Morgenröcken, Blusen und Kleidern (ao dai), Strickwaren, Flechtwaren, Briefmarken und Münzsammlungen sowie Gegenstände und Schmuck aus Horn, Bein, Perlmutter, Flußperlen und Korallen. Damen- und Herren-Maßschneiderei wird, besonders in Ho Chi Minh-Stadt, schnell und preiswert geliefert. Antiquitäten dürfen – wenn überhaupt – nur mit einer Sondergenehmigung ausgeführt werden. Fragen Sie die Touristenorganisationen. Antiquitätenhändler geben oft andere Auskünfte, da sie verkaufen wollen.

hieu sach	Buchhandlung
tiem sua dong ho	Uhrmacher
Tho giay	Schuhmacher
Hieu anh	Fotogeschäft
Hieu may-nu	Schneider – Damen
Hieu may-nam	Schneider – Herren
Hieu uon toc-nu	Friseur – Damen
Hieu cat toc	Friseur – Herren
Van phong pham – Buu anh	Papierwaren – Ansichtskarten
Va-Ly/Tai du lich	Koffer/Reisetaschen
Hang hoa	Blumengeschäft
My pham	Kosmetik
Cua hang ban qua – luu niem	Souvenirladen
cho	Markt
Gia bao nhieu	was kostet ...
Re hon	etwas billiger
Mau khac	eine andere Farbe

Wenn Sie alles auf kleinstem Raum haben wollen, gehen Sie auf einen Markt, rundherum finden Sie auch alle anderen Läden.

Elektrizität

110 oder 220 Volt, Mehrfachstecker (Flachstecker) sind erforderlich. Es kommt häufig zu Stromschwankungen, durch die empfindliche Geräte Schaden leiden können. Batteriegeräte sind sicherer. Batterien in Normalgrößen sind erhältlich, über ihre Lebensdauer gibt es unterschiedliche Erfahrungen. Spezialbatterien für Belichtungsmesser, Sprech- und Hörgeräte müssen mitgebracht werden.

In kleineren Orten kann es vorübergehend zu Stromausfall kommen (Taschenlampen). Installationen, Stecker und Schalter sind häufig schadhaft und müssen mit größter Vorsicht benutzt werden. Auf Steinböden stellen sie eine besondere Gefahr dar.

Eisenbahnfahrten

Die Eisenbahnlinie Hanoi–Ho Chi Minh-Stadt führt für Ausländer Sonderwagen, die mehr Bequemlichkeit bieten, ohne dem Reisenden den Kontakt mit der Bevölkerung zu nehmen. Auskünfte und Fahrkarten erhalten Sie bei Vietnam- oder Saigon-Tourist.

Saigon-Tourist führt 14tägige Programme von Ho Chi Minh-Stadt nach Hanoi durch: 14 Tage/13 Nächte, davon 8 Fahrtage mit der Eisenbahn (zwei Übernachtungen im Zug). Besichtigt werden das Mekong-Delta, die Eisenbahn führt über Nha Trang – Da Nang – Hue (mit Besichtigungen) nach Hanoi. Von hier aus findet noch eine Busfahrt zur Ha Long-Bucht statt. In umgekehrter Richtung, von Hanoi nach Ho Chi Minh-Stadt, werden neun Tage im Zug verbracht. Die Reise wird von einem Dolmetscher begleitet und enthält alle Kosten incl. Vollverpflegung, Besichtigungen und Hotelunterkünften. Sie kostet für eine Person etwa 2000 US $, für zwei Personen pro Person 1310 US $ und bei 11 Teilnehmern pro Person 915 US $. Auskünfte erteilen die Reiseveranstalter in der BRD, Österreich und der Schweiz und Saigon-Tourist.

Entfernungen von Hanoi

Provinz	Stadt	Straßen-Kilometer
Ho Chi Minh-Stadt	Ho Chi Minh-Stadt	1710
Hai Phong	Hai Phong	103
An Giang	Long Xuyen	1900
Bac Thai	Thai Nguyen	80
Ben Tre	Ben Tre	1795
Thua Thien-Hue	Hue	658
Cao Bang	Cao Bang	272
Cuu Long	Vinh Long	1847
Gia Lai – Kon Tum	Play Ku	1204
Dac Lac	Buon Ma Thuot	1390
Dong Nai	Bien Hoa	1684
Dong Thap	Sa Dec	1853
Ha Bac	Bac Ninh	51
Ha Tuyen	Ha Giang	165
Ha Nam Ninh	Nam Dinh	90
Ha Son Binh	Ha Dong	11
Hai Hung	Hai Duong	58
Hau Giang	Soc Trang	1877
Hoang Lien Son	Yen Bai	182
Tien Giang	Rach Gia	958
Lai Chau	Lai Chau	490

Provinz	Stadt	Straßen-Kilometer
Lam Dong	Da Lat	1481
Lang Son	Lang Son	151
Long An	Tan An	1757
Minh Hai	Bac Lieu	1990
Nghe Tinh	Vinh	291
Binh Dinh	Quy Nhon	1065
Khanh Hoa	Nha Trang	1278
Quang Ninh	Hong Gai	151
Quang Nam – Da Nang	Da Nang	763
Son La	Son La	308
Song Be	Thu Dau Mot	1740
Tay Ninh	Tay Ninh	1809
Thai Binh	Thai Binh	109
Thanh Hoa	Thanh Hoa	153
Thuan Hai	Phan Thiet	1518
Tien Giang	My Tho	1781
Vinh Phu	Viet Tri	85
Vung Tau – Con Dao	Vung Tau	1792

Essen und Trinken

Manche Kenner der asiatischen Küche ziehen die vietnamesische der chinesischen vor, wegen ihrer pikanteren Würze, der Beigabe von frischen Kräutern, aber auch des reichen Angebotes an Fisch und Meeresfrüchten, von der Garnele bis zum Hummer. Liebhaber von Schalentieren sollten vielleicht eine Krebszange mitnehmen, sonst gehen ihnen die besten Teile verloren.

Für den Vietnamesen gehört zum Essen, vom einfachen Reisgericht bis zum Schlemmermahl: nuoc mam, Fischsoße. Sie wird aus Meerestieren hergestellt, fermentiert, kann im Haus hergestellt werden, ist aber auch in Flaschen käuflich. Die besten Sorten stammen von der Insel Phuc Quoc und aus Phan Thiet. Fisch ohne Fischsoße ist für den Vietnamesen undenkbar. Sie ist zudem der wichtigste Eiweißlieferant für alle, die nur Reis und Gemüse zu essen haben.

Die vietnamesische Küche beschäftigt alle Sinne, nicht nur den Geschmacks- und Geruchssinn. Die oft phantasievoll angerichteten Speisen sind durch farbliche Dekoration abgestimmt, das Gemüse hat ›Biß‹.

Das vietnamesische Essen – mit dong bezahlt – ist zudem sehr preiswert. Nur wenige Restaurants verlangen Bezahlung in US-Dollar. Importbiere und vietnamesisches Exportbier, Saigon 333, müssen in Dollar bezahlt werden. Whisky, Cognac etc. aus Importen sind teuer, in Vietnam hergestellter Wodka und Whisky sehr preiswert. Das Essen, für den Gast frisch zubereitet, ist allgemein sehr bekömmlich. Vermeiden Sie rohe Gemüse und Salate, auch Obstsalate, Speiseeis und Eisstücke zum Kühlen der Getränke. Mango und Melonen mit Mineralwasser sind häufiger Anlaß zu Magenverstimmungen. Am schnellsten hilft: Essen einstellen und nach Beendigung der Beschwerden mit trockenem Reis beginnen. Am wichtigsten aber ist die reichliche Aufnahme von Flüssigkeit, Tee, Mineralwasser, Coca Cola, 2–3 Liter am Tag, der Flüssigkeitsverlust schadet dem gesamten Organismus.

Leitungswasser ist – auch in Großstädten – kein Trinkwasser. Es gibt Mineralwasser zu kaufen – Vietnam ist reich an Quellen. Überzeugen Sie sich, ob das heiße oder kalte Wasser in den Thermosflaschen frisch aufgefüllt ist. Bitten Sie um abgekochtes Wasser: nuoc soi.

Schäumendes Bier ist garantiert gekocht und eines der ›sichersten‹ Getränke, lokales Bier hat sehr viel weniger Alkoholgehalt als Importbiere.

Fotografieren

Ein- und Ausfuhr von Fotogerät und Filmen s. Zollbestimmungen. Filmmaterial herkömmlicher Art ist in Großstädten erhältlich, über die Güte sind unterschiedliche Erfahrungen gemacht worden. Sonnenbestrahlte Marktstände eignen sich nicht für die Lagerung von Filmmaterial, auch sollten die Verfalldaten und die unbeschädigte Verpackung beachtet werden. Wer sicher gehen will, bringt seine Filme mit. Spezialfilme, Videofilme, auch die Kassetten für die verschiedenen Polaroid-Systeme sind kaum erhältlich. Dagegen finden Liebhaber alte Kameras und Ersatzteile. Bewahren Sie die Kaufzettel auf, damit Sie den Erwerb nachweisen können. Batterien sind auch in kleineren Städten erhältlich, über ihre Güte herrschen unterschiedlichen Meinungen. Spezialbatterien für Belichtungsmesser, automatische Kameras, Sprech- und Hörgeräte müssen mitgeführt werden.

X-ray Kontrollen auf den Flughäfen

Das Fluggepäck und Handgepäck wird bei der Ein- und Ausreise durchleuchtet (Waffen, Antiquitäten). Die Maschinen sind – auch bei anderslautenden Auskünften – nicht filmsicher. Bei Flügen – auch im Inland – nehmen Sie Ihre Filme am sichersten in einem Plastikbeutel in Ihr Handgepäck, in dem Sie sie bei der Kontrolle in der Hand tragen und dem Zollbeamten vorzeigen können. Ein Plastikbeutel schützt Ihr Filmmaterial vor Feuchtigkeit, Staub und Temperaturunterschieden.

Fotografierbeschränkungen

Die internationalen Bestimmungen, wonach Flugplätze, Bahnhöfe, Bahnanlagen, Brücken, Häfen und militärische

Anlagen sowie Militärpersonen nicht fotografiert werden dürfen, nimmt man in Vietnam zuweilen strenger. Auch aus Flugzeugen darf nicht fotografiert werden. Soldaten und Milizen, die nicht im Dienst sind, nehmen das Verbot nicht so ernst.

Vietnamesen in entlegenen Gegenden haben bisher wenig Erfahrung mit fotowütigen Europäern und Asiaten. Statt sie »in die Flucht zu schlagen« empfiehlt es sich, mit einer Geste um Zustimmung zu bitten. Ihr Begleiter kann helfen, lehnt er ab, scheint ihm eine Aufnahme nicht erwünscht. Wunder tut es, wenn man einen Erwachsenen oder ein Kind durch den Sucher blicken läßt. Seine Begeisterung wird auch den Umstehenden die Fotoscheu nehmen. Nahaufnahmen mit langen Objektiven, direkt vor dem Gesicht des Fotomodells, sind nicht nur in Vietnam eine Zumutung. Auch das Eindringen in den häuslichen Bereich wird als Zudringlichkeit empfunden und nur aus Höflichkeit oft nicht abgewehrt. Niemand läßt sich gern in zerschlissener Arbeitskleidung und bei schwerer Arbeit fotografieren. Mütter möchten ihre Kinder nett hergerichtet und nicht als »kleine Dreckspatzen« fotografiert sehen. Jeder Mensch hat das Recht auf das eigene Bild, niemand hat das Recht auf das Bild eines anderen!

In Museen ist das Fotografieren nicht gestattet oder es muß eine Gebühr bezahlt werden. In Tempeln und Pagoden sollten die Einwilligung des Mönchs oder Beschließers erfragt werden. Eine kleine Spende für die Erlaubnis ist angebracht.

Die Belohnung oder Erkaufung eines Bildes führt dazu, daß von den nächsten Fotografen Geld gefordert wird. Sie werden kaum in dieses Land zurückkehren, aber die nach Ihnen kommen, möchten es nicht zu einem »Touristenplatz« umfunktioniert wiederfinden. Viel Freude machen – besonders in abgelegeneren Gegenden – Polaroid-Bilder, die dem Aufgenommenen geschenkt werden. Längst nicht alle Vietnamesen besitzen ein Bild von sich oder ihren Angehörigen. Es kann zu einer Erinnerung an die Kindheit oder an einen Verstorbenen werden.

Frauen als Alleinreisende

Als Einzelreisende und Teilnehmerin an Gruppenreisen kann sich eine Frau so frei bewegen wie ein Mann, unter den gleichen Bedingungen, die auch in der Bundesrepublik gelten.

Geldwechsel

Die vietnamesische Währung, der dong, darf weder ein- noch ausgeführt werden. 1 US $ = 11 200 dong (Stand 15. Oktober 1991) Konvertierbar sind in Vietnam folgende Währungen: US Dollar, Deutsche Mark, Schweizer Franken, Französische Franc, Japanische Yen, Singapur Dollar, Hongkong Dollar, Thailändische Bhat, £ Sterling, Australische Dollar.

Problemlos reisen Sie mit US $ in bar (gestückelt, da Restbeträge nicht in Dollar zurückgegeben werden; Ein-Dollar-Noten für Getränke usw.). US $ werden auch in kleineren Städten und Hotels akzeptiert und gewechselt. Travellerschecks werden nur in großen Städten angenommen. Sie werden nur in die Landeswährung eingetauscht. Es wird eine Bankgebühr für ihren Wechsel erhoben. Auf Anweisung der Staatsbank Vietnams dürfen keine beschädigten und beschmutzten Scheine angenommen werden. Wenn Sie eine Reise durch das Land planen, decken Sie sich mit dong ein.

Getauscht werden kann in Wechselstuben der internationalen Flughäfen. Hier erfolgt nach dem Auschecken auch der Rücktausch von dong. Ferner tauschen Banken, Wechselstuben und Hotelrezeptionen. Die Kurse sind weitgehend dieselben. Banken sind häufig nur vormittags geöffnet. Bewahren Sie Tausch- und Einkaufsquittungen über Devisen auf bis zur Ausreise. Schwarzhandel ist verboten. In Hanoi und Ho Chi Minh-Stadt werden von der Touristenorganisation, Hotels und Banken folgende Kreditkarten akzeptiert: VISA CARD (Premier and Classic), MASTER CARD, ARIPLUS CARD. Amerikanische Kreditkarten werden nicht angenommen.

Flugplätze

Die beiden internationalen Flughäfen Noi Bai (Hanoi), 40 km von der Stadt entfernt, und Tan Son Nhat (Ho Chi Minh-Stadt), 7 km von der Stadt entfernt, werden laufend ausgebaut und vergrößert, auch die Zahl der Passagiere nimmt ständig zu. Auf dem Flughafen Tan Son Nhat hat die Deutsche Lufthansa ein Büro (s. Anreise). Von beiden Flughäfen gibt es Taxidienste in die Stadt.

Gepäck

Auf Flughäfen und in kleineren Hotels müssen Sie ihr Gepäck selbst befördern. Nehmen Sie nicht mehr mit, als Sie tragen können! (Rollenkoffer). Sie brauchen weniger, als Sie denken (s. Kleidung). Bei In- und Auslandsflügen sind 20 kg Fluggepäck zulässig. Übergewicht muß häufig bezahlt werden. Großes Handgepäck wird mitgewogen – das kann teuer werden.

Handgepäck muß bei Inlandsflügen und auch nach Kambodscha und Laos unter dem Sitz verstaut werden. Die Gepäckablagen eignen sich in den Maschinen russischer Bauart nicht für größere Gepäckstücke.

Die japanischen Kleinbusse, die für Überlandfahrten zur Verfügung stehen, haben keinen Gepäckraum. Bei langen PKW-Fahrten müssen auch Benzinkanister im Gepäckraum verstaut werden. Für Kurzausflüge empfehlen sich kleine Gepäckstücke bis Bordcasegröße und Taschen. Denken Sie auch bei Einkäufen an Ihr Gepäck, es bestehen Versandmöglichkeiten (s. Einkäufe).

Geschäfts- und Bürozeiten

Vietnamesen sind Frühaufsteher, abends werden die Straßen zeitig ruhig. Sie haben weniger den abendlichen Straßenlärm als den Morgenlärm zu fürchten. Viele Läden und Verkaufsstände haben keine festen Öffnungszeiten. Offizielle Geschäftszeit für Postämter, Banken, Büros und Museen: 8.00 bis 11.00 Uhr und 14.00 bis 16.00 Uhr. Es gibt Ausnahmen, manche Banken haben nur vormittags geöffnet, das Hauptpostamt in Ho Chi Minh-Stadt ist bis gegen 20.00 Uhr offen. Auch Pagoden halten Mittagsruhe ein.

Für den Vietnamesen ist die Mittagsmahlzeit nahezu eine Zeremonie, bei der er sich ungern stören läßt. Sicher hat dies etwas damit zu tun, daß nicht jeder Vietnamese zu jeder Zeit satt zu essen hatte oder hat. Bitte tragen Sie Ihre Wünsche – auch Ihren Begleitern – vor dem Essen vor. Sagen Sie auch, wann Sie Ihre Mahlzeit und Mittagsruhe beendet haben, da niemand wagen wird, Sie ungebeten zu stören.

Hotels und Unterkünfte

Mit steigender Privatisierung entsteht eine große Anzahl von Hotels und Gasthäusern, über deren Leistungsfähigkeit sich momentan nichts sagen läßt. Die Touristenorganisationen übernehmen für diese Hotels nur dann eine Verantwortung, wenn sie sich bewährt haben. Dieser Reiseführer erscheint in einer Zeit des Umbruches und Aufbruches, besonders im Hotelwesen sind ständige Änderungen und Verbesserungen zu erwarten.

Das Floating Hotel und das Continental Hotel in Ho Chi Minh-Stadt haben internationalen Standard. Es gibt eine Reihe Hotels, die als gut und ausreichend zu bezeichnen sind. Ihnen fehlt teilweise nur eine straffere Leitung, die auch die Pflege der Räumlichkeiten und Gästezimmer überwacht. Auch hier kann ein Wandel in nächster Zeit eintreten, wenn durch neue Hotels und private Gästehäuser eine Konkurrenz entsteht.

Ein Hinweis jedoch: Bettwäsche und Handtücher können nur dort blütenweiß sein, wo mit Waschmitteln, die »Weißmacher« enthalten, gewaschen wird. Das ist noch nicht überall möglich, die Wäsche ist trotzdem frisch gewaschen. Sie können aber auch bei sehr einfachen Zimmern in der Regel eine Toilette und ein Dusche – evtl. nur mit kaltem Wasser – erwarten.

Impfungen

Vietnam verlangt z. Zt. keine Impfnachweise, außer bei der Einreise aus gelbfieberverseuchten Ländern. Malaria- und Hepatitis-Prophylaxe ist besonders auch dann sehr ratsam, wenn die Nachbarländer Laos und Kambodscha besucht werden. Wegen aller Schutzimpfungen (Cholera, Typhus, Polio) fragen Sie ihr Gesundheitsamt oder Ihren Arzt. Empfehlenswert ist eine Tetanus-Impfung.

Wenn Sie nur größere Städte besuchen, ist die Gefahr einer Erkrankung geringer.

Barfußlaufen in Reisfeldern, durch Pfützen und Flüsse ist gefährlich wegen der Blutegel. Sind Sie betroffen, reißen Sie den Blutegel nicht ab, versuchen Sie ihn abzubrennen und versorgen Sie die Wunde sorgfältig.

Inlandsflüge

Die Vietnam Airlines (VN) Hang Khong Vietnam fliegen mit Maschinen russischer Bauart. Auf Inlandflügen sind 20 kg Gepäck zugelassen, Übergewicht muß bezahlt werden.
Die Routen Hanoi–Ho Chi Minh-Stadt, Hanoi–Da Nang, Da Nang–Ho Chi Minh-Stadt werden täglich mehrmals geflogen, alle anderen Strecken 1- bis 3mal in der Woche. Manche Strecken sind für Ausländer noch nicht offen. Angeflogen werden: Haiphong (ab Ho Chi Minh-Stadt), Da Nang, Nha Trang, Hue, Da Lat, Dien Bien Phu, Buon Ma Thuot, Play Ku.

Buchungsstelle Inland (Hanoi)
Duong Trang Thi 25
✆ 5 38 42
Buchungsstelle Ausland (Hanoi)
Pho Le Thai To 16
✆ 55 2 83

Kalender

Vietnam benutzt den gleichen gregorianischen Kalender wie wir. Nur das tet (Neujahrs)-fest und die Tempel- und Ahnenfeste werden nach dem Mondkalender errechnet. Das tet-Fest findet bei Frühlings-Neumond statt.

Der Mondkalender

Im Jahre 2637 v. Zt. errechnete der Minister des Gelben Kaisers in China den Mondkalender, der in den Staaten Ostasiens bis in die Gegenwart Gültigkeit hat.

Das Jahr besteht aus zwölf Mondmonaten, der Monat aus 30 Tagen, der Tag beginnt um Mitternacht und hat 2 x 12 Stunden. Das Mondjahr ist zehn Tage und 21 Stunden kürzer als das Sonnenjahr. Ein Ausgleich erfolgt durch Schaltmonate. Der Mondkalender ist in 10 *can,* (Stämme) – die Elemente – und 12 *chi* (Zweige) – den Tierkreis – eingeteilt. Stämme und Zweige können männlich (+) oder weiblich (–) sein. Dieser Kalender dient den Astrologen als Grundlage ihrer Berechnungen.

10 can (Stämme)	12 chi (Zweige)	Tierkreis	Jahr
+ giap	+ ty	Ratte	1984
– at	– suu	Büffel	1985
+ binh	+ dan	Tiger	1986
– dinh	– mao	Katze	1987
+ mau	+ thin	Drache	1988
– ky	– ty	Schlange	1989
+ canh	+ ngo	Pferd	1990

– tan	– mui	Ziege	1991
+ nham	+ than	Affe	1992
– quy	– dau	Hahn	1993
+ (giap)	+ tuat	Hund	1994
– (at)	– hoi	Schwein	1995
+ (binh)	+ (ty)		1996

Kontinuierlich fortgesetzt folgt nach sechzig Jahren wieder ein *giap-ty* Jahr. Der 60-Jahre-Zyklus heißt giap-ty oder *hoa-giap*-Zyklus. Die vietnamesische Geschichte ist in solche Zyklen eingeteilt. 1984–2033 ist der 78. Zyklus. Das Jahr 1991, Jahr der Ziege (tan-mui), ist nach dem Mondkalender das Jahr 4628. Sechzig Jahre braucht Jupiter, um auf seine Ausgangsposition zurückzukehren. Sechzig Jahre ist ein entscheidender Abschnitt des Menschenlebens. Die Aktivität ist beendet, das Alter beginnt. In Vietnam wurden keine Geburtstage gefeiert, nur der sechzigste. Für den Sechzigjährigen beginnt ein neues Leben, er setzt sich zur Ruhe, läßt die Kinder sorgen und freut sich der Enkel.

Kleidung

Für Anzüge und festliche Kleider besteht keine Verwendung, wenn Sie nicht mit offiziellen Einladungen zu rechnen haben. Was Sie brauchen ist einfache, strapazierfähige, praktische Kleidung aus Baumwolle: Rock, lange Hosen, Hemden, Blusen (mit langen Ärmeln schützen sie vor Sonnenbrand). Kurze Hosen sind in Vietnam – außer am Strand – (im Gegensatz zu dem benachbarten Thailand) nicht üblich, außerdem riskieren Sie Sonnenbrände.

Im nördlichen Vietnam, im Süden auch im Gebirge (Da Lat), sinken die Temperaturen im Winter für kurze Zeit (s. Klimatabelle). Leichte Wollpullover oder Wolljacken sind angebracht. Eine Ski-Unterhose hat sich als raumsparend und wärmend gut bewährt. Auch nach Regenfällen kühlt es kurze Zeit ab und die Air-Condition erfordert zuweilen eine Jacke oder einen Schal. Sie läßt sich häufig nur zentral drosseln und nicht alle Hotelgäste möchten auf sie verzichten.

In allen Hotels, wo Sie zwei Übernachtungen verbringen, bei gutem Wetter auch vom Nachmittag zum nächsten Morgen, wird Ihre Wäsche schnell und gut gewaschen und gebügelt. Chemische Reinigungen erfragen Sie bitte im Hotel, sie sind problematischer. Einige Hotels verlangen für den Wäschedienst Bezahlung in Dollar.

Sie brauchen keine schweren, aber feste, geschlossene Schuhe, Sandalen nur dann, wenn Sie sich darin trittsicher fühlen. Straßen und Wege sind uneben. »Gummilatschen« sind am Strand und unter der Dusche ideal. Sie sollten nicht barfuß laufen, Sie gefährden sich durch Blutegel,

Glasscherben und am Strand durch scharfe Muscheln und Schalentiere. Sonnenhut und Sonnenschutz sind erforderlich, aber auch ein Regenschutz (Regenhaut) sollte nicht fehlen. Schlafsack und eigene Handtücher brauchen Sie, wenn Sie entlegene Gegenden aufsuchen wollen. Kosmetik können Sie in den Großstädten kaufen. Der Besuch beim Friseur ist eine Erfahrung. Toilettenpapier – zuweilen rauh – ist vorhanden.

Kinder

Nach dem Kriege, d. h. nach 1975, wurden viele Kinder geboren, der Geburtenüberschuß wuchs und wächst noch weiter. An Ihrem Wege in Stadt und Land stehen Kinder, scheu und zum Weglaufen bereit in entfernten Gegenden, schreiend und johlend in Touristenzentren. Die Vietnamesen sagen, daß Fischerkinder besonders neugierig und aufdringlich sind. Neugier ist es, was Kinder treibt, die Begegnung und auch die Berührung – als Mutprobe – mit den weißhäutigen, helläugigen, langnasigen Fremden zu suchen. Kleinkinder erschrekken, wenden sich ab und weinen, wenn sie plötzlich Menschen mit hellen Augen vor sich sehen. Im Bac Bo, im Norden, sind die Kinder scheuer und zurückhaltender, im Süden – mehr an Fremde gewöhnt – zeigen sie sich zuweilen als kleine Plagegeister.

Schimpfen und heftige Gegenreaktion haben nicht die erwünschte Wirkung, mit einigen Kindern ein Gespräch beginnen hat schon durch den fremden Klang der Worte bessere Erfolge. *Lien xo* schreien die Kinder im Chor, d. h. eigentlich Russen. Sie waren die ersten fremden Reisenden, denen diese Nachkriegsgeneration begegnete und sie beschäftigten sich meist sehr freundlich mit ihnen. Das laute Kindergeschrei wird völlig zu Unrecht als Beschimpfung interpretiert, es ist überschwengliche Begeisterung über die Abwechslung im dörflichen Einerlei und eine willkommene Unterbrechung des Schulunterrichtes. Eine Zeitlang versuchten West- und Ostdeutsche die Kinderchöre auf *tay duc* – westdeutsch – oder *dong duc* – ostdeutsch – umzufunktionieren. Lien xo läßt sich besser im Chor schreien und dient inzwischen als Ankündigung: »Die fremden Langnasen kommen!«

Wie in ganz Asien sollte man auch in Vietnam den Kopf eines Menschen nicht berühren, auch kein Kinderköpfchen streicheln. Die gutgemeinte Geste erweckt bei Müttern und Kindern gleichermaßen Unbehagen.

Und noch eine Bemerkung zu den mitgebrachten Bonbontüten: Beim ersten Besuch stehen die Kinder und betrachten die Fremden mit großen Augen. Die nahezu unwiderstehlichen Kleinen bekommen einen Bonbon, mit dem sie zunächst nichts anzufangen wissen. Beim nächsten Besuch werden die Bonbons bereits sehnlichst erwartet, später stürmisch gefordert. »Die frechen Gören bekommen nichts!« entscheiden die verärgerten Besucher.

Klima

Januar: Im ganzen Land erweist sich der Januar als der kälteste Monat, im Norden ausgeprägter als im Süden. Im Bac Bo bringt er häufig graue, niedrig hängende Wolken, Sprühregen, aber auch den Beginn des Reispflanzens. Das sibirische Hochdruckgebiet setzt den Nordostmonsun in Bewegung, die Temperaturen fallen, für kurze Zeit möglicherweise bis auf 10°, mindestens aber unter 18°. Die Auswirkungen können bis in die Gegend von Quy Nhon wirksam werden. Im Zentralen Hochland und im Nam Bo treten weder Wolken noch Regen auf.

Februar: Der letzte Wintermonat, das Wetter wechselt im ganzen Land. Im Bac Bo bleibt der Nordostmonsun noch aktiv, Sprühregen können bis in die Gegend von Hue auftreten, die Temperaturen steigen an, es ist mit 20 % warmer Tage zu rechnen. Im mittleren Landesteil, Trung Bo, kann bereits die Trockenzeit einsetzen, das Wetter verbessert sich vom Wolkenpaß ab nach Süden. Im Nam Bo ist der Februar der trockenste Monat des Jahres mit klarem Himmel.

März: Frühlingsbeginn, diese Übergangszeit kann zwei Monate andauern. Anfang März kann es noch wechselhaft sein. Bac Bo: 40 % warme Tage, Temperaturen um 20°. Wenn Sprühregen auftreten, ist das Klima feuchtwarm. Die Nordostwinde halten noch an. Im Nordwesten beginnt schon die heiße Zeit. Im Trung Bo beginnt die Trockenzeit, im Nam Bo hält sie an, es können aber Schauer auftreten.

April: Die Winde drehen langsam von Ost auf West, der Nordostmonsun hört auf. Im Bac Bo kann es durch komplexe Einflüsse noch zu Regenschauern kommen, meist setzt die Trockenzeit ein. Im Nordwesten und im Trung Bo, bis in die Provinz Nghe Tinh, setzen die heißen Laos-Winde ein. Die Temperaturen steigen an, im Nam Bo beginnt die heißeste Zeit. Vom Pazifik setzen Südwestwinde ein.

Mai: Mit dem Mai beginnt die Sommer- und Regenzeit im ganzen Land. Kaltfronten aus der Japanischen See können kurzfristige Abkühlungen auf 20–25° bringen. Im Trung Bo fallen die heißen Laos-Winde ein, im Nam Bo, besonders im Zentralen Hochland, bringen die Südwestwinde Stürme. Tropische Winde aus dem Golf von Bengalen.

Juni: Südwestwinde aus dem Golf von Bengalen, Passate aus dem westlichen Pazifik. Im Norden beginnt die Zeit der feuchten Sommerhitze, Regenschauer können auftreten. Im Nam Bo und im Zentralen Hochland ist es wolkig mit Regen- und Gewitterschauern.

Juli/August: Sommermonate mit Hitze und Feuchtigkeit. Im Bac Bo können heftige Regenschauer und Stürme auftreten. Im Trung Bo schwächen sich die Laos-Winde ab, die Regenzeit beginnt. Im Nam Bo nehmen die Regenfälle im August ab.

September: Nördlich des Hoanh Son kann die Temperatur leicht zurückgehen. Im Trung Bo, in Hue, treten Wind und Regenschauer auf. Die meisten schweren Stürme fallen in den September.

Oktober: Im Bac Bo fallen die Temperaturen auf 20°, Ende der feuchtwarmen Hitze. Im Trung Bo können heftige Regenfälle einsetzen.

November: Im Bac Bo beginnt die Trockenzeit mit klarem Himmel und angenehmen Temperaturen. Im Trung Bo halten die Regenfälle meist noch an. Im Nam Bo endet die Regenzeit.

Dezember: In diesem Monat hat im ganzen Land die Trockenzeit begonnen, die

Temperaturen gehen zurück, im Bac Bo ist der Dezember der erste der drei Wintermonate.

Literatur

Auf die Fülle der Kriegs-Literatur folgte nur eine bescheidene Anzahl Nachkriegsbücher und im letzten Jahr einige Reiseführer, die stark für den Individualtouristen geschrieben sind.

Le Thanh Khoi, 3000 Jahre Vietnam, Schicksal und Kultur eines Landes, München 1969, ist leider vergriffen, aber in Bibliotheken auszuleihen. Günter Giesenfeld, Land der Reisfelder-Vietnam Laos Kampuchea, Köln 1988 (Neuauflage), und Klaus Jürgen Schmidt, Leben im Reisfeld. Reportagen aus Vietnam Laos und Kampuchea, Wuppertal 1984 (Neuauflage), gehören zu den ersten, die aus dem Nachkriegsvietnam berichteten. Oskar Weggel, Indochina. Vietnam, Kambodscha, Laos. München 1990 (Neuauflage), ist als Orientierung über Geschichte, Politik und Wirtschaft unverzichtbar für alle interessierten Reisenden.

Es folgte dann eine Reihe von journalistisch aufgemachten Berichten, die das heutige Vietnam in Beziehung setzen zu seiner jüngsten Vergangenheit: Michael Sontheimer, Im Schatten des Friedens, Berlin. Peter Scholl-Latour, Der Ritt auf dem Drachen, München 1988. Winfried Scharlau, Vier Drachen am Mekong. Asien im Umbruch, und der von tiefem Verständnis getragene Saigon export von Cordt Schnibben, Hamburg 1989.

Die Landkarte Nelles Maps: Vietnam-Kampuchea, Nelles Verlag, ist in ihrem gegenwärtigen Zustand wenig brauchbar. Sie legt alte französische Karten zugrunde. In Vietnam gibt es gutes Kartenmaterial zu kaufen (s. Zeitungen, Zeitschriften).

Politik und Wirtschaft (weiterführende Literatur): Buro, Andreas/Grobe, Karl: Vietnam! Vietnam? Die Entwicklung der Sozialistischen Republik Vietnam nach dem Fall Saigons. Frankfurt 1984.

Draguhn, Werner/Schier, Peter (Hrsg.): Indochina, der permanente Konflikt? Mitteilungen des Institutes für Asienkunde, Hamburg. Gizycki, Renate von: Begegnungen mit Vietnam. Geschichte einer Reise. Hoering, Uwe (Red.): Zum Beispiel Vietnam, 1989.

Maße und Gewichte

Vietnam hat das metrische System eingeführt.

Nachrichtenwesen

In fast jedem Hotelzimmer finden Sie ein Radio, in vielen auch einen Fernseher. Die »Stimme Vietnams« sendet seit 1975 in elf Sprachen, darunter englisch und französisch (Englisch auf AM 1010 kHz um 6.30 Uhr, landesweit auf UKW). Auf UKW können Sie auch die Deutsche Welle empfangen.

Post

Alle Postämter sind gekennzeichnet: Buu Dien. Internationale Post kann nur bei den Postämtern und an den Hotelrezeptionen in Großstädten abgegeben werden, am günstigsten in Ho Chi Minh-Stadt oder Hanoi. Luftpostkarten und -briefe nach Europa dauern zwischen fünf Tagen und drei Wochen. Vietnamesische Briefmarken sind schön, vielfältig und von Sammlern begehrt. In Souvenirläden gibt es Sammelalben zu kaufen. Telefonate innerhalb des Landes werden kurzfristig vermittelt. Auslandsgespräche von Hanoi, Ho Chi Minh-Stadt und Da Nang gehen über Satelliten, haben kurze Vermittlungszeiten. Zwischen Ho Chi Minh-Stadt und der Bundesrepublik besteht Selbstwähldienst.
Vorwählnummer für Ho Chi Minh-Stadt 00 848
Ein 3-Minuten-Gespräch kostet 18 US $, Hotels verlangen eine Vermittlungsgebühr. Von anderen Städten kann eine Vermittlung lange dauern. Ein Telex von 3 Minuten Laufzeit kostet 18 US $, Telefax für die 1. Seite 21 US $, für jede weitere 17 US $, Touristenbüros und Hotels müssen einen Aufschlag verlangen, den sie an die Post weiterzuleiten haben.

Hauptpostamt Hanoi
Duong Dinh Tien Hoang
✆ 5 70 36

Internationales Postamt (Telefon, Telegraph, Telefax)
75 Duong Dinh Tien Hoang
✆ 5 44 13

Briefmarken und Briefumschläge sind meist schlecht oder gar nicht gummiert. Wenn Sie keinen Klebstoff haben, gibt es auf den Postämtern und an den Hotelrezeptionen Leimtöpfe.

Provinzen (Größe/Einwohner 1990)

Provinz (thinh)	Provinz-Hauptstadt	Fläche (qkm)	Einwohnerzahl	Bevölkerungsdichte (pro qkm)
Total		330 363	64 412 000	195
Der Norden – bac bo				
I. Nördliches Bergland		98 094	10 069 000	103
01 Ha Tuyen	Ha Giang	13 632	1 026 000	75
02 Cao Bang	Cao Bang	8 445	566 000	67
03 Lang Son	Lang Son	8 187	611 000	75
04 Lai Chau	Lai Chau	17 142	438 000	26
05 Hoang Lien Son	Yen Bai	14 852	1 032 000	70

Provinz (thinh)	Provinz-Hauptstadt	Fläche (qkm)	Einwohner-zahl	Bevölkerungs-dichte (pro qkm)
06 Bac Thai	Thai Nguyen	6 503	1 033 000	159
07 Son La	Son La	14 210	682 000	48
08 Quang Ninh	Hong Gai	5 938	814 000	137
09 Vinh Phu	Viet Tri	4 569	1 806 000	395
10 Ha Bac	Bac Ninh	4 616	2 061 000	446
II. Rote-Fluß-Delta		17 321	13 574 000	784
11 Tho Do Hanoi – Landeshauptstadt		2 141	3 057 000	1428
12 Thanh Pho Haiphong – Stadtstaat		1 503	1 448 000	963
13 Ha Son Binh	Ha Dong	5 796	1 840 000	317
14 Hai Hung	Hai Duong	2 553	2 440 000	956
15 Thai Binh	Thai Binh	1 532	1 632 000	1065
16 Ha Nam Ninh	Nam Dinh	3 796	3 157 000	832
Zentralvietnam – trung bo				
III. Zentrale Nordküste		51 228	8 568 000	167
17 Thanh Hoa	Thanh Hoa	11 168	2 991 000	268
18 Nghe Tinh	Vinh	22 500	3 582 000	159
19 Quang Binh	Dong Hoi	8 245	646 000	78
20 Quang Tri	Dong Ha	4 592	458 000	100
21 Thua Thien-Hue	Hue	4 723	891 000	188
IV. Zentrale Südküste		45 123	6 660 000	148
22 Quang Nam-Da Nang	Da Nang	11 989	1 739 000	145
23 Quang Ngai	Quang Ngai	5 833	1 040 000	178
24 Binh Dinh	Quy Nhon	6 075	1 248 000	205
25 Phu Yen	Tuy Hoa	5 170	626 000	121
26 Khanh Hoa	Nha Trang	4 634	837 000	181
27 Thuan Hai	Phan Thiet	11 422	1 170 000	102
V. Zentrales Hochland		55 569	2 486 000	45
28 Gia Lai-Kontum	Play Ku	25 596	873 000	34
29 Dac Lac	Buon Ma Thuot	19 800	974 000	49
30 Lam Dong	Da Lat	10 173	639 000	63
Der Süden – nam bo				
VI. Östliches Mekong-Delta		23 474	7 807 000	332
Thanh Pho Ho Chi Minh-Stadt		2 089	3 934 000	1883

Provinz (thinh)	Provinz-Hauptstadt	Fläche (qkm)	Einwohnerzahl	Bevölkerungsdichte (pro qkm)
32 Song Be	Thu Dau Mot	9 546	939 000	98
33 Tay Ninh	Tay Ninh	4 017	791 000	197
34 Dong Nai	Bien Hoa	7 585	2 007 000	265
35 Vung Tau-Con Dao	Vung Tau	237	136 000	574
VII. Mekong-Delta		39 554	14 203 000	359
36 Long An	Tan An	4 338	1 121 000	258
37 Dong Thap	Sa Dec	3 276	1 337 000	408
38 An Giang	Long Xuyen	3 423	1 793 000	524
39 Tien Giang	My Tho	2 339	1 484 000	634
40 Ben Tre	Ben Tre	2 247	1 214 000	540
41 Cuu Long	Vinh Long	3 857	1 812 000	470
42 Hau Giang	Soc Trang	6 161	2 682 000	435
43 Kien Giang	Rach Gia	6 243	1 198 000	192
44 Minh Hai	Bac Lieu	7 670	1 562 000	204

Restaurants

Die Ausstattung sagt nichts über die Güte des Essens aus. Wo viele Vietnamesen essen, bekommen Sie gutes und preiswertes vietnamesisches Essen. Es ist – vor allem in kleineren Restaurants und in kleineren Städten – dem französischen Essen vorzuziehen. In Ho Chi Minh-Stadt und in Hanoi gibt es einige Restaurants, die ausgezeichnete französische Küche servieren. Mit dem Besitzer eines Restaurants wechselt oft auch die Güte der Speisen.

In Vietnam finden Sie eine große Anzahl von Gerichten aus Fleisch, Geflügel, Fisch, Meerestieren, Gemüse mit Beigaben von Zwiebel, Knoblauch, Bambussprossen, Sojabohnenkeimen u. a.

Wenn Sie Vegetarier sind, verlangen Sie vegetarisches Essen.

Wenn Sie auch keinen Fisch und keine Eier essen, wird Ihr Essen etwas eintönig, da die meisten Speisen aus Mischungen vieler Beigaben bestehen, sie müssen sich dann auf Reis, Nudeln und Gemüse beschränken.

Auch mit geeisten Getränken hat es seine Schwierigkeiten. Wenn das Eis bereits im Getränk schwimmt, ist es eigentlich schon zu spät. Verlangen Sie bei der Bestellung ohne Eis und versichern Sie sich dessen, daß man Sie angesichts der 30°- Temperatur richtig verstanden hat und nicht die doppelte Menge einfüllt.

Reisezeit

Vietnam liegt am Treffpunkt der Monsune, Passate und Taifune, die allerdings nur den Norden treffen, bis zum Mung-Paß südlich von Quy Nhonh. Nha Trang wird nur sehr selten von Taifunen heimgesucht. Im Süden lassen sich Landschaft und Sonne nahezu ungestört ganzjährig genießen. Der Norden mit seinem größeren Angebot an Kultur und Kunst leidet mehr unter Regen und Stürmen, die aber keineswegs obligatorisch eintreffen. Das macht jede Vorhersage unzulänglich. Auch in Vietnam zeigen sich Abweichungen von den auf jahrelanger Erfahrung beruhenden Klimatabellen (s. Klima).

Sicherheit

Viele Maßnahmen der vietnamesischen Behörden gelten der Sicherheit, nicht der Einschränkung der Bewegungsfreiheit der Touristen.

Wenn Sie allein in entlegenen Gegenden reisen, wo man nicht auf Touristen eingestellt ist, kann für Ihre Sicherheit nicht garantiert werden. Ihr zur Schau getragener oder vermuteter Besitz könnte Wünsche erwecken. Ein vietnamesischer Begleiter kann Sie in der Regel vor Schwierigkeiten schützen.

Märkte, Bahnhöfe, Flugplätze, aber auch Tempelfeste, alle Massenansammlungen, aber auch einsame Straßen und Plätze sind das Betätigungsfeld äußerst geschickter Taschendiebe. Einsame nächtliche Spaziergänge und Gaststättenbesuche in alkoholisiertem Zustand bergen die gleichen Gefahren wie an jedem anderen Ort der Welt.

Hoteldiebstähle, besonders in nicht von der Touristenbehörde nachgewiesenen Unterkünften, werden erleichtert, wenn Gepäck unverschlossen im Zimmer bleibt oder Gegenstände herumliegen. Was ein Wertgegenstand ist, unterliegt anderen Maßstäben. Größere Hotels bieten – meist kostenlos – Safes an für Geld und Reisedokumente.

Reisepässe, Flugkarten, Schecks und Geld sollten keinesfalls unbeaufsichtigt im Zimmer bleiben. Besser ist, sie in einer Tasche um die Taille gebunden mitzutragen.

Fotoapparate und Taschen gehen häufig verloren, wenn sie an Stühle gehängt in Aufenthalts- und Eßräumen zurückbleiben. Bewahren Sie die Nummer Ihrer Reiseschecks, eine Ablichtung Ihres Reisepasses und der Flugkarte getrennt von diesen auf, damit Sie Ihren Besitz nachweisen und Schecks sperren lassen können. Bei Diebstählen bitten Sie um eine polizeiliche Bestätigung, zu deren Erlangung Ihnen das Hotel oder Ihr Reisebegleiter behilflich ist. Die Unterschrift des Reiseleiters genügt den Versicherungen meist nicht. Ein Diebstahl ist für Ihre Begleiter wie auch für das Hotel und die Touristenbehörde sehr peinlich. Diebstähle haben erst in den letzten zwei Jahren zugenommen. Ein etwaiges Zögern bei der Hilfeleistung verstehen Sie bitte in diesem Sinne.

Sprache

Vokabeln aus dem Alltagsleben vermögen nur dann zu helfen, wenn Sie sprach- und musikbegabt sind und »den richtigen Ton treffen«, eine der sechs Tonhöhen, die eine völlig andere Bedeutung des Wortes hervorrufen. Auch wenn Sie einem Vietnamesen ein geschriebenes Wort vorlegen, wird er, ohne den Zusammenhang zu kennen, schwer erfassen, was Sie meinen. Ihm fehlen die Zeichen, die sich auf unseren Maschinen nicht mitdrucken lassen, die aber als Bestimmung der Tonlage die Bedeutung eines Wortes ausmachen.

Versuchen Sie es einmal mit chào, einem Gruß, der für alle Tageszeiten dient und an alle Personen gerichtet werden kann, versuchen sie es fallend, steigend, fragend ... Die freundlichen Vietnamesen freuen sich mit Ihnen, wenn Sie erraten haben, was Sie meinen.

Taxi

Es gibt sie bisher nur in Großstädten. Sie sind an den internationalen Flughäfen zu finden. Die Fahrt vom Airport Noi Bai nach Hanoi (45 km) kostet zwischen 20,– und 25,– US$. Die Preise richten sich nach dem Wagentyp. Von dem Air Port Tan Son Nhat nach Ho Chi Minh-Stadt zahlen Sie (air conditioned) etwa US$ 10,–. Taxifahrten innerhalb der Städte können auch in dong bezahlt werden.

Touristenorganisationen

Staatliche Fremdenverkehrsorganisation Vietnams
(Tong cuc Du Lich Vietnam)
30a Ly Thuong Kiet
Hanoi
✆ 56916, Telex 00805-411271

Landesweit:
Hanoi
Vietnam-Tourist
54 Nguyen Du 54, ✆ 54674

Vertretung in Ho Chi Minh-Stadt:
71 Nguyen Hue
✆ 90772, 90776, Telex 008505-811-295, Dulivina-S Telefax 00848-90775

Ho Chi Minh-Stadt
Saigon-Tourist Travel Service
49 Le Thanh Ton, Distrikt 1
✆ 98129, 95834

Vertretung in Hanoi
Thang Loi Hotel Yen Phu
✆ 68211 und 68215,
Telex 411276 KSTL Vt,
Telefax H4-42-52800

Regional für Hanoi und Rote-Fluß-Delta
Hanoi Tourism Comp.
18 Ly Thuong Kiet Hanoi, ✆ 54209, 57886

In den letzten Jahren hat sich Saigon-Tourist als flexibler, schneller und zuverlässiger erwiesen und ist landesweit besser auf die Wünsche ausländischer Touristen eingestellt.

Touristenbüros der Provinzen

Haiphong Union Of Tourist Service Companies

40, Tran Quang Khai, Haiphong
✆ 288; 269; 516. Telex. Unitour – Haiphong

Haiphong Tourism Company
15, Le Dai Hanh, Haiphong
✆ 47 486

Bac Thai Tourism Company
Trung Vuong ward, Thai Nguyen
✆ 689

Vinh Phu Tourism Company
Viet Tri, Vinh Phu
✆ 245 Viet Tri

Ha Bac Tourism Company
Ngo Gia Tu, Bac Giang
✆ 0209; 9913

Quang Ninh Tourism Company
Bai Chay, Quang Ninh
✆ 08 Ha Long

Ha Son Binh Tourism Company
24, Tran Hung Dao, Ha Dong
✆ 37 Ha Dong

Thai Binh Tourism Company
Ly Bon, Thai Binh
✆ 270

Ha Nam Ninh Tourism Company
115, Nguyen Du, Nam Dinh
✆ 439; 362

Thanh Hoa Tourism Company
21A, Quang Trung, Thanh Hoa
✆ 298

Nghe Tinh Tourism Company
Quang Trung ward, Vinh
✆ 4629; 2285

Quang Binh Tourism Company
Dong Hoi Hotel
Dong Hoi

Quang Nam – Da Nang Tourism Company
48, Bach Dang, Da Nang
✆ 22226 und 22231

Binh Dinh Tourism Company
4, Nguyen Hue, Quy Nhon
✆ 2524 und 2206

Khanh Hoa Tourism Company
1, Tran Hung Dao, Nha Trang
✆ 22753; 22754; 22721

Thuan Hai Tourism Company
82, Trung Trac, Phan Thiet
✆ 2474; 2475

Dac Lac Tourism Company
3, Phan Chu Trinh, Buon Ma Thuot
✆ 2108; 2322

Song Be Tourism Company
87, Highway 13, Thu Dau Mot
✆ 2636

Lam Dong Tourism Company
12, Tran Phu, Da Lat
✆ 2021, 2034

Tien Giang Tourism Company
66, Hung Vuong, My Tho

Long An Tourism Company
7, Straße 3, Tan An
✆ 227 und 245

Cuu Long Tourism Company
1, 1 Mai Straße, Vinh Long
✆ 2494; 2529 und 2357

Hau Giang Tourism and Shipping Supply Company
27, Chau Van Liem, Can Tho
✆ 20147 und 34275

An Giang Tourism Company
17, Nguyen Van Cung, Long Xuyen
✆ 6544 und 6367

Ben Tre Tourism Company
65, Dong Khoi, Ben Tre
✆ 2197 und 706

Dong Thap Tourism Company
108/5A, Hung Vuong, Sa Dec
✆ 2498

Kien Giang Tourism Company
12, Ly Tu Trong, Rach Gia
✆ 2081

Minh Hai Tourism Company
14, Hoang Van Thu, Ca Mau
✆ 369, 560 und 621

Trinkgelder/Geschenke

Jeder, der eine Dienstleistung erbringt, freut sich über ein Trinkgeld oder auch ein Geschenk. Die gegenwärtigen Umtauschraten sind etwas verwirrend: 10 000 dong sind weniger als DM 1,80, 5000,– dong keine DM. In der Großstadt und an Touristenplätzen werden Dollar gern angenommen, mit ihnen lassen sich Dinge kaufen, die es gegen dong noch nicht gibt. In kleineren Orten sind dong angebracht.

Wollen Sie Sachen verschenken, übergeben Sie sie dem Hotelpersonal oder legen Sie sie in den Papierkorb. Sonst werden sie Ihnen – als ihr vergessener Besitz – nachgetragen. Als Geschenke eignen sich viele Dinge, vom guten Kugelschreiber – schlechte gibt es in Vietnam auch – über Kosmetik bis zu Postkarten und Bildbändchen aus Deutschland, Ihrer Heimatstadt, einer Sehenswürdigkeit. Schneelandschaften sind beliebt, in Vietnam gibt es keinen Schnee. Je nach Jahreszeit machen auch Weihnachtsmänner oder Osterhasen viel Freude. Sie werden vielleicht nach Münzen gefragt: sie sind Sammelobjekte wie auch leere Zigarettenschachteln. Beliebt bei Rauchern ist die Marke 555, die Sie auch im Lande erhalten. Auch alkoholische Getränke, Whisky und Cognac gibt es in Valuta-Läden. Es ist dagegen nicht sicher, ob Sie ihre eigene Zigarettenmarke in Vietnam kaufen können.

Kleine Spielzeuge und Farbstifte, Tuschkästen, Bilderbücher erfreuen Väter, Mütter und Kinder. Hübsche Papierservietten, Taschenmesser, Taschenrechner, die Liste läßt sich beliebig fortsetzen, machen Freude. Besonders in einem Dorf, wo selten Fremde halten, kann ein Polaroid-Bild sehr große Freude bereiten.

Verhalten im Alltag

Die Vietnamesen sind freundlich, höflich und im Umgang miteinander und mit ungeduldigen Europäern tolerant und geduldig. Zornesausbrüche bringen sie in Verlegenheit: Wer schimpft und schreit, hat unrecht. Wer seine Wünsche ruhig und sachlich vorbringt, hat mehr Erfolg.

Wenn Sie vor einem scheinbar unlösbaren Problem stehen und ein Vietnamese Ihnen versichert »No problem!« und Sie trotzdem ruhig bleiben, sind Sie asiatischer Geduld nicht mehr fern. Ihr Gesprächspartner will Ihre Probleme keinesfalls bestreiten, er will Sie nur beruhigen und Ihnen signalisieren, daß er Ihre Probleme zu den seinen machen wird. Sie haben nun »no problems«!

Vietnamesen sind stolz auf ihr Land, obwohl sie wissen, daß Sie aus einem reicheren Land kommen. Sie möchten Ihnen ihr Land im besten Licht zeigen und sind beschämt, wenn Sie berechtigten Anlaß zur Klage haben. Auch sie sehen Fehler und Mängel, unter denen sie leiden, die sie oft nicht zu ändern vermögen. Sie versuchen Ihnen das Beste zu bieten. Scharfe Kritik und Verständnislosigkeit trifft sie hart. Bedenken Sie, daß Sie in ein Land reisen, in dem der Tourismus gerade begonnen hat. Wer das Land seit Jahren kennt, weiß, welche Fortschritte und Anstrengungen gemacht worden sind.

Der Straßenverkehr, die Radfahrer und mehr noch die Mofa- und Motorradfahrer lassen den Verkehr ›undurchdringlich‹ erscheinen. Ampeln sind noch selten, Verkehrspolizei gibt es seit 1990. Wenn der Strom der Zweiradfahrzeuge nachläßt, beginnen Sie die Fahrbahn ruhig zu überschreiten, man wird versuchen, Sie zu umfahren. Wenn Sie sich unkontrolliert vor- und rückwärts bewegen, bringen Sie sich in Gefahr.

Manches Problem schafft sich der Reisende – unbewußt – selbst. In Asien gibt es mehr Insekten, auch Ratten und Mäuse sind – selbst in Ländern mit einer glänzenden touristischen Infrastruktur wie Japan und Thailand – keinesfalls ausgerottet, nur in großen, unterkühlten Hotels fühlen sie sich nicht wohl. Wenn Sie aber – die Airconditioning verachtend – die Fenster aufmachen und das Licht brennen lassen, werden nicht nur Sie, sondern auch noch Ihre Nachmieter von Insekten gestochen. In Vietnam sind Sie näher an der Natur, Airconditioning oder Ventilatoren arbeiten nur in den Zimmern, nicht auf den Fluren. Und wenn Sie in ihrem Zimmer unverpackte Speisereste, Obst, Limonaden stehen und liegen lassen, werden sich Kakerlaken darüber hermachen. Sie sind harmlos, aber nicht angenehm. Auch Ameisen und Ratten können Sie damit anlocken. Verpacken Sie aber alles in Plastiktüten und in Ihren Koffer, werden Sie nur in Baderäumen – denn sie lieben Feuchtigkeit – einer Kakerlake begegnen. Übrigens: Speisereste im Papierkorb haben die gleiche Wirkung! Auch ausgetrunkene Limonade- oder Bierdosen. Wenn Sie ein Gegner von Plastik sind, versuchen Sie es mit dauerhaften Behältern.

Hunde sind im allgemeinen gutmütig, merken Sie, daß sie Angst vor ihnen haben, werden sie aggressiver. Dulden Sie nicht, daß sie Sie von hinten verfolgen, drehen Sie sich um – sie werden zurückweichen.

Verkehrsmittel

Das Fehlen ausreichender öffentlicher Verkehrsmittel, besonders im Fernverkehr, ist einer der Gründe, die den Individualtourismus in Vietnam noch erschweren.

Ratsam für Überlandfahrten ist die Anmietung eines PKW oder Kleinbusses, die nur mit Fahrer zur Verfügung stehen (s. Autovermietung). Die Fahrer kennen die Straßen, Besichtigungspunkte, halten bei gewünschten Fotostops, wissen Unterkünfte und Benzinstationen.

Rikschas innerhalb der Städte sind billig, im Verkehrschaos von Ho Chi Minh-Stadt und Hanoi aufregend, bei kurzen Distanzen mit mehreren Halten sehr ratsam. Vietnamesen, die weitgehend auf Rikschas angewiesen sind, raten Ihnen, den Fahrpreis vorher auszumachen und mindestens auf ein Drittel herunterzuhandeln. Die meisten Rikschafahrer sind nicht die Besitzer ihrer Rikschas, sondern müssen Miete an einen Verleiher bezahlen. Sie sind schlecht bezahlt. Von Ausländern erhoffen Sie eine etwas großzügigere Bezahlung.

Sich mit der Route der Linienbusse vertraut zu machen lohnt sich bei einem längeren Aufenthalt in einer Stadt.

Visa- und Einreisebestimmungen

Zur Zeit gelten folgende Bestimmungen (Stand 1. Oktober 1991): Der Reisepaß muß bei der Einreise noch drei Monate Gültigkeit haben. Reisende aus allen Ländern müssen vor Reiseantritt ein Visum beantragen. Es wird von den Botschaften der SR Vietnam erteilt. Reisende aus Ländern, die keine diplomatischen Beziehungen mit Vietnam unterhalten, können das Visum in Drittländern beantragen (z. B. Holländer in Bonn) oder aber bei der Einreise in Ho Chi Minh-Stadt.

I. Für Gruppen- oder Einzelreisende, die ihre Reise über einen Reiseveranstalter buchen, wird dieser das Visum beschaffen. Dauer ca. drei Wochen. Der Veranstalter versendet drei Antragsformulare, eines muß ausgefüllt mit Lichtbild und Unterschrift zurückgesandt werden, zwei Formulare werden nach Vietnam zur polizeilichen Anmeldung mitgenommen, und fordert rechtzeitig den Reisepaß zur Eintragung des Visums durch die Botschaft an. Auf den Antragsformularen müssen angegeben werden:
Name, Vorname, bei Frauen auch Geburtsname. Geschlecht, Geburtsort und Geburtsdatum, gegenwärtiger Beruf, Nationalität (auch evtl. eine frühere), derzeitiger Wohnsitz, Paßnummer und Paßdaten, Datum der Ein- und Ausreise in Vietnam. Die Visagebühr beträgt z. Zt. 48,–, DM für eine doppelte Einreise (wenn z. B. ein Besuch in Kambodscha mit Rückkehr nach Vietnam vorgesehen ist) DM 96,– (re-enter Visum). Der Veranstalter muß für den Reisenden das Visum bei Vietnam- oder Saigontourist beantragen. Die dabei entstehenden Kosten wird er auf die Visagebühr aufschlagen.

II. Individualtouristen werden in der Bundesrepublik in der Regel an einen Veranstalter verwiesen, der ihnen ein Visum nur beschaffen kann gegen die Buchung eines (minimum) 3-Tage-Pauschalprogramms. In Bangkok bestehen andere Regelungen. Es ist zu hoffen, daß die Einreise für Individualtouristen vereinheitlicht wird. Nach Buchung des 3-Tage-Programmes ist die Abwicklung der Visabeschaffung die gleiche wie unter Ziffer I.

III. Geschäftsreisende müssen einem Veranstalter zur Beschaffung des Visums eine Einladung ihres Geschäftspartners in Vietnam vorlegen oder sich an die Konsularabteilung der Botschaft oder an das Fremdenverkehrsamt in Hamburg 76, Hamburger Str. 131 wenden.

IV. Alle Leistungen, die bei Vietnam- oder Saigon-Tourist gebucht werden, müssen in US-Dollar bezahlt werden, und zwar bei der Einreise in bar, durch Scheck oder telegrafisch an Vietnam Tourismus Vietnam, Bank Konto 37-110-019. Die Zahlungen können in US-Dollar bzw. der entsprechenden internationalen Umtauschrate folgend in Franc, UK Pfund, DM etc. oder mit Travellerscheck zzgl. einer Banksteuer bezahlt werden.

Nach der Einreise

Der Reisende muß sich innerhalb 48 Stunden registrieren lassen. Für Gruppen- und Einzeltouristen besorgt dies die Touristenorganisation in Vietnam. Der Reisende bekommt von der zuständigen Botschaft der SR Vietnam neben dem in den Paß eingestempelten Visum zwei seiner Anträge mit Lichtbildern zurück, die er zur Registrierung vorzulegen hat (nehmen Sie sicherheitshalber einige Paßfotos mit). Rundreisen müssen, sofern dies nicht im voraus geschehen ist, gebucht werden, Reisen mit lokalen Verkehrsmitteln sind momentan noch nicht gestattet. Flüge, Eisenbahnreisen und Mietwagen mit Fahrer vermitteln Vietnam- oder Saigon-Tourist.

Zahlen

1 – môt
2– hai
3 – ba
4 – bôn
5 – nam
6 – sáu
7 – bay
8 – tám
9 – chín
10 – muòi (1 chuc)
11 – (10+1) muòi môt
... ...
19 = (10+9) muòi chín
20 = (2x10) hai muói
30 = Ba muoi (ba chuc)
34 = (30+4) ba tu
90 – chín muói (chín chuc)
100 – môt trăm
200 – hai trăm
1000 – môt nghìn (ngàn)
10.000 – muòi nghìn (môt van)
100.000 – trăm nghìn (muòi van)
1.000.000 – môt triêu

Zeit/Zeitunterschied

Vietnam hat MEZ + 6 Stunden (während der europäischen Sommerzeit nur + 5 Stunden). Die Zeit ist im ganzen Land und auch in den Nachbarländern Thailand, Kambodscha und Laos die gleiche.

»Die Uhren gehen in Vietnam etwas langsamer«, aber Ihre Begleiter versuchen, sich dem europäischen Zeitgefühl anzupassen. Kraftfahrer, die von einer Kraftfahrbrigade angemietet werden, bekommen ihre Fahrzeuge oft nicht vor dem offiziellen Arbeitsbeginn. Sind sie dann mit

Ihnen unterwegs, sitzen sie oft viel zu lange am Steuer. Sie selbst sollten darauf achten, daß ihr Fahrer eine ausreichende Mittagspause hat, ab und zu an der Straße eine Tasse Tee trinken kann und Zeit bleibt, den Wagen durchzuchecken.

Zeitungen und Zeitschriften

Bis jetzt – das kann sich aber schnell ändern – werden keine ausländischen Zeitungen und Zeitschriften eingeführt. Ihre Einfuhr ist offiziell verboten, wie auch alle Literatur, die sich in ihrer Grundtendenz gegen Vietnam richtet.

In Vietnam erscheinen zwei Zeitungen in englischer Sprache: Vietnam und der Vietnam-Courier sowie eine Anzahl Wochen- und Monatszeitschriften in Englisch und Französisch. Der Verlag für Fremdsprachen-Literatur in Hanoi, Pho Tran Hung Dao 46, gibt seit vielen Jahren auch in Englisch und Französisch eine Reihe heraus, die sich ›Vietnamese Studies‹ nennt. Alle Ausgaben zusammen ersetzen ein dickes Werk über Vietnam, nur sind sie schwer zu beschaffen, am besten in kleinen Städten zu haben, wo wenig Fremdsprachen gesprochen werden.

Der Vertrieb erfolgt durch Xunhasaba, Pho Hai Ba Trung 32, in Hanoi. Xunhasaba ist schon seit einigen Jahren auf der Buchmesse in Frankfurt vertreten.

Zollbestimmungen

Bei der Ein- und Ausreise muß jeder Tourist eine Zolldeklaration ausfüllen und abgeben. Diese wird meist schon im Flugzeug ausgegeben.

Zollfrei eingeführt werden dürfen alle Artikel, die zum persönlichen Gebrauch während der Reise bestimmt sind, und Geschenke in angemessenem Umfang.

Ausgeführt werden dürfen Souvenirs, die in Vietnam gegen dong oder Dollar eingekauft wurden. Antiquitäten dürfen nur mit besonderer Erlaubnis ausgeführt werden. Führen Sie Antiquitäten aus Drittländern (Thailand, Kambodscha, Laos) ein, lassen Sie sich die Einfuhr bei der Einreise nach Vietnam durch den Zollbeamten bestätigen. Ihr Gepäck (Flug- und Handgepäck) wird bei der Ein- und Ausreise durch einen Zollbeamten inspiziert. Touristen können Devisen in beliebiger Höhe einführen. Sie müssen – wie auch Gegenstände aus Edelmetall (Schmuck) – in der Zolldeklaration aufgeführt und ihr Wert in Zahl und Wort eingetragen werden. Tauschbescheinigungen bitte aufbewahren (s. Geldwechsel). Weiterhin aufgeführt werden müssen auf der Zolldeklaration: Fotoapparate, Kameras und Zubehör, elektrische und elektronische Geräte (Computer, Radio, Fernseher etc.). Denken Sie bei Ihren Einkäufen an Ihr Gepäck! Luft- oder Schiffsfracht ist u. U. billiger als Übergewicht.

Register

Sachregister

Personenregister

Ortsregister

DuMont Kunst-Reiseführer

Alle Titel in dieser Reihe:

- Ägypten und Sinai
- Albanien
- Algerien
- Belgien
- Die Ardennen
- Bhutan
- Brasilien
- Bulgarien

Bundesrepublik Deutschland

- Das Allgäu
- Das Altmühltal
- Bayerisch Schwaben
- Das Bergische Land
- Bodensee und Oberschwaben
- Bonn
- Bremen, Bremerhaven und das nördliche Niedersachsen
- DDR
- Düsseldorf
- Die Eifel
- Franken
- Hamburg
- Hannover und das südliche Niedersachsen
- Hessen
- Nördliches Hessen
- Hunsrück und Naheland
- Köln
- Kölns romanische Kirchen
- Die Mosel
- München
- Münster und das Münsterland
- Zwischen Neckar und Donau
- Der Niederrhein
- Oberbayern
- Oberpfalz, Bayerischer Wald, Niederbayern
- Osnabrück, Oldenburg und das westliche Niedersachsen
- Ostfriesland
- Der Rhein von Mainz bis Köln
- Das Ruhrgebiet
- Sachsen
- Sachsen-Anhalt
- Sauerland
- Schleswig-Holstein
- Der Schwarzwald und das Oberrheinland
- Sylt, Helgoland, Amrum, Föhr
- Thüringen
- Der Westerwald
- Östliches Westfalen
- Württemberg-Hohenzollern
- Volksrepublik China
- Dänemark
- Die Färöer

Frankreich

- Auvergne und Zentralmassiv
- Die Bretagne
- Burgund
- Côte d'Azur
- Das Elsaß
- Frankreich für Pferdefreunde
- Frankreichs gotische Kathedralen
- Romanische Kunst in Frankreich
- Korsika
- Languedoc – Roussillon
- Das Tal der Loire
- Lothringen
- Die Normandie
- Paris und die Ile de France
- Périgord und Atlantikküste
- Das Poitou
- Die Provence
- Drei Jahrtausende Provence
- Savoyen

Griechenland

- Athen
- Die griechischen Inseln
- Tempel und Stätten der Götter Griechenlands
- Korfu
- Kreta
- Rhodos
- Grönland

Großbritannien

- Englische Kathedralen
- Die Kanalinseln und die Insel Wight
- London
- Die Orkney- und Shetland-Inseln
- Ostengland
- Schottland
- Süd-England
- Wales
- Guatemala
- Holland
- Indien
- Ladakh und Zanskar
- Indonesien
- Bali
- Irland
- Island

Israel

- Das Heilige Land

Italien

- Die Abruzzen
- Apulien
- Elba
- Emilia-Romagna
- Das etruskische Italien
- Florenz
- Gardasee, Verona, Trentino
- Latium
- Lombardei und Oberitalienische Seen
- Die Marken
- Der Golf von Neapel
- Piemont und Aosta-Tal
- Die italienische Riviera
- Rom – Ein Reisebegleiter
- Rom in 1000 Bildern
- Das antike Rom
- Sardinien
- Südtirol
- Toscana
- Die ländliche Toscana
- Die Villen der Toscana und ihre Gärten
- Umbrien
- Venedig
- Das Veneto
- Die Villen im Veneto
- Japan
- Der Jemen
- Jordanien
- Jugoslawien
- Karibische Inseln
- Kenya
- Luxemburg
- Malaysia und Singapur
- Malta und Gozo
- Marokko
- Mexiko
- Mexico auf neuen Wegen
- Namibia und Botswana
- Nepal
- Norwegen

Österreich

- Burgenland
- Kärnten und Steiermark
- Salzburg, Salzkammergut, Oberösterreich
- Tirol
- Vorarlberg und Liechtenstein
- Wien und Umgebung
- Pakistan
- Papua-Neuguinea
- Polen
- Portugal
- Madeira
- Rumänien
- Die Sahara
- Sahel: Senegal, Mauretanien, Mali, Niger
- Schweden
- Gotland
- Die Schweiz
- Tessin
- Das Wallis
- Skandinavien

Sowjetunion

- Georgien und Armenien
- Moskau und Leningrad
- Sowjetischer Orient

Spanien

- Die Kanarischen Inseln
- Katalonien
- Der Prado in Madrid (Herbst '91)
- Mallorca – Menorca
- Nordwestspanien
- Spaniens Südosten – Die Levante
- Südspanien für Pferdefreunde
- Sudan
- Südamerika
- Südkorea
- Syrien
- Thailand und Burma
- Tschechoslowakei
- Prag

Türkei

- Istanbul
- Ost-Türkei
- Ungarn
- USA – Der Südwesten
- Vietnam
- Zimbabwe
- Zypern

Alle Bände mit vielen, zum Teil farbigen Abbildungen; dazu Zeichnungen, Karten, Grundrisse, praktische Reisehinweise.

DuMont Reise-Taschenbücher

Ägypten Die klassische Nilreise. Von Hans-Günter Semsek (Band 2001)
Amazonien Von Hans Otzen (Band 2033)
Andalusien Von Maria Anna Hälker (Band 2030)
Apulien Von Birgid Hanke (Band 2019)
Bali Java – Lombok. Von Roland Dusik (Band 2002)
Bangkok und Südthailand Von Rainer Krack (Band 2003)
Berlin Von Petra Dubilski (Band 2022)
Bretagne Von Uwe Anhäuser (Band 2027)
Burgund Von Norbert Lewandowski (Band 2031)
Côte d'Azur Von Britta Sandberg (Band 2018)
Djerba und Südtunesien Von Hans-Joachim Aubert (Band 2004)
Dominikanische Republik Von Ulrich Fleischmann (Band 2034)
Holland Von Siggi Weidemann (Band 2032)
Irland Von Susanne Tschirner (Band 2016)
Kapverdische Inseln Von Rolf Osang (Band 2029)
Korfu und die Ionischen Inseln Von Klaus Bötig (Band 2017)
Kykladen Von Beo Scharfenberger (Band 2005)
London Von Reinhard Damm (Band 2020)
Los Angeles und Süd-Kalifornien Von Ulf Müller-Moewes (Band 2014)
Malta Von Hans E. Latzke (Band 2006)
Südmarokko Von Hartmut Buchholz (Band 2013)
Moskau und Leningrad Von Ulrike Krause und Enno Wiese (Band 2015)
München Von Heide Marie Karin Geiss (Band 2024)
New Orleans und Umgebung Von Leo Linder (Band 2025)
Nicaragua Von Ingeborg Weber und Hans-Otto Wiebus (Band 2007)
Normandie Von Manfred Braunger (Band 2028)
Paris Von Uwe Anhäuser (Band 2008)
San Francisco und Umgebung Von Ernst P. Rischmüller (Band 2009)
Singapur und Westmalaysia Von Rainer Krack (Band 2026)
Teneriffa Von Gottfried Aigner (Band 2011)
Toscana Von Claudia Aigner und Karl Henkel (Band 2021)
Die schönsten Autorouten durch die USA
Von Hans-R. Grundmann (Band 2012)
Wien Von Walter M. Weiss (Band 2023)
Medizinisches Handbuch für Fernreisen
Informationen zur Selbsthilfe unterwegs. Von Wolf Lieb (Band 2010)

Über das Buch: Als die Autorin dieses Buches am 1. April 1984 die vergessene Tempelstadt Mi Son erreichte, gehörte sie hier zu den ersten europäischen Ausländern seit 1945. Heute läßt kaum ein Reiseveranstalter dese Sehenswürdigkeit aus – ein langwährender Prozeß des Umdenkens hat in Vietnam dazu geführt, daß die Regierung das Kulturerbe ihres Landes nicht mehr als lästige Hinterlassenschaft eines verachteten feudalistischen Systems abtut. 1990 wurde zum Jahr des Fremdenverkehrs erklärt, ein Jahr zuvor ein Programm zur Erfassung und Erhaltung der Denkmäler eingeleitet.

In jedem vietnamesischen Dorf finden sich heute noch ein *chua,* ein *mieu* oder *den,* Ahnenverehrungsstätten für den Dorfgründer oder einen Nationalhelden, meist auch ein *dinh,* eines jener Gemeindehäuser, in deren Gebälkteilen die bäuerlichen Künstler ihrer Phantasie frei von den Regeln höfischer Ikonographie ihren Lauf lassen konnten. Form und Inhalt dieser Meisterwerke der Holzschnitzkunst sind dem bäuerlichen Leben entnommen, sind kraftvoll und naturgetreu, harmonisch und in sich ruhend. Die Autorin führt uns eindringlich vor Augen, daß die Wurzeln der vietnamesischen Kultur eher in diesem bäuerlichen Kunstbereich als in der stark sinisierten Hofkunst des 939 gegründeten Reiches Dai Viet zu suchen sind. Daneben bestand, mit der chinesisch beeinflußten Kultur nur wenig in Verbindung tretend, das von der indischen Kunst beeinflußte Reich der Cham in Zentral- und Südvietnam, das dann 1471 von Dai Viet her unterworfen wurde.

Die vietnamesische Kunstreise führt vom Norden, vom Delta des Roten Flusses, der Wiege vietnamesischer Kultur, über Hue, die Königsstadt des 18./19. Jh., und Mi Son, die Tempelstadt der Cham, zu den sonnigen Stränden und sanften Landschaften des Mekong-Deltas im Süden. Eine detailreich und verständlich vorgetragene Landeskunde führt den Leser in Geschichte, Kunst, Alltagskultur und Sozialleben Vietnams ein, praktische Reisehinweise, aus jahrelangen Reiseerfahrungen der Autorin erwachsen, erleichtern das Zurechtfinden in diesem noch ›jungen‹ Reiseland. Der Leser wird sich dem Reiz dieses wahren Pionierwerks nicht entziehen können, hat er sich einmal dazu aufgemacht, die Autorin auf ihrer Entdeckungsreise in die vietnamesische Kultur zu begleiten ...

Über die Autorin: Annaliese Wulf kennt Asien von ausgedehnten Reisen seit 1964 und ist eine ausgewiesene Kennerin Vietnams, das sie seit 1981 bereist. Sie begleitet Studienreisen in Vietnam und ist als Journalistin und freie Autorin tätig.